# 建党百年之际

谨以此书献给

脚下这片

可爱的土地——萧山

和"奔竞不息 勇立潮头"的

萧山人

# 人间正道

## 建党百年
## 萧山访谈录

中共杭州市萧山区委组织部
中共杭州市萧山区委宣传部
中共杭州市萧山区委党史研究室　编
杭州市萧山区人民政府地方志办公室

社会科学文献出版社
SOCIAL SCIENCES ACADEMIC PRESS (CHINA)

# 编委会

# 序

习近平总书记曾言：当今世界，要说哪个政党、哪个国家、哪个民族能够自信的话，那中国共产党、中华人民共和国、中华民族是最有理由自信的。这种自信，来自于我们走在大路上的信心和底气——中国特色社会主义道路。这条路，浸染着无数英烈的鲜血和汗水，浸透着一代代中华儿女的拼搏和奉献；这条路，接续着五千年文明的不屈和倔强，承载着中华民族伟大复兴的梦想和希望；这条路，是经过实践检验的人间正道，是实现中华民族伟大复兴的必由之路。

百年征程波澜壮阔，百年初心历久弥坚。

为全面总结、立体呈现中国共产党带领萧山人民走过的100年，中共杭州市萧山区委组织部、区委宣传部、区委党史研究室（萧山区人民政府地方志办公室）合作完成《人间正道——建党百年萧山访谈录》，寻访百年中的见证者、亲历者、奋斗者，通过一段段回忆、一个个故事，感受一代代人执着坚守、筚路蓝缕的艰辛探索，见证萧山跌宕起伏、波澜壮阔的百年风云。此次口述访谈涉及经济、政治、文化、社会、生态文明五大方面，访谈对象涵盖政治精英、商界楷模、农业巨头、新兴产业翘楚、基层干部、普通百姓等38人。

对于访谈人物的选取、口述主题的确定，我们深思再三、仔细斟酌，从沉甸甸的历史责任感出发，致力于寻找、挖掘和表现更丰富的百年党史，全面展现百年画卷。但囿于百年故事之丰盈、人物之众多，疏漏之处恳请读者见谅。

　　站在历史与未来的交汇点上，《人间正道——建党百年萧山访谈录》犹如一场宣言、一声号角，身后是前人寄望的目光，前方是太阳的光芒。我们走在大路上，脚踏人间正道，何惧世事沧桑。

　　如果你被这些故事感动，别忘了，他们只是冰山一角。

中共杭州市萧山区委组织部

中共杭州市萧山区委宣传部

中共杭州市萧山区委党史研究室

杭州市萧山区人民政府地方志办公室

# 目录

## 经济篇

## 政治篇

## 文化篇

# 社会篇

# 生态文明篇

经济篇

# 萧山工业百年发展简述

## ——金雄波口述

采访者：王鸣　　　　　　　　整理者：王鸣

采访时间：2020 年 7 月 8 日　　采访地点：萧山区行政中心综合楼 701 室

　　**金雄波**，曾用名金云波，1946 年 12 月 1 日出生，浙江杭州萧山人，1965 年 9 月参加工作，曾任教师、战士、医生，后调卫生局、环境保护监测站等单位工作。1988 年 5 月调入萧山市经济体制改革办公室。2003 年 7 月调任《萧山市志》副主编，至

金雄波

2013 年 12 月《萧山市志》出版。至今仍在继续从事地方志书的编写工作。

　　**采访者**：请您谈谈萧山工业发展的历史？

　　**金雄波**：萧山工业从农村的家庭手工业和集镇的手工业作坊（工场）起步。历史上传统的农村家庭手工业产品主要有土纸、土布、土丝、砖瓦等；集镇手工业作坊（工场）主要有铁器、木器、竹器、铜锡、灯笼、香烛、锡箔、制衣、制鞋、印染、制伞、酿造等行业。萧山使用机器生产的工业起步较晚，到清光绪二十一年（1895）时才出现使用机器生产的民族资本主义工业，发展至今已有一百余年，发展历史大致可分为四个阶段。

　　**第一阶段（1895—1951 年）：萧山工业发展起步，城乡个体手工业占主要地位。**

清光绪二十一年（1895），陈光颖、楼景晖等出资创办的合义和丝厂为萧山最早使用机器生产的民族资本主义工业。光绪二十五年（1899），陈、楼又合资创立通惠公纱厂，为萧山解放前规模最大的民族资本主义工业。这两家工厂当时为全省著名的大厂。但就全县而言，手工业占主要地位，清末土纸制造槽户有千家，年产值数百万元。

民国前期，萧山陆续创办机械、半机械工厂和作坊，手工业也有所发展。民国17年（1928）新建东乡蚕丝合作社（亦称东乡丝厂）。但不久军阀混战，外纱倾销，供大于求，纱价大落，丝厂渐趋衰落。民国25年（1936）年末，全县作坊（工场）424家，职工2290人。日本侵略萧山期间，工业、手工业受到严重摧残，庆云丝绸公司（前身为合义和丝厂）、通惠公纱厂和东乡丝厂的机器设备被日本侵略军掳掠一空。其间，全县手工业作坊（工场）倒闭近130家，失业1300余人。抗日战争胜利后，工业、手工业渐有复苏。萧山解放前夕，全县作坊881家，从业人员2141人；稍有规模（10—50人）的工业企业有轧花厂、碾米厂、印刷厂、酿酒厂、油厂、铸锅和发电厂共36家。

萧山解放初期，着手恢复和发展工业、手工业生产。至1951年，手工业仍占主要地位，全县工业企业单位3642家，比1949年增加4.33%，年均增长2.14%。其中地方国营工业企业12家，占全县工业企业单位的0.33%；其他经济类型工业企业3630家，占99.67%。全县实现工业总产值（90不变价）4953万元，比1949年增加1倍，年均增长41.49%。其中地方国营工业1351万元，占全县工业总产值的27.28%；城乡个体工业3602万元，占72.72%。工业总产值（90不变价）100万元以上的工业部门有食品工业、纺织工业、造纸工业、文教艺术用品工业。

**第二阶段（1952—1991年）：萧山工业经济由私有制为主逐步向公有制为主发展，工业经济在全省崭露头角。**

**手工业、私营工业进行社会主义改造，分别组织合作社（组），公私合营。**中华人民共和国成立后，为了从根本上改变中国落后的面貌，实现社会主义工业化，建立社会主义国家的经济基础，必须在充分利用原有工业潜力和进行新的工业建设的同时，对个体经济和私营资本主义工商业进行社会主义改造。为此，按照中央的统一部署，萧山由点到面，先后于1952年、1955年对手工业、私营工业进行社会主义改造。至1956年年末，基本完成手工业、私营工业社会主义改造。参加公私合营的私营企业48家、职工982人，分别归口手工业、工业、商业、粮食等部门；个体手工业组织合作社（组）229个，从业人员7492人。1957年，全县工业企业单位956家，其中全民所有制工业企业43家、集体所有制工业企业207家、城乡个体工业企业706家。实现工业总产值（90不变价）6755万元，比1951年增加36.38%，年均增长5.31%。

"大跃进"时期，大办工业，公社集体工业企业应运而生。1958年开始"大跃进"运动，响应国家号召，萧山"大办地方工业""大炼钢铁"，公社集体工业企业①应运而生。这一年，新增全民所有制工业企业10家、公社集体企业240家。但因盲目发展，后许多工厂不得不"下马"。至1965年，全县工业企业295家，其中全民所有制工业企业27家、城镇集体企业252家、镇集体企业14家、公社集体企业2家。1958年，实现工业总产值（90不变价）8601万元，比1957年增长27.33%，年均增长3.07%。

"文化大革命"时期，遏制、取缔私有工业，发展公社工业。1966—1976年"文化大革命"期间，受极左思想影响，工业受挫，部分工厂停产、半停产，私有工业被遏制、取缔，私有工业荡然无存。1970年后，贯彻国务院召开的北方地区农业会议提出的加速实现农业机械化，农机具"小修不出队，中修不出社，大修不出县"的精神，萧山各地新办一批农机厂或农具厂。至1976年，全县工业企业单位391家，比1965年增加32.54%，年均增长2.95%。其中全民所有制工业企业37家、城镇集体企业86家、镇集体企业19家、公社企业249家。全县实现工业总产值（90不变价）20088万元，比1965年增加133.55%，年均增长12.12%。

改革开放初期（1979—1991年），发扬萧山人"四千"精神，实行以扩大经营自主权为内容的转换经营机制改革，发展全民所有制、集体所有制工业，工业总产值（现行价）居全省各县（市）第二位。1979年后，

---

① 1984年8月改变1958年建立的"政社合一"体制设立乡政权后，社队企业改称乡镇企业。

图1　1986年10月，浙江传化化学集团有限公司创业初期生产液化皂的家庭作坊（吕耀明提供）

图2　1987年9月21日，萧山县国营工业总公司召开首批企业承包经营合同签订大会（萧山区档案馆提供）

根据中共十一届三中全会提出的"把党和国家的工作重点转移到经济建设上来"的精神，萧山从此走上改革开放的新里程，工业发展步入快车道。为解决物资、技术和资金等生产要素不足的问题，各部门（社队）发扬萧山人"走尽千山万水，说尽千言万语，想尽千方百计，历尽千辛万苦"的四千精神，建立横向经济联合，兴办社队工业企业①，发展外向型经济②，培育骨干企业。同时，对全民所有制、集体所有制工业企业实行以扩大经营自主权为主要内容的转换经营机制改革，先后由点到面地扩大企业自主权，实行企业内部经济责任制，推行承包经营责任制③，实行股份合作制，对小型、微利、亏损企业实行租赁经营、兼并、解散、转让等方法，转换企业经营机制，工业经济在全省崭露头角。1986年，实现工业总产值（现行价）280411万元，居全省各县（市）第二位。④ 至1991年，全市工业企业单位5263家，其中全民所有制工业企业97家，占全市工业企业的1.84%；集体所有制企业3584家，占68.10%；城乡合作及个体企业1568家，占29.79%；其他经济14家，占0.27%。实现工业总产值（90不变价）956310万元，继续

---

① 1979年，有公社办工业企业403家，比1978年增加21.39%；大队办工业企业660家。
② 1984年9月，萧山布厂与香港信丰发展有限公司等共同投资设立的杭丰纺织有限公司投产。该公司为萧山首家引入外商和港澳台商投资的工业企业。
③ 1981年起，社队工业企业开始由点到面实行承包经营责任制。至1983年，全县社队工业企业已基本实现承包经营责任制。1987—1993年，全民所有制和城镇集体所有制工业企业实行两轮承包经营责任制。
④ 萧山市地方志办公室：《萧山年鉴》（1987），第92页。

保持自 1986 年以来在省内各县（市）中名列第二的位次，比 1977 年增加 39.28 倍，年均增长 30.21%。其中全民所有制工业产值 102038 万元，占全市工业总产值的 10.67%；集体工业产值 814052 万元（乡镇局系统 655943 万元、其他系统 158109 万元），占 85.12%；城乡合作及个体工业产值 18484 万元，占 1.93%；其他工业产值 21733 万元，占 2.27%。工业门类较为齐全，工业总产值（90 不变价）3 亿元以上的有纺织工业、机械工业、建材工业、食品制造业、电气机械及器材制造业、交通运输设备制造业、化学工业七大行业。

第三阶段（1992—2002 年）：萧山工业经济由公有制为主逐步向非公有制为主转变，工业经济跨入全国县域经济前列。

全民所有制、集体所有制工业企业实行以明晰产权为核心内容的转换经营机制改革，萧山率先完成企业转换经营机制改革的历史性跨越。1992 年年初，邓小平南方谈话发表后，萧山的全民所有制、集体所有制工业企业改革转到以明晰产权为核心内容的转换经营机制上来，实行股份合作制，组建股份制企业。同时，建立萧山经济技术开发区，鼓励、支持和引导外商及港澳台商投资、个体私营等非公有制经济发展，并把非公有制经济的发展作为萧山经济发展新的增长点，纳入镇乡党委、政府及各部门年度目标责任制考核，使非公有制经济迅速发展壮大。1994 年 1 月 10 日，"万向钱潮"股票上市。

1995 年年末，全市工业企业单位 8843 家，其中国有工业企业 90 家、集体所有制 3141 家、城乡合作及个体 5471 家、其他企业 141 家。1995 年，实现工业总产值（90 不变价）303.54 亿元，比 1991 年增加 2.17 倍，年均增长 33.48%。[①]

至 1997 年，萧山率先完成企业转换经营机制改革的历史性跨越。[②]

全民所有制、集体所有制工业企业推行以"两个置换"为主要内容的改革，萧山 2002 年工业总产值成功实现冲"千亿"目标，工业总产值

---

① 1996 年 5 月，浦沿、长河、西兴三镇区域划出萧山。
② 至 1997 年，全市国有、集体工业企业累计完成转换经营机制的 3278 家，占国有、集体工业企业的 98.14%。其中有限公司 344 家、股份合作制 173 家、股份有限公司 8 家、动产出售不动产出租 1130 家、整体出售 1027 家、整体出租 123 家、资产增值承包 97 家、解散 219 家、破产 3 家、其他 154 家。

（现行价）跃居全国县（市、区）第一，工业经济总量跻身全国县域经济前列。1998 年后，从搞好整个萧山工业经济出发，萧山对工业企业进行战略性改组，全民所有制、集体所有制工业企业全面推行"两个置换"① 为主要内容的改革，实行规范的公司制，建立与完善现代企业制度，使非公有制经济进一步发展壮大。

2000 年开始，萧山加强企业上市指导工作，加大组建股份有限公司力度，并把培育企业上市列入各级政府及企业主管部门的目标责任制考核。同时实施梯队发展战略，推出"四个一批"企业②。2001 年，开始深化乡镇企业职工集体股终极产权制度改革，明确职工集体股终极产权。

2002 年年末，全民所有制、集体所有制工业企业基本完成"两个置换"，国营、二轻等 12 个系统实施"两个置换"的企业 278 家，完成率93.92%。2002 年，萧山工业成功实现冲"千亿"总产值目标，工业总产值跃居全国县（市、区）第一，工业经济总量跻身全国县域经济前列。被国家有关部门授予"中国纺织产业生产基地""中国羽绒之都""中国钢结构之乡"等称号。衙前镇被授予我国唯一的"中国化纤名镇"称号。区辖工业企业 11437 家，其中私有工业企业 11095 家，占区辖工业企业数量的 97.01%；其他经济类型企业 342 家，占 2.99%。工业总产值（现行价）1007.41 亿元，比 1997 年增加 2.22 倍，年均增长 26.36%。其中国有工业

---

① 国有、集体工业企业"两个置换"，即国有、集体资产置换、职工身份置换。资产置换，即按照"公开、公平、公正"原则，转让企业国有（集体）资产，转让价格可按评估价值下浮 10%，一次性付款再优惠转让价格的 10%。职工身份置换，即解除职工原有劳动合同，发给一次性经济补偿费，职工就业市场化。经济补偿费按企业正常经营情况下前一年全体在职职工月平均工资为标准，每一年工龄发一个月工资的经济补偿费，每个职工经济补偿费最高为 20000 元，年工龄经济补偿费最低不少于 400 元。男年满 55 周岁、女年满 45 周岁的职工可办理退养手续，不发经济补偿费。退养期间的待遇，按市社会保险管理局的规定享受。已离休、退休、退职的职工和退养职工及符合国家规定享受定期补助的人员，按市社会保险管理局规定的缴费标准，连同养老、医疗等待遇一并移交给市社会保险管理局，由市社会保险管理局实行社会化管理。

② 2000 年 11 月 3 日，萧山市政府推出"四个一批"企业，即确定企业规模及经济效益等经济指标均在全市或全国同行业中属前列的万向集团公司等 8 家企业为规模龙头型企业；在全国同行业中优势较为明显的浙江东南网架集团有限公司等 20 家企业为成长型企业；科学技术在企业发展中作用明显，并已具有一定规模的杭州永磁集团有限公司等 20 家企业为科技进步型企业；万向集团公司（万向节）等 19 家企业（20 种产品）为产品优势型企业。并对"四个一批"企业在土地资源配置、技术改造贷款贴息、科技经费使用等方面予以重点扶持。

产值 1.14 亿元，占全市工业总产值（现行价）的 0.11%；集体工业产值 147.83 亿元，占 14.67%；私有工业产值 723.31 亿元，占 71.80%；其他工业产值 135.13 亿元，占 13.41%。工业总产值（现行价）40 亿元以上的行业有纺织业、交通运输设备制造业、金属制品业、化学原料及化学制品制造业、皮革毛皮、羽绒及其制品业、服装及其他纤维制品制造业、造纸及纸制品业。

**第四阶段（2003 年至今）：萧山工业进入一个转型升级的发展阶段，开始走新型工业化道路。**

**推进民营企业"二次创业"，工业行业集聚集群发展。** 2003 年起，为发挥萧山优势，抢抓战略机遇期，萧山以加快先进制造业基地建设为目标，加快推进民营企业"二次创业"，鼓励民营企业对外合作，做大做强，提升企业国际化水平和企业综合竞争能力；指导企业进行体制机制、管理模式、设备技术等变革。同时，按照"布局集中、产业集聚、技术集约"的思路，围绕纺织印染、机械汽配、羽绒服装、钢构网架等行业的龙头企业，推进行业集聚集群发展。至 2007 年，区属工业总产值（现行价）3084.22 亿元，比 2002 年增加 2.06 倍，年均增长 25.08%。

**有效应对国际金融危机对萧山经济的影响，萧山 2012 年区属规模以上企业实现工业总产值首次突破 5000 亿元。** 2008 年开始，为应对国际金融危机对萧山的影响，萧山加快经济结构调整、转型升级，全面培育化纤纺织、机械汽配、精细化工、装备制造、钢构网架、羽绒服装九大行业；加强梯队建设，逐步形成百强工业企业、优势成长型工业企业和苗子型工业企业三级梯队；通过深化改革、商品下乡、加强服务等 10 项举措，拓市场、促消费、保增长。至 2010 年，萧山经济"全面回升、复苏向好"，先进装备制造业规模以上工业实现销售产值 1186.41 亿元，首次突破千亿元大关。2012 年，区属规模以上工业企业实现工业总产值（现行价）首次突破 5000 亿元，为 5018.00 亿元，这是继 2002 年工业总产值冲"千亿"后，取得的又一个重大突破和跨越，比 2007 年增加 75.31%，年均增长 15.06%。

**推进"企业上云"，工业向数字化、网络化、智能化发展。** 2013 年后，工业经济围绕"转型升级、新型城市化、生态文明"三条主线，实施"工业强区、创新强工"战略，进一步调整经济结构，转变经济发展方式，推进化纤纺织、汽车及零部件、现代战备制造三大产业链发展。鼓励经济转型升级，实施发展信息（智慧）工业经济，建立工业强区建设考核体系，开展工业企业效益综合评价体系。2015 年，开始实施工业经济千企转型升级三年行动计划[①]、"腾笼换鸟"、淘汰落后产能、产能整治，开展汽车关键零部件等行业"机器换人"服务平台工作，进一步推进工业梯队建设、小型微型工业企业升级上规模工程。2017 年起，加快推进全区制造业向数字化、网络化、智能化发展，围绕浙江省打造全国第一批国家信息经济示范区和国家"两化融合示范区"，以云计算为发展智能制造重要抓手，推进"企业上云"工作，实施智能制造三年行动计划和加快发展工信经济新兴产业三年行动计划。"机器换人"项目，即从简单更新自动化生产线提升至全自动化生产线＋机器人，从简单更新单台设备提升至生产设备"机联网"。传化智能供应链服务平台、万向工业互联网平台、恒逸化纤工业互联网平台列入 2018 年度浙江省级工业互联网平台行业级创建名单。2018年萧山区工业互联网平台总数列杭州市各区（县、市）首位。

2018 年年末，全区（含大江东）规模以上工业企业单位 1575 家，比2012 年减少 205 家，年均减少 2.02%。[②] 其中国有企业 1 家、股份合作企业 2 家、有限责任公司 221 家、股份有限公司 49 家、私营企业 1053 家、港澳台商投资企业 116 家、外商投资企业 133 家。上市企业 68 家。是年，全区（含大江东）规模以上工业总产值（现行价）3971.49 亿元，比 2012年减少 20.86%，年均减少 3.82%。[③] 但萧山区工业经济仍位于全省县（市、区）前列，萧山区 2018 年度规模以上工业企业数量（含大江东）位

---

① 至 2017 年，实施工业经济千企转型升级三年行动计划结束，三年期间共实施转型升级项目 8556 个，关停整治"低小散"企业 2824 家，"腾笼换鸟"实施旧厂房改造项目 75 个，改造面积 131.10 万平方米。是年，实施市级"机器换人"项目 80 个。

② 2013—2018 年，随着新农村建设和城镇化建设步伐的推进，"退二进三"力度加大，较多的规模以上企业在城镇化建设中因拆迁关停，加上 2016—2017 年"两链"风险引发许多规模以上企业关闭，规模以上工业企业明显减少。

③ 2018 年，规模以上工业企业单位（不含大江东）1295 家，比 2012 年减少 485 家，年均减少 5.16%。其中国有企业 1 家、股份合作企业 2 家、有限责任公司 158 家、股份有限公司 38 家、私营企业 906 家、港澳台商投资企业 89 家、外商投资企业 101 家。累计上市企业 68 家。规模以上工业总产值（现行价）2732.78 亿元。

列全省县（市、区）第一，规模以上工业总产值位列第二。①

2019 年开始，随着杭州市全面实施"新制造业计划"，萧山吹响了推进新时代制造业高质量发展的新号角，重振工业发展，重树发展工业信心。2019 年，萧山坚持"稳中求进"工作总基调，按照新时代制造业高质量发展总要求，进一步落实"创新强区"战略，全力推进产业数字化和数字产业化，实施《萧山区推进制造业智能化改造三年行动计划（2019—2021 年）》，重点实施"机器换人""工厂物联网"、工程数字化改造服务，推进数字化改造项目和数字化改造诊断、评价工作；以推进"数字产业化，产业数字化"为主线，大力发展数字经济发展顶层设计、数字经济核心产业企业上规模入库、数字经济发展氛围营造等，大力培育新技术、新服务、新模式、新产业，积极推进企业培育和管理，全面提升企业综合竞争力，工业经济发展态势良好。2019 年，规模以上工业企业单位（不含大江东，下同）1429 家，比 2018 年增加 134 家，增加 10.35%。其中国有企业 1 家、股份合作企业 1 家、有限责任公司 56 家、股份有限公司 32 家、私营企业 1152 家、港澳台商投资企业 83 家、外商投资企业 104 家。累计上市企业 71 家（境内上市 24 家、境外上市 11 家、新三板挂牌企业 36 家）。规模以上工业总产值（现行价）2743.51 亿元，比 2018 年增加 0.39%。工业总产值（现行价）82 亿元以上的行业有化学纤维制造业、纺织业、金属制品业、汽车制造业、通用设备制造业、化学原料及化学制品制造业。至 2019 年年末，对化纤纺织、机械汽配等重点行业的 104 家企业进行智能化技术改造等咨询诊断，实施智能制造试点项目 56 个、数字化改造项目 117 个、"机器换人"项目 110 个，新增工业机器人设备 410 台，规模以上制造业数字化改造覆盖率提升至 79%，规模以上工业企业数字化转型呈现从"点"向"面"拓展的态势。列入"2019 中国企业 500 强"企业 4 家、"2019 中国民营企业 500 强"企业 10 家、"2019 中国民营企业制造业 500 强"企业 13 家。

---

①　萧山区 2018 年度规模以上工业企业户均总产值 2.52 亿元，比位列第一的宁波市北仑区（5.44 亿元）少 53.68%，比位列第三的慈溪市（2.12 亿元）多 18.87%。

# 恒逸，永远走在别人前面

## ——邱建林口述

采访者：金雄波　　　　　　　整理者：金雄波

**邱建林**

**邱建林**，1963 年 8 月出生，浙江杭州萧山衙前人，中共党员，高级经济师，浙江恒逸集团有限公司董事长、总经理、党委书记，恒逸石化股份有限公司实际控制人，兼任中国纺织工业联合会常务理事、中国化学纤维工业协会副理事长、浙江大学校董、杭州师范大学特聘教授等社会职务。

自 1991 年接管萧山色织厂（恒逸集团的前身）以来，邱建林以超前的战略眼光、敏锐的市场嗅觉和强烈的历史担当，奋力向产业链上游"破冰"逆袭，历经 30 年商海沉浮依然屹立不倒，将昔日濒临破产的镇办小厂发展成如今阔步迈向世界的千亿级跨国企业集团，为推动改变中国乃至世界聚酯、PTA 和石油化工产业格局做出了积极贡献。

邱建林非常注重企业建立正确的社会责任观和价值理念，他和他掌舵的恒逸集团积极投身社会公益慈善事业，至今累计捐款赠物超过 6 亿元。邱建林先后荣膺改革开放 40 年纺织行业突出贡献人物、国家纺织系统劳动模范、浙江省优秀社会主义事业建设者、首届浙商社会责任大奖、第六届浙江慈善奖个人捐赠奖、杭州市第二届杰出人才奖和萧山慈善大使等称号及奖项。

**采访者**：邱总，请您谈谈您创业的经历？

**邱建林**：我于 20 世纪 60 年代出生在萧山衙前一户贫寒的家庭，祖祖辈辈都是地地道道的农民。那时，我们国家刚刚经历了三年困难时期。在当时"人多力量大"的政治大环境下，深受"多子多福"的传统观念影响，父母生育了我们 7 个兄弟姐妹。我排行老六，上有 4 个哥哥、1 个姐姐，下有 1 个妹妹。我们家里人多，经常吃了上顿没下顿，如果能让我吃顿饱饭，那就心满意足了。

初中毕业后，我很想接着念高中，因为升学名额受限不得不放弃继续上学的梦想。我大哥是村里的党支部副书记，他跟我说："小弟啊，让你受委屈了！我们全村只有一个升高中的名额，作为村干部子弟，你得把机会让给其他贫下中农子女。"在生产队的安排下，我便与村里的大人们一起到钱塘江畔的围垦土地上割草养羊挣工分，分担家里的经济压力。那个时候，我的身体还比较瘦弱，干活自然要比别人辛苦很多。于是，我在心里暗暗地对自己说："因为家里穷，因为没机会，你就必须卖命干活。只要给你机会，你一定要干出个样子来！"

改革开放，是决定当代中国命运的关键抉择。1978 年 12 月，中共中央召开十一届三中全会，吹来了改革开放的春风，催生了中国经济的无限生机和活力，开启了中国农村改革的进程。

俗话说：一方水土养活一方人。我所在的翔凤村（今四翔村）属平原水乡，河流纵横。为了发展集体经济，村里决定利用优质水资源，在原有渔场的基础上扩大经营范围，办一个珍珠养殖场。由于缺乏技术，养殖场的效益一直上不去。

1981 年，萧山县开始推行经济体制改革，社队工业地位得到进一步肯定。这一年，刚满 18 岁的我被选到村办珍珠养殖场工作。从此，我当上一名"工人"，正式参加了工作。

我非常珍惜人生的第一次工作机会，一心扑在珍珠养殖上。作为村团支部书记，我什么苦都吃，什么活都愿干。为了节省成本，我就跳到河里摸蚌，然后采用最传统的办法——空瓶吊着网袋，将河蚌养在网袋里。为了保留河蚌苗种，我就自己动手培育河蚌。每到河蚌的繁殖期，必须用水泵不停地泵水，保持水的流动，增加水中的氧气。当时的电力供应不太稳定，随时都有可能停电，我就寸步不离，日夜看守着养殖珍珠的河塘。

　　一个偶然的机会，我听说有的地方养的是三角帆蚌，与村里养殖的土生褶纹冠蚌相比，它产的珍珠色泽特别黄亮，价格也要高出很多。1983年，几经周折后，我从外地将三角帆蚌引了进来。此后，产珠量稳步上升，优质珠吸引了省内外珍珠商竞相上门采购，价格最高时达到8000元/千克。

　　1985年，村里创办了珍珠饰品工艺厂，聘我担任厂长。我将珍珠加工成项链、手镯、戒指等系列饰品出售，附加值大大提高，产品远销深圳、珠海，直至香港、澳门等地。

　　由此，厂子规模迅速壮大，跻身全省珍珠行业前三名，翔凤村集体经济因此跃居全镇各村第一位，我也成为远近闻名的"养珠老大"。然而，我并没有因此而感到满足。在一次"杭万"（编者注：杭州万向节厂）之行后，我开始琢磨起自己的事业来。

　　记得那次到"杭万"参观学习，我一直极为仰慕和敬重的时任"杭万"厂长、后被誉为中国"商界常青树"的鲁冠球前辈亲自出面接待了我们。

　　在参观的时候，我忍不住问道："鲁厂长，你们厂子现在的经营规模有多大？"

　　鲁厂长竖起一根手指，笑呵呵地说："就利润而言，天一亮就一万！但是我们有自己的目标，那就是每十年添个零！十年后，达到天一亮十万；二十年后，就是天一亮百万！"

　　"天一亮就一万"，一年的利润就有300多万元啊！我一听就羡慕不已，内心触动很大。

　　虽然我喜欢珍珠行业，工艺品也不会消亡，但它总归是个子行业，发展余地有限，很难做大，很难像鲁厂长一样实现"奋斗十年添个零"的惊人目标。改行，寻找新的创业梦想，开始在我的心中悄悄地萌发。

　　"人生的道路虽然漫长，但紧要处常常只有几步，特别是当人年轻的时候。"正如作家路遥在其成名作《人生》开篇语引用的这句话，人的一生总是在面临不同的选择，每一次或大或小的决定，都会影响和改变一个人的一生。尤其是在改行这样的重要关头，需要审慎抉择。

　　衙前所处的萧绍地区具有悠久的纺织历史，南宋时期就兴起了土纺土织业。1988年1月1日，萧山撤县设市，标志着萧山告别以农业为主的发展道路，迈上城市化和工业化发展的新台阶。1988 年 10 月，绍兴柯桥轻纺市场正式开业，带动周边纺织行业的快速发展。经过反复思考，我下定决心改行进入纺织行业，与人合伙购置 14 台织布机，办起萧山工艺布厂。

正当我把布厂打理得顺风顺水，准备在纺织这个领域干出点名堂来的时候，镇党委书记上门找我谈话，说组织上有意让我去全镇亏损最严重的镇办企业——衙前丝绸化纤布厂担任副厂长，负责生产和销售工作。

去救亏损企业，万一救不活，岂不是自找麻烦？一些好心的亲友都劝我别犯傻，不要去冒这个没有必要的险。说实话，当时我心里也不是很有把握。可回头想想，这对我来说也是一次挑战自我的难得机会，便义无反顾地接受了这一重托。

1989 年 2 月，我到衙前丝绸化纤布厂后，便对这家陷于瘫痪的工厂进行深入调研。厂里没有流动资金，已经半年没发工资了，职工把厂里的棉纱偷拿回家织毛衣成为司空见惯的现象。试想，让这样的工厂起死回生，难度可想而知。

救厂先救"人"。面对这个人心涣散的"烂摊子"，首先必须整顿思想，尽快恢复信心。人总是要吃饭的，没有工资，职工们吃什么？拖欠的工资总得想办法先发下去。我粗略测算了一下，全厂 180 多号人半年工资总共 30 万元左右。

我从家里拿了 5 万元，和厂里另外两位领导一起，3 个人凑了 10 万元，还缺的 20 万元就从信用社贷了款。凑齐款项后，立马召开全厂职工大会，当场向职工们发放工资。

会上，我向大家讲清楚发工资的钱是怎么来的，并慷慨激昂地说："厂，是我们大家的厂，搞好搞不好，我们人人都有责任。只要树立信心，每个人尽心尽责，我们厂一定能够打赢翻身仗，一定能够实现扭亏为盈！今天给大家发工资，一年后如果还继续亏损，我邱建林奖金工资一分都不要，现在拿出的 5 万元也一分都不要！"

话音刚落，全场顿时响起一阵雷鸣般的掌声。厂长自掏腰包发工资，我上任后的"第一把火"烧得职工们心头热乎乎的，大家的工作热情一下子就鼓起来了。

办厂光有热情是远远不够的。随后，我接连采取严肃厂纪厂规、加强内部管理、调整管理干部和公开选拔人才等举措，这"几把火"一把烧得比一把旺，一把烧得比一把令人信服，空前激发了全体职工奋发向上的主人翁精神。

很快，衙前丝绸化纤布厂的效益便扶摇直上。1990 年，全厂销售收入超过 1000 万元，创利 100 多万元，成了全镇效益最好的企业，被评为萧山市一级工业企业。

于是，我这个曾经的"养珠老大"，又博得了"扭亏厂长"的美誉。1991 年 7 月 10 日，我光荣地加入了中国共产党。

就在我入党的第二个月，镇党委书记又一次找我谈话，郑重地向我宣布了组织决定，将我调至另外一家濒临倒闭的镇办企业——萧山色织厂担任厂长。

"人活在世上就应执着于事业，为家乡父老的富裕、为地方经济的发展、为我们国家的强大做出应有贡献！"面对组织再次寄予厚望，我顿感肩上的担子沉甸甸的。

萧山色织厂创办于 1983 年，其历史可以追溯到 1974 年创办的萧山县衙前公社针织厂。那时，在知识青年上山下乡的大背景下，14 名杭州市棉纺局系统干部职工子女跨过钱塘江，前来衙前公社插队落户。为了解决他们的劳动就业问题，杭州袜厂与衙前公社"厂社挂钩"，对口支援了几台手工织袜机，创办了针织厂，该厂为杭州袜厂配套缝合袜口。

当时，我大哥在衙前公社工作，代表公社参与针织厂的创办并出任首任厂长。他肯定不会想到，17 年后这个几易产品、数次更名的厂子，传到了我这个小弟的手上。我也没想到，这一次的临危受命竟然成为我人生的重大转折。

由于历史原因，乡镇企业尽管戴上集体所有制的"红帽子"，但在"夹缝求生"走向"阳光地带"的道路上依然遭遇诸多的坎坷。1989 年，国家开始采取宏观紧缩政策，乡镇企业由此进入长达 3 年的调整治理阶段。加上企业自身经营不善，萧山色织厂便陷入亏损的泥潭。

我是 1991 年 8 月 18 日到萧山色织厂赴任厂长的。衙前镇工业办公室提供的资产清查报告显示，色织厂当时年销售收入不到 1000 万元，职工200 多名，总资产 260 万元，负债超过 200 万元，净资产还不到 60 万元，应收款坏账和库存贬值合计超过 60 万元，实际上已经是资不抵债、入不敷出了。

要把举步维艰的色织厂从倒闭的边缘上拉回来，谈何容易。可能是初生牛犊不怕虎吧！当年的我 28 岁，论经验也没比别人丰富多少，但是勇气还是很大的。我不知道前面到底多艰苦，反正我有一颗赤子的心，有一条命可以去拼。

作为一厂之长，我身先士卒，扑下身子，如同"拼命三郎"，用自己的实际行动去感染每一名职工。当时，厂里实行"三班倒"工作制，早上 8 时、下午 4 时、午夜零时是交接班时间。我在刚上任的几个月时间里，几乎没有一次在午夜零时前下班；即便再困再累，早上也不迟于 7 时 30 分到厂。

艰苦创业几乎是每一个企业家的人生底色，对于我来说也不例外。我发扬"走尽千山万水，说尽千言万语，想尽千方百计，历尽千辛万苦"的"四千"精神，日夜想的、干的都是如何使厂子尽快发展起来。一年到头，我难得有几餐饭与家人一起吃，难得有几夜睡过安稳觉。

功夫不负有心人。在狠抓内部管理、克服人浮于事的同时，我广泛搜集市场信息，一旦看准了畅销产品，便立马组织生产。1991 年年底，不到半年时间，萧山色织厂一举摘掉"亏损帽"。

东方风来满眼春。1992 年年初邓小平南方谈话发表后，冲破了"姓资姓社"的思想束缚，人们的思想又一次得到大解放，让中国这艘航船再次行驶到以经济建设为中心的航线中来。当时，整个社会投资激情涌动，房地产、股票和第三产业投资热潮席卷而来。面对一股股"热浪"，我不赶"时髦"，既然选择了纺织业，就要"咬定青山不放松"，不断做大、做强、做精主业。

没有投入，就没有发展。大发展就要有大投入，大投入才会促进大发展。为此，我本着"老厂办新厂、一厂办多厂"的发展方式，确定了"多方联合、规模发展"的经营方针。1993 年前后，经过多方寻找资金、项目、合作伙伴，我们与中央党校、胜利油田两家单位的下属公司相继达成联营协议，合计筹资 1400 万元，着手筹建印染和化纤项目。

项目筹建期间，为了打造品牌，我广泛征求意见，最终选定"恒逸"两个字作为公司字号和企业品牌。所谓"恒"者，意为"持之以恒"；"逸"者，盖因本人生肖属兔，乃取其字形，意为"超过一般"。"恒逸"，寓意为"永远走在别人的前面"。

创业艰难百战多。筹建印染项目期间，设备极为紧俏，制造商收了设备款却迟迟发不出货。时不我待，我们不甘坐等设备而错失发展良机，大胆地采取了"拦截设备"的非常举动，从半路上将制造商发往其他公司装有印染设备的车辆"请"了进来。

1993 年 2 月，杭州恒逸印染公司开张营业；5 月，杭州恒逸化纤公司第一台加弹机投入生产；6 月，杭州恒逸实业总公司组建设立。当年，恒逸关联企业销售收入一下子突破亿元大关。

1994 年 7 月 1 日，《中华人民共和国公司法》正式施行。10 月 18 日，浙江恒逸集团有限公司（简称恒逸集团或恒逸）宣告成立，成为《中华人民共和国公司法》施行后浙江省首家省批企业集团。企业的合作企业（单位）由联营改成股份，我担任集团公司董事长兼总经理。

随着形势的变化，乡镇企业体制弊端日益显现，越来越制约生产力的发展。1996 年 10 月萧山市出台《关于今年第四季度集中时间集中精力整体推进企业转制的工作意见》后，衙前镇成立企业转制工作领导小组，将恒逸集团列为首批转制企业。

转制后，恒逸集团蜕变为民营企业，以我为代表的经营团队拥有绝大多数的股份。作为大股东，我头上就像带了个"紧箍咒"，不断催促自己在激烈的竞争中谋求企业生存之道。从此，我成为真正意义上的"恒逸掌门"。

1997 年 3 月，萧山市纺织印染行业协会成立大会召开，我被推选为协会会长。身为行业"领头雁"，我的责任更重了。

正当我踌躇满志地从国外引进设备扩大生产规模之时，一场发端于泰国的金融危机突袭而来，波及世界各地，给中国的纺织业出口带来巨大的打击。作为纺织行业的重地，萧山纺织企业也多数处于停产或半停产状态。一时间，中国纺织行业"夕阳论"在业内外弥漫开来。

只要精神不滑坡，办法总比困难多。我坚定地认为纺织行业之所以成为中国的传统行业，是因为它具有极强的生命力，才会一代代相传下来。"让中国悠久的纺织历史在我们这一代人身上再次闪射耀眼的光芒！"当这幅标语在厂区醒目的位置赫然出现时，恒逸人心头升起一份从未有过的历史责任感。

"只有倒闭的企业，没有倒闭的行业。"1998 年 6 月下旬，我经过深思熟虑后，召集董事会全体成员开了一个关乎恒逸未来何去何从的会议，后来我们称之为恒逸的"遵义会议"。经过一番激烈的争论，董事会做出了印染停业转产的重大决定，并对 1996 年制定的恒逸集团"一五"规划进行重新调整，确立向一体化发展的战略。

战略上的进与退，不同于战术上的攻与守。在危机面前，谁能抢占先机，并能灵活应变，谁就是赢家。特别在行业萧条时期，企业活下去才是硬道理。壮士断腕，这是何等的悲怆！一个苦心经营整整 5 个年头尚在盈利中的印染厂说关就关，这在恒逸集团内外引发一场不小的震动。

我认为，搞企业是一个长期行为，放弃印染如同"弃卒保车"，为保持和巩固企业的既有优势赢得了主动，成为恒逸集团实施大战略的重大转折点。此后，我便集中精力，义无反顾地踏上向产业上游拓展的逐梦征程。

"服装→纺织面料→涤纶长丝/短纤→PET（聚酯）→PTA（精对苯二甲酸）/MEG（乙二醇）→PX（对二甲苯）→MX（混二甲苯）→石脑油→原油"，这是一条往上游延伸的完整化纤产业链。

从经济学角度分析，越往产业上游，资本越密集，竞争越有优势，投资风险也越大。于是，我时刻关注化纤产业链上下游的各种信息，潜心进行研究，积极拓展新的市场空间。然而，往上游每走一步，对于我来说都是一个全新的领域，必定是难之又难的。因为这并非无人竞争的地带，先入为主者都不习惯自己既有领地突然闯入一个"麻烦制造者"。

随着中国加入世贸组织（WTO）步伐的日益加快，国家逐步放宽民营企业的市场准入条件，促进民营经济不断发展壮大。面对这个千载难逢的历史机遇，我捕捉到了向上游进发的切入点。然而，我也深知，如果单凭自身的发展积累，是难以拿出数以亿计的资金涉足上游产业的，必须抱团取暖，变对手为战友，化竞争者为合作者，共同做大市场"蛋糕"。

作为土生土长的萧山人，我深受钱塘江文化的浸润，具备了"肯吃苦、争一流、不言败"的品格。将"挑战自我是人生最大的幸福"奉为座右铭的我，高举合作共赢大旗，敢为人先，敢于做第一个"吃螃蟹"的人，带领全体恒逸人以开路先锋的气势，不畏艰险，破冰前行，谱写了一曲曲永争上游的奋进之歌。

1999 年 9 月，恒逸与兴惠化纤合作建设国内民营企业第一条聚酯熔体直纺生产线，这条生产线于 2001 年 5 月胜利投产，创造了国内同类工程建设速度最快的新纪录。这一年，中国终于叩开了 WTO 的大门，萧山撤市设区，恒逸集团销售收入突破 10 亿元，首次位居萧山百强企业前三名。恒逸集团作为主要承担单位完成实施的"年产20万吨聚酯四釜流程工艺和装备研发暨国产化聚酯装置系列化"项目，荣获2006年度国家科学技术进步奖二等奖。发展到今天，恒逸聚酯年产能超过1000万吨，居全球第一。

2002年10月，恒逸与荣盛集团携手在宁波经济技术开发区建设全国第一个纯民营PTA项目，这个项目于2005年3月成功投产，创造了世界PTA项目建设和开车史上工期最短的纪录。这一年，恒逸集团销售收入首次超过100亿元，跻身"百亿军团"行列。此后，为了提升定价PTA"话语权"，恒逸又相继北上大连、南下洋浦建设PTA项目，成为国内首家自主研发应用单套实际年产能达到200万吨的PTA工艺、工程技术企业。目前，恒逸参控股企业PTA年产能达2200万吨，居全球第一。2006年9月，设立浙江恒逸集团有限公司控股的恒逸石化股份有限公司。2011年6月，"恒逸石化"股票在深圳证券交易所上市。

2011年12月，恒逸与中石化达成合作协议，成立浙江巴陵恒逸己内酰胺有限责任公司，在杭州临江建设全球单体产能最大的年产20万吨己内酰胺（CPL）项目，于2012年8月顺利实现全流程贯通。这是国内民营企业与国有企业在CPL领域开展的首次合作项目，成为混合所有制企业成功合作的典范。随后，该公司分两期进行扩能改造，并于2018年、2019年先后完成，CPL年产能达40万吨。由此，恒逸集团在国内同行中率先形成"涤纶＋锦纶"双产业链驱动模式。

图1　浙江恒逸集团有限公司在文莱投资建设的石化一期项目投料试车一次成功，在全国石化行业中创造了千万吨级炼厂投料试车时间最短、过程最稳和安全环保业绩最优的新纪录（李绪摄于2019年11月3日）

2014年2月，恒逸与文莱达迈签署合资协议，在文莱大摩拉岛（PMB）分两期建设石油化工项目，其中一期项目年加工原油800万吨，于2019年11月投料试车一次成功，在全球石化行业中创造了千万吨级炼厂投料试车时间最短、过程最稳和安全环保业绩最优的新纪录。PMB项目列入首批"一带一路"重点建设项目，被誉为中文两国旗舰合作项目，并写入中文两国联合声明，为中国石化产业走向国际树立了新标杆。一期项目年生产 150 万吨 PX、50 万吨苯、565 万吨油品和 60 万吨液化石油气。

"艰难困苦，玉汝于成；创业维艰，奋斗以成。"在恒逸集团从下（游）往上（游）、由轻（纺）到重（石化）的拓展历程中，我饱经风雨而不惑，坚守实业而无悔，终于打通了全产业链一体化经营的"最后一千米"，形成"一滴油 + 两根丝"双产业模式和"柱状型"产业布局，为推动改变中国乃至世界聚酯、PTA 和石油化工产业格局贡献恒逸力量。目前，恒逸集团共拥有员工 20000 余名、总资产 1000 多亿元，2019 年度实现销售收入 2150 多亿元，连续 9 年名列中国企业 500 强前 200 位、连续 16 年名列中国民营企业 500 强前 50 位。

在激烈的市场经济大潮中，多少曾经显赫一时、辉煌无比的风云企业早已销声匿迹，恒逸集团这么多年来为何依然能够勇立潮头、奔竞不息？我想，这应该与作为"舵手"的我不为文凭而学习的求实精神不无关系吧！

知识就是力量。或许是因为当年没机会念高中、上大学，我对知识的渴望尤为强烈，学习的脚步从未停歇。我信奉"笨鸟先飞，勤能补拙"，在围垦劳动时一有空闲就捧起书本，工作后几乎把所有的业余时间都用于"充电"，先后在浙江工业大学、东华大学和澳门科技大学深造，进修了工商管理博士高级研修班系列课程。

图 2　浙江恒逸集团有限公司积极推进智能车间建设，下属化纤公司引进国内领先的全自动包装线试运行，节省大量人工的同时提高了工作效率和产品质量（范方斌摄于 2017 年 11 月 15 日）

"活到老，学到老"，这句老话告诉我们学习是永无止境的，需要树立终身学习的理念。而今，我虽然年近花甲，工作再怎么忙，每周阅读一本书的这个习惯仍然雷打不动。我想，正是因为我坚持学习，才能不断丰富知识、拓宽视野、创新思维，才能跟上知识经济的时代脚步，才能保证恒逸集团这些年没有在战略管理上出现重大失误，保持着良好的发展势头。

　　人才是生产要素中最基本、最重要的要素。与全国众多乡镇企业一样，人才的匮乏成为恒逸在组建集团之初制约发展的重要因素。我还清晰地记得，1991 年我接管萧山色织厂的时候，全厂职工最高学历是高中，所有的高中学历职工坐在一起，连一桌都坐不满。有一半职工是文盲，有些职工甚至连自己的名字都不会写。

　　企业要发展，离不开高素质的员工队伍。为此，在恒逸集团"一五"规划期间，我就把人才投资作为最优先的战略性投资，启动实施"1000 万元人才工程"。对现在的恒逸集团来说，1000 万元是个小数目，但在 20 多年前却是一笔相当大的支出。通过实施"1000 万元人才工程"，送集团高管出去脱产学习工商管理专业知识，并采取"外引内培"相结合的方式，花重金引进关键技术人才，同时积极推动校企合作，在企业内部面向中基层管理人员开办企业管理专业证书班。由此，恒逸集团上下形成"人才强企"共识，牢固树立"尊重知识、尊重人才"的良好氛围，建立"引得进、留得住、用得好"的人才机制。

　　天高任鸟飞，海阔凭鱼跃。在之后的发展过程中，我们灵活的用人机制和优厚的个人待遇，吸引全球范围内一大批急需的专业人才前来加盟，他们在此尽情施展个人的聪明才智。2003 年 12 月，国家级博士后科研工作站落户恒逸集团，该站成为集聚高端人才、促进技术创新的有效载体，至今累计招收博士后研究人员超过 30 名。2006 年 10 月，第十三批国家认定企业技术中心公告发布，恒逸集团技术中心光荣上榜，成

图 3　萧山区人民政府与浙江恒逸集团有限公司签署战略合作协议，双方以"坚持合作共赢、推动最大做强、实现互惠互利"为合作原则，打造本土标杆企业，进一步加快萧山化纤行业转型升级（丁力摄于 2019 年 12 月 24 日）

为全国民营化纤生产企业首家被认定为国家级的企业技术中心；2019年4月，浙江大学—恒逸全球未来先进技术研究院揭牌成立，在化工与新材料、生物制造、智能制造等领域开展全方位的长期研发合作，促进人才、技术、信息、资源的全面共享与互动，助推实现双方目标愿景。

战略的执行需要人才的支撑。为此，我提出以"提升现有的、引进特殊的、培养未来的"为目标的人才工作意见，开启了恒逸新蓝、浅蓝、蔚蓝、深蓝四大"蓝"系列人才培养计划。近年来，通过深化组织变革和团队建设，健全和完善人力资源规划，我在大胆起用年轻管理人才的同时，通过多种渠道引进国内外高级管理和技术人才，并推动文莱大学和浙江大学联合培养当地化工人才，为恒逸文莱PMB项目提供未来的工程师储备，并为文莱化工产业发展培养人才。

"我年轻的时候，做梦都想上大学。现在成为大学校长，我做梦都没想过。"在2017年10月27日恒逸企业大学筹备典礼上，我发出了这样的感慨。恒逸企业大学下设领导力学院、恒才学院、产业学院和培训发展学院，建立了一整套培训工作体系。在我看来，恒逸集团董事长是我的法定职务，担任恒逸企业大学校长也是我分内的事。对于企业大学校长，我非常看重这个职务，也非常乐意担任这个职务，因为实现"百年恒逸"的梦想需要我身体力行，推动全体员工不断学习，追求卓越，共创未来。

企业是社会的细胞，社会是企业利益的源泉。作为企业家，应当饮水思源，树立正确的社会责任观，在牢牢守住诚信经营、依法纳税和安全环保底线的同时，切实关爱员工，积极回报社会。无论是对内为员工办实事，还是对外为社会办好事，我认为都要保持低调，尽力而为，量力而行，绝不能有沽名钓誉之心。

发展是企业最大的社会责任。让我深感自豪的是，通过这些年的不懈努力，恒逸集团旗下恒逸石化股份有限公司于2011年6月实现整体资产上市，昔日濒临破产的镇办小厂发展成为如今阔步迈向世界的千亿级跨国企业集团，员工从200多名增至20000多名，为社会安排了600多名残疾人，解决了1000多名下岗工人的再就业问题，每年为应届大学毕业生创造数以千计的工作岗位，对外捐款赠物累计超过6亿元。

关爱员工，善待员工，是企业应履行的最基本的社会责任。为此，我坚持以人为本，从点滴做起，从小事做起，让员工切身感受到企业的人文关怀。记得 2006 年春节，我出差在外，听说集团下属化纤公司发起救治双职工患慢性肾炎女儿的捐款倡议，立即联系办公室负责人代为转交 1 万元爱心款。在我的带头下，治疗款短短几天时间就募集到位了。为了改善外来员工住宿条件，一幢幢多功能性、高智能化的恒逸公寓拔地而起，房内配套设施一应俱全。为了留住优秀人才，恒逸先后推出购房首付无息借款和发放住房补贴等举措。为了分享发展成果，连续推出三期持股计划，直接受益员工超过 2000 名。

图 4　2020 年，浙江恒逸集团有限公司在海宁投资建设的新材料高端化纤生产基地一期 5 条生产线全部实现开车投产一次成功。图为卷绕车间自动落筒操作现场。（丁力摄于 2020 年 11 月 12 日）

我认为，投资教育是把财产转化成财富的最好方式。进入 21 世纪，恒逸集团具备一定的规模，进行的"大手笔"捐赠就是从助力教育事业开始的。2002 年 9 月，恒逸在萧山区启动"200 万元爱心工程"（后增至 2000 万元），持续帮扶萧山区品学兼优的贫困高中学生；2003年 7 月，捐赠 1000 万元设立"东华大学恒逸奖助学金"（后增至 3000 万元），该项目成为上海高校最大的助学金项目；2007 年 9月，捐赠 1000 万元设立"浙江大学恒逸基金"（后增至 4000 万元），并于2017 年 12 月追加捐赠 1 亿元，设立"浙江大学教育基金会恒逸卓越发展基金"，助推浙江大学"双一流"建设；2018 年 1 月，捐赠 1 亿元设立"杭州师范大学恒逸邱建林基金"，助力杭州师范大学人才发展与科研培育；2020 年 8 月，响应国家加强东西部协作号召，向宁夏吴忠市红寺堡区捐赠 3000 万元，建设弘德希望学校，支持中国西部教育。

在捐赠支持教育事业的同时，我们主动对接慈善机构，先后在浙江省慈善联合总会和杭州市萧山区慈善总会设立 1 亿元留本冠名基金；支持行业进步，向纺织之光科技教育基金会捐赠 500 万元，捐资 1600 万元设立"中国化学纤维工业协会恒逸基金"；每年积极参与"春风行动"、联乡结村等扶贫帮困活动，还捐款 500 万元支援汶川震区灾后重建，在新冠肺炎疫情期间向文莱卫生部捐赠 100 万美元抗疫物资，促进中文两国人民在携手抗疫中加深感情，展现中文两国守望相助、同舟共济的友好情谊。

恒逸集团热心公益慈善的具体行动，对全体员工产生了潜移默化的影响。从 2002 年开始的每年一度的集体无偿献血活动，成为恒逸人一张独特的公益名片。作为萧山区夏季无偿献血的"主力军"，我们于 2011 年在浙江省企业当中率先设立"无偿献血日"，每年 8 月份第一个星期三，都有 300 多名恒逸人不顾天气炎热，纷纷从萧山区内各企业赶来献血。2019 年以来，恒逸萧山企业约有 5000 人次献血，计 130 万毫升。而今，恒逸国内其他企业以及文莱公司员工均积极响应当地政府号召，伸出手臂献爱心。

2019 年 11 月 19 日，曾获萧山"慈善大使"称号的我，被授予浙江省公益慈善领域政府最高奖——"浙江慈善奖"个人捐赠奖。我以这个荣誉为鞭策，怀着一颗感恩的心，将"造福桑梓，回报社会"作为不变的承诺，在公益慈善之路上持之以恒地走下去。

2021 年，是中国共产党建党 100 周年，也是我入党 30 周年和正式参加工作 40 周年。我是农民的儿子，也被人叫作农民企业家。我非常庆幸自己生逢这个伟大的时代，让我有机会成为中国改革开放历史进程的见证者、参与者和受益者。回望奋斗来时路，每一次山重水复，每一次峰回路转，我都坚守初心，矢志不渝，在永争上游的逐梦征程中，始终秉承"永不止步，缔造辉煌"的恒逸精神，感受着挑战自我的无比幸福。

恒道酬勤，逸志高远。迈入新时代，恒逸人牢记使命，开启了高质量发展新征程，向着"建百年长青基业，立世界名企之林"的恒逸梦昂扬进发。而今，恒逸文莱年加工原油 1400 万吨二期项目启动，国内既定各大生产基地建设全力推进，在萧山总部以建设中国化纤工业互联网平台、恒逸国际总部中心和全球创新中心、益农化纤新材料示范基地为主要内容的"121"规划加快实施。

作为恒逸的班长，我也是恒逸的一名战士，我早把恒逸事业视为自己的毕生追求。我将在有生之年倾尽心血，带领全体恒逸人践行"重务实、敢担当、善超越、乐分享"的企业核心价值观，只争朝夕再出发，不负韶华共奋进，坚定不移地朝着到 2024 年恒逸建企 50 周年时实现销售收入5000 亿元、2044 年恒逸组建集团 50 周年时成为国际一流石化产业集团之一的"两个 50 年"奋斗目标砥砺前行。

# 东南网架带领网架行业行稳致远

## ——郭明明口述

采访者：金雄波　　　　　　　　整理者：金雄波

郭明明

　　**郭明明**，1962 年 12 月出生，杭州萧山人，中共党员，浙江东南网架集团创始人，现任浙江东南网架集团（简称东南网架、东南）党委书记、董事长，浙江大学工商管理硕士，高级工程师，高级经济师。浙江省第九、十、十四届人大代表，先后荣获全国五一劳动奖章、全国优秀企业家、浙江省优秀企业家、2016 年度"风云浙商"、浙江省劳动模范等荣誉称号。

　　东南网架现已发展成为以建筑钢结构为主，涵盖大健康、房地产、新材料、贸易和投资等产业的大型上市集团。它承建了 500 米口径球面射电望远镜中国"天眼"、国家游泳中心"水立方"、广州电视塔"小蛮腰"、上海世博会中国馆、杭州奥体中心主体育场等标志性工程。它连续十多年进入中国民营企业 500 强、中国制造业企业 500 强、中国建筑企业 500 强，荣获浙江省"三名"培育示范企业、浙江省行业最大骨干企业、浙江省建筑业重点骨干企业、浙江省政府质量奖提名奖等荣誉称号，获得鲁班奖 35 项、詹天佑奖 10 项、国家优质工程奖 20 多项，以及其他省部级奖项 300 多项，成为中国钢结构行业塔尖企业、绿色建筑引领者。

他坚持以振兴民族产业为己任，创世界一流品牌，实现产业报国。他努力践行"仁德诚信，臻于至善"的核心价值观，积极发挥东南网架领军企业的标杆示范作用，引领中国装配式钢结构产业化发展，促进地方经济的繁荣。同时，积极向行业内外推广绿色低碳装配式钢结构建筑，持续推动行业和社会的进步，引领带动大批中小企业自主创新，创造更多的就业机会。

他热心公益，主动承担社会责任。他投资16亿元，创办非营利性综合性的浙江萧山医院，解决萧山及周边老百姓"看病难、看病贵"的问题。近五年，在教育文化、医疗卫生、社区共建、助困扶贫、慈善捐助和重大灾害事件救助等方面，他累计公益支出8000余万元。

# 一　经营集体企业

**采访者：**简述接管镇办集体企业萧山涡轮箱厂前的人生经历。您在什么情况下接管镇办集体企业萧山涡轮箱厂？该厂是哪一年创办的？接管时的企业经营情况如何？

**郭明明：**我是个农民，从小就有个梦想，长大后要当建筑工人。于是，我高中毕业一年后，就去萧山第四建筑公司当了一名临时工。因为我父亲是工人，按照当时的政策，我父亲退休，我们兄弟俩有一个人是可以"顶职"的。当父亲征询我意见时，我还是放弃了顶职的机会，仍到建筑公司去工作。在建筑公司，我什么活都干过，小工、泥水工、木工、钢筋工等，全做过。当时，很多人说，你家庭条件也不错，完全没必要这么辛苦。其实这个苦还不算苦。

干农活比建筑公司的工作辛苦多了。我17岁高中毕业，开始在农村生产队干农活，挣工分。掘田插秧、挑粪撒肥、割稻打稻、围垦挑泥等，样样活都干过，样样活都会干。当时的艰辛，对于现在的年轻人来说，简直无法想象。撒猪肥全靠一双手，就算洗手洗个几十遍，手上还是有一股臭味儿。即使这样，我也任劳任怨，始终牢记父母跟我讲的"不要怕吃苦，什么脏活、重活都要去干，都要会干"。一年不到，我所有的农活都学会了，成了生产队的十足劳动力。

我在建筑公司干了半年临时工后，去浙江大学土木系读了两年的工民建专业，这两年的学习，加上之前在建筑公司的工作实践，让我迅速成为工民建方面的一名技术人员，并当上了四建公司技术副经理。所以，人生做任何一件事，都要有一种肯吃苦、肯咬牙坚持的精神。

20世纪60年代中期，螺山公社为促进农业的发展，于1964年6月创办了螺山农机修造厂，该厂为公社集体所有制企业。1975年，随着萧山县乡镇工业的崛起，该厂变更为萧山涡轮箱厂，转产涡轮减速器。1986年，萧山涡轮箱厂经营不善，一直走下坡路。组织上信任我，把我从四建公司调到厂里当厂长。当时涡轮箱厂一年的销售收入只有几十万元，到年底职工工资都发不出来，我自己托关系找朋友借了6万元发工资，这才总算过了年关。

**采访者**：您为什么创办网架厂？什么时候登记注册的？创办时遇到的最大困难有哪些？您是如何解决的？

**郭明明**：我这个人性格就是如此，要么不当厂长，要当就要当好，把这个企业做成功。当时我了解到网架这一新型建筑空间结构已经被引进中国，但国内的网架企业凤毛麟角。经过大量的考察学习和市场调研，产品市场前景是比较好的。于是我下定决心，放弃涡轮减速器生产，转产网架钢结构。很多人说，我这个决定很冒险。但后来的实践证明，前瞻性的冒险，其实是一种创新。

1984年1月，登记注册杭州东南网架厂。后与浙江大学合作研制成功并生产新式钢管大屋顶螺栓球节点网架，年产能力500吨。那个时候在中国，绝大多数人没听说过"网架"这个词，我去推介产品的时候，很多人以为是捕鱼的网。那时我亲自做推销员，走南闯北，起早摸黑，一出去就是十几天，往往吃的是盒饭，睡的是地板，哪有现在出差乘飞机住宾馆这样好的条件？我跑了十几趟，磨破了嘴皮子，人家还是不理解"网架"是个什么东西。当时经历的磨难，吃过的苦，至今记忆犹新。市场打不开，我心急如焚，也怀疑过自己的决定，但还是咬牙坚持，我想已经苦了一年多，再苦个一两年来开拓市场，又有什么关系呢？一定要打开市场。华南市场不行，我们就到东北，交通不便，坐票买不到，就买站票，站个几天几夜到东北。我当时真的是踏遍千山万水，想尽千方百计，说尽千言万语，历尽千辛万苦。

当时我们没有专业的技术团队，网架结构技术含量又很高，因此，我们与浙江大学土木系建立了长期校企合作关系，以他们的技术为依托，逐步打开了市场。第一个网架工程是宁波大学食堂，当时以网架和桁架为主。一分耕耘，一分收获。1988年，东南网架中标了深圳机场，接到了真正意义上的第一个大网架工程。那个时候，"东南网架"只是行业里的"小弟弟"，徐州、苏州、北京一些网架厂都是我们的老大哥，是我们学习的榜样。

**采访者**：影响集体企业发展的最大问题是什么？企业的决策是如何决定的？

**郭明明**：影响集体企业发展的最大问题是集体企业管理体制的管理模式比较僵化，企业的决策全由镇政府决定，缺乏企业自主权，体制机制不是很灵活，尤其是随着市场开放程度的加大，集体企业在市场竞争环境下显得僵化，严重制约企业的发展。因此，为了引进先进管理技术，我们1993年引进外资，建立中外合资企业。

## 二　企业转换经营机制

**采访者**：什么时候登记注册中外合资企业？

**郭明明**：1993年3月，登记注册中外合资杭州东南网架有限公司。建立中外合资企业后，企业自主决定投资2000万元，改造网架生产线，引进锻加工、金加工、检测等先进设备及配套设施100余台（套），网架产品从设计、加工、检测到储存、出厂实现全自动化控制。同时完成焊接空心球网架开发，并通过省级鉴定。1993年年底，公司被中国钢协空间结构协会认定为中国建筑钢结构工程制作、安装定点企业，并当选为中国钢协空间结构协会副理事长单位。第二年，公司完成工业总产值1.4亿元，创税利1006万元，被省计划经济委员会、经济体制改革委员会、统计局和中国企业评价中心浙江分中心评为浙江省行业最大工业企业、浙江省最佳经济效益工业企业。

**采访者**：为什么后来又组建企业集团？什么时候登记注册集团有限公司？集团有限公司总股本金、股东、股东出资、主营业务情况如何？

**郭明明**：1995年1月18日，为提升企业形象，彰显公司实力，整合资源，扩大市场，留住企业人才，促使企业更快发展，我们改组杭州东南网架厂，登记注册浙江东南网架集团有限公司。公司注册资本2780万元，其中萧山涡轮箱厂出资 1980 万元、萧山衙前水泥厂出资 800 万元，拥有全资和控股企业 6 家、参股企业 1 家。登记注册企业集团后，与国家冶金工业部研究总院研究开发彩钢 EPS 复合板第三代板材产品。这一年，产品钢结构、网架及其配套板材被评为全国消费者信得过产品，省级新产品焊接空心球节点网架、螺栓球节点网架获全国科技成果金奖。集团被浙江省人民政府命名为浙江省"八五"时期规模经济效益先进企业。

通过几年的发展，我们意识到，单一做网架结构没有很强的竞争力，需要屋面围护配套才具有更强的竞争力。1996 年，我去欧洲考察，了解到意大利有生产网架屋面板的生产线，技术先进，自动化程度也很高。但生产线造价昂贵，价值 3200 万元，这对当时的东南网架来讲，是个天文数字。那时候，东南网架的注册资本不到 3000 万元，也就是说，如果这次决策失败，公司将面临破产。这又是一次巨大的冒险。通过国内外市场调研，对市场前景我们还是看好的。于是我们坚定信心，东拼西凑，举公司之力，从意大利引进了这条全自动化的聚氨酯—岩棉复合夹芯板生产线。调试成功投入生产后，订单接踵而至，东南网架一跃成为行业龙头企业。1997 年 8 月，浙江东南网架集团获钢结构、网架工程施工一级资质。聚氨酯—岩棉复合夹芯板通过浙江省消防局和省科委联合组织的省级鉴定，技术达到国际先进水平。

所以说，做任何工作，必须要有信心，劳其筋骨，苦其心志；要有诚心，心诚则灵；要有爱心，要做自己喜欢做的事；要有耐心，要有恒心，持之以恒，坚持不懈。

**采访者：**你们后来为什么将企业中的镇集体资产退出？

**郭明明：**由于建立企业集团后，企业所有制性质没有根本转变，股本姓"公"，政企还是没有分开，难以做到真正自主经营，且集体资本所有者代表对企业所做的决策又不负任何责任；经营者和职工吃"大锅饭"的思想依然存在，"月亮走我也走"，缺乏敢为人先的竞争意识和勇于开拓的创业精神。另外，企业集团各成员企业的产权也不明晰，使企业集团管理不顺，决策、投资功能难以得到充分发挥。为此，我们于 1998 年 11 月 23 日，在对企业资产进行清理、评估、确认、界定和处置的基础上进行了重组，调整集团公司资本为 3000 万元，吸收经营者参大股，成立集团公司职工持股协会（公司自有资产的企业部分作为影子股由职工持股协会持有），镇集体资产由衙前镇集体资产经营公司持有。这样，较好地打破了集团资本在公司股本中的一统天下局面，形成由经营者控股的、多种股份成分组成的资本结构。从此公司的自主经营权和决策权在法律上得到保障。

2001 年 7 月 15 日，根据区人民政府办公室下发的职工集体股终极产权改革意见等政策，衙前镇资产经营公司所持股权和集团公司职工持股会所持股权有偿转让给集团公司高级管理人员和具有较强工作能力、业绩突出、手艺精湛的员工，并吸收受让者入股。至此，集团公司全部集体资产退出企业。

**采访者**：集体资产退出后的主营业务有否改变？参与组建萧山医院的初衷是什么？

**郭明明**：集体资产退出后，一是集团主营业务为钢结构网架及其与之配套的屋墙面板材，二是集团参与组建浙江萧山医院（萧山区政府和集团公司共同出资组建）。这是一家事业单位登记管理的三级乙等综合医院。2006 年 4 月 28 日浙江萧山医院建成开业。

从钢结构一下跳到萧山医院，这个转换有点快，当时很多人都反对。我认为，第一，企业发展了，必须承担社会责任，回报社会；第二，做企业要做强、做大，更重要的是要做长做远，因此，当时我们就下定决心投资 20 亿元来建设浙江萧山医院，解决老百姓看病难、看病贵的问题，同时也为企业未来发展大健康产业搭建了一个很好的平台，积累了很多宝贵的经验。

## 三　企业股票上市

**采访者**：企业发展态势很好，怎么又想到了企业上市？什么时候登记注册股份有限公司？股本金总额、股东人数、股东出资、主营业务情况如何？

**郭明明**：为了进一步将企业做强、做大，解决投资超高层全钢结构建设项目、东南（成都）钢结构产业化基地建设项目和结构大型体育及会展类建筑钢结构技改项目等建设资金问题，我们决定上市。

2001 年 7 月 13 日，北京申奥成功。当时，我有一种很坚定的信念和期盼，觉得东南网架将迎来又一次绝佳的发展机会，创造东南更大品牌的时候到了。凭借我们的实力和技术，一举承接了 6 个北京奥运会场馆及配套工程，包括国家游泳中心"水立方"、奥运会羽毛球馆、北京首都机场 T3A 航站楼、北京射击馆、跳水馆、举重馆等，成为行业里承建奥运场馆最多的企业。

但是，困难和挑战远比我们想象的更大。就拿"水立方"来说，它是世界首创的多面体钢架结构，被业界称为"三无产品"：无工艺、无规范、无标准。制造、施工难度超乎所有人的想象，所有的构件都是异型、复杂构件，有 20670 个杆件、10080 个球，每个杆件都不一样，每个节点的空间坐标都不一样，制造难度比常规网架要难十几倍。

面临这座创多项世界第一的建筑，凭借无比的责任心，凭借技术的创新，我们终于攻破一个又一个难题，克服一个又一个困难，保质保量完成了这一伟大工程。凭借该工程我们先后荣获鲁班奖、詹天佑大奖、国家优质工程金奖等荣誉，极大地提升了东南的核心竞争力和品牌地位。

企业要进一步做强做大，必须要进入资本市场。我们上市前有一个董事长见面会，当我汇报到三分钟、谈到"水立方"时，证监会领导说，你不用说了，就凭"水立方"是东南集团做的，说明你们上市的条件已经完全具备了。我现在回想起来，当时将企业上市的战略决策是完全正确的，要不然也绕不开资金担保链的问题，企业可能早就死掉了。企业上市以来，公司内部治理结构更加规范，竞争力更加强劲，累计募集资金 30 亿元，大大增强了企业的实力，降低了企业负债率。

现在回过头去想想当时的困难和挑战，如果没有百折不挠、艰苦奋斗的精神，没有对目标孜孜不倦的追求，我们是不可能完成这些壮举的。

2001 年 12 月 29 日，浙江东南网架股份有限公司在浙江省工商行政管理局登记，注册总部位于浙江省杭州市，股本总额为 10000 万股，由浙江东南网架集团有限公司、浙江恒逸集团有限公司、杭州萧山振东出租汽车有限公司 3 家法人单位和徐春祥、周观根、郭林林、陈传贤、殷建木 5 名自然人共同发起设立。2003 年公司注册资本增至 1.5 亿元。主营业务为建筑钢结构行业，公司业务专注于空间钢结构、高层重钢结构、轻钢结构领域，在空间钢结构领域具有突出优势。

**采访者：**哪一天企业股票上市？总股本金、流通股多少、股东总人数多少？现在总股本金、流通股多少、股东总人数多少？

**郭明明：**2007 年 5 月 30 日，公司"东南网架"股票在深交所中小企业板上市，上市时股本总量为 2 亿股。截至 2007 年 12 月 31 日，流通股为 0.5 亿股，股东总数为 2.28 万户。后因年度利润分配和项目建设需要，几经调整公司股本金，截至 2020 年 6 月 30 日，公司股份总数为 10.34 亿股，流通股为 9.57 亿股，股东总人数为 5.26 亿户。

企业上市，是公司保持快速发展、巩固行业地位、提高资本实力、实现规模扩张的重要战略措施，增强了公司未来发展潜力。2011 年 12 月 8 日，经中国证券监督管理委员会证监核准，公司非公开发行人民币普通股（A 股）股票 7430 万股，将募集资金用于拓宽延伸建筑钢结构产业链，完善钢结构产品结构，扩大建筑钢结构的产能。2015 年 12 月 22 日，公司又以非公开发行股票的方式向东南集团、木正投资、昂钰投资、璞玉投资和金匀投资发行 105932200 股人民币普通股（A 股），募集资金全部用于偿还银行贷款与补充公司流动资金。后又为保障公司重点工程建设项目的实施，夯实公司主营业务，促进公司进一步扩大在建筑钢结构行业的市场份额，提升公司在基础设施建设、公共场馆建设、高层绿色建筑建设等领域的知名度，巩固公司的竞争优势，提高公司的市场影响力，于 2017 年 10 月 30 日新增股份 1.7987 亿股人民币普通股（A 股），用于 14 万吨钢结构工程项目。

公司严格按照《中华人民共和国公司法》《中华人民共和国证券法》《上市公司治理准则》《深圳证券交易所股票上市规则》《深圳证券交易所中小企业板上市公司规范运作指引》和中国证监会、深圳证券交易所颁布的相关法律法规的要求，持续完善公司治理结构，健全内部制度体系，加强信息披露工作，进一步规范公司运作，提高公司的治理水平。截至报告期末，公司治理的实际状况符合中国证监会有关上市公司治理的相关规范性文件的要求。公司的经营管理均严格按照各项制度要求执行，实际执行情况与制度文件要求不存在差异。

**采访者：**请您详细谈谈企业发展中的关键转折点？企业不同发展阶段，关注的

**图 1　建设中的杭州奥体中心主体育场（柳田兴摄于 2013 年 8 月 19 日）**

重点是什么？

**郭明明**：公司的发展历程大致可以分成以下四个阶段。

第一阶段，创建期（1984—1995年）：艰苦奋斗，积累资本。20世纪80年代初期，网架祖师——德国的麦克斯·门格林豪森发明的网架这一新型建筑空间结构开始被引进中国。我们放弃当时的涡轮减速器生产，转产网架钢结构，成为第一个"吃螃蟹的人"。1984年1月成立杭州东南网架厂，这是浙江东南网架集团的前身。这一阶段，东南网架积累了资本、技术、经验、人才，形成"与时俱进，竞奔不息；敢于创新，勇立潮头"的东南精神。1995年，以杭州东南网架厂为主体，组建了浙江东南网架集团。

**图2　基本建成的杭州奥体中心主体育场**
**（柳田兴摄于2016年6月14日）**

第二阶段，成长期（1995—2007年）：诚信为本，开疆扩土。公司坚持"建一项工程、树一座丰碑、拓一方市场"的品牌理念和"诚心做人、用心做事、有情服务、厚德载物"的服务理念，完美地完成广州国际会展中心、广州新体育馆、黄龙体育中心等国家、省、市重点工程。2004年年底，公司陆续承接首都机场T3A航站楼、国家游泳中心"水立方"、奥运会羽毛球艺术体操比赛馆、北京射击馆、沈阳奥体中心等7个奥运工程。东南网架力求每一项工程都成为当地的地标建筑。2007年5月公司在深交所挂牌上市。

第三阶段，发展期（2007—2017年）：投资扩张，海外发展。公司抓住对外投资和重组并购的机遇，建立天津东南钢结构有限公司、广州五羊钢结构有限公司、成都东南钢结构有限公司。这三个省外基地的创建，构筑起了东南网架跨省多地经营、产业多边联动的广阔发展平台，实现了钢结构、网架大厂向钢结构、网架强队过渡的历史性跨越和产业梯度转移。公司还不失时机地发展海外市场，紧跟"一带一路"发展步伐，承接安哥拉本格拉体育场、哈萨克斯坦影剧院、刚果（布）布拉柴维尔玛雅国际机场航站楼、马拉维体育场、委内瑞拉国际会议中心、柬埔寨国家游泳馆等一系列海外工程，将中国的钢结构民族品牌扬名海外。

第四阶段，转型期（2017年至今）：创新转型，绿色发展。紧紧抓住国家绿色发展、新型建筑工业化、健康中国等政策红利，凭借东南的核心技术优势、品牌优势、业绩优势、团队优势，从专业承包向EPC总承包转型，从跟着走向领着跑转变；创新商业模式，适度投资PPP项目，向投资、建设、运营三位一体转变；充分发挥浙江萧山医院这一样板工程的品牌效应，着力培育装配式钢结构＋大健康的特色商业模式，打造装配式医院、学校、会展、体育场馆、城市综合体等特色品牌，致力于成为新型装配式医院、学校领域中的中国第一品牌。

**采访者**：您认为萧山精神的核心是什么？

**郭明明**：我们东南的企业精神就是萧山精神的集中体现。"与时俱进，奔竞不息，敢于创新，勇立潮头"，它在不同时代也有不同的具体内涵。20世纪80年代，它表现为"历尽千山万水、吃尽千辛万苦、说尽千言万语、想尽千方百计"的"四千"精神；20世纪90年代，它表现为"抢上头班车、抢抓潮头鱼、抢开逆风船、抢进快车道"的"四抢"精神；到21世纪，它表现为"敢与强的比，敢同勇的争，敢向高的攀，敢跟快的赛"的"四敢"精神。应该说，随着时代的发展，萧山精神有不同的内涵，但不变的是勤劳、勇敢、创新。

"天眼"项目的成功实施，就是萧山精神的最佳体现。2007年，我们得知国家天文台要建500米口径的射电望远镜，它的反射面背架是索网结构。分析这个项目以后，我们认为自己具有核心竞争优势，因为当时"东南网架"已经是中国网架第一品牌，有能力参与建造世界第一射电望远镜。这个机遇千载难逢，我们势在必得。我们不做，还有谁能做呢？

天眼，外形像一口巨大的"锅"，相当于30个足球场那么大，面积这么大，中间完全没有柱子支撑，建在贵州平塘县一个巨大的"天

图3　东南网架集团公司生产车间（柳田兴摄于2018年4月4日）

坑"里，跨度之大、难度之大，前所未有。当时参与竞争的都是中国科技领域实力强劲的央企，只有我们一家民营企业，但我们相信有付出就会有回报。因此，我们组织几十人的研发团队，克难攻坚，花了近10年时间，配合业主单位研发创新，首创高精度铝合金网架结构，研发了智能化高精度数字摄影测量技术，将安装精度误差控制在2毫米内。当时，在还没有中标的情况下，我们就已经投入2000多万元资金，专门定制符合"天眼"加工工艺的数控加工中心等设备；假如没有中标，就意味着投资打了水漂。

十年磨一剑，有投入一定有回报。最终开标结果，"东南网架"高分高价中标。之后，我们发扬不断创新、精益求精的工匠精神，高标准完成这项光荣的任务。"天眼"被写入党的十九大报告，成为浙江元素之一。刚建成时，我去现场看过，感到非常震撼，也非常自豪。我觉得这就是萧山精神的最佳体现。

**采访者：**2019年，企业集团公司总资产、股东权益合计多少？上市公司营业收入、每股未分配利润、净利润多少？

**郭明明：**企业集团公司总资产261.99亿元、股东权益94.53亿元。

上市公司2019年营业收入89.76亿元，每股未分配利润1.01元，净利润2.65元。2019年年末，总资产114.43亿元，股东权益44.07亿元。

**采访者：**企业每个发展阶段都取得哪些省级以上荣誉称号？

**郭明明：**企业每个发展阶段所取得的省级以上荣誉称号及成就如下。

第一阶段：创建期（1984—1995年）。1991年，新产品螺栓球节点网架通过省级鉴定，获全国星火成果奖；1992年，获浙江省科技进步三等奖；1993年，省级新产品——焊接空心球网架通过省级鉴定；1993年，被推选为中国钢协空间结构协会副理事长单位；1993年，跻身中国建筑钢结构工程制作、安装定点企业行列；1994年，被评为浙江省行业最佳经济效益工业企业；1995年，被评为浙江省行业最大工业企业；1995年，被浙江省人民政府命名为浙江省"八五"时期规模经济效益先进企业。

第二阶段：成长期（1995—2007年）。1996年，荣获"浙江省文明单位"称号；1996年，被农业部确认为国家大（2）型企业；1997年，被评为浙江省星火示范企业；1997年，部级科研项目——网架在造船工业工程中的应用研究成果技术获上海市科技进步三等奖；1997年，被评为浙江省重合同守信用先进单位；1998年，完成的轻质隔热隔声复合板产品项目被评为省级星火项目，填补省内一项空白，获杭州市科技进步三等奖；1999

年，"东南"牌钢结构、网架、聚氨酯/岩棉复合夹芯板，经浙江省人民政府批准，被认定为浙江省名牌产品；1999年，被列为浙江省"五个一批"重点骨干企业；2001年，被评为浙江省100个拳头产品骨干企业；2002年，被评为全国优秀施工企业；2002年，产品被评为浙江省优秀科技产品；2003年，被评为浙江省百强非公（民营）企业；2003年，设立国家级博士后科研工作站；2003年，荣获首个"詹天佑"土木工程奖；2004年，入选全国500强企业；2004年，被评为浙江省先进建筑业企业；2004年，被评为浙江省高新技术企业；2005年，荣获首个"鲁班奖"；2005年，承担的项目被评为浙江省建设工程"钱江杯"优质工程；2005年，荣获浙江省知名商号之称；2005年，获批设立浙江省企业技术中心；2006年，进入全国民营企业500强；2006年，荣获中华人民共和国国家质量奖；2006年，被评为建设部科学技术委员会优势企业。

第三阶段：发展期（2007—2017年）。2007年，被评为浙江省文明施工标准化工地；2008年，被评为国家高新技术企业；2008年，被评为中国驰名商标；2008年，获批国家级企业技术中心；2009年，被评为浙江省工业行业龙头骨干企业；2009年，被评为浙江省著名商标；2010年，设立浙江省院士专家工作站；2011年，被评为浙江省首批建筑业强企；2012年，上榜中国建筑业500强名单；2012年，被评为钢结构中国品牌；2014年，入选中国钢结构行业十强企业；2015年，被评为浙江省"三名"培育示范企业；2016年，荣获中国产学研合作创新成果奖一等奖；2016年，荣获全国示范院士专家工作站。

第四阶段：转型期（2017年至今）。2018年，被评为浙江省建筑工业化示范企业；2018年，被评为浙江出口名牌；2018年，被评为住房和城乡建设部国家装配式产业基地；2018年，被评为FAST工程建设突出贡献单位；2018年，被评为浙江省省级技能大师工作室；2019年，荣获中国钢结构金奖杰出工程大奖；2019年，被评为中国金属结构协会"双百"企业；2019年，列入国家高新技术企业创新能力百强榜；2020年，荣获浙江省科技进步二等奖。

**采访者**：您对企业今后的发展有什么打算？

**郭明明**：我这一辈子就做一件事，把企业做强更做长，做成百年老店。因此，我们要把企业管理好经营好，像热爱自己的生命一样去热爱它，做到永远。我相信，经营一个稳健的企业，过程是痛苦的，也是艰辛的，但只要创新、努力、奋斗，未来一定是行稳致远，一定是美好幸福的。

# 荣盛领跑中国石化—化纤行业

## ——李水荣口述

采访者：金雄波　　　　　　　　　整理者：金雄波

李水荣

李水荣，1956 年 7 月出生，杭州萧山人，中共党员，高级经济师，今任浙江荣盛控股集团董事长、荣盛石化股份有限公司董事长等职，系 2015 年度"风云浙商"和"2017 全球浙商金奖"获得者，2018 年获评浙江省首届"非公有制经济人士新时代优秀中国特色社会主义事业建设者"。李水荣为中国石化—化纤行业领军人物，他带领企业经过 30 多年的不懈努力，使荣盛控股集团成为以原油—芳烃（PX）、烯烃—精对苯二甲酸（PTA）、乙二醇（MEG）—聚酯（含瓶片、薄膜）—纺丝（POY、FDY）—加弹（DTY）上下游完整产业链为主业，并涉及房地产、金融、创投、物流等多个领域的大型控股集团。现在集团公司拥有总资产 2000 多亿元，为中国 500 强企业、中国民营企业百强企业，主业规模位居全国乃至全球同行业前列。

## 一　创办企业

**采访者：**简述创办企业前的人生经历。您什么时候创办的企业？创办企业的目的是什么？您是怎么创办起来的（包括时代背景、资金、人员、信息）？创办企业时遇到的最大困难是什么？

**李水荣：**我1956年7月出生于浙江萧山党湾镇勤劳村，在家中六兄妹中排行老三。因为家里穷，我只读到小学三年级就辍学参加劳动挣工分。16岁那年，我开始学木匠，很快成为当地小有名气的木匠师傅。10年后，做木匠的人越来越多，收入也少得可怜。我开始想到换行。当时萧山的益农等地都在拆草房、建瓦房，木材很是紧俏，我就到福建和本省的开化、遂昌、临安等地去收购老房子拆下来的旧木材，再运到萧山来卖，并开了一家自己的木材厂。随着改革开放的深入，人民生活水平的提高，木材生意渐渐又不好做了，这时我看到了纺织业的商机。1989年，我卖掉自己的木材厂，办起了一家布厂。

我1989年创办企业恰逢改革开放10周年，当时大部分的面料都是靠进口，国产的很少，我创办的纺织企业，得到了政府的支持。最初资金仅有20万元，刚开始很艰难，资金不够，只能租镇里闲置的6间旧平房做厂房。我雇用20多名工人，买了8台旧织布机，开始创业。当时管理人员、技术人员十分缺乏，我自己充当送货司机、机修工等。当时益农还是一片围垦滩涂，偏远又落后，信息也不够发达，经济相对滞后。

**采访者：**企业创办初期，主营业务是什么？影响企业发展的最大问题是什么？

**李水荣：**布厂成立之初，工厂以生产、销售涤纶化纤布为主。当时的涤纶布还是很受市场欢迎的。影响企业发展的最大问题就是原料。原料多数依靠进口，国内无法自给自足，生产成本很高。

**采访者：**企业在什么时候、什么情况下、通过什么方式引进第一批管理人才或技术人员？

**李水荣：**随着企业的规范化和规模化发展，仅仅依靠原来的创业班子已经管不过来了，所以从20世纪90年代中期开始，我从周边村、政府机关、事业单位等处陆陆续续引进零星管理人才。1997年，企业进一步发展，有了一定的规模，我们才招收了第一批大专院校的毕业生，数量也不多，就四五个人。但从那时候开始，以后就每年都有新的人才加入。

**采访者：**家族内管理人员与家族外管理人员两者在管理企业中有什么不同？不同点在哪里？

**李水荣**：无论家族内管理人员，还是家族外管理人员，我都是要根据其实际能力来安排相关的岗位，综合素质优秀的人才才能带领企业走得更远、更稳。

要说区别的话，可能家族内的管理人员更有责任心和企业认同感，家族外的管理人员专业性更强。但是经过这么多年的企业文化的熏陶，现在企业中这两者的区别已经越来越小了。

## 二　组建公司制企业

**采访者**：您为什么要组建公司制企业？什么时候登记注册有限公司的？主营业务、股本金总额、股东（家族人员、家族外人员）、股东出资情况如何？什么时候调整公司股本金？为什么调整股本金？调整后公司股本金是多少？有多少股东（家族人员、家族外人员）？股东出资情况如何？

**李水荣**：事业要做大，原来小打小闹的家庭作坊式生产肯定不行，我组建公司制企业是为了规范企业管理和生产经营活动，进一步把企业做大。1995 年 9 月 15 日，登记注册荣盛化纤集团有限公司（简称荣盛化纤集团、荣盛公司、荣盛），股本总金额为 388.97 万元；股东总数为 6 人，其中 4 人为家族人员；股东出资 388.97 万元。当时公司的主营业务主要还是涤纶化纤布、涤纶低弹丝。2001 年，为发展需要，公司第一次调整股本金，调整后公司股本金为 2178 万元，股东总数为 6 人，其中 5 人为家族人员。调整后的股本金都由股东出资，为 2178 万元。

**采访者**：公司什么时候成立企业党组织、工会组织？这些部门在企业发挥了哪些作用？

**李水荣**：1995 年 9 月，我们几乎是在正式组建公司后就成立党支部。2003 年成立党委，在萧山的民营企业中算比较早的。工会是党支部成立的第二年（1996 年）5 月建立的。后来我们相继成立团委、妇联、人武部、科协等组织，党群组织还是比较健全的，活动也比较多。

党群组织对企业的作用非常明显，我们把它当成一种珍贵的资源来运用，有了党群组织，首先我们的政治方向不会偏，做到上接"天线"；其次，我们的经营活动更加顺畅，做到服务"主线"；最后，我们可以更好地吸引员工，做到下接"地线"。

采访者：家族制企业与公司制企业的管理模式有何不同？

李水荣：家族制企业具有决策高效、管理执行力强的特点；公司制企业具有运作规范、社会责任感强、注重公司长远发展的特点。荣盛公司在发展过程中不断优化自身的管理模式，取两者之长，积极吸取两大制度的优势，促进企业高质量发展。

图1　2003年6月28日，李水荣（左二）参加中共荣盛化纤集团委员会成立大会

## 三　企业股票上市

采访者：企业发展态势很好，您怎么又想到了企业上市？

李水荣：其实荣盛当初上市的时候，很多人包括给我们做辅导的券商都认为我们并不缺钱，那为什么要上市呢？我说我并不是为了圈钱，主要是企业到了一定的发展规模，要上一个更高的规格，通过上市可以极大地规范和提升企业的经营管理水平。当然，上市后筹措的资金也为我们加快重大项目的建设、推动荣盛的发展步入快车道起到了积极的作用。企业上市募集资金主要用于逸盛大化年产120万吨PTA项目和盛元化纤年产10万吨环保健康多功能纤维技改项目。两个项目的建成投资，可以加速落实产品差异化市场战略，促进公司业务进一步向上游产业链延伸，开拓更大的市场空间。企业计划是，若发行募集资金超过拟投资项目的资金需求，剩余资金将用于补充公司流动资金、归还银行贷款或其他项目投资。

采访者：什么时候登记变更为股份有限公司？主营业务是什么？股本金总额、股东人数、股东出资情况如何？

李水荣：我们上市的准备工作做得比较早。2007年6月18日，变更为浙江荣盛化纤股份有限公司。2007 年 9 月 29 日，更名为荣盛石化股份有限公司。当时的主营业务有 PTA、聚酯、纺丝、加弹；股本总金额是 5 亿元；股东人数是 7 人；股东出资 4.25 亿元。

**采访者**：公司是哪一天上市的？总股本金多少？其中流通股、股东总数情况如何？

**李水荣**：2010 年 11 月 2 日，企业股票"荣盛石化"（证券代码：002493）在深圳证券交易所挂牌上市；每股发行价格 53.80 元，发行费用 11316.10 万元，募集资金净额 289963.90 万元，总股本金为 55600 万股，其中流通股（发行量）5600 万股；股东总数为公司股东 6 人＋社会公众。

**采访者**：上市公司与有限公司的企业管理有何不同？

**李水荣**：正如我前面所说，上市后企业的经营管理更加规范和严格，比如，对财务披露要求更为严格，重大事项决策、问责制度等都跟未上市企业不一样。

# 四　企业各发展阶段

**采访者**：企业发展的关键转折点是哪几个？

**李水荣**：企业发展中有三个关键转折点：（1）1996 年，放弃织造，扩大涤纶丝加弹生产。（2）2003 年，开始进军石化，向上游扩张：PTA、芳烃。（3）2015 年，开始筹划炼化一体化项目，形成完整产业链。

**采访者**：详细说说企业的发展阶段？

**李水荣**：到目前为止，荣盛大致经历四个发展阶段。

第一阶段：初创期（1989—1995 年），总产值从 0 到 1 亿元。1989 年，我用 20 多万元启动资金开始创业。改革开放不久，我抱着"致富"的初心创办企业，逐步形成以织造为主、加弹为辅的产品，完成公司最初的发展积累。在这个阶段，我是抱着赚钱的心态，更加关注市场，选择和市场相匹配的产品。

第二阶段：化纤期（1996—2001 年），总产值从 1 亿元到 10 亿元。1996 年后，整个纺织行业进入发展低谷，公司发展面临艰难抉择，向上游走还是向下游走，或者干脆转行？这都是当时摆在我们面前的难题。最终，我选择放弃织造，向上游发展，扩大涤纶丝加弹生产，因为上游进入门槛更高，利润也更丰厚。这是公司的第一次转型。1996年，我们卖掉100台有梭织机，投资发展涤纶加弹项目，并在随后的1997年到2000年，扩建加弹项目，新上涤纶纺丝项目。这一次转折，我们的选择还是对的，20世纪90年代末期，纺织业逐渐回暖，我们也得到了市场的回报。到2001年年底，公司总产值首次超过10亿元。其间，我更加关注企业的可持续发展，重点在选择产业上下工夫。

第三阶段：石化期（2002—2014年），总产值从10亿元到500亿元。2002年开始，公司业务继续向上游延伸，荣盛一期和荣翔二期聚酯直纺项目相继建成投产，实现了从聚酯到纺丝，再到加弹

图2　2001年12月，李水荣在现场指挥荣盛第一套聚酯装置核心设备的吊装

的一条龙产业链。这时，公司实际上从中小规模向中大规模扩张，形成企业自身较大的市场竞争力和抗风险能力。2002年，公司进入"十五"发展规划，并尝试横向多元化扩张发展，开始涉足房地产、物流、金融、贸易等产业，并于2003年组建荣盛化纤集团有限公司。同时，主业继续选择进军上游石化产业，与恒逸集团联手，先后在宁波和大连投资建设PTA项目。2007年，完成入股宜宾天原集团，并对公司进行股份制改制；2009年，完成对"宁波联合"的收购；2010年，"荣盛石化"顺利实现挂牌上市；2011年，宁波PTA扩建项目投产。三家关联企业先后实现上市后，加速推进盛元差别化、海南PTA、中金石化芳烃等项目。到2013年，公司产销规模实现从100亿元到500亿元的历史性跨越。在这个阶段，公司发展迅速，我们关注的是在石化产业链上"纵横"双向发展，纵向是不断向上游延伸拓展产业链，横向是不断研发新型化纤产品提升差别化率。

第四阶段：炼化期（2015年至今），总产值从500亿元到超2000亿元。2015年之后，PTA市场产能逐步趋于饱和，石化下游效益也逐步下降，宁波中金的投产，又为公司创造了新的利润增长点。2016年，公司收

购了永盛薄膜、聚兴化纤等项目，进一步扩大了产能，形成更加完整的产业链。2015 年我们成立浙江石油化工有限公司（简称浙石化），2017 年浙石化炼化项目全面开工建设。2019 年浙石化一期全面投产后，集团规模和效益将迎来又一个质的突破。进入炼化期，我们关注的是高质量、绿色化发展，坚持实施严格的安全环保一体化监管，推广先进的低耗能技术和设备，生产绿色环保产品。

图 3　2002 年 4 月 30 日，荣盛公司第一套年产 15 万吨聚酯生产线建成，李水荣亲自按下设备启动电钮

**采访者**：在企业发展过程中，您关注的重点是什么？

**李水荣**：30 多年来，公司一次次向上转型，规模也越来越大，我始终坚守的一是发展实体经济，二是始终抓住主业。而在我们荣盛的发展过程中，我认为除了对市场节奏的把握之外，最重要的是"质量和成本"两大法宝，使得经营效益不断提高，规模不断扩大。

**采访者**：2019 年，营业收入、每股未分配利润、净利润是多少？2019 年年末，总资产、股东权益合计多少？

**李水荣**：2019 年，荣盛集团公司实现营业收入 2056 亿元。上市公司荣盛石化实现营业收入 825 亿元、每股未分配利润 1.45 元、净利润 22.07 亿元。2019 年年末，荣盛集团公司总资产 1825.86 亿元、股东权益 415.68 亿元。

**采访者**：公司上市后分红扩股情况怎样？

**李水荣**：公司上市后分红扩股情况如下：2010 年 12 月 31 日，10 转 10 股派 8.0（含税）；2011 年 12 月 31 日，10 派 5.0（含税）；2012 年 12 月 31 日，10 派 1.0（含税）；2013 年 12 月 31 日，10 派 1.0（含税）；2014 年 12 月 31 日，10 派 0.5（含税）；2015 年 6 月 30 日，10 转 10 股；2015 年 12 月 31 日，10 派 0.5（含税）；2016 年 12 月 31 日，10 转 5 股派 1.2（含税）；2017 年 12 月 31 日，10 转 5 股派 1.2（含税）；2018 年 12 月 31 日，10 派 1.0（含税）；2019 年 12 月 31 日，10 派 1.2（含税）。

**采访者：**您认为萧山精神的核心是什么？

**李水荣：**萧山精神就是"奔竞不息、勇立潮头"，沿着又好又快发展道路昂首前进。荣盛就是从围垦精神中汲取力量，不断地做强、做大，努力拼搏，不断地追求卓越。

**采访者：**企业每个发展阶段所取得的省级以上荣誉称号有哪些？

**李水荣：**第一阶段：初创期（1989—1995年），无取得的省级以上荣誉称号。

第二阶段：化纤期（1996—2001年），2000年度工商联合民营会员企业排序全国500强。

第三阶段：石化期（2002—2014年），2003年，被评为浙江省著名商标、浙江省高新技术企业认定。2006年，荣盛首次入围浙江省百强企业和浙江省制造业百强企业，被评为AAA中国质量信用企业、全国纺织工业先进企业，公司生产的长丝产品还获得浙江省名牌产品的荣誉。2007年荣盛首次入围中国企业500强。2008年荣盛集团被评为浙江省管理创新示范企业，随后连续两年被评为全国纺织行业实施卓越绩效模式先进企业。2012年，荣盛被评为中国工业行业排头兵企业、浙江省中外合资·合作2011年度百强企业，2013年荣登浙江省制造业百强企业第9位、2013年浙江省百强企业第15位、2013年中国民营企业500强第33位、2013年中国民营企业制造业500强第22位，2013年被评为浙江省信用管理示范企业。

第四阶段：炼化期（2015年至今），2016年，荣盛产品被评为浙江名牌产品（RONGXIANG牌民用涤纶长丝），2002—2018年连续入围"中国民营企业500强"、中国化学纤维工业协会2018年度化纤行业智能制造先进企业，2019年，位列浙江省民营企业100强第6位、2019年浙江省百强企业第10位、2019年被评为浙江省制造业百强企业、2019年长三角企业100强第30位、2019年长三角制造业企业100强第15位、2019年度被评为浙江省纺织标准化工作优秀单位。

**采访者：**您对企业今后的发展如何打算？

**李水荣：**发展就是硬道理，荣盛也要不断地发展，我们还是要发扬萧山精神，立足实业，坚持主业，继续将产业链做大、做长、做精，打造一个有责任担当、有行业地位、有持续盈利能力的百年企业。

# 从纺织布料到3D打印的创业老兵

## ——李　诚口述

采访者：潘立川、王鸣　　　　整理者：王高亮、潘立川

采访时间：2020年9月3日　　　采访地点：萧山区绿都世贸广场永盛集团

李诚

李诚，1962年生，浙江温州人，高级经济师，杭州永盛集团有限公司董事长、先临三维科技股份有限公司董事长、永盛新材料有限公司董事会主席，现任中国化学纤维工业协会理事会副会长、萧山区工商联第十一届执行委员会副主席、杭州市萧山区温州商会会长，先后当选杭州市萧山区政协第十一、十二、十三届委员会委员，萧山区第十六届人大代表。

## 一　早年经历：生意头脑初显现

**采访者**：李先生，您好！首先请您介绍下您的个人情况，包括籍贯、出生年日期、出生地、家庭情况等。

**李诚**：我家乡在浙江省温州市乐清市大荆镇。我有四个孩子，三个女儿、一个儿子。我小时候在石坦乡（以前叫镇安）上学，小学毕业后，初中只读了几天书就出去工作赚钱了，创业成功后在浙江理工大学继续

学习。

**采访者**：您在离开学校后，从事过哪些工作呢？

**李诚**：离开学校后，我跟着哥哥在大荆、临安做过刷油漆的生意。每年下半年结婚的人很多，结婚都要建新房、搞装修，刷油漆需求量大。上半年，油漆没生意，我就去做马鞭的生意。因为我父亲在马鞭厂里做销售科科长，他在东北销售马鞭是一把好手。20 世纪 70 年代的东北，马车是主要运输工具，需要使用大量马鞭。东北没有毛竹，做不出有弹性的马鞭。所以我们去福建、广东的山上找毛竹来做马鞭。成本是 100 斤 2 元钱，做成的马鞭分为几个档次，从高到低是特一、特二、一号、二号、三号。我们把马鞭运往山东销售，最高可以卖 3 元钱一条，利润很高。我们做马鞭生意赚了不少钱，所以我在 13 岁时就能养活自己，之后渐渐不做马鞭生意了，因为国家提出要实现"四个现代化"，马车要改成拖拉机，马鞭市场也就萎缩了。

## 二　初出茅庐：纺织行业争上游

**采访者**：1983 年，21 岁的您做出了改变人生的选择，决定离开温州山区到外地做生意。当时您为什么萌发了去外地闯荡的想法？

**李诚**：因为当时我们乐清有很多人在绍兴柯桥做布生意，我听说做布有商机，就准备出去试试看。1983 年正好是计划经济到市场经济的转型期，有些人认为个体户做生意是投机倒把，也有些人认为个体户可以做布生意。我就和哥哥、一个朋友，三人带了 4000 元钱，离开大荆镇出去创业。

**采访者**：您一行三人首先到哪里寻找生意机会，又是为何来到萧山呢？

**李诚**：我们三人坐了一天的车，从大荆到绍兴柯桥，到柯桥时天已经黑了。那天晚上本来打算住进招待所，当时很多人是坐在招待所里做生意的，招待所的老乡劝告我们不要进去，说前一天晚上工商局把做布生意的人、钱全扣起来了。于是我们三个提着行李，一路步行从绍兴柯桥走到杭州萧山衙前镇，累了就在 104 国道铁路旁的塑篷里休息。走到衙前时正好天亮，我们就坐上前往瓜沥的车。在瓜沥下车后，我们四处打听布厂，来到萧山丝绸三厂，用身上的 4000 元钱买了布料，再把布料拿去印染厂，然后发到湖南、河南、山东、河北去销售。一开始只有少数几个地区，后来慢慢打开了市场，再后来就扩大到五个省。

**采访者：** 您在萧山成为一名从事布料买卖的个体户，当时布料生意做大做强需要一定的本钱，您如何解决资金的问题？听说您当时还赊账购买过布料？

**李诚：** 我们的启动资金只有 4000 元钱，是远远不够的，为了能快速发展，之后我们通过赊账的方式去经营。先和布厂老板协商好，赊账购买布料，结款后立即补上货款。在当时那个环境下，赊账做生意基本不可能，但我们凭借几次的诚信合作有了良好的个人信誉，让布厂老板同意这种赊账方式。

**采访者：** 那时候在萧山做布料生意盈利情况如何？是否有遇到一些困难和挑战？

**李诚：** 那时正好是计划经济和市场经济交接时期，生意真的很好做。1987 年之后，布料市场慢慢打开了，我们以工厂的名义出去销售，一边卖给个体户，一边卖给纺织品公司。我们每天运一车的布料出去销售，一卸货大家都抢着来购买。那时候一天可以卖一车布料，销售额几十万元，利润 2 万—3 万元，盈利非常高。但是后来也遇到一些挫折。瓜沥镇那时候有很多乡镇企业，改革开放后个体户也可以做布生意了，我们受到了其他个体户的举报，说我们个体户以单位名义出售，实际上我们已经和工厂合作了。之后萧山税务局就来调查我们，导致我们歇业了二十多天。这个事情之后，我们就变得谨慎了。

**采访者：** 那段时间您的工作量有多少？

**李诚：** 那时候一天工作时长 15 个小时。我在河南销售的时候，运货、销货、收钱、记账都是自己一个人。从早到晚都在工作，第二天清晨还要扛着一袋袋的纸币存到银行。

**采访者：** 为何萧山地区有大量温州人能成功经营布生意？

**李诚：** 从前有上八府、下三府的说法，我们温州是上八府，杭州是下三府，杭嘉湖地区是鱼米之乡，土地肥沃，所以这里的人一直不想到外面去，产品就卖不出去。而我们温州人敢于打拼，吃苦耐劳，四海为家，到处去做生意。

**采访者**：请您介绍20世纪80年代萧山纺织业发展情况，主要集中在哪些生产环节和乡镇？

**李诚**：20世纪80年代，实际上萧山还不如温州好，有的还是茅草屋，乡镇村子都还是沙子路，企业大多是镇办企业、村办企业。改革开放以后，民营经济起来了，纺织、印染、服装各个环节在萧山都有所发展。当时纺织业主要集中在萧山的东片，像靖江、新街、义盛、瓜沥、党山、衙前等地。

**采访者**：当时是否也形成了专门的贸易批发市场？

**李诚**：贸易批发市场主要在绍兴柯桥，我也是后来机缘巧合来到萧山的。萧山和柯桥纺织业的发展，实际上跟市场有很大的关系。在纺织品市场，萧山比较可惜，当时萧山火车站招待所里的布市场比柯桥招待所的更早，但是萧山没有足够重视。后来柯桥比较重视市场发展，创造了柯桥轻纺市场，形成一个专业化的布匹市场，把周边的纺织、印染、化纤产业都带动起来。据我的观察，全国各地每一个专业化市场都能带动周边企业，包括海宁皮革、桐乡羊毛衫等，都是这种模式。

**采访者**：在20世纪80年代，您的销售门店设在哪里？

**李诚**：河南、河北、山东德州、云南昆明、西安咸阳都有我们的门市部。到20世纪90年代，我们在柯桥轻纺市场专门设了一个点，专供省外销售。

**采访者**：20世纪90年代萧山地区的纺织行业跟20世纪80年代相比，发生了哪些变化？

**李诚**：第一，机器设备发生变化。这其中，我的经历也促进萧山地区布厂设备的变革。我在广东做销售时，广东设备比较先进，地方国营布厂里有意大利进口的全自动设备，当时萧山一台都没有。于是我介绍了萧山很多布厂的总经理去广东看设备。从那以后萧山纺织业开始在设备上加大投入，进口了意大利的先进设备，提升了布的品质，产

图1　萧山永盛对外贸易有限公司开业纪念

品也可以出口国外了。第二，那时候的萧山是没有化纤厂的，全部从外地国有企业进货。后来萧山本地的化纤厂逐步发展壮大，自己生产化纤原料，到现在萧山的化纤产业全世界产量最大。

**采访者**：1993 年，您成立了自己的第一家公司——萧山永盛贸易公司。您成立外贸公司的主要目的是什么？

**李诚**：第一个方面，1993 年我们有货物已经销往香港，有些甚至已经出口到国外，但是个体户不能直接出口，必须通过外贸公司出口。为了能自己掌握销售渠道，不受制于人，必须要有自己的企业。第二个方面，当时布的原材料很紧张，布厂买不到，我们在外省通过关系努力把原材料卖给布厂。卖给布厂必须要开发票，开发票就必须要有公司，所以 1993 年我就成立永盛贸易公司。

**采访者**：您在 1997 年成立永盛化纤有限公司、1999 年成立杭州永盛纺织有限公司，形成从原材料到加工再到销售的完整纺织产业链。您为什么选择进入纺织加工生产领域呢？

**图 2　杭州永盛纺织有限公司厂房**

**李诚**：1996 年做出口贸易的时候，有些单位（包括服装厂）要来看布厂，如果没有自己的工厂，批发公司不会相信我们，不知我们能否保证供应，能否保证质量。我们于是就办了个布厂，但是印染质量控制不了。为了提高生产质量的稳定性，我们在 2003 年就和韩国合作办印染厂，主要是为了保障出口布料的质量。到 2004 年又和韩国合作制作化纤原材料，在合作的时候同时成立了先临三维公司。和韩国合作的时候，我们投资额比较大，需要调研化纤原材料行业今后的发展趋势。经过调研后发现，化纤面料最早是从美国和英国开始的，这个产业是劳动密集型产业，后来随着劳动力成本提高，逐渐转移到日本、韩国、中国台湾和中国大陆。2003 年我们和韩国合作的时候，发现韩国平均月收入大约是中国的10 倍，中国劳动力成本低。但我相信中国人的工资收入肯定会逐步提高，将来中国的劳动密集型产业也会转移到东南亚一些国家。出于这方面的考虑，我想以后公司的定位一定要高标准，要做差异化，要有科技含量，不能做同质化、低端的普通产品。

## 三　老骥伏枥：3D打印谱新篇

**采访者**：随着纺织行业竞争加剧，成本上升，您准备转型涉足一些劳动成本小、科技含量高的产业。请问您是如何涉足3D打印领域的？这项新技术给您带来哪些新奇的体验？

**李诚**：2004年浙江大学有位教授给我介绍一位从新加坡留学回来的博士。这位博士是专门研究3D打印技术的海归人才。当时的技术还是激光雕刻，不像现在的3D打印。我体验了一把三维相机，就像拍照一样，按下快门，照片就在水晶里雕刻出来，立体、逼真，而且水晶表面完好无损。我感觉这项新技术科技含量很高，未来会有发展前景，就决定投资3D打印产业。技术人员拥有35%股份，我拥有65%股份，我们就在2004年12月3日成立了先临三维。

**采访者**：与国外相比，当年中国的3D打印技术和产业发展情况如何？有多少科研机构和商业公司在这个领域？在决定投资3D打印产业后，您是如何与科研机构开展合作的？

**图3　先临三维科技股份有限公司**

**李诚**：我没有详细了解过美国的情况。当时中国已经有研发机构在做，像清华大学、西安交通大学也有在研究3D打印技术，但是都没有产业化，所以我就投资下去，浙江大学这边也有不少学生到公司里工作。3D打印技术逐渐成熟后，我们对技术和产品逐步升级，拓展到现在的精准打印和3D扫描，并继续引进国内外相关人才。引进方法有两种：一种是合作，另一种是收购，收购不仅是收企业效益，也收人员和技术团队，这可以加强力量。现在我们3D打印已经做到全国行业第一。

**采访者**：萧山区政府多年来一直在扶持科技企业。在公司发展的过程中，萧山区政府给先临三维提供了哪些支持呢？

**李诚**：萧山区政府创立了一个"孵化器"，也就是创新中心。政府在创新中心里面为我们提供场地，从起初的几百平方米，到后来三层楼面积，还另外租借了工厂。企业慢慢发展壮大以后，浙江省科技厅的领导过来参观考察，非常认可和支持我们这类科技型企业。经过协商，萧山区政府在 2015 年就另外批给我们一块工业用地（在闻堰街道），一开始只有 20 亩地，慢慢增加到 46 亩地。有了这块场地，企业从过去的分散到现在都集中在一个园区，形成了集聚效应。

**采访者**：先临三维每年大概会有多少资金用于技术研发？

**李诚**：技术研发的投入占公司每年销售收入的 30%，每年 1 亿多元，2019 年最多达到 1.4 亿元。

**采访者**：当前先临三维的产品、技术、设备、员工和研发力量等，与十几年前相比，有了那些翻天覆地的变化？

**李诚**：在员工和研发力量方面，2004 年技术人才只有七八个人，博士只有两三个。现在公司员工总数有 600 多人（最多的时候有 900 人），其中研发人员就有 300 多人，硕士、博士有 130 多人。在产品和技术方面，2004 年先临三维主要做的是 3D 激光打印机，现在是 3D 输入化扫描仪，并且 3D 扫描仪我们已经做到全国第一。另外，后期我们也更注重提供软件云平台应用服务。

**采访者**：3D 扫描仪可以应用在哪些不同领域？

**图 4　3D 打印机生产车间**

**李诚**：3D 扫描仪分为两种，一种应用于口腔牙科医疗，一种应用于工业生产。我们还收购了 3D 金属打印机技术，后来又开设了 3D 打印服务中心。今后打算有所取舍，集中精力做生产设备这块。

**采访者**：由此来看，先临三维占据整个 3D 打印产业的上下游，掌控整个产业链。现在中小学课堂对 3D 打印这方面的教育也有不少内容，请问先临三维是如何在学校推广 3D 打印的？

　　**李诚：** 我们专门有个部门在做学校方面的推广。现在 3D 打印已经普遍进入中小学和职业学校。在几十年前，欧美国家就将智能制造、3D 打印、互联网、机器人这些引进学校了。而中国以前是没有这些课程的，学生总是埋头读书，理论知识丰富，动手能力不强。所以我们也跟教育部联系过，但是教育部还不能以下发文件的形式推广。主要有几个原因：一是因为我们给学校提供的桌面打印机到现在尚未形成标准化的质量认证，教育部担心在学校中使用存在安全隐患。二是因为桌面打印机在中国的产量并不高。目前我们主要通过两种方式去推广 3D 打印，一种方式是研学游，让学生每年外出研学，包括尝试体验 3D 打印、物联网和机器人技术。另一种方式是通过人社部（人力资源和社会保障部），让职业学校购买我们的金属打印机、扫描仪，在学校里应用上课，我们的技术人员去指导学生操作、设计。通过 3D 打印创新教室和 3D 打印创新体检中心，再结合 3D 云平台，结合线上线下、校内校外的教育资源，在全国范围内快速复制推进，激发广大学生对 3D 打印产品的兴趣，以学生链接家庭，进而带动大众对 3D 打印产品的消费热情，形成一个良性的循环。

　　**采访者：** 您还成立了永盛投资公司，除了投资 3D 打印这块之外，还投资过哪些行业？

　　**李诚：** 我们还投资一些科技含量比较高的企业、银行等金融业。我们主要是看到纺织行业竞争加剧，成本上升。如果继续做下去，不搞突破，我不是很看好这个行业的前景。早在 2004 年，我就预测中国在不久的将来，产业发展重心肯定会往高科技行业转移。到现在为止，高端化纤产品都来自美国、日本、韩国等国家，中国以后也是一样。因此我们永盛做的化纤产品不能是普通产品，要做差异化、高端类产品。

　　**采访者：** 您现在的化纤产品的销售对象是哪些行业呢？

　　**李诚：** 服装行业、家纺行业和皮包行业。家纺就是沙发套，比如我们有材料是模仿麂皮绒。涤纶本来是没有弹力的，我们通过技术改造，把它做出来有弹力。有弹力就可以代替氨纶，氨纶的价格要 5 万多元一吨，我们这个新型材料只用 1 万多元一吨，具有显著的价格优势。

　　**采访者：** 作为曾经的传统纺织行业的创业者，跨界到科技行业，您在投资转型、经营决策当中有没有遇到什么困难？因为在人们认知中，传统纺织行业的科技含量、经营销售都相对比较简单，3D打印作为尖端科技行业，两者跨度还是比较大。

**李诚：**这两个行业完全不一样。举一个例子，我们先临员工的平均年龄可能不到30岁，传统纺织业的平均年龄可能是四十多岁，年龄层的差异就会导致管理模式上的差异。过程中也会碰到很多问题，我们也会逐步去解决。

**采访者：**您进入科技领域后，是否继续深造学习？

**李诚：**我先后在浙江大学、复旦大学、长江商学院、上海交通大学等高校学习经营管理与高科技行业方面的知识。

**采访者：**您经营企业的核心信念是什么呢？

**李诚：**企业想要做大做强，就必须要有企业文化。我们永盛文化总结成10个字：第一点是诚信。诚信很重要，如果没有诚信的话，当时我们仅仅靠着4000元钱是无法发展的。1983—1986年，吃苦耐劳、诚实守信的温州商人在萧山备受好评，过年大家回到家乡，都说绍兴、萧山这里有商机。如此一来，许多不会做生意的温州人也一哄而上。他们打着温州人的名号，赊账欠款，到后来生意做不下去了，又欠钱跑路。没有诚信肯定是立不住脚的，包括我现在做了三十多年了，和萧山这边工厂的关系都很好，大家都会支持帮助我们。第二点是互利。很多人做生意，只要自己谈赢就好了，这是不行的，你占便宜意味着对方吃亏。所以我们做生意，不仅自己赚钱，对方也要赚钱，这个叫互惠。我在开会时告诉员工，我们赚钱，也要给对方赚钱，这样才能长期合作。所以这个互惠互利也是非常重要的。第三点就是合作。单打独斗肯定是不行的，要强强联合，如何让1+1＞2，包括我们团队合作、企业合作，哪怕公司里面所有的高管，我觉得都是合作关系。第四点就是创新。创新是永恒的动力，在企业中，产品创新、管理模式创新，任何东西都需要创新，有创新才有进步。第五点就是学习。哪怕是博士毕业也要终身学习。我年轻时读书不多，所以现在更要继续学习知识。

# 四　奔竞不息：回看来路再出发

**采访者：**作为改革开放后涌现的第一代企业家，先后经历了布料销售、纺织制造，再到 3D 打印，您每一次都能占据行业的制高点，您认为自己经营企业成功的秘诀是什么？

**李诚**：首先要了解市场，市场对于企业来说很重要；其次是企业定位，也就是发展战略，企业领导人要明白企业要往哪里发展。我们的定位就是差异化，差异化就是高端，产品要不断地创新。像恒逸、荣盛企业的定位就是量大，成本低，这也是一种发展模式，要么就做小而精的产品。如果企业定位不明确就麻烦了，既想产量大，又想做高附加值，又无法创新，就非常容易陷入困境。倒闭的企业大部分属于这种情况。

**采访者**：在您的创业经历中，您是否遇到过让您印象深刻的企业危机？

**李诚**：2008 年金融危机的时候，地方政府一边鼓励企业做大做强，一边鼓励银行去企业推销贷款，银行贷款只要公司互相担保就行，不需要抵押。很多老板头脑发热，没有经过深思熟虑，就互相担保。银行贷款后企业盲目扩大生产或者投资不熟悉地领域，导致企业亏损、倒闭，对政府交代不了，对银行交代不了，对员工也交代不了，这样就倒闭了二三十家企业。现在剩下的大企业，像恒逸、荣盛就做炼油，往行业上游发展，很有竞争力。它成本低，产量大，产品质量好，所以以后会形成几个巨头。

**采访者**：在很多人看来，高科技、互联网都是年轻人的世界。浙江改革开放后第一代企业家从事的多是传统制造业，可是您却打破了这种刻板印象，成为老一辈企业家里的弄潮儿，勇于尝试新事物。您是如何做到与时俱进甚至快人一步呢？

**李诚**：这个就是定位的问题。我通过市场调研了解到，今后劳动力型的产业会逐步被淘汰，我们要做劳动力参与度低、科技含量高的产业。

**采访者**：您作为来自改革开放前沿阵地温州的创业人，来到同为创业热土的萧山，在几十年的创业经历中，您有哪些深切体会？

**李诚**：有两件事情让我印象深刻。第一件事情是，在 2008 年国际金融危机中，我们也不例外地受到了影响，当时我们旗下四五家企业只有一家企业能保本盈利，其他全是亏损。那么这时候作为一个企业家如何去扭转这个局面，要采取哪些措施呢？我首先和所有的高管商讨，去了解竞争对手是怎么经营的。经过考察后，我们了解到大部分企业都是亏的，但是有个别企业是盈利的，它们有的是创新能力强，有的是采取扁平化管理，有的是能有效控制资金，这就是我总结的几个方面。所以我马上决定对企业进行改革，吸收这些竞争对手的长处。第一，加强员工考核；第二，采取扁平化管理，简化办事手续和流程；第三，让三个人做五个人的事情，发四个人的工资，加强对员工的激励。采取措施后的第二年，企业内部改革马上就见效，办事效率提高了，员工收入也增加了。第二就是引进管理人才。我当年从个体户开始做生意，没有经过正规培训，完全是靠自己摸索。为了学习成熟企业的经验，我特地去萧山的万向集团求教企业管理模式，他们向我介绍了浙江大学管理学院院长。于是我专门去拜访浙江大学管理学院的教授，并聘请他们来我这里指导企业管理。我的企业里不乏经验丰富的员工，但普遍学历不高，而浙江大学高才生们知识丰富，但欠缺实践经验。所以我和教授商量，对于有意向毕业后来我们公司就职的学生，在读书期间给予学费补助。依据这个条件，学校筛选了20多个大学生，一半时间在学校学习，一半时间到我们公司实习。实习结束后，留在公司里的有三四个，都成为公司的高管，都是能力强、独当一面的中流砥柱。而我们企业里学历水平不高的员工也去浙江大学进行知识学习。这样双向交流学习的方式，使我们企业管理水平得到有效提高。

**采访者：** 作为与改革开放共同成长起来的新萧山人，您在萧山生活、工作也有三十多年了。对萧山地区的发展变迁您有哪些感受呢？

**李诚：** 我感觉萧山这个地方营商环境还是挺好的，没有排外思想，只要你优秀，政府就全力支持你。萧山城市面貌在这几十年里变化很大。当时我来的时候，萧山有很多茅草屋、泥沙路，有些地方甚至连马路都没有，现在到处是高楼大厦、地铁等。这几十年萧山发生了翻天覆地的变化，很荣幸我与萧山人民一同见证了萧山经济腾飞与社会进步的奇迹。

**采访者：** 在中国共产党的坚强领导下，萧山各界市民也参与见证了社会经济文化发展的腾飞奇迹，贡献着自己的积极力量。您作为萧山地区传统制造业以及科技新兴产业的参与者和见证者，您如何总结和回顾自己几十年来的创业经历？

**李诚：** 我感觉萧山的发展非常迅速，这背后的发展动力不仅有独特的本地文化，还有来自政府的大力支持。当年我阴差阳错来到萧山，也是一种妙不可言的缘分，在这里一待就是37年，无论是经济上还是思想文化上，我都有满满的收获。感谢萧山！

# 从大学宿舍走出的电商创业者

## ——黄钦怡口述

采访者：潘立川、韩巍　　　整理者：王叙惠、潘立川

采访时间：2020 年 8 月 15 日　　　采访地点：杭州市萧山区金地天逸

黄钦怡，女，1988 年生，浙江萧山人，电商卖家。2007 年创立淘宝女装店铺"佐佐家"，2010 年成立杭州眼袋服饰有限公司。

黄钦怡

## 一　与时偕行，初入电商

**采访者：**黄女士，您好！非常感谢您作为电子商务领域的创业代表接受我们的口述历史访谈。首先请介绍一下您的个人情况。

**黄钦怡：**我 1988 年 1 月 14 日出生在杭州市萧山区义蓬街道。我是独生子女。我爸爸有五个兄弟姐妹，我妈妈有三个兄弟姐妹。我父母主要从事财务管理方面的工作。

**采访者：**您什么时候开始上学？分别就读过哪些学校？你在大学里学习的是什么专业？

**黄钦怡：**我是 1994 年上小学，2000 年上中学，2006 年上大学，2010 年毕业。小学我上的是体育路小学，中学是萧山中学，大学是浙江大学城市学院。因为受到家里父母的一些影响，我在大学里学的是财务管理。

**采访者：**在大学期间学习的哪些课程对您后来的创业和经营管理有较

大的帮助?

**黄钦怡**:服装设计和摄影课程的学习,对一开始店铺的发展作用还是蛮大的。那时候没有帮手和员工,我都是靠着这些积累的知识和兴趣在经营店铺。财务管理专业的课程,也对我后来管理公司有很大的帮助。

**采访者**:您最早什么时候接触互联网? 第一次网络购物是在什么时候,买的是什么物品? 请介绍首次网络购物的经历和体会。

**黄钦怡**:我从中学读书的时候就开始上网,为了查资料学习和看电影娱乐,不过网络购物、电子商务等,这些我是从大学的时候开始接触的。第一次网络购物我记得是在 2007 年,是在淘宝网购买衣服。那个时候网络购物已经比较方便,价格相对于实体店来说要优惠很多,款式上也是比较符合潮流。总的来说,最开始的网络购物让我挺满意。

**采访者**:您从何时开始有在淘宝上开网店的想法? 当时电商行业的创业环境如何?

**黄钦怡**:上大学的时候空余时间比较多,我在学校听说有人开网店收益比较可观,觉得自己可以尝试一下。不过当时从事电商行业的人并不多,而且专业从事电商行业的人也比较少,大多是像我这种利用业余时间从事电商行业,并不是作为主业。

**采访者**:在从事淘宝电商之前,您是否有其他经商的经历?

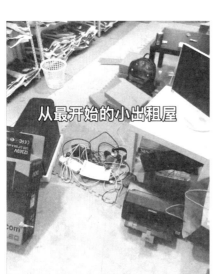

图 1　创业初期作为经营场地的小出租屋

**黄钦怡**:没有。

**采访者**:最初创立淘宝网店,场地是在您的大学寝室吗? 进货发货都在学校?

**黄钦怡**:是的。当时我就在寝室里用电脑打理网店,进货发货都是在寝室用课余时间完成的。

**采访者**:作为一个大学生创业者,您在学习和创业之间如何分配精力和时间?

**黄钦怡**:我觉得在大学的时候课程压力相对没有高中那么大,更多的时间是留给自己思考人生定位和未来发展方向的。在完成学业的前提下，我把空闲的时间都用在了经营网店上，可以说是抓紧一切空余时间了，别的同学在周末一般出去玩，我都在寝室里工作。我觉得时间就像海绵里的水，只要管理得好，总是有的。而且我的学习成绩还算不错，并没有太耽误学业。

**采访者**：在开店初期，有没有哪些令您印象深刻的事情？比如进货、顾客、售后等方面。

**黄钦怡**：那个时候店铺规模比较小，什么事情都要自己做，相当于一个人干了今天一家公司的活，进货、客服、发货、模特和摄影都要自己来。我经常一个人坐车去四季青服装市场进货，扛着一大包衣服回寝室。印象最深刻的就是遇到不讲道理的顾客，稍微有一丁点不满意，就打电话过来责问，我要安抚他们，很无奈。进货方面也是很头疼，因为那时候进货量也不多，议价话语权不大，有时候订货遇到货品质量不好的情况，也只能自己吃下哑巴亏。

**采访者**：家里人是否赞同您从事淘宝电商行业？他们给予您哪些支持？

**黄钦怡**：家里人是比较认同我从事这个工作的，也给了我很多的支持。物流仓储方面，因为起步阶段我们的规模不大，没有专门的仓库，货物一般先存放在家里。发货的时候，我爸妈也会帮忙打包寄快递。在资金方面，他们也给予了一定的支持。

图 2　商品打包发货

**采访者**：当时做电商的成本如何，主要分为哪些方面？

**黄钦怡**：当时做电商的成本相对今天而言还是比较低的，尤其在推广方面，几乎不产生成本。最主要的成本在拍摄、进货方面，别的方面成本不多。

**采访者**：为了开淘宝网店，您当时都做了哪些方面的准备？比如技术、场地、人员、货品、物流等。

**黄钦怡**：首先是注册网店，需要向淘宝平台缴纳 1000 元的保证金。在

图3  手写快递订单

技术方面，我上网找各种资料，经常关注一些淘宝达人，对流行趋势做一些基本的了解，同时也学习一些淘宝上的课程，及时获取信息。在场地方面，一开始我主要在寝室和家里进货、发货。

**采访者：** 淘宝网页上的计算机技术这一块也是您自己操作吗？

**黄钦怡：** 最开始都是我自己设计、制作，随着店铺规模慢慢扩大，就请别人过来帮忙，比如同学、朋友，包括之前的模特也是通过同学帮忙来进行拍摄的。

**采访者：** 当时的物流成本如何？比如在苏浙沪地区寄一件物品要多少钱？

**黄钦怡：** 我邮寄快递好像是从2007年开始。那时的物流成本比现在要高，在学校里寄快递，苏浙沪统一是5元，当时也没有与快递公司协商价格。现在随着店家在快递物流体系当中的话语权逐渐地增加，物流成本下降了许多，苏浙沪大概是3.5元一单。

**采访者：** 在货源方面，您如何寻找进货渠道？

**黄钦怡：** 我当时从杭州四季青服装市场以及一些批发市场拿货，主要在杭州地区。现在的货源和渠道就更加多样，全国各地都有，有的甚至从国外拿货。

**采访者：** 刚开始做电商的那段时间，网店里每天的营业额大概有多少，能否覆盖成本？

**黄钦怡：** 从最开始做电商就直接盈利了，那时候一个月的利润有两三万元，每天的营业额有几千元钱。我赚取的利润能够覆盖成本，这其中也包括我大学期间的日常生活开支。

**采访者：** 刚刚您提到在最开始电商的推广成本相对较低。那在这一阶段您是如何推广自己店铺的？

黄钦怡：一方面走其他网站平台推广自己，比如以前有一些爱物网站，我们在上面发帖子，介绍店铺衣服和穿搭效果。另一方面，淘宝也有自己的流量，最开始的一两年可能不用过多地推广，只要款式比较好，就会带来一定的流量。现在会有一些隐藏的推广成本，推广成本就比较高了，比如直通车、钻攒、超级推荐这些都会产生推广费用。

图4 创业初期的工作室

采访者：您刚刚提到的直通车，具体是怎样的一种模式呢？

黄钦怡：直通车就是按点击收费，比如"连衣裙"这个词，全网很多商家都会竞争出价，根据销量、单价得分进行排名，综合下来最高分排第一。每产生一定的点击量就要花钱给平台。比如钻攒是按展现次数收钱，一千个人看到了就收一次推广的费用。

## 二 行远自迩，商海遨游

采访者：大学毕业后您一直继续从事电商工作，您的家人对此是否会有一些顾虑？

黄钦怡：我从大学开始就从事淘宝电商，后来也没有做过其他工作。那时候我的网店也小有规模，算下来一年也能赚一百万元左右，并且在不断发展，而且我自己也比较喜欢这份工作。我的家人刚开始不看好这个行业，后来看到我小有成绩了，也是比较支持的。最主要的是我们都看好电商在未来几十年的发展趋势。

采访者：刚刚您也提到创业最开始是邀请同学、朋友帮忙，那您是从什么时候开始专门雇佣员工的？

黄钦怡：我大学毕业以后专门从事网店这个工作，那时就开始雇佣员工，但最开始只雇用了客服，后来随着规模的扩大，美工、运营推广这些工作也交给专门的员工来做。

**采访者：** 从这时候开始您有了团队，而且团队形成一定的规模，员工的具体职责分别是什么？

**黄钦怡：** 客服主要负责售前、售后的接待和问题咨询；美工主要负责店铺的版面设计、宝贝上架等视觉方面的工作；推广的话，就根据店铺的特点选择合适的渠道，把店铺推广出去，让更多人看到商品和店铺；主播、模特主要展示店铺的衣服和形象，是对外宣传的重要一环；其他的话，比如工厂，就负责衣服生产这方面。

**采访者：** 作为淘宝的皇冠卖家，目前您的公司共有多少员工？

**黄钦怡：** 不包括工厂的话，我们公司有 26 名员工。

**采访者：** 您是什么时候不再采用代销模式，开始自己设计、生产服装？

**黄钦怡：** 2016 年左右，经别人介绍，我开始开设工厂，自己设计和生产。因为随着电商的竞争越来越激烈，如果光从档口和批发商那里拿货，就会导致只能和别人卖一样的东西，竞争力就会大打折扣。所以我还是需要自己开设工厂，从而保证产品质量和款式创新，从源头上增强产品竞争力。

**采访者：** 您的工厂设在哪里，规模如何？

**黄钦怡：** 在余杭乔司，工厂有 30 多名员工，并聘请了一个厂长进行管理。

**采访者：** 这个工厂是专门负责生产你们家的衣服，还是也会生产其他服装商的？

**黄钦怡：** 这要看你是怎么与工厂合作。如果订单量大的话，可能只做我这一家的业务。这个工厂就相当于一个加工厂，公司这边设计款式时，提供业务给他们生产。像我们公司保证每天给工厂做两个款，把设计好的版型和面料告诉它，然后照样就可以生产了。

**采访者：** 请您介绍淘宝网店的等级差别和晋级条件，如红心、钻石、皇冠等。

**黄钦怡：** 一颗红心需要 4—10 个信用，两颗红心需要 11—40 个信用，三颗红心需要 41—90 个信用，四颗红心需要 91—150 个信用，五颗红心需要 151—250 个信用。一个好评就算一个信用。五颗红心就可以升一个钻，一个钻就是 251—500 个信用，以此类推，满五个红心升一颗钻。五钻是 5001—10000 个信用，五钻又可以继续升级皇冠，最高的话是五金冠，有 1000 万个信用，也就是 1000 万个好评。差评减分，中评不计分，好评加分。

**采访者：**你们店铺现在是什么等级？在各个等级分别用了多长时间？

**黄钦怡：**我们现在是两个金冠。从开店到钻石用了两三个月，到皇冠用了一年，到五个皇冠也是一年左右的时间，到金冠用了两年。那个时候升级也快一些，现在如果从零开始升级就比较难。

**采访者：**您店铺的升级速度可以说是非常快的。目前除了淘宝之外，您是否还在其他电商平台开设店铺？

**黄钦怡：**目前在快手和抖音平台上各有一个店铺。

**采访者：**您认为这些不同的电商平台之间的服务和运行模式有哪些差别呢？

**黄钦怡：**在快手和抖音这类新兴的平台上，规则和受限较少，商家运营更加方便一些，在其他比如退货、付款等方面，差别不大。

**采访者：**您说淘宝上的经营规则比较复杂，具体体现在哪些方面呢？

**黄钦怡：**在商品上架、描述方面的要求比较多。比如从面料到款式的每一项都需要精确地填写，在运营工具和装修工具上要求也会更多一些。其他平台在这些方面没有那么多要求。

**采访者：**这两年短视频平台兴起，您也在上面开设店铺，如抖音和快手。那相对于传统的京东、淘宝这些平台，利用短视频平台开展电商有哪些新的优势和便利？

**黄钦怡：**借助短视频的话，店铺能更加直观地展示自己的产品，传统的淘宝平台在产品的展示上相对静态一些，而且短视频现在更容易受到大家的喜爱，顾客在上面直接下单，流失的顾客会少一点。相反，如果是网页跳转到淘宝上，顾客挑选的时间偏久，顾客流失率高，订单量就会减少。

**采访者：**您是什么时候开始做带货直播的？当时做这种带货直播的多吗？

**黄钦怡：**我们是三四年前开始在做带货直播，比如请一些主播来对我们的产品进行推广展示。那时候这种带货直播形式不多，我们最早在其他视频平台做。而淘宝在最近一两年才重点发展这一块的，我们也在那个时候开始做这一块的内容。

**采访者：**直播带货这一模式的实际销售是否达到你们的销售预期？现在网上有说明星带货的实际流量可能并没有想象的那么大。

**黄钦怡**：刚开始直播带货的反响是挺好的，后来随着参与的商家越来越多，红利期慢慢过去，就没有那么好了。

**采访者**：在开网店做电子商务的过程中，您有哪些比较担心的问题？

**黄钦怡**：因为是做服装行业，我最担心的问题是潮流趋势变化比较快，款式需要及时更新跟着潮流走，还有就是流量获取、店铺推广的成本在逐渐走高，整体利润受到一定的影响。

**采访者**：作为网购者比较关注的商品评价情况，你们作为店家又是如何应对差评的？

**黄钦怡**：差评是我们店家比较关心的问题。因为这反映出我们店铺在服务和产品质量等方面仍存在不足。如果收到差评，我们会主动联系买家，询问一下具体的情况，首先想办法解决顾客的问题，同时改进我们自身，而不是只想着让买家撤销差评。最重要的是从差评里面发现我们店铺存在的问题，并去改进。

**采访者**：在时尚潮流方面，您和您的团队如何研究并抓住趋势？

**黄钦怡**：潮流方面，我们团队现在有两位优秀的年轻设计师，在设计上尽可能地顺应潮流的发展，通常也会从 Instagram、微博等网络平台上的网红用户获取一些设计灵感；款式方面，我们会参考档口、同类型的店铺以及很多国内外的网站，并及时总结当前市面的款式特点，再结合自己店铺的元素，加以改进。

**采访者**：快递是电商的基础之一，您如何与快递公司打交道？

**黄钦怡**：随着店铺的规模增大，订单量增加，快递公司会主动上门来推销。而我们会比较各家快递公司的优劣，选择服务比较好、价格比较优惠的快递公

图 5　网店第一款自主设计服装的手稿

司。这时候相比刚创业的时候，店家的话语权增加了不少。

**采访者：** 那是否存在着店家对快递公司压价的行为？

**黄钦怡：** 这种情况也难免存在。不过我们会先去了解行情，如果发现快递公司给的价格偏贵或者其他快递公司有更加合适的价格，我们会与正在合作的快递公司进行洽谈，从而争取更好的价格。或者当我们的订单量进一步增加时，与他们进一步协商价格。

**采访者：** 前面提到您网店早期的货源主要来自四季青服装市场，您能否介绍从开店到现在您的货源变化过程？

**黄钦怡：** 最开始我们从四季青拿货，店铺在起步阶段没太多基础，就只能从卖一些尾货开始。后来店铺的粉丝积累到一定程度之后，我们就开始开设工厂，结合流行趋势，自己定制衣服的款式。这也有一个从单纯批发、模仿到自己设计、生产和创新的过程。

**采访者：** 您还记得当年您跑四季青服装市场的情景吗？

**黄钦怡：** 那时候我还在学校，进货比较辛苦，坐两趟公交车才能到四季青，然后把衣服拿过来再发货。

**采访者：** 在四季青有没有遇到质量或价格上的问题？

**黄钦怡：** 问题也是有的。有些衣服价格偏高或者质量上存在缺陷，就要找他们商量退换货。由于基本都是杭州本地商家，还是比较好商量的。个别解决不了的问题也就只能自己负责。

**采访者：** 现在你们采取哪些措施和制度来保证店内出售的商品质量？

**黄钦怡：** 最主要的是在质检方面，从选面料开始，面料要经过多次测试，同时根据以往的经验总结，进行筛选，比如哪种面料的反馈比较好，哪些版式不挑人穿，我们就会沿用下去。最后衣服做出来，工厂再进行最后一道质检，检查衣服有无破损等问题。衣服质检合格以后再发到我们公司。我们公司再次确认，检查合格之后再发给消费者。

**采访者：** 质检具体包含哪些方面的流程？

**黄钦怡：** 首先检查面料有没有问题，比如有没有抽丝、破洞等情况，然后是尺寸大小，我们会再校对一遍，如果衣服不合身也是不合格的。最后检查面料有没有瑕疵，因为不同批次的面料有时候存在差异，需要我们严格把关。

**采访者：** 一件衣服从设计、生产、上架、推广、销售、寄出，一般需要多长时间?

**黄钦怡**:一般是先设计,然后生产。生产之前要确认版型和大小,把样衣做出来,看看版型需不需要微调,最后再下面料做大货。上架前对产品进行拍摄与包装,然后开始推广。一款产品从工厂设计到最终销售的周期一般是在7—15天。

**采访者**:现在你们一年可以推出多少新品?一款产品的销售周期一般是多久?

**黄钦怡**:我们一个月能推出40多个款,一年有500多个新品。销售周期一般在1—2个月。有些爆款可能更久一些,能卖个两三年。

**采访者**:您的网店什么时候从个体户过渡到成立电商公司?成立公司以后,经营模式和门店管理发生了哪些变化?

**黄钦怡**:我是在2010年成立公司的。成立公司后,我们的招工更加方便,员工数量和店铺规模进一步扩大,财务管理更加规范,福利待遇社会保障更加健全。

**采访者**:在纳税环节,是归属到网店注册所在地还是淘宝公司注册地?

**黄钦怡**:我们纳税主要是归属到公司注册所在地的税务部门进行的。

**采访者**:当前电商网购存在个别乱象,如强制好评、诱惑好评、虚假宣传、售后服务难等问题。您在这些方面是如何进行约束和管理?

**黄钦怡**:在这一方面客服和淘宝形成了双重规范。客服方面,我们的客服在上岗之前要先经过培训,考核达标后才能上岗;淘宝方面,会对店家进一步规范管理,也不允许商家强制买家进行好评。最重要的是店家要靠产品说话,赢得顾客信赖。

**采访者**:您经营电商已有十几年时间,与最初涉足时相比,当前电商环境有了哪些变化?

**黄钦怡**:总体上来说,现在的竞争更大,流量获取的成本在逐年增加,比如请一个有100万粉丝的博主发一条推广微博需要6000—8000元。同质化的竞争也越来越激烈,尤其在女装方面。但是涌现的人才也更多,相关的配套设施也取得了长足的进步。

**采访者**:那么面对越来越激烈的市场竞争,您的公司如何做到差异化竞争?

**黄钦怡**:要改变现状,首先就要提升公司的实力。对内做好自己,内部要把自己店铺的产品与别人加以区分，做好自己细分的市场；对外要适应流量逐渐碎片化的趋势，寻找更加优质的流量平台。

**采访者：**备战"双十一""618"等节日促销时，你们的工作状态是怎样的？一般是什么时候开始，需要准备哪些事情？

**黄钦怡：**一般提前一个月就开始准备了，这个阶段比较忙，基本上占用一整天的时间，晚上睡眠的时间也比较少，有时每天只能睡4个小时，且持续很长一段时间。准备工作从衣服选款开始，之后再选择拍摄地点，像海南、韩国等地。同时要寻找衣服的卖点，比如营销、备货等，都需要策划。推广的话要提前制定好计划，对销量做一个预估，再进行相应的推广投入。

**采访者：**"双十一""618"等带来的流量是不是平时的好几倍？

**黄钦怡：**是的。但是在这前面一段时间的销量也是比较低的。一年当中，除了这种电商平台推广的节日外，其他时间段流量相对比较平均。淘宝在每个月会有一些小活动，那几天销量可能也比较好一点。其他时间销量是比较平均的，还有就是换季的时候流量也会大很多。

**采访者：**2020年的新冠肺炎疫情对你们线上店铺带来哪些影响？

**黄钦怡：**肯定有影响，比如我

图6　2016年搬迁的新仓库

们的模特拍摄只能局限在本地，款式有所减少，款式挑选上不能全部实地，只能借助网络平台。但是在整体销量上变化并不是非常大。

**采访者：**现在是否有专给电商做配套的产业，比如专门做产品设计、拍摄包装和店铺运营、专门提供货源等？

**黄钦怡：**这个也有的，比如专业的设计工作室专门给我们提供款式，也有运营方面的代运营公司，相当于外包经营。

**采访者：**你们有没有对顾客群体进行肖像分析？

**黄钦怡：**有的。比如我们家的顾客喜欢什么元素、哪种颜色卖得比较好等，包括我们家版型主要服务小个子女生，版型都是固定的，顾客在别家买不到，但在我们家能买到比较合适的款式。到店里消费的顾客群体都是什么类型的，比如说什么年龄段、什么收入层次等，我们也会进行分析。比如我们顾客的年龄段主要是在 18—28 岁，消费能力中等。

## 三　登高望远，创业新篇

**采访者：**当前国家正在积极推进电商职业教育，2020 年也把从事电商纳入大学生就业范围内。与您当初自己摸索成长相比，当前电商创业者的成长轨迹有了哪些变化？

**黄钦怡：**以前更多的是需要靠自己去一点一点摸索，现在随着从业者的配套设施越来越成熟，有了更多专业上的帮助，更加便利。同时创业者可以发挥专长，与其他伙伴一同来合作创业。当然，优胜劣汰也更加明显，要想在业内立足发展，需要充分利用起资源，强强联合。

**采访者：**您是电商行业的深耕者，您认为应该如何培养电商后备人才？

**黄钦怡：**我觉得学校里可以开展相应的专业课程，比如平台管理、产品设计、产品拍摄等，邀请电商从业者授课，逐渐形成一套完善的电商后备人才的培养体系。同时培养学生专长，比如在摄影摄像、设计等方面培养相应人才。

**采访者：**现在电商已经成为时代主流，大企业和大店铺已经占据头部流量，那么未来电商行业的发展点和机遇在什么地方？

**黄钦怡：**如今的电商行业对供应链的要求越来越高，清晰的店铺定位是十分重要的。要抓住店铺自身的亮点，明确店铺的卖点，进行差异化竞争，再优化自己的供应链。因为归根到底最重要的还是自己的产品是否过硬，产品的质量、设计过关，才会有回头客，店铺才能进入良性循环之中，越做越好。

**采访者：**作为大学生创业的典范，尤其是在电商领域创业，您有什么建议吗？

**黄钦怡：**大学生如果想往电商方面发展，首先要清楚自己的定位，自己的优势在哪里。比如说自己擅长短视频的拍摄，就可以利用空余时间多钻研。如果想从事运营方面的话，可以提前接触这方面的资料，同时找一些电商进行实习，对这一方面有更全面的接触与认识。

**采访者：**现在有很多大学生在创业过程中遇到很多困难，比如资金、设备、场地等，一些不法分子就利用这些情况进行诈骗等违法犯罪行为。您认为大学生如何应对这些困难，避免陷阱？

**黄钦怡：**在创业过程中要提高甄别信息的能力，多做功课，掌握更加全面的信息，这样才能有效规避诈骗的陷阱。我们政府部门和平台也可以做一些信息提供，让他们了解各行各业的电商前景，提供更多元的信息，建立大学生和电商的桥梁与沟通的平台，实现双赢。

**采访者：**对于未来大学生创业这一块，您认为当前和未来电商有哪些比较好的潜在领域？

**黄钦怡：**现在短视频这一块是比较热门的，是一个比较好的突破口。如果想从事这方面，可以多下工夫，把短视频拍好。再比如现在 AI 相关的题材也在逐渐普及与应用，这些可能都是以后发展的趋势，是可以进行尝试的。

**采访者：**作为年轻人创业的佼佼者，您如何回顾总结自己十多年的创业经历？

**黄钦怡：**回顾我的创业经历，我觉得首先不能够害怕失败，遇到挫折要想办法解决而不是放弃，要定下目标，脚踏实地地去完成，其次要看准机遇，抓住机遇，从而一点一点发展。

**采访者：**萧山地区是什么时候开始出台扶持电商的政策，给你们带来了哪些帮助？

**黄钦怡：**最近几年挺多的，尤其是从 2016 年开始，我所在的创业园区里的税收、房租都有相应的补贴。有时候也会组织一些电商相关的培训，提供了一个相互交流的平台。在税收、场地、房租方面对我们帮助挺大的。

**采访者：**萧山地区的电商行业在过去这么多年中有哪些重大发展？

**黄钦怡：**现在萧山地区有越来越多的园区，为电商提供办公场地、仓储用地。同时也有一些涉及萧山当地农产品的电商，超市也有一些线上的服务。以前刚开始开店的时候，从业人员比较少。但是现在萧山地区有很多电子园、商务园区，对我们招工、交流都是比较方便的，包括税收政策相对于以前来说也更加优惠。

**采访者**：对萧山地区电商行业的未来发展，您有哪些建议？

**黄钦怡**：如果允许的话，相关的电商创业园区可以开得更多一些，同时组织更多的行业交流活动，为电商创业者提供交流平台。

**采访者**：您身边的家人、朋友都是什么时候开始网购？市民的消费观和购物渠道与过去相比有了哪些变化？

**黄钦怡**：我们同龄的朋友比较早开始网购，时间是 2006 年左右。后来随着支付宝和微信支付的不断普及，像我爸妈他们也开始网购。市民的日常生活基本上可以用电子支付解决，去医院、菜市场都可以使用支付宝和微信，包括现在的健康码也都可以在手机上操作完成。以前办事都需要出门，现在只要在家就可以完成，购物渠道多样化，便利了市民的生活。

**采访者**：您是如何看待电商在当代社会中的作用？

**黄钦怡**：我觉得电商在一定意义上推动了社会的发展。有了电商之后，我们的生活便捷了许多，同时电商的出现降低了商品的流通成本，真正让消费者受益。

**采访者**：对于电商对实体经济的影响，社会上存在不少争论，您是如何看待的？

**黄钦怡**：我觉得这具有双面性，总体上利大于弊。现在的电商与实体经济的关联性很强，电商的竞争力客观上也在推动着实体经济的发展，提供的产品与服务相对于以前也更加优质，消费者能够更好地享受到便利。

**采访者**：在中国共产党的坚强领导下，萧山各界市民参与和见证了中国社会、经济与文化发展的腾飞奇迹。作为在改革开放尤其是互联网时代成长起来的一代人，您对萧山地区的发展变迁有哪些感受？

**黄钦怡**：这几年萧山的变化是有目共睹的，城市建设速度很快，特别是农村地区。上次我回到义蓬老家，感觉农村的面貌大变样了，以前的脏、乱、差都不见了，现代化程度比以前高很多。人们的生活水平、知识水平也提高了很多。改革开放以来，人们的生活水平大幅提高，逐渐实现了小康。大家的需求也慢慢从基本的需求向更深层次发展。我觉得可以顺应这一时代变化，抓住需求层次提高这方面进行发展。

# 小快递有大作为

## ——李庆恒口述

采访者：潘立川、孙淑桢　　　　　整理者：王高亮、潘立川

采访时间：2020 年 7 月 29 日　　　采访地点：申通快递浙江航空转运中心

李庆恒，1992 年生，安徽阜阳人，浙江申通快递杭州转运中心操作组长。2014 年来到杭州工作；2015 年加入申通快递浙江公司担任客服助理；2019 年参加全国邮政行业职业技能竞赛浙江省初赛，获快递员组个人第一名，被浙江省人力资源和社会保障厅授予"浙江省技术能手"称号。

李庆恒

## 一　来到杭州工作：与家乡天差地别

**采访者：**李先生，您好！首先请介绍下您的个人情况。

**李庆恒：**我出生在安徽省阜阳市，从小生活在农村，家中还有个姐姐，已经结婚。我爸妈在湖州工作，父亲是农民工，在工地上班，母亲在纺织厂工作。父母在我上小学一二年级时就外出了，我从小和爷爷奶奶一起生活，也算是个留守儿童。留守儿童总是比其他儿童更加成熟、懂事、独立。父母在家的，过年过节会给孩子买新衣服、新玩具。我们（留守儿童）父母不在家，和老人一起生活，不会哭闹着向老人要买东西。因为爷爷奶奶是农民，收入较少，种地收的粮食也要留着过年吃，或者给我父母带去。我觉得向老人索要东西会给他们带来压力，我自己也不会去和其他孩子攀比。每逢过年，我也会数着日子盼望父母回家，得知父母不回家，

心里也非常失落。我们四个兄弟姐妹（还有叔叔家两个孩子）和爷爷奶奶生活在一起，互相体谅照顾，相亲相爱，物质方面也不会要求太多。

**采访者**：您小时候在暑假期间会不会到父母工作的城市去？

**李庆恒**：会，上五六年级的时候我去父母那边。那时候我爸妈他们每天住在工地上，条件比较艰苦，炎热的夏天只有一台风扇，但我觉得不管怎么炎热，能和爸妈在一起就很幸福。

**采访者**：早年留守儿童的经历，对您后来的成长很有帮助，塑造了您独立、上进的人格。

**李庆恒**：我爷爷从小教育我，我们农民家庭出身的，以后不管是读书还是工作，都要靠自己一步一步走出来，没有捷径可走。

**采访者**：您说爷爷对您的成长影响很大，请您介绍下您爷爷的情况。

**李庆恒**：我爷爷年轻的时候，在部队里当了 6 年的兵。我从小跟爷爷一起生活，听他讲部队里的故事。那时候生活条件很艰苦，每天吃不饱穿不暖。爷爷的耳朵在当兵期间受到了炮弹爆炸的影响，听力出现了问题。因此我们和他讲话时音量就要大一点，否则他会听不清。爷爷对我的成长影响很大。每天晚上睡觉前，爷爷会告诉我一些做人的道理，例如不要走捷径，要脚踏实地，一步一步发展自己。

**采访者**：您是几岁开始上学的，小学、中学分别是哪个学校？

**李庆恒**：学校是我们镇的中心学校，我是读完高一就出来工作了，大概是在 2013 年。

**采访者**：那时候为什么没想继续读书呢？

**李庆恒**：当时我的学习成绩不是很好，再加上身边的伙伴都出来工作了，受他们的影响，我也就没有继续读书，也想早点出来工作，赚钱养家。

**采访者**：从离开校园后，您的第一份工作是什么？您又是什么时候来到杭州工作的呢？第一次来杭州时您感觉如何？

**李庆恒**：我第一份工作是去我母亲所在的纺织厂上班。纺织厂环境非常炎热，工作也很劳累，我只做了五天左右就离开了。之后我就从湖州来到萧山找工作。因为湖州那边主要是纺织厂、木板厂等。我姑姑建议我来杭州找工作，因为杭州有很多新兴行业。刚来杭州就觉得这里和我的家乡天差地别，我从来没有见过这种高楼大厦。杭州给我留下了深刻的印象。

经亲戚朋友介绍，一家咖啡店同意我去店里学习。我第一份正式的工作就是在萧山机场附近的咖啡店里做咖啡师。

**采访者**：您能介绍一下做咖啡师的工作情况吗？

**李庆恒**：我在咖啡店工作了一年。咖啡师的工作就是每天做一些咖啡和西餐。西餐我也有接触，比如做一些水果拼盘。那时候公司还举行了一场做水果拼盘的比赛，我获得了第一名。

## 二　进入快递行业：挑战自我

**采访者**：您在做咖啡师工作中学到了不少知识。后来为什么放弃咖啡师的工作，选择成为快递公司的一员？

**李庆恒**：我去咖啡店工作的时候，每天都会经过申通公司。那时正好是"双十一""双十二"期间，申通公司每夜灯火通明，非常忙碌。那时候我也会网购，需要收快递。我就感觉快递这个行业很有发展前景。之后亲戚就介绍我来申通快递公司工作。

**采访者**：您能介绍刚刚进入申通公司工作时的情况吗？比如入职时间、应聘、面试等。

**李庆恒**：我是在 2015 年 9 月入职。当时我去应聘是比较顺利的。我到公司的人事部进行面试，他们推荐我去航空部转运中心做客服。主管问我有没有足够的耐心做这份比较枯燥的工作，我的回答是，我希望在这里挑战自我。之后我就在这个岗位做了三年，公司把我提升为组长。成为组长后，负责的事情变得更多了，管辖范围变得更大了。

**采访者**：您在做客服工作时的具体内容是什么？

**李庆恒**：我们客服的工作不是纯粹接电话，还要协助处理一线操作人员遗留下来的问题快件。比如一些疑难快件面单脱落，或者地址、电话等信息不清晰，都需要我们去核实正确的信息。另外，每天需要跟晚班主管交流，比如今天哪些货物运送的不太理想，把这些问题统计出来反馈给经理去整改。我在客服工作中也接触了很多快递一线的分拣、中转、装卸等事务，以及帮忙处理客户的加急件。这跟我之后参加竞赛也有联系。

**采访者**：请您介绍申通公司有哪些工作岗位，各岗位的工作职责分别是什么？

**李庆恒：**工作岗位分为行政部、后勤部、市场部、网络部、运营部、操作部、客服部等。线路规划的工作，比如说规划出从杭州发往北京的快递时间最短的线路，在这个线路上运输快递。分拣工作则是按照快递归属的不同省份进行分类，放入输送带，然后装车。客服工作处理的内容比较多，具体分工不同，有的负责投诉、工单、理赔、加急件等。进港的工作，一种是我们去机场取航空货物，还有一种就是苏浙沪之外的物件发到（杭州）这边来，我们要卸货分拣，再用货车运输。

**采访者：**现在申通公司接收的浙江省外的物件是以航运为主还是以陆运为主？

**李庆恒：**我们主要是以陆运为主，航运是补充手段，因为现在货仓资源确实很紧张，每个快递公司都会把航空快递作为陆运的补充。

**采访者：**您的工友都来自哪些地区？他们在快递行业工作多长时间了？

**李庆恒：**我比较熟悉的工友较多来自浙江，也有来自安徽、河南、湖南、湖北以及云贵川地区的。我们申通公司是在浙江省创立的（总部在上海），同事当中既有在这边工作20年的人，也有工作三五年的人。

**采访者：**您现在的工作岗位是什么？

**李庆恒：**我现在的工作岗位就是负责出港的转运中心，每天的工作就是装卸、分拣、拉件、反馈问题等。

**采访者：**您现在每天的工作时长是多久？

**李庆恒：**我现在每天晚上7时30分上班，第二天早上6时30分下班。因为现在是淡季，下班时间会早一点。忙季的时候，要到第二天中午10时或者11时才下班。

**采访者：**您的出港工作就是安排夜班吗？

**李庆恒：**是的。现在淡季，不像"双十一""双十二"那样忙碌。白天快递员在外面收件，晚上把货物统一送到中转部分拣，白天我们这边没有货物，进出港都是安排夜班。

**采访者：**浙江这边每天进出港的货物数量大概有多少？

**李庆恒：**进港的数量我不清楚，现在淡季出港的数量每天是600吨、150万票快件左右。"双十一""双十二"期间，每天有近2000吨、300万票的快件。

**采访者**：在"618""双十一""双十二"等物流忙季，您的工作状态怎么样？

**李庆恒**："618"其实还好，特别是"双十一"的时候，我们这些一线人员每天都从早忙到晚，晚上6时30分上班，到第二天上午10时才下班，在场地上奔波，非

图1　李庆恒在整理快件

常忙碌。去年（2019年）"双十一"期间，我主要负责运输车辆的调度，协调场地上的车辆。

**采访者**：是不是在忙季的时候，公司全部员工都要上岗？

**李庆恒**：是的。比如"双十一"期间，行政人员在白天都会去一线场地帮忙，女员工一般去扫描货物，男员工一般去装卸货物。

**采访者**：您刚刚提到的扫描和装卸，申通公司是否使用自动化设备呢？

**李庆恒**：是的。现在全网都在推进自动化设备，申通公司正在建新场地，以后都是自动化设备，像自动分拣、自动扫描、自动称重。更先进一点的，可能会引进类似义乌快递公司的"小黄人"自动分拣设备。

**采访者**：在快递行业，你认为最辛苦和最重要的岗位分别是什么？

**李庆恒**：我觉得不管是中转环节，还是派送环节，每个环节都很重要。这些环节都是息息相关、环环相扣的，每个环节都不能少。最累的岗位可能就是中转和一线操作的人吧。我们中转岗位每天都要上夜班，而一线快递小哥无论晴天雨天都要在路上奔波。

**采访者**：每年过年期间，各家快递公司都会遇到人手不足的情况，请问申通公司如何应对？

**李庆恒**：我们申通公司在过年之前都会统计好需要回家过春节的人员名单，然后会根据员工家乡的距离，提前安排他们回去。如果之后人手不够，公司会就近把员工留在一线（很多人的家乡在浙江）。因为有些员工来自云贵川等偏远地区，回一趟家真的很不容易，所以我们公司在这方面还是挺人性化的，公司每年也会组织班车送员工回家。

**采访者**：为了备战"双十一""双十二"，公司会做哪些预备工作呢？

**李庆恒**：预备"双十一""双十二"，我们每年都会提前一个月让行政人员去一线学习扫描、装卸，每天晚上学习一到两个小时。现场的操作人员会对他们进行测试，只有测试通过才算完成学习。而公司会安排一线人员在"双十一""双十二"之前，提前休息，到了"双十一""双十二"，每个人没有特殊情况必须到岗。因此，在人员安排上准备的相对比较充分。在车辆方面，我们每年都不会出现缺口，因为我们有合作的第三方物流，会为我们公司提供车辆。在人员方面，我们会在"双十一""双十二"前招聘一批短期工，经过培训后，让他们去协助工作。在设备方面，我们会提前全部检修，对出现问题的设备进行维修更换，防止设备临时出问题。在场地方面，我们在"双十一"的时候也会另外租一块货车停车场。如果货车出现堵塞，我们会进行调度，并电话通知货车装卸时间。

图 2　李庆恒在参与快递分拣

**采访者**：目前快递从业人员的劳动付出和收入所得，您认为是否相匹配呢？

**李庆恒**：我觉得这个问题比较难回答。我有一些快递行业的朋友，他们可能跟我一样出身，没什么文化，只能做一些体力活。快递这个行业，虽然忙一点，但是一分努力一分收获。"双十一""双十二"期间，我们确实都很累，但是工资报酬比平时要高一点。

**采访者**：您认为目前社会对快递小哥的认识，在哪些方面是需要改善的？

**李庆恒**：前几年在网上流传比较多的快递小哥被打骂的事件，这两年相对来说少了一些。我觉得，快递行业已经初步得到社会的认可，我们希望能进一步得到客户的尊重。有快递小哥和我诉说，在炎热的天气来回奔波，出汗之后去给客户送件，有些客户会抱怨他们浑身汗味，不讲卫生。客户当着快递员的面说这些话，快递员心里面挺难受的。因为快递这个工作确实就这样，避免不了出汗的情况。我觉得社会各界人员，不管是在收件还是在派件的时候，都应该跟快递小哥说一声谢谢，这对他们来说就是很大的鼓励。我们不仅仅是一名快递从业者，我们也是一个能解决民生问题的工作者，应该得到更多的尊重。

**采访者：** 快递派送到客户手中需要经过哪些环节、部门？

**李庆恒：** 首先是快递小哥收件和包装，包装后送到网点，进行过机安检，检查有没有违禁品，然后打包送到转运中心出港。我们出港中心又将货物发到另外一个目的地的进港中心，到进港中心再把它给分解出来，分解到具体网点，给快递小哥派送。这期间涉及运营部门、中转部门、线路规划部门等。

**采访者：** 从您进入快递行业到现在，快递行业的智能化程度有了哪些提高？

**李庆恒：** 我刚进入快递行业的时候，快递行业完全没有采用自动化分拣，只能依靠人工分拣。而快递行业发展到现在，人工分拣越来越少。申通公司最近引进了自动称重系统，能给货物自动称重，自动扫描，自动分拣，自动装包，最后由人工装车。

**采访者：** 以前人工分拣是根据什么信息进行？

**李庆恒：** 根据收件地址。以前快递面单是手写的五联面单，只能根据收件地址进行人工分拣。人工分拣效率较低，错发率较高。现在拥有自动化设备后，不管是效率还是正确率，都有所提升。我们会将快递件上的段码录入系统，经过大数据分析后，进行智能自动分拣。

**采访者：** 现在哪些环节已经不需要人工直接参与？

**李庆恒：** 据我了解，扫描不需要人工参与，称重也是卸货之后自动称重。

## 三　参加快递技能大赛：爱拼才会赢

**采访者：** 您是什么时候开始参加快递技能大赛？比赛是自己报名还是公司推荐？

**李庆恒：** 我2015年进入公司，2016年下半年公司经理推荐我去参加杭州市级比赛。当时我们公司有一个领队，也就是我的教练，他会测试我的打包时间和质量，帮助我训练快递技能。在比赛前期，教练给我们讲解和培训。那次比赛我获得了全市第四名的成绩。

**采访者：**在这个比赛之前，申通公司内部是否有举行一些技能比赛呢？

**李庆恒：**申通公司有举行过技能竞赛，但是我没有参加。申通公司内部的技能比赛都是面对一线人员的，包括分拣、装包。我之前参加了六七次比赛，包括浙江省级、杭州市级和萧山区级比赛。

**采访者：**您第一次去外面参加比赛，是公司领导推荐你去的，还是在公司内部比赛中取得成绩后去参赛？

**李庆恒：**是我们领导推荐我去参赛。可能他认为我在日常工作中动作比较迅速，操作也比较规范，所以就推荐我去。

**采访者：**请介绍浙江省第三届快递职业技能竞赛暨全国邮政行业职业技能竞赛浙江省初赛的情况，它有哪些比赛项目及环节？

**李庆恒：**比赛分为两个模块：理论占30%，实操占70%。理论知识范围比较广，像一些法律法规、职业道德都会考，都是我们快递从业者需要掌握的基础知识。实操分为三个模块：第一个是打包，第二个是智能快件箱投递，第三个是派送线路设计和快件排序。第一个就是打包。我当时练习包装的次数比较多，因为包装环节较为重要。包装环节包括两个方面：一个是多物品收集，就是比赛现场模拟客户寄件，客户有多个快件装在一个箱子里，我们要检查是否有违禁物品不能收寄，然后把它挑选出来，再进行包装。这个环节就是考验快递员平时在收寄的时候，是否做到三个"百分百"——是否百分百实名验证，是否百分百开箱验证，是否百分百过机安检。另一个就是易碎品包装。我们去年（2019年）比赛采用的物品是高脚杯，参赛者用气泡膜包装4个高脚杯，从1.6米的高度摔三下，高脚杯不破损，这个项目才能得分。这个环节考验快递员在收集客户的快件时，是否将易碎品包装好，防止易碎品在运行过程中出现破损；同时也不能过度包装，包装物料不能超过规定重量。过度包装也是对包装资源的一种浪费，要用最少的包装资源保证易碎品完好无损。第二个就是智能快件箱投递，它考验快递员在投递过程中是否逐票检查客户的备注信息。一些客户会备注派送时间，或者备注当面签收，还有一些生鲜件、到付件、保价件。第三个就是派送线路设计。比赛时会提供3D地图和20多个快件，每个快递都有相应的备注信息。比如有一个快件，营业厅是 8 时 30 分开门，客户要求加急件在 9 时之前派送，快递员要安排派送顺序。比如客户不在家签收的时间、道路交通堵塞的时间，快递员要把这个时间给避开，最后设计一条线路。

**采访者：**这些内容主要考察快递员的哪些素质？

**李庆恒：**第一点是细心，考验快递员平时在收寄过程中是否仔细观察过每票快件，有没有做到规范操作。第二点是规划能力，派送线路设计像数学题一样，比较困难。因为每票件确实比较复杂，它要求我们快递员用最少的时间，走最少的路，把这些快件给派送完毕。

**采访者：**哪些项目是比较有挑战性的，或者说难度比较大的？

**李庆恒：**我觉得易碎品包装难度比较大。因为包装项目分数占比较高，它分为两个部分，如果易碎品破裂的话，整个包装项目就扣分。我感觉这个难度较大，因为易碎品包装并不是包装好就一定不会破损，有时候包装得好也可能出现一些意外，比如在高度上摔的时候没操作好，或者两个易碎品中间没有放置隔层。

**采访者：**为了参加这次浙江省比赛，你做了哪些方面的准备和训练呢？

**李庆恒：**我前后准备了 20 多天。除了参加日常工作外，我会在每天早上学习理论，晚上回去练习一下实操。我们单位里面的教练也会组织我们集中训练，用秒表给我们计时，看我们包装的操作过程。完成好之后他会开箱，每一票件都检查，看哪些细节没做到位，有问题会及时给我们指出，让我们改正。

**采访者：**您准备这个比赛都是在工作时间之外吗？

**李庆恒：**对。因为我们快递工作比较忙，每天空闲时间也有限。每天就是早起学习理论知识，晚上抽一两个小时练习实操。练习完之后，我们教练偶尔会组织我们下班后到会议室去集中测试，看我们平时在练习有没有进展。

**采访者：**公司在训练过程当中提供了哪些方面的帮助？比如说教练、训练场地、设备等。

**李庆恒：**我们公司提供的帮助还是蛮多的，例如提供场地给我们训练，也提供一些物料，比如包装箱、胶带、易碎品，让我们自己拿回去练习。以前我们练习易碎品包装，公司会提供一些鸡蛋，让我们练习包装鸡蛋。

**采访者**：在这次比赛过程中，您付出了很大的努力，那最终取得了怎样的好成绩？

**李庆恒**：我们比赛有两个模块，一个是快递员，一个是快件处理员。我是快递员的第一名。

**采访者**：您觉得取得这个好成绩的原因有哪些？

**李庆恒**：我觉得自己的努力占一部分，我们教练指导得也比较用心。

**采访者**：您提到教练蒋教芳老师，能介绍一下他吗？

**图3　李庆恒（右）在蒋教芳老师（左）指导下练习快递包装**

**李庆恒**：我感觉他是我们学习的榜样，他在我们快递行业资历很老，今年（2020 年）应该是从业第 11 个年头了，一直在申通公司。他工作经历比较丰富，从事过的岗位比较多，像一线分拣装卸、人事培训等，现在他主要负责工会和生产安全这一块。他资历比较深，懂的东西也比较多，我们遇到一些问题都会请教他。他是我们快递行业首批工程师，获得了快递行业的职称。

**采访者**：蒋老师在日常训练过程当中会提供哪些方面的指导？

**李庆恒**：我们遇到问题会请教他，不管是理论还是实操。集中训练时，他观察我们每一个比赛人员，是否规范操作，是否有可以压缩时间的动作。因为我们时间也有限，提前完成可以加分，所以他就对我们操作时间要求比较严格。

**采访者**：除了这次比赛外，您还参加了哪些级别比较高的技能比赛？

**李庆恒**：我去年（2019 年）还参加了国家赛。国家赛就是中国所有的省份派代表去参加，去年（2019 年）浙江省就是包括我在内的 4 个快递员参赛。参加国家赛后，我进行了自我总结与反省，发现自己还有很多不足之处，与其他优秀的快递人员相比还有差距。明年（2021 年）还有国家赛，浙江省也推荐让我去参加，我会把握这次机会，挑战自我。

**采访者：** 申通公司内部为了提高员工技能和素质，举办了哪些活动？采取了哪些鼓励措施？

**李庆恒：** 我们公司内部举行的活动还是蛮多的。上个月公司组织去申通上海总部参加安检比赛。平时公司也会组织消防技能比武，还有其他技能方面的比赛，我也曾经参加过。

**采访者：** 在取得好成绩后，您被浙江省人力资源和社会保障厅授予"浙江省技术能手"称号。这个荣誉称号对快递行业和您个人有哪些意义？

**李庆恒：** 我们之前的比赛都是快递行业内部的，从来没想过政府部门会对我们进行奖励。这次颁发给我们的荣誉也是比较意外，当时比赛完之后还不知道，是今年（2021年）4月份才授予我们。获得这个荣誉称号，我认为快递行业在社会上的认可程度在提高。

**采访者：** 凭借"浙江省技术能手"称号，您获评杭州市 D 类高层次人才，享受 100 万元购房补贴的高层次人才待遇。获得这个补贴待遇，给您的生活带来了哪些变化？

**李庆恒：** 我觉得住房补贴给我的生活带来很大的帮助。我一直在思考是否要继续待在

图 4　李庆恒荣获"浙江省技术能手"称号

杭州工作，如果继续待在杭州，就要解决买房和户口的问题。因为我的孩子需要拥有杭州户口，才可以在杭州读书。但是考虑到，我父母辛苦大半辈子赚的钱可能也只够我付房子首付。我觉得拿他们的血汗钱去给自己买一套房，心里有点愧疚。我自己又没什么文化，工作收入也不是很高。因此，在杭州买房对于我来说有很大压力。今年（2020年）我被评上杭州市高层次人才之后，100 万元的购房补贴，帮助我减少了很大经济压力。

**采访者：** 因为获得 100 万元的购房补贴，您在网上开始走红，这给自己的生活、工作带来了哪些变化，是否也会遇到困惑？

**李庆恒：** 生活的变化就是家乡的亲戚朋友在网络上看到了我的信息都

**图5　李庆恒的杭州市高层次
D类人才认定书**

会来求证是不是我本人。最近因为接受各种采访，有些耽误工作，目前已在尽快调整，赶紧回到工作状态中。此期间很多同事、领导、长辈们都提醒过我，你年纪轻轻就达到这个层次，心里不能过度骄傲，这只是一个过程，你要把它当作过去，不要一直沉浸其中。

## 四　快递与城市发展：欣欣向荣

**采访者**：您获得的荣誉和人才补助，是不是体现了杭州作为电商重镇对快递行业的重视？

**李庆恒**：是的。在我们快递行业，这是首次被纳入新兴行业技能人才行列，是整个浙江省第一批。以前完全想不到快递行业能和人才搭边。我们申通公司有4人被评为高层次人才，其中一个就是去年（2019年）跟我一起参加比赛获得第二名的同事。我的教练蒋老师以职称来评定E类人才。我觉得这也算是给我们快递行业的一个鼓励吧。

**采访者**：当前快递行业越来越受到国家、社会的重视，那么对于快递从业人员的培训，你有哪些方面的建议？

**李庆恒**：我认为需要加强快递员的服务培训。我们申通公司对每个岗位的新入职人员都会组织培训，介绍快递的发展史，解释服务客户的理念。我觉得最主要还是要提高我们快递从业者的服务素质，再得到国家、社会的进一步认可。

**采访者**：作为国内最具活力和包容力的城市，杭州对基层人才和技能人才的支持力度很大，这是不是吸引你来杭州工作的一个原因呢？

**李庆恒**：其实并不是。因为我初次来杭州时，还没有"人才"这个概念，不了解杭州的政策。

**采访者**：您在日常工作当中是否能感受到杭州对外来人员的包容度？

李庆恒：对，我能感受到。说实话，我以前对杭州没有过多的了解。但是来到杭州之后，我感觉在这个城市，各行各业都会得到政府和社会的认可，包容性也比较强，职业没有高低贵贱之分。

采访者：您对今后的工作有哪些新的想法和目标？

李庆恒：我们蒋老师是我的一个榜样，我希望能跟他一样在快递行业拥有职称。职称自身也有一个发展的过程，从前快递员不管工作多少年也永远只是个快递员，不会得到高级工程师或者中级工程师这样的职称。现在快递员也能拥有职称，也算是国家对快递行业的认可。

采访者：想要获得快递行业的职称，需要达到哪些方面的条件？

李庆恒：据我了解，这个职称首先对学历有一定要求，其次还有工作年限的要求。我目前评职称的条件还不充足，因为我自己只有高中学历，我下一步就准备报考大专，然后往评职称方向发展。

采访者：您刚才提到，您向党支部提交了入党申请书？

李庆恒：对，我有入党的意愿。因为前段时间萧山区委组织部给我打过电话，询问我是否有入党意愿，可以提交入党申请书。

采访者：与您最初进入快递行业时相比，现在的快递行业有哪些变化？

李庆恒：变化很大。首先，我刚来快递公司，觉得快递公司不属于技术领域，不会得到其他行业同等的荣誉和待遇，我完全没想到快递员还可以评职称和申请入党，这也体现国家、社会对这个行业的重视。其次就是快递公司在科技发明的投入力度很大，现在大部分采用自动化设备。刚来申通一两年时，听说要应用自动化分拣，当时我对快递行业不了解，不明白快递如何自动化，之后才接触到自动化装包、自动化分拣，直接机器一扫描，就知道快件要放到哪里，技术性很强。

采访者：目前杭州市和萧山区对快递从业人员有哪些方面的扶持政策，你有了解吗？

李庆恒：据我了解，快递行业有一个职业资格证书，是人社局给我们举办的一些职称评定，或者职业资格证书的考试。有了职业资格证书，让我觉得快递员是个正式的职业。职位评定、职称评定对我们来说也具有激励作用，我们也会努力往这个目标去发展。

采访者：萧山地区快递行业的发展历史，您有所了解吗？

李庆恒：这个并不了解，但是我们公司确实发展比较快，申通公司就是在杭州创始的，总部设立在上海，我觉得这个发展确实快。以货量来说，刚创立的时候每天只有两三百吨货，而现在日常淡季都有五六百吨货，忙季有一千到两千吨的货。从货的数量上，就已经明显体现出快递运输量的变化。另外，在效率方面，之前运输线路比较少，比如发到重庆，以前只有杭州到重庆这一班车。之后因为业务需求量加大，我们也开通了杭州到万州的线路，运输效率也进一步提升了。

采访者：电商和快递密不可分，可以说互为基础，作为在电商和网购时代成长起来的一个人，您对杭州电商行业的发展有哪些深刻体会？

李庆恒：我来申通公司之前，并没有"双十一"的概念，并不清楚每天的快递量，只觉得很忙碌。来了之后，我才发现，每年"双十一""双十二"的网购快递量都在上升，尤其是现在刚兴起的一个行业叫直播带货，这对我们快递行业有很大的促进作用。

**图 6　李庆恒在 2020 年疫情期间**

采访者：这次新冠肺炎疫情对快递行业有哪些方面的影响？公司是如何应对这些不利影响的呢？

李庆恒：有一定影响，公司部门内部需要进行各方面协调。因为疫情期间大部分人都待在家里无法出门，只能选择网购。有些地方可能没有开工而没法发货，然后我们会积极地跟客户协调。我们公司2020年2月4日复工，应该是第一批复工人员，复工之后也面临重重困难，不好协调。比如有些快递网点，虽然说快递已经送到，但是因为有些道路封锁无法派送。这些情况确实也比较难处理。

采访者：是不是也存在工人返岗人手不足的情况？

李庆恒：刚复工那段时间确实人手不足，有些快递无法运输。不过我们公司迅速解决了人手不足的问题，除了湖北籍的同事，其他员工2月14

日起都陆续返岗。

　　**采访者**：您来杭州工作也有五六年时间，作为新杭州人，您对杭州尤其是萧山地区的发展和变迁有哪些感受？

　　**李庆恒**：我感觉萧山地区有很大的发展变迁。我刚来萧山机场这边工作的时候，附近没有电影院，看电影需要到萧山城区。这几年萧山发展迅速，城市设施变得完善，交通也变得方便快捷。我们申通公司门口即将开通地铁站，以后下班就可以直接坐地铁去西湖或者湘湖游玩，不需要早起坐车。从前我们去萧山需要绕许多路，现在高速公路和高架桥都慢慢连通了，出行变得更加方便。杭州开启"城市大脑"之后，更有利于市民出行。比如"城市大脑"中的"非浙A急事通"，我们外地牌照的车辆如果有来杭州就医、办事等需求，可提前申请，在早晚高峰时段进入错峰限行区域。像我之前去杭州办事情，带爸爸去看病，以前需坐一两个小时大巴车才能到，而现在申请之后就能自己驾车进城。

　　**采访者**：快递行业是现代服务行业的重要组成部分。在中国共产党的领导下，萧山地区的电商和快递行业也是飞速地发展，那么作为萧山地区服务行业的参与者和见证者，您是如何总结自己到杭州这几年的工作经历的，有哪些体会？

　　**李庆恒**：首先，萧山地区服务行业这几年的发展变化，给市民日常生活带来很多便利，办事效率也大大提高。其次，我感受到萧山区政府对快递行业的支持和认可，街道会组织许多社会类文体活动，鼓励我们积极参与，例如献血、演讲、安全比赛、消防练习等。

　　**采访者**：2021 年是中国共产党建党 100 周年，在中国共产党的坚强领导下，萧山各界市民参与和见证了中国社会经济和文化发展的腾飞奇迹。回顾改革开放发展以来的社会发展，请您结合个人、家庭、生活的变迁，谈谈您对过去几十年来的社会变化有哪些深刻体会？

　　**李庆恒**：我觉得有很大变化。小时候我爸妈在外务工，生活拮据，我没想过家里能拥有小汽车，也不奢望一家人能从平房住进楼房，甚至家里添上地板砖都是幻想。家乡那边祖祖辈辈都是农民，也没有做生意的亲戚，我爸爸妈妈他们靠着自己的双手辛勤工作，家里的生活条件也逐步改善了。现在我们在老家建了一座四层小楼房。街坊邻居也过上了更好的生活，能满足日常需求，基本上每家都拥有了汽车。

# 围垦地上的绿色神话

## ——尚舒兰口述

采访者：陈鸿超、李永刚、孙淑桢　　整理者：陈梦雅

采访时间：2020 年 7 月 26 日　　采访地点：杭州萧山舒兰农业有限公司

**尚舒兰**

尚舒兰，女，1966 年生，河南省太康县人。1986 年参加工作，1989 年和丈夫一起回到萧山，在新围 5.2 万亩围垦区承包了 68 亩土地，建立舒兰农业，1991 年被评为浙江省"双学双评"农家女能手和浙江省"三八"红旗手；1994 年被评为浙江省劳动模范，1995 年被评为全国劳动模范。

## 一　结缘萧山

**采访者：**尚总，您好！很高兴您接受我们的采访。改革开放以来，萧山农业围绕改革抓发展，取得了显著的成绩。您是舒兰农业的创始人，更是萧山农业发展的重要见证人，我们希望您给我们谈谈舒兰农业及萧山农业的发展历程。首先，请简单地介绍一下您的个人情况，包括出生日期、出生地、教育情况和个人履历等。

**尚舒兰：**我于 1966 年 6 月 4 日出生在河南省周口市太康县高朗乡。我的学历是高中，毕业后一直在家待业，1986 年进入银行工作。1988 年年

底，我跟随丈夫回到萧山。1989 年 4 月，萧山新开垦的 5.2 万亩土地准备分户承包，我和丈夫承包下 68 亩土地，开始在围垦创业，直至现在。

**采访者**：1988 年，您跟着丈夫来到萧山，请问您和丈夫是如何相识相知的呢？当时丈夫为何想迁回萧山？

**尚舒兰**：我们在淮阳县相识。当时我的伯父是淮阳县人民银行行长，按照规定可以内招一个子女进入银行工作，我借助这个机会进入银行，在储蓄所上班。我先生在淮阳做布匹批发生意，有时会到储蓄所存款、取款以及汇款，我们便这样相识。

至于迁回萧山，因为我们那时已经结婚，婚后理应回婆家生活。所以1988 年，我和他回萧山老家过年，当时也没有决定定居萧山，只是准备回去一趟。结果一回到这里，便定居下来，再没有回到河南。

**采访者**：您与丈夫结婚，是否受到来自家人的阻力呢？

**尚舒兰**：我们谈恋爱时，家里的确不同意。当时正处于改革开放的起步阶段，我们河南较为保守，不如萧山开放。我在银行上班，工作条件较好，找一个外地的对象，不仅远离家乡，而且我们也不了解他的家庭情况，家里人便不同意我和他在一起。后来，我一再坚持，日子一长，家里人无奈之下便同意了我们的婚事。我们简单地领了结婚证，双方也没有办酒席，只是向银行里比较熟悉的几位同事分发喜糖和水果，这就算结婚了。

**采访者**：刚到萧山时，这里给您留下怎样的印象呢？您和丈夫又是怎样开始围垦创业的呢？

**尚舒兰**：我们河南是种粮食的大省，有大片平原，不像这里山青水秀，山水众多，两边的生活习惯有很大区别。由于没有出过远门，刚到萧山时，我觉得一切都很新奇，其他的没有特别深的印象。

1988 年年底，我们回萧山过年。在这之前，我跟我先生都没有从事过农业工作。真正接触农业是在过完年后，我先生的朋友知道他当时的情况并不乐观，尤其是经济窘迫，因此便劝他："如今挣钱不容易，可供选择的好行业很少，萧山新围垦的 5.2 万亩土地正准备分户承包，如果你愿意的话，就去那边承包土地。"我先生觉得可行，便决定去围垦。当时，钱塘江边的土地围好后，便分到各乡镇，再由各乡镇分到各村，我们是从村里承包的土地。当时他走访了好几个村，大多数土地已经被别人承包。最后，只有一个村的土地未被承包，因为村内整体条件较好，村民不愿进行辛苦的围垦承包。我们当时资金不足，但他们给的条件也很优惠，我们便决定承包这个村的土地。我先生问我要不要去，那时很年轻，我也不了解围垦的具体情况，心想："好的呀！你们说去围垦，那就去围垦。"从那之后，我才接触农业。

## 二　初涉农业

**采访者**：您本来处在一个优越环境中，刚到围垦地进行辛勤劳作时，您有没有遇到一些困难呢？

**尚舒兰**：当时的确遇到了很多困难，这里与河南老家的生活完全是两回事。刚回到萧山时，我儿子才一岁，我们去围垦时，他还不太会走路。当时带着孩子，生活条件也不好，可以说一穷二白。我们住的是草房子，我之前在河南从没见过草房子，但围垦的人都是搭起草房子居住。在生活方面，离开家人后，做饭、种地、带小孩等一系列事情全都是自己做，相当于开启全新的生活。早上睁眼后马上准备早饭，吃完饭收拾碗筷，接着带上小孩去地里干活，当时只要有力气干活即可。我们不断地重复这样的生活。

**采访者**：刚开始承包土地时，主要种植什么农作物呢？这些农业知识是从哪里获得的呢？

**尚舒兰**：我们4月份开始承包土地，根据时令，在高地上种毛豆，在低地上种棉花，再种一些春玉米。那时的毛豆与现在的菜毛豆不同，菜毛豆可以作为蔬菜卖到市场，而当时的毛豆可以做豆腐、做粮食，实际是大豆。种植过程较为简单，毛豆成熟后，便用本地的一种工具打下来，随后卖到市场。到了秋季，主要作物是萝卜，成熟后也销往菜市场。那时萧山的腌制蔬菜较多，其中萧山萝卜干享有盛名，菜市场里的萝卜干也比比皆是。

第二年开始养猪。由于我先生做生意出身，商业眼光敏锐。刚开始围垦创业时，我们身负债务，因此他总想着赚钱还债，便考虑是否养猪。这不是一句话的事，建厂房、购买仔猪和饲料都需要充足的资金。所幸的是，他的一位朋友在农二场的饲料厂任厂长，我们可以赊饲料。并且，仔猪也可以赊，我们将仔猪养大后，卖了钱再付给商家。唯一需要资金的是建厂房。第一次小规模养了90多头猪，后来逐渐做大，终于赚到了钱，养了两年猪我们就还清了欠款。

其实当初承包土地时，还有30多亩鱼塘，但养鱼成本过高，我们只能选择成本较低的种地，便将鱼塘转包给别人。

农业知识方面，主要是向其他承包户学习。我先生也来自农村，但由于家庭条件优越，他又是家中独子，家里人不让他干农活，虽然接触过农业，但没有实际的农业工作经验。到了围垦地，我们便雇了一个长工负责农活，邻居中也有承包大户，我们便从中学习农业知识。学习过程并不复杂，比如种毛豆，只要有种子，别人怎么种，我们依样画葫芦即可。

**采访者：**您作为一个河南人，想必需要一定时间才能融入萧山本地的环境。您刚回到萧山时，与周围邻居的关系如何？您去承包土地时，跟周边承包户的关系又如何？

**尚舒兰：**刚回到萧山时，我并不熟悉周围邻居，他们也因"外地人"的身份而看不起我。其实这也不是排外，只是一个当地男人娶了外地老婆，必然会被打上"没本事""讨不起老婆"的标签，加上一身债务，自然会被外人看不起。1988年年底至1989年4月，将近三个多月的时间，我们都在家中无所事事。当时我不了解这个情况，只知道外人有时会用异样的眼光看着我，甚至在亲戚家中也会有这种感受，虽说听不懂当地方言，但是从表情、眼神、态度中便能感受到对方的轻视。由于年轻，心态较为乐观，那时并未多想。后来我先生说去承包土地，我心想："这里为

图1　尚舒兰在采集棉花（摄于1991年）

什么是这样的呢？离开这里，去围垦也好。"双重原因作用下，我们决定去围垦。在围垦的地方，我们接触的人减少了，只有几个承包户。大家都是年轻人，平时见到的人又少，因此我们相处得很融洽，互帮互助，坦诚相待。那时的人也非常淳朴，一户人家需要帮助，大家都会不计报酬地帮忙，帮完忙后，便坐在一起吃一顿饭，谈笑自如，那是一段很美好的时光！

**采访者：**1995 年 5 月，以您名字命名的"萧山舒兰农场"建立了，农场为何以您的名字命名，这里有什么故事吗？

**尚舒兰：**1994 年，萧山市人民政府新围 3.3 万亩滩涂，我们再次投标，即我们现在所在的地方（指采访现场）。在最初的围垦地，土地面积最大时将近 300 亩，到这里后，土地面积增加到 900 多亩。另外，在河的南面，我们临时承包下几百亩棉花地，共有 1000 多亩土地，面积大大增加。后来政策发生变化，我们属地的管辖权从乡镇转到萧山市政府下辖的农业开发区管委会。1995 年，管委会下发通知，由于土地面积较大，这里所有的承包大户都需更名为"XX 农场"。对于名称也有要求，先由各承包户自行取名，开发办审核，倘若名称合适，便确定下来，若不合适，再由开发办帮我们取名。1995 年，我已经是全国劳动模范，在萧山也小有名气，政府亦把我作为一个典型进行宣传，因此让我以自己的名字命名，便叫"舒兰农场"。当时其他的承包户知道后，便打算也以自己的名字命名，但是开发办都不同意。

**采访者：**农场的产品最初都销往哪里呢？

**尚舒兰：**其实，我们也见证了萧山农业的发展，尤其是由计划经济向市场经济转型的过程。我们到 3.3 万亩围垦地后，种植的农作物以粮食和棉花为主。当时正处于经济体制改革的过渡时期，粮食基本上由政府控制，有一部分允许销往市场，而棉花由政府绝对控制，统一收购，不允许销往市场。我们基本上不愁销路问题，棉花由国家统一收购，粮食销往市场。为什么粮食没有卖给国家呢？主要是土质问题，这里的土地是钱塘江滩涂围起来的，盐碱度高，粮食的质量达不到国家收购的标准，因此国家不收购，我们只能销往市场。当然，粮食在当时的市场上也很紧俏，所以销路不成问题。

## 三　快速发展

**采访者：**1996 年，舒兰农场承包土地 1310 亩，实行企业化管理，分成粮食、棉花、水产、蔬菜、农机五个职能单位。您能简单地介绍一两个职能单位吗？

**尚舒兰：**这里共有 3.3 万亩土地，其中种植面积 5000 多亩，有许多承包大户。种植面积增加后，人工已经无法满足耕作需求，农机服务应运而生。为服务承包户，开发办将农机服务队委托给我们管理，名义上是开发办的农机服务队，实际是我们在经营，自负盈亏。管理也较为简单，有一个负责人做账即可。那时还未成立公司，做账不如现在规范，并没有企业报表，几乎是流水账。并且，那时的农机服务供不应求，承包户们还需排队，所以生意非常红火。水产方面，管理也很简单，只需一个负责人，进饲料后记账即可。

**采访者：**在企业进一步壮大过程中，您和丈夫是如何分工的呢？

**尚舒兰：**我们没有界限分明的分工。因为我先生一直都很能干，有经商的灵活头脑，所以企业大多数事务都是我先生在管理，我主要负责执行。

**采访者：**最初公司招收的员工有多少人？他们都是来自哪里？

**尚舒兰：**最初公司的长期员工并不多，只有 10 多个。由于种植的作物以粮棉为主，所以大多是季节工和短工。比如采棉花，需要大批员工把棉花采摘下来，持续时间较长，有时要采一个月。大部分员工是来自河南的老乡。为什么不招本地人呢？一是工资过高；二是这里乡镇企业发达，本地人大多选择去厂里做工，他们也不愿意采棉花；三是我们对本地工人并不熟悉。所以我打电话给老家，委托家里人帮我找员工。那时出来找工作很困难，加之河南是农业省，所以员工很好找。

## 四　再次创业

**采访者：**1997 年 8 月 18 日，萧山沿江垦区受第 11 号强台风袭击，舒兰农场所在的农业开发区 3.3 万亩区块，12.5 千米堤塘全线破坏，1 千米堤塘决口，加之暴雨和台风双重叠加，把舒兰农场经营的耕地夷为平地，田间沟、渠、路、涵等生产设施全部被毁，近十年的心血付之东流。请问当时具体情况如何？党和政府是如何帮助舒兰农场渡过难关的？最后如何转危为安的呢？

**尚舒兰**：1994 年，我们来到这里围垦。1994 年至 1997 年下半年，这几年非常顺利，种什么赚什么。当时这里外围有一块 780 亩的土地，原本被一个企业承包了 5 年，但承包后并没有开发，开发办便委托我们去开发。我们认为这几年农业发展形势较好，对方也给予许多优惠，我们的经济实力也允许我们去开发，因此便投入 110 多万元，承包了这块土地。具体安排如下：挖了 300 亩的塘养罗氏沼虾，300 多亩的土地种棉花，其余土地用来种水稻。台风袭击前，我们去看过罗氏沼虾，由于第一年挖的塘，所养殖的虾的数量也不多，水质、土质都适合沼虾生长，一些大的沼虾已经可以卖往市场，预计产量一定很高。当时商贩来买虾，售价是 18 元/斤—20 元/斤。并且，当时的棉花也处于即将丰收的状态，我们都兴奋不已。

结果天不遂人愿，没过几天，台风来袭。除了外围这一块没有冲到外，其他耕地全部夷为平地，非但没有利润可言，更是血本无归。1997 年下半年，又有暴雨来势汹汹。更为不幸的是，1997 年赶上粮食价格下滑。直至 2000 年，粮棉价格都不尽人意，当时投入的 110 多万元全部打了水漂。我们认为即便受灾，也能慢慢恢复。但现实给我们沉重一击，无论是种粮食还是其他养殖业，台风后的几年都是亏空的。其实受灾时我们并不认为已经到"趴下"的地步，但是灾后多次努力无果后，我们的确感觉很无力，很无奈。

党和政府给予我们许多帮助。一是资金支持和精神鼓励。我们当时隶属党山镇，为帮助我们渡过难关，镇里的书记、镇长几次带着乡镇企业的老总们来捐款，萧山区部分领导也来过，给予我们精神鼓励和资金帮助，当然大批的资金捐助是不可能的。

二是方向指引。多次努力无果后，我们也进行深入分析，种粮棉总是亏本，那便需要转型。

从粮棉到经济作物的转型，不是一蹴而就的。1999 年，我们遇到了一个机会。新街镇的银河脱水蔬菜速冻厂找到我们，他们主营蔬菜冷冻脱水，并且大批地出口外贸，但自己并没有基地，便想与我们合作，我们给他们种植蔬菜。当时主要种植甜玉米、菠菜、西兰花这三类蔬菜，种子由他们提供。有了这一经历后，我们发现种植蔬菜比种植粮棉效益更好。2000年，我们依然没有走出困境，再也无法坚持，便把我们的想法告诉林振国市长。他说："这么多年，大家都熟悉你了，你已经成为企业的标杆和榜样。倘若你倒下了，影响也不好。你不要轻率地说放弃，回去再想想。"随后，他派了农委的主任来和我们探讨，一起思考经营不下去的原因何在。既然政府给予我们大力支持，我们也要咬牙坚持，同时我们自己也在寻找问题所在。此时面前有两条路：一是彻底放弃。倘若失去了精神支柱，我们也不想再继续。但如果我们还有信心，还想继续做下去，那一定会有办法。第二条路便是转型。大家给我们出主意，认为种蔬菜是一个不错的选择，加上1999年我们种了一部分也觉得不错，便转型种蔬菜。2000年之前，基本没有关于农业的政策。林市长了解情况后，承诺给我们补贴5万元钱。

2001年，我们正式开始转型，大面积种植蔬菜的同时，也逐步减少粮食种植面积。这是一个很艰难的过程，当时既没有条件，也没有充足的资金。种蔬菜并不是一件简单的事，我们既然已经做出这样的决定，便需要想办法。我便去市里，找到管理商贸的谭勤奋副市长。在他担任市政府办公室主任的时候，我就认识他。我把现在的情况如实告诉他。我那时才知道，原来林市长调任之前，跟谭市长交代过，他说："假如日后尚舒兰遇到困难来找你，你要帮她一把，她目前情况很不好，处于一个困难时期。"所以我很感谢林市长，在我去找谭副市长的时候，他一口答应，说："好的，刚好我们也正在发展'城市菜篮子'。城市规划时，有许多郊区的'菜篮子'都拆掉了，要往外面一圈扩展。你围垦的地方，既没有污染，环境又好。你放心去做，有什么困难跟我说，我可以将此作为'城市菜篮子'的一个项目，给你拨一部分资金。"

图2　播种蔬菜，左三为尚舒兰（摄于2007年7月）

我们当时很需要资金，我打了一个报告，申请 15 万元作为周转资金，谭副市长也很快批准。随后我们开始建大棚，可谓是精打细算。在材料的选用上，采用钢管与竹片混用的方式，以此降低成本，增加大棚数量。倘若全部使用钢管，20 支钢管只能搭 20 个大棚，增加 1 个竹片便能建出多一倍的大棚。虽说都是农业，但蔬菜与粮棉完全是两个概念，我们对种植蔬菜也不甚了解。即使 1999 年种过一些西兰花，但黄瓜、茄子、番茄等蔬菜都不曾种植过。如何育苗？大棚如何控温？我们完全没有概念，因此便请专业师傅。第一个师傅并不是很好，有时也会出现种的蔬菜过多且卖不掉的情况，只能任由蔬菜烂在田里。如今的市场较为成熟，不仅有大的蔬菜批发市场，而且也可以自己开车去卖给菜贩子，有时是菜贩子来这里拉蔬菜。当时的市场不像如今这般成熟，围垦的地方较为偏僻，我们也没有车子，种植的蔬菜不是过多就是过少，基本是亏本的局面。

　　后来有一个契机初步改变了这种局面。我们开始转型后，《杭州日报》《浙江日报》等媒体都曾报道过。巧合的是，浙江工业大学后勤部负责采购

图 3　尚舒兰在查看蔬菜生长情
况（摄于 2010 年 8 月）

的陈银彪主任曾在报道上看到我是种粮棉的，如今转型种蔬菜。他建议我与浙江工业大学食堂合作，我申请后，他帮我们联系，随后负责人到我们的基地考察。校务主任看完之后说："你们条件这样艰苦，种出来的东西这么好，我们工大学生对蔬菜的需求量很大，既然你们没有条件运送，那由我们的车子来拉。"由此我们便将蔬菜供应给他们了。但是学生会放假，假期的几个月又出现销售困境，一直断断续续，基本没有赚到钱。

　　直至 2004 年，政府鼓励并引导"农超对接"，即农业与公司、超市对接，农场的蔬菜直销公司和超市，这能减少不必要的中间环

节，价格也会下降，并且更加安全。那时我是萧山区蔬菜协会会长，便组织许多农业企业进行座谈和对接，但均告失败，只有我们这一家成功进行"农超对接"，这与我们 1999 年注册商标、打造自己的品牌也有联系。刚对接时，对方对我们也有兴趣，上午刚结束对接会，下午超市相关人员便直接来看基地。当时的基地与现在不同，一望无际，颇有世外桃源的意境，没有一点污染。他们带回一些蔬菜品尝，说从未吃过这样好吃的蔬菜，便确定让我们的蔬菜进超市。但这中间有好长一段时间，我们没有回应。他们说："有的人想进我们超市也进不了，我们跟你们说这么多次，你们怎么没动静呢？"其实我们也存在一些难处，一是没有车子运送，他们便请我们去看超市物流配送的地方，我们看了之后也得到了一些启发。二是我们虽有大棚，但技术不如现在成熟，许多蔬菜是断季的，超市一下子要这么多产品，我们未必拿得出来。他们说："不要紧，你们可以租一辆车子，收购其他承包大户的蔬菜。"随后，我们包了一辆车子，以我们自己的蔬菜为主，也收购一些其他承包户的蔬菜，给超市送过去。他们也一点点指导我们如何采购，比如去掉包心菜的老叶片、蔬菜要整理干净、注意卖相等。自 2004 年开始，"农超对接"一直做到现在。我们的企业也是从 2004 年开始有效益的。

**采访者**：2001 年，舒兰农场实施蔬菜无公害设施栽培，投入巨资逐年安装钢架大棚 200 亩、塑料拱棚 300 亩，引进自动微滴喷灌设备，在蔬菜无公害生产上实行精量配方施肥。您为什么想到无公害栽培呢？

**尚舒兰**：这是我从一件小事中得到的启发。有一次，我去开会，会议结束后去吃饭。有一位农业科的工作人员和我坐在一桌，桌上有一盆长豆角，她说："其实我很喜欢这个菜，但我不敢吃。"我问为什么？她说："我害怕有农药残留，不敢吃。"我记住了这句话，内心非常难受，人怎么会把这样好吃的菜弄到不敢吃呢？我要种出让别人"敢吃"的菜。由此，我把所有的蔬菜都列入菜篮子基地。其中，防虫网尤为关键，防虫网用于防虫子，虫子无法进入后，尽量不打农药或少打农药，安全性便会提升。其实那时的多数人已较为注重农副产品的安全性。但当时市场比较混乱，安全性无法保障。我便开始大面积使用防虫网，一个大棚用一个防虫网要 1000 多元，别人都不愿意买，但是我不惜成本，为的就是安全。政府也引导我们，首先基地要有

**图 4　尚舒兰在指导番茄人工授粉**
**（摄于 2008 年 5 月）**

无公害的认证，我已有这样的意识，因此很早便去认证。总而言之，我想告诉大家的是，我们种的蔬菜很安全，可以放心大胆地吃。

**采访者：** 2002 年，舒兰公司开始向日本、新西兰出口保鲜西兰花、大葱、鲜毛豆等蔬菜，并努力将"放心菜"和腌制食品推向超市，进军更大市场。请问当时日本、新西兰为何会选中舒兰公司的蔬菜？当时舒兰公司如何进军更广阔的国际市场？

**尚舒兰：** 其实蔬菜出口日本、新西兰，主要是通过银河速冻厂。我们与国外并没有什么联系，银河速冻厂有日本客户。日本客户非常认真，不会轻易地签合同以及使用我们的产品。他们不仅要看种植基地，还要查阅田间档案，更甚于使用的农药及肥料、周围种植的东西、田间整体的环境等都要一一了解。银河速冻厂说："舒兰农场是我们的基地。"日本客户便来看我们的基地，并且十分认可我们的基地。

我们的另一重要作物便是萝卜。那时的订单农业并不成熟，对方给我们订单，但他有很多理由拒收。我们便陷入困境，种了许多蔬菜，却卖不掉。思来想去，我们决定挖大地窖，摊上大的油纸布，有比例地腌萝卜，卖不掉就腌制。当时政府并不限制土地，因此我们挖了很多的大地窖，第二年也有人来买腌萝卜。有这个条件后，我们慢慢地建菜场，也会收购周围农户卖不掉的萝卜，一部分用于出口，一部分销往本地。

当其他菜场无法完成国外订单时，便会来找我们小菜场，因为我们有储存的货。有一年，一个菜场无法完成韩国客户的订单，他们便带着韩国客户来到我们的菜场。我们不认识韩国客户，一般他们也不让我们接触他们带来的外国客户。我们陪他看了一会，那个韩国客户对我们有印象，便趁着他不留意的时候，回到办公室，给了我们一张名片。后来韩国客户便与我们联系，他们觉得我们腌的萝卜质量很高，想与我们做生意。我们给他们做半成品，脱水、整理、清洁，随后装入大木箱，并不是精细地加工。我们合作了几年，但如今没有继续，因为我们这边成本过高，他们都转移到北方了。

采访者：2012 年，为了迎合大江东生态区的建造，舒兰农业有限公司大斥资金建造农业废弃物利用工程，通过以沼气工程为纽带，新建废弃物综合处理和循环利

**图 5　2012 年 7 月省农业厅外事办领导陪同**
**美国农场主参观舒兰公司基地**
**（左二为尚舒兰）**

用工程。该工程给舒兰农业的发展带来哪些积极的影响？当时为何会投资这个项目？

尚舒兰：我们转型种大棚蔬菜后，废弃的蔬菜、残次品很多，如包心菜、大白菜的菜叶。这些卖不出去，不仅没有地方堆放，而且污染环境。我们便想了一个办法，置办了两亩多地，简单地盖了一个小房子，把废弃的蔬菜集中起来，放在这里，包上油纸布，之后进行焖制，焖了之后有水，水淌入一个大池，发酵以后便是有机肥，残渣可以用于育苗，掺在土壤里，便可以做有机肥。两三年后，农业局有一个循环农业的项目，前来征求我们的意见，说："如果你们愿意做的话，就把项目放在这个地方。"我们之前已经有循环农业的基础，因此便趁着这个项目做起来。这个项目的确带来许多积极影响，它产生沼气，可以为职工做饭、照明。沼液通过泵站，与水混合在一起，直接接到每个大棚里，自由喷灌与滴灌，以此作为有机肥。当时投入 200 多万元。

采访者：舒兰农业有限公司与省、市农业院校、市（区）农业科技推广机构建有科技合作关系，许多国内外新品种、新技术往往先在公司基地试验，成功后再总结推广。您为什么会想到与省、市农业院校、市（区）农业科技推广机构建立联系呢？请问这之中有哪些新品种和新技术您印象比较深？

尚舒兰：其实这一联系的建立是通过农业开发办。省农科院与开发办签订合同，他们派蔬菜专家何圣米老师到农业开发办，为承包大户服务，开发办一年支付 5 万元的技术服务费。但当时的大户们有的经营养殖，有的种植粮食，有的种植棉花，像我们这样专门种蔬菜的承包大户基本上没有，

图6　尚舒兰在指导职工割菜，右二为
尚舒兰（摄于 2013 年 9 月）

只有我们一家。因而何老师经常到我们这里来。既然如此，开发办便和我们商量，让我们也出一些经费。最后商定，我们每年支付 2 万元的技术服务费。

我印象最深的新品种是小番茄和黄秋葵。当时小番茄在市场上基本没有，因为它来自以色列，售价很高，以颗论价。倘若我们大面积地种植小番茄，销售也成问题。2004 年，我们和超市对接成功，产品进入超市，这才有一部分销路。不然全部投入市场，也得不到认可。一个新品种出现后，需要几年才能得到认可。包括黄秋葵，种植后也难以卖出，当时大家都不认可黄秋葵，大多知道营养价值很高，但是价格也很高，因此超市里的黄秋葵也很难卖。五六年后，大家才慢慢接受小番茄和黄秋葵，并且在最近几年，销量较大。

## 五　荣誉与感悟

**采访者：**您 1994 年被评为浙江省劳动模范，1995 年被评为全国劳动模范。您能讲一讲当时评上劳动模范的感受和经历吗？您如何看待"劳模精神"？

**尚舒兰：**当时评上劳动模范，我并没有激动不已，反而内心很平淡。其实这个称号给我带来很大压力。1995 年，我们刚刚成立农场，1997 年受灾，2000 年基本上处于"趴下"的状况。"劳动模范"的要求如此之高，我们的农场发展得不尽人意，导致我的精神压力很大。

现在看来，我认为自己愧对"劳动模范"这个称号。随着时间的推移，我对"劳模精神"有了新的感悟。"劳动模范"并不仅仅意味着荣誉，也包含着为他人奉献的精神。"全国劳动模范"应有很高的境界，发展企业的同时，应处处为国家、社会、他人考虑。这些年，我也通过行动贯彻这样的理念。比如，我要种植达标、健康、令人放心和认可的蔬菜。一考虑到这些，我便认为自己多年来愧对"劳动模范"的称号。

**采访者：** 您曾任省人大代表，积极为浙江省的农业发展献言献策，请问有哪些令您印象深刻的议案？

**尚舒兰：** 我担任过4届省人大代表，令我印象最深刻的议案是关于农业安全的。当时我建议政府把高科技应用在农业上，务必谨慎，不可滥用。我认为这是一个很好的建议，可惜政府不曾重视。如今，问题也逐步显现出来，其实政府应该重视这一块，为什么？如今的自然灾害、疫情等，其实与高科技息息相关。我们在种植、使用蔬菜的过程中，许多产品对人体而言都是不安全的。此类问题既有蔬菜方面的，也有养殖方面的，如瘦肉精、苏丹红之类的东西，一开始作为科技进步奖，后来发现危害人的身体健康；包括一些"点花受粉"的处理，现在还未发现安全隐患。但在种植过程中，我认为自然生长的蔬菜才是最好的。蔬菜的口感也是如此，无论是蔬菜还是水果，点花过多，即使长得快、长得大、长得好看，但味道与自然生长的蔬菜、水果的味道截然不同。通过科技研制出来并应用于生产的产品并不都是安全的。因而，我当时便提出这样的建议，但政府给了我一个草草的答复。我认为不加控制的科技对人类身体健康的危害最大，这一点在养殖上体现得很明显。在蔬菜方面，我相信非自然生产的，或多或少都会有危害。我认为当时提出的这个议案本着负责的态度，因为这是我亲身经历的。

**采访者：** 今年（2020年）这场疫情，考验着城市，考验着人性。萧山和萧山女性们，应答得无比英勇。您在此危难时刻，更加辛勤耕耘在田头，在人手不足、物流不畅的情况下，也要努力保障市民们在非常时期吃上放心菜。您能给我们讲述一下在今年（2020年）严峻的形势下，您是如何努力保证新鲜蔬菜稳定供应的？

**尚舒兰：** 原先并没有关于疫情的思想准备，我们按照往年的习惯，大年初一给员工放假，只留下几个员工，以维持简单的生产。由于我们要给3家超市运送蔬菜，并且在萧山也有几家门店，因而留下了足够的司机。大年初二，疫情的消息一出，超市的蔬菜需求量突然间上涨10多倍，我们便忙得晕头转向，马上联系本地的几位管理人员，让他们回来帮忙。在蔬菜供应方面，我们在龙泉有高山基地，负责为我们运送番茄，平常我们与衢州的合作社也有合作，他们种植西兰花较多。一开始疫情管控并不是十分严格，高速公路也没有严格限制。当需求量突然变大后，我们马上联系自己的基地，增大供应量。同时也与衢州的合作社联系，增大供应量。并且，我们的供销社与贵州某地有帮扶协议。疫情一出，我们也与他们联系，让他们运送蔬菜过来。附近也有一些承包户是本地人，总之便是调动一切能够调动的力量与货源。当时气温低，储藏方面没有太大的问题。

最初运输方面存在一些困难。超市的需求量突然增加，他们也没有相关准备，因此数量不足，便联系我们。我们说："菜是有的，但是我们的车来不及运送。你们一下子要这么大的量，我们只能送一部分。"他们说："这样不够，既然你们不能全部送过来，那我们来拉。"

后来疫情管控更加严格，龙泉的基地与衢州的合作社也无法运送蔬菜过来，运输人员回去后需隔离15天，那怎么办？我们便集中本地现有的东西，如大白菜、大萝卜、包心菜等。到正月初九，疫情管控愈加严格，封村封路，蔬菜更是供不应求，出现抢购的局面。政府便加以管理，工作人员来看基地的供应情况。我们这个基地在杭州也算规模较大的，杭州市管农业的副市长、萧山区副区长都多次来访。我们当时告诉他们："现在人手太紧，缺人。"他们也想了很多方法，都难以解决人手问题。后来让我们到村里动员一些村民和邻居，那时政府能为我们亮绿灯的地方，都亮起绿灯。比如为我们做通行证，但通行证在不同部门之间，存在互不认可的情况。尽管有通行证，也很艰难。那时在自己村里动员了9个人，工作2天后，只有3个人坚持下来，因为通夜干活很辛苦，最多睡3个小时的觉，有些时候只能睡2个小时，的确很难坚持。我也不眠不休，主要负责调运，包括车辆与货源的调运，装车也来不及，只能自己去装车。后勤方面，我们也自己负责，我先生烧饭，我打扫卫生。平时不做的事情，现在都要做。将近两个月的时间，我们也不知道如何挺过来的。

当时超市2个月的营业额相当于之前半年的营业额。但是，我不发国难财。那时各方面价格疯涨，过年期间招不到工人，因此工资都是翻倍的。我的车间主任说："人家的价格拼命地涨，我们有些组织过来的货源也涨。"我说："可以适当地涨，但不能拼命地涨，我们不发国难财。"几天后，领导来视察，问我价格情况，我说："你没来之前，我也是一样的话，不发国难财。"我们的价格始终保持平稳。

**采访者：** "尚舒兰"商标被评为浙江省著名商标，"尚舒兰"生鲜蔬菜被认定为浙江省名牌产品，并多次荣获浙江省农博会"金奖"。您认为舒兰农业之所以获得如此多的荣誉，最主要的原因是什么？

**尚舒兰：**我认为是把好质量关。我们始终认为，既然做这一行，便要以百姓的需要为先。老百姓需要的是健康的蔬菜，那就种健康、高品质的蔬菜供应市场。时间一长，外界便会认可。我们也确实是这样做的，那就有自己的品牌。我们多次参加农展会，每年会上都会评比，比如大白菜，由专家从安全、口感、质量、外观等方面综合评价，我们每次都能获奖。

**采访者：**在瓜沥首届十佳创业女性获奖感言中，您曾说："是党和政府成就了我和我的梦想，所以我们富了，一定不能忘记还有更多的人需要帮助和扶持，我们应为社会发展做一些力所能及的事情。"请问您当时为何会有这样的想法？后来又是如何实践的呢？有没有令您印象深刻的例子？

**尚舒兰：**我们的企业是一路艰苦地走过来的，发展也很不容易，并得到了政府及社会各界的支持和帮助。如果没有他们的支持和帮助，我们也走不到今天。如今企业稳步发展，我们也有义务为社会做一些力所能及的事。比如，我们与贵州某供销社有一个脱贫帮扶的项目，他们组织我们到那边去，我们也有能力和条件，一定会尽力而为。龙泉也有我们的基地，同样也是帮扶的性质。那里大多是山区，且没有种子，当地人也没有致富的意识。他们的种植条件很好，我们便会做一些力所能及的事情，如提供种子和资金、协助建大棚等，收成之后，我们帮他们销售。

**采访者：**明年（2021 年）是建党 100 周年，请您以亲身经历，谈一谈党是如何带领大家开发农业、走上致富大道的？

**尚舒兰：**一路都是党和政府的政策引领，我们企业是党和政府政策的践行者。从计划经济向市场经济转型的过程中，尽管企业付出许多努力，但大多数时候都是党和政府的引导发挥关键作用。

如申请商标，是工商局指导我们做的。1999 年，工商局来到我们农业开发办，鼓励承包大户们要有远见，承包规模壮大后要成立公司并注册商标，打响自己的品牌。他们不仅给我们上课，也带来了优惠政策，比如，农业注册商标所需资金比工业所需资金少了一半左右。在工商局的鼓舞下，我们成立农业公司，并到工商局注册商标。尽管当时效益不是很好，但我们依然这样做了，并请人设计了如今使用的商标，即"尚舒兰牌"。原本打算以"舒兰牌"为商标，但由于东北有舒兰市，与地名重合无法做商标，便改为"尚舒兰牌"，由此通过。在我们还没有这个意识时，政府引导、支持、帮助我们。再比如"农超对接"也是政府在为我们牵线搭桥，让我们有这个机会，企业才慢慢走出困境，并健康地走到今天。如今政府也出台许多扶农政策，帮助企业做大做强。企业做大做强后，有足够的能力，应该帮助更多人。总而言之，在党和政府的关心和帮助下，我们企业才能健康发展。

**采访者**：您后来为什么选择自己开超市呢？

**尚舒兰**：如今我们在萧山开了3家超市，销售势头较好。为什么开这3家超市呢？2004年起"农超对接"成功，我们进入超市。去年（2019年）便明显地感受到困境，如今线上购物的渠道日益增加，严重地冲击超市的销售，超市的生意慢慢走下坡路。在超市里，原本生鲜不作为主打，只是以此引导其他消费。后来生鲜的生意越来越好，超市便与很多基地直接联系，减少了中间环节，也避免浪费，安全性有保障，成本也下降了。生鲜的利润慢慢显现出来，甚至超过百货。后来超市便以生鲜为主，百货更是陷入困境。原来我们进入超市时并不收进场费，如今出现恶性循环。超市希望在此获利，便从供应商身上取得，拼命地加点。我们合作10多年了，说实在话我也想继续做这个生意，我们企业原先的发展依靠它，突然断掉也说不过去。但他们的政策给我们很大压力，随时要求我们承担合同外的费用，压得我们透不过气，我们基本没有利润了。我们便想自己开超市，线上我们也做不了，以后的发展方式也还在探索中。

**采访者**：您的儿子和儿媳妇如今也继承家业，从事农业生产，那您平时是如何教导他们继承您开拓创新的种植精神呢？

**尚舒兰**：我们的企业分两块，一块是基地，一块是超市的销售。基地一直是我和先生管理。杭州超市的销售，最初也不是我媳妇管理的，那时儿子还没有结婚，让他管理，但是他没有兴趣，便另找人负责管理。后来，我儿子结婚了。儿媳妇来自杭州西湖区，从德国回来后，在杭州的旅游公司做国际线路，但她不带团。我们原来向超市供应粗放的产品，后来时间长了，他们觉得这个品牌成熟了，便在超市里为我们设专柜。至今我们已开设32个专柜，专柜多了便需要管理人员，所以找了一个人。后来我发现我媳妇也很能干，毕竟他们以后也要接手企业，便问她喜不喜欢做这一块，她说："好啊！试试也可以的。"她就从公司辞职，管理杭州超市这一块。她适应很快，并且做得很好。后来，萧山开通的3个超市由我儿子管理。

# 一条萧山萝卜干，一部文化创业史

## ——马国荣口述

采访者：陈鸿超、李永刚、王鸣　　　　　整理者：陈鸿超

采访时间：2020 年 7 月 29 日　　　　　采访地点：杭州萧山党山酱萃食品有限公司

马国荣，男，1958 年出生，杭州萧山人。1978 年进入党山供销社工作，历任塘北采购部负责人、益农供销站站长、党山供销社采购商店副经理、长沙供销站副站长。1987 年承包大潭综合门市部，同年承包党山供销社蔬菜加工厂。现任杭州萧山党山酱萃食品有限公司董事长。2013 年被认定为"浙江老字号"优秀掌门人，2020 年被杭州市委人才办评定为杭州市高层次人才。

马国荣

## 一　早年经历

**采访者**：马总，您好！首先请您简单地介绍一下个人情况。

**马国荣**：我出生于 1958 年 12 月，出生地党山。1965—1970 年在党山鲁家小学读书，1971—1972 年在党山中学读初中，1973—1974 年在瓜沥中学读高中，1975—1978 年在党山农机厂工作，1978 年 12 月进入党山供销社夹灶采购部做学徒，1981 年调入塘北采购部当负责人，1983 年 7 月进入党山供销社领导班子，同年 8 月被调到益农供销站当站长，1985 年 12 月

被调回党山供销社采购商店任副经理，1986年12月份调任长沙供销站副站长，1987年1月承包大潭综合门市部（享受站长职务待遇），同年承包党山供销社蔬菜加工厂，1988年6月筹办萝卜干小包装生产。1989年1月—1995年停薪留职，自己研发小包装萝卜干，1996年买入党山蔬菜加工厂，1997年注册"党山牌"商标，创业至今。

**采访者**：您小学及初、高中就读哪些学校？请问这期间有哪些老师给您留下深刻的印象？他们给您怎样的影响？

**马国荣**：1965年2月至1970年12月，我在党山鲁家小学读书，我的语文成绩不太好，主语、谓语、宾语弄不清楚，比喻句、形容词都分辨不清，当时的老师是"赤脚"老师，自己没读到三、四年级，却在教三、四年级，一、二年级还好，语文是公办的韩彩娟老师教的，我的造句、成语还好，三、四年级是贫下中农管理学校，语文是"赤脚"老师教，数学还好，是公办老师教的，数学老师是张维良老师，他一直从一年级教到我小学毕业，所以我的数学比较好。有一天张老师问同学们，全班谁最聪明，同学们异口同声地说是沈卫平，因为他是班长，而且写得一手好字，但张老师摇摇头说我才是全班最聪明的人。我在班里没有职务，但我的数学成绩是数一数二的，而且我知道张老师对我很好。他现在走了，他的儿子张路明是我的好朋友。到今天我可以说无论是小学同学还是高中同学里，我的荣誉是最高的、梦想是最大的。但是不管如何聪明，我从我的创业过程中得出的结论是：要成就事业，光靠聪明是远远不够的，还需要家庭的配合、贵人的相助、好人的帮忙，更需要政府的支持，否则是成不了什么大事的。

在读高中时，有件事我终生难忘。当时我很贪玩儿，不但在地上与同学们玩，而且跳到桌上与同学们玩，被进来的老师看到了，他狠狠地批评了我，叫我写检讨书，向全班同学检讨。年终评级时，分为优秀、良好、合格等等，由于我检讨过，只能评为合格。我大哭一场，我的哭声可能感动了同学，后来大家还是给我评了个良好。从那以后我就学乖了，也知道不能贪玩儿了。

我最大的收获来自供销社上班以后上的中专函授班。我是班长，学经济管理，我对政治经济学很感兴趣。校长是政治老师，叫施柏根，他很有见解，我们很谈得来，当时刚提出承包的政策，他就说承包是个好办法，还有将来社保要推向社会，他的预言很正确，给我留下很深的印象。还有一次，我写了一篇5000字的文章，他给我批语是：文章写得很好，字写得糊里糊涂，和你的外表格格不入。

我对政治经济学比较有研究，对价值和价格、上层建筑和经济基础以及劳动和劳动力的关系，还有对社会经济文化，有自己的见解。中专函授时，教语文的鲍老师在上课时说了一句很经典的话：现在中国有许多许多的事没有人做，而有许多许多的人没有事做。言下之意就是缺少相关的教育，很多人不懂知识、不会做。要改变这种状态的唯一办法就是学习，不断地学习，未知数永远大于已知数，从此我很爱学习，出门总要买几本书，从书上学，从报纸杂志上学，参加不同的培训班和学习班，从学习社会知识到学习文化知识和理论知识，为此我被市、区教委认定为杭州、萧山的百姓学习之星。

**采访者：**您儿时萧山的农业情况如何？当地主要种植什么农作物？

**马国荣：**我父亲马长富是在党山供销社采购部工作的，蔬菜加工厂是他参与办起来的。1956年，父亲从抗美援朝前线退伍回来，被分配在党山供销社采购部工作，当时只收购农产品，没有加工厂。在父亲的建议下，1958年7月，党山蔬菜加工厂办起了，加工农民的萝卜、黄瓜、榨菜等新鲜蔬菜。以往是鲜收鲜调，到其他酱品厂加工的。加工厂办起来之后，我们自己加工，把成品价上调，提高农副产品的附加值，提高农民的收入。

父亲是收购萝卜干、霉干菜、榨菜等农副产品的负责人，母亲孙秋英在生产队劳动，我有时去父亲的单位玩耍，有时候跟母亲到田间地头玩耍，那个时候我知道农村的主要作物有络麻、棉花、水稻，因为当地的土壤是沙土，不适应种水稻，所以经济作物就是萝卜、芥菜、霉干菜、榨菜等蔬菜。企业很少，只有供销社的蔬菜加工厂和棉花加工厂，镇上有农具修理厂、竹制品厂，基本上都是为农服务的。生活资料供应以供销社为主、合作商店为辅。农产品收购加工和棉花加工的是国家单位，农具修理厂、竹制品厂是集体单位，共同为党山人民的农业生产加工服务。后来出现乡镇企业农机厂，农机厂刚开始投入运营，农业机械修理厂就应运而生。蔬菜加工坊对农民影响最大，一方面，农民直接得到经济收入，把农产品卖给采购部立即换成现金，二则可以打零工拿到现金，虽然就业者很少，但也能让一小部分人以劳动力换成现金，蔬菜加工一年四季都有零工做，一季度萝卜，二季度榨菜，三季度黄瓜，四季度大头菜、萝卜干。制作萝卜干时间最长，萝卜干是我们当地的主要经济作物之一，加工数量最多，经济价值也最高。

**采访者：**高中毕业后，您子承父业到党山供销社工作，被分配在土产部。能给我们讲一讲当时工作的情况吗？

**马国荣：**其实高中毕业后，我没有直接进入供销社，而在父亲的努力下进了党山农机厂，当时企业较少，想进社办企业是很不容易的，特别是党山农机厂，就像现在考公务员一样难。我进了农机厂，被分配在钳工车间，钳工要学好是很难的，有个级别叫八级钳工，是最高级的技术员，其他工种没有到八级的。我跟的是农机厂最有技术权威的师傅，叫许福兴，他会造土刨床、土车床，也会做打鸟枪，许多朋友都请他做打鸟枪。我跟随这样的师傅是何等的幸运。

天有不测风云，父亲因血压高中风，在我工作第二年不幸去世。在顶替父亲的工作上起了风波，父亲在的时候，是想叫我大妹马国娟接班。我在农机厂工作，厂领导也器重我，但供销社硬要我去，说我妹妹的工作由他们向公社协商安排。为什么供销社硬要让我顶替呢？因为在我父亲的追悼会上我念了悼词，感动了在场所有的领导，听说好多领导都流下了眼泪。当时供销社大主任倪世义也在场，他听了也很感动，所以派人事干部陈永其同志做我们的思想工作，要求我去顶替父亲的公职，这样我进了党山供销社工作，大妹妹被安排在社办企业工作。

我被分配在供销社夹灶采购部。采购部负责农副产品收购，我父亲在党山采购部做的是同类工作，我比较熟悉，后来慢慢地接受，也乐意做这个工作了。负责人是余张泉，他和蔼可亲，对人亲切友好，我从他那里学到了收购农产品的技术，学会分辨农产品等级、确定价格、开票做账和农产品进、销、调、荐等。夹灶采购部也是前店后厂，我不断地进加工坊学习加工技能，向阿青师傅学习，他对我也是很客气的，耐心传教，我学会了初步的农产品加工技术，如萝卜腌制、榨菜腌制、大头菜腌制，学会了蔬菜腌制的关键技术，如直腌法与水腌法，纤维稀的、含水量高的蔬菜用直腌法，纤维密的、含水量低的就要用水腌法。

两年后，我的虚心好学得到了师傅的认可，上级供销社把我调到了塘北采购部当负责人，也就是余张泉师傅这样的级别的，需要自己负责农产品的进、销、调、荐工作。我尽心尽力把亏损多年的采购部扭亏为盈，盈利1万多元，这在当时不是一个小数目。我的成绩得到上级领导的认可，年年被评为先进工作者。第三年，在党山供销社领导班子成立时，我被推荐为理事成员，随后调任益农供销站当站长。

由于我血气方刚，锋芒毕露，大胆改革，后来因用人不当被调到党山供销社采购商店当副经理，采购商店是各站采购部的业务机构，以前党山供销社下设9个站，即党山、夹灶、塘北、益农、长沙、东方红、官都、官一、大潭。采购商店分管：党山、益农、长沙、夹灶的农副产品收购。1987年我被调任长沙供销站当副站长。1988年我提出承包大潭综合部门市场（享受正站长职务），同时我承包党山供销社采购部的蔬菜加工厂，从此走上了小包装萝卜干的创业之路。

## 二　创业之路

**采访者**：1989年，您成为党山供销社蔬菜加工厂的承包人，当时为何要承包蔬菜加工厂呢？蔬菜加工厂最初有多少员工？经济效益如何？

**马国荣**：当时的蔬菜加工厂是草棚搭的小屋，盖着油毛毡，有几十口石板池，几十口大缸，经济效益极差。当时供销社正式职工只有5人——出纳加打票、验收员和门市部负责人、工厂负责人，其他都是季节工或临时工，"大锅饭"平均主义严重，束缚了职工的积极性和创造性。又由于负责人的年龄关系，无力创新，一直处在关闭的边缘。我分析了当时的形势及实际情况：一是制度问题，没有创新力；二是闭门经营，员工不知道外面形势已经发生变化。我是"吃螃蟹"的人，就大胆提出来承包蔬菜加工厂。

**采访者**：在创业之初，您就积极开发新产品，当时，小包装榨菜风靡全国。您看准这一市场商机，投入大量人力、物力进行小包装酱菜的研发。但是研发并非一帆风顺，也遇到诸多困难，请问当时主要面临什么困难？面临小包装一次次的失败，您是怎么坚持下来的？

**马国荣**：1989年小包装榨菜风靡全国。萧山萝卜干还是坛装销售，附加值很低且卖不动。榨菜可以小包装，萝卜干为什么不可以？强大的创业欲望在我们夫妻俩的脑海中产生，我们夫妻俩商量把萝卜干加工成小包装，但是没有钱，只得向海宁斜桥榨菜厂借来真空机，向朋友阿华借了7000元钱，到普陀塑料包装厂做袋子，这样小包装萝卜干就诞生了。萝卜干小包装比榨菜难度大，榨菜是不透明袋子，而萝卜干是透明袋子，一容易涨包，二容易发黑，三容易发酥，四容易发酸。四大难题使我吃尽苦头，一次次失败使我们背上了沉重的债务，而且许多亲朋好友叫我们别再搞下去了。我说萝卜干我搞定了，我女儿接不接班是她的事，我要把一生献给萧山萝卜干事业。

由于小包装涨包失败，供销社领导内部思想不够统一，对供销社蔬菜加工厂要不要继续办下去提出了不同的意见，后来没有统一意见。于是我找到隔壁的群益村书记钱五六，要求搬到他们村里去，由张路明同志（当时的瓜沥防疫站长）给我们办了卫生许可证。但营业执照迟迟还办不下来，说是政府控制酱腌菜企业，我求到时任县委副书记的赵纪来那里，他是我的同学，但他也无能为力。就这样有卫生许可证没有营

**图1　萝卜干传统作坊场景**

业执照，半偷半开地运行着，还一次又一次失败，涨包、发黑、发酸、发酥，现在回想起来，都不知道当时怎么过来的。有一次我们被工商部门查到了，说无照经营，吓得我们六神无主，当时负债累累，又不能公开经营，骑虎难下，个中滋味只有经历过才知道。我当时到工商监察的负责人那里去求情，还好他没有多说，只是让我们注意一点。

就这样过了两年，供销社蔬菜加工厂对外承包。机会来了，我向供销社沈平忠等领导们请求，向凌云焕站长请求，要求再次承包蔬菜加工厂，得到他们的同意。1992年我又回到了供销社蔬菜加工厂，虽然可以公开经营了，可是产品不稳定，有时赚，有时亏。资金压力还是很大，在妻子的同意下，我把供销社卖给我们的商品房卖掉，资金投入到小包装萝卜干的

生产中，但又失败了，我们血本无归。当时我烧了一锅饭没人吃，睡在床上不脱衣。一次次的失败使我们积累了些经验，也使我们看到了成功的希望。妻子又厚着脸皮向亲朋好友借钱，再次投入小包装萝卜干的加工中。功夫不负有心人，经过几年的艰苦奋斗，1996年小包装萝卜干终于成功了，我们把萝卜干传统的加工工艺与现代化的科学配方相结合，研制出了畅销全国的可口萝卜干小包装。

小包装的成功首先得到同行和前辈的认可。前辈钱江蔬菜食品公司的杨总说："小马你点火（发明小包装萝卜干），我们放火（大批量销售）。"乐河桥菜厂老总翁宝焕说："当年没有你们的党山可口萝卜条，萧山酱菜厂就要关门了，因为这年大家抢购黄瓜，质差价

**图2 萧山智慧馆萧山萝卜干非遗展示厅**

高，全部积压在仓库里，而这年的萝卜干也卖不出去，是小包装可口萝卜条把酱腌菜企业积压在仓库的萝卜干销售一空，缓解了企业资金困难，使企业起死回生。"

党山酱萃使萝卜干成为萧山酱腌菜企业的主打产品，从此萧山结束了以大坛装销售萝卜干的历史，大大提高了萧山萝卜干的附加值，开创了萧山萝卜干生产销售的新局面。由于我们小包装的成功，小包装萝卜干企业像雨后春笋般蓬勃发展。当时我们只有2台机器，但市场的需求是200台至300台机器，后来有证的、加无证的企业多达400家。1998年6月5日《浙江日报》优秀品牌栏目发表了一篇报道《可口萝卜条——萧山萝卜干的代名词》；同年，党山可口萝卜条被浙江省科委评为优秀科技产品。

小包装的成功得到了镇政府的认可。有一天镇里来了两位干部，一位是党山镇人武部部长施炳生，一位是党山镇农业镇长赵飞。施部长说："高镇长说我们党山有这么好一个企业，我们都不知道，叫我们来调研一下。"镇长高锦耀一定是从《浙江日报》上看到那篇报道才得知的。我们

把创新小包装的经过向两位领导做了汇报，得到了镇政府的重视。镇政府让我们提要求，我就说我们要建设一个基地，镇政府让我们在兴围村联络点征用了1亩地，建萧山萝卜干生产基地，成立萧山党山萝卜干专业合作社，并准备打造萧山萝卜干传统技艺的旅游观光基地。随后，我跟随农经办干部王官松同志到市农办汇报，接待我们的是市农办副主任钱志祥同志，我向他简要地汇报了创办小包装萝卜干的经过以及所取得的成果。钱主任听了我的汇报说"墙内开花墙外红"。从此之后，我跟镇政府、市农办一直保持着紧密的联系。

2001年我们创办都市大酒店，小包装产品是成功的，可积累是没有的，还是资不抵债。但我看到了趋势，看到了党山的经济发展需要一些配套公司，而且镇政府召开动员大会，鼓励企业用地，土地可以先用后批。我胆子大，征地15亩，用10亩建设都市大酒店，用5亩发展酱菜厂，大酒店提升了酱菜厂的形象，提高了企业的知名度和美誉度，也为党山的经济发展填补了空白。

**图3　党山酱萃老大楼**

可是在建造大酒店中我们遇到了许多的麻烦。关于建大酒店的事情，我只向农业镇长汇报过，他也认为党山需要这样的服务企业，还带我和当时的凤凰大酒店老板商讨合作，创办党山乃至周边最大、最好的大酒店，后来凤凰大酒店老板由于经济原因退出，只有我们一家了。但这件事没有经过镇党委班子集体讨论同意，镇里不允许我搞大酒店。这对我又是一次沉重的打击。我还以为政府会表扬我、会给我戴大红花。我经常听到外界招商引资，搞大酒店，土地可以低价或免费出让，还允许搞房产，可是我却被批评，这让我心里很不平衡。由于镇领导班子的不认同，外面的舆论很大，都认为我们肯定要倒闭，信用社向我们抽贷，担保的人不给我们做担保了，我们走投无路，夜夜难眠。好心的镇长说他理解我们，但难以帮助我们。后来我做了检讨，罚了点款，这件事就过去了，可是这个负面影响一时难以消除。

建了一年的都市大酒店终于竣工，要开张了。我到区农办请求搞点仪式庆祝一下，邀请龙头企业参加我们的大楼落成仪式。钱主任就问我，现场是否会有人来要账？他这样问也是对组织的负责，我向钱主任保证说绝对没

**图 4　党山酱萃新大楼**

有。后来镇里也大力支持我们。钱主任、镇长、农业副镇长等领导来祝贺，龙头企业代表前来祝贺，农办主任田关仁托钱主任送了一块"八骏图"的匾。我们心里的石头终于落地了。

建大酒店最需要感谢的人是我夫人，没有她，我一事无成，她从供销社辞职，来负责大酒店的建造和经营。我们白手起家，当年资金十分紧张，全靠夫人操劳。

2001 年，创办了投资近千万元的都市大酒店，没有钱，只靠向亲朋好友三千、五千、一万、两万、五万地借，其中有八万元钱借了 18 户人家，向内部职工借，向租赁公司借，借钱买土地，换了土地证，向银行抵押付房款，办出房产证，再向银行借，借来的钱付装潢款，付设备款，不断循环借钱，过程异常艰辛。

2003 年，时任党山镇镇长易伟光陪我们夫妻俩找时任瓜沥农行行长董克明贷款，贷到 100 万元。在油脂厂厂长韩永兴的介绍下，我们向区财政租赁公司用设备抵押了 100 万元。风平浪静后，信用社也追借我们 30 万元贷款，解了我们的燃眉之急，帮助我们度过了暂时的财务危机。2007 年，杭州银行贷给我们 500 万元，我归还了近 100 万元的零散资金，从此资金的压力有所缓解。

我们从无到有，历经万难，创办了在萧山东片地区被誉为党山的"金马饭店"的都市大酒店。这是我们第二次创业，大大改善了企业面貌和形象，配合当地经济建设，促进城镇的三产发展。总之，都市大酒店非常成功，大大提升了企业品牌影响力。

　　大酒店的成功也带动了同行业的加入，2007 年在距都市大酒店 500 米之处，又建造了一家更高档、规模更大的三和大酒店。为了避免相互竞争，我们进行了决策调整，2008 年停止酒店营业。集中精力研发萧山萝卜干的深加工，进行包装的改造升级，设计出人们走亲访友的高档礼品包装，同时也提升了萧山萝卜干的档次。

　　**采访者：**当初一次次的失败，亲朋好友劝您不要再搞下去了，是什么信念支撑着您？

　　**马国荣：**一次次的失败使我看到了曙光，看到了趋势，更看到了它的价值。萧山萝卜干是萧山的一张金名片，有它的历史价值和现实意义，几百年来老百姓的传承，让我看到它的新趋势。小包装一旦成功，必定带动农民的致富。萧山萝卜干是萧山劳动人民勤劳勇敢、聪明智慧的结晶，是萧山人民宝贵的精神财富，这种信念和信心鼓励着我们勇往直前，排除一切困难，坚持把小包装萝卜干研究下去。

　　**采访者：**您把萝卜干的传统加工工艺和现代科学配方技术相结合，研制成功了畅销全国的小包装可口萝卜干，结束了以坛装销售萝卜干的历史。您能给我们简单讲述一下传统加工工艺和现代科学技术是如何结合的吗？

　　**马国荣：**传统的加工技艺，就是发酵技艺以及经过两个季节（黄梅季、桂花季）的成熟期，产品的醇香味、自然鲜味就能体现出来。当年八字桥酱菜厂的王厂长说：原材料再好要隔年做。这个隔年做就是经过两个季节再发酵成熟期和科学配方，要把咸甜酸搭配好，酸能压甜，甜能压咸，又要保持口感，咸甜酸没有控制好，这个口感就差了，就会降低人们的食欲，配方用天然的有机生物，减少化学成分，也是提升产品品质的主要因素，品质是品牌的基础，没有品质，就没有品牌。

　　发酵，是有时间、技能、温度、气候、用盐量的要求的，如果没有掌握好，产品就会出现问题，涨包、发黑、发酸、发酥，这就是没有把初级产品发酵好，储藏好，成熟好。在浙江省农科院沈国华教授的指点下，我们掌握了一定的蔬菜加工发酵技能，从理论走向实践，获得了正确的结论，使小包装产品获得了成功。当时我们取名叫可口萝卜条。1998 年，《浙江日报》发了一篇《可口萝卜条——萧山萝卜干的代名词》，从此可口萝卜条畅销全国。北京、上海、南京等地区来电订购可口萝卜条，产品供不应求，企业蓬勃发展。当年就增加了100多家企业，几年之后共增加企业200多家，大大促进了农产品销售，同时提高了农民的收入。可口萝卜条成功之前，每三年内必定有萝卜烂在地上、倒在河里的情况，既浪费了原料又污染了环境。可口萝卜条成功后，就没有再出现过这种情况了，萝卜全部由蔬菜加工厂收购腌制贮藏起来。新的销售模式大大冲击了传统的营销模式，不转型升级就不能转换营销模式，市场推广就会走进死胡同。紧接着我们投资互联网，开淘宝店，进入电商平台，在网上销售产品。由于我们顺应时代的潮流，在行业中立于不败之地。同时我们不断研发新产品，推广新产品、新零售、新技术、新金融，企业脱胎换骨，才有生命力。否则将失去活力，也将被新市场淘汰出局。

企业必须与时俱进求发展，克服随遇而安的思想，发扬萧山精神，奔竞不息，勇立潮头，以创新的姿态接轨新时代，企业才会永不落伍。

**采访者：**1996年供销社转制有限公司后成立酱腌菜研究所，请你谈一谈酱腌菜研究所主要成员、研究的内容及它的作用有哪些。

**马国荣：**1996年，供销社转制拍卖企业，我们成为杭州萧山党山酱萃食品有限公司的经营者。小包装萧山萝卜干的成功使我深刻体会到科技是第一生产力。于是我成立了酱腌菜研究所，聘请省农科院沈国华、刘大群两位教授为顾问，对接生物科技食品有限公司，让企业内部技术人员、化验员参与酱腌菜研究，为我们的5G酱腌菜、乳酸发酵、生物杀菌等技术打下良好的基础。

研究的内容主要有：一是发酵、风味、醇香的过程，以及食品适应人们低盐化生产的要求，在发酵的过程中排出二氧化碳，防止小包装涨包；二是经过高盐化，提高原材料的脆韧性，防止高温杀菌带来的副作用导致的产品发软，影响产品的品质；三是经过必要的季节——黄梅季和桂花季的时间沉淀，让原材料产生一种自然的风味——氨基酸的醇香味，保证原料的自然美味，酸甜咸的合理调配等。

## 三　打造品牌

**采访者：**在浙江大学品牌建设培训班学习期间，您领悟到了要把萧山萝卜干推向一个新的高度，必须要打造品牌，才能赢得老百姓的好口碑，加深人们对萧山萝卜干的影响力、注意力和向心力。"学习，必须带有方向性、方向感"，这是您多年探索的经验。请问您是如何朝这个方向努力的？

**马国荣：** 产品需要品牌，需要文化，才能成为受欢迎的商品，没有品牌的产品只是产品，有了优质的产品必须打造品牌。我参加浙江大学品牌建设培训班，深刻领悟到要把萧山萝卜干推向新的高度，必须打造品牌，才能得到老百姓的好口碑，品质、工艺和文化是打造品牌的三要素。品质的要求，是做好色香味脆形；工艺是对包装的要求得讲究，这就需要包装设计能吸引人们的眼球，让老百姓加深对萧山萝卜干印象，提升购买力，有了购买力，还需要推广力，让产品销的更远更长，那就需要企业文化，就必须学习，不断地去学习、去认识、去探索，去总结，温故而知新。

把产品做到精益求精，把艺术深入到产品设计之中，把企业文化传播得更广、更远，让产品成为人们心目中永远的记忆，才能让品牌流芳百世。

**采访者：** 2009 年，您跟随以杭州市委副书记王金财为团长，杭州市人民政府副市长何关新为副团长的农业考察团赴台湾考察，请问这次考察给您带来怎样的感受？

**马国荣：** 2009 年，我跟随杭州市委副书记王金财、杭州市副市长何关新带领的农业考察团赴台湾考察。何市长在推介会上介绍产品：杭州丝绸、西湖龙井、临安山核桃……当介绍到萧山萝卜干时，坐在我旁边的两位台湾名人异口同声道："哎！萧山萝卜干！萧山萝卜干！"我问："你们知道萧山萝卜干吗？"他们说："知道，名气很大！"我又问："你们知道萧山吗？"他们说："不知道，没有到过萧山。"他们是先知道萧山萝卜干，后来才知道萧山的。萧山萝卜干会带动萧山的旅游发展，我说萧山两张金名片——湘湖和萝卜干。

我知道台湾同胞们所赞美的萝卜干是传统的萧山萝卜干，我们参观的几家台湾企业都在挖掘传统文化，这对我启发很大。传统的萧山萝卜干已经销声匿迹，我回来后到党山、益农、长沙和绍兴、安昌、齐贤等农贸市场积极寻找传统萧山萝卜干，可是都没有找到。有一天我到绍兴马鞍市场，有一个 60 多岁的老人，头发已花白，在卖榨菜、萝卜干、雪菜、腌白菜，他的篮子里有萝卜干，有点像我们小时候吃过的，我就问："老师傅，这个萝卜干是不是我们老底子的萝卜干？"他说："是啊，每年都做几坛，只有识货的人买一点，都嫌我贵。"我问多少钱一斤？他说六块钱一斤，我问了一下他的名字，他叫阿兴，做酱菜是爷爷传承下来的。我好像找到了宝贝，对他说多做一点，我全部收购，我还要他发动同村人一起做。于是，我成立萧山党山萝卜干合作社，开创传统萝卜干制作的新路径，后来供销社帮助我们发展，免费发放化肥、农药种子，给予萝卜干收购补贴，萝卜干从几百斤到几千斤，到目前的十几万斤。这是我挖掘传统萝卜干的经过。

图 5　萝卜切条

**采访者：**杭州萧山党山酱萃食品有限公司积极与当地农民进行合作，通过免费发放种子，购买芦垫工具发动农民种植正宗"一刀种"萝卜，恢复发展传统萝卜干，从当年几千斤发展到目前的几十万斤，保证收购，一方面保持了传统产品，另一方面也保证农民增加收入。能给我们讲一讲"一刀种"萝卜的特点和农民的种植情况吗？

图 6　摊在芦帘上晒制

图 7　洒入食盐腌制

**马国荣：**晒萝卜干一定要选用"一刀种"这个品种，

老百姓经过几百年的实践和总结，"一刀种"最适合做传统萝卜干，这个品种主要是含水量低，含纤维密度高，有机矿物质含量高，晒干后口感还是很脆的，其他的萝卜晒干后是发软的。"一刀种"种植期是 3 个月，从 9 月下旬播下种子，到 11 月下旬采收，经过收割、清洗、劈条、三晒三腌、拌料进坛等 18 道工艺，再经过黄梅季和桂花季两个季节发酵期成熟。然后才能食用及做调味品，通常有萝卜干炒毛豆、萝卜干炒蛋、萝卜干炖汤等菜肴。区商务局曾召开萝卜干炒菜比赛，共有 68 道以萝卜干为配料的菜肴参与比赛。

**采访者：** 2012 年，萧山区内 24 家萧山萝卜干企业的有关负责人齐聚一堂，庄重地在《萧山萝卜干生产企业诚信自律规范加盟企业承诺书》上签字画押，萧山区首个"诚信自律"联盟由此诞生。承诺书的制定对萧山萝卜干行业有怎样的意义？作为该标准的起草人之一，您能给我们讲述下，该标准制定的过程吗？

**马国荣：** 标准是参与市场竞争的底线，没有标准就没有资格参与市场竞争，这是市场规则，是有序竞争的方法和方案，有利于经济的发展。

制定适应企业发展、符合国家政策、适合市场可操作性以及保障人们安全健康的产品标准，由钱江、红景、党山 3 家企业联合起草，由区农业局、区防疫站、质监萧山分局参与的萧山萝卜干国家标准，向国家技监总局提出申请。我代表萧山萝卜干企业陪同省、市、区技监局领导到北京参加专家论坛，北京专家问我们萧山萝卜干与其他萝卜干有什么不同？我说我们萧山萝卜干有特定的气候、土壤、钱塘江水质，还以特殊的"一刀种"萝卜做原料，而且我们的加工工艺好。萝卜有自然的苦辣味，加工不好除不掉，加工过头影响品质，萧山人的加工恰到好处，不辣不苦，不酸有点甜。专家点头表示同意。经过 QS 认证和标准制定，从 300 多家企业减至 50 多家，我们联络 24 家企业，制定《萧山萝卜干生产企业诚信自律规范加盟企业承诺书》，以企业诚信自律来规范我们的市场行为，保证我们的行业可持续性健康发展，避免相互残杀。

**采访者：** 推广萧山酱文化。您曾编有《舌尖上的酱文化》《萧山酱腌菜制作技艺》，不仅可以作为萧山萝卜干研究的理论依据和文化理念，同时也成为农民致富的教材之一。能给我们讲一讲这些书籍的编写缘起与编写过程吗？

　　**马国荣：**当年中央电视台播放《舌尖上的中国》，非常火爆。有一天我参加绍兴市乡贤和乡土文化研究会（我是研究会理事成员）的活动，有一位老师同我讲，电视在播放《舌尖上的中国》，你可以搞舌尖上的酱文化。我一听很有道理，酱文化是我研究的课题，萝卜干也是酱文化的范畴，于是我开始挖掘酱文化。其实酱有五千年的历史，从狩猎时代就开始了。"酱"字由"爿""夕""酉"组成，"爿"是老百姓过剩的猎兽，"夕"是阳光，"酉"是容器。而萧绍地区历来有"三缸"之说，即酱缸、染缸、酒缸，三缸酱为先。在新中国成立以前，酱不但是人们的生活必需品，酱文化对人们的生活影响深远。新中国成立以前，萧绍地区的人们在全国各地开设酱园和酱作坊，当地人们外出做生意或打工碰到困难时，只要找到酱园和酱作坊，就像找到靠山，酱园和酱作坊的老板就会供你吃饱穿暖给你船路费，让你安全回家。

　　酱缸文化对萧绍地区的经济发展功不可没，我编写了《舌尖上的酱文化》一书。而《萧山酱腌菜制作技艺》可以从成人学校说起，我的高中同学韩关德在党山成人学校当校长，我经常到他那里坐一坐，有一次忽然想起成人学校是成人教育，可以把我的酱腌菜技艺通过成人学校传播出去，一方面可以推广酱腌菜的技艺，赋予农民一种技能，另一方面可以传播酱文化。后来老同学退休了，新的校长接任，我们与新的校长周剑波同志深度合作，编写《萧山酱腌菜制作技艺》，同时申报酱腌菜入非物质文化遗产名录，成人学校作为非物质文化遗产的宣传教育基地，为萧山的酱腌菜传承发展发挥了推波助澜的作用。

　　《舌尖上的酱文化》与《萧山酱腌菜制作技艺》有不同的侧重面，一本是文化为主，重在文化宣传推广，一本是技艺为主，重在研制产品，两者合一，完成了酱腌菜的文化理论与实践经验的有机结合。

　　**采访者：**为了推广萝卜干文化，您曾向翁仁康同志学习莲花落歌谱，编写党山酱萃萧山萝卜干歌词，每逢场合就演唱莲花落，传播萧山萝卜干文化，让萧山萝卜干品牌进入千家万户老百姓心中。请问您为何会想把莲花落和萝卜干相结合来推广企业文化？

　　**马国荣：**莲花落是我们萧绍地区的地方曲艺，大家都爱听，都会哼几句。翁仁康是萧山的曲艺大师，也是国家级的曲艺大师。我虽然是高中学历，也爱好诗句，经常练习写诗句。莲花落中有一曲是胡兆海老师编唱的，就是他在北京演唱的获奖曲《翠姐姐回娘家》。我看到许多企业在编写企业歌，搞企业文化宣传，就想把我们的企业情况简要地编辑一下，写成歌词，配上《翠姐姐回娘家》的曲谱，编成《萧山萝卜干之歌》，在大巴旅游车、联欢会、亲朋好友聚餐演唱。一则可以活跃气氛，二则起到宣传企业和萧山萝卜干的作用，三则提高企业的知名度、美誉度和影响力。自编自导自演的企业歌还是少的，则《萧山萝卜干之歌》也就成了党山酱萃企业文化的组成部分。

**采访者**：进入互联网时代，您把萧山萝卜干与互联网有机结合起来，同阿里巴巴、京东、天猫、淘宝网等网站对接，让萧山萝卜干进入互联网时代。请问您是如何布局萝卜干产业的互联网服务的呢？

**马国荣**：互联网销售是新的营销模式，大大冲击了传统的销售模式，不转型升级就不能转换营销模式，市场就会走进死胡同。我们投资互联网，开设淘宝店，进入电商平台，网上销售产品，顺应时代的潮流，这使我们在行业中立于不败之地。同时，研究新产品，打造新产品、新零售、新技术、新金融，脱胎换骨才使企业有生命力，否则将失去活力，被新市场淘汰出局。

图 8　2015 年 6 月美国人莉莲（中）在党山酱萃合影留念，左二为马国荣

**采访者**：中国酱腌菜产业与文化的发展也吸引了世界的目光，2015 年美国学生莉莲趁着暑假来到中国，参观杭州萧山党山酱萃食品有限公司，您能给我们讲下当时的情况吗？

**马国荣**：美国人来中国学习参观我们的酱腌菜技术，也说明美国人认可中国的酱腌菜。其实，韩国的泡菜也是中国传过去的。传说当年薛仁贵东征，到高丽，将士们就把四川的泡菜技术带到高丽，后来高丽人学会了做泡菜，目前成为韩国泡菜，他们已经申请进入世界非物质文化遗产名录。美国人莉莲品尝我们的酱腌菜后，说味道很好，她妈妈也很想吃中国酱腌菜。她认为酱腌菜是方便食品，不用冰箱存放。

她这次以酱腌菜改善中国环境为主题申请中国之行，也说明中国的酱腌菜在美国有一定的知名度。为了不让她失望，我们赠送她几盒酱菜和一本《萧山酱腌菜制作技艺》，她如获珍宝。莉莲说，回国以后将根据《萧山酱腌菜制作技艺》上的菜谱配方，制作改良，将酱腌菜推广给身边的同学，让他们尝一尝中国的酱腌菜味道。

**采访者：**2015 年杭州市萧山区文化广电新闻出版局公布第二批萧山区非物质文化遗产项目代表性传承人名单，杭州萧山党山酱萃食品有限公司董事长马国荣凭借萧山萝卜干、酱腌菜两项传统技艺被评为第二批萧山区非遗项目代表性传承人。请问成为非遗项目代表性传承人，您有怎样的感受？如何将这门手艺继续传承给下一代？

**马国荣：**非遗是宝贵的社会财富，它有五大价值：社会价值、经济价值、精神价值、文化价值、历史价值。我们出去说我们是萧山人，人家的回答——哦，萧山萝卜干！这就是萝卜干的社会价值。当年王仁庆副市长说："无论传化、万向，都有萧山萝卜干的基因。"这是它的经济价值。它有 800 年的历史，这是它的历史价值。萧山萝卜干是人民勤劳勇敢、聪明智慧的结晶，是萧山人民勇立潮头的精神价值。在里约奥运会上，运动员吃泡面时桌上放着一盒萧山萝卜干，网上疯传，这是它的文化价值。其实传承首先是精神的传承，技艺需要精神才能传承，我是萧山萝卜干技艺最高级的传承人，我有义务和责任来负担起接班人的传承。我的接班人当中，一位是我的女婿朱东曙，他毕业于上海军医大学，我要求他做女婿就要传承我的事业。他刚进入公司时，可以说是一窍不通。我就慢慢地引导，我同他说第一年就是萝卜、黄瓜、榨菜不要弄错，第二年就学习腌制技艺，学艺要三年入门，三年不入门就不要传承了。首先培养他的兴趣，然后是技能，再就是方法。我还同他说，学习的关键是悟，虚心学习才能悟到道理，多问几个为什么。现在他已经入行 8 年了，在我的传授下，基本掌握酱腌菜的技艺。目前他创新发展，对新产品、新市场的操作有自己独到的见解。当然传承不仅是技能方法的传承，还需要文化的传承，我叫他抽出时间多参加有目的、有方向性的学习班、培训班，接受新的思想、新的理念，特别是非遗文化的项目要多参加。不但要学好行业技能，还要学非遗精神、毅力、品格，不断提高自己，提高各方面的素质和创作技能，真正把老祖宗的宝贵精神遗产和非物质文化财富传承和发展下去。

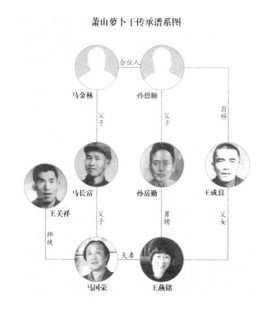

萧山萝卜干传承谱系图

图9　萧山萝卜干传承谱系

采访者：近年来，杭州萧山党山酱萃食品有限公司得到了迅猛发展，企业先后获得第九届国际农产品博览会金奖、中国农产品品牌金奖、中国特色农产品金奖等荣誉称号。请问这些荣誉与肯定对于您来说意味着什么？

马国荣：品牌是信誉的体现、诚信的代表，是质的保证，做好产品品质是品牌的基础，没有品质谈何品牌，没有品牌，产品没有荣誉，没有知名度和美誉度，产品也就成不了商品，再后来就变为废品。所以我们首先要研究好产品，与时俱进地跟着时代的发展，适度超前市场去研究产品。我们的产品经过了4个阶段，目前进入第五个阶段，我把第五个阶段的产品说成5G产品，1G是坛装、大坛装的产品，2G是软包装，3G是60克、70克、80克的调味包装，4G是15克、18克的旅游休闲包装，目前向更高档次的精加工小包装，用乳酸发酵、生物杀菌，避免高盐、高温带来的副作用。不但产品向5G发展，市场也跟着5G发展。我把销售渠道也分为5G，1G是在菜市场卖，把整坛敲开挖出来，称量买卖；2G是小包装在副食品商店卖，一包一包地卖；3G是在超市里卖；4G是在礼品店、旅游门市部卖，它的档次也适应这个市场；5G就

图10　在围垦草舍堂前拍摄的萧山萝卜干传承一家人

是在互联网上卖，新零售，线上线下一起卖。品牌要跟市场接轨，好的产品进入新时代的市场，就需要工艺，要文化。现在不但要内在质量，色香味脆好，还要包装好，这就是工艺，是吸引眼球的工艺。现在是眼球经济时代，没有满足人们的眼球，再好的东西都卖不出去。还有一个文化宣传，要告诉我们的老百姓，我们产品的功能、作用和意义，要老百姓对你的产品认同，这样就成为一个好品牌。

## 四　我的期望

**采访者：**明年（2021 年）是建党 100 周年，请您以亲身经历，谈一谈党是如何带领大家开发农业、走上致富大道的？

**马国荣：**我是萧山民建的会员，是省农艺师学院的创业导师，目前被杭州市人才办认定为杭州市高层次人才。我深信——没有共产党，就没有新中国。我期望党继续扩大改革开放，领导人民正确走向马克思主义、毛泽东思想、邓小平理论、"三个代表"重要思想和科学发展观的道路，指导上层建筑一定要有适应的经济基础，这是马克思主义实践中的正确结论。企业是国家的血和肉，职能部门是国家的五脏六腑，五脏六腑的正常是血和肉健康的保证，职能部门在制定经济政策时必须有文化，有理论依据，有大中小企业代表参与，这样的政策才有科学性，才能使企业可持续性发展，我们希望党多多培养和任用懂经济和会管理的干部，让他们为中国特色社会主义的"重要窗口"做出贡献。

**采访者：**您对萧山农业未来的发展有何期望？

**马国荣：**未来农业的发展是农文旅的发展，没有农文旅的发展就谈不上农业的发展。我对萧山的农业做了三大贡献：一是创办小包装萝卜干，被浙江省科委评为优秀科技产品，带动农民创业，从 100 家发展到 300 多家，促进农业发展，提升农产品附加值，为农民的致富做出贡献。二是配合区非遗中心，申报萧山萝卜干入非遗名录，为萧山萝卜干文化事业做出贡献。三是挖掘传统萧山萝卜干产品，传承萝卜干工艺，发扬萝卜干精神，为萧山萝卜干传承发扬做出了一份贡献。农业的发展是农村的发展，是农民的发展，农业的发展需要创新，需要乡贤与文人，需要农业龙头企业，更需要乡村领导的担当和重视。他们的思想和行动决定了一个地方的兴衰，条件靠创造，文化靠挖掘，经济靠推动，矛盾靠解决，解决矛盾的方法主要靠文化，以理服人，随后是行政。农业的发展要改造破烂的农村，提高农村的附加值，目前党和政府推行村委会主任书记一肩挑，这是有利于农村发展的好政策，但被推荐的领导人需要实行承诺制，任期内兑现对其管辖农村的发展的承诺、对老百姓的承诺。在开发农村、改造农村的时候，要利用好两个团——智囊团（乡贤和文化人）、融资团（企业和金融），两者的结合才能干好事业，推动当地产业经济的蓬勃发展，否则可能会留下历史遗憾。

现在政府推动环境整治，这是推动农村面貌改变的主要措施，第二步应该改造农村，让农村变成城镇或城市。该退村还地的要退村还地，当然该保护的还是要保护，集中化搞乡村建设，把分散的乡村集中起来搞建设，让它产生集聚效应，提高乡村附加值，改造乡村是发展农业的一大抓手。建设前制定政策，制定乡规民约，征求村民意见，有60%以上认可，是正确的就要实施，因为政府是为大多数人服务的，少数人应该服从多数人。

以前说农业的出路在于机械化，现在农业的出路又加上智能化、知识化、集体化、规模化，一村一品一乡一业带动产城融合发展。以产业为载体，以文化来推动，开创乡村文旅产业，带动农业发展，致富农民，农民富则中国富，农民强则中国强。

**采访者**：在新时代，您如何谋划企业进一步发展？

**马国荣**：在新时代，我们不能局限于企业内部，要跳出企业从产业的角度去经营发展，从而体现萧山萝卜干的价值。党山酱萃主动牵头，组织舒兰农业、开源蔬菜，以这三家企业为核心，联合携房集团，争取将萧山的酱腌菜企业融到一起，成立萧山萝卜干和酱腌菜科学技术研究会，向政府申请100亩地，建造萧山萝卜干博物馆、文化馆，建设一二三产业融合配套的服务设施，建造以萧山萝卜干为品牌的农文旅产业园。以实际行动来体现责任和担当，打造一个政府扶持，集体资本、社会资本和企业资本相融合的新格局经济体的萧山萝卜干小镇，为保护萧山萝卜干品牌，为乡村振兴贡献我们的力量。

# 美发是我一生的事业

## ——田建军口述

采访者：潘立川、孙淑桢　　　　　整理者：潘立川、陶颖棋

采访时间：2020 年 7 月 27 日　　　采访地点：萧山区金城路 148 号杭州琴美健康管理有限公司

田建军，1967 年生，杭州萧山人，杭州琴美健康管理有限公司董事长；国家高级美发技师、中国美发美容国家技能竞赛裁判员、国家职业技能鉴定高级考评员，杭州市萧山区工商联执委，杭州萧山区美容美发协会会长，杭州市萧山区第十三、十四届政协委员。获全国发型化妆大赛晚宴发型冠军、规定发型亚军、综合实力冠军，担任世界技能大赛第 43、44、45、46 届国家集训队美发裁判员。获浙江省美

田建军

发大师、浙江省田建军美发技能大师工作室领衔人、杭州市高层次 C 类人才、杭州市萧山区首席技师等荣誉称号。

## 一　家庭熏陶：副食品店中的人生课堂

**采访者：**田先生，您好！首先请介绍一下您的个人情况。

**田建军：**1967 年 6 月 1 日我在当时萧山西兴镇出生，在家排行老四，上面有两个姐姐一个哥哥。我出生时，母亲说我有 9 斤重，想取名田九斤；

后来因为我的生日是 6 月 1 日，便又想给我取名为田六一，最后响应国家形势，取名田建军。我父亲以前参加过地方游击队，参加过金萧支队，后来他加入中国人民解放军。中华人民共和国成立后，他跟随部队奔赴抗美援朝战争前线，刚到鸭绿江边，战争就结束了，所以他就回来了。

父亲退伍后被分配到杭州民生药厂保卫科。20 世纪 60 年代初，国家实施精简政策，他就离开药厂回到老家西兴镇，在街道里拉板车、做点小买卖。50 多岁时，他被安排到西兴菜市场，一直工作到退休。退休之后就跟我们一起生活，前两年去世。我父亲在世时，因为是退伍军人，享受了很多国家优惠政策，医保没报销的部分费用可以到民政局再次报销。我母亲是西兴镇上一家纺织厂的工人，她每月的工资是 9 元，生活条件相对贫困，要抚养四个孩子，生活压力很大。她一直在纺织厂工作到退休。她没有养老保险，年轻时仗着身体好不怎么生病。前几年国家出台政策，我们补缴了几万元的保险费用，让她享受了社保和医疗保险。现在我母亲已经 82 岁了，身体非常健康。

**采访者**：请问您是几岁开始上学的，您的小学、中学分别是在什么学校？

**田建军**：我是 8 岁上学，16 岁初中毕业。小学和初中都是在西兴工农学校就读。

**采访者**：从学校毕业后，您的第一份工作是什么？

**田建军**：我在初中学习三年后，因 3 分之差没能考上高中，没有机会再继续求学。因为我毕业时只有 16 岁，不能直接参加工作，但我又不甘愿在家待业，就想着去外公外婆家的副食品店帮忙。我外公是绍兴人，很有文化，乐于助人。他们夫妻两人在当地颇有些名望。小店接待的都是街坊邻居，在外公外婆做生意的时候，我从他们的言行举止中学到了许多做人的道理。比如店里卖的苹果坏了，他们要么削掉自己吃，要么直接以烂苹果的价格出售，这都是摆在明面上的，绝不会以次充好。现在回想起来，在外公家帮忙的那两年是我走上社会的第一课。

1984 年春节一过完，我就跟外公说："我现在 18 岁，已经成年，可以去外面工作上班了。"我外公很舍不得我，因为他们身边没有人，如果我不去帮忙，外公外婆要承担更多的工作。于是我承诺，只要我休息就会来店里帮忙。外婆还留给我一个小房间，我也说到做到。直到后来开了理发店，回来帮忙的次数才逐渐减少。

我的第一份工作是在杭州陶瓷厂做临时工，工作地点在萧山长山，工作内容是在车间里做碗。1984年7月，工厂发布招工通知，我就去报名应聘。当时招工要参加统考，根据考试分数排名依次录取、分配岗位。与我同一批次被录取的共有4人，一人被分配做电工，一人被分配做钳工，一人被分配做电焊工，而我因看起来身强体壮被分配做翻砂工。到翻砂车间后，我有些不满意。因为我考试时分数最高，而翻砂工的工作却是4个工种中最脏最累的，每天都有开炉等苦活、累活，但我也没有别的选择。

在工厂工作第二年，赶上部队派人来征兵，符合条件的人都要去体检。征兵工作人员认为我身体各项指标都很棒，父亲也支持我的决定，我也很高兴有这样的机会。因为做一个翻砂工，一方面我没什么兴趣；另一方面我有自己的想法。我如果去当兵，在部队里积极表现，能够入党提干，那么复员回到社会上时，我就可以改变现状，换一个更好的工作环境。而且我觉得自己很外向、很勇敢，在战争年代或许能当个将军！但最后我因为眼睛近视，没能成功入伍。因此我错过了第一个改变人生命运的机会。

## 二　暗下决心：我这辈子都要做美发

**采访者**：您是什么时候进入美发行业的？听说您是在女朋友的影响下开始学习理发手艺？

**田建军**：我学美发要从我的妻子陈琴美说起。她学美发时只有15岁。她父亲给她找了个美发师父，从1980年12月份开始进入美发领域学习，1982年3月6日学成出师开始创业，到今天整整38年。

我妻子开的第一家美发店是在西兴镇上，就在我外婆小店的对面。当时她就自己一个人，还有一个小她3岁的妹妹打下手。起初我们并不相识，我是在外婆家帮工时才简单了解她。她那时非常年轻漂亮，人比较和善，家教也很好。她每次帮人做头发的时候，旁边总是有一堆人围绕着，有些是客户，有些是来店里聊天的邻居，我也是围观群众中的一员。后来我对她开玩笑说："那时候你的理发店就是一个信息交通站。"因为当时没有手机电话等移动通信工具，来的人没找着朋友，就会留口信叫我妻子帮忙传话。我没事的时候，要么在外婆店里帮忙，要么就来她这里坐坐。因为是苦日子出身，我比较勤劳，看到理发店的水缸里没水了、煤饼炉需要换煤饼了，我就主动帮忙，这样两人慢慢建立了感情。1986 年，她叫我也去学一门手艺，而我当时在单位有份稳定的工作，辞职比较可惜，就一直没去学。直到 1987 年，我开始思考自己未来的人生方向，也成熟懂事了很多，便听从了她的建议去学习美发。

图 1　西兴琴美理发店旧址

**采访者**：您是什么时候正式开始学习美发的，是在哪里拜师学艺的？

**田建军**：我是 1987 年 11 月去上海学美发，师从中国四大名师之一刘瑞卿的儿子刘文俊，一共学了 3 个月，直到春节。等到再去时，我师父生病了。因为 1987 年上海正好兴起吃毛蚶，我师父吃坏了，感染上了肝炎，我只能偷偷看看他就回杭州了。一段时间后，我想着师父的病应该好了，就再去上海看望他，却发现他去日本留学了，从此我与他失去了联系。后来因为心中挂念师父，我每年都去上海，直到有一年碰到他，就又重新联系上了。

从上海回到杭州后，我没有工作，只能去妻子的店里打杂，而我对美发的兴致不高，总想去外面再找个工作。于是我妻子通过关系找到了我师父的父亲，请他帮我写了封介绍信，让我去杭州时美理发店试试。杭州时美是一家国营理发店，经理吴祝元是我师父父亲的徒弟。我拿着介绍信，由我的大姐和我妻子陪着去杭州拜师学艺。我原以为是免费学习手艺，却不料国营店有个规定：学费一个月 600 元。当时我每个月的工资只有 51 元，这 600 元一月的学费抵得上我近一年的工资。我心想：这不是学不会，而是学不起啊。我在上海学了 3 个月，也只学了洗头和卷杠，连头发都没剪过。如果我只在这里学一个月，那不是浪费钱？于是我对妻子说不学了，另外再想办法。但我姐姐和妻子偷偷把 600 元交掉并开了收据，然后把我拦下，给了我收据。我当时拿着这张收据就惊呆了。晚上回到家里，我暗下决心：我这辈子都要做美发，不能辜负了她们的良苦用心。后来我写了篇文章《两个女人和六百元改变我一生》，感谢她们的付出。如果没有她们的坚持，就不会有我今天的成就。

我妻子不光贤惠，还十分有创新精神，眼光独到。早在 1985 年，她就提出要去学化妆技术。当年她通过我师父父亲的介绍去上海、南京美发厅学化妆。学会之后，她在西兴镇上做了 3 年的化妆。许多西兴镇和周边农村女孩出嫁时都来找她化妆，而"琴美"最初也是以新娘化妆出名的。

1988 年 3 月 20 日，我们把美发店搬到了萧山城区。原因是她跟我说："在这个镇上，我们只能服务这个镇上周边的人。如果在萧山，我们可以服务萧山周边，客流量可以扩大，我们也可以服务更多的人。"

**采访者：**当时您去杭州时美美发厅学习，具体地点在哪里？交了一个月 600 元的学费，您在店里学了哪些内容？

**田建军：**杭州时美是在延安路上。美发厅的营业时间是早上 8 时至傍晚 5 时 30 分。我每天早上 6 时起床，坐一个小时的公交车去美发厅上班，在公交车上啃两个馒头。那时候国营理发店的生意很好，进去的人先买票，根据票号排队理发。我最初在店里是跟着吴祝元经理学习，他是人大代表，时常出去开会。为了学到更多技术，我跟他说："师父，你天天出去开会很忙，而我这 600 元学费的一个月学习时间很快就没了。"于是他把我介绍给他的大徒弟，也就是我第二个师父毕顺忠。

我真正学美发的师父总共有三个：第一个是刘文俊，第二个是毕顺忠，第三个是吉正龙。一开始我并没有上手的机会，只能在旁边看着，但我也不会傻傻地等。虽然店里也有阿姨打扫，但是整理工具、打扫卫生这类小事情，只要是我能看到的都会主动去帮忙。我妻子之所以在一众追求者中选择了我，也是看中了我的勤劳。

在琴美 33 周年庆典上有人问我："你靠什么开了 33 年的理发店？"我回答：靠 10 个字。

第一，热爱。我是从

图 2　"琴美历史博物馆"内的理发用具

被逼着学美发，到我说这辈子都要做美发，600 元和两个女人改变了我。

第二，学习。直到现在我都没停止学习，但凡对员工、客户、企业、社会有帮助的内容，我们都在学。

第三，坚持。这一路上，有很多故事，唯一不变的，就是坚持。我的腿断过，我写过篇文章《脚与脚的故事》，我的脚肿了，我妻子的脚肿了，但我们还是没休息，坚持站着干活。我妻子挺着大肚子，从一大早站着干活到晚上 8 时，然后凌晨 2 时我们走着去医院生孩子。

第四，专一。我这辈子就做了一件事情：美发或者说美业，走到今天第 39 年了，还在继续干。

第五，勤奋。我认为人一辈子要有一个坚定的步伐，如果没有勤奋，那就什么都没有。幸福是奋斗出来的，即使你有很好的想法，没有勤奋实干也是没用的。

**采访者：**20 世纪 90 年代，琴美在萧山一共有多少家分店，分别在什么位置？您当时如何进行管理，是雇佣美发师还是采取加盟形式？

**田建军：**2000 年，琴美在瓜沥开了第一家分店。因为之前很多客人说："你们到瓜沥来开一家分店，我们就不用大老远赶到萧山城区。"在那里开家店一是可以给客户带来方便；二是我们可以赚更多的钱。但是这家店只开了 8 个月就关门了，原因是我们不懂经营管理。

企业的形成、发展是有一定路径和条件的，不是随意就能开的，首先在经营管理上就得科学有效。我在市心广场开店，实行"一眼管理"，即眼睛瞄一瞄就能管理。看到一个员工不认真，只要提醒他一下就认真了。

图 3　1997 年琴美美容美发城市心广场店

后来店铺从一楼扩张到二楼，楼上我就看不到了，很多弊端就出现了。我从市心广场店出发去瓜沥巡店，我一出门，瓜沥店就收到我出发的消息。那边的员工起床的起床，在外面逗留的赶紧回来。等我到店里的时候，看到的认真训练都是假象。我百思不得其解，新店为什么没有客人。我通过不断暗访，最后弄清楚了原因。在关店前我考虑了三天三夜，哪怕亏了几十万元，我最终还是关了它。

我不能去责怪这些员工，因为我们没有去教导他们该怎么做，只是让他们随意发挥，这就不对。那时我清楚地认识到，我得出去学习，不只是技术，还要学习经营管理。因为企业管理不像以前我们夫妻俩带一个徒弟，规模扩大后的店铺管理着十几、二十几个人。如果我的店管理不好，那么不只是浪费我自己的钱，还浪费员工的时间与付出。他们来琴美是有期待的，但是我没有给他们一个好的引导。

**采访者**：后来您重新开分店是在什么时候？

**田建军**：2003 年 4 月 18 日，我们在北干一苑开了一家琴美金城美发店，结果时运不济，"SARS"来了。18 日开业时还有 100 个客人，20 日那天骤降到十几位客户，路上行人都没几个，社会氛围都很恐慌。但通过我们的努力，几个月后生意开始好转。我从新店开业就聘用店长，采用店长制管理。因为第一家分店的失败原因在于只靠我一个人管理，而再开分店，我决定靠团队。店长要负责，要有成效。所以那家店就一直在运营，直到现在。第二家店开在金城美发店对面，就叫爱琴海美容。

## 三 终身事业：从美发到健康美业

**采访者**：2000 年，您为何选择成立美容美发公司？

**田建军**：一开始成立公司是为了瓜沥的分店，那个还叫瓜沥分公司。瓜沥的分店关门后，这个公司也就注销了。直到 2011 年，我才又把琴美这个公司注册下来。

**采访者**：您在开设分店以后，店里有没有会员充值、办卡等业务？

**田建军**：有会员，也有充值业务，面额都是两三百元。2001 年，我担任了萧山工商消费者协会美容美发分会会长。我了解到，大额充值是不可以的，而且充值的钱也是客户的钱，很多店铺倒闭的原因就是挪用客户的钱。于是我在 2008 年就提倡"一分钟退款"，在 2019 年更是向社会公众承诺"十怕十诺"，凡是客户在我们这里充的钱，只要客户想退款，我们就毫不犹豫退给你，退完款我们才问客户为什么要退款。有些是要搬家，有些是要换工作场地，还有一些确实是我们自身服务的问题。现在，我们美发也有充卡，最高的充值额度是 1300 元，最低折扣是 8.7 折，不做大额充值和超低折扣。该付多少就多少，不然客户的价值在哪里？我未来的目标是要做一个亲民商人，经营目标也很清晰，我们希望能为很多的客人提供服务，提供优质的服务。

**采访者**：*2000 年之后，琴美正式注册为琴美健康管理有限公司，当时为什么要改名为健康管理有限公司，而不是美业？*

**田建军**：1997 年，我们把琴美注册为商标。2000 年，注册琴美健康管理有限公司。在此之前我想：琴美未来的路在哪里？我们已经从美发发展到化妆美容和护肤。我想健康美丽是我们的终身事业，所以市心广场的店墙上挂着的标语是"琴美，健康美丽事业"。这句话很多老员工都知道。

**采访者**：*您公司的经营模式和管理理念发生了很大变化，为什么您会想到追求更深层次的身体健康的美呢？*

**田建军**：当时我提出过一句话：琴美，创造美，呵护美，美从这里开始。现在公司的理念是：匠心创造美好生活。20 年前我曾说，我这辈子就做美发事业。我有天赋，有些造型我一看就知道该怎么剪、怎么处理。最近三年我心里又出现一个念头：下辈子我还要做美业，而且要做健康美业。不仅仅是帮助别人健康，我们还要把自己企业做健康。2019 年，我写了一封家书，与我妻子进行了一次谈话。我说："今年已经 50 多岁了，人生是否有下一个 50 年都是未知数。老话说，人生就是一张一百元，50 元用完了，还有 50 元也不知道能否用完。但是我们前面的 50 年，创业花了 30 多年，我们收获了很多。比如说这么多员工跟随我们，这么多客户认同我们，我们收获了很大的幸福，有多少人能有这种福气。比我们做得好的人有很多，但为什么这么多人跟随我们，是因为我们诚心诚意地对他们好。"

我们享受到了国家改革开放的春风。我经常对员工说："你第一个要感谢的是你的父母，把你生在了中国。第二个要感谢的是中国共产党，共产党越来越强大，带给我们足够的安全感。如果你的父母把你生到伊拉克这些地方，你都不知道能不能看到明天的太阳。但我们国家这么强大，你完全不用担心。"

我和我妻子的对话谈到了下半辈子应该怎么做。我们享受到了自己的第一桶金，也拥有了一点小小的成绩，下半辈子我们应该匍匐在地。第一，为员工的成长与幸福工程奋斗终生。第二，要为客户的满意与服务工程奋斗终生。为员工提供一个很好的平台、一份很好的教育，让他们能真正在琴美插上翅膀，真正能服务社会；我们一定要为客户提供优质的服务环境和质量、效果好的产品，以贴心的服务来回报客户。第三，就是要真正做到健康的企业。不管怎样，我们要响应国家的号召，要跟上国家形势。对于我们这一行业，国家总的战略是健康中国，只有企业健康，我们才有好的项目和服务去让顾客健康。最后，我们一定要做到让社会认同，无论企业大与小，一定要被社会认同。我们在每个收银台上都有承诺："十怕十诺"。客户的钱只是保管在我们这里，让你使用方便。只有这样想，企业才能走得更远。

**采访者：** 在琴美发展的 30 多年中，请您介绍下美发工具的更新换代，以及顾客的发型款式经历了哪些变化？

**田建军：** 先说发型，以前的发型比较单纯，流行迭代的速度也比较慢。自媒体兴起后，发型变化速度加快了，发型的变化实际上是与流行趋势有关系的。欧美有流行发型，日韩也有流行发型，中国也有自己的流行发型。以前比较流行的是长波浪、盘发，国外是做不了的。最近几年这些发型比较少了，除非在表演或者某些特殊场合中才出现。随着发型从传统到新颖的变化，现在客户的需求变得简单，随意性比较大。比如说丸子头特意留几根头发下来，在以前看是非常乱的，现在却很流行。在工具上，以前是吹风机之类的传统工具，现在的电子产品多了，大都用电棒。因为电棒速度更快，灵活性更大，电吹风解决不了的问题，它都能解决。还有烫发水，过去卷杠时气味很重，工具还是木头做的，双手一整天都沾着药水，手就会被药水烧伤。现在的染发、烫发产品变得健康科学，卷好杠以后再涂药水，药水也不会沾在手上，更不伤发质。

**采访者：** 您从事美发行业已有 30 多年，萧山地区的美容美发行业在过去这么多年中有哪些发展？

**田建军：** 首先，门店装修和美发用具等硬件比过去有进步。其次是从业者的素质得到了很大的提升。剪头发是百姓生活刚需，整个行业也是随着百姓的生活条件在发生改变，而且是率先发生改变的。我们以客户需求为先，不断学习。萧山大部分企业可能规模不大，但都能做到蕴匠心、懂技术、做技术。所以我们琴美的口号是"匠心创造生活"，它不仅是一种技术，更是一种精神，一种为客户提供优质服务的精神。这不单单体现在技术上、经营上、服务上，更多的是在员工素质的提升上，行业从业者的文化程度也在不断提升，理解力、创新意识不断得到提高。因此我也一直教育员工：要先把人做好，再把技术练好，客户就对你产生信赖。我们的员工之间组成家庭的有很多，但30多年来，离婚的只有3对。另外，员工之间打扑克、玩游戏是明令禁止的。所以整个萧山美容美发协会的单位还是比较健康的。

**采访者**：您作为参赛选手和评委，参加和点评过各类美发大赛，并获得许多荣誉，请您介绍一下自己的参赛经历。

**田建军**：1988年，我们在萧山开店。我妻子去杭州市参加一个美发的晚宴发型比赛，拿到亚军。那时候我们一直专注于小店的经营，只是简单地参加比赛，没留下任何照片。到1995年，各地的美容美发协会开始成立，我们与外界同行的联系也密切起来，参加了很多会议。1999年，我妻子参加了亚洲发型化妆大赛中国选拔赛，由于第一次参赛没经验，只拿到第七名。选拔名额只有6个，因为其中一人意外退出，她有了替补参赛的机会。我们很珍惜这次参赛机会，投入了很多资源、花了很多时间去练习。我妻子参赛的发型、化妆设计、服装都是由中国美容教母郑明明的老师陈美香设计，那次比赛我妻子拿到了亚军。

2000年，我30多岁，好胜心比较强，加上我发过誓言，绝不能落后于我妻子，我认为如果没有拿到过奖项是很大的遗憾。于是我便请吉正龙老师作为我的辅导老师，参加全国发型化妆大赛。吉正龙老师是我的第三位师父，是中国金牌教练，除了中华技能大奖外，其余所有行业奖项他都拿到了。在他的指导下，我每天训练，一共训练了30天。

图4　2000年田建军荣获亚洲化妆大赛晚宴发型（创意发型）亚军、晚宴发型（规定发型）亚军、晚宴发型（综合实力）冠军

**采访者**：这类美发技能比赛的内容和评价标准是什么？如何评价一款发型的好坏？

**田建军：**这都是有要求的，来自人的视觉和审美。比如说发型整体的美感、发型造型的工艺、颜色的搭配以及服装的整体搭配等。我当时参加的全国发型化妆大赛比的是一款公仔头规定发型，我获得了亚军；还有一款是真人模特，我拿了冠军。最后计算总分，我是全场最高，所以我是2000年中国美容美发全国发型化妆大赛总冠军。

我对美发技术的追求一直没有停止，我现在是第43、44、45、46届世界技能大赛的裁判员。中国是2011年加入世界技能奥林匹克比赛的，那时我们只参加6个项目，其中就有美发项目，由我的师父吉正龙带队。而

图5　2018年田建军（左四）带队参加全国技能大赛，员工徐卫锋、王玉珍分别获得美容、美发全场总冠军

现在中国参加63个项目。2011年，中国美发国家队拿到第五名；2013年，中国美发国家队拿到亚军；2015年，中国美发国家队拿到世界冠军；2017年，拿到优胜奖。2018年，我带领琴美公司的美容、美发各一名员工徐卫锋和王玉珍参加中国技能大赛，他们分别获得美容、美发全场总冠军，被评为"全国技术能手"，还被列入杭州市C类人才。2019年，世界技能大赛在俄罗斯举办，我作为教练员一同前往俄罗斯给队员助威，21岁的石丹获得世界技能大赛美发组的冠军，并于2020年5月4日被授予中国五四青年奖章。2021年，世界技能大赛将在上海举办，已经入围的中国项目有67个。这几年的参赛收获还是颇丰的。我不仅带领我们自己的企业员工、协会成员不断参加比赛，还在全国不同地方的比赛中担任教练、评委。

**采访者：**您是国家职业技能鉴定高级评考员，也是国家技能竞赛裁判员。您认为过去几十年，我国的美容美发技能人才培养取得了哪些成就？与您当初拜师学艺相比，现在的理发师培养体系有了哪些变化？

**田建军：**发生了翻天覆地的变化。最重要的就是国家开始重视，不仅

**图 6　2019 年工作室被评为浙江省田建军
美发技能大师工作室**

是在国家提倡"工匠精神"概念之后，而是之前就已经开始。2000 年年初，我们刚开始参加考评的时候，只是按照一款多发的要求，主要是考技能手艺。现在不一样了，是综合能力的考核。现在很多的职业高校都有了形象设计这一专业，比如说我师父所在的杭州拱墅职高已经培养出一位世界技能大赛冠军。明年（2021 年）代表中国参加国际比赛的选手，不出意外也会来自这所学校。那个年轻人用 6 年时间苦练，成为世界冠军。国家补贴 150 万元，而且拿到了我们这辈子都不敢想的中国五四青年奖章，被中央电视台采访。这就是国家对人才的重视，而不仅仅是对美容美发业的重视，也对所有技能人才的重视。在技术标准上，我把圣迪斯哥美容国际标准引入企业，因为世界技能大赛美容项目所有的标准都是由圣迪斯哥国际组织提供。我同时也是杭州技师协会的理事，参与杭州范围内国家人才库的考核编纂。

## 四　助力公益：点燃第一把火

**采访者：**2010 年，您和夫人在湖南贫困山区捐建千丘田琴美希望小学与万里琴美希望小学，每年亲自带物资到学校慰问，请您介绍一下捐建希望小学的缘起和经过。

**田建军：**2010 年，我和妻子看到湖南卫视的一个公益节目，节目中一个志愿者老师带着十几个孩子，在一间快被拆掉的房子中读书。我和妻子看得很难过，想着中国到现在还有这么贫穷的地方。第二天，我和公司的两位副总说："我们是不是该出点力去帮助他们。"但是我们只知道这个公益节目是湖南卫视拍摄的，其他什么信息都不知道。于是我们就直接飞往长沙找到湖南卫视。通过湖南卫视负责人的介绍，找到了这个公益节目的主办方湖南青基会。青基会对我们说："千丘田小学需要 7 万元，万里小学需要 28 万元，一共是 35 万元。"
那时我们作为一个小企业，一下子
要拿出 35 万元现金进行资助还是
比较困难的。但我们还是咬咬牙拿
了出来，只是提出一个条件：我们
既然捐了钱，就不会撒手不管，我
们每学期都要跟进学校的建设情
况。我的性格用地方话说：是一个
藏得牢的性格，只要是我认为对的
事，就要坚持去干。

我们从那时就开始关注这两所学
校的建设。千丘田小学由于交通不
便，很多事情无法深入，例如我们去
学校要乘坐公交车，还得再转两三小
时的拖拉机才能到达。所以最后我们
把万里小学做大了，现在已经成为当
地的实验小学，而千丘田小学因为拓

图 7　2010 年琴美资助捐建万里
琴美希望小学

宽马路后来被拆掉了。但事实上，万里希望小学的建设，我们只是点了第一把
火。因为 28 万元的资助是远远不够的，全部建成要 100 多万元，是周边的村、
镇和教育部门、爱心企业共同努力，资助了 100 多万元。

我们每年会带旗下员工和两期助学金，去参加他们下半年的开学典
礼。学校里有一些家庭贫困但成绩很好的学生，我们也会资助他们奖学
金。我们也会去家访，送一些日用品和学费。另外，民以食为天，我们对
食堂进行了改革，没有很华丽，但是干干净净。还有电子教学方面，我们
给教室配备了投影设施，以供他们更好地学习。我们还对体育设施和各种
桌椅进行补充。由于那边治安一般，我们还装上了监控设备。学校有 300
名学生，但是没有好的师资，因为留不住老师。正好学校有一块空地，学
校想建一幢教师宿舍。学校负责人打算让我们再点第二把火。我问要多
少，太多的钱我拿不出来，他们说 8 万元。我决定自己拿出来，自己节省
点也要把教师宿舍造起来。后来没想到一造就花了 50 多万元，去年
（2019 年）我去看了，成果很好。G20 杭州峰会期间，我们去学校探望，

发现那边有很多贫困的孩子，在我们离开时用非常羡慕的眼光看着我们。于是我和校长做了一期"变形记"，正好湖南卫视的《变形记》节目也是青基会出的方案。我找了几个员工和客户的孩子与那边的农村孩子结对，把那边的孩子带到萧山，由几个老师跟着组织了一个夏令营。目的是希望他们来到杭州这样舒适、和谐的城市之后，通过正确引导，能够激发他们努力学习、改变未来的念头。

**采访者**：在您的微信朋友圈中，经常能看到琴美的员工去敬老院、福利院等机构为老人和病友义务美发，请介绍一下琴美目前组织和参与了哪些公益活动？

**田建军**：慈善公益机构和妇联、社区等，只要来联系我们，我们都会去做义务服务。因为我是萧山美容美发协会会长，所以我不仅带着自己的员工去，还发动其他美业单位。每个月的 16 日，协会内以美发为主的企业，都雷打不动地去永兴公园做公益剪发，只有新冠肺炎疫情时期停了两个月。疫情好转之后，我们就又出发了。那时城管要求我们写下承诺书，如果出现问题，法人要负责。我和经办人说，如果我们因为做好事而出意外，要么是我们工作没做好，要么就是我们"中奖"了，好在最后也没有出现意外。义剪期间，一位参加过抗美援朝的 99 岁老爷爷不能下楼，我们还专程到他家里去给他理发。

一次，萧山康复中心的护士长来我们门店理发。她问，琴美企业经常外出公益剪发，能否也帮他们康复中心的病人剪剪头发？我去考察后才知道那边的孩子、老人真的很可怜。一对 21 岁的双胞胎，长得很清秀，却只有两三岁的智商。这些康复中心由国家出资支持，请了一批老师帮他们做康复。我向院长表达了琴美非常愿意每个月来为病人义剪的想法。他本以为我们只是为了做宣传，便说，你们要来就来吧，但来一次就可以了。我理解他的意思，便告诉他："琴美每个月都会过来，而且我们不会喝康复中心一口水，不吃康复中心一口饭，我们员工起早过来，10 时之后回去，因为我们自己也要工作。我也是萧山人，这 159 个孩子、老人，我看了很心痛。我们是真心来帮助你们的。"这些病友都是由护工阿姨剪发，而阿姨剪得很粗糙，哪边长就剪哪边，这是不对的。因为他们每天要对着镜子照，训练自己微笑。如果顶着乱糟糟的发型去照镜子，看到自己头发凌乱的样子，还会有进步吗？所以我们每次出去做义剪的员工，都是门店里最顶尖的造型师。这些病友们在智商上可能有所不足，但是我们也要让他们拥有最美丽的形象。这个义剪活动到现在已经坚持 2 年多了，永兴公园义剪活动也坚持了 5 年。

2020 年疫情期间，小区都实行封闭管理。虽然我不是共产党员，但我是政协委员，就主动请战。我在家待不住，就去小区保安室帮忙。保安很辛苦，跟保家卫国一样，是保护小区居民安全的第一条防线。疫情时期我出门买菜时，经常看到只有两个保安在值守。我就问他们原因，他们说很多同事过年回家暂时回不来，人手不够，所以只有两个人。我主动提出可以当志愿者，他们很高兴。小区还给我发了"战疫先锋"的锦旗。

我当了 5 天志愿者，然后发了朋友圈，就有人联系我说能不能帮派出所的民警剪一剪头发。这就给了我启示，我们萧山美容美发协会也有了用武之地。我每天带着 10 多个造型师去派出所，我先报名，然后员工轮流报名。从 2 月 15 日剪到 20 日，我们深入派出所、疾控中心、医院、街道等多个机构，帮 1000 多人剪了头发。

2 月 20 日，门店复工开张，我就不再要求协会其他成员去义剪，怕影响他们的工作。我在自己的门店内做了个决定：自 2 月 20 日至 3 月 30 日，所有萧山的医生、警察、护士，凭证件到琴美免费剪发。我们还为萧山派去支援湖北的 6 个志愿者专门提供了家庭卡，免费使用

图 8　田建军代表琴美公司慰问远赴湖北
支援的抗疫英雄

到 2020 年年底。因为他们是代表萧山去支援武汉，是支援武汉第一线的战士，是萧山的英雄。我们还在 1 月 28 日发起了公司集体捐款，从琴美企业经营者到我们店里的清洁阿姨都捐，捐 5 元、10 元都是一份爱，最后一共筹集了十几万元的善款，送到萧山红十字会。门店因疫情休息，我就在网上管理员工，通过视频连线成立了一个抗疫指挥部，督促待在家里的员工带着家人在家锻炼身体，帮忙做家务，目的就是让他们安心在家。虽然疫

情期间休息一个多月，我却比以往都累，最终除了在武汉的员工，其他员工都安全地回来了。

# 五　匠心品质：赶上了时代的春风

**采访者：**作为与改革开放共同成长起来的一代人，您对萧山地区的发展变迁有哪些感受，尤其是您的店铺从西兴开到萧山城区的情况下？

**田建军：**感触很多。萧山以前是个县，后来改为萧山市，再到现在的萧山区、滨江区和大江东。我是西兴人，原属于萧山县，1988 年到萧山开店，1991 年儿子在萧山出生。由于儿子要读书，我就把户口迁到萧山。我还记得1999 年萧山的马路边挂着横幅：工业冲千亿。而现在萧山每年都是全国十强县，而且名列前茅。萧山在钱塘江南面，杭州主城区在钱塘江北面。过去常说钱塘江有两只眼睛，一只眼睛是西湖，已经睁开了，还有一只眼睛是湘湖，还未开发。这几年，湘湖已经睁开眼。这里有 8000 年跨湖桥文化，值得我们骄傲。琴美的精神也叫钱塘江精神，而钱塘江精神是围垦精神。这附近以前是江边，那时候科技不先进，所有现在生活的地域都是靠人力填出来的，比如萧山有一条大寨河（现称北塘河），我曾参与修建开挖。20 世纪 80年代，很多萧山人喜欢吃酱爆鸡壳，因为鸡肉买不起，鸡壳会便宜一些，这算吃得很好了。再看看现在的环境，不只是城市发展，人民生活水平和文化素养都有了很大的提高。我是一路看着萧山在不断发展的，所以我在那封家书中说，琴美赶上了改革开放的春风。在 40 年的沧桑变迁中，我能清楚地感受到这个城市在进步，而不单单是我们剪发价格、工具和店铺环境在变化，我们与客户之间的连接也在发生改变。以前顾客来剪发的时候问："价格多少，有什么优惠？"但是现在很少有人问这些问题了，因为你只要价格定得足够合理，提供高质量的服务，就会有客人来。从以前的讨价还价，到现在追求性价比，这正是人的素质在发生改变。

**采访者：**2021 年是中国共产党建党 100 周年，中国共产党带领全国人民奋发有为。回顾改革开放以来的历史，结合个人的创业经历，您有哪些深刻体会？

**田建军：**我们虽然是小企业，但也可以做大文章，因为美容美发这个行业是直接关系到日常民生的行业。以前我们常说美颜、美身，现在更重要的是美心、美德。我们的员工就是要做品德人，把匠心人变成有高素养的品德人，把我们的服务场所变成品质店，最后我们的企业要变成品牌企业。因此我们在2018年设定3年、8年、30年目标的时候，我认为身在中国，我们必须要与中国的发展同频共振。我们享受到国家改革开放的成果，那我拿什么奉献给我们的行业？我拿什么奉献给我们的国家？我的很多朋友特地把我带到加拿大，让我移民。但我对他们说：我这辈子是不会移民的。我不会离开这个生我养我的地方，我的门店也在这里，我要把琴美做成百年门店、品质店，让琴美能以服务更多的人为荣。

**图9　琴美创业33周年庆典**

第一，我们不做国家的麻烦人。第二，虽然我们力量微小，但我们要尽自己最大的力量去服务这个国家。我对自己说，人生前半场我做企业，后半场我要做教育，教育我们的员工，教育他们掌握"心能、技能和职能"。让这三个"能"为琴美的员工插上翅膀，去服务更多的人。所以琴美有一个"百千万"工程："百"就是帮助100个以上的贫困孩子，目前已经落实10个大学生。"千"是帮助1000个员工创业——只有企业做好了，我们才有财力去帮助贫困大学生；只有把教育做好了，我们才能帮助员工去创业。"万"是帮助员工、客户建设万家幸福家庭——只有把家庭建设做好了，我们才能去帮助员工、客户建设万家幸福家庭。只有这样，我们才能拿更多更好的成果去奉献给我们的员工，奉献给我们的顾客，奉献给我们的国家。

政治篇

# 1997： 萧山"7·9" 抗洪的那些日子

## ——林振国口述

采访者：金烽①、韩巍　　　　　　　　整理者：金烽

采访时间：2020 年 7 月 8 日　　　　　采访地点：萧山区行政中心综合楼 701 室

　　**林振国**，福建福州人，1965 年到浙江大学上学。1970 年毕业后分配到中国人民解放军某部队钱江农场锻炼，在萧山围垦土地上生活了一年半。1971 年 8 月结束锻炼分配到杭州化工公司所属的企业和研究所工作，当过工人和技术员。1983 年抽调到化工公司机关。杭州市化工公司在萧山浦

林振国

沿有两家企业，所以经常跑萧山。1995 年调到萧山工作，担任萧山市市长。

## 一　百年一遇的特大洪灾

　　**采访者**：1997 年 7 月，萧山经历了一场特大的洪水袭击，萧山史书上将它标注为"7·9"抗洪，这是萧山历史上最为凶险的一次洪灾，是萧山投入人力、物力、财力最多的一次全民抗洪行动。

---

当年，作为《萧山日报》的一名记者，我全程参与了"7·9"抗洪的新闻报道，虽然时隔23年，当时暴雨如注，江水滔滔，钱塘江、浦阳江大堤险象环生的场景依然历历在目。

林市长，您是当年萧山"7·9"抗洪的组织者、参与者。今天，当我们一起回望"7·9"抗洪这段岁月时，您记忆中的这场洪水是什么样子的？

**林振国：** 1995年7月，我调任萧山市市长，2002年年初离开，去杭州市人大工作，其间，经历大大小小的事情很多，但遭遇1997年的"7·9"洪水和11号台风让我刻骨铭心。

萧山每年都要经受台风和洪水的侵扰，抗洪防台成为常态，这和萧山特殊的地理位置有关。萧山南片区域，地处钱塘江、浦阳江、富春江三江汇流入海口，每年的梅雨季，雨水不断，河床抬高，加之上游大量洪水下泄，江堤洪水易出现倒灌，内畈良田易受涝，上半年萧山的抗洪大多发生在这个季节。下半年是台风季，萧山北片的围垦区大多在钱塘江畔，在台风雨水的猛攻下，围垦大堤容易出险，垦区的农作物、鱼塘易被台风损毁，抗台大多在这个时候展开。

1997年的那场洪水则是百年不遇的，的确是萧山历史上最为凶险的一次洪灾，萧山投入了空前的人力、财力、物力，打了一场极为艰巨的"7·9抗洪"保卫战，最终我们保住了千里江塘大堤，保住了萧绍平原，保住了萧绍平原600万人民的生命和财产安全。

**图1 供销部门把抢险物资及时运到救灾现场**

萧山的"7·9"抗洪从7月6日到11日历时6天，主战场在戴村、欢潭、进化、闻堰、义桥、许贤、临浦、浦阳8个南片乡镇。这场"两江一河"保卫战，在流经这8个乡镇的钱塘江、浦阳江、永兴河段的江河大堤上打响。

7月6日起，萧山持续大到暴雨，降雨量达到288.2毫米，上游的周边县市也普降暴雨，其中富阳就达到380毫米，均超过历史最高值。

7月8日起，南片汛情告急，且来势迅猛，出现水位高、涨势快、持续时间长的特点，为萧山百年历史罕见。一是雨量大，水位高。像钱塘江西江大堤闻堰段降雨量293毫米，为历史纪录以来最高；外江内河均超过危险水位，为50年一遇。钱塘江闻堰段最高水位为10.19米，比危险水位、历史最高水位分别高出0.69米、0.45米。浦阳江欢潭段最高水位达12.30米，分别超危险水位、历史最高水位1.8米、1.37米。临浦等浦阳江沿线乡镇水位都高过历史水位。二是涨势快，汛情来得突然。7月8日8时至9日8时，24小时水位上涨超过2.58米，为萧山历史上第一次。三是泄洪慢，且持续时间长。外江水位高出临界水位，外江水位高出内河水位，无下降趋势。

造成这一汛情的原因有三：一是雨量集中，特别是上游的诸暨、富阳降雨量大，致使下泄洪水流量持续加大。7月9日，富春江下泄流量已增加到1.3万立方米/秒。二是正值农历六月初，汛期加天文潮，钱塘江水猛涨顶托，外江水位高过内河水位，浦阳江水无法外排钱塘江。三是自1996年8月来，钱塘江流域降雨量少，下泄流量少，钱塘江口泥沙淤塞严重，江底在汛期前已抬高1.5米，暴雨下江水猛涨，钱塘江水外流出海严重受阻。汛情和灾情告急，可以说是十万火急了。

钱塘江西江大堤闻堰段数十处严重渗水、漏水、裂缝，汹涌的江水倒灌，猛扑大庙前，5.6千米长的江堤随时有被撕裂、决口的可能。

西江大堤危在旦夕，大堤背后是富饶的萧绍平原，600多万人民生命财产安危悬于一线。

浦阳江萧山段的大堤数十处江水漫顶，数百处堤塘滑坡。义桥山后村小围垦汪洋一片；浦阳尖山村被洪水冲进，数千村民遭大水围困。

永兴河水位过10米，超历史最高水位1米，戴家山溪河公路堤塘出险，下游石盖桥被冲走，13座水库出险。

浦阳江两岸已是险象环生，沿江的欢潭、浦阳、进化、临浦、戴村、义桥、许贤等乡镇家园被毁近在眼前。

此刻的萧山，尤其是西江大堤和浦阳江段就像一只在洪水中浸泡多时的"泥锅"，随时面临散架。

萧山经受着一次历史上未曾有过的特大洪灾的考验。

在这危急关头，全市紧急总动员，四套班子领导带领部委办局负责人分片包干到一线指挥，各乡镇一把手带领抢险小分队到最危险地段抢险护堤，全市5000多名民兵被组织到了一线；市后勤保障指挥部统一调度全市抢险物资和人员；闻堰和南片其他乡镇的10万干部群众加入保堤塘、保家园的战斗。电力、通信、交通等部门全力配合支持一线抢险。许多企事业单位主动为抢险一线人员送水送点心，在最紧张的四天四夜（7月8—11日）中，许多同志始终坚守一线大堤，没合过眼，场面震撼感人，可歌可泣。

## 二 钱塘江西江大堤出险和"两个死守"

**采访者：**7月9日，萧山出现险情，在钱塘江西江大堤闻堰段面临溃堤的关口，省委书记李泽民、代省长柴松岳等第一时间赶到闻堰指挥抢险，第一时间明确"两个死守"：一是大堤死守，二是萧绍平原死守。

当年为什么萧山的"7·9"抗洪会上升到事关全省安危的高度？当年，西江大堤究竟发生了什么？

**林振国：**萧山的"7·9"抗洪，围绕"两江一河"打响保卫战，决战决胜的主战场就在钱塘江西江大堤闻堰段的5.6千米的大堤上，准确地说在大庙前、雨伞社、小砾山、第三水厂这四个点段进行守堤、护堤、保堤。闻堰的干部群众、萧山各方的增援力量、解放军官兵上万人以血肉之躯和钢铁意志死守西江大堤。

浙江省和杭州市领导对萧山的抗洪抢险高度重视，时任省委书记李泽民，省委副书记、代省长柴松岳，省委副书记王金山，省委常委、秘书长吕祖善，省委常委、杭州市委书记李金明，副省长鲁松庭，杭州市市长王永明等先后赶到西江大堤检查指导抗洪抢险，他们一再叮嘱，要不惜一切代价死守西江大堤，死守萧绍平原。这"两个死守"后来成为萧山"7·9"

抗洪的一条主线。

西江大堤第一次出险，在 9 日 14 时许。当时外江水位已高达 9.95 米，雨大风急浪高，江水持续不断上涨。14 时 20 分许，大庙前江堤上两处已废弃的闸门出现多处渗水，高水位的江水倒灌，哗哗地流入大堤内，仅数十

图 2　解放军和民兵战斗在钱塘江大堤抗洪抢险第一线
（傅展学摄于 1997 年 7 月）

分钟，闸门两旁的大堤有三处大面积渗水，始为清水，后为混浊黄水，按多年抗洪的经验判断，大堤有可能要决口。随后，雨伞社、小砾山、自来水厂也出现大大小小的管涌，西江段全线告急。

我是 7 月 9 日下午赶到闻堰镇的，在巡查西江大堤时，感觉形势危急，很不放心，临时取消原计划到南片其他乡镇检查的行程，留在闻堰抗洪，出险时我刚好在现场。

当时，我们第一时间组织闻堰数百名干部群众进行抢险。采用抢危塘的老办法，抢险人员冒着被洪水冲走的危险在洪水倒灌的闸门处用泥石沙包袋筑起一道护堤，由于洪水流量大，冲击力强，第一道防线很快被水淹没。

我和时任市委副书记赵纪来、农水局局长楼才定短暂商议后定了两条措施：一是出险大堤加高加固，守住第一道防护堤；二是大堤后面加铺一条塘碴线，修筑增设第二条防护堤。

新计划刚开始组织实施，新的问题又出现了，由于西江大堤全线告急，抢险人员分兵各地把守，大庙前的兵力不足。我让一旁参与抢险的时任市委常委、人武部长朱张松速速与驻萧部队联系，请求增援。半小时后，驻萧海军某部队 50 多名官兵进入现场抢险。两个小时后，在军民协同作战下，用泥石袋叠加起了长达数十千米的二道防护堤，将倒灌的洪水挡住，大堤决口的险情有所缓解。

13 时 30 分，得知萧山汛情吃紧，坐镇省防汛指挥部的时任省委副书记、代省长柴松岳打来了电话。电话里，柴省长不断叮嘱："老林啊老林，你要顶住啊，萧山要顶住，萧山的防洪事关萧绍平原的安危。"我在电话里当即表态："我和萧山 100 多万人民一定全力以赴，全力抗洪抢险，确保人民生命与财产的安全。请领导放心，只要萧山人民在，大堤一定在。"在这之前，在国外出访的时任杭州市委副书记、萧山市委书记吴键打电话了解萧山防汛情况，要求我们全力做好防汛抢险工作。

**采访者**：西江大堤出险，萧山方面空前紧张，压力也特别大，这是为什么？

**林振国**：因为西江大堤的安全意义非同一般。闻堰地处浦阳江、富春江、钱塘江交汇处，险情四起的西江大堤是抵挡三江水的唯一屏障，其身后则是广袤富饶的萧绍平原，萧山和绍兴两地 600 多万人民在此安居乐业，萧绍地区经济发达，企业星罗棋布，是浙江制造业最重要基地之一。

由于坐弯迎流，受洪水顶冲，西江大堤是萧山钱塘江段最险要地段。大堤又系百年老堤，抗洪能力弱，出险概率大。那几日连续大雨，此时大庙前的河床深达吴淞口 -29 米。一边是江道大量泥沙淤积，一边是暴雨江水猛涨，一边是外排入海受阻，三重险情叠加，西江大堤防洪危机四伏。

每年钱塘江江心都在两岸间漂移，那几年闻堰段又临深港，如决堤，处于潮汛期的滔滔洪水将汹涌而入，萧绍平原瞬间将毁于一旦，而此刻大庙前又临深港，这一特殊的地理环境，极易造成钱塘江由此改道，后果真是不堪设想。

16 时，时任省委常委、秘书长吕祖善、省水利厅长章猛进率 10 多位水利专家进驻闻堰镇。由省政府、省水利厅、萧山市联合组建的西江大堤联合抢险紧急指挥部在闻堰成立。随即，指挥部发出第一号令：不惜一切代价，死保西江大堤。指挥部所有人员在西江大堤危险期间一个也不准撤离，誓与大堤共存亡。省领导在会场上展现出来的果敢和决心，我至今记忆犹新。

其间，章猛进问："西江大堤联合抢险紧急指挥部谁来担任总指挥？"指挥部设在萧山闻堰，西江大堤在萧山，我们是东道主，所以，我没多想就表态说："指挥部在萧山，我来做吧。"

按指挥部制定的紧急抢险计划，临浦至闻堰江塘大堤段实行交通管制，只允许抢险车辆进出，沿江危险地段的市民开始有计划疏散。萧山市的城建、粮食、商业、交通、公安等部门负责人火速集结至闻堰参加抢险。

17时，西江大堤15处险情工段按水利厅专家们紧急制定的方案抢险。当时有人问："万一决堤了，怎么堵决口？"章厅长说："大型卡车装满黄豆，开下去死堵，黄豆浸水膨胀，堵决口有效果。"一声令下，交通局、粮食局开始增调卡车和黄豆，以备急需时用。

17时30分，市委常委、城厢镇党委书记董学毛率领100多名民兵前来增援，迅速投入第三水厂险情段的护堤工作。

18时许，西江大堤第二次出险。

夜幕降临，钱塘江起潮，西江大堤水位快速上涨。而此时，上游的富春江洪水正在下泄，钱塘江潮水起涨，上游洪水顶托，西江大堤段渗水处开始增多，险情再次告急。

坐镇闻堰一线指挥部的时任省水利厅厅长章猛进同专家们紧急磋商后，亲自电话调度富春江下泄流量减至1000立方米/秒，以减轻西江大堤的压力。

指挥部根据险情向省军区请求派军队支援。

20时许，经省委书记李泽民、代省长柴松岳亲自联系，15辆军车载着驻浙集团军某团的326名官兵赶到西江大堤，浙江武警机动支队300名官兵赶到一线，驻萧山两个部队的官兵也加入了加高加固大堤的抢险行列。

在大庙前、雨伞社、小砾山、第三水厂段，解放军、武警官兵和萧山干部群众奋不顾身跳进江水中

图3　卫生防疫工作人员正在为被水围困的浦阳镇尖山村村民送消毒药物

打桩、抛沙包、堵管涌。战士们说："浙江是我们的第二故乡，为萧山保平安，我们牺牲了也值。"

22时，省委常委、杭州市委书记李金明到西江大堤检查抢险工作。

23时45分，省委副书记、代省长柴松岳取消原计划去四川开会的行程，从杭州笕桥机场直接折返，赶到西江大堤大庙前检查抗洪工作。柴松岳向奋战在一线的军民致以亲切的慰问。柴省长一再强调："钱塘江西江大堤事关萧绍平原的安全，一定要不惜一切代价守住，死保西江大堤，确保萧绍600万人民生命和财产安全，我代表全省人民感谢你们。"柴省长现场督战，极大鼓舞了军民战胜洪魔的勇气和信心，西江大堤上，工号声、打桩声响彻一片。

暴雨时歇时下，江水高位不退，西江大堤险情时起时伏，在抢险大军的努力阻击下，大堤经受住了24小时的生死考验。

10日下午，冒着淅沥的雨，省委书记李泽民和省委常委、杭州市委书记李金明、杭州市市长王永明一起出现在抗洪抢险第一线——闻堰大庙前。

经过一天一夜的抢险，抢险人员同洪水展开殊死搏斗，在渗水处已垒起长达近百米的护堤，险情得到控制。在刚筑起的泥泞护堤上，李书记语重心长地对我们说："这里的抗洪抢险不能有一丝疏忽，否则钱塘江将面临改道的重大灾难，你们肩上担子很重，一定要动员各方力量，不惜一切代价把它死守住。"我说："请省领导放心，萧山人民一定全力以赴，不辜负省委、省政府的重托。"

在抢险工地现场，李泽民书记握住一位挑土老大爷的手，关心地问："您多大年纪了？"老大爷说已有60岁了。李书记说："要当心身体，感谢你们为保大堤做出的贡献。"老大爷说："请领导放心，我们会尽力的。"

10日晚至11日晨，天降大雨，西江大堤第三次出现险情，一度万分危急。指挥部已经做好最坏的打算，启动闻堰和城厢镇居民撤离计划，保护人民的生命和财产安全。这一夜，我们过得惊心动魄。

11日5时许，钱塘江水位出现明显下降，大雨消停，钱塘江西江大堤闻堰段险情大大缓解。

11日上午、12日上午，副省长鲁松庭、省委副书记王金山相继来到

西江大堤检查萧山抗洪工作，慰问抗洪一线的干部群众，要求我们夺取抗洪最后胜利，恢复生产，做好灾后自救工作

经过 72 小时抢险，西江大堤保住了，萧绍平原保住了，萧绍平原 600 万人民的生命和财产安全保住了。

## 三　“两江一河”保卫战全线开打

**采访者：** 萧山的“7·9”抗洪在 7 月 8 日全面打响。记忆中，时任杭州市委副书记、萧山市委书记吴键正在国外出访，一时赶不回来，您是临危受命担扛萧山抗洪总指挥的。

有一件事，我印象很深。9 日，您带着市府办主任谭勤奋、秘书孙伊田在临浦江塘大堤巡查，您说了这样一句话：“如果塌塘了，萧山不保，我只有跳江了。”这是你们三人之间的聊天，做记者的我恰巧听到了，第一反应就是：悲壮。千斤重担压一身，当年，您是怎么想的？萧山“两江一河”保卫战是怎么打的？

**林振国：** 萧山的“7·9”抗洪，大致分三个阶段。第一阶段，7 月 6—7 日，萧山进入防汛的临战期；第二阶段，7 月 8—9 日 14 时，萧山进入抗洪的战时状态；第三阶段，7 月 9 日 14 时至 7 月 11 日，萧山进入抢险的决战期。西江大堤在 7 月 9 日出险，护堤、保堤都在这个时段展开，所以我们将 1997 年萧山抗洪称为“7·9”抗洪。

“7·9”抗洪期间，恰巧杭州市委副书记、萧山市委书记吴键在国外出访，托付我在家主政，所以当时的压力特别大。9 日 13 时 30 分，我在临浦江堤检查，探出身去一看，吓了一大跳，浦阳江的堤塘大片大片地剥落，形势很严峻，防汛很吃力。这时，省委副书记、代省长柴松岳打电话给我，两层意思，萧山要顶住，你要顶住。百姓安危，领导重托，所以我有感而发，对一同检查的市府办主任谭勤奋和综合科副科长孙伊田说：“如果塌塘了，萧山不保，我只有跳江了。”在闻堰抗洪指挥部，我和章厅长也提过这个话题：“如果西江大堤保不住了，我们两个人只有跳江了。”这话后来一传两传，大家都知道了。那时候，我还是很有信心的。首先，萧山有一支能打硬仗、敢打硬仗的干部队伍，这一点我有充分的认知。其次，百万萧山人民经历了几代人的围垦，一定能

众志成城守护好家园，这一点我坚信。那天，我电话里就回复柴省长，百万萧山人民在，大堤一定在，表明心志。

7月6—7日，浙江进入梅雨季的后半程，全省连续暴雨，水位开始上涨，汛情在一些县（市、区）抬头，萧山的防汛工作也是在这个时候启动，全市进入一年一度的抗洪临战状态。

7月8日，萧山内河水位突涨2米，超了历史最高水位，一些地势低的村庄进水，大片良田被水浸泡，浦阳江防汛首先吃紧。当日，市委副书记赵纪来、分管农业水利的副市长王仁庆分别率领市级有关部门到浦阳、欢潭防洪第一线指挥抗洪。

8日晚，我和赵纪来、王仁庆在萧山防汛指挥部研判萧山汛情的走向。我们初步推断，萧山极有可能碰上百年一遇的特大洪灾。我们做了两个安排：当夜，两办紧急下发防险抗洪通知；明日一早，我带队去南片8个重点乡镇检查落实抗洪工作。

22时，市委、市政府的联合紧急通知下发，并电传至各乡镇、各部门，要求全市各地积极行动起来，全力以赴投入防汛抢险战斗，各有关乡镇党委政府把防洪抢险工作作为头等大事，落实责任，认真研究抗洪方案，全面发动群众，组织力量，加强值班，加强对山塘水库、沿江堤塘的检查，妥善处理好可能发生的突发性灾情，水利单位要做好运行调度，全力排涝除险。

9日7时，我带着一行人赶往南片，要求萧山日报社、萧山广播电视台记者随行，全程记录报道各地抗洪情况。一路走下来，我对各地汛情有了更直观的了解。

11时，我们在临浦镇召开全市防洪抢险紧急动员会，赵纪来、朱张松、王仁庆等市领导，浦阳江沿线8个乡镇党委书记、镇长等一起参加。动员会要求：从现在起，萧山防汛抢险工作进入战时状态，南片8个乡镇的防洪抢险是重中之重。从现在起，危险地段实行领导分段负责制，抢险队伍、抢险物资加紧准备，及时调运，危险地段的人员和物资即刻起转移。萧山"两江一河"保卫战正式打响。

后续的汛情走向出现了一些变化，14时许，钱塘江西江大堤闸堰段出险，西江大堤保卫战先于浦阳江开打，惊心动魄地打了整整72小时。

16时，浦阳江、永兴河开始全线告急，保卫战进入关键时刻。抗洪抢险指挥部及时调整部署，我和王仁庆负责全市防洪抢险；赵纪来主持闻堰西江大堤护塘抢险；方岳义、董学毛、朱张松负责抗洪抢险后勤保障。市领导赵纪来、沈奔新、王玉明、孙孝明、徐国相、褚木根、诸成水、金老虎分8路到南片的戴村、浦阳、进化、欢潭、闻堰、义桥、许贤、临浦现场指挥抗洪。17时，领导们均已到岗就位开展工作。

浦阳江、永兴河的保卫战在长达50多千米的江堤上展开，战线长，兵力少，地形复杂，又涉及千家万户，难度系数不亚于西江大堤保卫战。

9日23时，尖山桥地段20多米堤塘滑坡，坐镇浦阳指挥抢险的市委常委、宣传部部长王玉明急调民兵分批增援，到10日4时50分，经全力护堤，险情解除。

11日22时35分，浦阳下定村南塘段堤坝冲出120米决口，副市长王仁庆和镇领导带领40位村民、150名基干民兵封堵决口，将近千只沙袋沉入江底，打下数百根木桩，终于将决口堵住。

11日16时，汇头钟村大堤决口，欢潭乡第一时间组织村民及时撤离，安全转移上山，临时支起帐篷渡难关。

11日22时30分，欢潭乡小满村130米江堤严重滑坡，江水与大堤齐平，大水随时可能漫堤，在这千钧一发的关头，市委常委、组织部部长徐国相和67名解放军官兵、200多名村民加固加高塘脚，终于挡住了洪水。

"两江一河"保卫战打赢，离不开百万萧山人民的大力支持和积极参与。有几件事，让我深受感动，抗洪保堤急需大

图4　欢潭乡汇头钟村大堤决口，村民撤到山上，搭起帐篷准备过夜

量的木头打桩,有的农户二话不说就拆了家里大门、床板送到大堤上来。

就是这样一批默默奉献的村民们,当我们取得抗洪抢险胜利还来不及向他们道一声感谢时,他们已自发敲锣打鼓将锦旗送到我们手里。7月19日一早,市委、市政府办公楼前鼓乐齐鸣,一打听,原来是浦阳村民楼国定和20多位村民走了数十千米的路,到市委、市政府送上"爱我人民,情系百姓"的锦旗,楼国定说:"家园保住了,损失降到最小,谢谢政府。"

人民的满意,就是对"两江一河"保卫战最好的褒奖。

## 四　撤离 10 多万人的计划最后时刻终止

**采访者**:7 月 10 日深夜,应该是萧山"7·9"抗洪最凶险的时段。那时,我正向后方的编辑部发稿,突然被告知,你们一行的车子已出发,去滨江区见杭州市市长,让我们快跟上。

在狂风大雨中,我们采访车一路追赶着您的车,沿途黑漆漆一片,不见行人,只看见一辆辆军车呼啸而过,全副武装的解放军在守堤,形势非常紧急。

那个夜晚,杭州市市长王永明在滨江紧急召见您,说了什么?有人说,萧山"7·9"抗洪最关键时刻,诸暨一地塌塘了,萧山压力减轻,萧山抗洪胜利多多少少有"运气"的成分,对此,您怎么看?

**林振国**:10 日 23 时至 11 日 5 时,是萧山"两江一河"保卫战最胶着、最凶险的时段。西江大堤第三次出险也在这个时间段。这个时候完全是肉搏战,拼的是意志,顶住了,就扛过去,反之,则会输个底朝天。

**采访者**:当时有多凶险?

**林振国**:10 日 23 时 30 分,我接到电话,王永明市长要紧急见我,有要事相告,他说:"现在正在滨江现场指挥部,速来。"

放下电话,我心里打了一个寒战。汛情这么急,抢险正在紧要关头,领导突然要面见,要交代什么?

容不得我多想,叫上综合科副科长孙伊田和司机就匆匆出发了,后来知道孙伊田通知了你,没一会儿,你们的新闻车追上来了。当时,雨非常大，只看到雨刮器在挡风玻璃前滑动，根本看不到前面的路。路上，除了呼啸而过的军车，就我们两辆车在急奔，马路上，灯光昏暗，空空荡荡。车过大堤，看到守堤的都换成了军人，就像到了作战区，空气都凝固了。

半个小时后，我们到了一座三层的农家小楼，四周黑漆漆的，这里已被征用成滨江区抗洪抢险指挥部，指挥部里没多少人，我是一个人上楼见王市长的，省军区政委贺家弼也在场。王市长和我讲了三句话：向你传达省委的指示，在死守西江大堤的同时，做好闻堰群众的撤离工作。

紧张，万分的紧张。不安，万分的不安。和王市长默默告别，我们火速往回赶。车行至半路，我让孙伊田通知市四套班子和相关领导，在闻堰召开紧急常委会扩大会议，传达省委最新指示，研究部署抗洪相关工作。

11日1时30分，最特殊时期的一次最特别的常委会在闻堰镇的二楼会议室召开。会议期间，所有工作人员被要求离开会场，赵纪来、赵永前、陈福根、方岳义、朱张松等出席会议，多位领导在乡镇一线指挥抢险，没有来参加会议。

会议做出了三项决定：（1）紧急通知全市各乡镇继续分段包干，加强巡查，严防死守进行最后一搏。（2）按省里要求，继续死守西江大堤，闻堰镇群众做好撤离工作。（3）考虑到万一钱塘江大堤失守，对城厢镇冲击会很大，着手启动城厢镇10多万居民的撤离计划。市民群众撤离到地势高的西山、北干山；撤离通告，萧山广播电视台滚动播报，广播车第一时间上街巡游播报，《萧山日报》全文刊发。

计划制定完毕，只等最后下达执行的口令。就在这个时候，汛情出现意想不到的变化。11日2时30分，前方传来消息，钱塘江、三江口淤积多时的泥沙，经过这几日连续暴雨的冲刷有了松动，钱塘江处排入海的流量突然加大，一直居高不下的钱塘江水位居然下降。前面还是倾盆大雨，狂风大作，半个小时后雨停，风静。西江大堤压力减轻，全线汛情出现缓解的趋势。

撤离计划还要不要启动？毕竟这个计划太庞大、太复杂了，一旦实施，不可控的因素太多。

我们权衡再三后决定：继续死守大堤，暂缓撤离计划，再等一等看。

没多久，萧山上游的诸暨在泄洪区内的一堤塘垮塌，浦阳江水涌进泄洪区，受此影响，萧山浦阳江段的水位出现回落。

钱塘江水回落，浦阳江水回落，雨停风静，抗洪抢险指挥部当即决定，撤离计划取消。

随后，我们以市紧急会议名义提出三点要求，电传各乡镇。第一，各方要继续做好堤塘沿线巡察工作，务必保持警惕，绝不能麻痹大意。第二，抗洪抢险已持续 72 个小时，务必要克服松懈情绪，继续做好保堤塘、保家园的抢险工作。第三，严肃纪律，继续包干包段负责，出现严重问题追责。

1997 年 7 月 11 日，萧山史无前例的"两江一河"保卫战宣告胜利。

这一天，萧山也迎来了久违的阳光。

"7·9"抗洪，萧山损失巨大，萧山有 24 个乡镇、6208 人受灾，进水积水的村庄达 84 个，损坏倒塌房屋 1800 多间，农作物受淹面积 25 万亩，受灾企业 132 家，江河堤塘滑坡 174 处，长达 10.6 千米。全市直接经济损失估值 5.5 亿元。

**采访者**：萧山抗洪胜利，究竟靠什么？诸暨堤塘垮塌，对萧山抗洪有没有影响？

**林振国**：影响肯定是有的，萧山抗洪直面钱塘江、浦阳江、富春江三股水的冲击。如果诸暨不决堤，萧山境内水位就不会下降，我们堤塘的压力和风险还会增加，正是我们的硬扛死守，我们才拼到了最后一刻。如果 11 日晚，大雨不是骤停了，钱塘江淤积口不打通，两江大堤的水位就不会下降，大堤崩塌的风险还会加剧，萧山的历史或将会改写。

抗洪，在那个时候其实就是意志的比拼、精神的比拼、组织的比

图5　1997 年 7 月 18 日，市四套班子领导慰问
驻萧部队官兵（丁志伟摄）

拼、经验的比拼、基础的比拼、实力的比拼。72 小时，萧山人民万众一心、众志成城、严防死守，拼到最后一刻，拼到了水退雨停，所以我们笑到了最后。所以，我在抗洪抢险总结会上说，萧山人民真有福气。

12 天后，萧山市委、市政府隆重举行抗洪抢险总结表彰大会。60 家先进单位、290 位先进个人受到表彰，吴键书记等亲自颁奖，号召全市干部群众向抗洪先进学习，学习他们对党和人民事业的高度负责的精神；学习他们顾全大局、听从指挥、雷厉风行、协同作战的团结奋斗精神；学习他们不畏困难、不怕疲劳、艰苦奋斗、连续作战的顽强拼搏精神；学习他们身先士卒、冲锋在前、面对危难挺身而出的英雄献身精神；学习他们热爱家乡、奉献社会、勤劳勇敢、自强不息的集体主义、爱国主义精神。我想，这就是萧山取得"7·9"抗洪胜利的决定性因素。这也是萧山最宝贵的精神财富。

## 五　11 号台风袭击围垦决口 10 天后合围

**采访者：**这一年，萧山又经历 11 号台风的袭击，"三碰头"造成新围 5000 亩、6000 亩大堤决口，经全力抢围，10 多天后大堤成功合龙。

当年决堤当年抢围，这在萧山围垦历史上是从来没有过的，难度很大，风险也很大，您为什么要这样做？

从"7·9"抗洪到抗 11 号台风，萧山汲取了什么经验，在此后的标准塘建设上下了什么样的大决心？

**林振国：**7 月抗洪抢险结束，萧山处于灾后重建、恢复生产和生活期。

8 月 17—19 日萧山又遇到 11 号台风的强力袭击，最大风力达 11 级，8 级以上台风持续了 11 小时，总降雨量达到 76.2 毫米。适逢天文大潮，形成风、雨、潮"三碰头"，在强风大潮冲击下，围垦地区外十八工段、外十七工段临江大堤决口达 1 千米，堤内的 5000 亩地块和 6000 亩地块的新围土地变成滩涂。

吴键书记和我多次赶往决口现场察看，在与水利专家、相关部门负责人商量后，我们决定不惜代价坚决堵住决口。吴键书记定了个调，要科学抢围，确保成功。

当年决口，当年抢围，我知道这在萧山围垦历史上从来没有过的，难度大，风险更大，在技术层面也有争论。按以前的老办法，等到第二年枯水期再合围就容易些。可为什么还要这样做呢？我主要有三点考虑：一是围垦土地是萧山人民用肩膀挑泥，一担一担挑出来的，极其不容易，极其宝贵，一寸土地都不能丢。二是当年抢围，既保护新围垦土地成果，同时也保护后面的堤坝不再受冲击，不危及更多已围垦的土地，不让决口后面众多的生产企业受影响。三是围垦精神就是萧山精神，当年决口，当年抢围，有利于鼓舞萧山人民的士气，特别是萧山刚刚经历"7·9"抗洪、11号台风侵袭，处于生产生活恢复期，全面提振信心很重要。

**采访者**：11号台风虽过去了，但围垦的江面上依然风高浪急，堵决口急需增调大量的运输车辆，急需大量的塘碴石料，这些从哪里来？抢围的难度可想而知，是吗？

**林振国**：市政府根据市委决定，立即组织交通局、农水局、围垦指挥部等部门投入抢险堵决口的战斗。市交通局组织了全市所有的运输车辆参与抢运石块，一些在萧山过境的运输车通过做工作也征招进来。抢围大堤上，沿线公路上，大大小小的采石场里，只见浩浩荡荡的车辆急速奔驰，场面十分壮观。交通局长方伟同志连续几天几夜坚持一线指挥，晒黑了全身，事后还生了一场大病，他为这次抢险做出了重大贡献。在大家的共同努力下，8月28日围堵终于取得最后的胜利。

**采访者**：砸锅卖铁建设"千里江塘"，是不是在这个时期启动的？

**林振国**：经历"7·9"抗洪和11号台风，我们反思后认为，萧山现有的江河大堤不足以抵御台风和洪水，必须加大水利投入，提高堤塘标准。萧山历史上规模最大、投入最大、标准最高的江河堤塘建设全面铺开。

图6　林振国检查萧山钱塘江堤塘

从1998年开始，我们决定用5年时间，在萧山全域内完成50年一遇的标准塘建设，并把它作为政府每年为民办实事的第一件大事，写进政府工作报告，每年由财政安排资金，动员全市企事业单位和干部捐款，同时积极争取省市资金支持，组织力量投入施工建设。5年间，萧山标准塘基本建成，同时完成了市域内最后一块顺坝区块的围垦。

2002年，因组织安排，我去杭州市人大工作，离开萧山的前一天，我到萧山的江堤上走了一圈，看了新围的顺坝围垦区块和外十八工段，沿途的标准堤塘已基本形成，心中十分欣慰。今天，经过各届政府的努力建设和人民的不懈付出，萧山的标准堤塘在原有的基础上有了很大的提升，成为临江一道美丽的风景线。以前，我们在防汛抗台上江堤检查时，走的都是泥泞路，看外侧堤塘要站到松动的沙石上，非常危险。现在可以开着车一路巡视，风雨无阻。这些变化，都是百万萧山人努力奋斗的结果，可喜可贺。

## 六　期待萧山勇立潮头，勇往直前

**采访者**：2021年是建党100周年，您担任萧山市市长多年，一直关注着萧山经济和社会的发展，对萧山和萧山人民有着深厚的感情，您对党领导下的萧山发展有哪些期望？

**林振国**：我虽然人离开萧山多年，但一直心系萧山，对萧山的每一点发展和进步都为之兴奋，对面临的每一次困难和挑战都为之牵挂，我坚信萧山不管遇到什么困难和挑战都能从容应对，以奔竞不息、勇立潮头的精神去夺取一个又一个胜利。因为萧山人具有勤劳、聪慧、务实、敢为的特质，正是这些特质，萧山能够用肩膀挑出50万亩耕地，创造了人类围垦的奇迹；能够以"四千"精神创造萧山乡镇企业发展的奇迹；能够造就以鲁冠球为代表的一批企业家；能够孕育出一批文艺名人和工艺大师；能够涌现出一批敢担当、有作为的优秀领导干部；萧山人民识大体顾大局、宽厚包容、海纳百川，我坚信萧山一定会在改革开放的大潮中，勇往直前，创造新的辉煌。

# 萧山 "7·9" 抗洪，我们一起战斗！

## ——楼才定等口述

采访者：金烽、韩巍　　　　　　　整理者：金烽

采访时间：2020 年 7 月 15 日　　　采访地点：萧山区行政中心综合楼 701 室

南片 8 镇乡顺序依次为戴村、欢潭、进化、闻堰、义桥、许贤、临浦、浦阳。

**楼才定**：时任农水局局长。

**来江顺**：时任闻堰镇镇长。

**张洪其**：时任义桥镇党委书记。

**俞志仁**：时任许贤乡党委书记。

**章燕梁**：时任临浦镇党委书记。

**田关仁**：时任浦阳镇党委书记。

## 一　"两江一河"打得有章有法

**采访者**："7·9"抗洪，萧山"两江一河"保卫战，几乎在同一时段全面打响，但打法上还是有很大区别的。闻堰西江段，可以说是集全省之力、全市之力，集团军整体作战；而浦阳江和永兴河段，确切地说，是沿线乡镇地方军独立分片作战，战线更长，复杂性更大。今天，我们请当年组织南片抗洪抢险的镇乡党委书记和镇长们，具体谈谈萧山全面打赢"7·9"抗洪靠的是什么？

**章燕梁**：战略指挥得当，两条线作战，两组人马分兵合进，既各守一方，又相互支撑，打得有章有法，这个是关键。1997 年 7 月 9 日中午，"两江一河"保卫战正式打响，在临浦召开的全市抗洪抢险紧急会议，特

别召集了南片8个乡镇的党委书记、镇长一个不落地来参加，事后复盘，这说明当时市里已精准预测到，接下来的抗洪硬仗在南片，必须压实责任。9日下午4时，闻堰钱塘江西江段出险，浦阳江段告急，市里紧急部署，8位市领导一个小时内赶

图1　临浦抗洪抢险（傅宇飞摄于1997年7月10日）

到南片乡镇督战，组织指挥抗洪抢险工作，至此，萧山"7·9"抗洪两线作战成型。闻堰段举全市之力，确保"两个死守"；南片镇乡各守一方家园，万众一心，合力抗洪。"7·9"抗洪紧要关头，林振国市长、方岳义副市长非常关注临浦抗洪，打电话了解情况。方岳义曾担任过临浦区委书记，对临浦情况非常熟，抗洪抢险哪些地方要当心，哪些地方要守住，一一和我做了交代。打了4天4夜，最后，我们打赢了。

**田关仁**：那时的浦阳镇由三个半乡镇合并而成，浦阳江和凰桐江有20多千米穿境而过，全省抗洪最险峻地段之一的马蹄汇就在我们镇，抗洪压力可想而知。能取得抗洪抢险的胜利，我觉得有4个方面的因素。一是市委、市政府的正确指挥。西江大堤面临决堤，当时省、市领导都赶到闻堰抢险，兵力调配上也全力保闻堰了。8日下午，浦阳镇汛情吃紧，市领导王仁庆第一时间赶到浦阳指挥抗洪，其他领导也时不时通过电话了解汛情，给浦阳人民送上信心和力量。二是浦阳镇党委、政府合力抗洪。我觉得越是危险的时候，我们镇的干部越团结，越有战斗力。班子领导负责一个片区，大家都没有任何推诿和退缩，有的女领导也是冲锋在前，一直坚守在第一线，很多人都是4天4夜没睡过一个好觉。三是全镇老百姓团结一心抗洪。11日清晨，许家后塘150多米的大堤眼看着就要倒塌，当时想出两个办法，一个是用石碴固脚，另一个是用木桩固堤。木杓山村的村民们，听说要去许家后塘抗洪，都主动站了出来，本来只要8个人去，结果

一下子去了 40 个，以最快的速度排除了危险，400 多根木桩筑起了一道坚固的防洪堤坝。当时，镇上有 37 个打桩队都是免费到各村参加抢险的。四是兄弟镇乡的支持和鼓励。抗洪期间，很多兄弟镇乡的领导打电话给我，关心我们的抗洪抢险情况，我很感动。

**俞志仁：**团结、合力、合心。那时候真的是万众一心保家护堤。许贤乡有 40 多名机关干部，多数人的家在南片，南片全线出险，家里出了很多状况，急需他们回家处理，可这 4 天，没有一名干部请假离岗，都在大堤上坚守，舍小家为大家。

**图 2　义桥山后小围垦力保"两江一河"大堤安全分洪蓄洪，大片良田和房屋被淹**

**张洪其：**义桥的堤塘建设标准相对高一些，往年抗洪，义桥是比较太平的。1997 年那次洪水真是不一样，义桥大堤与水平面都齐了。山后村有个小围垦，我们已做好计划，闻堰守不住，这里就准备泄洪。那时候的压力很大，抗洪最后时刻，就拿闻堰、城厢镇等十多万人的撤离来说，这个决策如何下？什么时候执行？不是随便说说的，老百姓愿不愿意撤，撤下来去哪里，都是问题，还好后来汛情缓解，当初延缓撤离的决策绝对是正确的。

**来江顺：**萧山"7·9"抗洪打了胜仗，组织准备工作充分到位是取胜的决定性因素。闻堰西江大堤出险，有 9 处进水，后勤物资如果跟不上，就很危险了。那时候，闻堰有 3 个编织厂、7 个黄沙场，全部战时征用，所以抢险物资得到充足保障。后来，解放军进场了，我们后勤也及时跟上，饭菜足量，一天还送上两次点心。事后，团政委专门夸奖我们说："你们搞后勤的一定是部队转业的，很专业，很到位。"

## 二　生死一线的考验

**采访者：**"7·9"抗洪，惊心动魄的 4 天 4 夜，有人说，经历了生死关，有人说见证了舍小家为大家的义举。你们最深刻的印象是什么？有哪些人和事最让你们难忘？

**俞志仁：**10 日下午，我带着司机去许贤小围垦巡查大堤，这是个泥堤，大水多日浸泡后变得很软，车子没法开上去，我就让司机在小围垦退塘坝上等我，自己继续往前走。大堤防洪最怕下面有老鼠洞、蚂蚁洞，极易造成管涌溃堤。走出不远，大堤就决口了，我拼命往回跑，跳上桑塔纳车，司机加大油门一路狂奔，就看到洪水在我们后面追，到了地势高的地方，我们俩才长出一口气，这命算是捡回来了。来不及细想，我就开始组织人手抢险，3 小时后决口处堵住，许贤小围垦保住了。

**来江顺：**许贤小围垦决堤，南片抗洪吃紧，在闻堰西江大堤上的林市长很着急，就跟武警支队的人说："给我 50 个人、2 艘冲锋舟，我要去南片看一下。"林市长还问我要 20 个手电筒，以备急需时用。武警支队人员请示领导后答复："同意，有一个要求，安全去一定要安全回，林市长您要注意安全。"其间，林市长借我的手机给水利厅长章猛进打电话说："浦阳、许贤洪灾严重，救救萧山。"说着说着，林市长眼泪都流出来了。西江大堤出险后，省委常委吕祖善、省水利厅长章猛进率 10 多位水利专家来闻堰镇，专家组里有一位是前任水利厅长，70 多岁了，和我们一起没日没夜奋战在一线，实在太累、太困了，就在我办公室的长椅上眯了一会儿。出险那个晚上 10 点多，省委常委、杭州市委书记李金明摸黑上大堤巡查，这个时候大堤与江水已持平，又下着大雨，李书记戴着深度近视镜，视线模糊，我跟在后面不时提醒："李书记，靠左边走，右边是江，掉下去很危险。"

**章燕梁：**浦阳江水位越涨越高，茅潭村有个涵洞出险了，大水哗哗地往里涌，堤内有大片的良田和村舍，形势很危急。这个时候，老百姓站出来了，20 多人穿着短裤就跳进水里，用水泥船装满石头去堵涵洞，水泥船太小堵不住，他们又找来大的水泥船横着去堵，最后成功了。当时，我问村书记："这些人是你们村的吗?"村书记说："有几个是我们村的,有几个人我不认识,是邻村的。"万众一心保家园,这种氛围太强烈了,在现场我也有跳下去堵涵洞的想法。涵洞虽堵住了,考虑到仍有风险,我们组织浦南3000名老百姓举家搬迁,大家挑担的挑担,推车的推车,投亲靠友,没有什么怨言,撤离工作有序进行。抗洪抢险的主体是老百姓,平时,为了某件事他们可能和你抬个扛,但在紧要关头,人人团结一心顾大局,这让我非常有感触,人民真的很伟大。

田关仁：有两件事情我印象特别深。许家堤塘被水冲的只剩下一半,上千人上堤抢险,风险很大,因为随时随地都有可能垮堤。邻村有个村民特意杀了一头猪,送到大堤上,慰劳抢险的人。有老百姓送来点心,有人送来饭菜。抢险的村民说,一天中从来没吃过这么多的点心。於家埠有村民将家里的簟席送到大堤上供抢险用,因为簟席铺在堤上,上面放石头会更牢固。为了护堤,大家是有力的出力,有钱的出钱,合力保家园,这样的感人场景随处可见。还有一件事是,抗洪刚结束,老百姓就自发送锦旗到我们镇里,后来又送到市里,说是感谢政府全力抗洪,保住了家园。

张洪其：我最大的感受就是群众的热情参与和互助。义桥沿江有几个村,每个村负责一段堤塘,每个村参与值守护堤的有几十个到几百个人不等。有几个村懂水利的人多,有些村在这方面缺行家,差距还挺大的。但村与村之间互帮,大家觉悟很高。只要征召,他们都来了,不讲工钱的,都是全心全意来帮忙的。义桥山后村有个小围垦靠近闻堰,在江塘外面,属于蓄洪区。当时我们就打算让它塌了,保西江大堤。小围垦最后弃守了,塌了,进水了。

## 三　为什么当年的洪水这么大

采访者：西江大堤出险,省水利厅专家组一行第一时间进驻闻堰,他们带来了怎样的抗洪方案?为什么"7·9洪水"这么大?

楼才定：萧山"7·9"抗洪主要是遭遇三股大水袭击。一是钱塘江上游,特别是兰江流域持续特大暴雨,兰江水猛涨,源源不断流入富春江,富春江电站下泄流量增大,达到1.3万立方米/秒以上。二是浦阳江上游的诸暨、浦江出现特大暴雨,洪水流经萧山,注入钱塘江。三是钱塘江正值农历六月初大潮汛，江水上涨。钱塘江江河口段河床又严重淤积，杭州至海宁盐官段40千米江道江底平均抬高了1.5米，7米以下过水断面减少三分之一左右，上游两股洪水汇入钱塘江，水面抬高1.5米，大水外排不出去。由于这些原因，闻堰、临浦的外江水位为历史上有纪录以来的最高，达到了10.19米、10.77米（吴淞基点），萧山有24个乡镇受灾。

诸暨和萧山同处浦阳江的上下游，江塘相连，隔江相望，两岸堤塘保护着沿江几十个田畈。在民间，有关两地的抗洪有"扳手腕"一说，上游诸暨的压力比我们下游要大，在往常年间出现洪水时，诸暨挡住了，萧山的压力就增大；反之如果诸暨出事，我们萧山堤塘就相对安全些。现在回头看，当时出现这样大的洪水，诸暨拼到最后一刻才塌塘是很不容易了。

**章燕梁**：11日清晨，临浦这里听到天地一声响，大家都跑到堤上看，当时还以为是对岸的浦阳塌了。我想关仁兄惨了，以后一定要请关仁兄喝个酒，压压惊。不一会儿，临浦的水位就下去了，当时感觉精神一振，疲劳感都没了。

**张洪其**：义桥和许贤相望，诸暨塌塘时，我们以为是许贤决堤了，看得很清楚，水都往对面跑了。

**楼才定**："7·9"抗洪这一仗打得很坚决。省里当时很明确，西江大堤必须死守，萧绍平原必须死保，绝对不会放弃。西江大堤一旦决口，按应急方案，装满大石头的大型运输车将一辆辆往下开去死堵。一旦洪水再涨，按分流滞洪的预案，必要时，对岸的袁浦、许贤内畈地将成为蓄洪区。当时，章厅长一行将联合指挥部设在闻堰，现场调度控制上游富春江下泄洪水的流量，对确保西江大堤和萧绍平原的安全起到了重要作用。在最要紧关头，章厅长亲自调度和指挥。

# 四　只想好好睡上一大觉

**采访者**：当年，你们作为属地抗洪的第一责任人，组织参与了"两江一河"的保卫战，有压力，有付出，有收获，有感悟。当时，你们的真实感受是什么？

**田关仁**：汛情真的是危急，大家都守在大堤上，几天几夜都没回家了，老婆来送换洗的衣服，我将她堵在镇政府大门外，接了衣服就赶紧让她走。为什么？危险的情况不想告诉她，怕她担心。这就是当时我们干部的状态。事后，市里隆重表彰抗洪先进，给了我们镇里10多个名额，这个时候，我们却犯难了，大家都是身先士卒的好汉，谁上谁不上？很难摆平。我和镇长商量后决定，我们俩就不报了，将名额让出来。后来开表彰会时，市里又特意多给了两个名额，我和镇长成了先进。这段岁月，值得回忆一辈子。

**章燕梁：**说起风险，肯定是大的。这个时候，是共产党员就得冲在前面，是领导干部就得上前线。这一点，我爱人是很理解的，但我姐姐就很担心了，因为家里只有我一个独子，姐姐三番五次打电话来说："这个党委书记别当了，你好好回来就行。性命最重要。""7·9"抗洪，事实上我得到了锻炼，成长了很多。我的体会是：人生最紧要关头的那几步一定要走好，要走得问心无愧。

**楼才定：**我搞水利工作二十多年，大大小小的抗洪抢险经历过不少，"7·9"抗洪是萧山历史上最大的、最艰巨的一仗。尽管如此，对保住西江大堤，自始至终我的信心没有动摇过，萧山抗洪的底子，我心里有数。这段英雄的岁月，荣誉属于萧山和萧山人民。

**章燕梁：**我当镇乡党委书记6年，真正和老百姓吃喝在一起就是这4天4夜。这次抗洪抢险，我体会到了共产党的执政为民的使命和责任，看到了百姓团结互助和政府风雨同舟。11日凌晨最危险时段，老百姓计划撤离搬迁，在临浦督战指挥的市人大常委会副主任褚木根和我一起，摸黑打着手电筒挨家挨户上门通知。这事办完后，我不放心，带司机上堤塘看，大堤已变形，就像走在棉花堆上，心悬啊。那年我40岁，正值壮年，可连续作战，两脚已没有力气了，有一种被掏空的感觉。那时想，如果塘塌了，我也跟这片土地一起没了。该尽的力都尽到了，该努力的都努力了，也无悔了，最后交由老天爷来定了。这真是一段激情燃烧的岁月。

**俞志仁：**许贤抗洪抢险4天4夜，体力完全透支，完全靠精神的力量在支撑。当年，市委常委、纪委书记沈奔新来许贤指挥抗洪，这4天4夜有多难熬，特别是晚上，查堤不用说，接下来就是在办公室守着电话，那时许贤手机信号不好，大大小小的联络调度还靠办公室的电话。晚上，我和沈书记一起，他喝酒提神，我一支接着一支抽烟，过了凌晨4点，精气神也来了，就好了。12日，抗洪基本结束，我就在办公室里睡了一天一夜。太太平平的日子，才是最幸福的日子。

# 萧山地方党史漫谈

## ——朱淼水口述

采访者：郑重、潘立川、韩巍     整理者：郑重

采访时间：2020 年 7 月 27 日、7 月 28 日  采访地点：萧山区合丰商务楼

朱淼水，1945 年出生，杭州萧山人，年轻时曾干过十七八个行当。1982 年开始从事萧山地方史志工作，曾任中共萧山区委党史研究室副主任，编纂《中国共产党萧山历史》（1919—1949）、《中国共产党萧山历史》（1949—1978）等书籍。曾

朱淼水

被评为全国党史系统先进个人，2005 年 9 月退休。

## 一 党的创立时期

**采访者：**朱老师，您好！您是一位较长时间从事萧山地方党史的工作者，对萧山党史比较了解，很高兴您能接受我们的采访。中共历史上有许多重大活动在萧山都有反映。我们大致按照中共党史的分段，分为党的创立时期、大革命时期、土地革命时期、抗日战争时期、解放战争时期、新中国成立之后各阶段来谈谈萧山党组织的发展历程。请您先简要谈谈五四新文化在萧山的传播，以及党创立时期萧山党组织的情况。

**朱淼水：**根据多年的研究，我先来谈谈中国共产党创立时期萧山党组

织的情况。

1919 年 5 月 4 日，北京十几所学校的 3000 余名学生举行集会游行。

**图 1　宣中华（1898—1927）**

在这支游行队伍中，有一位北京民国大学法律系的萧山籍学生虞协。他与同学们一起向北洋军阀政府请愿。后来虞协受北京学生联合会的委派，于 5 月 9 日夜晚到达杭州，向浙江省立第一师范学校（简称一师）学生宣中华等通报北京学生运动情况，并投身正在开展的杭州学生运动中。

从 5 月 6 日开始，杭州的爱国学生就行动起来，集会演说，强烈要求严惩卖国贼，号召民众奋起救国。5 月 9 日上午，之江大学全体学生再次集会，召开"国耻纪念大会"。当晚，杭州中等以上学校学生代表齐集省教育会召开会议。一师学生傅彬然、俞秀松、施存统、周伯棣以及省立一中、甲种工业学校的查猛济、夏衍等学生到会，会议讨论了成立杭州学生联合救国会以及声援北京、上海学生的示威游行等事项。当时在杭读书的萧山籍学生张春浩、楼廷藩、俞庆源、瞿文侯、傅君亮、傅伯良、杨之华以及印刷工人徐梅坤等都积极投身反帝爱国运动中，同时还把消息传到萧山，号召萧山民众开展抵制日货、提倡并推销国货活动。

1919 年 6 月 8 日，沈定一与戴季陶、孙棣三在上海创办《星期评论》，第一期就刊登了声援北京、杭州五四运动的文章，接着又连期介绍世界劳工运动，宣传社会主义思想，成为五四时期全国闻名的革命刊物之一。

在此期间，傅彬然、施存统、俞秀松等创办了旨在宣传新文化、宣传社会主义思想的《浙江新潮》，傅彬然为主要编辑之一。1919 年 11 月 7 日，《浙江新潮》第二期刊登了施存统撰写的《非孝》一文，主张在家庭中用平等的"爱"来代替不平等的"孝道"，被反动当局视作"洪水猛兽""大逆不道"。为此，反动当局查禁《浙江新潮》，并借机查办浙江新文化运动的摇篮——浙江省立第一师范学校。在此情况下，傅彬然就把

《浙江新潮》第三期文稿拿到上海印刷，并发表了他自己撰写的《非孔》。后因遭反动当局的迫害，施存统、俞秀松、傅彬然等被迫离校。

**采访者：**请您谈谈著名的衙前农民运动。

**朱淼水：**中国共产党成立前期，部分先进的知识分子已经在思考中国农村、农民的问题，而最先提出中国革命中农村、农民问题的是李大钊。1919 年 2 月，李大钊在《晨报》上发表《青年与农民》一文，在这篇文章中明确指出中国是一个农业国，青年要革命就必须到农村去，去启发农民的觉悟，使他们摆脱痛苦，求得解放。此后，报刊上有关农村社会调查的文章逐渐增多。其中，1920 年 12 月 13 日在《共产党》杂志上刊登的《告中国的农民》一文特别引人瞩目。这篇

图 2　傅彬然（1899—1978）

文章的作者根据中国农民的实际情况，分析了农民中存在的阶级区别，说明在中国农村中有 4 个不同阶级和阶层，即：地主、中等农民、下等农民、耕人家田的贫困农民。文章指出，这 4 种人中第一种人最少，第三、第四种人最多，他们和第一种人即地主、田主是直接对立的。所以共产主义者应该特别注意、特别关心的，也就是他们的目的物，乃是占农民全数内的大多数的第三、四种农民。作者断言，在中国农民中蕴藏着强有力的革命要求，同时作者还向农民保证，共产主义者一定支持他们，一定帮助他们获得土地，帮助他们获得解放，并且指出："中国农民占全人口的大多数，无论在革命的预备时期和革命的实行时期，他们都是占重要位置的。设若他们有了阶级的觉悟，可以起来行阶级斗争，我们的社会革命，共产主义，就有了十分的可能性了。"

正是基于以上思想认识，1920 年 5 月，上海共产党早期组织成立后，就把开展农民运动提到了议事日程。党在开展工人运动的同时已注意到开展农民运动的必要性。上海共产党早期组织成员沈定一，在这一时期提出了"农读互助团"的主张，希望有作为的青年学生到农村去。1920 年 7 月

《星期评论》社被迫关闭后，沈定一便邀请同是上海共产党早期组织成员的俞秀松回到家乡衙前，对农村的现实问题进行了为期半个月的实地考察，并共同商讨开展农民运动的设想。1920 年 8 月，沈定一与革命者陈望道、叶天底共同创作了一幅国画——《捉蟹图》。沈定一在画上题词："钳断稻草根，来吃现成稻，成群结队由你们横行，把便宜事都占尽了。如今成串成串缚住你们的，就是你们钳断的那根稻草。你们吃饱了，养肥了，但是磕篓也编好了，酒也香了，汤也沸了，你们红了，他们的脸上也红了；他们饱了，你们哪里去了！"这充分体现了贫苦农民必然能消灭剥削阶级的思想。严酷的农村社会现实和革命者对开展农民运动的初步思想使沈定一认识到中国机器工人不多，农民在国民中占最大多数，中国的革命，应该特别注意农民运动。

沈定一和农村小学校的教师在进行思想启蒙的过程中，逐渐与农民建立起密切的关系，热心为农民排忧解难，得到了农民的信赖和拥戴。1921 年 4 月，衙前村的一些农民因上年被赊购去的油菜籽钱无法要回，生活窘迫。沈定一在帮助催讨无着的情况下，就从自己家里拿出一笔钱分给农民，帮助他们渡过难关。沈定一对这些农民说："这笔钱本来不是我的，还是你们种我的田还来的租，就是你们农人自己的血汗。现在只好算农人帮助农人，不好算我帮助你们。"佃农们听了非常感动，他们从内心感到沈定一和农村小学校的教师是关心他们疾苦、为他们谋利益的人，因此遇有事情都愿意找沈定一等人帮助解决。沈定一等人就适时地开导广大农民："一根麻秆易折断，一捆麻秆就折不断，大家要团结，人多力量大。"他还用萧山方言说："我好比蟹墩，奈（音近拿，指你们）好比蟹脚，大家爬起来就着力哉！"同时还向农民介绍城市工人运动和学生运动的情况，启发农民团结起来进行斗争。

在沈定一和小学教师们的教育启发下，觉醒了的农民开始积极投入捍卫自身权益的斗争中。1921 年 5 月，正是青黄不接之际，一些粮商乘机哄抬米价，农民无法生活。在沈定一等人的支持策动下，农民李成虎带领愤怒的农民捣毁了坎山镇上的周和记米店以及附近其他哄抬粮价的米店，迫使粮商恢复原价。斗争的胜利，使农民们看到自身的力量，进一步鼓舞了他们斗争的勇气。

萧绍地区风起云涌的农民抗租减租斗争，使地主阶级惊恐万状。他们以"以共产主义煽惑愚众，表面不过抗租，内容不可思议"等理由，要求当局尽快派兵镇压。萧绍两县的军警到处张贴布告，强令入会会员销毁农民协会宣言和章程，解散各地农民协会，并四处追

图3 李成虎烈士墓（柳田兴摄）

捕各村农民协会领导人，被列入拘捕名单的达500余人。在白色恐怖下，李成虎仍不顾个人安危，继续为农民协会的事务奔波。李成虎被捕后，在狱中遭严刑拷打，始终坚贞不屈，以绝食相抗争。1922年1月24日，李成虎在萧山县监狱中被凌虐致死，他是中国现代农民运动中第一个倒下去的英勇无畏的斗士。李成虎牺牲后，由沈定一出资，他的遗体安葬于衙前凤凰山南麓。还有一位衙前农民协会负责人陈晋生，被当局抓捕后刑讯得奄奄一息，于次年4月在贫病交加中去世，年仅44岁。

衙前农民运动是中国共产党领导的第一次有组织、有纲领的农民运动，虽然时间不长，但影响很大。当时上海共产主义小组机关刊物《新青年》，在衙前农民协会建立后，曾全文刊登《衙前农民协会宣言》《衙前农民协会章程》以及《衙前农村小学校宣言》。邵力子主编的上海《民国日报》副刊《觉悟》，也发表了许多支持和声援衙前农民运动的报道和文章。衙前农民运动还得到社会各界和许多进步团体的支持。上海工商友谊会曾派代表专程到衙前凭吊李成虎，并在凤凰山顶立了"精神不死"的纪念碑。对于衙前农民运动，中国共产党的一些早期领导人陈独秀、邓中夏等都曾经给予充分肯定和高度评价。

关于衙前农民运动，我还想谈一下我的思考。实际上，沈定一于 1921 年 3 月 27 日已回到萧山。他这次回来有很重要的两件事。一件事是，他的父亲于 1916 年去世，按照乡风和当时盛行的迷信测算，正式安葬应在 1921 年 3 月 27 日午时，他是来主持葬礼的；还有一件重要的事，是浙江省第三届议会要选举，他是第二届议会的议长，必须到场。所以，一开始他回到萧山并不急于开展农民运动。当然，他确实有开展农民运动的想法。凑巧，李成虎等农民因上年被赊购去的油菜籽钱无法要回，生活窘迫，想到沈定一讲话有分量，这才找上门去请求沈定一帮助讨回这笔钱。沈定一便因势利导地启发农民团结起来进行斗争，才有了这场农民运动的开展。

图 4 1992 年，李成虎后人在烈士牺牲
七十周年纪念会上

衙前农民运动虽然被镇压下去了，但革命者没有退却，他们坚持在衙前一带从事普及小学教育、宣传革命思想和社会调查活动。1922 年下半年，由沈定一、宣中华、徐白民、刘大白等人发起，成立了一个名为"任社"的革命团体，参加者除了在衙前农村小学校任教的社会主义青年团团员和革命者外，还有在杭州的革命知识分子，共 20 多人。11 月 27 日，他们在萧山坎山继志小学创办革命刊物——《责任》周刊。该刊的发行在社会上产生了极大的影响，一些革命知识分子和工人，如宣中华、徐白民、唐公宪、何赤华、郑复他、倪忧天、王贯三等，均通过《责任》周刊，接受了马克思主义，并成为杭州党组织建立后最早发展的一批党员。《责任》周刊终因被军阀中央政府取缔，出至 15 期而被迫停刊，主要撰稿人和编辑者宣中华、徐白民被驱逐出萧山。

**采访者：**请您谈谈萧山社会主义青年团支部的建立与活动情况。

**朱淼水：**1920 年 8 月，在上海共产党早期组织的领导下，中国第一个以马克思主义为指导的青年政治团体——上海社会主义青年团宣告成立，俞秀松当选为书记。上海社会主义青年团的创建带动了全国各地青年团组织的创建和发展，为党培养了一批后备力量。

衔前农村小学校的创立和衔前农民运动的开展，使一大批社会主义青年团

图5　衔前农村小学校旧址（柳田兴摄）

员和革命青年聚集到衔前，从而为萧山团组织的建立创造了良好的客观条件。

1922年4月，社会主义青年团临时中央局派俞秀松到杭州开展建团工作。俞秀松到杭后，经多方联系，在杭州安定中学以及衔前农村小学校的教员中发展了一批团员。4月19日，社会主义青年团杭州支部在皮市巷3号成立，俞秀松为书记，共有团员27人，其中有萧山籍的革命青年张春浩、俞庆源、瞿文侯等，而在衔前一带任教的革命青年则有王贯三、钱义璋、徐白民、宣中华、唐公宪、朱文瑞等，他们先后加入过社会主义青年团组织，并在衔前也建立了团支部。在中国共产党的直接领导下，中国社会主义青年团第一次全国代表大会于1922年5月5日在广州召开。大会通过了社会主义青年团的纲领和章程，选举产生了团中央执行委员会，浙江一师学生、早期党员施存统当选为团中央书记。6月7日，根据团的一大通过的纲领和章程，社会主义青年团杭州支部扩建为团杭州地方委员会（简称团地委），韩伯画、吴明、徐白民、詹言、胡公冕5人当选为执行委员，并设立了书记、宣传、经济三个部，韩伯画任书记，吴明任宣传部主任，徐白民任经济部主任，主管调查青年工人、农民、军警、学生和店员职工经济状况等。同时又以团员为核心，发起组织浙江文化书局，由徐白民、宣中华、韩伯画、俞秀松等为筹备员。团地委成立后，一面积极开展各种宣传活动，一面着手在各地包括萧山衔前农村小学校建立团支部。7月，团地委又建立了公开的马克思学说研究会，并请沈定一起草章程。

1924 年 3 月，团地委进行改选，由黄中美任委员长，傅君亮任秘书，俞庆源（萧山籍）为会计。萧山衙前农村小学校仍独立设团支部。

1925 年，团地委书记华廷森在团第三次全国代表大会的报告中特别指

图 6　衙前农民运动纪念馆

出，团地委由杭州、萧山、绍兴三地团组织组成，共有团员 40 余人，绍兴、萧山、杭州各为一支部。1924 年，中央特派张秋人来浙视察，随后，绍兴被改为独立支部。团地委在杭州设三个支部。另在萧山衙前设一支部为第四支部，由 5 名团员组成。此后，形势复杂多变，在萧山的团员因无法立足于 1925 年年初离去，萧山团组织暂停活动。

衙前社会主义青年团支部的建立以及开展的一系列革命活动，为第一次大革命在萧山掀起高潮和中共萧山地方组织的诞生做了思想上的准备。

# 二　大革命时期

图 7　衙前农民运动协会旧址（柳田兴摄）

**采访者：**请您简要谈谈大革命时期萧山党组织的情况。

**朱淼水：**1924 年 1 月 20—30 日，由孙中山主持的国民党第一次全国代表大会在广州召开，大会通过了由共产党人起草的、以反帝反封建为主要内容的宣言，确定了"联俄、联共、扶

助农工"的三大政策。会上，早期党员沈定一作为正式代表当选为国民党中央候补执委。之后，国民党中央组织部和上海执行部又派沈定一以国民党浙江省党部筹备员身份，会同宣中华于同年 2 月底回到杭州，着手筹建国民党浙江省党部及地方各级党部组织。

1924 年 3 月 30 日，国民党浙江临时省党部宣告成立，沈定一当选为常务执委。由于萧山衙前是沈定一的家乡，加上衙前农民运动的影响，因此有一大批革命者经常来衙前一带活动。

1924 年 5 月 15 日，国民党萧山临时县党部的筹建工作完成。5 月 18 日，由团员孔雪雄主持召开了国民党萧山县全体会议，宣告国民党萧山县临时县党部成立。在当选的 7 名执行委员中，中共党员和进步青年占多数。国民党萧山临时县党部的成立，标志着第一次国共合作在萧山的形成。

国民党萧山临时县党部成立后，发动全县民众掀起反帝反封建的国民革命浪潮，如纪念五一、纪念五四、推行八小时工作制、反对军阀为争地盘的江浙战争等活动。其中较为突出的是开展了促成国民会议运动、悼念孙中山先生逝世和声援五卅惨案等活动。

1925 年 5 月 30 日，英、日帝国主义在上海公然枪杀举行反帝示威活动的工人和学生，制造了震惊中外的五卅惨案。当晚，中共中央召开紧急会议，决定号召全国被压迫的人民群众起来，反抗帝国主义野蛮的大屠杀。在中共中央的号召下，五卅运动席卷全国，各地工人、学生和爱国商人罢工、罢课、罢市，举行了声势浩大的游行示威活动。各地声援五卅惨案运动的爆发，标志着全国大革命高潮的到来。萧山人民也和全国各地一样，在中共杭州党组织和国民党萧山县党部的领导下，开展了声援上海各界群众抗议帝国主义暴行的爱国运动。这是萧山历史上一场规模空前的反帝爱国运动。萧山声援五卅惨案的反帝爱国运动，持续了两个多月，是萧山革命史上规模最大的群众性爱国运动。其中抵制日货的斗争一直坚持到 1927 年，极大地振奋了民心，激发了广大人民群众的爱国热情，其声势之大为萧山革命史上所仅有，并且与以上海为中心的全国各地的反帝斗争汇合在一起，形成了汹涌的反帝斗争浪潮，产生了深远的影响。

**采访者：**当国共两党在革命统一战线的旗帜下带领人民群众把国民革

命运动推向高潮之时，作为中共早期党员的沈定一却逐渐走上了不同的道路，成为国民党右派，请您谈谈这个过程。

**朱森水**：衙前农民运动失败后，沈定一提出"教育救国"的改良主义路线，主张开展所谓合法斗争，企图取消阶级斗争，蔡和森曾有如下记载："渐渐就表示脱离党，不久就请求退出党"。"党召开第三次代表大会时曾请他参加，结果他没有到会。后来，他受党的委派到苏俄考察后，态度才有所改变。""国共合作后，党中央委派他为国民党中央候补执委和浙江省党部的筹备员，他的工作热情一度高涨。不久，由于中央减少了他的经费预算及党内同志对他的生活问题提出批评，又引起他对党中央的不满。到他以正式代表资格出席党的第四次代表大会时，他发表意见：第一，主张国民党独立，共产党不应去指导，尤其反对党、团在国民党中的组织；第二，反对共产党员加入国民党；第三，共产党在各地的组织不要太发展了。""这就是社会的背景使他只主张作民族革命，否认无产阶级领导革命的力量，同时又反对阶级斗争。"

1925年5月，沈定一被中共中央开除出党后，完全堕落成国民党极右派。是年7月5日，他与坚持反共立场的戴季陶合谋，在萧山衙前自己家中突然召开所谓"国民党临时省党部执行委员会全体会议"，史称"衙前会议"。会议名义上是"为发展全省党务，实施中央决议"，并选举国民党第二次全国代表大会代表，实质上是企图以反共的"戴季陶主义"来统一国民党的思想，在组织上排斥共产党人和国民党左派在国民党临时省党部的领导，达到分裂浙江第一次国共合作的目的。

为召开这次会议，沈定一在会前做了精心的策划，起草了会议《宣言》，并事先发给亲信，做好思想准备。而对应该参加会议的中共党员和国民党左派搞突然袭击，临时通知开会，致使应到代表70余人，实际参加会议的只有32人。除沈定一的亲信全部到会外，应到的中共党员和国民党左派代表缺席较多。虽不到法定人数，但沈定一以国民党临时省党部执委的名义强行宣布开会，并自任会议主席，同时又请戴季陶以国民党中央执委的身份出席"指导"。

会议在举行开幕式后，就请戴季陶做所谓中国国民党党史报告，长篇累牍。戴的演讲竭力兜售后来被称为"戴季陶主义"的反共谬论，叫嚣"共产主义不适合中国国情"，鼓吹"单纯的国民党运动"，反对阶级斗争，反对共产党员、青年团员加入国民党。会议第三天，沈定一将大会《宣言》和《宣传工作上对于阶级斗争应取的态度的决议》（简称《决议》）草案发给代表讨论。《宣言》训令全体国民党党员要"以民生主义为历史中心"，要遵奉决议，以戴季陶的"民生哲学"为指导思想，"不复更有其他信仰以自闭自惑"。《决议》提出要以"三民主义为最高原则"，国民党员"只可完全继承其理论而不得另造舆论"。在《决议》中，沈定一还别出心裁地添了一个《鲜明色彩之决议案》，说什么"色彩为团体之标识，亦即主义之象征，吾党旗帜为青天白日，斯吾党之色彩为青白之色彩，实为青白二色，必造成全国之青白化，而后吾党之主义乃能印入国民之心脑，……色彩既彰，趋向斯定，建国主义，此其要也"。沈定一还特意将会场布置成青白色，就连原来刻在柱子上的楹联，也粉饰成青白色，以色彩来显示纯粹的国民党的正统思想，做一个"纯粹"的国民党员，排斥共产党员，反对国共合作。

沈定一、戴季陶等破坏国共合作统一战线的行径，当即遭到参加会议的中共党员和国民党左派的坚决反对。中共党员、省党部执委宣中华率先指出："国民党的路线必须符合国共两党的共同意愿，维护工农利益，外对帝国主义，内对地主、资本家，必须进行阶级斗争。"经过长达16个小时的激烈辩论，宣中华等人有力地回击了沈定一、戴季陶一伙的围攻，挫败了他们在国民党"二大"代表人选问题上排斥共产党人的阴谋。但由于沈定一对会议的控制，加上几位右派代表的无理取闹，尽管会议明显产生左右派的意见对立，仍强行通过所谓的会议《宣言》和《决议》。

衙前会议以后，沈定一等国民党右派加紧了分裂浙江国共合作的步伐。11月，沈定一赴北京参加国民党右派主持的全面分共、反共的伪国民党中央一届四次会议（史称"西山会议"），在反革命的道路上越走越远。为了遏制这股反革命逆流，根据中共上海地委指示，宣中华联络全省其他地区加入国民党的中共党员和左派国民党员，在海宁峡石东山公园召开全省各县市党部联席会议。1926年1月，在中国国民党第二次全国代表大会上，宣中华以浙江省代表的身份，做了"浙江省党部报告"，揭露了沈定一等人在浙江进行分裂活动的罪恶行径。大会鉴于沈定一进行分裂活动和参加国民党右派召开的"西山会议"等罪行，对其做出警告和停止党籍一年的处分。会后不久，国民党中央同意以宣中华为首的跨党的中共党员和国民党左派召开全省国民党代表大会，成立国共合作的国民党浙江省党部，否定了由沈定一等操纵的右派省党部。

**采访者：**请您谈谈中共萧山地方党部成立的背景、过程。

**朱淼水：**1926 年 7 月，在中国共产党和国民党左派的共同努力下，当时国民革命运动的中心广东吹响了北伐战争的进军号。在北伐战争节节胜利的大好形势下，中共萧山地方党部和国民党萧山县党部领导全县工农群众，迅速掀起大革命的高潮。

为迎接北伐军的到来。1926 年 11 月，杭州国民运动委员会和左派国民党省党部派中共党员宋梦岐以国民党登记员的身份来萧开展工作。宋梦岐首先来到他曾经工作过的萧山坎山，以此为基地，发动了一批在当地任教的革命青年和有一定声望的老国民党员，重组了国民党萧山临时县党部执行委员会，同时迅速着手开展支援北伐战争的工作。宋梦岐根据上级指示，设法与在萧山通惠公纱厂以工程师为掩护的中共党员郑彦之取得联系，同时又设法邀请傅彬然、祝庆祥、莫仲乔等革命青年回萧山，一起开展革命工作。其中傅彬然不仅亲历过杭州的五四运动，而且是社会主义青年团团员，已在杭州、绍兴等地任教和担任学校教务长多年，在萧山民众中有一定的影响。宋梦岐便通过社会关系将他安排到当时萧山的最高学府——县立仓桥小学担任校长之职。1927 年 3 月初，宋梦岐征得上级的同意，在仓桥小学召开党员会议，成立了中共萧山地方党部，由宋梦岐任负责人，傅彬然、郑彦之、祝庆祥、许羡蒙（女）为委员。中共萧山地方党部的成立，宣告中国共产党萧山县级组织的诞生，标志着萧山的新民主主义革命斗争进入一个新阶段。

**采访者：**请您谈谈 1927 年四一二反革命政变发生后，萧山党组织被破坏的情况。

**朱淼水：**正当革命运动向纵深发展之际，以蒋介石为首的国民党反动派发动了反革命政变。1927 年 4 月 11 日，国民党右派在杭州开始全面"清党"，并有计划有预谋地大肆逮捕共产党人和国民党左派，中共萧山地方党部负责人宋梦岐、祝庆祥等先后被捕，国共合作的国民党萧山县党部被勒令停止活动，县总工会、县农民协会等革命群众团体被查封，大革命遭到了失败。

这里谈谈中共党员徐梅坤被捕的情况。徐梅坤，1893 年出生，1997 年去世。他又名徐行之，浙江萧山人。他 14 岁进杭州郭记订书坊做学徒，16 岁学习印刷手艺。1913—1919 年，他在杭州、绍兴、宁波及江苏无锡、上海等地的印书馆、报社工作，结识了许多印刷业工人，为从事革命活动打下了基础。五四运动时期，他在浙江印刷公司工作。1920 年，他与工友倪忧天组织浙江印刷公司工作互助会，当选为宣传股长。后经人介绍，到上海商务印书馆做排字工，结识了因工作关系经常到商务印书馆的陈独秀，于 1922 年年初由陈独秀介绍他加入中国共产党，加入组织后徐梅坤更积极地投身于革命事业。四一二反革命政变后，徐梅坤到武汉参加印刷工人全国代表大会，并当选为全国印刷总工会委员长。两个月后，受党的指示秘密到浙江宁波、余姚、定海一带整顿党的组织和工会工作。1927 年 7 月底，徐梅坤搭乘汽车从余姚盐民区经绍兴到杭州，在衙前汽车站遇到沈定一的小老婆王华芬。车至萧山转坝站，他突然下车，准备到离转坝不远的老家萧山长山转一转，原路返回宁波走海路去上海。可王华芬一到萧山县城就把徐梅坤到萧山的情况告诉了正在萧山的沈定一。于是，沈定一立即派暗探在长山至萧山一带追捕，以致徐梅坤在萧山老家被捕，先后关押在杭州国民党浙江陆军监狱和浙江反省院。1935 年 9 月，因病重保释出狱，后来脱党。他曾多次向周恩来提出要求回到党内，是周恩来吩咐他在党外做统战工作。新中国成立后，周恩来将他安排在国务院政务室当参事，后成为国务院参事室参事。1954 年 11 月，他给党中央写信要求恢复党籍，由于种种原因，他的愿望一直没有实现。直到 1981 年 6 月 8 日，经中共中央组织部批准，已 88 岁高龄的徐梅坤重新加入中国共产党，党龄以 1954 年要求中央恢复党籍算起，实现了他的夙愿。

萧山党组织主要发起者宋梦岐是绍兴平水人，四一二反革命政变发生后，组织上令他立即撤离，但他于 5 月带着妻子来自修乘船离开县城，至衙前时因天已晚，他在不知情的情况下走进了衙前沈定一的家。在他想来，是沈定一介绍他加入国共合作时的国民党，也可说是沈定一引导他走上革命之路，总不至于翻脸不认人。谁知沈定一和王华芬当面客客气气地接待了他们夫妻俩，到了晚上 9 时多，立即派衙前的农民自卫队把宋梦岐毫不留情地逮捕，并于次日送入浙江陆军监狱，后经组织营救而脱险。另一位当时被捕的党员祝庆祥，一则是情况不明，二则由当时在国民党萧山县组织的朋友董啸侯的保释，关押了一个多月后被释放。

# 三　土地革命战争时期

**采访者：**请您谈谈中共萧山独立支部的建立过程。

图8　瞿缦云（1883—1962）

**朱淼水：**1927年6月，中共浙江省委宣告成立。原中共萧山地方党部委员、当时仍在担任县立仓桥小学校长的傅彬然得悉这一情况后，设法与省委取得联系，并按组织要求和当时萧山的实际情况，由傅彬然负责组建中共萧山独立支部。傅彬然召集部分党员会议，宣告独立支部的成立，推选傅彬然为书记，吴绍通和庆云丝厂工人赵侠卿为委员。主要任务是发展组织。傅彬然利用学校举办暑期讲习班的机会，介绍了几名进步教师加入组织，同时也启发自己姑夫、萧山医院院长瞿缦云加入组织。当时傅彬然、瞿缦云、吴绍通、莫仲乔等中共党员均未暴露共产党员身份，所以在1927年7月成立的国民党萧山县改组委员会和9月成立的国民党萧山县党部中，傅彬然、瞿缦云仍被选为执委，莫仲乔被选为候补执委，吴绍通被选为候补监察委员。傅彬然还被选为国民党萧山县对日经济绝交委员会主任，同时他们还被委派为西乡、南乡的"农运指导员"，由县党部分派到农村推行国民党中央颁布的"二五减租"条例。

"二五减租"原本是1926年国共合作时的国民党中央遵照孙中山的遗愿提出的改善农民生活的政策，但此时的国民党当局并非真心实行"二五减租"，而是想以此笼络人心，安定民情。萧山独支便抓住这一有利条件，发动广大党员以推行"二五减租"条例为由，大力恢复发展农民协会，开展减租抗租斗争。一时间，萧山全县除东片地区在沈定一的控制之下外，南乡、西乡、北乡地区都掀起了反抗封建压迫剥削的农民运动高潮。同时，党组织也在斗争中逐渐得到了发展。

1927年9—10月，中共萧山县首次党代会在湘湖压乌山湘云寺召开，省委指派常委张静三到会指导，会后由他担任县委书记，继续发展组织，并组建了南乡和西乡两个区委。1928 年 1 月，书记张静三调省委工作，省委即任命南乡大桥人瞿忆庐（化名朱之白）接任萧山县委书记。在此期间，党员队伍又有发展，先后在大桥、义桥、临浦等地发展了一批小学教师入党，同时县委还有意识地加强在农民队伍中的组织发展工作，并把重点放在沿湘湖和白马湖一带，在湖头陈等地吸收了一批渔民和农民加入组织。

1928 年年初至 1929 年是萧山党组织在整个土地革命时期发展最快、人数最多的时期，也是革命形势最好的时期。国民党特务组织也特别关注萧山的形势，经常邮检，也确实经常有革命传单等资料从上海党中央驻地直接寄来。萧山的党团员大多能够不顾生死，散发传单，张贴革命标语等。同时，县委先后组织和发动南乡砍竹暴动、西乡打警察所暴动和东片沙田地区的反抗沙田局暴动；萧绍段西兴汽车职工因反抗驻防保安队拘留工友，发起了捣毁西兴警察分局暴动；萧山城区 100 多名警察，因当局无故取消两名警察站夜岗津贴稀饭的惯例，实行全体罢岗，取得胜利。

萧山党组织领导的革命斗争被中共浙江省委充分肯定，认为"萧山历次受军警逮捕，而农民斗争仍前仆后继""共产党英勇地领导了许多斗争，在农民群众中已树立了很巩固的信仰""农村革命潮流的高涨，工农群众的斗争已日益发展"。

在这一时期，萧山的共产主义青年团组织在党的领导下，也得到了发展。这就得提到一个人物——裘古怀。他出生于 1905 年，是宁波奉化松岙人。1925 年 11 月，裘古怀考入黄埔军校第四期政治科。在军校里，他努力学习军事、政治，积极参加党领导的各项活动，并

图 9    缪家小学旧址，今为萧山青年运动纪念馆

于 1926 年上半年加入中国共产党。1927 年 3 月，他担任叶挺领导的第十一军二十四师政治部宣传科长，后来参加八一南昌起义，因负伤回宁波隐蔽养伤。1927 年 11—12 月，党组织贯彻党的"八七会议"精神，确立了土地革命和武装起义的总方针，浙江党、团组织在宁波召开联席会议，研究各地暴动的策略与准备，决定军械由团省委设法筹办，军事人才由裘古怀负责训练。他受命奔走在宁波、奉化等地，忙于为武装暴动训练军事干部。但这次行动因泄密而未能实施。当时的团省委书记、裘古怀的同学卓恺泽吩咐他到萧山创建共青团组织，他于 1928 年 1 月到萧山，在中共萧山县委领导下，首先将年龄 23 岁以下党员转为团员，搭建了团县委的架子，会议决定裘古怀出任共青团萧山县委书记，落实发展组织措施。随后他以缪家小学为据点，以教师身份，奔赴各地召开青年积极分子会议，通过多种形式，启发大家革命觉悟，吸收进步青年加入团组织。同时，又经常性地召集团员骨干，分析局势，研究任务，开展基层团组织的活动。在险恶的形势下，在地方党组织的帮助下，先后到临浦、义桥、缪家、西乡、城区等地调查研究，并以这些地区为重点发展组织。不久全县团员人数发展到 80 多人。是年 4 月 1 日，他冒着随时被当局逮捕关押甚至牺牲的风险，精心策划，在缪家小学召开了全县团代表会议，通过了由他起草的《萧山 CY 目前任务决议案》，改选了新的团县委，由已经到萧的富阳籍共产党员俞荣接任书记。裘古怀本人遵照团省委指示，到浙西任团省委特派员。萧山团组织在地方党组织的领导和支持下，由俞荣继续以缪家小学校长为职业掩护，以组织"兄弟会"的名义，吸收青年入团，发展了缪小东、缪惠泉等六七名团员，同时又将在校的 30 多名学生组成少先队，教唱革命歌曲，宣传革命道理，传播革命思想。是年下半年，他与其他党团员一起，在缪家小学办起了农民夜校。缪家小学一时成为共青团萧山县委的工作机关。

1929 年 1 月中旬，国民党反动派在检查杭州城站邮局的信件中，发现省委通讯处地址，连夜实行大搜捕，裘古怀于 1 月 16 日深夜被捕，关押于浙江陆军监狱。在狱中，他仍积极领导和参与斗争。当时狱中有 34 名党员组成的地下党支部，裘古怀担任宣传委员。1930 年 8 月 27 日，当局为报复红军进攻长沙取得一定胜利，将关押于省陆军监狱的 27 名党员骨干包括裘古怀在内，秘密杀害于狱内。在牺牲的前一刻，裘古怀给党写了一封充满革命激情的信，其中写道："伟大的中国共产党和全体亲爱的同志们！当我在写这封信的时候，国民党匪徒正在秘密疯狂地屠杀着我们的同志，被判重刑的或无期徒刑的同志，差不多全被迫害了。几分钟以后，我也会遭到同样的被迫害的命运。伟大的党！亲爱的同志们！我非常感激你们。党给我的教育，使我认识了这社会的黑暗，使我认识了革命，使我成为一个有生命的人。现在这最后的一刹那，我向伟大的党和你们致以最崇高的敬礼！我满意我为真理而死！遗憾的是自己过去的工作做得太少，想补救已经来不及了。在监狱里，看到每一个同志在就义时都没有任何惧怕，他们差不多都是像去完成工作一样跨出牢笼的，他们没有玷污过我们伟大的、光荣的党。现在我还未死，我要说出我心中最后的几句话，这就是希望党要百倍地扩大工农红军。血的经验证明，没有强大的武装，要想革命成功，实在是不可能的。同志们，壮大我们的革命武装力量争取胜利吧！胜利的时候，请你们不要忘记我们！"信件充分表达了一名共产党员对党的赤胆忠心，对革命事业充满必胜的信念。

裘古怀被敌人押出牢笼时，神态自若，脸不改色，甚至连眉毛也没有动一动，高声地向全狱难友告别："同志们永别了，你们不要忘记今天，要继续奋斗，为我们报仇！"临刑时，他仍高呼"中国共产党万岁"等口号，直到凶恶的敌人夺取了他年轻的生命。他牺牲时才26岁。我们应该永远记住他。

1929年6月，由于原中共省委机关遭到敌人的搜查，查出了中共萧山县委名单，当局于同月12日到萧山，逮捕中共萧山县委负责人，县委9名委员中有7名被捕投入浙江陆军监狱。中共萧山党组织经过这次严重破坏，受到了极大的损失，萧山的土地革命斗争暂时遇到了严重挫折。但斗争并未中止，党的组织仍在坚持活动。

就在1929年6月28日，幸存的同志以县委的名义向中共杭州市委书面报告了"萧山党组织被破坏的经过及恢复党组织的意见"，要求市委另派同志到萧主持工作，尽快恢复原有状态，绝不能因此而放弃。隐蔽在外的县委成员陈效生辗转到达上海后，也就萧山情况向中央做了书面报告。

中共杭州市委也曾派寿星同志到萧开展工作，成立临时县委，把工作重心由原来的临浦重新移到县城。但1929年12月20日，市委组织也遭到破坏，市委与萧山的联系中断。

图 10　1930 年春，被国民党政府逮捕的中共萧山县委部分成员和
其他革命者在浙江陆军监狱中的合影

　　1929 年，共产党员恽逸群经组织同意，受浙江湘湖乡村师范学校（简称湘湖师范）校长刘澡的邀请到该校任教。1930 年 3 月，中共杭州中心市委重新建立，决定由恽逸群负责着手恢复萧山党的工作。恽逸群设法找到萧山的一些党员，并在南乡上堡村召开党的代表会议，重建中共萧山县委，恽逸群为代理书记兼组织部部长，从而恢复了被严重破坏的萧山党组织。

　　湘湖师范创办于 1928 年，位于萧山湘湖定山。1929 年，恽逸群到湘湖师范后，刘澡就将对学生的思想教育、教职员的任免等行政工作交由恽逸群负责。刘澡的信任，为恽逸群开展党的工作创造了极为有利的条件。在校期间，他先后介绍了 7 名党员和 4 名进步教职员到校工作，使党员和进步教职员人数占到全校教职员的多数，并使学校实际上成为当时县委的工作机关。

　　随着工作的深入，学校的党团组织得到壮大。不久，上级介绍党员王落曙、钱栖宇来校任教，学校也新聘党员朱洪烈、刘一燕、高超之、商达为教员，同时又在学生中发展了一些党员。另外，还有几名已加入党组织的学生到校读书。到 8—9 月，湘湖师范党支部已有党员 10 余人，同时还建立了共青团湘湖师范支部。

　　恽逸群十分注意在师生中传播马列主义和革命思想，他特意安排朱洪烈担任校图书馆主任，又安排学生党员程页真、李蕴章以工读方式负责图

书馆的日常事务。恽逸群和
朱洪烈还亲自去上海，通过
地下党组织的渠道，采购了
许多革命书刊以及一些党内
文件资料。

湘湖师范党支部的活动
引起了国民党萧山当局的注
意，并向浙江省教育厅报告。
浙江省教育厅当即向刘澡施
加压力，刘澡不得不提醒恽

**图 11　湘湖师范地下党支部传阅的部分进步书籍**

逸群等尽快处理革命书籍。恽逸群便以出借名义分发给了学生，对馆内的
党刊和马列书籍采取了秘密收藏的方法，国民党特务多次到校搜查，均未
有收获。1930 年 6—7 月，特务突然闯进学校搜查教师宿舍，也一无所获。
7 月下旬，程页真为了更妥善地保存革命书籍，把埋藏在定山村党员俞东
福家的一批革命书籍秘密移交给永康的党组织。

由于受党内"左"倾错误的影响，国民党统治区内的革命活动受到严
重挫折。1931 年 2 月，重建的杭州中心县委再次遭到破坏。自此，土地革
命战争时期萧山党的活动被迫中止。

# 四　抗日战争时期

**采访者：**抗日战争时期，萧山党组织重建。中断了 7 年的萧山党组织
是如何恢复、重建的？

**朱淼水：**1937 年 11 月 11 日，日军飞机空袭萧山县城，炸毁了萧山火
车站，这是萧山有史以来第一次遭到敌机的空袭。此时，县城一些较为殷
实之家开始逃离家园。11 月 30 日 10：00，正是城乡民众的集市高潮，28
架次日机再次空袭萧山县城，轮番轰炸两个多小时，投下 100 多枚重磅炸
弹和燃烧弹，霎时血肉横飞，血流成河，具有 2000 年历史的古城顿成一片
火海，上千间民房、商店，化为灰烬，国民党县政府机关房屋悉数被炸
毁。国民党萧山党政机关迁到南乡河上镇。当时日寇的战略取向是攻取南
京后，沿长江夺取武汉，因而日寇主力一时未南渡萧山，但几乎天天向萧

山方向炮击，或以飞机轰炸。因县城未被日寇侵占，县政府当局机关也于1938年下半年迁回县城，在未被轰炸的东门外藕湖浜开辟了县政府驻地。但就整个局势来看，因省城杭州已于1937年12月24日沦陷，隔江相望的萧山成了浙东的最前线，国民党当局在萧山沿江加强防卫，并由国民党第十集团军驻扎于钱江南岸，时刻关注着日寇的动向。

**图12　1937年11月30日，日军飞机狂炸萧山县城，具有2000年历史的古城一片废墟。图为被炸毁的竹林寺**

1938年3月，思想激进、具有爱国情怀的年轻人黄鼐出任萧山县长。他到任后，着手发动民众，开展抗日宣传、提倡国货、抵制日货活动，并建立起萧山抗日后援会等抗日群众团体，从而推动了第二次国共合作在萧山的实现。在此形势下，浙江党组织从延安、上海、浙南等地调派了一些党员和热血青年来到萧山前线，开展抗日救亡运动。

当时，浙江省政府主席黄绍竑根据第二次国共合作的形势，制订了抗日救国十大纲领，黄绍竑根据这一纲领制定颁布了《浙江省战时政治纲领》，要求各地建立抗日自卫武装，建立兵工厂，成立浙江省临时参议会。正是在国共第二次合作形势下，为发动民众全面抗战，保卫大浙江，中共党员张若达与原共产党人傅彬然等创办了"萧山县抗日军事工作队"和"战时政治工作队"（简称"政工队"）。紧接着，党组织又从延安抗日军政大学等地抽调党员王野翔、史列青、郑至平等来到萧山，在"萧山县抗日军事工作队"的基础上，于1938年上半年建立了"萧山县抗日自卫团队"（简称自卫队），共有4个中队，200余名战士，驻扎在河上镇集训，并由张若达出任县政府军事科长兼自卫队司令部政治部主任，中共党员郑至平任参谋，史列青、王野翔、熊飞、丁国荣、何坚白等中共党员分任各中队政治指导员，黄鼐任团队司令。至此，抗日民族统一战线在萧山形成，萧山的抗日救亡运动也由此迎来了新的高潮。

1938年2月，中共浙江省工作委员会成立，由顾玉良任书记。顾玉良到任后先来到萧山、诸暨等县视察了解情况。5月，省工委撤销，中共浙江临时省委成立，刘英任书记。顾玉良任省委常委兼宁绍特委书记，萧山党组织由宁绍特委领导。当时，萧山抗日自卫队已有中共党员10余人。7月，顾玉良到萧山检查工作，召集这些党员建立起了"中共萧山特别支部"（简称萧山特支），书记是郑至平，中断了7年的中共萧山地方组织得到了恢复。

萧山特支成立后，为充分发挥抗日青年的积极作用，在自卫队内以举办"读书会"等形式，秘密吸收革命青年参加党的外围组织——中华民族解放先锋队（简称"民先队"）。不久由于人数的增加，又建立了民先队萧山地方队部，隶属于民先队浙江省队部，萧山民先队由中共党员史列青任队长，自卫队中的多数班长和近四分之一的战士参加了这个组织。他们在党的思想教育下，在自卫队中发挥了模范作用，使这支队伍在短期内成为一支训练有素的抗日武装，浙江省政府主席黄绍竑也曾于1938年8月亲临河上镇检阅。

然而，国共合作、一致对外、团结抗战的局面却引起国民党内顽固派的深深不安，国民党中统特务机构于1938年10月底要挟黄绍竑撤换了坚持抗战的萧山县长黄萧。中共萧山特支为了顾全大局，便将自卫队中的党员骨干和抗日爱国青年编为两个中队，以"随军服务团"的名义，于11月初开赴浙西抗日前线。不久，萧山特支成员郑至平、史列青、王野翔、何坚白、丁国荣等先后离开萧山。郑至平在后来的浙西战役中牺牲。

根据形势需要，中共浙江省委认为必须"加紧建立和加强交通要道上党组织的发展，特别是钱塘江两岸，浙赣路及沿海"。为此，党组织在萧山特支撤离的同时，就陆续从延安和浙南根据地选派党员到萧山抗日前线。1938年10月，中共宁绍特委决定委派杨源时（化名杨克全）到萧山，组建中共萧山县工作委员会（简称县工委），并担任书记。杨源时当时刚从延安回来，到萧山后，就遵照中共宁绍特委的指示，以萧山县抗日第二流动施教团干事的身份，开展党的工作。他首先在流动施教团中培养骨干，发展党员，建立党的支部，设立县工委工作机关。他又将流动施教团带到沿江最艰苦地区工作，在发动当地群众投身抗日救亡运动的同时，还在当地的农民和盐民中发展了一些党员，先后建立了新湾、南阳、头蓬三个农村党支部。其间，县工委设立青年工作委员会和妇女工作委员会，分别由左捷、施培云任书记。另外，还派党员到县抗日自卫队中恢复和发展党的组织，重建了支部。宁绍特委也非常重视县抗日自卫队，从抗战的持久性中认识到必须建立抗日游击队，而各县的抗日自卫队应该是准备开展游击战的武装基础。

萧山战时流动施教团是国民党政府根据战时环境建立起来的流动性文化宣传机构，它成立于1938年年底，分为第一、第二两个团，其中第二团的成员大多是中共党员和革命青年。1938年11月，萧山县工委书记杨源时到该团任干事后，便在该团建立起了党支部，由于这支队伍流动性很大，又侧重于边远农村的抗日救亡宣传，不易引起国民党当局的注意，因此县工委在团内设立了工作机关，宁绍特委书记杨思一来萧山检查指导工作也多住宿在这里。第二流动施教团的工作区域主要是在萧山东北部沿江地区的坎山、衙前、赭山、瓜沥、义盛、头蓬等地。他们通过张贴标语、画壁画、办民众夜校、教唱抗日歌曲、组织文艺演出等多种形式，宣传抗日救国的爱国主义精神，成绩卓著。

1939年6月，该团团长、中共党员秦其寿为争取党在县民教馆的领导权，由县工委指定他去应考，并被录用为萧山县民教馆馆长，接替秦其寿到第二流动施教团任团长的是一个国民党员。杨源时等县工委成员为避开他对施教团的控制，把第二流动施教团开到萧山最东北的沿江地区新湾底，那里既是前线，又是非常贫困的地区，新任团长没有理由不同意，又怕艰苦生活，就借故把工作全盘托付给中共党员，自己留在城里。1939年是党领导的萧山第二流动施教团工作取得很大成绩的一年。

1938年3月26日在党组织和进步青年的推动下，萧山县战时政治工作队（简称政工队）在所前镇成立（后迁河上镇和城厢镇，萧山沦陷后则无固定工作场所）。当时，中共萧山县委委员刘茂文、左捷、唐戌中、施培云等都曾在政工队任职。11月，政工队改组，设南乡、东乡和城区3个区分队，县工委在政工队中建立了支部。1939年春，政工队有中共党员30余人，是浙江全省抗日救亡工作成绩较为显著的政工队之一。

在共产党员的优良作风影响下，政工队员每周召开生活检讨会，开展批评与自我批评，定期通过"政工通讯"交流学习心得，在生活上相互关心，相互帮助，把政工队建设成为一个团结战斗的革命团体。当时队员生活是"东南西北两条腿，春夏秋冬一套衣"，平时外出总是穿草鞋、跑山路、睡地铺，吃的是粗茶淡饭，而且经常只能吃些炒面粉或炒米粉充饥，但他们提出了"工作以外无意见，吃饭以外无要求"的口号。这支队伍在艰难困苦的条件下特别能战斗，他们为了抗日救亡，不惜牺牲自己的一切。队员左捷和孙祖恩，他们为抗战从外地来到萧山，因积劳成疾、缺医少药而病故在工作岗位上。队员孔坚和陈天柱，在日军攻占县城时，为了掩护群众撤退壮烈牺牲。政工队员这种不畏强暴、不怕牺牲的精神，受到了社会各界的高度赞扬，广大爱国青年更是以积极报名参加政工队作为自己抗日救国的光荣义务。

1940年1月22日，日本侵略军偷渡钱塘江，占领萧山县城和铁路沿线的村镇。党组织在政工队中建立了敌占区工作组，侦察日军兵力和驻扎情况，公布日伪"维持会"组织和汉奸名单，散发和张贴抗日标语、传单，开展敌后工作。萧山沦陷后，政工队组织了由陈立行、莫长润、凌云、来诵华4名政工队员组成的敌后工作组，冒着生命危险，深入敌占区的县城搜集情报，设法获取敌人的空白"良民证"，破坏敌人的军用电话线，调查汉奸，散发、张贴抗日传单、标语，一时间使敌人寝食不安，可惜这项工作仅开展两个多月即遭日军和汉奸的破坏。4名政工队员落入敌人的魔掌，但他们抱定"宁做刀下鬼，不做亡国奴，誓死不当汉奸"的坚定信念，任敌人严刑拷打，自始至终没有屈服。最后，这4名政工队员在被折磨得奄奄一息的情况下，被日军拖到事先挖好的土坑边用刺刀捅死。其中陈立行因没有刺中要害，在夜晚被阵雨冲醒，被群众发现后将其转移到还未沦陷的绍兴县医治，死里逃生。

**采访者：** 请您谈谈金萧支队和新四军在萧山的艰苦战斗。

**朱淼水：** 1942年7月，中共会稽地工委在诸、绍、萧边界开辟了诸北抗日根据地。1943年中共金萧地委、新四军浙东游击纵队金萧人民抗日自卫支队（简称金萧支队）先后建立，带领金华至萧山一带群众，不时地袭击日伪据点，给侵略者以有力的打击。

1945年年初，随着金萧地区抗日游击力量的壮大和活动区域的不断扩大，中共浙东区党委指示金萧支队西进路西地区（浙赣路金萧段以西、富春江以东、以南的萧山、富阳、桐庐、诸暨、浦江五县交界地区），恢复建立了地方党组织和武装力量，开辟了路西抗日根据地，并于1945年2月、4月先后建立了中共路西工作委员会和金萧支队路西办事处，领导路西地区的抗日斗争。在金萧支队和路西地区党政部门的领导下，萧山南部地区的抗日力量得到迅速发展，为迎接抗日战争在金萧地区的胜利做出了很大的贡献。

1945年5月，新四军苏浙军区四纵为收复浙江失地，渡过富春江南下。其中11支队进入萧山县境，在河上镇一带与日军展开了激战，有6名新四军战士在战斗中英勇牺牲。其间因领导抗日的需要，中共金萧地委，在诸、萧、富边区建立了中共路西县抗日民主政府，并在河上镇建立了中共路西县河镇区委、区政府。8月11日，金萧支队向社会各界人士提出"收缴敌伪枪械，武装自己；配合政府军队迅速行动；团结起来，成立联合政府"的三项任务。接着，他们向日伪军发动全面军事攻势，解放了金萧广大地区。8月15日，侵华日军宣告无条件投降。8月20日，侵萧日军在县城西门向国民党第三战区第一接管组缴械投降。至此，抗日战争在萧山结束。金萧支队主力奉命北撤，迎接新的任务。

在这场伟大的抗日民族解放战争中，一大批党的优秀儿女遵照党的抗日民族统一战线的政策，在极其艰难的条件下，开展了抗日救亡运动和敌后游击战争。由于沦陷后的险恶形势，加上国民党顽固派反共势力破坏国共团结抗日政策，党的活动受到严重阻碍。抗战后期，党领导的抗日武装得到发展和壮大，给敌人以沉重打击，为抗日战争在浙东、萧山的彻底胜利奠定了坚实的基础。

## 五　解放战争时期

**采访者：** 请您谈谈解放战争时期萧山党组织的情况。

**朱淼水：** 中国人民经过艰苦卓绝的14年浴血奋战，付出巨大的民族牺牲，终于迎来了抗日战争的最后胜利。人民希望通过和平来建设一个新中国。蒋介石却坚持独裁，发动内战。萧山人民在党的领导下，投入第三次国内革命战争。中共路西县委重建后，1948年11月在萧山南部建立了河上区委、区政府和临浦区政府，组织了区武工队，粉碎国民党政府的"清乡""清剿"计划，袭击区内的乡镇公所和警察所，使国民党的部分乡镇机构陷于瘫痪状态。

**采访者：** 解放战争时期，反对国民党统治的第二条战线斗争对于党组织的发展、壮大有哪些作用？

**朱淼水**：解放战争时期，萧山学生的爱国民主运动首先由萧山简易师范学校的学生发起。1945 年 9 月，这所学校从河上镇桥头黄村迁入城厢镇后，学生的伙食一天比一天差，菜无点滴油，饭难两餐饱。学生们上两节课后就饥肠辘辘，无心读书。学校学生会多次向校方提出改善伙食的要求，但校方

图 13　路西县武工队队员（第二排左五为队长蒋谷川）

总是找各种借口敷衍，学生会派代表到县政府教育科交涉，县政府又推给学校。1946 年 4 月，全校 200 余名学生举行了反饥饿、反内战的示威游行。队伍到达县政府门口时，学生们派代表要求县长亲自接见，但等待多时未见人影。学生们就在县政府的门口高呼"要饭吃、要书读"等口号，得到了群众的同情和支持。如此僵持了两个多小时，县长汤一南终于露面，他仍以种种借口推卸责任。学生们坚持不让，非要解决问题不可，汤一南只得表示一定解决好学生们提出的问题，斗争暂时告一段落。

此后，当局数次派员与学生代表谈判，要学生请回校长再解决问题。学生代表针锋相对提出：撤换校长，切实改善学生伙食。最后当局不得不在表面上与学生妥协，改派顾舜卿为简师校长。一个月后，当局突然宣布学校停课整顿，提前放假，停止伙食供应，让学生回家，并贴出布告，开除了俞鼎三、袁永芳等学生。由于缺乏充分的思想准备，一场轰轰烈烈的学生运动就这样被镇压下去了。

1947 年，湘湖师范学校党支部以学生自治会名义，领导学生投入全国性的"反饥饿、反内战、反迫害"的第二条战线的爱国民主运动。4 月，杭州师范学校学生会代表来湘湖师范学校联系，决定共同邀集全省师范学校学生代表赴杭州，联合向国民党省政府请愿，要求改善生活。随着各地学生运动越来越高涨，当局只得让步，省政府同意给湘湖师范学校教职员

工每月拨发公粮 8 斗，学生膳食费在原有基础上加一倍，斗争终于取得胜利。

图 14　萧山铁路机修厂（摄于中华人民共和国成立初期）

萧山铁路机修厂地处萧山县城北郊高田村，是浙赣铁路线上维修机车的重要基地。当时，杭州党组织已将在该厂开展活动排上重要议事日程，曾派党员与在杭的浙江保安司令部修械所地下党支部联系，要求修械所党支部利用两厂之间有业务关系的有利条件，在铁路机修厂工人中培养党的积极分子，团结厂内进步工人开展斗争。1948 年，中共杭州工委建立铁道区委，并由区委委员裘家钜分管浙赣铁路线和萧山铁路机修厂的地下斗争。在修械所党支部的积极配合下，裘家钜在铁路机修厂开展工作后不久，即发展工人尹志伟等为中共党员，并培养了 10 多名党的积极分子。

图 15　《金萧报》有关萧山解放的报道

1949 年 3 月，中共杭州市委成立。4 月，在中共杭州市委外县工作负责人的领导下，铁路机厂党支部成立，尹志伟任书记。当时，中国人民解放军迅速南下，厂方已奉路局密令，开始紧张的"应变"，着手拆卸重要机件，集中贵重物资等待南运，并以战争为由遣散职工，做毁厂准备，全厂秩序混乱，一片紧张气氛。厂党支部根据上级"保护工厂、迎接解放"的指示，立即领导全厂职工开展护厂斗争，致使国民党的这一南逃计划未能得逞。新中国成立前夕，一批国民党的逃兵潜入工厂，以武力威胁工人抢修一台停在厂内检修的机车头，以运载他们逃往广州，支部就组织工人以"磨洋工"的办法对付，使这列机车无法起动，从而确保工厂大部分设备完好无损地回到人民手中。

随着第二条战线斗争的发展，迎接新中国成立的革命号角很快响彻萧山城乡各地，人民群众看到了胜利的曙光。

1949 年 5 月 3 日，省城杭州解放。5 月 4 日，金萧支队萧山办事处 170余名指战员在主任蒋谷川带领下，奉命从富阳大章村出发，经萧山南部的楼塔、河上等乡镇，抵达戴村镇，并于当晚露宿戴村。5 日清晨，队伍经义桥，沿湘湖，于下午 2 时左右顺利进入县城，受到了县城湘湖师范学校等校师生、浙赣铁路员工、店员职工和广大居民群众的夹道欢迎。下午 3时许，中国人民解放军第三野战军七兵团第 21 军先遣部队抵达萧山，两军胜利会师，宣告萧山解放。

新中国成立后，萧山当地的一些恶霸、匪特和封建势力勾结起来，匪、特、霸合流，严重危害社会秩序和人民生命财产安全。枪杀我党政干部的恶性事件时有发生。刚成立的中共萧山县委在驻军的配合下，深入发动群众，剿匪反霸，减租减息，征粮支前。在农村，首先组织农民协会，行使一切权力，提出"一切权力归农会"的口号。农民一经发动起来，组织起来，产生了巨大的力量。短短的几个月时间，一些大股土匪被剿灭，如南片的俞继鹏、东片的谈坤等，并及时处决了一些匪首、恶霸。省委在5 月下旬下达的 731.5 万斤征粮指标和每斤粮食附 1.5 斤马草的任务也很快完成，有力地支援了前线。

## 六　新中国成立之后

**采访者：**请您简约谈谈新中国成立后，萧山地方党组织的发展历程。

**朱淼水：**1949 年 10 月 1 日，中华人民共和国宣告成立，举国欢腾，全县人民扬眉吐气，意气风发，更加积极地投入剿匪反霸、生产自救、征粮支前的活动中。到 1950 年夏，全县境内的土匪基本剿灭，区乡人民政权都已建立起来。县委按照中央的指示，对乡村农民协会普遍进行整顿，要求农民协会成为农村大生产运动的依靠力量，成为农民群众反封建的战斗组织，并在即将开展的土地改革运动中，作为改革土地制度的合法执行机构，认真执行有关土改的各项法规和政策。1950 年 10 月，全县土地改革运动由点到面逐步展开，伴之而来的是"抗美援朝""镇压反革命"。土改、镇反、抗美援朝一起抓，使"谁压迫谁，谁剥削谁，谁养活谁"的阶级教育、"抗美援朝，保家卫国，保卫胜利果实"的爱国主义思想教育深入人心。经过改革封建土地制度，使无地少地的农民得到了土地，社会上的反革命分子受到严厉镇压，全县人民努力生产，厉行节约，动员参军，捐献飞机大炮，对抗美援朝、保家卫国做出了重大贡献。在城镇，还开展了"三反""五反"，打退资产阶级的猖狂反攻，组织中小学教师和各条战线上的知识分子进行思想改造学习。

**采访者：**请您详细谈谈萧山解放后，党领导萧山人民开展的剿匪反霸等斗争。

**朱森水：**萧山解放后，党领导萧山人民开展了剿匪反霸等斗争，给国民党派遣和残留在县境内的土匪、特务，以及恶霸地主、反动组织等以致命的打击。但他们不甘心就此灭亡，疯狂地进行种种阴谋破坏活动。朝鲜战争爆发后，反革命破坏活动更加猖狂，如制造谣言，破坏交通，阴谋暴动，威胁干部，烧毁粮仓，张贴反动标语，等等。在河上等地就有反革命分子公开殴打、绑架乡、村干部，明目张胆地对抗人民政府。新朱乡（现属新塘）的地主朱彦臣竟放火烧掉乡人民政府的办公用房。长河镇恶霸地主汤鹏被判死刑执行时，突遭反革命分子汤绍秋、汤金堂等多人的劫夺。一连串的事件，严重影响党在群众中的威信，严重妨碍了当时正在开展的土地改革和抗美援朝的顺利进行，对新生人民政权和人民民主专政造成重大威胁。

1950 年月 10 日，中共萧山县委下达了《坚决镇压反革命具体指示》，成立了以县委书记沈芸为主任，窦长富、邹训瑞、冷玉祥、汤寅为委员的县保卫委员会，加强对镇压反革命运动的领导，并制订具体措施和行动方案。同时，县人民政府向全县发出布告，号召全县人民积极向反动势力做斗争，并敦促反动党团及国民党特务分子按颁发的《登记实施办法》向县公安局登记。萧山县公安局在清理积案的同时，组建便衣侦察队，下基层搜集反革命分子的罪证。

经过艰苦的斗争，镇压反革命运动取得重大胜利，基本肃清了旧社会反动统治在萧山的残余势力，清除了威胁新生人民政权的隐患，推动了正在进行的抗美援朝和土地改革运动，为国民经济的恢复和发展提供了可靠的保障。

**采访者：**经过镇压反革命运动，萧山呈现出哪些新面貌？

**朱淼水：**新中国成立后，全县乡村政权经过民主选举，人民政权更加巩固，全县人民政治热情空前高涨。党的干部做到不拿群众一针一线，全心全意为人民服务，人民群众真心实意拥护党和政府。"听毛主席话，跟共产党走"是人们的共同心声。家家户户参与《爱国公约》《卫生公约》，封建迷信活动以及赌博、嫖娼等社会丑恶现象基本扫除，社会秩序空前安定，人民群众深切体会到"夜不闭户，路不拾遗"的安全感。三年多的恢复国民经济的工作进行得非常顺利，为以后社会主义革命和建设打下了良好的基础。

**采访者：**请您谈谈萧山"一化三改造"的情况。

**朱淼水：**从1953年开始，主要是贯彻党在过渡时期的总路线、总任务，总的目标是要逐步实现国家的社会主义工业化，逐步实现国家对农业、手工业和私营工商业的社会主义改造，即"一化三改造"。同时，实行城乡粮食的统购统销。作为县级党委，大量的工作是发动农民走合作化道路，实行粮食统购统销。农业合作化是土地改革以后农民自觉提出的要求。当时部分农民在发展生产过程中，碰到了"四缺"问题，即缺劳力、缺农具、缺资金、缺技术，特别是碰到远田、瘦田，矛盾更为突出。由此大家自发地进行伴工互助。这是一种松散的、季节性的临时互助形式。据史料记载：1952年3月，全县已有这类互助组4256个，参加农户35577户，占总农户的29.8%。1953年12月，县委建立农业生产互助合作部，加强了对农业互助合作的领导。由季节性互助组到常年互助组，再到初级农业合作化，在实际工作中，部分乡村干部为尽快实现互助合作，忽视了实际情况，出现许多的不适应，主要体现在农民的思想还跟不上走合作化的形势，由此，党组织于1955年春天，曾一度"坚决收缩"。但到秋天，上级批评了"坚决收缩"之后，基层干部以粗糙的工作方法，使农业合作化取得迅猛发展。1956年年底，全县92%的农户参加合作社，其中有不少还是超越实际的高级农业生产合作社。同时，农村的供销合作社和信用合作社也得到相应发展。对手工业和私营工商业，采取了委托加工、计划订货、统购包销、经销代销、公私合营、全行业公私合营等一系列从低级到高级的过渡形式，实行社会主义改造。1956 年年底，萧山农业已经基本实行了合作化，工商业者也敲锣打鼓进行了社会主义改造，加快了公私合营的步伐。因为消灭私有制是深刻的社会变革，从现象上看是在保证生产稳定发展的情况下完成的，是在人民群众普遍拥护的情况下完成的，就整体而论确实取得了伟大胜利！然而，当时忽视了对人民群众从私有制过渡到社会主义所必需的思想政治工作，造成了 1957 年的一股"退社风"，造成农村社会的动荡，尽管在此后，纠正了一些错误行为，但为后来的"大跃进"和"人民公社化"等失误产生很大的影响。党中央及时发现问题，及时纠正失误，才使得整体形势向好的方面发展，使"一化三改造"真正取得成功，使社会主义制度逐渐得到巩固，使新中国真正进入社会主义社会。

**采访者：**请您谈谈 1956—1976 年萧山党组织的发展情况。

**朱淼水：**完成生产资料社会主义改造以后，萧山开始探索建设社会主义的道路。这是前无古人的伟大事业，面临的是一个全新的课题。党缺乏经验，又急切地想做出一番事业，但三大改造后期工作要求过急，工作粗糙，形式过于简单划一。1958 年夏秋之际，在贯彻党的八届二次会议上提出的"鼓足干劲，力争上游，多快好省地建设社会主义"总路线时，只看到群众迫切要求改变落后面貌的一面，忽视了客观规律；在"大跃进""人民公社好"的号召下，很短时间内，全萧山实现了人民公社化，大办钢铁，大办公共食堂，推行所谓"按需分配"，吃饭不要钱，致使高指标、瞎指挥、浮夸风和"共产风"严重泛滥，挫伤了群众积极性。加上自然灾害频繁，天灾人祸，这给全县经济生活带来很大困难。到 1959 年春，贯彻中央"第二次郑州会议精神"时，学习中央关于不能剥夺农民、不能超越阶段、反对平均主义、发展商品生产、尊重价值规律，并且强调人民公社必须"三级所有""队为基础"等指示，进行算账退赔。特别是 1961 年以后，贯彻执行中央关于纠正农村工作中"左"倾错误的指示，执行"调整、充实、巩固、提高"的八字方针和《农村人民公社 60 条（草案）》，进行一系列调整工作，提高了党的威信，改善了党群关系，全县经济从困难中渐渐得到恢复和发展，度过了三年暂时困难。1964 年秋，浙江省委决定在萧山搞"社教"试点，组织杭州、嘉兴两地区各县和省级机关以及中央一些部门共约 8000 余名干部进驻萧山，分批分期对各级干部进行"清政治、清经济、清组织、清思想"的社会主义教育，历时两年多，尽管指导思想和做法上有过火现象，混淆了两类不同性质的矛盾。但是，对干部的教育是深刻的，不能多吃多要，要廉洁奉公；对集体经济的管理也是有提高的，推动了生产的发展，老百姓是拥护的。从完成生产资料所有制的社会主义改造到"文化大革命"前的十年，是社会主义建设在探索中曲折发展的十年，有成绩也有失误。《中国共产党的七十年》这本书中在总结十年历史经验后有这样一段话："十年建设中，无论是成就还是失误，都是党在探索中国自己的建设社会主义道路的过程中获得和发生的，正确地加以总结，无论是正面经验还是反面经验，都是党的宝贵财富。"这一论述也完全适合萧山的发展历程。

1966 年 5 月至 1976 年 10 月的"文化大革命"，使党、国家和人民遭到自新中国成立以来严重的挫折和损失。但这十年中，萧山的粮、棉、麻、油几乎年年丰收，特别是大搞农田基本建设，山、水、田、林、路一齐抓，在钱塘江边大规模地搞围垦，自 1965 年年底至 1976 年年底的十年间，共围垦土地 35.5 万亩，创造了萧山历史上罕见的奇迹。"文化大革命"从整体上是应该否定的，但也不能抹杀由于广大人民群众的艰苦努力，在这十年中取得的成就。

**采访者：**请您谈谈 1976 年粉碎"四人帮"后萧山党组织的发展情况。

**朱淼水：**粉碎"四人帮"后，人们从被压抑的精神枷锁中解放出来，扬眉吐气，精神振奋。全县城乡人们连日上街游行，欢呼粉碎"四人帮"的伟大胜利。1977 年、1978 年两年，萧山县委着重抓好揭、批、查，即揭露和批判"四人帮"篡党夺权、陷害干部和推行极"左"路线在各方面造成危害的罪行，清查他们的帮派体系以及与他们篡党夺权阴谋活动有牵连的人和事，调整充实党的各级领导力量，从县委常委会到各部门、各基层单位、人民团体，挑选党性强、作风正派和富有实际工作经验的干部，进入各级领导班子，担当起各项工作的重任。在这个基础上，热烈响应中央关于建设"大寨县"的号召，干部参加集体生产劳动，带领群众搞好各项生产建设事业。1978 年冬，萧山县委组织十几万劳动力，新开长达 24 千米的大寨河（今名北塘河）和 10 千米长的大治河，为改善萧山农业生产的基础设施创造了十分有利的条件。

1979 年，萧山县委开始贯彻十一届三中全会精神，进一步开展"实践是检验真理的唯一标准"的讨论，摒弃了"以阶级斗争为纲"的口号，把党的工作重心转移到经济建设上来，坚定不移地执行"解放思想，开动脑筋，实事求是，团结一致向前看"的指导方针，拨乱反正，正本清源，果断地做好调整社会关系的一系列工作；平反冤假错案；对反右派斗争中被错划的予以改正，落实政策；摘掉地主、富农分子帽子，给予人民公社社员待遇，并对错划的给予改正；落实国民党起义投诚人员的政策；把小商小贩、小手工业者从原工商业者中区别出来；对"三年困难时期"精简回乡的职工、"文化大革命"时期上山下乡的知识青年做了妥善安置；对城迁人员、城镇改造未能落实经济政策等遗留问题也给予妥善解决。这些调整和落实，正确处理了人民内部的矛盾，为以后繁重的建设和改革工作任务，创造了良好的条件。

为了适应改革开放新形势，领导体制调整和改革工作也做出了努力的探索。1980 年上半年，召开萧山县人民代表大会，取消萧山县革命委员会，恢复成立县人民政府，选举产生县人大常委会，使县一级人大有了常设机构；召开政协县委会，使中断 14 年的人大和政协恢复正常活动。1984年，萧山进行机构改革，根据"革命化、年轻化、知识化、专业化"的要求，调整各级领导班子，并把人民公社恢复为镇、乡，加强基层政权建设。1985—1987 年用两年多的时间，从县级机关、全县农村、企业基层，分期分批地开展一次整党，加强了党的自身建设。1988 年 1 月，经国务院批准，萧山撤县设市。1992 年 5 月，实行撤区、扩镇、并乡，增强了乡镇一级经济调控能力。1993 年 5 月，国务院批准设立萧山经济技术开发区，这是萧山经济对外开放的一个重要标志。

农业生产实行家庭联产承包责任制，是农村改革的第一步。1979 年 12月，萧山县委根据党的十一届三中全会精神，召开"促富大会"，提出建设繁荣富庶的新萧山的响亮口号。全县人民群众的精神面貌为之一振。但是如何致富，还缺少办法。至 1983 年春，根据群众的迫切要求，普遍实行家庭联产承包责任制。这使党中央提出的改革之路不断深入，不断完善，农民的生产积极性空前高涨；开发农村经济，发展多种经营；从单一的自给性生产向商品经济发展，特别是把剩余劳力及时地引导到大办乡镇工业上来以后，乡镇企业异军突起，成为萧山经济发展的重要支柱。农村改革推动了城镇各行各业的全面改革，根据中央关于经济体制改革的决定，坚持"抓住机遇，深化改革，扩大开放，促进发展，保持稳定"的基本方针，大刀阔斧地进行各项改革，大力促进工商企业的活力。金融、财税、流通和劳动用工以及科技、教育、文化、卫生等方面，围绕适应社会主义市场经济的需要，在探索中进行改革。在改革开放、搞活经济的新形势面前，全县各级党组织，一手抓经济繁荣，一手抓精神文明建设，打击各种刑事和经济犯罪活动，打击取缔重新抬头的各种社会丑恶现象，整顿了社会治安秩序。特别是加强了党的自身建设和人民群众的思想教育，反腐倡廉，坚持反对贪污浪费、行贿受贿的腐败现象，教育党员和干部一定要经得起执政的考验、改革开放的考验，充分发挥党组织的战斗堡垒作用和党员的先锋模范作用。

党的十一届三中全会以来，尤其是1984年以后，萧山的经济腾飞，农业连年丰收，工商企业的发展速度前所未有，各项事业欣欣向荣，城乡人民的生活有了显著提高。事实证明，建设中国特色社会主义理论是十分正确的，在这个理论指导下制订的基本路线是必须遵循的，经济建设是各项工作的中心是不能动摇的，改革开放是必须深入进行的。

**采访者：**2021年是中国共产党建党100周年，这100年是摸着石头过河的100年，也是艰难困苦玉汝于成的100年。回顾党的历史，请您谈谈您的感悟。

**朱淼水：**中国共产党在萧山的各级组织和广大党员，带领萧山人民在新民主主义革命、社会主义革命和建设的光辉道路上，英勇奋斗，流血牺牲，坚韧不拔，百折不挠，取得了伟大的胜利和辉煌的成就，使贫困落后的萧山脱胎换骨，呈现出繁荣昌盛的新局面。实践反复证明，中国共产党是一个伟大的马克思主义政党，没有共产党就没有新中国，只有社会主义才能救中国，只有社会主义才能发展中国。尤其是进入21世纪以来，萧山各级党组织带领全区人民群众，紧密团结在以习近平同志为核心的党中央周围，坚持以新时代的新要求来谋划全区各项事业的顺利发展，做到了"干在实处，走在前列"，使萧山的各项事业取得前所未有的成就。

# 万向集团党建历程

## ——杨燕乐口述

采访者：李永刚、陈鸿超、杨健儿　　　　整理者：李永刚

采访时间：2020 年 8 月 20 日　　　　　采访地点：万向集团公司

杨燕乐

杨燕乐，1965 年 11 月出生，杭州萧山人。1986 年 7 月毕业于浙江农业大学，大专学历，高级政工师，中共党员，杭州市第十一次党代会代表，浙江省优秀思想政治工作者。1986 年 7 月大学毕业后一直在万向集团公司工作，先后从事过磨工、质量检验、质量管理、人力资源管理、党务、群团等工作。1995 年 10 月起任万向集团党委委员 20 余年，长期从事党群、人力资源管理工作，曾担任过集团工会主席、妇联主席。

## 一　我所了解的万向党建

**采访者：**杨主席，您好！很高兴您能接受我们的采访。作为国内非公有制企业的先行者，万向集团（简称万向）被誉为中国民营企业"常青树"，是萧山经济标志性企业。您作为万向集团党委委员，长期负责公司的党建等工作，对于上述问题比较熟悉。

请您简单介绍一下万向集团党组织建立时间和建立之初的情况，您是什么时候进入万向集团这个大家庭的呢？

杨燕乐：万向集团创建于1969年，创建后的第二年（1970年9月）就建立了党支部。1984年万向集团出资代培大学生，我是其中的一员，我曾是万向集团的一名党委委员，我最初加入党组织的时候，党支部已经成立很多年，

图1　建厂旧址

因此我对万向集团前期的党支部情况不甚了解。但在这些年的工作中，通过多方了解，我大概知道一些党支部成立之初的情况。听之前的党委委员说，在万向集团创立的1969年7月，鲁冠球带领其他6名农民创立农机修理厂，这在当时属于社办企业，那时候成立党组织，其中一个原因就是便于公社对社办企业的管理。

采访者：从事党建工作这么多年，能不能分为几个阶段，请您谈一谈每个阶段工作重点分别是什么。

杨燕乐：如果要分阶段的话，我们认为可以分以下三个阶段。

第一个阶段，企业从无到有，从铁匠铺到专业生产万向节，时间是1969年至1978年。工作重点是打牢党建基础，各项工作听从上级指挥，企业稳步发展。

第二个阶段，企业从小到大，借着党的改革开放的政策，得到了快速发展，逐渐实现多元化发展，时间是1978年至1991年。万向专门设立了党建办公室，配备了专人负责党务宣传等工作，党建引领企业发展显得更为突出。鲁冠球当选为党总支书记，全面负责万向的党建工作。

第三个阶段，企业跨越式发展，步入集团化发展轨道，时间从1991年起至今。万向成立党委后，鲁冠球当选为党委书记，党委全面抓实党的建设为企业集团化发展起到了政治引领作用。从1993年起，万向初步确定了

集团化管理和运行的基本框架，实行体制、机制的改革。1994 年 7 月，万向产生了最高权力机构——集团董事局。党委的坚强领导助推了企业集团化发展。

万向建立党委后，1999 年获"全国精神文明先进单位"荣誉称号，2000 年获"全国思想政治工作优秀企业"荣誉称号，2001 年获"全国先进基层党组织"荣誉称号。

**采访者：**随着集团的发展，万向集团党员队伍也在不断扩大，您觉得从党支部到党总支，再从党总支升格为党委，除了人数的增多之外，党组织还有哪些变化？

**杨燕乐：**万向党组织的发展确实比较快。这个过程中，党组织平台不断扩大，可发挥的空间更大，服务企业的功能要求也随之提高。尤其在集团化党建工作开展后，企业投资所到之处，都有党组织的紧紧跟随和配合。不得不说，整个集团的党组织推动了集团生产经营的发展。

我们通过发展党员来提升员工素质，使得党组织发挥重要作用，增强企业的凝聚力。比如在先进骨干中发展党员，在党员中选拔干部。党员队伍扩大以后，我们又加紧党建氛围的建设。这其中，有不少典型的例子。比如 2003 年，一位武汉理工大学的博士生毕业后加入了万向，进入博士后工作站，他是专门从事电动汽车和关键零部件研发的。他从一名非党员发展成党员，并且在党组织的培养下，不断成长，成为企业不可多得的科技骨干人员。他主持国家"863"计划重大汽车专项课题 10 余项、工信部新能源汽车创新工程项目和省重大科技攻关项目各 10 余项，先后被评选为浙江省"杰出青年"、杭州市"131"中青年人才培养计划第一层次培养人才、浙江省"151"人才培养计划第三层次培养人才。入党后通过党组织的进一步培养，他先后担任电动汽车公司总经理、公司党支部书记、万向集团公司副总裁、集团党委委员。这一步步都是通过党组织培养起来的。这样的例子有很多，我们感触也很深，发展培养人，能更多地为企业做贡献，为社会发展做贡献。

**采访者：**万向一直以来重视党建工作，党建对于企业的发展有什么影响和作用？

**杨燕乐：**党委书记讲过，任何企业的成长壮大，都需要正确的方向指引。只有紧跟党和国家的脚步，朝着正确的方向前行，企业才能走得更快、更稳。万向始终遵循"听党话，跟党走"，坚信党的领导，坚持企业投资到哪里党组织就建到哪里，发挥党组织的政治核心作用，为企业发展提供重要政治保证。企业党组织的主体是党员，服务对象是员工，万向党组织坚持以人为本，充分发挥党员的主体作用，立足岗位，创造创业创新，坚持不懈地抓好党员素质提升，选树党员先锋，教育培训我们的党员在工作责任、工作标准、工作绩效、自身要求上高于普通员工，体现党员的先进性，在企业各项工作中发挥好党员的模范带头作用，从而推动企业的发展。

**采访者：**万向集团获评全国先进基层党组织，成功的秘诀是什么，您觉得有哪些经验可以推广开来、让其他党组织借鉴学习呢？

**杨燕乐：**万向一直以来，在管理机制上推行党委会成员与董事会、监事会、经理层成员"双向进入、交叉任职"，企业负责人与书记"一肩挑""一岗双责"。在管理模式上，坚持"谁控股谁管理""企业投资到哪里，党组织就建到哪里，党的工作就开展到哪里"是万向党建工作的生命线，即以"集团化党建"管理模式，在全国各地所属企业中建立基层党组织。我们认为，这个针对集团化管理的党建工作具有一定的借鉴意义。

另外，集团党委主要从统一接转党员组织关系、统一建立健全组织机构、统一规范落实工作机制、统一推行特色党建载体、统一落实开展各项活动等"五个统一"，着手管理党委所属的各基层党组织工作。要求和步调一致，也是万向党建经验。为了保证党建工作的顺利开展，万向做到五个一，即一本党务工作手册、一支党务工作队伍、一项会议制度、一月一考核、一年一评比。同时，在企业内部网开辟"党建园地"，以党建微信群、QQ群为依托，把集团党委的工作要求及时下达到各支部，确保党务指令及信息的顺利畅通。这些制度把"软任务"变成"硬指标"，效果比较好。

## 二　老书记鲁冠球

**采访者：**鲁冠球被誉为民营企业老总中的"不倒翁"，素有商界"常青树"的美誉，是中国最受尊敬的民营企业领袖之一。作为民营企业家的鲁冠球可谓取得了巨大的成就，那么作为党委书记的鲁冠球又是怎样的呢，您是1986年进入万向集团的，能否谈谈您对老书记鲁冠球的最初印象？

图 2　万向集团原党委书记鲁冠球

**杨燕乐**：鲁冠球对人才的重视，从 20 世纪 80 年代花钱买大学生、出资代培大学生，到为大学生建公寓，所有这些都让我印象深刻。1984 年春天，时任国务委员张劲夫来万向考察，临走时，他问鲁冠球有什么困难，鲁冠球提出想向国家付培养费，买大学生。三四个月后，浙江省委副书记陈法文来电说："老鲁呀，今年有 8 位大学毕业生分配到乡镇企业。"鲁冠球想全包了，省里考虑其他地方的乡镇企业也要，给了 4 位，万向付了 2.4 万元"培养费"。大学生到万向后，鲁冠球要行政科长专门腾出两间房，两人住一间，既少打扰，又可做伴。他还专门为大学生买了 4 辆"永久"牌的自行车，这在当时算是高档车。这一年鲁冠球被评上"万人赞"厂长，奖了一台彩电，他舍不得用，也搬进了大学生宿舍。在那个时候，万向不仅从各大院校吸收大学生，以优厚的待遇从全国各地商调工程师和技术人员，而且还与浙江工业大学、浙江农业大学等合作，出资代培大学生。此外，他还招录优秀的高考落榜高中毕业生送到高校，由万向出资培养，毕业后直接进万向工作。

为了更多地招收学生，万向在企业内为大学生建公寓，筑巢引凤。鲁冠球还经常下车间，在了解产品生产及质量情况的同时，还会问员工工作生活情况。他要求各位高层要"把员工当成特别客户去爱护"，明确指出："我们把每一名员工当成一个独立的市场去开发，当成一个特别的客户去爱护，当成一份稀缺的资源去经营。我们坚信，员工成长了，企业才能成功。"

**采访者**：鲁冠球曾说过："我深感自己从一个普通农民成长为一个社会主义企业家，成为一个劳动模范，靠的是党和人民的培养、社会各界和全厂职工的全力支持。"这体现出他对于党的尊敬、热爱与忠诚。作为一名党员,他在工作、生活等方面是如何要求自己的呢?

**杨燕乐**:鲁冠球是共产主义坚定的追随者。20 世纪 70 年代初,他就提交了入党申请书。由于各种原因,他的申请一次次被挡了回来。虽然入不了党,但他坚持以党员的标准干事业。那时他就要求自己起码要有两个"带头":一个是带头干事,另一个是带头吃苦、吃亏。就连支部书记还总在支部会上讲,党员要是个个像鲁冠球那样,这厂还愁搞不好?直到 1984 年,经过 7 次递交申请书之后,他终于被批准入党。入党后,他干事的热情更加高涨,带领员工发展企业,以共同富裕为奋斗目标。入党后,鲁冠球作为万向领头人,也被许多地方邀请去做报告。他的报告讲实话、接地气,鲜活生动,引人入胜,深受各地群众的欢迎,特别是名为《共产主义的路就在脚下》的报告轰动一时,被组织上邀请到人民大会堂演讲,引起极大反响。1985 年,鲁冠球又得了一笔承包奖。之前两年,他把奖金投入企业的扩大再生产。这两年,企业规模有点大了,资金问题也能解决了,他就决定把 10 万元奖金拿来办学校,用在破烂待修的宁围小学。从那时起,他先后在浙江、重庆、内蒙古等地的贫困地区建了 16 所中小学校。在工作和生活中,鲁冠球责人先责己、正人先正身,做表率,当榜样,鲁冠球总是会干在前面,从自身做起,凡事以身作则。要求别人做到的,他自己先会做到;要求别人不做的,他自己坚决不做。并且,鲁冠球要求党员要做员工的表率,干部要做党员的表率。

**采访者**:作为企业的董事局主席,鲁冠球很早就强调正确处理好国家、集体和个人的关系,把这一问题看作非常重要的问题。那么他具体是怎么做的呢?

**杨燕乐**:鲁冠球认为,只要国家富强了,集体经济实力雄厚了,个人致富就有了大前提、大保证。鲁冠球讲,国泰则民安,民富则国强。国家好,企业好,我们每个人才会好。无论是成才梦、富裕梦,还是成功梦,我们只有把个人的理想与国家的命运交汇,把企业的发展与人类的进步融合,正确理解和准确把握时代的主题,才能乘势而上。企业宗旨是为顾客创造价值,为股东创造利益,为员工创造前途,为社会创造繁荣,即企业作为市场经济的主体,要正确处理社会、股东、顾客、员工的相互关系,不可失之偏颇,四者相辅相成,缺一不可。万向要做的,就是让顾客、员工、股东、社会"四满意"。同时，以此作为万向的公开承诺，以体现出万向存在的社会价值。企业作风为务实、创新、卓越，即从实际出发，创造对社会、企业、员工有益的价值，是万向办企业的根本，故一切行为都需围绕"务实"两字。但要有实效，又必须以"创新"为手段，在组织、制度、决策、管理等方面创新，形成创新机制，才能使企业获得发展与壮大。"卓越"则是一种永不满足、超越自我的精神，只有不断走在时代前列，企业才能有永远的生命力。

另外，企业做到照章纳税，引导员工结合企业目标制定个人目标，与集体共生，企业上下形成"上对国家有利，下使员工受益，外让用户满意，内保企业后劲"的利益共同体。

**采访者：**鲁冠球认为，事业的成功，首先要有远大的理想，要有坚定的信念。1984 年入党之后，他觉得自己的理想又提高了一步。但是人的目标和理想也并非一成不变的，会随着时代发展而变化。您认为鲁冠球在不同时期有哪些不同的目标与理想呢？

**杨燕乐：**鲁冠球说："当初，我想去当工人，犹如今天的农民进城去当'农民工'，是为了摆脱贫困，过上温饱的日子。后来办企业，是为了让全厂职工脱贫致富，同时也能为国家多做一些贡献。现在企业兴旺了，我们不光要看自己的'口袋'，不能只看自己的厂里，更要将目光放得长远一些，要看到厂外，还有多少农民没有脱贫；要看到国家，怎样能为国家做更多贡献。只要对社会有利、对国家有利的事，只要我们力所能及的，无论大小，哪怕是赔本生意，我们也要干。"从解决个人生计到解决周边农民直至解决农民富裕问题，是鲁冠球的理想。

"三农"问题是关系国计民生的根本性问题，农村发展了，农民富裕了，农业现代化了，国家就会越来越富强。基于这种认识，万向一直坚持"以工哺农"。在万向还是一家经营农具加工的小企业时，鲁冠球就希望实现"一村一企"的理想，帮助附近各村办企业，既解决了大量剩余劳动力，又使当地农村家庭走上致富路。他在 1985 年投资几百万元，建农业车间，搞立体种养，为农民做科学示范。20 世纪 90 年代他带领农民养鳗鱼，搞创汇农业。可以说在"以工哺农"这条路上，万向一直不忘初心，矢志不渝。更重要的是，为企业后来开展产业扶贫工作积累了经验，打下了基础。21 世纪初，组建万向三农集团，探索产业扶贫新路子。万向三农以

"公司＋农户"为产业化经营模式，加大资金投入，增加技术含量，以龙头带基地，形成一个个符合现代化生产特征的农业龙头企业，带动当地农民脱贫致富奔小康。近五年来，万向三农集团投资24亿元从事种业研发、远洋捕捞、农产品及海洋产品深加工等，产业涉及种业、杏仁露、远洋捕捞、山核桃、木业、竹业、硝石钾肥等。万向整合科研、生产、市场三大资源，实现科研成体系、生产成规模、市场成网络，致力于建设成为强大的民族企业。通过多年践行，万向在解决剩余劳动力增收、科学种植、粮食食品安全、建海洋强国等领域做出有益的、可贵的探索。目前，万向三农经过努力，在全国直接带动45万余户农民脱贫致富，同时也为乡村振兴、国家民生，为创造就业、农民增收，为当地生态环境保护，贡献了力量。

万向在发展过程中可以分为三个时期，但目标是一致且一贯的。在1999年7月8日万向创业三十周年大会上，鲁冠球提出"奋斗十年添个零"。目标是每十年日创利润增加10倍，到2009年日创利润达到1000万元。这个目标已经实现。2009年7月8日，万向创业四十周年大会上，鲁冠球提出，将"奋斗十年添个零"进行下去。这意味着，要到2019年日创利润达到1亿元。2015年，鲁冠球决定在萧山创一座新"城"——万向创新聚能城。这是一个总投资达2000亿元，面积为8.42平方千米，涉及锂离子动力电池、新能源乘用车、国际金融科技社区、智慧城市CBD社区、研究院等12个重点建设项目，有产业，有科技，有城市，有人文，有着"全新生产方式、全新工作模式、全新生活状态"的未来之城。

**采访者：**鲁冠球说过：党的大事就是我们的方向。他认为，作为一名党员企业家，不仅要担起企业的责任，而且要牢记党的使命。在实际工作中，他努力把企业的目标融入党的伟大目标中，顺应国家的需要，延伸自身的优势，从本职工作起步迈向共产主义理想。在企业发展过程中，他具体是怎么做到的呢？

**杨燕乐：**只要对党和国家有利的事，鲁冠球都干。鲁冠球是农民，他了解农民。农民、农业、农村是党和政府最关心、最操心的大事之一。党的大事，就是党员工作的方向，鲁冠球的一生为此做出了自己的贡献。万向创业之初就开始对农业的反哺。在万向还是一家经营农具加工的小企业时，鲁冠球就希望实现"一村一企"的理想。按照以工哺农的理念，他为附近十几个村办了农业车间，发展循环农业，万向经过多年打拼，始终坚持工业反哺农业，用工业上、国际上赚来的钱发展现代农业。

**采访者：**在万向集团，鲁冠球书记是怎样要求党员的呢？在对待党员与职工群众方面有哪些区别吗？

**杨燕乐：**鲁冠球经常跟党员说的一句话就是：做个党员就要想到自己是个党员，像个党员，而不要混同于一般老百姓。对于那些艰苦的岗位，鲁冠球总是要求党员冲在先。艰苦的担子要让党员挑，艰苦的岗位要让党员顶。

鲁冠球要求每个党员围绕"一天做一件实事，一月做一件新事，一年做一件大事，一生做一件有意义的事"的岗位目标，每年填写《年度党员重点工作计划表》，要求党员对上一年工作做一次自我评价，对当年的工作订个计划，可以是本职工作直接相关的重点工作，可以是过去没有做过而当年准备做的创新工作和实实在在的事。这张表，从党委书记到普通党员，每人都认真填写，并按月对照检查自己的工作。比如，2014年，鲁冠球订立的一项计划是"一百辆公交车顺利安全运行"，一年后，一百辆清洁能源公交车上路并全年安全运行。

**图3　1997年3月6日，鲁冠球在生产车间**

鲁冠球提出，通过设立党员示范岗，开展党员办实事，使党员在岗位上发挥作用，做出榜样，体现先进作用，开展党员思想政治工作责任区，突出党员为员工服务，体现党员责任感和为员工办实事的先进性。我给你举个党员思想政治工作责任区方面的例子：有一年春节，万向精工公司党员刘志雄发现责任区内多年工作都很出色的一位外地员工，班产数量和质量连续多个星期降低，就及时与其进行沟通，了解到该员工在为不符合万向招聘条件的女朋友从老家带来找不到工作而烦恼，立马为其联系附近的外协厂家就业，后来该员工思想稳定了，也能安心愉快地工作，产量和质量都比原来更好。

**采访者**：在党建工作中，如何树立坚定的信仰，养成纯洁的党性，是非常重要的两大课题。鲁冠球书记在这两个方面是如何做的呢？

**杨燕乐**：鲁冠球有着坚定且忠诚的信仰。他说过：没有共产党就没有万向的今天。听党的话，跟党走，踏踏实实地干政府鼓励、政策支持的事儿，确保万向始终走在一条正确的道路上。无论过去、现在还是将来，无论宏观经济好还是不好，无论万向走到世界的哪一个角落，听党的话跟党走，是我们永远不变的信念。同时，鲁冠球也养成纯洁的党性。鲁冠球自己做到且要求我们的党员，在思想上、精神上，需要有更加清醒的头脑和高度的警惕，需要大家全神贯注地修炼自己，克服不健康的欲望，远离一切低级趣味的东西，保持良好的品行和高尚的情操，这也是我们共产党员应有的尊严。

**采访者**：鲁冠球书记经常强调企业的社会责任，他认为企业承担社会责任已经从一种美德变成一种必须，一个包含了社会责任因素在内的全面的责任竞争时代已经到来。在承担社会责任方面，他是如何做的？能否举例谈谈？

**杨燕乐**：鲁冠球认为：企业只有实现经济、环境和社会效益的平衡发展，对整体利益、长远利益、公众利益全面负起责任，才能够在责任竞争的时代赢得优势。一个不会赚钱的企业不是一个合格的企业。但是一个只会赚钱、抛弃公众利益的企业，必定是一个被淘汰的企业。企业危机往往是因为忽视社会责任而起。任何企业都不能在公众利益之外独立发展。我们坚信更高的利润率与更强的道德意识紧密结合，才能赢得更持久、更美好的未来。财富从社会中来，必定要回到社会中去。企业财富只有与社会责任相结合，才能够赢得社会的尊重，转化为企业的竞争力。没有社会责任的企业，不可能有竞争力，有竞争力的企业，必定是以履行社会责任为前提的。不做坏事是我们社会责任的底线。万向创业几十年，奉公守法，诚信经营，我们始终坚持越是困难越要坚守商业道德，越是危机越要为利益相关方着想，同舟共济。

2010 年 5 月 26 日，鲁冠球在北京人民大会堂参加了 "2010 中国工业经济行业企业社会责任报告" 发布会。会上，万向发布了第一份社会责任报告，展示了我们 "为顾客创造价值，为股东创造利益，为员工创造前途，为社会创造繁荣"的责任理念和实践，受到广泛的好评。

2003 年 5 月，鲁冠球在北京开会，看到《人民日报》登了一条消息《湖南洞庭湖区"小龙虾"成生态公害》，消息里说每到春天，那里的小龙虾成群结队，把农民种的庄稼肆意糟蹋，农民心急火燎，却无法对付。鲁冠球的想法是，这件事一定很大，否则也不会上中央党报的版面。鲁冠球立即派员实地考察，原来在洞庭湖一带，小龙虾横行，在江西鄱阳湖一带，小龙虾更是泛滥成灾。鲁冠球拍板，万向到当地建一个小龙虾加工厂，变害为宝，既可驱除灾害，又能为当地农民增加收入，这事值得做。一年后，在鄱阳湖畔，一座现代化的花园工厂——鄱阳湖农业综合开发有限公司建成。

万向除了坚持工业反哺农业，参与农村扶贫开发、产业投资外，还参与政府组织的各类公益慈善活动；设立万向慈善基金、万向学院教育基金、鲁冠球三农扶志基金等；捐建学校、医院、敬老院、民房等，体现了"创造财富，回报社会"的信念，主动承担社会责任。万向累计用于公益慈善的支出已超过 13.2 亿元。

从 2000 年开始实施的"四个一万工程"（现已更名为鲁冠球三农扶志基金"四个一万工程"）：要资助一万名孤儿成长、一万名特困生读书、一万名残疾儿童生活、一万名孤老养老。该项目实施以来已覆盖全国 21 个省（市、区）、222 个县（区），受助人数超过 47000 人，仅此一项资助金额就超过 2.94 亿元。

**图 4　万向青年志愿者走访受助学生**

**采访者：** 鲁冠球书记对于时间的管理和把控非常重视，珍惜每一分钟。能否给我们说一说他珍惜时间的一些例子呢？

**杨燕乐：** 鲁冠球强调要利用好业余时间提升自己。为了节省时间，摆脱低级趣味，多花时间用于读书学习，可以说，他的业余时间全部用于学习和工作。每个人一天都是 24 小时，1/3 的时间工作、1/3 的时间休息，大家差异不是很大。但是，另外 1/3 时间的利用和支配，差异就大了。鲁冠球每天早晨 6 时起床，6 时 50 分到公司上班，18 时 45 分回家吃饭，19 时看《新闻联播》《焦点访谈》，20 时处理白天没有处理完的文件，21 时开始看书、看报、看资料。22 时 30 分感到疲倦的时候，冲个澡再继续学习，24 时上床休息。天天如此。可以说鲁冠球每天工作 16 个小时，珍惜每一分钟。

**采访者：** 鲁冠球重视思想政治教育，提出在企业中要"两袋投入"，不仅要有"口袋"即物质的投入，更要有"脑袋"即精神文化的投入，此举受到省委肯定并在全省推广。鲁冠球所说的"两袋投入"中的"脑袋"投入具体有哪些形式？取得了哪些效果呢？

**杨燕乐：** 鲁冠球说"脑袋"投入，主要是积极开展思想政治工作。思想政治工作是一种投入少、见效快、收益高的投入，具有先进设备起不到的作用，能收到大量的投入达不到的效果，只能加强，不能削弱。

鲁冠球说，通过思想政治教育，教育员工爱祖国、爱共同富裕的集体，只有国家富强、企业效益高、自己勤奋，个人才能富起来。同时，也要把科学技术等知识"投入"进去，不断组织员工学新技术、新知识，提高文化知识水平，全面提升素质。企业花钱与浙江工业大学、浙江大学合作办班，培养高层次人才，提升员工素质及管理水平，助推企业发展。万向在思想政治工作方面抓得特别紧，不定期开展不同岗位的职业道德培训，开设道德讲堂，党员有固定的学习内容，在群团活动过程中加强思想政治教育。思想政治工作在提高人的思想道德素质、促进人的全面发展方面具有独特的功能，是任何社会活动都无法取代的。

**采访者：** 万向集团之所以能够发展壮大，取得如此辉煌的成就，和鲁冠球书记在集团党建方面的努力密不可分。那么鲁冠球书记是如何抓党建工作的，党建工作又是如何促进企业发展的呢？

**杨燕乐：** "党建是管理的生命线"，鲁冠球不仅学习政治，而且将政治智慧运用到企业经营管理中，通过集团化党建管理要求，围绕一个中心、两大核心工程，开展党员办实事等特色活动，团结带领并调动各党组织及党员发挥作用，促进企业生产经营发展。比如在 1999 年，万向与濒临倒闭的武汉国营 9603 厂合资成立武汉制动器公司，成立之初，在全套引进万向集团生产管理、市场保证、财务管理等制度及万向文化的同时，组建了由总经理任支部书记的党支部。在党组织的引领及新任班子的努力下，公司产品质量终于得到神龙公司认可，公司终于脱困，很快步入良性发展的轨道，企业目标明确，管理有效，员工工作稳定，收入增加，更感受到发展前景，干劲十足。仅几年后，该公司就进入湖北省工业企业五百强行列，成为武汉市的示范企业。

**采访者：**党的力量来自组织，组织能使党的力量倍增。在鲁冠球书记带领下，万向集团党员队伍也在不断扩大，全面提升了基层党组织战斗力，先后获得多项荣誉。能否谈谈鲁冠球书记是如何逐步提升党组织凝聚力，进而提升企业的向心力的？

图 5　鲁冠球为万向集团党员上党课
（摄于 2013 年 7 月 1 日）

**杨燕乐：**鲁冠球通过不断创新党建工作载体，提升党组织凝聚力，进而提升企业的向心力。鲁冠球坚持在每年的"七一"建党纪念会上，结合时事以及企业经营实际为党员干部上党课，向全体党员提出党的新要求，激励党员尽好责任。为了更好地发挥党员作用，在鲁冠球的倡议下，从 1996 年起在企业开展"党员办实事"活动，坚持每月有通报，每季有交流表彰，引导更多党员参与到"为企业多办实事，为社会多做善事"的活动中来。我给你举个例子：万向节厂党员王锡明，针对锻造部进口 50KJ 电液锤、主锤杆断裂，经询问进口备件需 12 万元（款到发货、且周期要 2 个月左右）后，他会同车间同事对断裂件测绘尺寸、分析材质，以国产替代（2.9 万元），不仅节约成本 9 万多元，还节省了停机等待时间。

近 20 年来，集团党委每年积极号召并组织党员、团员、员工参与无偿献血专场活动，累计约 4500 人次参加，献血量合计超过 115 万毫升，为本地血库储备贡献了一分力量，体现了万向员工奉献爱心，勇担责任，回报社会。同时，在企业内设立党员示范岗，体现党员的先进性；开展"党员青年政治辅导员"活动，用"年轻人做年轻人的工作"，把青年员工管理好、引导好；开展"党员思想政治工作责任区"活动，引导党员为员工服务，党员在责任区内真正起到做"知情人、沟通人、上情下达、下情上通"的桥梁作用，进一步密切党群关系。把党员教育培养好，发挥应有作用，党组织凝聚力随之提升，把员工服务好，使员工在企业快乐工作、生活，企业向心力自然提升。

**采访者：**鲁冠球不管是作为一名企业家，还是作为党的一个干部，都表现出了近乎完美的人格和崇高的境界，那么他的这种品质对于员工和党员们产生了哪些影响呢？

**杨燕乐：**鲁冠球的独特品质，对员工和党员们的影响力是多方面的。比如自重的精神：自己尊重自己的人格，不说假话，不说大话，诚实守信，善良正直，不做自己办不到的事情；自励的精神：时刻以党性原则和道德规范激励自己，不为名利所累，不做金钱的奴隶，修身养德，以德树威，以德服人，努力使自己成为一个道德高尚的人、一个对社会有意义的人；廉洁的品质：我们大家要警钟长鸣，木鱼常敲，防微杜渐，莫存一分非分之想，莫占一文不义之财，以公生明，以廉生威；还有诚信、敬业的品质："外树诚信形象，内育职业道德""人人头上一方天，个个争当一把手"。万向文化中的"不赶时髦，不搞形式，不讲假话，走自己的路，圆自己的梦"，"以勤砺志，以俭养德"等等，细品后都能提升一个人的素质。

**采访者：**您进入万向集团比较早，在多年和鲁冠球书记共事的过程中，您能否讲述有关他的细节或者故事？

**杨燕乐：**这样的故事有很多。从20世纪90年代起，企业每发展一名党员，都要求党务工作者深入车间了解其工作表现、生活作风，还要听取家庭邻里和睦评价等，确保吸收到党组织的人员是先进的、优秀的且有很好口碑的，从严把好入党第一关。

鲁冠球始终坚持"以人为本"，涉及员工切身利益的相关制度、重大决策提交职代会讨论，广泛征求员工意见。在2008年前后的国际金融危机时期，全球经济持续恶化，企业订单减少，尽管这样，鲁冠球依然承诺"不裁员、不减薪、不降福利"的"三不政策"，大家齐心协力，共渡难关，不仅维护了员工利益，也增强了企业的向心力，促使企业在经济形势好转后快速发展。爱护关心新进员工，每年过年之前，都会为新进大学生家庭寄慰问信，并给大学生父母寄慰问金，让家人放心孩子，让孩子们安心在企业工作。如 2016 年 5 月，鲁冠球得知万向精工一位普通员工突患重病，急需大额治疗费，随即安排工会送去 10 万元，10 万元虽不能够全部满足所需，但也是公司的一份心意，是公司对员工的关爱，是给生命一个新希望。万向员工参与送温暖献爱心捐款、结对助学、无偿献血，以及在他人有天灾人祸时提供帮助的好人好事，每月都有很多。鲁冠球倡议以《员工爱心本》记录员工爱心善举，一件爱心事发放一张"爱心卡"，不仅使员工积极参与，树立"企业内——优秀的万向员工，企业外——文明的社会公民"的良好形象，而且带动家庭成员共同参与，多为社会做善事。

## 三　万向集团党建特色

**采访者**：万向集团党建工作围绕"一个中心"，实施"两项工程"，能否具体谈谈这两点内容？

**杨燕乐**："一个中心"就是强化党建引领，助推企业转型升级、高质量发展。强化党建引领，通过扎实党建工作，抓好企业的生产经营，调动员工主动性、积极性和创造性，助推企业转型升级、高质量发展，并确保万向始终走在一条正确的道路上。"两项工程"则是"人才素质工程"和"党员先锋工程"。万向提出"在干部中发展党员，从党员中选拔干部"，以党的纪律约束干部的言行。工程实施后，万向中层以上干部中，共产党员比例高达 90% 以上。

**采访者**：万向集团党建用好"五大载体"，即：书记上党课，党员办实事，党员思想政治工作责任区，党员政治生日勉励，党员青年政治辅导员。能否给我们说一下这几大载体分别有哪些内涵？

**杨燕乐**：在每年建党纪念会上，书记都要结合时事以及企业的生产经营活动为党员干部上党课，向全体党员提出党的新要求，激励党员尽好责任。党员办实事，鲁冠球点评："讲真话、干实事"是万向企业精神，并逐步成为员工的自觉行为。在这个过程中，党员始终是以榜样的力量，示范的效果，让一件件实事在员工身边发挥出层层感动、层层传递、层层引领的表率作用，员工收获激励，企业收获成长。现在，万向党员办实事的传统已有20多年，还将持续下去，发扬光大，造福社会。党员思想政治工作责任区，鲁冠球点评：任何工作都要有责任区，思想也不例外。党员思想政治工作责任区就是落实责任，将员工的思想观念、价值取

图6　万向某支部委员向党员送政治生日贺卡

向、精神风貌等纳入党员的责任范畴，统一规划、分散管理、虚事实办，有责必负、失责必究，确保员工思想与时俱进。党员政治生日勉励，鲁冠球点评：每个人都庆祝自己生日，感谢父母给予生命。我们给党员过政治生日，就是让大家感谢党组织给我们政治生命，不忘自己政治生命之本，让政治觉悟建设生活化、人格化、形象化，确保政治生命更健康。党员青年政治辅导员，鲁冠球点评：通过"年轻人做年轻人的工作"，深入基层做好主题宣传，共同提高思想素质和觉悟，为广大团员青年传递了正能量，团结并凝聚青年员工创新、创造，发挥了积极的作用。

**采访者：** 万向集团党委不断创新活动方式开展系列活动，发挥好"四大作用"即发挥了政治引领和政治把关作用、提升了优秀文化、促进了和谐劳动关系、增强了责任担当。您能否结合具体事例谈谈"四大作用"？

**杨燕乐：** 发挥政治引领和政治把关作用：坚决拥护党的领导，平时要求广大党员时时注意自己的言行，处处体现党员垂范，切实发挥党组织的政治引领作用。做好政治把关，在党员培养发展、干部聘任、优秀员工总结评比、出国考察审批等方面，做好前期的组织考察，确保推荐、确定的对象政治过硬。

提升优秀文化：坚持党建文化引领企业文化，形成以"廉洁""诚信""开放"为重要内容的万向文化。经过51年的持续实践、提炼、升华，万向文化在企业内真正起到激励人、规范人、约束人、凝聚人、回报人的积极作用。

促进和谐劳动关系：坚持"党建带群建"，抓好员工的凝聚力工作。

推进企业民主管理，领导工会维护员工权益，构建和谐劳动关系。

增强责任担当：坚持产业引领精准扶贫，是万向责任担当的重要实践，如设立"鲁冠球三农扶志基金"、参与"千企结千村，消灭薄弱村"等；奉行"创造财富，回报社会"的理念，实施各项公益活动，帮助弱势群体学习、生活，如"四个一万工程"等；员工参与，体现"关爱他人、服务社会"公益精神，如"送温暖献爱心"捐款、结对助学、无偿献血等。

**采访者：** 万向集团特色党建取得哪些工作成效？作为支部委员，接下来您还有哪些设想呢？

**杨燕乐：** 扎实的党建工作，充分发挥了党组织和党员的作用，促进了万向创业51年来，连续超过200个季度盈利，助推了企业转型升级、高质量发展。万向集团党委将在鲁伟鼎书记的带领下继续贯彻党的十九大精神，坚持以习近平新时代中国特色社会主义思想为指导，坚定听党话、跟党走，不忘初心，牢记使命，让"奋斗十年添座城"将"奋斗十年添个零"持续推进。具体工作中，集团主要围绕三件事：一是规划好、启动好万向创新聚能城；二是组建好股份制公司；三是学悟好、实践好鲁冠球精神。强抓党建，为水更清、天更蓝、空气更清新、企业更高质量发展做出努力。同时，在发展壮大企业的同时，不忘回报社会，勇担社会责任，在产业扶贫、联乡结对等方面，为农民脱贫做出努力，继续做实"四个一万工程"，为全面建成小康社会贡献一分力量。未来，要让万向慈善的种子在"一带一路"沿线生根发芽，茁壮成长。

**采访者：** 您认为非公企业党组织在管理上怎样才能发挥出应有的作用？

**杨燕乐：** 万向坚持的"集团化党建"管理模式，有助于党委对各基层党组织的管理。同时，为真正发挥作用，工作中必须把握以下几点：

其一，领导重视，目的明确。党委书记或党支部书记对党建工作的重视程度决定着一个单位党建工作开展的实际效果。党建工作的开展一定要围绕企业的生产经营、企业发展，才能充分发挥党组织和党员作用。

其二，网络健全，制度保障。支部网络必须健全，同时要有一支热心党务工作，熟悉党建业务，政治思想、道德品质、工作能力都比较强的、在群众中有一定威信的党建工作队伍，确保网络（支部）发挥作用，同时有一整套可执行的党建工作制度及时间、经费保障。

其三，创新载体，虚事实办。要有本单位独有的创新载体，即做好上级"规定动作"外，要有适合本单位实际的"自选动作"，即创新举措，并通过开展系列活动，进一步增强党员的参与意识和责任意识、为员工办实事的服务意识，做到"虚事实办"。

其四，持之以恒，必出成效。每项工作的开展必须做到持之以恒，如万向自创的党员办实事、思想政治工作责任区等活动每月开展，定期表彰，长此以往，必能达到服务生产的目的，从而促进企业的发展。

**采访者：**您觉得现阶段非公有制企业党建主要面临哪些挑战？又该如何应对呢？

**杨燕乐：**挑战来自多个方面。其一，一些企业对党建的重视程度不一。部分企业知道党建工作的重要性，但对党建工作流于形式、浮于表面，没有将党建工作落到实处，企业总经理偏向关注企业经营发展，对党建工作重视不足。其二，党建工作方式方法单一落后。党组织活动缺乏多样化，活动枯燥平淡，特别是年轻党员员工参与性不强。其三，缺乏专业的企业党建工作人才。目前部分企业党建工作者往往由企业人事或行政人员、综合管理人员兼任，他们的工作本来就琐碎繁多，无法专注于企业的党建工作，企业党建工作很难有效执行。其四，外部思潮的挑战。受社会各界和全球思潮影响，党的思想不去影响或引领他们，必将被其他思潮影响。其五，智慧党建举措不足。虽然现在浙江省率先推出"全国党员管理信息系统"，杭州市也推进"西湖先锋"智慧党建系统，但现阶段使用推广力度不够，且局限性也强，主要功能就是信息管理及组织关系转移，面不够广，功能还不够强。

**采访者：**2020 年是特殊的一年，在疫情防控阻击战的伟大斗争中，涌现出很多优秀的组织和个人，也彰显出非公企业党建工作的强大威力。面对新冠肺炎疫情，万向集团党委是如何发挥集团各党支部战斗堡垒和党员先锋模范作用的呢？有没有令您印象特别深刻的人或事情呢？

**杨燕乐：**在今年（2020 年）抗击新冠病毒过程中，集团党委坚决服从党中央统一指挥、统一协调、统一调度，做到令行禁止，打赢这场人民战争、总体战、阻击战。企业是社会的细胞，万向做好疫情防控，就是为社会负责，替国家分忧。

面对疫情，集团高度重视，相信员工，早在 2020 年 1 月 23 日、1 月

31 日就先后下发通知，按照党中央、国务院的通知精神，延长假期，隔离防护，切实做好疫情防控工作。要求各公司、部门，坚持员工第一，落实各单位按要求摸排员工信息、做好健康监测、做实环境卫生等工作，把好入门关、内部防控关、应急处置关。在严格落实各项疫情防控措施的同时，万向党员、各级负责人带头，员工主动担责，创新工作方式，按照"时间与数据的目标管理"要求，"唯有绩效与目标"，要事为先，布置落实好各项工作。

以用户为中心，各单位市场部门积极与客户沟通，争取理解支持。防疫期间，企业日常工作有序开展，为顺利实现全年目标做好准备、夯实基础。从严从紧抓实抓细常态化疫情防控，万向为打赢这场没有硝烟的"战争"，一直在尽最大努力，真正做到精密智控防控疫情与生产经营两不误。万向系统杭州分公司独家供货，为 JL 汽车和 BF 汽车提供医疗救护车和运输车关键零部件。2020 年 1 月 27 日、2 月 4 日，公司先后收到上述两家主机厂的需求，需要供应负压救护车和医疗运输车汽车制动助力器，用于抗击此次新冠肺炎疫情。公司提前做好复工准备，采购防疫物资，落实防疫措施，2 月 10 日以本地员工为主力实现复工生产。公司开足现有生产能力，加班加点生产，全力满足订单需要，为全国抗击新冠肺炎疫情贡献自己的力量。

印象深刻的是，集团从关心员工、对员工负责、对企业负责、对社会负责角度出发，主动与检测机构对接，从 5 月上旬起，邀请检测机构到企业为全体员工做新冠病毒核酸检测，确保员工安全。在附近大型企业中，安排全员检测，万向应该是首家。

**采访者：**2021 年是中国共产党建党 100 周年，这 100 年是摸着石头过河的 100 年，也是艰难困苦玉汝于成的 100 年。回顾党的历史，再结合您的学习、工作经历，您对中国共产党未来的发展有哪些期许，又有哪些建议呢？

**杨燕乐：**党政军民学，东西南北中，党是领导一切的。坚持党的领导，首先是坚持党中央权威和集中统一领导，这是党的领导的最高原则，任何时候任何情况下都不能含糊，不能动摇。作为一名在企业工作的党员，做好本份守住底线，主要体现在"敬党爱国拥企"六个字上。在建党 100 周年时，我希望我们伟大的祖国，在中国共产党的领导下，经济更加繁荣，制度更加完善，人民生活更加富裕。这需要我们每一位党员不懈努力，加油干！

# 尽力做好新时代社区工作

## ——王钢梁口述

采访者：陈鸿超、李永刚、钟丽佳　　　　整理者：张静

采访时间：2020 年 7 月 28 日　　　　采访地点：萧山区北干街道星都社区城市书房

王钢梁，男，1975 年出生，杭州萧山人，1995 年入党，大学本科学历，毕业于浙江工业大学精细化工专业，历任杭州维纳斯香精香料有限公司副总经理、杭州萧宏建设集团有限公司项目经理、杭州萧宏化工有限公司副总经理，2007 年投身社区工作，历任北干街道星都社区治保主任、书记。

王钢梁

## 一　个人背景

**采访者：**王书记，您好！很高兴您接受我们的采访。改革开放以来，萧山居民安居乐业，生活水平快速提高。您是萧山居民社区发展的见证人，我们希望您谈谈萧山社区的发展历程。首先请您简单地介绍一下个人情况。

**王钢梁：**我是萧山本地人，出生于 1975 年 2 月 16 日。我在上大学之前一直在本地求学。大学毕业以后，我总共做过三份工作。一份是有关香精香料的；一份是在萧宏集团，其中在萧宏集团两个单位工作过，一个是搞基建的，一个是搞化工的；第三份工作就是到这里做社工了，从 2007 年 8 月份一直到现在。

**采访者：**您小学及初高中就读哪些学校？请问这之中有哪些老师给您

留下深刻的印象？他们给您怎样的影响？

**王钢梁**：小学六年加上初中三年总共九年我都是在杭二棉子弟学校就读，杭二棉子弟学校就是现在金山小学的前身。高中我读的是萧山中学。

小学和初中我有幸遇到过两位我觉得蛮好的老师，其中小学的时候有一位老师姓赵。赵老师是浙江美院也就是现在的中国美院毕业的。当时赵老师教我们美术，同时还自己搞创作。搞创作之余，她在我们学生当中挑了几个，给我们做美术辅导，教我们从基础学起，包括素描、写生等。在这个过程中我感受到两点：第一点就是她对于职业的追求，第二点是爱心。因为这个美术辅导全部都是免费的，教室是她从学校申请的，教具都是她自己出钱买的，我们也不需要掏任何培训费。赵老师给我们辅导完全是出于她对绘画事业的热爱与追求，带领着学生一起来领略艺术，让我们也喜欢绘画。这对我的触动非常深，赵老师不仅自己热爱艺术，并且将这种热爱传递给学生，我觉得她作为老师，非常敬业。

另外一个就是初中的语文老师王慧英，这个老师专业非常出挑。我们刚刚从小学升初中的时候，她认为我们的语文基础非常薄弱，然后就把我们几个对语文有兴趣的学生挑了出来，给我们免费加课。加课的内容都是课外知识，对我今后加深对文学的理解、提升汉语知识基础都是非常有帮助的。除此之外，王慧英老师所展现出来的独立思考精神，对我现在的影响也是非常深的。我们星都社区之所以做城市书房、青少年宫分馆这些萧山首创的社区项目，是和我对社区今后发展方向的独立思考分不开的，而这个独立思考精神就是从王慧英老师那里传承过来的。20世纪80年代的教育环境，能够启发同学去独立思考的老师并不多。也正是由于她的教导，后来我们这个班的学生参与语文竞赛有三个获得浙江省一等奖，我是我们当年高考全萧山语文最高分考生，基础都是在那个时候打下的。

**采访者**：您儿时萧山的社区生活是怎样的？

**王钢梁**：社区这个概念是早就有的，但是我们国家社区制度的推广是从2000年开始的。所以当时还没有形成现在的社区，当时所谓的社区也就是居民区了。

我所生活的村子叫荣联村。荣联村是当时很具有代表性的一个村，为什么这么说呢？因为在我的儿时，城市还很小，还处在农村"包围"之中。荣联村作为一个村子，它有着传统村子的特点，即所谓的"阡陌交通，鸡犬相闻"。但它又是一个市郊村，投射着社会的变迁。荣联村旁边是萧山三大国营厂之一的杭二棉，[①] 村里人有些进国营单位工作，有些出去打工，有些做生意，有些到乡镇企业工作。总之，在我十几岁的时候绝大部分人都农转非了。

实际上我儿时生活的环境有两种社区形态。第一种社区形态完全是荣联村这样一个农业农村的情况。而另一方面，荣联村挨着杭二棉，杭二棉有很多宿舍，那个时候杭二棉工人的管理模式就是所谓的居委会，这是第二种社区形态，我的小学、初中就是在这种城市社区中完成的。

我儿时这两种社区生活都经历过。首先我们村里面的社区生活一般就像老的宗族村社。但因为我小时候上学都在杭二棉子弟学校，很多同学都生活在城市社区，我经常到他们家里去，所以居委会这个模式的社区生活我也经历过。不少同学当时住单元房，那个时候大

图 1　杭州第二棉纺织厂

多数是仿苏式红砖筒子房。家长都在杭二棉厂子里上班，八小时工作制。八小时之外工人可能有自己的事要干，做家务或者去旅游等，生活已经非常现代化了。孩子们白天上学，放了学以后跳皮筋、踢毽子等。我们农村里面的孩子就是打弹子、射箭、在村里面的操场上玩抓人游戏。农忙时节我们可能会去帮帮忙，农闲时节我们可能会去田里偷豆子。杭二棉创办的时候征用了我们村的土地，所以我们村里面有一部分人到杭二棉做工人，像我爸就是杭二棉的工人。他平时在杭二棉上班，下班以后在家里的承包田中务农。也就是说我爸这一代过的是耕工兼顾的生活。

---

① 杭州第二棉纺织厂始建于 1958 年，是浙江省最大的棉纺织厂，文中简称杭二棉。

**采访者**：您大学就读于浙工大精细化工专业，能给我们讲述下大学里有哪些难忘的事吗？精细化工专业背景给您日后工作带来哪些影响？

**王钢梁**：选这个专业完全是偶然，那个时候两眼一抹黑，不知道到底选什么专业。我爸作为工人，希望我吃技术饭，能安稳一点，所以挑了个化工的专业。而化工前面带了精细两个字看起来又高端大气上档次，所以就选了精细化工专业。

大学期间我是比较活跃的，可以说是"五好学生"，课程之外学校体训队之类的组织我都有参加，我还参加过省运会，得过名次的。大学期间让我比较难忘的应该是"凤凰之旅"，这是由我和一个上海财经大学的同学一起组织的。所谓"凤凰之旅"就是我们学生拉赞助，然后帮赞助商做社会调查。我们当时拉的赞助是上海凤凰自行车厂，他们赞助了我们每人一辆自行车。这个自行车还是当年奥委会主席萨马兰奇到中国来的时候送给中国最优秀运动员的礼物，在凤凰自行车厂定制的。当时剩下的，就给了我们。

参与这个活动的浙工大学生就我一个，此外还有上海财大三个同学，复旦大学七个同学。我和上海财大一位同学到北京去，上海财大另外两个同学是到四川去，复旦七个同学是到浙江来，我们分成三路去做市场调查，也作为我们的社会实践活动。我们两人从上海骑车到北京，然后在北京玩了一个礼拜后回来。这个活动是蛮难忘的，对我后来的影响也是蛮大的。这种活动的组织也好，经历也好，都是一生宝贵的财富，对我走上社会后自信心的提升也是有蛮大帮助的。

**采访者**：您毕业后的第一份工作是什么？

**王钢梁**：我的第一份工作是在杭州维纳斯香精香料有限公司，它当时是一个乡镇企业。我们那一届是1997届，我刚刚毕业的时候，正好大学生政策开始转变，我们这一届是第一届不包分配的。但是我记得当时我还是到区里面的人事科报到，由人事科给我们推荐工作。同时我自己也在找，原来是说好了去环保局，但是人事科的人给我推荐了萧山一个比较大的公司，当时也算是集团了，就是维纳斯。他们要进行多产业扩展，其中要兴办一个香精香料公司，人事科说让我去看看。我和他们董事长以及香精香料公司的总经理都见了面，我觉得他们还是干事情的人，我就决定不去环保局了，去他们公司里面干几年再说。后来，这个香精香料有限公司从筹建一直到运营，整个过程我都有参与。

**采访者：**从1997年大学毕业到2007年，您曾在杭州维纳斯香精香料有限公司、杭州萧宏建设集团有限公司、杭州萧宏化工有限公司等单位工作，您能给我们简要讲述下这10年的工作经历吗？

**王钢梁：**当时我参与了香精香料有限公司的筹建，总的时间是从1997年7月份到2000年1月份，三年半多一点。在香精香料有限公司的那段时间可以说非常辛苦，当然也有声有色。香精香料这个行业在我们国家起步比较晚。筹建开始时，我主管供应，后来除了财务之外，其他也都有涉及。对于小企业来说技术是比较要紧的，所以后来我在技术方面花了很大的力气，和当时行业里面的技术人员都打得火热。这个行业国内外的知名公司、行业技术泰斗我都有过交流。国内唯一的研究机构——上海香料研究所，我当时和他们的关系也非常好，每个礼拜我基本上都要跑两三趟上海，非常辛苦，但是也非常有意义。这样做下来以后，我觉得这个行业摸得差不多了，就想接受其他挑战，所以就到萧宏建设集团去了。

到萧宏建设集团的第一份工作是在温州办事处。那时基建市场刚刚放开，允许外地建筑企业进入本地，我们就在进温州的第一批企业当中。我在温州干了三年半，像温州高教园区就有两条路是我们做的。当时丽水也属于我们这个办事处，其中做丽水囿山路的时候，非常艰苦。我记得那个时候已经是年底了，囿山路工期又非常紧，然后我除了跑工地之外还要跑公司，跑温州。那段时间我有十五天没上床睡觉，累了就在桌子上趴一下。这是我在萧宏建设集团工作的情况。

后来萧宏集团买了块地皮，有89.757亩，外带一个水库，要做化工厂。我被派去筹建，从筹建开始到后来投产，也工作了差不多三年半的时间。我在化工厂担任副总，员工最多的时候也有百来号人。但是工作是在建德，我当时结了婚，也有了小孩子了，考虑到那边毕竟比较远，照顾不到家庭，所以就选择回来了。

## 二　投身社区工作

**采访者：**请问是什么原因，从2007年您开始转换到社区工作呢？

**王钢梁：**我来到社区工作也是一个偶然的机会。原先我在建德工作总是和家人分居两地，有了孩子以后孩子也需要照顾，但是我每个礼拜可能也就回来一次，忙的时候可能半年才回来半天，非常不方便。当时我丈母娘跟她所在的社区关系比较熟，有一次刚好社区招工，她就跟我说："我看他们社区好像没什么事情，很轻松的，你去考考吧。"这一次招考其实就是我们萧山第一次面向全社会招社工，是第一次人社局正规的招考。我在一百多个人里面考了第二名，然后就进来了。当时我也没有其他的想法，就是认为回家了，家里面照顾得到了，这份工作可能也比较轻松，那么就过来了。

**采访者：**刚从事与之前专业不相关的社区工作，您是如何适应的？有没有遇到困难？是如何克服的？

**王钢梁：**当时社区工作的要求，现在看起来还是比较低的，无所谓适不适应。十年的社会工作经历使我觉得在当时的社工中已经是阅历比较丰富的了，所谓的风浪也都经历过一些了，所以社区的工作没什么不适应的。记得第一天报到以后，我马上就接到一个任务。当时我们沁茵园小区，开发商管理了一段时间物业以后要撤走，但是还有很多历史遗留问题没有解决，所以业主不让他们撤。这件事房管处和街道已经协调半年了，没有协调好。刚好第二天有一个协调会议，领导就让我去听听看，听完以后就让我负责处理了。我花了一个多星期协调，最后说动大家各退一步签了协议，算是把这件事情处理完了。

**采访者：**2007年，您开始担任社区治保主任，您能给我们讲述下当时治保工作的情况吗？

**王钢梁：**当时已经有了"上面千条线，下面一根针"的说法，治保主任的工作内容有很多，但主要就这么几条。其中综合治理是大头，综治包含的内容比较广，也没有像现在分得这么细，具体包含什么，很难讲。我举个例子，现在我们社区里面专门设了一个岗位，叫物业管理。它现在已经是作为单线列出来了，但是当时物业管理就是综治里面的一项工作内容。还有城管工作，当时也在综治底下，没有独立区分。总的来说，日常的综治工作差不多就是纠纷协调、小区管理等。除了综治以外，治保主任主要还要负责信访纠纷、消防安全这些工作。

**采访者：**您刚进星都社区，当时总共有多少小区？居民结构是怎样的？发展至今有哪些新变化？

**王钢梁：** 我刚来星都社区的时候是 2007 年 8 月份，当时我们的社区已经有 7 个小区了。居民结构以萧山本地的居民为主，这些本地居民很多是非城区户口到城区买房的。目前，除了这部分人以外，新杭州人很多。我们这个社区住宅有 2400 多户，同时单身公寓也有 2000 多户，现在单身公寓还在增加，这些单身公寓住的大部分是新萧山人，所以现在的人员结构就对半分了。我们社区还不是最典型的，像北面江南星城这些社区更加典型，住户绝大部分是新萧山人。

**采访者：** 您刚入职社区时待遇怎样？经过十几年有怎样的提高？

**王钢梁：** 我入职之前的工作工资六千左右，刚到社区时我记得工资是六百吧，现在又涨到六千多了。2007 年的时候六百块是什么概念呢？1997 年我的第一份工作，见习工资就有一千。所以当时我们社工的工资待遇是非常低的，它基本上就是一种半公益性质的工作。但是后来我们

图 2 星都社区党群服务中心

这一批社工进来以后制度逐渐完善了，待遇也在逐年提高。像 2019 年我们调了一次工资，调完工资以后我现在也有六千多了。

## 三　新时代的社区发展

**采访者：** 作为萧山区环境监管网格划分星都社区第一网格网格长，请问社区的环境监管主要有哪些工作？

**王钢梁：** 网格这个思路还是习近平总书记在浙江做省委书记的时候提出来的，划分网格的目的就是要把社会的基层治理做细。我们社区原先划分成两个网格，2019 年的时候是三个网格，现在我们调整成了五个网格。网格的职能是比较广泛的，实际上到目前为止也没有一个详尽的权威的定义，综治等都是题中之义。划分网格以后我们现在的社区基本

上每一个小区都设置了一个责任社工，这个小区里面发生的所有事情，他都要第一时间知道，能够处理的都要第一时间去处理。而环境监管也只是网格工作的一项，与环境监管最贴紧的工作也就是五水共治，比如说河道管理。除了河道监管以外，其他的还有油烟、噪声扰民、拆违工作等。

**采访者**：星都社区是萧山第一个进行小区合并、建设社区城市书房、少年宫分馆等三社联动项目的小区，您能讲述下具体情况吗？

**王钢梁**：我们星都社区做这些项目主要基于两点：一个是随着现代社会发展伴随而来的居民需求的发展，另一个是我对社区今后发展方向的理解。

小区合并这个事情就在我们社区的国悦府、璟悦府，是萧山第一个。原先国悦府和璟悦府都是杭二棉的地块，后来搞城市开发时这里是同一个地产商做的，建成以后也是同一个物业管理的。当时业主也有把两个小区合并起来的需求和想法，因为两个小区分开太小了，像璟悦府住宅只有146户住宅、12户店铺。虽然小区合并没有先例，但是杭州的物业管理条例是允许物业合并和分割的，所以我们想试试看，就应居民的要求做了萧山第一个把两个小区合并的事情。同样我们社区也有把一个小区分开的例子，也是萧山第一个。

城市书房是这样的，我是受到2018年在杭州举办的一个讲座的启发。当时说到今后的社区方向应该在哪里，文化需求可能算一个。讲座老师讲了一个温州五马街的城市书房。这个城市书房可能是全省第一家，做得蛮好，我听了以后也有这个想法，但是我们没有场地做。当时我们办公都是在城中花园的一个独栋小楼里，小楼有三层，只有1—2层是我们社区的，总面积也就200多平方米，所以也没打算办城市书房。后来造国悦府的时候，提供了1000平方米的社区用房，那么我们就有充足的场地了。当时我们设想的城市书房的模式是引进一家第三方公司来卖书，同时连带阅读功能。原本在2019年上半年的时候，我们就已经开始做城市书房的规划设计了，但是后来杭州市萧山区文化和广电旅游体育局也要做一个城市书房的项目。这个项目的初衷是想把萧山图书馆的资源下放到乡镇，那么我们就想社区是不是也有机会呢？当时要承办这个项目得有两个条件：一是要有三百平方米以上的场地，二是当时项目要放到乡镇一级，社区并没有在考虑范围之内。因为我们社区满足场地要求，所以就试着去谈了谈，最后在 2019 年勉强获得了一个名额，所以才有了我们现在社区的城市书房。目前为止，萧山城市书房总共八家，社区的城市书房只有这里一个。有人说纸质的书已经到头了，但我认为不会的。现在我们的城市书房经常举办丰富的沙龙活动，只要报名链接一发，每次一两分钟后二十个活动名额肯定被抢光，有时还要应居民的需求再加场。所以我们的书房除了纸质书不会过时以外，以这个书房为平台做的一些活动也是可以推陈出新的。今后，我想社区城市书房这样的项目每个社区只要有条件都会做的，真正加强社区与图书馆之间的联动，把书送到小区里面去，这也是我们城市文明程度的一种体现。

办青少年宫分馆是基于这样一种考虑：现在我们社区接触两类人比较多——一老一少。那么老幼这一块怎么去做？我认为像居家养老、城市书房的亲子活动、青少年宫的幼儿教育，这些肯定是今后的方向。我们现在非常重视家庭教育，例如我们家，主要的开销已经不在吃穿上面了，而是在孩子的教育上面。居民对于孩子教育资源的需求是非常大的。现在外面的教育机构有很多，有公立的，也有私立的。公立的比如说少年宫，我们萧山的少年宫容量目前是非常非常小的，每年都爆满，孩子报名都要摇号。这个需求导致现在各种各样私立的培训机构如雨后春笋一样冒出来了，这些私立的培训机构往往收费也比较高。同时，不管私立公立，很多教育机构都有一定距离，家长接送孩子很不方便。为了满足居民的这些需求，我们本来已经和

图 3　星都社区城市书房

第三方机构达成协议让他们负责老年活动与幼儿教育，本来计划2019年11月份的时候就要实施。但是我们后来发现了更好的资源，就是青少年宫，我们就以分馆的形式把最优质的公办教育资源直接投放到社区里面。我们这里现在是团区委的试点，如果试点成功，可能形成这样的办学模式：这个小区可能办绘画，旁边一个小区可能办音乐，再一个社区可能办的是棋类、体育等。把优质的公办教育资源尽可能地分散到各个小区里面，草船变航母，一个小区里的教育资源同时可以满足周边社区，节省了居民的出行时间，小孩子的学习也更加方便，同时又把优质资源组织起来，既价廉又物美，还方便。试点现在已经在招投标了，马上就可以实施了。

那么再回过头来，我想说我们今后的社区服务的方向是什么？我认为就是精神文化需要。居民的精神文化需求，我们要去引导。同时，在我们小时候，社区生活是"阡陌交通，鸡犬相闻，守望相助"，但现在这个社会已经转变成"钢筋混凝土"的现代城市社会，人们越来越注重隐私保护，人与人之间的来往变少了。那么怎么办呢？就是要做公共服务空间。我们社区提供公共活动场地，组织或帮助社团来组织一些社区项目，让居民在这个公共活动场地里进行人与人之间的社交，包括学习。当然，社交也不能放任自流，我们要把1000平方米的社区用房真正用到位，引进更好的项目，将社区居民的精神生活提高一个档次，看书学习就是一个好的方向，我们做城市书房、青少年宫分馆这样的尝试也正是基于此。

**采访者：**星都社区守正弄曾经因未纳入交通管辖而导致乱停乱放问题严重，后来通过社区的积极反映，改变了这一情况，使当地老百姓拍手叫好。作为亲历者，您能给我们讲述下当时的情况吗？

**王钢梁：**当时我们这个小区开发的时候，周边规划了8条区间路，守正弄就是其中一条，是绿都世贸广场和金帝高新科技广场两个小区中间的一条路，其实在2000年就做好了。但是这8条路是一个整体，到目前为止还没有全部完工，所以一直没有纳入市政管理。现在城市里面停车难这个问题是非常突出的，有这块空地在，大家都来停了，把马路当停车场了，导致这两个小区的居民出行非常不方便。这条路宽总共是18米，能够做双向四车道，但实际上只能通双向两车道。路两侧停满了车子，有时候甚至停三排、四排，根本走不了车。关于这个问题，居民的呼声一直比较大，我们也想整治，尤其是2016年G20杭州峰会要召开的时候，但是一直没有办法。为什么没有办法？主要就是因为它没有正式投入使用，市政不纳管，不纳管就意味着没有名字，不命名就意味着交警罚单开不了。

之前其实我跑过好多地方，跑过规划、住建、城管、交警、街道等，都没办法解决，按惯例就只有等路竣工了，市政纳管了以后，才有职能部门管理。后来没有办法，我们在2018年找到了交警大队的领导，经过协调，交警大队表示可以先纳管。但是交警纳管也要先给道路命名，所以我们才向社会征集了名字。因为守正弄旁边有个检察院，所以这个名字也有守护正义的意思吧！交警纳管了以后，牌子一立，罚单一贴，不过两三天，停车乱象就都没有了。

**采访者：**请问星都社区组织了哪些您印象深刻的文体活动？

**王钢梁：**这要讲到我们社区的舞蹈队了。这个舞蹈队是萧山的广场舞舞协办的，也就是说我们萧山广场舞的"大脑"就在我们这里。所有萧山广场舞爱好者在跳舞的时候都有一个领队，这个领队绝大多数是这个舞协的成员。同时，这个舞协下面还成立了一支属于我们社区的广场舞舞蹈队，她们的活动很丰富，不光有广场舞、交谊舞、探戈、走秀等，只要跟广场文化有关的，舞蹈队都会参与，参与活动也都是免费的。有时她们还会去外面参加比赛，需要请教练的，那么她们就会自筹费用。

另外，我们社区还有太极拳队。原先萧山武协和老干部局合作成立了一个太极拳队，而我们社区刚好有一位居民就是老干部局的退休干部，老干部局的太极拳队在我们社区生根以后就逐渐成立了星都的太极拳队。从2019年10月份到现在，这个太极拳队已经培养出了三十多个二级运动员，有教练证的运动员可能也有二十几个了，发展非常迅速。那么我想今后我们这支太极拳队也是要作为种子撒开去的，要撒到其他社区里面，去不断地推广太极拳。

**采访者：**星都社区不仅致力于打造和谐社区，还积极打造温暖社区，每逢节日，都不忘慰问社区的老弱病残人员，为他们带去关怀，请问这之中，有哪些您印象深刻的故事？

**王钢梁：**这个其实是一个很小的社工常规服务项目。比如说现在我们沁茵园小区里有一户居民，他患有肾衰竭，换了一次肾，还经常要去做透析。原先他们家经济情况也还可以，但是这个病非常费钱，他现在还领养了一个小孩，所以家里面就比较困难了，那我们每逢过年过节都会去看他。

其实现在我们这个社区里面老弱病残人员是不太多的，像这种例子也是个别。但是如何营造一个温暖的社区氛围，打破"鸡犬相闻老死不相往来"的城市藩篱，一定是我们努力的方向。我们做城市书房，做青少年宫分馆，做其他居家养老项目，都是为了今后我们的社区更加和谐！

图 4　2020 年 7 月 27 日，星都社区开展慰问活动

采访者：2016 年 9 月 4—5 日，二十国集团领导人第十一次峰会在浙江省杭州市举行。请问当时为了配合和支持峰会顺利召开，您所在的社区做了哪些您印象深刻的准备工作？

王钢梁：这一年我们大家都非常重视。我们社区主要做了两件事情。一件事情是拆违，另外一件事情就是所谓的"三圈防护"安保措施。

拆违是我们萧山当时比较大范围的一个政府动作，拆违任务也落实到了每个社区，由社区带领工人上门拆违。我们社区是拆得最多最快的，总共拆了 110 户，其他社区可能拆了二三十户、三四十户的样子，我们拆的是周边几个社区加起来的总和了。

然后是"三圈防护"安保措施。当时 G20 的主会场就在萧山的杭州国际博览中心，所以很多记者都要到萧山来落脚。萧山当时准备了 6 家酒店，其中我们社区及周边有 4 家。这 4 个酒店的记者要保证安全，也要保证他们看到的居民生活状态是正面的，就需要组织很多人力，需要提供安保和志愿者。"三圈防护"通常一个社区只要组织 50 名志愿者，但因为我们这个社区涉及的酒店有 4 个，所以要 500 名志愿者。这 500 名志愿者我们是在一个月之内招募完成的，然后给他们培训、定岗，组织后勤保障，当时社工只有 8 个人，所以工作量是非常大的。

**采访者：**2022年杭州亚运会按照"中国新时代·杭州新亚运"定位以及"中国风范、浙江特色、杭州韵味、共建共享"目标，秉持"绿色、智能、节俭、文明"的办会理念，坚持"以杭州为主，全省共享"的办赛原则，高质量推进亚运会筹办工作。请问星都社区未来将做哪些准备工作，迎接亚运会的到来？

**王钢梁：**在我看来，我们社区有这么几个事情是必须要做的。第一个是老旧小区的改造，这个政策是自李克强总理来杭州调研以后就在推进的。我们社区也有一批老旧小区需要改造，正在申请中，希望在三年之内都可以安排上。城中花园是确定2021年要做的，那么2022年可能是沁茵园、怡佳公寓这些地方。第二件事情，我想是一些三社联动项目的推进，虽然这个事情不是现在的政治任务，但是还是要做的。把这些三社联动项目做好，有助于营造我们社区的良好氛围，改善邻里关系，增强社区凝聚力，同时加强居民的精神文明建设，提高市民素质。

**采访者：**2020年庚子新春，几多欢喜几多奋进。在这段共同战"疫"的特殊时期，跳动的疫情数字让我们心痛，"逆行"的面孔让我们深深地感动。在这场战"疫"中，涌现了许许多多感人肺腑、可歌可泣的故事。能给我们讲一讲，疫情期间星都社区如何加强社区防控措施，筑起遏制疫情扩散蔓延的"钢铁防线"？

**王钢梁：**我们街道在大年三十前一天是有一个会的，当时认为疫情可能会比较严重，但是到后面严重到造成社会停摆的情况是没有预见到的。当时我的想法可能还是超前一点的，所以我在正月初一上午就把所有物业全部召集起来开了个会，首先把他们组织起来，让他们明白事情的严重性。我跟他们讲："从今天开

图5　2020年2月5日，星都社区居民捐赠口罩

始，我们要做的事情，是跟所有的小区居民，跟在座每一位的生命都有关的。我们今天开始就是上战场了，不是开玩笑的，是要死人的！"

后来封小区了，我们社工就分班 24 小时值守，我基本上不回家，回去也就睡个觉马上出来。那段时间，特别是二、三月份两个月吧，是最冷的时候，也是比较累的。我们当然也害怕，那个时候也不知道病毒是什么样的，只知道感染了有可能会死。我们社工里也有女孩子，给一些隔离住户送生活用品，都是毫无怨言的。大家都一样，确实都为这次疫情付出比较多，但一切都是值得的！

**采访者：** 2020 年年初，沁茵园小区 1 号楼的 34 户业主"众筹"42 万元，成功换掉了单元楼内的两台老电梯。据悉，这是当地小区居民自筹资金更换高层电梯的首个案例，也是打开基层自治新格局的又一个"萧山方案"。能给我们讲一讲该事的整个过程吗？它对社区电梯管理和维护有怎样的意义？在这之中，基层管理部门如何做好引导工作？

**王钢梁：** 实际上这个事情很早我们就在考虑了。五六年以前，我就跟政府有关部门呼吁过，高层住宅电梯已经老旧的情况必须要引起重视。萧山比较早的高层住宅我们社区里面就有，如沁茵园、城中花园、星都花园，是我们萧山较早的一批高层商品住宅。电梯近二十年运行下来都已经老旧了，故障很频繁。修可能可以解决临时问题，但是故障太多太频繁，经常出现"关人"现象，有非常大的安全隐患。

四五年前有关部门就做过一次调查，当时在萧山挑了 88 台电梯，做了一个安全评估，但是没有下文。其实这些电梯太高龄了，都需要更换，但是没有政策下来，所以我们就自己想办法了，最主要就是要解决钱的问题。于是我们就一直和居民沟通，让他们明白电梯老旧会有严重安全隐患，而要更换电梯的话大家就要自筹。经过三年的酝酿，更换电梯的事在 2019 年终于落实了，以业委会为主体，出方案，出公告，包括执行。我之前也做过很多市场调研，帮他们介绍了电梯公司。推行的整个过程还是比较顺利的，但是钉子户也有，最后是我们社区帮忙去做通工作，在 2020 年年初的时候最后一户钉子户也把钱交掉了。

我们城市有这么多高层住宅，这些电梯陆陆续续都会出现需要维修更换的问题。那么我们社区居民自筹资金换电梯的例子，就给一些维修基金不够的社区提供了一个案例。事实上，除了高层住宅的电梯换装以外，我们社区既有的多层住宅加装电梯的例子，也是萧山第一例。现在已经完成了4台，政府的20万元补贴也都已经收到了。

**采访者：** 2020年4月1日，北干街道召开2020年第一季度"三赛三比"工作推进大会，亮出"赛讲比思路、赛干比行动、赛绩比成效"路线图，推动北干街道走上现代化治理新征程，全面建立"产城融合、宜居宜业"现代化高品质街道。能给我们讲一下星都社区推进"三赛三比"的重要措施吗？

**王钢梁：** "三赛三比"只是一个提法，实际上工作就是我们一直

图6　2019年1月23日，区领导视察萧山第一台既有住宅加装的电梯

在做的这些。不管是三社联动的项目，还是街道和上级部门所交办的任务，我们都积极落实。而像现在我们社区在做的电梯换装、城市书房、舞蹈队这些开创性的项目都是其中的重要内容，目的也是朝着"产城融合、宜居宜业"的方向不断前进。

**采访者：** 社区楼道的治理复杂而又烦琐，星都社区通过打造"楼道治理＋真情服务形成长效管理"的楼道治理新模式，形成长效机制，彻底解决楼道堆放顽疾。能跟我们讲一讲现在星都社区的楼道整治情况吗？

**王钢梁：** 这个楼道问题说老实话是没办法根治的，但是通过我们经常性地对楼道进行清理，成效还是有的。像城中花园以前楼道堆积物是比较多的，我们2018年清理了6次，2019年有7次，2020年次数肯定会更加多，现在的楼道堆积物已经明显减少了。像有一些电瓶车、自行车居民停放在楼道内的，我们还是没有办法杜绝，因为这也跟原先的居民楼设计结构有关，难以完全按照标准执行。但是像脸盆、鞋柜等楼道堆积杂物的整治工作我们是推进得比较坚决的。

当然，每次清理楼道堆积物的时候都会发生吵架等现象，这也是没有办法的。通过这种治理，我想改变肯定是有的，但是否完全按照标准根治

了呢? 我想是要打个问号的, 只能说我们努力去做!

**采访者:** 2019 年, 全国社区开始普及垃圾分类。垃圾分类, 功在当代, 利在千秋, 需要人人参与其中, 请问星都社区是如何做好垃圾分类攻坚战的突击员、主攻手, 共同努力, 全面推进垃圾分类工作, 不断取得新的成绩?

**王钢梁:** 萧山的垃圾分类工作是 2018 年的时候推开的, 当时是 8 月份, 街道里面我们社区是第一个试点。刚开始的时候我们并没有思路, 当时从街道指定的几家第三方里挑了一家展开工作。我们试点了一年, 效果还行, 但是采用的模式并不适合推广。所以, 2019 年我们转而采用 "桑德模式" 了, 也就是我们萧山现在推进垃圾分类工作采用的主流模式。

我们社区在垃圾分类工作的探索上虽然不太成功, 但也不是毫无意义的。第一, 我们是最早试点的社区之一, 为后续工作的推进积累了一定的经验。第二, 我们社区是垃圾分类工作开展最全面的社区, 我们社区的每一个小区都推开了垃圾分类, 做到了全覆盖, 有些社区可能个别小区现在还没有完全推进。

# 四　党建工作

**采访者:** 请问星都社区日常如何开展党建教育活动?

**王钢梁:** 我们每个月的 15 号是党员固定活动日, 对此我们也引进了一些资源, 比如说和党校结对后引进党校优质课资源。同时, 我们每年也会组织一次外出参观学习活动。除了这些正规的党建活动外, 我们在平时跟党员的互动也是比较多的, 例如我们的网格走访制。我们也会和党员就小区的日常管理事务进行交流, 把党员引入小区管理里来, 让他们在小区管理上发挥正能量的作用。

**采访者:** 您认为在社区基层工作中, 党员应该如何发挥自身的先锋模范带头作用?

**王钢梁:** 国事家事天下事, 要事事关心。党员毕竟是我们人民群众当中比较先进的群体, 党员除了要做好自身事情之外, 加强对小区的关心, 积极参与小区的管理是非常重要的。目前杭州也好, 萧山也好, 都在推进党建引领, 所谓的党建引领也就是党员要参与小区的管理。所以, 平常我们党员就要积极关心和参与小区业委会的各项工作。目前，我们社区也在努力将党建引领工作落实到小区业委会里面，相信做好这一块，小区的治理也会更好。

**采访者**：您从 2007 年到社区工作，到现在也有十余年了。对于现在的社区工作情况，您有什么想说的吗？

**王钢梁**：十多年的社工做下来，我感觉社工变化是比较大的，所面临的挑战也越来越多，社工不太好做。社区制度从 2000 年正式形成，到现在也有20 年了，但社区到底应该做什么？怎么做？到目前为止我觉得还是比较混乱的，感觉社区工作的范围、数量、难度明显在逐年扩大，且看不到边界。

按照原先的说法，2000 年民政部设立社区的初衷是想让社区承担一部分政府剥离的职能，因为当时提出政府要"瘦身"，转变职能。而这些职能要落实到社区，要有统一安排，要科学规划，可是现在绝大多数都没有做到。

另一个，社区除了承担政府剥离的职能之外，主要的功能是基层自治。因为《物权法》《物业管理条例》的相继出台，小区业委会自治现在已经在落实了。但是我们社区能不能在基层自治上使力气？我们现在所有法规，都规定社区只有监督权，而不能直接干预。现实是自治的土壤也不算特别好，所以基层自治任重而道远。

同时，现在我们实行的是基层民主制度，我们的各种选举都是票选产生的。但是票选民主是存在一些弊端的，特别是在我们社区新老结合、有6 个城市综合体的复杂情况下，更容易出现问题，有时候社区工作就会遇到阻碍。如何解决这些不安定的因素是一个新的课题。

五六年前的时候，我们街道有一次年终会，当时安排的座位是街道领导坐在中间，村书记坐在街道领导外圈，我们城市社区书记坐在最外圈。我就和领导说："领导，今后社会治理的重头应该在我们城市社区，我们城市社区才是主角。我们今后是要管理几个小区的，而村就管理一个小区。所以现在安排我们坐在最外圈这样的排布是不是不太合适？"当时大家都笑了，但体现了我们城市社区不太受街道重视的现状。在社会层面，对社区、社工的认同也差强人意。

这十余年来，我们的社区制度有了很大的发展，但不同的时期有不同的问题，我们要把社区真正治理好依旧是任重而道远。

# 努力成为归岸途中引路人

## ——楼飞华口述

采访者：潘立川、王鸣　　　　　　整理者：陶颖棋、潘立川

采访时间：2020 年 8 月 23 日　　　采访地点：萧山区看守所

**楼飞华**

**楼飞华**，男，1962 年 9 月出生，杭州萧山人，中共党员，大学学历。1993 年 10 月由一名乡镇干部转为人民警察，曾任萧山区看守所副所长，现为杭州市公安局萧山区分局四级高级警长、公安部人才库专家、杭州市普法志愿者团队讲师。曾获"浙江省美丽警察""浙江省千名好民警""杭州市优秀共产党员""杭州市十佳平民英雄（道德模范）""杭州市十佳亲民警察""萧山区美德标兵暨最美萧山人"等荣誉称号，四次荣记个人三等功。2000 年开始领衔创建"7086"被监管人员归岸教育感化体系，并担任归岸教育团队七大平台总策划、总编辑、总导演。其倡导"实际 实效 实用"监管理念，成为全国教育感化的探索者、先行者，各种成功经验被省、市，甚至全国公安监管系统推广，并从公安监管场所逐步升级辐射到机关、社会团体、企事业单位以及村、社区、学校，共计授课 600 多次，受众达 50 多万人次。

## 一　在楼塔的少年时光

**采访者**：楼先生，您好！首先，请介绍一下您的个人情况，包括籍

贯、出生年月、您出生时的家庭情况等。

**楼飞华：**我叫楼飞华，祖籍萧山，1962 年 9 月出生于萧山县楼塔人民公社楼三大队的一个普通教师家庭中。我有一个姐姐、一个哥哥，兄妹共三人，姐姐大我 5 岁，哥哥大我 2 岁。我母亲是楼塔公社五七学校的乡村教师。我父亲是一名农民，在楼塔运输队做拉车工，那时运输队也叫社办企业，我父亲的工作内容是为所有楼塔公社的供销社、合作商店运送物品，将农民生产的农副产品和土特产品等，用手拉车运到临浦，再从临浦将实用小商品和农业资料产品运回楼塔。临浦镇水路和铁路便利，是个货运网点。我父亲每天从临浦拉车往返步行 20 余千米，拉车的收入有两部分：一是存工分，二是有适当劳力运输补助，工分和劳力补助每个月合计收入 16 元。爷爷在我很小的时候就去世了，奶奶除打理家务外，每年还要养一头猪。印象很深刻的常常是早晨很早就跟着我姐姐去山上打猪草，打好满满两大筐背回家后，再到直街豆腐店打来豆腐渣，备足一天的猪饲料。家庭总体经济比较艰苦。

**采访者：**您是几岁开始上学？小学、中学分别是什么学校？您个人当时的学习成绩怎么样？

**楼飞华：**我 8 岁开始上小学，小学是当时的楼塔公社五七学校，初中、高中也都是在这里读的，那时候学校分小学部、初中部和高中部，小学 5 年、初中 2 年、高中 2 年，就是现在的楼塔镇中心小学。我的学习成绩说起来也是一般般，中等偏上。我小时候是比较顽皮的，但我们当地也比较重视教育，我因此顺利读到高中毕业。在高中时（1979 年 1 月 14 日）加入中国共产主义青年团。

**采访者：**作为出生在"中国民间文化艺术之乡"的楼塔镇，您小时候是否经历了民间文艺的熏陶，学习一些民间曲艺？

**楼飞华：**楼塔镇位于萧山最南端，是一座千年古镇，也是"中国民间文化艺术之乡"，一方水土养一方人，楼塔的水土滋养了我的艺术细胞。我母亲很喜欢文艺，是我们公社剧团的一名花旦，我也常常跟随她一起去看剧团表演。楼塔一直流传着一种民间套曲"楼塔细十番"，可能受父母文化修养的熏陶，也许是对家乡传统文化的耳濡目染，我从小就接触民间文艺，痴迷于民族乐器，学会了横笛、洞箫等多种乐器的吹奏。但我个人比较感兴趣的是剧团的乐队，所以又学习了管乐吹奏。

**采访者：**您母亲当时唱的是什么剧种呢？

**楼飞华**：她唱的剧种有好多，传统的绍剧比如《孙悟空三打白骨精》，还有越剧《包龙图打坐开封府》等，她扮演其中的花旦角色。

**采访者**：作为"中国民间文化艺术之乡"的楼塔镇，当地有什么特别的曲艺？

**楼飞华**：楼塔镇的居民大多姓楼，相传我们楼氏家族都是大禹的后裔。楼塔楼氏的祖先楼晋是在1123年前到楼塔定居的。而在600多年前，楼塔出了一个著名的宫廷御医楼英，他在明朝宫廷行医之余喜爱宫廷音乐。他辞官返乡后，将宫廷的一些音乐曲目带到楼塔，后形成"楼塔细十番"。2008年"楼塔细十番"被列为国家级非物质文化遗产代表项目，"中国民间文化艺术之乡"的荣誉就是楼塔"细十番"带来的。

**采访者**：您上学的时候，正是"文化大革命"期间，那您当时的学习有没有受到冲击，学校的学习秩序是怎样的？

**楼飞华**：我们那时的读书氛围很一般，全社会都在进行"红旗卷起农奴戟，黑手高悬霸主鞭"的阶级斗争，学校在文化学习上也不怎么重视，常常需要参加上街游行，批斗各类阶级敌人、集体喊口号，要时刻拿好自己的"小红本"（毛主席语录），按照伟大领袖毛主席的无产阶级思想，随时准备用毛主席语录来教育自己和身边的人。学校不定期停课，有时候老师带队和我们一起下地劳动，感受"贫下中农再教育"的"战天斗地大无畏"精神。无论校方也好，老师也好，包括我们自己，在对待学习文化知识上，都是做一天和尚撞一天钟，得过且过，仿佛一艘没有目标的大船，随波逐流。我4岁到14岁正值"文化大革命"期间，懵懵懂懂的，也不知道什么敌我矛盾、阶级斗争，学习上无可避免地受到了很多干扰。1977年国家恢复高考，1979年我高中毕业，作为应届生当时去参加了高考，可惜没有考上大学，18岁高中毕业后就走向社会直接参加工作了。因我家在楼塔公社驻地旁边，我又从小喜爱文化宣传工作，所以担任公社文书（陈志明）的少年助理、文化站图书收发员、广播站编辑（楼关堂）的义务通讯员，线务员（楼大法）见习线务员，播音员（陈芬女）值班、值机代理员，电影队的义务放映员、邮电所的义务线务员、话务员、投递员。

**采访者**：在上学期间，您对未来的工作生活有什么期待？最向往的职业是什么？

**楼飞华**：在上学期间，期待未来的工作能用自己火热的青春为社会发光发热。我最理想的职业是当一名光荣的人民警察。但是因为身高只有163厘米，加上英语基础比较差，成为一名警察的软硬条件都有所欠缺，所以我最开始的想法是去做一名演员或乐手，希望能发挥自己在管弦乐器方面的特长，或者从事文化宣传工作。

## 二　我不是一个好警料

**采访者**：在1979年高中毕业后您就走向社会。当时作为高中生的您也是拥有较高层次的学历，您毕业后去过哪些部门工作呢？

**楼飞华**：1979年，我高中毕业后开始走向社会。"一颗红心两手准备"是我们这些刚从学校走出来的革命小将的激情写照，刚毕业时是回大队务农。由于我个人兴趣比较广泛，喜欢自己研究机械、电器。当时大队里的缝纫机、发电机、柴油机、拖拉机，坏掉了没人修，村里也没人会干这个。我就自己拿着螺丝刀、扳手等工具，慢慢钻研机械、电器维修技术，逐渐掌握了排除故障的技术，经常义务为楼三大队的村办企业绣品厂维修缝纫机和电器设备，因为技术优秀，后被选用到绣品厂做机修电工，其间担任楼三大队团支部书记。

1983年，由于我的维修技术受到工厂内外一致好评，被选调到社办企业楼塔公社服装厂，成为一名专职的机修电工，同时也成为楼塔公社团委委员。

1984年5月，政社分设机构调整，我被选拔为乡镇招聘干部，先后担任楼塔乡（镇）团委书记、司法助理、民政助理、岩山乡团委书记、大桥乡公安员、政法办副主任、戴村镇代理副镇长、宣传干事兼科教文卫体计办副主任等职务。1985年7月，我光荣地加入中国共产党。

1986年1月至1988年12月，我在岩山乡担任团委书记期间，被选调到岩山乡长山坞村担任村党支部书记，成为下派村干部，当时我的目标任务是：加强基层党组织建设，发展村级经济，改变村容村貌。在上级政府和社会各界的大力支持下，我办起一家"三就地"［就地资源（毛竹）、就地生产、就地销售］的村办企业——长山坞村竹胶板厂，当年投资，当年投入生产，当年销售，当年产生效益。由于工作业绩突出，1987年5月我被共青团浙江省委、省民政厅评为"全省扶贫帮困先进个人"（奖励证书现在萧山区美德档案馆展示），1988年3月被萧山市委、市政府评为先

**图 1　1984 年楼塔乡团代会上当选团委书记（发言者为楼飞华）**

进工作者，1988 年 5 月被共青团杭州市委授予"新长征突击手"。1993 年，我被选调到公安局工作，由一名乡镇干部转为人民警察，分别在萧山市公安局河上派出所、戴村派出所工作。1996 年 2 月调入萧山市公安局看守所做监管民警。

**采访者**：您刚才提到曾经担任公安员和司法助理员，请问当时这两个职务在乡镇是怎样的情况？您作为公安员是否也会参与一些案件侦破之类的工作？

**楼飞华**：公安员是当时公安局在各个村社特别指定的公共安全员，任务是协助公安机关维护社会治安、打击犯罪，协助民警开展侦查工作，实际上就是公安机关的辅助力量。公安员，可以说是不穿警服的警察，没有执法权。而司法助理，职责是缓解各级村社人民内部矛盾、调解纠纷、提供法律服务保障。

**采访者**：当时为什么会从乡镇机关引入优秀人才到公安机关，它的时代背景是什么？是因为公安警力不足还是当时治安、刑事案件频发？

**楼飞华**：20 世纪 90 年代初，随着改革开放深入和社会经济的不断发展，大量在"文化大革命"十年动乱期间荒废学业、受教育水平低下的待业青年对于社会来说就是一场挑战。社会由于增加很多适龄就业人口，但是并未能提供相应的就业岗位。同时，长期的贫困、物质的匮乏，以及当年与世界断开连接已久带来的对世界认知的贫乏，都容易让那时候的青年因非常简单的理由走上违法犯罪道路。

随着社会物资流通和自由职业人员逐步增加，供应和需求信息传递旺盛，"洋"产品开始慢慢步入老百姓的生活，经济变得非常活跃，社会治安问题也随之而来。各种围绕经济矛盾的打架斗殴、拉帮结伙、车匪路霸、小偷小摸、寻衅滋事案件层出不穷，农村无业人员犯罪多发，公安系统的警力严重不足。当时从警校分配出来的人员没有社会工作经验，尤其是缺乏基层工作经验，而积累社会工作经验又是一个相对漫长的过程。

记得我在大桥乡政府工作时，当时在 03 省道附近有一个交通要道，路上出现了多起车匪路霸寻衅滋事、强拿强要的案件。我任职期间，参与打击、取缔多起车匪路霸的案子，特别是公共客车内发生的一些案件，这使我有了一些名气。1989 年前后，萧山市公安局在大桥乡召开"万人大会"，公开打击宣判处理了一大批车匪路霸，这些事件对我影响很大，我觉得自己对公安工作特别有兴趣。

在这样一个大时代背景下，国家开始从乡镇机关引进优秀人才，补充公安机关警力。我有公安工作基础和一定的公安业务能力，最重要的是热心热爱公安工作。通过组织考察，我最终被选拔调任公安机关工作。在我们同学中，我是唯一一个选拔到公安机关的。

**采访者：**当时有多少人与您一起进入公安队伍？后来是否有从基层干部中选拔人才加入公安机关的形式？

**楼飞华：**当时整个萧山市一共有 64 人，从乡镇机关选调到公安机关工作。我们之后又选了一批，之后的警力都是从警校毕业考进公务员分配到公安机关工作的。

**采访者：**您进入公安机关工作后，是在公安局哪个部门工作，您的具体工作是什么？

**楼飞华：**1993 年，我"半路出家"，从乡镇干部变成公安警察，属于萧山市公安局，曾在河上派出所、戴村派出所工作，做过刑警，搞过治安，当过片儿警。当时派出所的所有工作我都做过，那时的工作是一揽子的，别看现在交通、治安、户籍都分得很细，以前和社会治安相关的所有工作都要管。

　　a）萧山市公安局工作证（正面）　　　　b）萧山市公安局工作证（背面）

图 2　工作证

**采访者**：您之前是派出所民警，现在是看守所民警，这两个机构的工作内容有什么区别？您在派出所工作中，有没有什么印象特别深的事件？

**楼飞华**：派出所民警就是一个"万金油"工作，它既要调解民间纠纷也要破案子，不管是家长里短的吵架打架，还是邻里之间鸡毛蒜皮的扯皮拉筋，甚至一些坑蒙拐骗的事情，只要有人报警，我们都要去管，还包括跑腿抓人、人口基本信息登记、开具各种证明材料、打击社会黄赌毒等，不论事情大小，都和派出所挂钩，我们当时侦破过好几个影响很大的盗窃案。看守所民警的工作对象是那些因违法犯罪入监的特殊人群，需要教育、改造，挽救他们扭曲的灵魂，纠正他们不安分的思想，促使他们早日回归社会。和派出所民警相比，我面对的人群不一样，工作内容、方式方法也完全不同。

**采访者**：您对 20 世纪 90 年代的"严打"有什么了解？请介绍一下当时社会治安工作情况。

**楼飞华**：20 世纪 90 年代的中国，处在经济、社会、文化等各方面的转型期，旧有的思想文化和社会管制在松动，在港台、西方影视作品和生活方式的影响下，人们在受到启蒙的同时也备受蛊惑，出现了改革开放以来的又一个犯罪高峰，刑事案件的发案率是 20 世纪 80 年代前期的 8 倍以上。

20 世纪 90 年代初，全国公安机关重大刑事案件立案数每月同期涨幅超过 15% 以上，突出问题是：重大抢劫案件明显增多，接连发生犯罪分子以金融单位、运钞车、珠宝行业为目标，持枪抢劫巨额财物的恶性案件，车匪路霸在一些地段又有抬头；杀人犯罪案件增多，影响恶劣；连续发生犯罪分子蓄意报复社会的爆炸案件；一些地方犯罪团伙活动猖獗，尤其是一些带有黑社会性质的犯罪团伙和流氓恶势力为非作歹，横行霸道，欺压百姓，成为一些地方治安混乱的主要原因；制贩吸食毒品、拐卖妇女儿童、卖淫嫖娼、制黄贩黄、赌博等社会丑恶现象，仍在不少地方继续蔓延；相当数量的枪支弹药、爆炸物品、管制刀具非法流入社会，对社会治安构成极大威胁。

特别是涉枪犯罪、毒品犯罪和黑社会团伙犯罪引发的大案频出，如全国人大常委会副委员长李沛瑶遇害案、《科技日报》干部沈楠遇害案、新国大期货案、电影演员周里京妻子遇害案等。全国人大代表、政协委员纷纷对治安状况提出意见，要求整顿社会治安秩序。在此背景下，中央决定开展全国性的"严打"行动。公安部牵头，成立"严打办公室"，部长陶驷驹亲任组长，督阵指挥全国公安机关"严打"。放眼全国，各地的"严打"重点各不相同：北京"严打"影响恶劣、久侦未破的大案，上海、河南"严打"流窜犯罪，山西"严打"团伙恶势力，广东"严打"毒品黑势力，广西、青海"严打"制贩枪支、毒品，新疆"严打"暴力犯罪团伙。全国仅犯罪团伙就被打掉了 9 万多个，抓获团伙成员 42 万余名，另有 3 万多名违法犯罪人员在"严打"行动的高压态势下主动到公安机关投案自首，或者是在服刑监所坦白交代遗漏罪行。

**采访者：**组织上为什么要将您安排到看守所工作？

**楼飞华：**我总是坚信"是金子到哪里都会发光"。1996 年，组织上考虑到我平时办事稳重，喜欢调查研究，擅长经验总结，作风扎实，能开拓创新，所以决定把我调入萧山看守所做监管民警，一直工作到现在。2000 年赴北京参加公安部监管局全国监管干部培训班。

我是 1996 年 2 月去看守所工作的，萧山看守所是县区一级的看守所，收押量比较大，是全国特大型看守所之一，高峰时关押总量为 2300 余人，最少时也有 1500 多人，常年肩负着繁重的监管任务。所内的被监管人员来自全国各地，构成复杂，性情迥异。看守所在职民警有 35 人，辅警及工作人员有 20 人，常年面临监管人员少、监管任务重、管教难度大、监管设施陈旧、警力不足和超负荷关押的突出矛盾。我认为自己责无旁贷，就在自己的办公桌上贴上座右铭："在岗一日不尽其职——谓失，从业一日不谋其事——谓赎"，时刻警示自己。要维护好监所秩序，保障监管安全，保证刑事诉讼顺利进行，实际上这是一个很烦琐、很复杂的工作。我在看守所工作这些年，看守所连续九年被授予"一级看守所"，被省政府授予"模范看守所"称号，荣立公安部一等功，荣获"全国优秀基层单位"等荣誉，连续 30 年实现监所安全无事故，这与大家的努力分不开。

## 三　上岗就是上战场

**采访者：**看守所的主要工作职能是什么？它与监狱、拘留所的区别是什么？

**楼飞华：**看守所和监狱实际上有本质的不同。看守所的主要职能是羁押监管犯罪嫌疑人，保障刑事诉讼活动。除此之外，已决罪犯中被判处3个月以下有期徒刑或余刑在3个月以下、不便再送往劳动改造场所执行的罪犯，也是由看守所监管。而死刑犯，则一律由看守所羁押，一直到执行死刑。它与拘留所、监狱有明显区别：拘留所是行政羁押场所，羁押治安拘留、司法拘留人员；而监狱是关押已决犯（含死缓犯）的劳动改造场所。

看守所是公安、检察院、法院刑事诉讼案件的刑事羁押场所。看守所是中转站，被监管人员可转进监狱，也可回归社会。看守所是阴阳界，死刑犯从这里一步步走向刑场。看守所是火山口，时时孕育、涌动着矛盾冲突。看守所是感化器，冰冻的心灵在这里融化、复苏。看守所是江中舟，溺水者从这里走向彼岸、新岸。看守所是攻坚地，隐藏的罪恶从这里浮出水面。看守所是晴雨表，社会安定与否一目了然。

**采访者：** 请您介绍一下萧山看守所的发展历史。

**楼飞华：** 萧山看守所实际上是民国时期建立的，以前统称监狱。新中国成立以后，当时的看守所在萧山县城人民路公安局院内，当时的羁押量是100人，只有3名民警看管。1995年，看守所搬迁至萧山小南门外，占地面积约39亩，最大关押量为800人，分8个监区。2008年，政府开始建造现在的看守所，地址在红垦农场。建造面积200亩，设计最大关押量为5000人。从我们看守所近几年的发展来看，虽然名义上是萧山区看守所，实际上是杭州市第二看守所。一方面，萧山区公安分局、检察院、法院等抓捕的犯罪嫌疑人都关押在这里；另一方面，杭州萧山国际机场公安、海关办案关押的相关嫌疑人也在这里；还有我们毗邻的滨江区、钱塘新区等没有设置看守所的地方，抓获的嫌疑人也都送到萧山看守所关押。

**采访者：** 您能介绍被监管人员在看守所的日程安排或者他们平时的活动吗？

**楼飞华：** 看守所实际上是一个很封闭的场所，所有被监管人员在看守所的一天生活很有规律。看守所和监狱不一样，看守所内规定，每日上下午固定的放风时间各一个小时，放风地点就在监室外约20平方米的范围，头顶是4米高的钢筋栅栏，四周是墙壁，一个监室里面约20人，全部都在这里做操、洗衣、晾衣物等，有统一的做操时间、统一的运动时间。监室内的一切活动都是定点、定时、定位的，并统一就餐。到晚上，被监管人员先是自我学习，再由民警统一点评，并安排有电视和《归岸教育》等专项教育节目。19 时播放央视新闻联播，21 时正常就寝。看守所的就寝是24 小时不熄灯的，目的是保障安全。民警在看守所里上岗就是上战场，因为随着被监管人员诉讼环境的变化，他们的心理情绪也会发生变化，易导致发生比如自伤、自残、自杀、恃强凌弱、打架斗殴、欺压他人等各种意外情况。

**采访者**：从乡镇管理到监所管理，在转换角色和改变工作环境后，您是否遇到一些不适应和困难呢？您是如何解决的？

**楼飞华**：从乡镇管理到监所管理，是一个全新的工作。乡镇管理是服务人民大众，保障社会发展，调解人民内部矛盾，是为人民服务。监所管理的工作对象是那些因违法犯罪入监的特殊人群，需要教育、改造、挽救他们扭曲的灵魂，纠正他们不安分的思想。

在从事监管工作之后，我的确遇到了不适应与困难。专业不对口，角色变换，工作性质、工作对象都改变了。我自从到岗接班的那天起，一方面，积极主动向书本学习，提高自己的专业知识，通过努力获得浙江省公安专科学校（现浙江警察学院）大专文凭；另一方面，注重吸收和借鉴他人监管工作的经验和教训，用正确的理论指导自己的工作实践，同时向身边有经验的领导和同事躬身请教、取长补短，熟练掌握监管工作制度、规律和程序，全身心地投入监管工作当中去。

我没有专业特长，但对事业用心、热心、专心、真心、诚心、有信心，走笨鸟先飞之路，认真面对一切工作。

**采访者**：调到看守所工作后，您具体负责哪些方面的工作？和以前工作内容相比，看守所的工作有哪些特点，开展工作的难点是什么？

**楼飞华**：我调入看守所后最初分管未成年人员、重刑人员的现场教育工作。

未成年人员监室以初犯型青少年为主要监管对象，而重刑监室都是一些心灵极度扭曲，将要面临死刑或死缓、无期等重刑的监管对象。

工作的难点，未成年监室都是叛逆型青少年，绝大多数缺乏家庭教育或者生长于单亲家庭，他们涉世不深，缺乏理性，懵懵懂懂，甚至有一部分在校学生，多数是偶发性初犯，所以他们对这里的管教比较排斥。

而重刑监室关押的都是杀人、放火、抢劫、贩毒等严重危害社会治安的恶性犯罪人员。羁押在看守所后，以后多半将面临死刑、死缓、无期等重刑法律制裁。讲道理和设想未来对他们来说完全没有意义，想进入他们的内心世界更是充满挑战。但这些重刑人员在临刑前，我们必须引导他们去认罪伏法，并通过长时间的教育感化，让他们在生命的最后时刻，有所忏悔！

图3　开导在押人员

我是公安监管队伍中的普通一员，身高不到163厘米，天生不是一块好警料，但我有乐观向上的心态，不用豪言壮语，脚踏实地做一名体现自身价值的好警察；没有进过高等学府，但我勇于探索、敢于实践；我始终以"四思十心"工作理念要求自己，"四思"就是：用健康思想教育特殊"学生"、用正确思维引导特殊"学生"、用睿智思考开导特殊"学生"、用超前思路引领特殊"学生"；"十心"就是：热心本职工作敬业爱岗、用心履行工作职责、专心做好挽救工作、真心进行教育感化、诚心为民排忧解难、信心传递真情挽救"失足学生"、爱心帮扶困难群体、细心点面结合一人一事工作、齐心协力克服困难、恒心打造"归岸号航空母舰"，使归岸教育"7086"系列工程的成功经验在省市乃至全国推广。

**采访者**：面对看守所的复杂环境和繁重任务，您是从哪些方面开始着手的？

**楼飞华**：认真做事只能把事情做对，用心做事才能把事情做好。对于当时的我来说，真算得上是千头万绪。毛主席说："一万年太久，只争朝夕。"我作为一名共产党员必须迎难而上，从那时开始我就对自己说："每天都要做一点有价值有意义的事。"面对看守所的复杂环境和繁重任务，我主要从以下三点开始着手：一是去了解掌握监所内的各项监管制度，确保自己对监管工作有尺度、有原则、有针对性；二是坚持"以人为本"的理念，在对被监管人员进行教育时，以诚相待，以理服人，以情感人，平等交流，尊重人格；三是从思想、道德、行为、反思、日常规范等细节多层次开展宣教和管理。

整个管理过程，其实与社会、学校管理都是一样的。在制度上，我个人认为要加强监管工作，就一句话，"人管人管死人，制度管人管住人，文化育人塑灵魂"。我沿袭"一看、二守、三送走"的传统管理老模式，植入新的"一级、二级、三规范"的人性化管理模式，推行"一教、二学、三感化"的教育感化管理模式和"一抓、二促、三创新"的创新机制管理模式，做到"人无我有，人有我优，人优我精，人精我成"。

我和同事们群策群力，发挥集体智慧，先后制订萧山区看守所《被监管人员日常行为养成标准》《过渡监室管理办法》《文明监室评比标准》《被监管人员每日考核》《被监管人员每日静坐反思规定》《监室每日民主讲评制度》《监室环境内务卫生考核实施细则》等一系列规章制度，进一步推进看守所的日常管理工作。在实施过程中，我发现《被监管人员日常行为养成标准》对被监管人员的言行举止起到了极好的改造作用。因为这些被监管人员平时缺乏组织纪律观念、法制观念、集体生活观念，而这些具体的行为养成标准有效地纠正了他们的陋习，从细节上扶正了前进的方向，用日常严格的点点滴滴和程序化管理来打造他们的心灵，让他们知道"我是什么人，我在什么地方，我该怎么办"。在 2017 年 7 月初，由中共杭州市委宣传部主编、历时七年之久的《理论动车组系列丛书》出版，其第三本《宣讲大行动》中"基层宣讲活动"章节收录了我在看守所的宣讲材料《大爱灌溉心灵之花——楼飞华宣讲事迹材料》。

**采访者：**您是什么时候开始担任看守所副所长的？您主要分管哪些方面的工作？

**楼飞华：**2000 年春，我开始担任看守所副所长，主要负责监所安全工作和被监管人员教育感化工作。我主要的日常工作是：保证监所内正常、有序、安全运转，确保无意外事故发生；在看守所内设定重点岗位、重点监视、重点人员一览表，并且将看守所民警的各项工作规范化、监室考核量化（包括民警出勤率、问题解决率、重点人员分配率、文明监室考核达成率等）。

业精于勤荒于嬉，行成于思毁于随！在 20 多年的监管工作中，我一直努力实现自我的价值，编写了 36 万字的《看守所法律法规及制度汇编》；编写了 10 万字的浙江省《被监管人员读本》（一套六本），这成为全省被监管人员的必读教本；编写《被监管人员自我管理规范汇编》5 篇，共计

3 万字，成为杭州市监管场所争相引进的特色读本；编写《青少年犯罪案例实录》19 章，2 万余字，成为萧山区预防青少年犯罪法制教育的典型案例首选参考资料。

2008 年 8 月，我以全国公安系统高级监管专家和浙江省公安监管战线优秀代表的身份，参加由公安部组织的援藏教育团，飞赴西藏自治区拉萨市辅导讲课，受到当地公安监管系统的高度评价和热情称赞。在此基础上，我搭建了一个"7086"归岸教育感化平台。

2009 年，浙江省监管场所教育转化现场会在萧山召开，我分享了许多成功管理经验和具体做法，引起全国监管行业的重视并被推广应用。2011 年，我作为浙江省公安厅援藏教官团成员，在雪域高原支教时，为当地警校捐赠价值 2 万多元的音箱、电教设备。我把自己的存款捐给藏区那些需要帮助的人群。

## 四　归岸教育

**采访者：**在民众印象中，公安监管场所大都采取严格监管的方式，您为什么会想到文化育人，以这种多元化的教育感化平台来进行监管？

**楼飞华：**这要回到刚才我所说的"人管人管死人，制度管人管住人，文化育人塑灵魂"，这是监管工作的宗旨。光靠单一的"一看、二守、三送走"的看守所传统管理模式，是很难真正达到教育人、挽救人、改造人的目的，甚至容易发生意外事故。作为乡镇干部转为人民警察的我，从乡镇的社会治理和民生安全的前瞻性角度，期望看守所内被监管人员在受到依法严肃监管的同时，辅以警示教育、感化教育和技能教育，纠正被监管人员（尤其是未成年被监管人员）的人生观和价值观，降低被监管人员刑满释放回归社会后对身边社会产生的不良影响，防止未成年刑满释放人员再次误入歧途，切实降低被监管人员重犯累犯的"重新犯罪率"。此外，我自幼喜欢民间音乐，从寓教于乐的方式中得到领悟和启迪，想要尝试把多元文化形式，运用到看守所的日常管理和教育挽救中去，让被监管人员在寓教于乐的过程中，接受行为养成、道德法制、文化艺术、职业技能、忏悔感化和情感帮扶等方面的教育，这实际上是一种潜移默化的东西，从真实的案例，从我身边的小事做起进行感化。因为有些事情不能单靠理性，还需要一些感性的东西去发挥作用，使更多的被监管人员思想归岸、道德归岸、法制归岸。

**采访者：**在建立健全完善的规章制度后，执行和落实更加重要。您是如何与监管民警贯彻执行这些规章制度的？在此过程中，您对管理制度进行了哪些方面的完善？请举例介绍。

**楼飞华：**众人拾柴火焰高。尺有所短，寸有所长，好的规章制度来源于一线实践，为了有效贯彻执行相关规章制度，我定期召开监室情况管理分析会，听取其他民警的意见，及时采纳合理化建议，有效调动监管民警积极性和创造性。

比如民警提出来"在巡视值班室设立重点人员一览表"，我认为这个点子非常好，应该予以加强落实，并在此基础上增强监管民警每日两进监室检查制度，使巡视值班民警对重点被监管人员心中有数，及时处理各种问题，积极了解被监管人员的思想动态。让监督巡查员重点关注提名监室相关人员，确保监所安全。

**采访者：**为了把多元文化形式运用到看守所的日常管理工作中，您具体是通过哪些方面开展的呢？

**楼飞华：**千里之行，始于足下；树高百尺，起于毫末！我虽然创办了归岸教育体系，但并非一日之功。归岸教育体系经历了"从无到有，单一到复合，平面到立体"三个发展阶段。

2000年5月第一份《归岸报》问世，初步探索了"56"归岸教育转化思路，即搭建《归岸报》、归岸艺术团、育新学校、归岸广播电台、归岸电视台五大教育平台，形成以习惯养成、道德法律、文化艺术、职业技能、忏悔感化、情感帮扶六大教育系列为主体的教育转化内容，让被监管人员可以讲出自己的心声，加上监管的奖励机制，所内人员都很有兴趣，从而揭开了归岸教育发展的新篇章，萧山看守所教育感化工作实现从无到有的突破。

2008年，从单一到复合，逐步建立"666"归岸教育转化模式，即依托《归岸报》、归岸广播电台、育新学校、归岸艺术团、归岸电视台、监区黑板报六大平台，采用集体教育、个别教育、强制教育、自我教育、开放教育和亲情教育六大教育方法，形成以习惯养成、道德法律、文化艺术、职业技能、忏悔感化、情感帮扶六大教育系列为主体的教育转化内容。

2010 年，从平面到立体，系统建立"7086"归岸教育感化体系，即依托《归岸报》、归岸广播电台、归岸电视台、归岸艺术团、育新学校、图书馆、监区黑板报七大平台，以监所安全零事故为目标，围绕法律法规、卫生保健、习惯养成、伦理道德、文化艺术、职业技能、忏悔感化、情感帮扶八大系列内容，开展集体教育、个别教育、自我教育、强制教育、亲情教育、开放教育的六大教育。

2014 年 1 月 20 日，萧山区看守所顺利完成历史性搬迁。新所的启用开创了萧山公安监管工作的新局面，对教育感化工作提出了更高要求。为此，各级领导高度重视，结合全国公安监管场所开展的"五化建设"活动，因所制宜，及时扩大规模、重建归岸教育基地。

现如今归岸教育已成功转型升级，发展成为从 0 到 10 的归岸教育感化系统工程。即：以监所安全零事故为中心目标；打造由一条长廊（系列展示长廊）、二块基地（归岸教育基地、法制教育基地）、三间馆室（图书馆、录制室、制作室）、四个中心（广播转播中心、电视转播中心、演播中心、信息中心）为主的归岸教育系统工程；做好找准抓手、用活载体、丰富内容、依靠手段、促进规范的五篇文章；始终围绕文化育人、解除心结、同境相帮、彰显执法、返璞归真、重树信心六项目标；通过"我身边的事访谈""萧看故事会""归岸之声""悦听 60 分""法律讲堂""现身说法""音乐欣赏"七档栏目实施具体教育；形成法律法规、卫生保健、习惯养成、伦理道德、文化艺术、职业技能、忏悔感化、情感帮扶八套系列教育内容；依托《归岸报》、归岸广播电台、归岸电视台、归岸教育网、育新学校、归岸艺术团、图书馆、监区黑板报、学习园地九大平台进行全面、立体展示；最终实现教育要求标准化、教育制度规范化、教育内容精细化、教育设施现代化、教育模式人性化、教育手段信息化、教育技术专业化、教育目的明确化、教育方法科学化、归岸教育常态化的"十化"建设；并确定"两月两日"的宣传教育制度，即每年 5 月为归岸教育宣传月、8 月为监所安全宣传月、每周一次归岸教育日、每周三为学习训练日。

"7086"归岸教育工程是一种特殊环境之下的教育感化模式，可以说是净化心灵的过程，但凡过程性的事物在经历一段时光之后，都应该结出一些果实，我将这个果实，延伸成效，又一次概括成为"7086"，而这其中所包含的每个数字所代表的意义，解读如下："7"即：听、读、看、思、悟、醒、归，是一种全方位、多角度、深层次、有重点的立体教育方式。"0"即一切归零——勇敢起步——从头再来。每位被监管人员在走进高墙之后，接受法律与道德的洗礼，幡然悔悟自己曾经犯下的错误，并坦然接受教训与惩罚，这就是一个清零的过程，而刑满释放对每个归正人员而言都是人生的一次新起航，希望在这期间给他们树立健康正确的信念，指引他们未来的人生。"8"即八彩各彰，学得所长，八仙过海，各显神通。教育感化的目的是为了让人纯净思想，也要消除他们新生后的顾虑，那就是如何快速适应社会的问题，正所谓"一技足以养身"，只要掌握一门技术，就能让他们在心理上更加自信，更有勇气去面对即将到来的挑战，因此在教育感化的同时，我们也极为注重技能培训，让他们得以掌握一技之长，未来走上社会更好地工作与生活。除了一技之长以外，我们还根据实际情况，结合一部分人的兴趣爱好，针对性地开展教育，在他们擅长的领域培养属于他们自我的专业技能，最大限度发挥出每一个人的潜力，而实践下来的效果非常理想。育新学校，育的是人，那育人的什么呢？就是这个"6"，即六新，"新目标、新思维、新理念、新领悟、新道路"，最后都只为帮助他们走出看守所大门（监狱），能够拥有一个"新人生"。

**采访者：**您是什么时候开始创办《归岸报》的？这个名称有何寓意？报纸的主要内容有哪些，分别由谁承担具体内容撰写、排版工作？

**楼飞华：**归岸名字的寓意是人性回归，路在彼岸，目的是给特殊人群带去光明，给迷失的因子指明方向，改变他们的人生理念。我觉得教育，特别是监所教育，只有深知其难，直面其难，才会葆有探索之心，才能架起成功之桥，才能找到解决之道。最能打动人心的教育，不是滔滔不绝的讲解，而是为难之处的倾听。最有借鉴意义的交流，不是汇报之时的总结，而是过程当中的磨砺。教育、感化、挽救被监管人员是公安监管工作的基本方针。

2000年5月开始创办的监内小报《归岸报》，开启了教育感化的先河，经过20年的实践探索，找到了一套基本适合自身发展的教育感化模式后，我创建了"7086"归岸教育体系，"以文化育人，助因子归岸，用文化拯救每一个扭曲的灵魂，用归岸教育感化每一颗麻木的心灵"。我创办《归岸报》，负责总体策划和谋篇布局，并在民警和被监管人员中物色一些具有文字功底、绘画、编辑和排版能力的人，各显其能，分别承担报纸撰稿、排版、配图等任务，确保每月出版一期。我们组建了由1名所领导为核心、5名分管民警相互协作、20余名被监管人员为主力的归岸教育团队，确保全年的教育计划不折不扣地执行。

**采访者：** 您能谈谈在《归岸报》创办初期，是如何调动被监管人员的积极性，以及目前《归岸报》的教育感化模式的效果吗？

**楼飞华：** 我们《归岸报》所有的稿件都来源于所内被监管人员，写的是他们内心的反省感悟、对家人的思念、对未来的期许、在所内改造生活的体会等，是一份贴近实际、贴近监所生活的报纸。

为了调动人员积极性，我从两方面入手。第一，进行法制教育，让其他被监管人员在别人的忏悔中得到启迪，从而掌握法律基础知识，避免重蹈覆辙。第二，营造管理氛围，我们看守所每月开展文明监室评比活动，会对被录用的稿件予以文明监室考核加分和个人表现考核加分奖励。

从实际效果看，我觉得有三点：一是贵在坚持，重在落实，《归岸报》创办以来每月一期，重大节假日有增刊，并开设了监所动态、文明监室评比结果公示、现身说法、情感天地、忏悔感悟、法律法规、高墙内外、心理疏导、健康与卫生知识等板块。二是唤醒被监管人员对亲情的珍爱、对过去的愧疚以及对未来的展望。三是它的升级发展，拓展了被监管人员表达心声、促进改造的途径。2000年5月《归岸报》创办时只有黑白A4纸4版，2006年5月升级为A4彩页8版，2008年5月改为A3彩页12版。

**采访者：** 之后您为什么又创办了归岸电视台？请介绍一下归岸电视台的筹办经过。

**楼飞华：** 近水知鱼性，近山识鸟声。多年的一线监管工作心得给了我灵感，为了将看守所发生的真实故事记录下来，对其他被监管人员产生直观的教育效果，我决定创办归岸电视台。其目的除了转播中央电视台《新闻联播》和播放影视节目之外，还希望能够将看守所已经发生、正在发生或者可能发生的事记录下来，把这些真实发生在我们身边的故事播放给全监区所有被监管人员看，让他们引以为戒。

考虑到当今社会已经进入多媒体、信息化时代，我认为如果能有效利用电视功能，让它发挥针对被监管人员的教育和挽救作用，最好是创办一个属于看守所自己的电视台。

但万事开头难，我碰到的第一个难题就是经费有限，所里不可能购置高档的专用设备，我只好自掏腰包购买了摄影摄像机、功放机、DV 机、笔记本电脑、调音台等设备。就这样，归岸电视台启动了，刚开始归岸电视台虽小，却五脏齐全。我考虑到一个电视节目，从线索、创意、策划、拍摄，到编校、字幕、配音、渲染、剪辑等后期制作，再到校对复查审核，直至播出，需要多人共同协作，经过多道严谨工作环节的过程，而且都是一些知识含量较高的技术活，摸着石头过河，困难在所难免，但我生性不服输，自己负责对外协调，两位助手分别负责场务、拍摄录制、剪辑和校对、后期制作。我们还在被监管人员中挑选具有文字编排、录入特长的人协助配合，实现教育与改造两不误。有道是：功夫不负有心人，不知道熬了多少个不眠之夜，耗费无数精力和心血，经历多次失败的打击，我们终于在 2003 年 5 月实现归岸电视台成功首播！

**采访者**：归岸电视台主要有哪些节目，现在电视台运行情况如何？

**楼飞华**：主要有监所《被监管人员日常管理》《内务卫生管理规范》《归岸之声》《我身边的事访谈》《萧看故事会》《现身说法》《警示视听》《曝光台》《光荣榜》等栏目。2020 年由于疫情影响，归岸电视台暂时处于停止运营状态，目前是每周不定期播放早期录制的相关节目。

**采访者**：除《归岸报》和归岸电视台外，您还成立归岸艺术团。请您介绍一下归岸艺术团的情况。

**楼飞华**：受少年时期学习过民间音乐的影响，我希望能把民间艺术中汲取的营养，有效运用到监管文化之中，看守所是我心目中一块理想的试验田，我希望通过撒播文化种子的方式，净化被监管人员的灵魂，于是我决定成立归岸艺术团。

艺术团人选采用监室推荐和被监管人员自我报名的方式，从中挑选一批能歌善舞的艺术骨干，成为艺术团的成员。艺术团的节目分为歌曲类、语言类、舞蹈类，自编自演，寓教于乐。其中潜心创作了《我是一名警察》《萧山监管之歌》《归岸之歌》《真情归岸号》《归宿》《监规歌》《文明曲》《养成歌》《内务谣》《劳动曲》《学习篇》《悔罪过 奔新生》《报》《语》《声》《读》《书》《艺》《校》等 20 多首公安监管歌曲，再请学校的音乐教师谱曲，随后在监所内传唱。此后，每逢重大节日和春节举办各种联欢会，在看守所总能看到一些特别的演出活动，表达被监管人员心中的忏悔之声，并从中受到教育和启迪。

**采访者：**最近几年，网络新媒体蓬勃发展，您和看守所是如何借助新媒体来进行感化教育和监管的，取得怎样的效果？

**楼飞华：**我虽然在看守所工作，但实际上我是一个社会工作者。教育感化工作不仅局限在看守所内，我组建了党员服务小分队，把教育感化触角延伸到社会、家庭，构建"监所—社会—家庭"三位一体的开放教育网络，采用"请进来、走出去"的方式，常年为机关团体、企事业单位、村社区、大中小学进行义务法制教育，自 2000 年至今，已经突破 600 场次，听课总人数达到 50 多万人次，在社会上有一定的影响力。形成教育合力，挖掘教育潜力，为打造法治中国、构建和谐社会、全面推进"平安萧山"建设，发挥党员的先锋模范作用。2019 年 4 月 14 日，我利用周日休息回到家乡，为楼塔镇楼家塔村的 100 余名党员干部做了题为《保持党员干部先进性 建设和谐新农村》的普法讲座，荣获萧山区 2020 年度"五老"精品课程最具教育意义奖。

从 2000 年开始，我就进入社会普法领域；在立足监所内工作开展社会法德讲座的同时，我一直在思考一个问题，那就是随着时代的发展，社会法德宣讲的形式是有所缺乏和滞后的，萧山有一百几十万常住人口，普法工作者有多少？是否能够达到普法的实际需求？我们到底应该用一种怎样的形式去填补这样的缺憾？我一直坚信，最能引发共鸣的不是言语，而是触动心灵的真理；最能打动人心的不是成功之时的掌声，而是为难之处的聆听；最有教育意义的，不是汇报之时的总结，而是过程之中的磨砺。

为把法德教育落到实处、细处，我们主动与需要接受法制教育的单位群体联系，对受教人群属性进行及时排查摸底，在掌握第一手资料的前提下，针对目前的实际情况，在

**图 4　在学校开展普法教育**

传统的法德教育基础上，不断创新，在 2016 年我将原来针对监内人员的"7086"教育体系进行拓展与升级，与时俱进，充分发挥互联网优势，通过微信、抖音等新媒体平台传播辐射到全社会，总体覆盖人次已超 5000 万。

**采访者：**除了文化艺术外，您还积极通过职业技能培训来创新监管教育模式。您在这方面开展了哪些形式的职业技能教育？

**楼飞华：**我依托看守所归岸教育这个平台创办了"育新学校"，与劳动局、农业局、教育局、司法局、卫生局等多部门合作，建立师资队伍，采取民警兼职、社会上聘用、在被监管人员中挑选三结合的方式，开设了语文、数学、法制、信息化管理、心理疏导、实用职业技能等培训。目的是为了让更多的被监管人员学习文化知识，掌握劳动技能，增强回归社会后谋生创业的本领，降低重新犯罪率。2015 年萧山区公安分局新春联欢会的人物访谈节目《楼飞华和他的孩子们》（情景剧），讲述看守所有一个归正人员代某，羁押期间通过看守所归岸电视台学习拍摄剪辑，能力很不错，回归社会后被一家数字传媒公司聘用为后期特效总监，年薪 20 万元。他很感激我，有一次特地回来参加我们一个访谈节目，节目中他反复提及曾经在归岸教育体系下，学到很多知识，尤其是在归岸电视台改造学习的那一段时间，他获得了巨大的成长，内心对我充满感激。

**采访者：**您对《归岸报》和归岸电视台这两个平台有什么特别的补充吗？

**楼飞华：**在看守所工作有 20 多年了，在这个特殊的场所，我致力于归岸教育 15 年。一来，我总想通过归岸教育给被监管人员带去更多、更好的寓教于乐的教育节目；二来，我总想通过归岸教育让更多的学员洗净心灵的污垢，重新启程；三来，我也总想通过归岸教育让更多的正能量在这里不断传递；最后，我也希望我现在从事的这份特殊的教育工作能得到更多领导和身边人的理解和支持。我始终坚信我们的监管教育工作做实、做到位了，社会的犯罪率就会降低，我们身边就能多一份安宁，多一些好人。人民的生活也会更加和谐平安！

2009 年 4 月，浙江省公安厅在萧山区召开被监管人员教育感化工作现场会，首创的"7086"归岸教育体系以其前瞻性的工作方法被全省乃至全国推广应用，公安部监管局赵春光局长在会上肯定："萧山区看守所的工作非常扎实，教育（感）转化工作模式代表了今后公安监管工作的发展方向……公安部监管局也将加大对外宣传力度，力争使萧山区看守所成为全国公安监管系统教育转化和对外开放的示范单位。"2011 年 3 月，浙江省政协副主席盛昌黎在考察萧山监管工作时，高度评价萧山区看守所的教育感化工作，她说："萧山看守所的教育转（感）化工作，我觉得，高校得来学习学习，企业也要来学习学习。"

我有关电视台的想法萌发于 2005 年在老监管所时。看守所内死刑犯执行死刑前会做一个现身说法。有一个死刑犯，羁押时间较长（两年），他自己主动要求参与这个现身说法。那时我们只有一部 DV 机，通过加入摄像机转播到电视，这一次现身说法，激发了我的想法。

其实提起"7086"，在外界好多人都称呼我为 7086，因为我的手机尾号是 7086，我的车牌号码也是 7086，我这个教育平台也叫作 7086 教育平台。目的是真正使一些被监管对象思想归岸、道德归岸、法制归岸，早日重新回归社会。

在监管工作的反馈中，始终有一个沉重的问题缠绕着我，那就是归正人员的再就业。为此，我努力给归正人员搭建就业平台，尝试与企业紧密合作，联手打造"教育感化成果基地"，为企业推荐合适的人选，使归正人员找到自己的归宿。曾经有这样四名归正人员，改造期间表现良好，但是新生后多次寻找工作无着落，无奈之下他们找到了我。为此，我多方奔走，帮助联系司法、工商、税务等部门，最终协助他们创办以经营鲜果捞为主的"归宿食品商行"。为了使商行健康发展，我还帮助他们创建一整套完善的企业文化，使"归宿食品商行"有了自己的 LOGO，并制定经营方针，帮助他们树立正确的经营理念，引导他们在合法经营的同时积极回报社会。如今该商行已于 2014 年转型扩建，同时安置了更多的归正人员。

**采访者：** 在看守所的多年工作经历中，是否有一些事件和被监管人员让您印象深刻，您能谈谈吗？

**楼飞华：** 20 多年的普法历程里，有数不清的故事。"浇树要浇根、帮人要帮心"。印象深刻的故事，数不胜数，监管工作本身是一种责任，在不断地付出中，总会有那么些难以忘怀的时刻。

我印象最深的是一名死囚陈某的故事。2004 年，一审被判死刑后，陈某自知改判无望，最大的心愿就是和亲人再见上一面。出于遵从宪法、尊重和保障人权的考虑，我们特意安排在中秋节，让陈某和母亲、女儿、弟弟见了最后一面。在见面中，陈某吃到了女儿喂的月饼，还给母亲磕了好几个响头。我至今难以忘记，那场让人肝肠寸断的生离死别。为教育警醒更多人，让社会公众感受到法律的尊严和神圣，经相关人员及部门同意，我将当日的会见拍成短片《一名死刑犯最后的告白》上传腾讯视频网和优酷视频网，累计点击量高达 5000 万人次。

2003 年 5 月，艾滋病毒携带者新疆籍犯罪嫌疑人艾某抗拒管教，自暴自弃，作为所领导的我前去找他谈话。谈话时他将口水吐到我脸上，想用传染病毒的方式吓退我，第一次谈话很不顺利，但肩负的责任让我不能轻易放弃。第二次谈心时，艾某因绝食多日无力地躺在地上，我就蹲在他的身边进行耐心地疏导，这一谈就是三个多小时，直到艾某情绪有所缓解，我也终于松了一口气，一次次的思想安抚，最终融化了艾某冰封的心，他对我说：“楼所，我以前也曾是一名警察，但我们那边的警察不可能像您这样，是您让我明白了‘警察’两个字的含义。”我为他的话感到高兴。而后艾某表示一定会好好反省，彻底悔罪改造，还向其他新疆籍被监管人员写了一份《规劝书》。

2011 年，王某因故意伤害罪被羁押在所内，十分不服管教。有一次他故意后仰摔致全身不能动弹，被严管后又故意乱拉大小便，甚至将大便拉在自己裤裆里。我得知此事后，多次找其谈心，不顾脏乱恶臭，亲自为王某擦洗身上的粪便，并将其满是粪便的衣服清洗干净。王某很震惊，也很愧疚，他说：“我觉得我再不好好改造，我就不配做人。但愿我投监后，能再碰到楼所这样的好管教。”

**采访者：**未成年案件中有哪些令您印象深刻的案例？

**楼飞华：**我讲一个 2005 年发生的案件。犯罪嫌疑人张某是一个在校学生，家庭条件比较优越，父亲是一个集团公司总经理，母亲是部门经理，年收入上百万。处在叛逆期的张某为了满足性欲望，杀人奸尸，而且把受害人东西都拿走，最后构成故意杀人罪、侮辱尸体罪、盗窃罪。在这样的情况下，他的父母亲希望他能不获死刑，但法律是公正的，他被判处死刑，执行死刑前他也终于悔悟。他的死刑所代表的社会意义，以及对未成年人的警示和成长教育有很大的作用。这个视频也放在我现在的课件中，题目叫《戴着脚镣的舞者》。

第二个案件是一个父母离异的女中学生陈某，18岁时已经是同学们口中的"大姐大"，为了同学之间的口角，产生报复心理。她叫了几个男同学一起，坐车赶到闻堰镇一个女同学家中，将那个女同学勒死后分尸，并且将尸体抛入钱塘江，这个案件的视频叫《遗失的美好》。

图5　浙江省"千名好民警"荣誉证书

第三个案例的视频叫《孩子的24.5元钱》。主人公是一个15岁的在校学生，节假日去邻居家里玩。他在邻居家电视柜的储蓄罐里发现了24.5元钱，竟然起了一个杀掉小孩占有这钱的念头，并付之于行动，造成惨案。

还有一个校园欺凌案件，发生在我们萧山的一所学校，校内两个女学生之间因为一个白眼发生口角，后来犯罪嫌疑人打了受害人500个耳光，被刑事拘留。这些未成年人案件，我印象都比较深，现在都收集到普法教育中。我希望通过看案例、听故事的方式，让听课的人能思考点什么，对他们的人生有所启发。

**采访者：**在几十年的工作过程中，您获得了很多荣誉。在诸多荣誉中，您认为哪一份是对您多年工作的最好褒奖？

**楼飞华：**我曾获"浙江省美丽警察""浙江省千名好民警""杭州市优秀共产党员""杭州市十佳亲民警察""杭州市十大平民英雄（道德模范）""杭州市十佳优秀监管民警""杭州市关心下一代先进工作者""杭州市普法教育依法治市先进个人""杭州市优秀兼职法制副校长""萧山区美德标兵暨最美萧山人""萧山区依普办普法先进个人""萧山市（区）最满意警

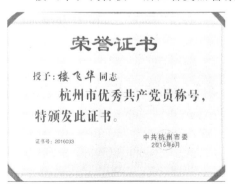

图6　"杭州市优秀共产党员"荣誉证书

察""萧山好男人"等荣誉，也荣记个人三等功四次。这些荣誉是对我工作的肯定和鞭策；被监管人员的幡然觉醒、归岸，才是我一生的勋章。

所有的荣誉都只是对过去工作的肯定，在这么多荣誉中，我觉得"杭州市优秀共产党员"和"浙江省美丽警察"是对我最好的褒奖。这是我作为一名共产党员和一名人民警察心中最崇高而神圣的荣誉。

这么多荣誉对我来说也是一种鞭策，共产党员就必须牢记当初入党时的使命，今天获得这些荣誉和工作成绩就是明天最低的要求，只有恪守党员初心，才能一步一个脚印做好人民警察。我把全部青春奉献给党和人民，我非常骄傲。

## 五　无怨无悔

**采访者：**常年忙于看守所工作，对于家庭，您是否有一些遗憾？您的家人如何支持您的工作？

**楼飞华：**说起来也是辛酸，我的家境并不宽裕，当时妻子是一名失业人员（现已退休），身体也一直不太好。2000年，我的宝贝儿子不幸患脑疾而夭折，年仅15岁，我当时也就30多岁。如此沉重的打击，除了让家里耗尽积蓄之外，还欠下一大笔债务，这对靠工资收入维持开销的一家来说，经济拮据程度可想而知。

以前见人都问："您儿子多大了？""您儿子上什么学校了？""您儿子结婚了没有？"在此之后，我就将自己封闭起来。封闭不是说我悲观、失望，而是想办法学自己需要的东西。这个封闭得失很大。失，我的儿子没有了；得，我学了好多东西。那几年，我把自己关在看守所，跟社会完全隔绝，三五年后我也想明白了，只要我们夫妻两个身体健康，生活能正常维持就好。

当时我妻子想和我离婚，因我是副所长，她就向我的领导和单位去说，表达想要和我离婚的想法。当时领导也找我谈，说清楚我妻子离婚的理由，原来她不想再生育，因为在儿子生病过程中，都是她在照顾，精神和身体的双重折磨，让她疲惫不堪。但她又怕以后说起来我们夫妻俩连后代都没有，就起了这个念头。我劝她说没关系，只要我们夫妻两个人感情好，养老的事情以后再说。我在看守所工作25年，见到被执行死刑的人不是一个两个，都是父母养育的人，他们有没有报答父母，有没有为社会做贡献？我劝她心态好一点，不要离婚，慢慢地化解开她心里的疙瘩，现在我们夫妻感情都蛮好的。

最重要的一点，我不需要花其他的钱。我只需要自己身体健康、心理健康，做一些对社会有意义的事情。社会公益方面我也做了不少，我为楼塔细十番协会捐赠了20多万元的音响设备。工作上若是需要购买设备，需要通过政府采购，有时急着要用，一两个月都下不来。想好的事情都做不了，我就常常自己拿出钱来购买硬件设备。在这方面，我妻子一直都是无条件支持我。

有一次，我在楼塔细十番协会培训，一天总共接待了三批外来人员。第一批是贵州省一个党政考察团到楼塔来，他们点名要听细十番表演；第二批是萧山区农业局组织的党员活动；第三批是杭州一所中学的亲子活动，他们到楼塔来听细十番。我依次做好接待工作，对于我不能经常回家陪伴照顾，家里亲人一直很支持我。

住在乡下的老母亲常常思儿心切，隔三岔五打电话过来问我，什么时候能回家看看。对于母亲最朴实的一点希望，我总是愧疚地说："妈妈，原谅儿子不孝，我现在太忙了。"对母亲、对妻子，我都有一份深深的欠疚，我不是一个称职的儿子，也不是一个合格的丈夫。对于我把身心都奉献给监管事业，奉献给那些需要教育和挽救的被监管人员，奉献给社会公益事业，分享给生我养我的古镇楼塔，母亲和妻子默默地用豁达的爱铸成我最坚实的后盾，无怨无悔地用行动支持我的工作。

**采访者：**您即将光荣退休，在退休之后，您还会继续坚持从事相关教育和帮扶工作吗？

图7 楼飞华一家合影

**楼飞华：**2022年9月，我就到退休年龄了。虽然我快退休了，但退休不退职。我目前是公安部人才库高级人才、公安部监管局特聘教官、浙江省公安厅省级兼职教官、杭州市公安局高级兼职教官、杭州市普法志愿者团队讲师、萧山区"七五"

普法讲师团讲师、萧山区五老讲师团讲师、萧山区"心心相伴 守护成长"普法活动讲师、萧山区公安分局育蓝讲师、萧山区"平安家庭"培训基地讲师、中华楼氏文化研究会常务秘书、楼塔镇乡贤联谊会理事、楼塔细十番协会副会长、楼塔历史文化研究会副会长、楼塔摄影家协会副会长、楼塔镇楼家塔村乡贤理事会秘书长。弘扬宪法精神，传递法治力量，普及法律知识，为更多的民众宣讲这条路，我还将一直走下去。

**采访者**：是什么动力支持着您几十年如一日地付出？

**楼飞华**：我 1984 年到乡镇工作，1985 年 7 月加入中国共产党，后来我选择做人民警察这个职业。既然选择了，就意味着要乐于奉献，一定要发挥先锋模范作用，做好表率，我心里的动力就是这个。

**采访者**：除了政法工作外，您还积极致力于保护家乡楼塔镇的民间文艺和历史文化。如您积极捐赠多媒体设备，撰写历史文化研究文章等。请介绍一下这方面的工作。

**楼飞华**：身边很多人会问我，你整天这样忙碌辛苦地工作，做了那么多事情，你图什么呀？升官？发财？我给自己的回答是：做自己喜欢做的事，回报与否，岂在话下？我热爱我的家乡，想要为她做点事。

我现在担任楼塔细十番协会的副会长，一直在传承发展、对外宣传上努力发挥自己的作用。在传承发展上，我争取当地政府支持、对接相关部门和大专院校，促成校地合作项目，落实浙江艺术职业学院委派师资力量每周对楼塔细十番新传承人的培训教育，配合楼塔成人学校开办艺训班，目前已培训近 200 人、其中能上台表演者近 50 人。配合做好浙江省非遗传承基地（楼塔细十番）——楼塔镇中心小学少年传承人培育工作，目前已经形成楼塔细十番老中青少四代传承人近 300 人的队伍。在对外宣传工作上，我坚持在"楼塔细十番"微信公众号上推送细十番活动新闻，被楼塔镇政府评为 2019 年度楼塔细十番协会优秀指导老师。

同时，我一直关注中华楼氏和楼塔人文历史的研究，现在是中华楼氏文化研究会常务秘书和楼塔历史文化研究会副会长，参与中华楼氏文化研究会相关活动，日常做好"楼氏"微信公众号、楼氏网相关活动新闻、研究文章推送和有关楼氏历史文化报道转载。

我还组织策划楼塔历史文化研究会的相关活动，如《仙岩楼氏宗谱》第十四次续修圆谱庆典仪式、楼英陵园修缮和开园仪式、纪念楼塔建镇

1120 周年暨祭祀仙岩楼氏始祖彦孚公典礼、2017 年冬至义乌香山祭祖、2018 年戊戌仲春义乌祭祖暨捐资仪式、2019 年己亥仲夏楼英祭、纪念楼塔洲口石桥建桥百年暨揭碑仪式，第一、第二届楼塔年俗文化节等大型活动，参与调查楼塔集镇古建筑情况，制作非遗传承人报送视频，为古镇历史文化研究添砖加瓦，为楼塔古镇和美丽乡村建设出谋划策。

从 2008 年起，我还利用业余时间走遍楼塔的山山水水，走街串巷，查阅历史档案，访问百位老人，策划、编导、拍摄《印象楼塔》《楼塔往事》《汤团庙传说》《天籁古韵——楼塔细十番》等系列人文历史纪实片，每次我回家时，乡亲们都会亲切地说："楼氏张艺谋来了！"

近年来，我为楼塔镇小城镇综合整治、文旅古镇创建，楼家塔村浙江省非遗旅游景区民俗文化村、浙江省美丽乡村美育村、浙江省历史文化（传统）村落保护利用重点村，打造特色文化品牌，发挥了乡贤作用。自楼塔镇推进小集镇综合整治、打造文旅古镇以来，我十分注重群众文化和传统文化的有机结合，打造古镇文化亮点特色。从 2014 年我开始组织、策划、编导春节民俗风情表演，这既活跃了群众文化生活，又丰富了春节浓厚年味，更使古镇文化亮点特色得到传承。

图 8　2019 年楼塔年俗文化节乐舞仪仗民俗风情表演

　　我还参与 2018 年戊戌元宵杭州钱王祭和 2019 年己亥元宵杭州钱王祭活动。2018 年我又将民俗风情表演进行改良提升，创办了首届年俗文化节，目前已成为楼塔文旅古镇的一条靓丽风景线，我因此被楼塔镇政府授予 2018 年度文化品牌建设艺心奖。

　　有人夸我高尚，有人笑我呆傻，面对众多的评价非议，我只是觉得做了这些事情，我内心很富有，我现在仍和妻子住在 20 世纪 80 年代的经济适用房里，但我睡得踏实安稳，我过得很幸福，很快乐。

　　**采访者**：作为见证萧山政法事业发展的优秀工作者，您如何总结过去几十年萧山政法工作取得的成绩？

　　**楼飞华**：萧山政法系统的整体作风环境是比较好的，工作严明，透明度高，特别是近几年的打黑除恶工作，做得也比较好。具体点说，萧山政法系统一是在基层保障了社会经济持续发展；二是在维护社会公平正义、服务民生上取得明显成效，营商环境优越，社会秩序稳定；三是在专项治理、突破大案要案、依法履行职能方面成绩卓著。萧山的整体基础建设、投资、教育、医疗、养老环境都很好，萧山人民安居乐业，经济稳定发展，这离不开政法系统的保驾护航和无私奉献。萧山政法人初心不改，负重拼搏，砥砺奋进，不断回应人民群众对安全、公平、正义的更高需求，交出了一份有温度、有厚度、有分量的"初心"答卷。

　　**采访者**：看守所在押人数、犯罪率等方面与 20 世纪 90 年代相比有哪些变化？

　　**楼飞华**：首先，我们看看萧山看守所的变化，20 世纪 90 年代萧山的常住人口不足百万，现在整个萧山的常住人口有将近 123 万。当时萧山看守所总面积只有 2 万多平方米，监管民警有 15 人，看守所最多关押人数是 800 人；现在萧山看守所的占地面积近 200 万平方米，监管民警加辅警有 200 余人，现在设计最高关押人数可以达到 5000 人。原来看守所的规则制度相对简单，管理系统大多是通过纸张化的文件材料进行信息管理，还未达到信息化和网络化的程度；随着在押人数的增长和网络信息系统时代的到来，现在的看守所不仅有更完善的规则制度，还有公安网内联网的无纸化看守所信息管理系统，甚至每个监室配备了人脸识别和指纹识别的嵌入式平板智能硬件，大幅提升了整个看守所信息管理系统的数据化和智能化水平。其次，在被监管人员的犯罪案件变化方面，从 20 世纪 90 年代至今，整个萧山地区的实体经济增长非常迅猛，金融及互联网金融业务如雨后春笋爆发式增长，互联网电商等虚拟经济层出不穷，外来流动人口急剧增加。20世纪90年代占比较多的抢劫、抢夺、强奸、杀人案件，目前呈现出占比大幅降低的趋势。随着新的实体和虚拟经济繁荣带来的金融类犯罪、互联网非法集资及套路贷等经济类犯罪，电信诈骗及互联网赌博等诈骗类犯罪，非法垄断市场等涉黑涉恶类犯罪案件的占比呈现出大幅增长趋势。故意杀人案件中，20世纪90年代较多的有目的性，"两抢"杀人案件当前占比较少，由经济及情感矛盾纠纷导致的杀人案件占比较多。吸毒、贩毒、制毒类案件随着流动人口增加和娱乐业繁荣而增长明显。

**采访者：** 改革开放以来，您对萧山地区的发展变迁有什么体会和感想？

**楼飞华：** 衣，穿衣打扮从老百姓身上去看，变化非常直观。行，我老家离萧山城区32千米，以前我们从楼塔到萧山最起码三个小时，现在最多一个小时，得益于城乡便利的交通设施，行车很方便。住，以前我们农民住的就是一个木结构房子，公用厕所很少，设施简陋，现在走到哪里都是高楼大厦，村里家家户户也建起钢筋混凝土结构、装修精美的楼房，公共厕所很多地方都有。吃的东西以前是吃饱为原则，现在讲的是营养、卫生。萧山这几十年的变化非常大，萧山人民群众生活富裕安康，以前不敢想象的梦想都变成现实，居住环境日新月异，绿水青山正在慢慢变成我们的金山银山。而且，可以直观地感受到治安水平的确有了非常大的提升。说到底，还是经济发展、社会运行稳定解决了治安问题。

**采访者：** 在中国共产党的坚强领导下，萧山各界市民参与、见证了中国社会、经济与文化发展的腾飞奇迹，为萧山各项事业发展积极贡献力量。作为萧山地区政法工作的参与者、见证者，您如何回顾总结自己的工作经历？

**楼飞华：** 我就用三句话来总结。第一句，作为一名共产党员，不忘初心，业精于勤，满腔热情，持之以恒。第二句，作为一名政法干部，每天做一件有意义、有价值的事，与时俱进，处处弘扬法制精神，时时传递正能量。第三句，作为一名人民警察，始终牢记使命，无怨无悔，继续为人民服务，我奉献我骄傲！

在见证萧山经济高速发展带来的经济和民生生活繁荣的同时，我作为早年从事乡镇管理工作出身的人民警察，会自然而然地从萧山整个社会治理的角度出发，为保障经济快速发展和人民美好生活来开展政法工作。首先，重点推动看守所内的法治制度管理，制定标准统一的规范制度，严格按照制度及规范执行到位，这是看守所30年安全无事故的核心保障；其次，紧跟信息化系统软硬件逐步升级的步伐，推进看守所内的监管信息化管理工作的建立和优化工作，确保看守所不成为信息孤岛，有效提升整个看守所的监管能力和效率；再次，在对看守所内特殊人员的监管工作中，树立法律威严的同时，辅以教育警示和感化工作，前瞻性地做到从被监管人员的监管期间出发，通过感化教育和技能教育，纠正被监管人员的人生观和价值观，降低被监管人员刑满释放后对社会产生的不良影响，切实降低归正人员回归社会后重新犯罪率；最后，从看守所内部的归岸感化教育延伸升级，与时俱进，利用互联网优势，通过微信公众号及抖音等互联网云媒体平台，对社会公众进行广泛性的警示教育宣传工作，想把看守所内经历的各种刻骨铭心的警示教训传播给公众，希望广大群众通过手机就能知法学法，敬畏法律珍惜当下。

在2020年年初新冠疫情防控期间，我作为一名杭州市优秀共产党员，发挥先锋模范作用，体民意，察民情，解民愁，发挥自身特长，利用自媒体平台，多种形式地开展宣传工作。考虑到家乡楼塔老百姓对普通话接受程度不高，官方术语理解有困难，我便利用自身在宣讲方面的优势，用方言录制了疫情防控宣讲音频和抖音小视频，一方面想让老百姓一听就懂，另一方面也想让老百姓能够积极主动地传播。部分镇街广播站播放了我录制的方言疫情防控宣讲音频，学习强国杭州版块、智慧萧山等媒体平台也进行了推送。朴实生动的方言宣讲对老百姓来说，效果更好，更接地气。疫情隔离休假期间，我还在楼塔镇楼家塔村配合当地政府和村委参与设卡点执勤，1月24日至2月15日，每天晚上到楼家塔村洲口桥卡点执勤到凌晨才回家休息。

在中国共产党的坚强领导下，我高度与党中央保持一致，"奔竞不息　勇立潮头"的萧山精神是我永远的动力源泉，我将继续发挥余热，为萧山社会经济文化的发展、社会稳定和谐、人民安居乐业添砖加瓦。

文化篇

# 我所了解的萧山教育事业发展

## ——钱志祥口述

采访者：郑重、潘立川、杨健儿　　　　　整理者：郑重

采访时间：2020 年 8 月 27 日　　　　　采访地点：中共杭州市萧山区委党史研究室

**钱志祥**，1946 年出生，杭州萧山人，中共党员，自修大专学历，1960 年回乡参加农业劳动，曾任生产队（村民小组）、大队（村）会计；1970 年后历任公社广播站编辑、公社党委委员、萧山县（市）农办副主任；2003 年起，被聘任为《萧山市志》副主编，现任《萧山区组织史资料（第六卷）》《中国共产党萧山历史（1978—2002）》编辑。

钱志祥

## 一　曾祖父和祖父的受教育情况

**采访者**：钱老师，您好！我们想就萧山教育事业的发展历程采访您，主要是从您家族受教育的经历这方面来谈。先请谈谈您曾祖父和祖父的情况吧。

**钱志祥**：我的曾祖父原是绍兴钱清镇农村人，1862 年他到钱清镇上赶集，被太平军抓了做挑夫，从此随军行动。1864 年，太平军在江西被打散，曾祖父用了半年时间逃回钱清老家。由于当时清政府在清理"长毛余党"，而曾祖父又曾被迫做过太平军的挑夫，在钱清待不下去。于是，在高祖和其他亲朋的帮助下，24 岁那年，他孤身一人移民到今瓜沥镇运东

村，以开垦钱塘江故道的沙地为生。据说他没有上过学，但靠自学有了一些文化，后艰苦创业打下了今瓜沥运东钱氏家族立身发展的基础。

我的祖父约上过 4 年私塾，后承父业以种地为生，自学文化，能写一手漂亮的毛笔字。他的字迹我只在家中曾经留存的水桶、竹箩等农用器具的外侧上看到过，上面有他用黑漆写的漂亮大楷"忠孝堂钱""彭城群钱"等字样。可惜年代已久，这些用具早已没了踪迹，祖父的字迹也失传了。

## 二 父亲上了三个月私塾

**采访者：**请您详细谈谈您父亲的受教育情况。

**钱志祥：**1927 年，爷爷因病去世，刚上了三个月私塾的父亲便因家中无钱供学而失学回家。15 岁那年，兄弟分家，父亲与祖母、年幼的三妹、小弟 4 人组成一家，父亲担负起家庭的重任。但仅靠几亩薄地难以维持老母亲和年幼弟妹的温饱，他就到瓜沥镇上一家南货店当学徒，偷学财务与珠算，自学成才，打下了一定的基础。23 岁那年，他到中国美术学院的前身国立杭州艺术专科学校①当书童，为老师泡茶打水，有时随老师外出，为老师拎包当临时"秘书"，据哥哥写的回忆录记载，父亲主要为院长林风眠②拎包当随从"秘书"，可能时间一长有了感情，林院长有时还允许父亲到课堂听课，丰富了他的文化知识。父亲 27 岁那年，林风眠院长离校到上海发展。由于在校当书童每月的薪金只有 3 个银圆，难以承担一家的生活费用，父亲便辞去学校的工作，孤身一人到上海打工。本想去投靠林风眠院长，请求安排一个工作。但茫茫人海，哪里找得到人。从后人的文章看，当时即使父亲能找到他，也可能得不到帮助。2018 年 11 月 23 日，《光明日报》刊登著名作家肖复兴的文章《西湖邂逅》。文章中提到，林风

---

① 1928 年年初，蔡元培、林风眠选址历史文化名城杭州西子湖畔，创建了中国美术学院的前身——国立艺术学院，1930 年秋，改名为国立杭州艺术专科学校。它是中国现代最早的综合性国立高等艺术学府，是第一所实施本科和研究生学历教育的美术教育机构，是中国高等美术教育的发源地之一。

② 林风眠（1900—1991），广东梅州人，家名绍琼，字凤鸣，后改风眠，画家、艺术教育家、国立艺术学院（现更名为中国美术学院）首任院长。自幼喜爱绘画，代表作品有《春晴》《江畔》《仕女》。他历任国立北平艺术专科学校校长、国立艺术学院院长、中国美术家协会上海分会副主席。

眠的故居在杭州植物园的灵隐路旁。他是早年留学法国的大画家，也是一位生不逢时的、潦倒与凄凉的画家。很长一段时间里，他没有工作，没有一文钱的工资收入，那个时候，他的画不值钱，卖不出去。特别是妻子和女儿离开他去了巴西之后，他成为彻底的孤家寡人，游荡在画界之外。在他的人生际遇中，除了蔡元培最为欣赏并辅助过他之外，几乎再无人伸出援手。"文化大革命"期间，他把自己几百幅画泡烂在浴缸里，然后用马桶冲走。从这些记载看，后人十分尊敬林风眠先生，但他一生清贫不得志。

好在萧山瓜沥镇有几人在上海办小厂，他们需要会记账的人。而父亲在当学徒时偷学过财务、珠算，在杭州当书童时又自学文化，有了做会计的文化和计算基础。于是，他被招入上海一家由萧山长沙乡人邵凯标创办的漂染厂当会计。由于厂小不能全脱产，他一边参加劳动一边完成财务工作，同时努力自学文化。到我上学会看信时，父亲通顺的语言和漂亮的楷体字已被周边有文化的人所认可。我把父亲从上海的来信都收藏起来，放在我家的一个破柜里，但可惜的是那时我家住的是草房，一次又一次的台风大雨经常使草房去顶漏雨，父亲的手迹和藏书被淋湿。1977年，我家建了平瓦房，那个破柜也搬到平房里。1979年，我到萧山县城工作，1982年，父亲去世后，母亲住到我家的平房里，放在破柜里的父亲手迹和书籍全部失踪。我后来分析是母亲住到我家的平房里后，认为这些破烂的字书已无存放价值而做了处理，或是扔进了垃圾坑，或是卖给了收废纸的人，因为我记得当时经常有一位老头到我们村来收废品。父亲的手迹从此在我家失传，但弟弟家还存放着一部分。

## 三　第四代自修高等教育

**采访者：**请您谈谈您的曾祖父到萧山沙地开垦后第四代的受教育情况。

**钱志祥：**我们五兄妹是曾祖父到萧山沙地开垦后的第四代。

我的哥哥自学成才，是我和弟弟、妹妹的楷模。哥哥出生于1939年，20世纪40年代末上小学，1953年因家庭经济困难而辍学从事农业劳动，真正在学校上学时间是5年。他辍学后不忘自学，经常步行3千米到瓜沥的扫盲速成班学习。20世纪50年代中期，他被招为瓜沥如意乡农村信用社的临时工，据他回忆，当时他每月15元工资，5元作为伙食支出，其余全部买书阅读，努力自学。1954年我上小学时，他的字已经写得很好，是一手漂亮的魏体。1956年，17岁的哥哥先后任如意乡七社会计、如意高级社会计、东方大队会计。他一边认真工作，一边继续努力自学，文字和文章都写得很好。1958年，他被提拔为国家工作人员，任瓜沥大公社的财务辅导员、总会计、中共瓜沥区委秘书。工作的变动和视野的拓宽，使他感到文化基础的薄弱，因此更加努力自学。1972年后，他被提拔至萧山县委办公室工作，1977年任萧山县委办公室副主任，1987年任萧山县委办公室主任，成为萧山县委的内务管家、主要的笔杆子。1985年，国家实施教育体制改革，举办党政干部自学考试。47岁的哥哥报名参加由杭州大学举办的党政干部高等教育自修课，与一批年轻的学子们在节假日到县委党校听课。第一年写作课考试不及格，第二年进行补考才及格。1989年，他完成了12门课程的学习考试，拿到了由杭州大学和浙江省高等教育自学考试委员会颁发的大专文凭。1988年5月后，他被提拔至杭州市委任办公厅副主任、主任，市委政策研究室主任，市委秘书长，依然自学不止。1999年，哥哥退休，杭州日报社聘请他专为报社写政论性文章。

　　我是家里的老二，8岁上了村办小学。上小学时我就有上大学的梦想，而启梦的人是我的三个至亲。那年，只上过三个月私塾、在上海打工多年的父亲回到家乡度假，他对我说："少文化、没文化难以在城市里出人头地，你要好好读书，让我们家庭出一个大学生。"那时，他在上海一家萧山人办的小漂染厂里任会计。父亲后来对我说，他如果能读上三年书，旁边一家大厂会聘用他。也是那一年，读了5年小学、已在农村信用社工作的哥哥对我说："努力学习，认真读书，希望你今后能成为钱氏家族第一名大学生。父亲年轻时患过肺结核，是时任民国政府绍兴华舍镇长的四外公给治好的。他的4个儿子都是民国时期毕业的名牌大学生，其中2个还是中共地下党员。"没有上过一天学的母亲常对我说："你要有志气，像你舅舅那样成为一个有作为的大学生。"我记住了最亲的人对我的教导，从小学一年级就怀揣今后成为一名大学生的梦想，在6年的小学生活中，我的成绩一直是班上的前三名。在此期间，我通读了哥哥的藏书《三国演义》《水浒传》《说岳全传》《西游记》等古典文学和很多革命书籍。

　　我的小学是分两个地方读的，一至四年级在本村的运东村小学读，五至六年级在邻村的东方大队读。1960 年 9 月，我小学毕业后考上瓜沥中学。其时国家"三年困难时期"到来，粮食等物资奇缺。我家人口多，困难更大，每天低标准的饮食"瓜菜代"也难以保证，每年我家都是队里的"倒挂户"，即欠生产队的。那年 11 月，我只上了两个月初中，持家的母亲毅然决定让 14 岁的我和两个 10 岁的妹妹辍学回乡参加农业劳动，以获取少量的劳动工分，在生产队里多分一些粮食，因为当时已实行按劳分配。我从小爱读书，是多么的不愿意离校，但没办法，母亲说吃饱活命总比读书要紧，我的大学梦碎了。不得不辍学后，我得到了一个我认为十分幸运的工作，即担任有 66 户人家的生产队会计。现在想想还伤心，66 户人家中，居然只有我一个是真正的小学毕业生，其余的都是文盲或是小学辍学的。当然也有两位读书人，一位是赵姓地主，一位是下放到生产队劳动改造的所谓右派，按当时的政策，这两位文化人是不能用的。于是，我这个小学毕业生当上了会计，就是这个当时令我感到很困难的工作，才迫使我持续自学文化知识。

　　我还想说一个旧书包的故事。我 8 岁那年上学前，对母亲没有别的要求，只要求有个新书包。因为我经常听有点文化的大伯当着我们这些小孩唱："小呀小儿郎，背着那书包上学堂。不怕太阳晒，也不怕那风雨狂，只怕先生骂我懒呀，没有学问无颜见爹娘。"我只知道背个新书包就是学生，就会有学问了。母亲没有答应，她说："你哥哥背个旧书包，读书读得也很好，我家现在经济这么困难，你还是背你哥哥那个旧书包算了。"1954 年 9 月初的一天，我背着哥哥那个旧书包，步行 1.5 千米到村办初级小学上学，与我同时去学校报到的 4 名同学中，只有 1 名同学是新买的书包，我和其他 3 名同学都是旧书包。

　　我背的那个书包是个军用背包，草绿色的帆布包，右下角有一个拇指大的洞。听母亲说这个书包是一位土改工作队的马姓叔叔送给哥哥的，因为哥哥没书包。马叔叔来瓜沥镇农村土改之前是解放军。我后来想，或许马叔叔这只军用帆布包是在战斗中被敌人的子弹打穿了一个洞，后来他又背着这个包打过了长江，打过了钱塘江，来到我们村里搞土改，想着这英雄历史，我便喜欢上了这个旧书包，不再为母亲不买新书包发脾气了。我们的学校只有一年级与二年级一个复式班，50 余名学生背的书包多是旧的、破的，就我背的是个有洞的军用帆布包，背进教室很醒目，还很能装东西。听说是搞土改的叔叔送给哥哥的，哥哥又传给了我，同学们都很羡慕。这个旧书包我背了4年，草绿色的颜色没退，但原来那个洞更大了。那时小学生没玩具，玻璃珠子便宜，放学后也没什么作业，我们一年四季玩打玻璃珠子。那个旧书包除放少量的课本外，更多的是用来装我的宝贝珠子和纸片的，还有哥哥看过的古典小说，如《水浒传》《三国演义》等。装的东西多了，时间久了，那个洞也变大了，为了不致里面的物品掉出来，我用包装糕点的富阳草纸塞住洞口。

我初小毕业后要上设在瓜沥公社东方大队的高级小学，两个妹妹也要上学了。当时母亲说："现在看来吃饭也要成问题了，你那个旧书包再背背算了，一年级反正书不多，你两个妹妹用块布包书暂时过一过。"那时，全家6口人，靠着父亲在上海打工汇来的不多的钱和哥哥的少量工资过活，家里的草房隔年要修，我们又在读书，生活过得很艰苦，我们觉得母亲说得对。于是我仍旧背着那个有洞的旧书包上了瓜沥公社民主高级小学，两个妹妹则用母亲缝纫裁剪后的碎花布包书上了小学。高级小学毕业后我考上了瓜沥初中，背的仍是那个旧书包。初中读了两个月，农村的大饥荒越来越严重，瓜沥公社生产湾里从绍兴县运着家具、用具到萧山沙地区调换番薯、萝卜的农民船只络绎不绝，其中就有我的舅舅们。正好生产队里缺个会计，母亲说粮食都搞按劳分配，我家没劳动力，吃饭活命总比读书要紧，你们还是回家来参加劳动多分点番薯度过荒年吧！14岁那年，我和两个妹妹都辍学回到生产队，我任生产队会计，两个妹妹学绣花，然后卖工分。我读书时好坏也背过旧书包，应了儿歌里唱的"小呀小儿郎，背着那书包上学堂"，可两个妹妹没我运气好，她们上了两年学，没能背过一次书包，直至辍学仍是用块布包书。至今，每当我们兄妹相逢时，她们还在为读小学时没能背上一次书包而遗憾。

我们兄妹三人参加农业劳动后的第二年，我家就不再是欠生产队的"倒挂户"了。

我任会计的生产队有66户人家，有现金日记账、分户明细账、分类账3本账簿。大队经常要组织各生产队会计进行集体查账和互相核账，那只旧书包成了我不可缺少的工具，它能装3本账簿和一面算盘，我就背着这个旧书包往来于大队、生产队之间，这样我又背了4年。1964年，弟弟要上小学了，母亲对弟弟说："你两个哥哥背个旧书包都背出了好成绩，这只书包旧是旧了点，但还可以用，读书是读知识，读书不好书包背得再好也没用，现在我们经济上还不宽裕，你还是再背这个旧书包算了。"于是这个由 20 世纪 50 年代"土改叔叔"背过的旧军用包，哥哥背了 4 年，我背了 10 年，现在又成为弟弟的书包，他背着它上完了小学、初中、中专，毕业后分配工作到了大西南，据说这个旧书包随他去了边陲城市——贵州都匀市。弟弟调回萧山以后，我再也没有见着这个旧书包。从 20 世纪 50 年代初土改叔叔送给哥哥起，至 20 世纪 80 年代初弟弟调回萧山，这只旧书包已为我们服务了 30 余年，也确实到了它该退休的时候了。

如今，每当我拿起书本准备阅读的时候，还会回忆起那个由"土改叔叔"送给哥哥、我们兄弟三人都背过的旧书包。那个旧书包里装的课本知识，为我们三兄弟奠定了文化基础，持久的自学使我们在 20 世纪 80 年代末至 90 年代初都成为了大学生。当然，我们没有条件上全日制大学，而是通过自学考试获得了国家教委承认的自修大学大专学历。1978 年后，我看到学生背着的书包年年在变，由布书包变成帆布书包，由单色书包变为多色书包，由小书包变为功能齐全的双肩书包，有的由国产书包变为进口书包，感慨不已。书包的变迁证明时代在前进，国家在强盛，生活在改善，教育得到重视，观念在更新。不变的道理是书包的新与旧和知识长进与否不存在必然关系。母亲没有文化，在生活极其困难的年代，她以"读书是读知识，读书不好书包背得再好也没用"的浅显道理，说服我们背着旧书包上学堂，家里走出了三个自修大专学生。

离校后，我一边记账做好财务工作，一边参加生产队的集体劳动，同时继续坚持读书自学的习惯。每到雨天生产队放假时，我会步行 3 千米到瓜沥镇、靖江镇的新华书店"白看书"，即只看不买，因为没钱买。哥哥家的藏书我看了一遍又一遍。1966 年我担任大队的企业会计，1968 年又担任大队会计，除了仍坚持去镇上的新华书店"白看书"外，我还坚持看报，每天都把大队订的《人民日报》《浙江日报》看完。1970 年，我被提拔到公社任广播站编辑，1978 年又担任公社的党委宣传委员，这两个职位对文化的要求较高，促使我加大自学的力度。同时"白看书"的习惯不改，在这 10 年里，我除了学习有关本职工作的专业书籍外，还通读了《中国通史》《资治通鉴》和大量的中外文学书籍。此时，我已无缘大学梦了，因为我已经成家有了两个孩子，妻子没有固定工作，家中的经济较为困难。

1979 年，我被提拔为国家工作人员，到萧山县委办公室、县委农工部工作。那是改革开放之初，一些大学开始招收有实践经验的在职人员进校深造，和我同一办公室的同事已先我一步进了浙江大学。他毕业后担任县农业局局长、分管农业的副县长、市农委主任、市政府副秘书长。这是我后来总结出来的体会：即在人的一生中，常常是一个机会失去，就会"掉下一步，落后一路"。20 世纪 80 年代初，中国人民大学在浙江招收学生，分配给萧山一个名额，单位领导推荐了我。当时我又喜又忧，喜的是从小梦想上大学的机会终于来了；忧的是我工资低，两个孩子在上学，而妻子的收入也少，难以独自抚养年幼的孩子和照顾年迈的父母亲。这样喜忧并存地过了约一个月，人事科长又找我谈话，他说你不能去北京读书了，因为招生的条件其中之一是，学历至少在初中以上，你只是小学毕业，不符合中国人民大学的招生学历要求。我的大学梦又碎了，但这次不能上大学我也无怨无悔，因为我知道现实条件不允许我北上深造。

当我对上大学完全不抱幻想时，圆大学梦的机会还是再次降临了。1985 年，国家实施教育体制改革，实行高等教育自学考试。这一年，杭州大学举办党政干部基础课培训，萧山的授课地点在县委党校。我和机关里一批同样在年轻时无缘上大学的同事报了名，和我同时报名的还有只上了 5 年小学的哥哥，后来中专毕业在贵州工作的弟弟调回萧山，也加入了自修大学的队伍。学校给我们的课本是经过浓缩的"白皮书"，也有需缴费的原装书，主要课程有《常用文写作》《大学语文》《逻辑学》《中国历史》《中共党史》《政治经济学》《哲学》《科学社会主义》等。老师每个周日给我们上一堂课，其余均靠自学。开课的第一年考《常用文写作》《大学语文》《中共党史》。那时，我妻子在城区的联合商场线厂门市部上班。门市部是瓜沥镇运东大队办的线厂设的，主要销售各种缝纫用的棉、涤线，我因每个星期日需给在瓜沥中学读书的儿子、女儿准备一周的蔬菜，因而经常缺课，只能靠夜里和白天空余时间自学。我只有小学学历，虽然经过 20 多年的实践会写一些文章，但对语法修辞、标点符号、文言虚词等一知半解。好在我以前读过不少古典文学和现代文学书籍，还通读过《中国通史》《资治通鉴》等历史书。在第一年考试中，《大学语文》及格，《中共党史》考了个中等，《常用文写作》只考了 56 分，不及格。与我同样考《常用文写作》不及格的，还有当时被誉为"萧山一支笔"的哥哥，他能写全县的工作报告，能在国家级的刊物《人民日报》《农村工作通讯》上刊出文章，但在写作理论上败下阵来。同样在《常用文写作》考试中不及格的，还有萧山县级机关中数一数二的几位笔杆子。这次考试成绩不甚理想，使我认识到光有写作实践不够，要知道基础理论的不足，像我这种只读完小学的情况，好比建房时没有筑实墙基，基础不实。因此，在次年的学习中，我加大了自学的力度，上班时也抽空看一些自修大学书籍，每天晚上看到 10 点多，下乡时一有空就翻书本，背名词、概念，与自修大学无关的闲书一律不看。这一年的考试是考《逻辑学》《中国历史》《哲学》，三门课程中我通过了《中国历史》《哲学》的考试，反而是花了好多时间和精力学习的《逻辑学》只得了 48 分。第三年是考《科学社会主义》《政治经济学》及其他课程，同时补考《逻辑学》。这一年的考试，当年三门课全部及格，然而《逻辑学》只考了 56 分。我没有学过数学，更没有学过外语，26 个英文字母认识不了几个。而逻辑学与数学关系密切，《逻辑学》两年不及格，表明我的文化基础太差。此后，与我同时进自修大学的多数同志毕了业，拿到了杭州大学颁发的大专学历证书，我与少数同志不能如期拿到文凭。我下决心攻克《逻辑学》，把自学的精力放在《逻辑学》这门课上，每天一有时间就翻开书本阅读概念，练习考题，遇到不懂的问题就向考得好的同志求教，到书店寻找各种与逻辑学相关的书籍。经过两年的复习，1990 年，我终于通过了最后一门课《逻辑学》考试，虽然只有 61 分，刚及格。经过 6 年努力，我通过了《中国革命史》《大学语文》《哲学》《常用文写作》《政治经济学》《中国通史》《科学社会主义》《逻辑学》《法学概论》《伦理学》《国民经济管理概论》《社会学》12 门课的考试。这 6 年中，我体会到了自学之苦，那几年也是农村改革最为关键的阶段，我在单位里算是相对年轻的，所以我是下乡工作队的常备队员，也是下乡调查后的调查报告起草员。在公事、家事、自学三者面前，公事必须完成，家事也要兼顾，自学多数放到夜里。1990 年 6 月 30 日，我终于领到了杭州大学、浙江省高等教育自学考试委员会颁发的大专文凭，文凭上写着：钱志祥同志于一九九〇年四月通过高等教育党政干部基础课专业（专科）自学考试，全部课程成绩合格，经审定，准予毕业。

至此，我们三兄弟都通过自学获得了大专文凭，成为 1864 年我们高祖迁至萧山北海塘北开垦沙地的第一批大学生。这个学历，在如今连研究生、博士生也不稀奇的年代，是不足道的。但在当时，对我们这批连小学也没有条件读的人来说，可是一件大喜事，通过自修大学获得大专文凭，证明我们既有工作实践能力，又具备了相应的知识水平。

过去每一年填报干部履历表，在"文化水平"这一栏中，写上"小学"二字，我内心总感到自卑。1990 年年底，在填报党政干部履历表时，我终于可以在"文化水平"这一栏中自豪地写上"大专"二字。上小学时萌生的大学梦，我在 35 年后终于圆了。

弟弟是我们五兄妹中最小的一个，出生于 1955 年。他赶上了生活最为困难时期的尾巴，即"三年困难时期"的"瓜菜代"年月，好在上面有父母和哥哥、姐姐担当着，所以他吃的苦相对比我们少。弟弟在我们的大队里上完小学和初中，初中毕业后担任过一段时间的生产队会计。1975 年，他的好运来了。那时实行成分论，有位领导引用《韩非子·显学》中的话："宰相必起于州部，猛将必发于卒伍"，即从最贫困、最基层选拔人才。那年，杭州一家中专学校招收工农兵学生，弟弟幸运地被招收为这家学校的学生。这是我们运东钱氏家族第一位全日制的中专生，我和哥哥骑着自行车送他去学校，我俩想读中专、大学的梦在弟弟身上实现了。弟弟在中专学校读书期间，我去过他学校几次，给他送东西。有一次趁还有一点空，我在红墙黛瓦、绿树成荫的校园里走了一圈，想想自己这一辈子不可能再进这样的校园读书，心里很不是滋味。

弟弟中专毕业后分配到"天无三日晴，地无三尺平"的贵州一家军工企业任会计，在那里一住就是 9 年。20 世纪 80 年代中期，弟弟在哥哥的帮助下调回萧山，到县人民法院工作，曾任法院的办公室主任。弟弟在中专学习时，有一批很出色的同学。在同学的帮助下，20 世纪 90 年代弟弟从萧山市人民法院调到市财政局，从预算员做起，历任预算科长、财政局副局长。其间他也加入高等教育自修队伍，进行艰苦自学，同样在 20 世纪 80 年代末拿到了大专文凭。

只读了两年小学的两位妹妹没我们幸运，一辈子在农村当家庭主妇。好在晚年国家送了她们"三个儿"，即养老保险卡、医疗保障卡、公交免费卡，再加上儿女孝顺，夫妻和睦，生活也非常幸福。

# 四　第五代逢上了改革开放好时代

**采访者：** 请您谈谈您家族中第五代的受教育情况。

**钱志祥：** 我们5兄妹共养育了11个孩子，是钱氏家族第四房的第五代。他们上学时，已是改革开放后，党和国家对教育越来越重视。

我的儿子有了大学本科学历。儿子是1978年上的小学，那年他9岁。在村办的运东小学读书，当时的学校教师多是民办教师，学历不高。小学毕业后，他考上了瓜沥的初中、高中，1989年高中毕业，但是没能考上大学，这是我一生中比较遗憾的事。因为我没有机会上全日制大学，我与妻子下定决心省吃俭用也要让两个孩子读完大学，让我们的梦想在子女一代实现。我后来分析两个孩子没有考上大学的原因是家里经济困难，他俩除读书外还要帮做家务，有时还要自己做饭，更没有经济能力像现在的孩子那样上补习班。儿子虽然没能考上大学，但自学的积极性很高。1990年，他进入萧山一家银行做临时工，除完成业务工作外开始自学书法。两年后，这家银行分给萧山9个招工指标，经过考试后可招为正式职工，在激烈的考试竞争中儿子考上了，成为这家大银行的一名正式员工。经过多年的工作和自学后，他逐步从一名普通员工提拔为科级领导、处级领导、银行的一把手。那时，国家的教育改革已实行多年，取得了明显成效。实践也使儿子认识到知识的重要性、文化跟进的必要性。他加强了自学的力度，在繁忙的工作中抽出时间学习。除了自己看书外，还接受了高等学校的函授教育。在任科级、处级领导期间，多次到北京大学、浙江大学、上海交通大学、厦门大学培训学习。2018年，我与妻子的户口从城厢街道南市社区、湘湖农场两地分别迁至现在居住的北干街道国泰花园。根据规定，年过60岁的老人，户籍迁移必须迁至成年子女户内，所以在儿子填报的申请表中，在学历一栏内，我看到他的学历是"大学本科毕业"。

我的女儿也是自修本科毕业。女儿比儿子小1岁，也是1978年上小学，1989年高中毕业，同样没能考上大学。1991年，经考试与政审进入当时萧山最大的商场"江南大厦"，任文具柜业务员。由于好学又工作认真，没几年就被提拔为柜组长，评为单位先进工作者。可惜江南大厦在后来激烈的商业竞争中关闭，女儿一度失业。她后来被萧山农业银行招入，从事信贷工作。工作实践使她认识到知识的重要，于是她也进行艰苦的自学，并获得了回报。同样在我与妻子的户口迁移过程中，从她填的申请表中我看到学历是"大学本科毕业"。她如今是萧山一家银行下属支行的行长。

其他至亲后代的受教育情况也不错。我哥哥有三个儿子，受特定时代的影响，都只读到初中，高中就参加工作了。改革开放后他们刻苦自学，也都有了中级职称与学历。弟弟的女儿毕业于浙江大学，获得研究生学历。大妹的一男一女两个孩子，均是高中毕业后再经自学，在集团型企业工作。二妹的三个孩子，大女儿高中毕业后进入医疗单位工作，经自学有中级技术职称，二女儿毕业于北京邮电学院，小儿子毕业于北京理工大学。

所以，我们四房第五代 11 个孩子中，出了 2 个自学本科生，3 个全日制大学本科生，6 个有中级职称的高中生。

钱氏大家族第四房的第六代出了 7 个全日制大学生。我父亲在兄弟姐妹中排行第四，因为整个家族人口众多，这里只能简单将我父亲这一房第六代受教育情况讲一讲。

我们四房的钱氏家族第六代有 11 位接班人，都受到了良好的教育。其中已有 7 名大学生、2 名高中生、2 名初中和小学生。哥哥的大孙女高中毕业后经自学进入一家区级单位工作，二孙女大学毕业后考入一家省级单位工作，小孙子高中毕业后出国上大学。

我孙子在萧山小学毕业后考入杭州一所民办中学，初中毕业后考入宁波一所中学，高中毕业后考入美国一所大学。外孙高中毕业后考入浙江一所金融学院，后自修于浙江一所大学，已本科毕业。弟弟的外孙还在读小学。大妹的外孙大学毕业后进入杭州一家国企工作。孙女考入萧山中学。二妹的外孙女考入浙江一所师范大学，毕业后进入教育系统工作。二妹的外孙考入上海一所名牌大学。孙子考入萧山一所小学。

梁启超先生在《少年中国说》中说过："少年强则国强，少年独立则国独立。"习近平总书记谈到教育发展时说："教育兴则国家兴，教育强则国家强。"党的十八大以来，以习近平同志为核心的党中央高度重视教育问题，习近平总书记在不同场合多次强调发展教育的重要意义，为教育强国的建设指明了方向。我家的教育发展史，是家乡农家受教育过程的一个缩影，也是一个村、一个镇、一个区、一个社会、一个国家教育发展的缩影。常说"一滴水见太阳"，从教育的发展中，可看到国家的发展、中国共产党的伟大。现在，我们国家已是全球第二大经济体，许多科学技术已位居世界先进行列；国内建设日新月异，多数老百姓的生活已进入小康。这与党和政府持久重视教育，培养有才能、有责任感的新一代密切相关。

## 五　萧山教育事业发展变迁历史

**采访者：**请您谈谈您所了解的萧山教育事业发展变迁历史。

**钱志祥：**我不是专业从事教育的工作者，对萧山教育发展史不是太了解，这方面的历史应当由教育部门来讲。我只能通过各种资料上查到的情况来谈谈，有错的地方要以教育部门提供的资料为准。

关于幼儿教育。1949年，全萧山县幼儿教育空白。1951年，萧山开始办幼儿园。1978年，萧山幼儿教育走上健康发展的轨道。到1998年，萧山90%的乡镇办起中心幼儿园，98%的村办起幼儿班。1996年，萧山被评为全国幼儿教育先进县（市）。2017年，

图1　瓜沥第二幼儿园（柳田兴摄于2011年4月17日）

全区有幼儿园182所，在园幼儿51032人，3—5周岁幼儿入园率99.62%。

关于小学教育。1949年，全萧山县有小学256所，学生14117人，学龄儿童入学率30%。1986年开始，萧山实施九年制义务教育，1998年全县有小学321所，在校生100711人，学龄儿童入学率99.99%。2018年，萧山区有小学79所，学生96681人。义务教育入学率、巩固率、完成率均为100%。

关于初中教育。1949年，全县有初中1所，学生193人。1998年，全市有初中57所，学生40459人，初中入学率99.4%。2018年，全区有初中45所，学生40285人。

关于高中教育。1949年全县高中空白，1956年才有高中班，学生103

**图 2    浙江师范大学附属金山小学**
**（柳田兴摄于 2019 年 5 月 7 日）**

人。1979 年，贯彻"调整、改革、整顿、提高"方针，改革教育结构，普通高中教育从消除"虚肿"现象入手，调整学校布局，兴办中等职业技术学校，发展农村职业技术教育。1985 年，萧山贯彻中共中央"调整中学教育结构，大力发展教育"的意见，实施初中毕业生一部分升入普通高中，一部分接受职业技术教育，有计划地将附设职业技术教育的普通高中逐一改制为独立建制的职业中学。1994 年，为了提升优质高中教育水平，萧山中学易地新建。1995 年，萧山中学被浙江省教委确认为浙江省首批 13 所一级高级中学。1998 年，全市有普通高中 9 所，职业高中 7 所。1956 年至 1998 年，共培养高中生 92533 人。

1995 年以来，萧山市政府在坚持高标准普及九年制义务教育的同时，加大对普通高中教育的经费投入，加快学校建设步伐，不断深化办学体制改革，积极探索多种办学模式，扩大优质教育资源，高中阶段教育同步实现协调、优质发展。1995—2005 年，萧山政府先后投资近 9 亿元，新建、扩建和迁建普通高中 8 所；投资 2.51 亿元，新建、扩建中等职业学校 4 所。

2005 年，全区有普通高中 10 所，学生 24622 人；职业高中 4 所，高中入学率 95.03%，普通高中与职高、中专技校招生比达到 48∶51。拥有重点中学 9 所，占普通高中总数的 90%，其中省一级重点 4 所，全国重点职高 2 所，排名均居全省县（区）首位，当年参加高等教育考试，上线 7856 人，创历史新高。1978—2005 年，全区累计升入高等院校新生 4119 人。2018 年，全区有普通高中 11 所，在校学生 19442 人；职业高中 4 所，学生 9960 人，高中入学率 99.80%。

关于成人教育。中华人民共和国成立之初，萧山无成人教育，文盲占全县人口的 80%，后开展扫盲教育。1978 年开始，萧山在继续扫除文盲的同时，广泛开展农民实用技术培训、职工技术教育和全员培训，成人教育由此得到恢复和发展。1985年，全县多形式开展扫除青壮年文盲活动。1996年，萧山非文盲率97.54%，并通过国家教委对萧山"两基"（基本扫除文盲、基本普及九年制义务教育）复查，成为

图3　萧山第二高级中学（柳田兴摄于
2008年7月8日）

全国"两基"工作先进县（市）。1998年，萧山非文盲率98.66%。之后，乡镇成人文化技术学校全面实施燎原计划，编写课本教材，举办各种类型的实用技术培训，组织农民开展学历教育。2000年，农村各类实用技术和科学文化知识培训蓬勃发展，共培训206735人次，占农村劳动力总数的32.4%，21所成人文化技术学校举办行政干部成人高中学历教育班，招收学员1000余人；干部职工4900人参加学历培训，16259人参加岗位培训，24841人参加各类学习培训，全员培训率34.8%。2003年起，成人教育工作以推进农村成人教育、构建终身教育体系、加快学习型社区建设进程为重点，提高城乡劳动者的整体素质。2018年，萧山区有成人文化技术学校21所，全年各类培训达到40万余人次。

关于高等教育。改革开放以后，萧山高等教育显现新景象。1979年2月，浙江广播电视大学（简称电大）萧山工作站建立，填补了萧山高等教育的空白。1984年开始，推行高等教育自学考试制度，建立了萧山高等教育自学考试办公室。1985年11月，电大萧山工作站升格为浙江省第一所县级电视大学分校。此后，萧山电大与浙江佳力管道有限公司合资组建浙江东南专修学院，与多所高等院校联合开展成人高等教育、网络教育和自学考试，为萧山经济建设培养高级应用型人才，到1998年，培养了3000多名大专毕业生。1999年，萧山电大更名为浙江电视大学萧山学院。2001年，浙江电视大学萧山学院获"全国广播电视大学信得过考点"荣誉称号，后成为"中央电大人才培养模式改革和开发教育试点"单位。2003年，新建

电大萧山学院新校园。2004 年，浙江电大萧山学院同时挂牌萧山社区学院、萧山现代远程教育中心和计算机应用能力培训中心，成为一所以现代信息技术为主要手段，采用文字和音像教材、计算机网络等多媒体进行现代远程教育的高等院校。2018 年，萧山电视大学有本、专科学历教育和硕士学位教育在校生 7366 人，其中全日制在校生 1163 人。高中毕业后普通高校录取 6083 人，高职录取 1774 人。高考普通类一段上线 2196 人，占全区高考考生总人数的 35.37%，高出全省比例 15.37%。

关于特殊教育。萧山的特殊教育很有特色。1986 年，萧山靖江镇首办智残儿童教育班，开展智障儿童"一体化教育"的探索。1988 年，萧山市聋哑学校创立，面向全市招收 10—12 周岁聋哑儿童和少年 12 人；裴江等乡相继举办智障儿童教学班。1992 年，靖江镇中心小学"三段九年一贯制"及与之配套的"随班就读与单独办班相结合的教学模式"被浙江省教委确定为"全省发展智障儿童教育模式"，并加以推广。1994 年，此项实验成果在国家教委举办的全国特殊教育研讨会和中国、挪威特殊教育交流会上亮相，并在美国亚利桑那州进行学术交流。1995 年，萧山市特殊教育中心建立，并出台《关于加强特殊教育工作的意见》及相关文件，为特殊儿童少年的教育安置最优化、筛查鉴定规范化、档案资料科学化、教学形式灵活化、推进特殊教育向优质发展提供了保障。同时，配备特殊教育专职研究员，建立了特殊教育中心、教学研究室、教育科学研究室、特殊教育学会共同参与的"四轮驱动"科学管理模式。1996 年开始，萧山特殊教育向学前和中学段拓展，靖江、瓜沥、新围、高桥等幼儿园先后创办智障儿童学前康复训练班；靖江镇等地的初中进行智力落后少年儿童的特殊教育的探索与实践；在全面启动智障幼儿康复教育、巩固提高义务教育段智障儿童教育质量的同时向高中段拓展。1998 年，萧山特殊教育辐射点有 12 个，入学适龄残儿中，视力残疾者 93.75%，听力残疾者 93.75%，智力残疾者 95.80%。在特

图 4　浙江电大萧山学院

殊教育事业整体发展中，建立以科学性、先进性、个性化、人本化为特点的资源教室，打造了一批"鞋文化""伞文化""开辟特殊学生的就业通道"等资源教室品牌，其科研成果分别获第一届、第二届浙江省基础教育教学成果一等奖、第三届浙江省基础教育教学成果二等奖；两度被教育部、民政部、中国残联授予全国特殊教育先进县（市、区）称号。"十五"期间，萧山被确定为全国100个随班就读工作支持保障体系实验区（县）；萧山特殊教育优质发展的经验，分别在全国第三次特殊教育工作会议、全国随班就读工作经验交流会和全国随班就读工作支持保障体系实验县实验工作交流会上被介绍；关于特殊教育研究的论文有400余篇在全国、省、市获奖，其中9篇在全国特殊教育杂志上发表，这使萧山的特殊教育成果进一步彰显，在全国的影响进一步扩大。2018年，萧山适龄残儿入学率达100%。

关于萧山的教职员工。1949年，萧山县普通中学专任教师21人，小学专职教师670人。1998年，全市中小学专任教师7991人，无民办教师。2018年，萧山教师19559人，其中专任教师15273人。从中可以看出，萧山的师资队伍整体素质提高明显。

萧山素有尊师重教之风。改革开放以来，萧山县政府把教师队伍建设列为萧山教育内涵发展的重中之重，坚持人事制度改革，努力建设高素质的师资队伍：一是将师德要求列为教师评聘的重要依据，广泛开展师德论坛、师德报告、师德评选等形式的教育活动，大力弘扬"敬业、爱生、奉献"精神，坚持将师德建设放首位。二是建立中小学教师培训中心，在全员培训的基础上落实继续教育，在不断提高教师学历合格率的基础上，努力实现小学教师大专化、初中教师本科化的目标，并选派优秀教师和校长到国内外教育机构培训，学习先进的教育理念和教学方法。三是逐步深化教育人事制度改革，以"校长竞争上岗、教师双向选择、工资总额包干"为主要内容，以实行聘任制和岗位管理为重点，加快用人制度和分配制度改革，实现优化师资配置，体现公平与效率的原则，激发广大教师教书育人的积极性和主动性。从2005年开始，萧山区对当年新进入教育系统的师范院校毕业生、从外系统调入、外省市招聘的教师，全部实施人事代理制；教职工聘用，采用按需设岗、竞争上岗、择优聘用，在平等自愿、协商一致的基础上由学校与教职工签订聘用合同。四是抓干部队伍建设，围绕宗旨抓教育，健全制度抓管理，着眼防范抓监督，选好苗子抓培养，建立基地抓培训，班子重抓"一把手"。五是以《萧山区中小学名师名校长管理暂行办法》为制度保证，以定组织、定对象、定目标、定导师、定经费、定考核为"六定"操作策略，全面启动名师、名校长培养工程。

关于教育投入。1952 年，萧山对教育投入 31.2 万元。党的十一届三中全会以来，"党以重教为本、政以兴教为责、民以助教为荣"的理念已深入人心，"集社会之力、兴千秋大业"已成为萧山全社会共识，捐资办学在萧山大地蔚然成风。1985 年，萧山全面落实"以县为主"的农村义务教育管理体制，进一步保障教育发展的正常投入，教育经费持续快速增长，多渠道筹措教育经费机制进一步完善，当年投入教育经费 1605 万元，其中县财政拨款 1192 万元，占全年教育经费的 74.27%。从 1988 年开始，萧山市政府坚持"科教兴市""教育优先发展"战略，依法确保市财政预算为教育经费的"三个增长"。从 1996 年起，萧山市以争创浙江省教育强县（市）和创建"标准化学校"为载体，加大教育现代化建设力度，大力改造相对薄弱学校，扩大教育标准，高质量普及九年制义务教育，发展高中段教育。1996—2000 年，萧山在开展、创建县（市）教育强镇（乡）和标准化学校中，按照"统一规划、分步推进"的改造原则，结合城市化、城镇化进程，积极推进学校标准化建设，充分发挥以评估带项目、以项目带资金、以资金促发展的联动效应，全市教育经费总投入 172927 万元，其中用于中小学标准校舍建设 37402 万元，撤并小学 184 所、初中 13 所；用于高中段教育发展工程经费 15000 万元，新建、扩建学校 7 所；用于教育现代化设备经费 5600 余万元。按《萧山市教育现代化实施纲要》，萧山努力实现教育条件现代化。2001 年，萧山教育总投资 64189 万元，用于教育条件现代化建设资金 30900 万元，批准建设项目 21 个，新增学校占地面积 43.34 万平方米，校舍建筑面积 216 万平方米。从 2003 年起，萧山教育经费连年突破 10 亿元，当年教育经费 13.34 亿元，其中用于教育发展工程投资 8 亿元，建造了一批上规模、上档次、高规格、高质量的现代化新校园，教育信息化全面普及。2017 年预算教育支出 49.18 亿元。

另外需要说明的是，因为 1996 年，浦沿、长河、西兴 3 个镇从萧山划出成立滨江区。2014 年，河庄、义蓬、新湾、前进、临江 5 个街道由大江东产业集聚区托管。由于行政区划的变动，有的数据没有可比性。

# 六　我的感悟

**采访者：** 2021 年是中国共产党建党 100 周年，这 100 年是摸着石头过河的 100 年，也是艰难困苦玉汝于成的 100 年。回顾党的历史，再结合您的学习、工作经历，您对萧山教育事业发展有哪些期许，又有哪些建议呢？

**钱志祥：** 现在，萧山经济发展了，百姓的生活富裕了，要求更高了，对教育的期望也高了。作为一个生在农家、长在农村、当过农民、参加过农业劳动、参加工作后一直从事"三农"工作、退休后长期研究"三农"问题的同志，我对教育的建议是：除了继续加强全日制普通小学、初中、高中教育外，建议多办一些社会需要量大、就业门路广的职业学校。从我的家乡看，熟练的农民、熟练的"百作"即泥工、木工、石工、电工等即将断层。不管科技如何发达，不管网络世界如何万能，不管机器如何先进，都离不开有文化、有技能的人去指挥、操作。特别是农业生产，更离不开熟练的农民。农业生产主要是大田作业，极少数人可以用电脑、手机指挥生产，而大部分生产者必须到田间劳动，经受四季变化进行生产。我曾到国外参观考察过，即使是农业较为发达的荷兰、新西兰、澳大利亚等国也是这样。所以，我认为职业教育还需加强。

2020 年，萧山的百姓说萧山农村最漂亮的建筑是学校、医院和农民住房。萧山教育事业繁花似锦，一片兴旺。面对未来，萧山的优势在教育，潜力在教育，希望也在教育。教育系统广大干部和群众充满信心，勇于开拓，善于创新，以"创品牌、促均衡、提质量、树形象"为工作重点，坚持教育优先发展，强化素质教育，深化教育改革，优化教育质量，全力抓好每一类教育，让各类教育得到统筹协调发展；着力办好每一所学校，让各类学校得到优质均衡发展；老师们应尽力教好每一位学生，让各类学生群体得到公平健康发展。

# 弘扬萧山文化，潜心立德树人

## ——李凌峰口述

采访者：李永刚、韩巍　　　　　整理者：吴颖

采访时间：2020 年 7 月 30 日　　　采访地点：萧山区博物馆

李凌峰

李凌峰，汉族，1952 年 8 月出生，杭州萧山人。1969 年 11 月，响应号召到原萧山县宁围公社新中大队（今萧山区盈丰街道新中村）插队落户，1974 年 10 月，进入原浙江冶金经济专科学校（现嘉兴学院）学习，毕业后留校任教。先后担任企业管理课程专任教师、学校共青团专职干部（学校团委专职委员、教职工团总支书记）、学校党委宣传部《浙江冶专报》主编。1992 年 9 月，进入萧山日报社工作，先后任记者、编辑、总编办公室副主任；1993 年 7 月，调任萧山市委宣传部办公室主任；1995 年 7 月，调任萧山日报社副总编辑；2000 年 7 月，调任萧山区文化局（体委）党委委员、副局长（副主任）（现为区文化和广电旅游体育局）；2007 年 10 月起，任萧山区文化广电新闻出版局（简称文广新局）副调研员、调研员；2012 年 10 月退休。2011 年 3 月至今，任萧山区新闻工作者协会副主席、秘书长（2018 年辞任秘书长）；2012 年 10 月起，任萧山区文化广电新闻出版局机关党支部离退休党小组组长，2017 年 5 月起，改任区文化广播新闻出版局（现为区文化和广

电旅游体育局）机关离退休党支部书记。

担任调研员期间，投入关心下一代的工作。先后担任区关工委讲师团副团长、团长。2014年9月至2017年7月，任萧山区南阳镇民工子弟学校向阳学校校外辅导员；2018年9月至今，任萧山区宁围小学校外辅导员。2018年年初，成立"萧黎关爱工作室"，将原来分散面向青少年及其家长开展的心理咨询和家庭教育，提升为更集中、规范的服务。

# 一 萧山人的文化与自信

**采访者：**李老师，您好！很高兴您能接受我们的采访。文化是一个地方的根与魂，8000年跨湖桥独木舟悠悠驶过，2000年建县史赋予萧山独特的文化魅力。百折不挠的萧山人，用肩膀担出了围垦文化，踏上了改革开放的浪潮，过上了富美的生活，他们披荆斩棘、勤劳勇敢、热情奔放，用自己的双手，绘出了中国梦的萧山篇章。近年来，萧山文化、文艺创作呈现出百花齐放的局面。您曾经担任萧山文广新局副局长多年，对于萧山地方文化建设、发展历史等问题比较熟悉。2021年是中国共产党建党100周年，我们本次的访谈想以您的生平事迹、工作经历为线索，再结合您对萧山文化事业变迁的理解，进行系统梳理和访谈。

根据您的工作经历，从2000年7月到2012年10月，您主要在萧山区文化局、区文化广电新闻出版局工作。请简要介绍一下这段时间您的主要工作内容、负责哪些方面的建设？

**李凌峰：**2000年7月，我从萧山日报社副总编调任当时的萧山市文化局（体委）副局长（副主任）。① 当时的文化局人手很少，仅仅十五六个人，班子成员也就4人，局长抓总体工作，一位负责体育工作的副局长和一名纪委书记外，其余所有与文化搭边的工作都由我一个人负责。大概有这么几个方面：群众文化（分管局文化科，联系区文化馆、图书馆）；专业文化（联系萧山绍剧团）；文化市场管理（分管文市办、文化市场稽查队——管理全市15大类别、约1600多家经营单位）；文物保护（分管文保所，联系萧山博物馆、跨湖桥遗址博物馆）、文化产业发展（分管文市

---

① 当时文化局与体委系一套班子、两块牌子。

办、产业科、文化市场稽查队，联系萧山电影院）、新闻出版（新闻出版＼产业科）；等等。局下属总共 8 个企事业单位，除了两个体育单位（体育中心和少体校）以外，文化馆、图书馆、博物馆、文化市场稽查队、萧山绍剧团、萧山电影院 6 家单位都是我一人分管和联系。另外，因当时的萧山剧院建设刚刚起步，我一到任还被任命为萧山剧院筹建办公室副主任。

初来乍到，有大量的情况需要尽快熟悉，很多工作亟须处理。于是，我只能废寝忘食，加班加点，用尽可能短的时间，尽快熟悉情况，进入角色。白天，逐个召集我所分管和联系的科室的同志和下属单位领导班子成员开会，全方位了解工作情况和进展，梳理出亟须处理的问题；晚上，打开电脑浏览、学习党和国家有关文化工作的一系列路线、方针、政策，根据白天了解到的情况，再逐一整理安排出相关问题的轻重缓急，次日向局长汇报，得到认可后逐一解决。

图 1　2007 年 2 月 1 日，萧山图书馆新馆
建成启用（柳田兴摄）

当时一些下属单位内部矛盾重重，办公条件也差，职工积极性严重受挫，个别单位甚至连正常的工作运转都难以维持。于是，我深入基层，逐个做单位领导甚至普通职工的思想政治工作，动之以情，晓之以理，才使得不少问题得到解决。在我负责上述工作期间，区文化市场稽查队获得全国先进单位称号，其他省、市、区级先进称号和单项奖达数十个。

**采访者：**党的十八大以来，习近平总书记在多个场合谈到中国传统文化，表达了自己对传统文化、传统思想价值体系的认同与尊崇，也多次提到核心价值观和文化自信。您能否谈谈萧山人的"文化自信"体现在哪些方面？

**李凌峰：**习近平总书记高度重视中华优秀传统文化的继承和弘扬工作，他在党的十九大报告中明确提出，要深入挖掘中华优秀传统文化蕴含的思想观念、人文精神、道德规范，结合时代要求继承创新，让中华文化展现出永久魅力和时代风采。这充分体现了习近平总书记的中华传统文化情结。

谈到我们萧山人的"文化自信"，这个问题比较复杂，难以直接回答，很多问题都会受到方方面面的制约。应当肯定的是萧山的文化人，同样具有萧山人那种"奔竞不息、勇立潮头"的大无畏精神和"不干则已，干就必定出彩"的雄心壮志。这种意志，体现在我们对文化建设的"充分自信"上面。大家普遍认为，萧山的经济建设和社会各项事业，在改革开放的大背景下能取得突飞猛进的发展，成为全省乃至全国县域经济中的佼佼者，我们的文化同样可以在全省乃至全国走在前列。感受到萧山文化人这种对文化建设的迫切和焦虑，作为区文化领域的重要负责人和区政协委员的我，深感肩上担子的分量，在工作中多次以政协提案和反映社情民意信息的形式，向区委、区政府和社会呼吁，加强对文化事业的投入和建设。早在2002年，伴随着萧山提出"创大都市强区，建现代化萧山"，萧山的文化建设也开始进入"快车道"，很多历史"欠账"开始有序"补课"。特别是文化设施建设，一改以往区级层面仅有一座破旧的萧山剧院、一座萧山电影院的局面，新的萧山剧院、萧山图书馆、萧山博物馆、跨湖桥遗址博物馆等一批大规模、上规格的文化设施，相继建成投入使用。2006年11月10日，萧山区委、区政府根据中共浙江省委关于加快建设文化大省的决定（浙委〔2005〕11号）和《中共杭州市委、杭州市人民政府关于加快"一名城四强市"建设的意见》（市委〔2006〕17号）精神，出台《关于加快文化名区建设的决定》（萧委〔2006〕23号），相应提出创建全国文化名区的口号，并付诸实践。2005年，萧山获得"全国文物工作先进县"荣誉称号。

然而2008年下半年，我们发现区文化建设的步伐并没有比兄弟区（县、市）快多少，好多领域与兄弟区（县、市）的差距还在不断扩大。我们甚至产生了积重难返、困难重重的焦虑。特别是从中央到地方越来越认识到文化将成为民族凝聚力和创

图2　萧山跨湖桥遗址博物馆远景

造力的重要源泉，越来越成为综合国力竞争的重要因素，越来越成为发展中国家维护国家利益和安全的重要精神武器，即文化是我们实现中国梦的强大的软实力。2006年，区委、区政府出台的《关于加快文化名区建设的决定》中明确有关计划在2010年实现的文化建设目标，其中有很多项目"前途渺茫"，所以我心急如焚，在经过大量调查研究的基础上，向区政协提交了《关于我区文化事业建设若干问题的建议》。区政协对此高度重视，通过政协主席会议，决定成立专门的文化建设专题课题组，由一位区政协副主席挂帅。我作为课题组的副组长和执笔人，全程参与了这一课题的研究和起草工作，最终于2009年6月23日区政协十二届三十九次主席会议审议通过，以政协建议案的形式，向区委、区政府提交了《我区文化事业建设现状分析及对策思考》。

自此，萧山的文化事业才又一次突飞猛进，迅速赶超。大量实践证明，萧山人的"文化自信"是建立在萧山深厚的文化底蕴、有干大事的过硬队伍、有较好的政策措施和较强劲的财力支撑基础上的，我们就没有过不去的坎，没有攻克不了的难题，没有摘取不了的成果。

**采访者：**存在决定意识。一个地方的文化精神往往与其地理环境有着密切的关系，而其现代文化精神又是当地历史文化的传承与发展。请您谈一谈萧山的地理环境是如何塑造萧山独特的历史文化特征的。

**李凌峰：**萧山地处钱塘江南岸，坐拥与西湖堪称姊妹湖的秀美的湘湖，这一独特的与"水"紧密相连的地理环境，铸就了萧山人独特的历史文化特征，既有"钱塘江"式的大无畏拼搏精神，洒脱大气，奔腾不息；又有"湘湖"温婉细腻的审慎意识，尊崇科学，理性智慧。萧山精神"奔竞不息，勇立潮头"，就充分体现了以钱江潮和湘湖水为代表的水文化特质；围垦精神更是萧山人的一种自我激励，是坚定信念、不达目的绝不罢休的生动展现，它推动萧山人去实现更大的梦想。弘扬围垦精神，传承沙地文化，对萧山来说，无疑是一个永恒的命题。

**采访者：**有人认为：萧山"喜奔竞，善商贾"的商业文化以及丰富的人文旅游资源传承或来源于其深厚的历史文化。您是如何看这个问题的？

**李凌峰：**人类的起源和发展与文化的起源和发展是同频共振的，两者难以割裂和区分。萧山悠久的"喜奔竞，善商贾"的商业活动，孕育了相应的商业文化，同时，商业文化又反过来对商业活动的更加繁荣和进步起到一个有力的推动和促进作用。改革开放以来，萧山人凭借这种孕育于悠久历史文化底蕴中的特质，锐意拼搏，创新发展，取得了经济社会的健康快速发展，反过来又为这种悠久历史文化注入了新的内涵，两者相辅相成，互为促进，共同前进。

**采访者：** 一个城市的历史文化底蕴往往通过历史文化遗产的形式展现给普通民众，历史文化遗产是文化传播的重要载体。因此，保护好历史文化遗产就显得尤为重要，如今这个问题面临很大的挑战。萧山有哪些比较重要的历史文化遗产？

**李凌峰：** 应该说，历史文化遗产包含了物质文化遗产（简称"文物"）和非物质文化遗产（简称"非遗"）两大类，萧山在这两方面的历史文化遗产，皆保存丰厚。

文物方面，萧山有被列为全国重点文物保护单位的新石器时代的跨湖桥文化遗址（位于杭州市萧山城区西南约 4 千米的城厢街道湘湖村）、春秋战国时期的进化茅湾里印纹陶窑址（位于杭州市萧山区进化镇裘家山茅湾里）；还有被列为省级重点文物

图 3　越王城遗址（柳田兴摄于 2006 年 3 月 4 日）

保护单位的进化茅湾里印纹陶窑址、越王城遗址、清代抗英殉国的民族英雄葛云飞墓、中国共产党领导下最早成立的农民协会——衙前农民协会旧址（含李成虎墓等）4 处。另外还有市、区级文物保护单位和文保点 100 多处。

非遗方面，萧山有国家级非遗项目楼塔"细十番"①、翻九楼②、河上

---

①　楼塔"细十番"是历史悠久的汉族民间音乐。据记载，公元 1377 年，楼塔的宫廷御医楼英辞官返乡著书《医学纲目》时，与当时楼塔的一批善音律的文人墨客、富家贤士，经常吹弹各种乐器，演奏各种古典曲目，楼塔"细十番"由此而生。2008 年 6 月，楼塔"细十番"正式被列为国家非物质文化遗产名录。

②　翻九楼于 2008 年顺利入选国家非遗名录。作为浦阳地区古老的民间技艺，表演者要在由 9 张八仙桌叠起来的 10 米高台上表演各种惊险动作。

龙灯胜会①等。被列为省级非遗项目的有：萧山花边②、越窑青瓷③、南宋官窑④、钱塘江板盐⑤、茶亭伤科⑥、顾家溪手工纸⑦、钱江观潮⑧、祭星乞巧⑨、萧山萝卜干制作工艺⑩、绍兴莲花落表演艺术⑪等。另外，萧山还有市级非遗项目84处。

**采访者：** 您觉得现实社会中有哪些破坏历史文化遗产的行为？

**李凌峰：** 现实社会中，毁损和破坏历史文化遗产的行为（多表现为对物质文化遗产的破坏）有多种形式，比如，以谋求不义之财为目的的个人盗挖私藏行为；因为无知不懂得文物价值而造成的无意破坏行为；担心妨

---

① 2014年11月，河上龙灯胜会经国务院批准列入第四批国家级非物质文化遗产代表性项目名录。河上龙灯胜会已经有1000多年的历史，是河上最为宝贵的民俗文化传统之一。

② 萧山花边，又称萧山万缕丝、万里斯，是浙江省著名的汉族传统手工艺品，因产于萧山而得名。20世纪80年代，手工挑织花边在萧山盛极一时，挑花大军达20万之多，不少人由此发家致富。民间曾有"挑花挑出三层小洋楼"之说。

③ 在萧山，至今还流传着"周朝天子八百年，个个山头冒窑烟"的民谣，说的正是用来烧制瓷器的"萧山窑"。越窑青瓷温润如玉的釉质、青绿略带闪黄的色彩完美地烘托出茶汤的绿色。因此，越窑青瓷受到文人雅士的喜爱。

④ 南宋官窑始于宋王朝南迁建都临安而专设的宫廷瓷窑，称南宋官窑。南宋官窑瓷的艺术造型庄重、古朴、典雅，仿南宋官窑的"双弦贯耳瓶""夔龙葵口盘"，均被中国历史博物馆永久性收藏。叶国珍为浙江省级代表性传承人。

⑤ 钱塘江板盐制作技艺为省级非遗项目，位于红山农场，临钱塘江，其前身是头蓬盐场，原以晒盐为主要劳动收入，故有一套完整的晒盐技术。

⑥ "茶亭伤科"是一项世代相传的中医正骨医术，起源于清朝同治年间。经过140余年的传承，目前已经传到了第四代传人陈锦昌手中。2012年，该医术被列入了浙江省第四批非物质文化遗产名录。

⑦ 几百年来，戴村镇顾家溪的村民们世代相传着一项造纸工艺，生产的纸古时曾名噪洛阳。顾家溪手工造纸程序相当复杂，断青、削竹、拷白等，每道工序都精益求精。顾家溪村手工造纸术传承至今，原主要用于书写毛笔字，现则多为佛纸之用。

⑧ 南阳美女坝为观看钱江潮最佳景区。在美女坝观赏的主要是"回头潮"。"美女二回头"，回头潮是指急速前进的潮水，遇到丁坝等人工阻碍物后形成的潮水。

⑨ 坎山民俗，刚成年的女孩在七夕时用槿柳叶洗发，临水盆观针影。月夜摆香案，陈莲藕、水菱、石榴、方柿等果品祭拜牛郎织女星，月下穿针赛巧。七夕前夜情侣赴千年古寺"地藏寺"坐至天明。

⑩ 萝卜干起源于沙地。沙地人在络麻收剥后种植萝卜，结果大量鲜萝卜吃不完，用刀切成指状条后就放在芦帘上日晒风吹，等萝卜干了用盐腌制后再塞进小口坛子里压紧用泥密封。一年后打开，发现它色泽黄亮，香味浓郁，咸中带甜，味道比鲜萝卜更好。从此，风干萝卜在萧山东片沙地地区一传十、十传百，成了远近闻名的"萧山萝卜干"。

⑪ 莲花落作为萧绍地区的一种戏曲，以绍兴方言说唱的形式展现，语言生动有趣，曲调悠扬动听，内容贴近实际、贴近群众、贴近生活，为萧绍一带老百姓喜爱的曲艺。莲花落在萧山的发展很是红火。其主要传人有翁仁康、方剑林、俞德其等。

碍经济建设和城市发展等大事导致有意无意的破坏等。但大量是由于开发建设的需要，造成对文物的破坏。

**采访者：** 对于历史文化遗产保护问题，您有哪些想法和建议呢？

**李凌峰：** 文物是不可再生的文化资源。国家加强文物保护的宣传教育，增强全民保护文物的意识，鼓励文物保护相关的科学研究，提高文物保护的科学技术水平，都是基于对历史文化遗产有效保护的考虑。我认为，对于历史文化遗产的有效保护，最关键的还是在于真正实现高度的"文化自觉"和采取强硬的政策措施。具体可以有：

一是加大宣传教育力度，尤其要加大对《中华人民共和国文物保护法》的宣传教育，让各级部门充分认识到文物保护的重要意义，使文物保护真正做到家喻户晓，深入人心，成为全社会的自觉行动。

二是建议县（区）级应当每年开展一次文物执法检查，并将检查结果以一定形式予以通报，存在问题的一律限时整改。

三是鉴于当下文物保护难度不断加大的实际，建议在贯彻落实《中华人民共和国文物保护法》的基础上，由政府再行修订贯彻落实《中华人民共和国文物保护法》的实施意见，规定比较详细的操作细则，让各级单位和广大民众充分知晓文物保护的具体操作规范。

四是严格执行《中华人民共和国文物保护法》的相关要求和处罚细则，尤其不能因为干部级别高、情况特殊而通融和变通，情节严重或恶劣的，应当对文物破坏行为的直接责任者实行"一票否决"的严肃问责。

五是公布文物保护举报电话，并设立有奖举报和保护机制，对制止文物破坏行为或为保护文物做出突出成绩者，给予一定的精神和物质奖励，发动全社会来保护珍贵的历史文化遗产。

**采访者：** 文化是一个民族的灵魂和血脉，是一个民族的集体记忆和精神家园，体现了民族的认同感、归属感，反映了民族的生命力、凝聚力。对于优秀历史文化，我们应该如何传承？又该如何创新，才能永葆其活力？

**李凌峰：** 优秀历史文化是我们祖先智慧的结晶，我们只有传承、开发、创新、利用的责任，没有随意破坏的权力。在这个问题上，我有这样几点认识。

第一，要提高全体国民对优秀历史文化的认识和重视，人人都把它们当作我们的宝贵遗产，从而形成全社会都来保护历史文化遗产的浓厚氛围和环境。

第二，要正确看待我国的优秀文化遗产。我国历史文化遗产是在历史发展过程中形成的，它带有明显的历史性特征，要认识到其中精华与糟粕共存。因此，要坚持对传统文化遗产的辩证扬弃。

第三，要注意优秀传统文化与时代特点相结合，使其与时代的发展相适应。传统文化遗产若不能与时代相结合，不能适应时代发展的要求，或将可能被淘汰。

第四，年轻一代是继承我国优秀传统文化的承接者，需要引导他们注重社会生活中历史文化的价值，领悟其精髓。我国传统文化内容丰富，形式多样，其中许多东西是以口手相传的方式传承的。因此，要教育年轻人在学习书本知识的同时，更多地走向社会，在民间了解、学习、领悟传统文化，从而为继承中华优秀传统文化做出自己的贡献。我们甚至还应当引导和教育年轻一代，在大力弘扬和传承优秀历史文化的基础上，不懈追求，大胆创新，创作出具有时代特征和地域特色的优秀文化，来填补中华优秀历史文化的空白，丰富中华优秀历史文化的宝库。

## 二　关心下一代工作

采访者：从 2007 年 10 月担任调研员开始，您就主动请缨义务投入到关心下一代的工作之中，至今已有近 13 年。您为什么会如此关注"关心下一代工作"？

李凌峰：我对关心下一代工作，是随着关爱工作的不断推进而逐渐加深认识的。如今，我把关心下一代的工作，当作中华民族伟大复兴的战略工程、薪火相传的德政工程、百姓福祉的民心工程。

一是历史的发展总是一代接一代地传承的，中华民族伟大复兴中国梦的实现，同样要靠一代又一代炎黄子孙的"接力"。下一代能否健康成长，最终决定了我们党和国家伟大事业的成功与否。因此，培养教育下一代，是中国共产党和人民政府远见卓识的战略工程。

二是当下社会，知识爆炸，发展迅猛，人们尤其是大量有孩子的家庭，忙于自身的职业和发展，很少有精力和时间去注重对下一代的科学有效培养和教育，这一问题理当引起各级乃至全社会的高度重视。

三是对下一代培养、教育意识的严重缺失或片面畸重，都将对孩子的健康成长带来负面影响。教育意识缺失的人认为：孩子的培养教育可以让孩子自生自灭，用不着刻意教育，自己小时候父母从来没有进行专门的教育和培养，现在不也活得好好的？由此日常对孩子过度放任，最终导致孩子不学无术，甚至产生放荡不羁的个性；而重视教育的人，又有过度重视的倾向，在孩子一切业余的时间里，都要逼孩子学这学那，严重压缩了孩子的玩耍时间，使孩子长年都生活在压抑、满负荷的状态中，这容易造成孩子心理扭曲。

四是缺少科学有效的教育方法。从全社会整体氛围考察，当下的家长们对孩子的教育不可谓不重视，但大多数人又习惯于用简单、粗暴或命令式的方式教育孩子，不能顾及孩子的身心健康特别是心理感受。有的家长表面上对孩子的要求非常严格，似乎非常重视对孩子的培养、教育，但他们自身日常生活言行严重缺乏正当的示范效应，各种不良生活习气诸如性格怪、脾气差、私心重，不爱学习、嗜好赌博、损人利己等行为时刻影响着孩子，使孩子潜移默化地接受这种无声的"教育"，最终走向我们期望的反面。

上述问题，都存在于我们日常生活之中，严重影响着我们对下一代科学、合理、有效的教育。为此我认为对下一代的培养教育，应当用战略的眼光，用自己的实际行动和深刻道理，来引导、教育、指导家庭开展教育培养。呼吁各级领导重视对下一代的培养和教育，呼吁家长时刻注意自身的言行，做孩子各方面的表率。只有在社会方方面面齐抓共管下，我们的下一代才有可能朝着健康、快乐的方向发展。

**采访者：**青少年是国家的未来和民族的希望，但是青少年在成长过程中也面临着各种问题。通过您多年的观察和总结，您觉得当前青少年群体主要存在哪些问题，原因又是什么呢？

**李凌峰：**青少年在成长过程中，会产生各种各样的问题，归纳起来大致有：

一是理想信念和政治教育欠缺，导致青少年政治素养低下。根本原因是当下学校教育中该领域的欠缺。我曾经多年在暑期"假日学校"中做非正式的调研，发现现在的青少年对我们的党、国家和时事政治的了解，空白到了让人难以置信的地步。

鉴于这样的状况，我曾经多次以各种方式呼吁要在大中小学生中开展党史和国情教育，让他们从小就坚定地树立共产主义思想。可惜收效甚微。

二是思想灌输与孩子们对现实生活的认知产生较大矛盾，导致青少年对社会缺乏足够的信任。

三是生活条件不断提升导致吃苦耐劳精神缺失。当下的年轻人，不少人由于长期以来养尊处优，养成了好吃懒做、贪图享乐的不良习气。具体表现在：不愿意做艰苦的努力，一遇到困难和问题，不是坚定地去克服，而是绕道行，把困难和问题留给他人；自私自利、贪图享乐习气盛行，一遇到麻烦或波折，就知道花钱解决，不会自己想方设法去解决。这些都明显暴露出年轻一代的人格弱点。

四是不良文化的熏陶和影响不可小觑。当今社会处于互联网时代，以信息为主要标志的文化现象已然成为全社会生活的重要组成部分，这些文化现象，良莠不分，精糟同存，内外混杂，而青少年又是网络文化的重要接收者，这些信息对青少年一代无疑产生巨大影响。我曾多次在相关会议上发言，呼吁社会强化对互联网的管束和治理。

**采访者：**您从 2008 年 9 月起任区关工委讲师团副团长，2018 年年初起任区关工委讲师团团长，一直坚持授课，开展心理咨询，撰写调研报告，反映社情民意。可以说您一直在为关心下一代工作而忙碌着，能否谈谈这个过程中遇到的印象比较深刻的事情。

图 4　李凌峰"关心下一代工作"相关讲座

**李凌峰：**在 13 年的关心下一代工作中，遇到的事情不计其数，其中有几件给我留下深刻的印象。

事例一：感受到社会大众迫切需要了解和明白科学、理性教育下一代的重要意义和科学方法。有一天晚上，我应邀到义蓬街道某学校给200多位学生家长讲授家庭教育课，讲座结束后，我正准备收拾物品打道回府，不料有好多家长围着我问长问短，就他们孩子在成长过程中存在的问题，向我讨教"良方"，一时间我竟无法脱身，难以应对。于是，我把我的QQ号和手机号告诉家长们，希望他们把碰到的问题，都在QQ上给我留言，我一定会认真、负责地给大家解答。这就是我开设家庭教育QQ群"萧黎苗圃"的最初动因，也是后来开设同名微信群的最大原因。我认为，提出问题的只是某一位家长，而得到疏导或解答的，则是群里的所有人（我的QQ群和微信群分别有50多人和60多人）。这样，我的咨询服务就能做到举一反三，社会效益不断延伸。实践让我深深认识到，社会大众非常迫切需要了解和掌握科学、理性教育孩子的方法。

事例二：**对下一代的教育，我们千万不能走偏方向**。某一天，我去农村"假日学校"上课，在课程即将结束前5分钟，看到一名"假日学校"的管理老师，一手拿着一叠20元面额的纸币，一手拿着笔和一张表格，让孩子们逐个签名后发放补贴费。对此，我当场劝阻，事后在做深入调查了解后，当天就以《警惕关心下一代的工作走偏方向》为名上交区委宣传部和区政协。我认为开办"假日学校"的初衷，是对孩子们开展各种形式的思想政治教育，是为下一代的健康成长考虑的。而这种为了吸引孩子们来"假日学校"凑数（因为上级要对"假日学校"的创办和到课情况进行一定的考核，给孩子们发放补贴就是为了吸引更多的孩子来"假日学校"凑数）的做法，不仅起不到"假日学校"应有的作用，还在做教育的反向工作，这会严重腐蚀孩子们幼小纯洁的心灵。这种走偏方向的所谓"教育"，断然不可取。

事例三：**教育要讲究因人而异，注重方式方法**。有一次，我去新街街道给家长们讲授家庭教育课。当晚，就有一家长加我QQ，说她读小学四年级的儿子原来学习成绩很好，可近几天突然下滑，内心非常焦急，他们两夫妻问孩子到底怎么了，可孩子就是不肯说实话。我意识到问题的严重性，于是约他们夫妻二人双休日带孩子一起来我这里，我们详细交谈。他们一家三人到我办公室后，我先后与孩子和家长单独交谈，了解详细情况，最后又把他们召集在一起进一步交谈。在我耐心的深入开导下，这孩子在父母面前都不愿意公开的心中秘密，竟然在我一个陌生人面前吐露了：原来，有一次他在做作业时，一题很简单的题目出了差错，任课老师认为他不认真做作业，就罚他将当天作业抄写 100 遍，导致他一直抄到晚上 12 点，还没有抄写完成，而这时他的人已经困乏到了极点。于是从第二天起，这名孩子就对任课老师抱有敌意，老师讲的课也懒得听了，所以成绩一落千丈。了解到这一情况后，我耐心开导他：老师的本意是好的，就是为了你能改掉上课不专心听讲的不良习惯，但他的方式方法不当，损害了你的身心健康，这一点，你应该理解老师的良苦用心，而不应该对老师记仇。在合起来交谈环节，我因势利导对孩子和他的家长开展贴心谈话，还根据孩子有些许喜欢睡懒觉、作业拖拉等不良习惯，帮孩子设计了一份科学合理的作息时间表，与孩子和家长约定，一定要严格按照这份作息时间表来生活……从此，这孩子走出心理阴影，愉快地学习和生活。

**采访者**：2014 年 9 月至 2017 年 7 月，您担任萧山区南阳镇民工子弟学校向阳学校校外辅导员，2018 年 9 月至今，又任萧山区宁围小学校外辅导员。能谈一谈您担任校外辅导员工作的主要任务，这个过程中有哪些感受？

**李凌峰**：从学校的角度考量，聘任校外辅导员可能只是一种形式，所以在平时工作中，他们不好意思过多占用校外辅导员的时间和精力，基本上没有下达什么任务，只是到少先大队需要开展大型活动时，才通知我到场参与。但从我个人的角度出发，我这人就是这样的个性：任何事情，要么不做，要做就一定要认真负责地做，真正发挥自己的作用。我倒是非常想多做一些工作，并将担任校外辅导员的经历作为我开展关心、教育下一代的一项重要课题来研究。因此，我常常把校外辅导员作为一种手段，通过多接近学校和学生，充分了解当代中小学生的思想现状和发展轨迹，了解和掌握学校思想政治工作及家长对培养下一代的思想认识及工作现状的目标，进而作为一个深入探讨和研究培养教育下一代的课题来做。所以，我每担任一所学校的校外辅导员，就与学校领导明确表达了这层意思，希望他们能给予密切配合。在萧山向阳学校担任校外辅导员的三年，我创造性地开办了思想政治教育实验班、家庭教育实验班、写作训练实验班三个实验班，作为我开展这一课题的直接载体。我试图通过这三个每班各为 30 人的实验班，分别进行各有侧重点的教学熏陶，梳理出"教"与"不教"的差异，进而开展进一步的研究。

但现实工作中，由于当下教育行政部门的相关规定比较严苛，实验班要开展一些活动，需要经教育行政部门审批，特别是安全问题作为学校一切活动的第一要务，原则上不允许学校开展非教学必需的活动，加上其他方面的一些实际情况所限，三个实验班最终抱憾收场。孩子和家长们深感惋惜，我的这一研究课题也被迫搁浅。

**采访者：**2018 年年初，您又在区委老干部局的指导下，成立了旨在解决青少年心理问题的"萧黎关爱工作室"，使关爱工作逐步走向正规。能否介绍一下这个工作室主要解决青少年哪些心理问题呢？

**李凌峰：**2009 年前后，每次上课，总有一些家长围着我问长问短。我想，我上课讲得再透彻，还是不能动态解决家长们遇到的孩子成长中存在的问题，于是就每次上完课，把自己的手机号和 QQ 号告诉大家，在他们认为有需要时可以随时联系我。而且，每个家长碰到的问题，我都在群里公开解答，这样一来，即便是暂时还没有碰到同类问题的家长，也能随时共享，起到一位家长有问题、众多家长都得益的效果。2018 年年初，萧山区委老干部局的陈文红局长在一次与我的谈话中，启发我把这种利用网络延伸关爱的做法，再进一步拓展，成立一个专门从事诸如此类工作的工作室。于是，"萧黎关爱工作室"应运而生。

2018 年 10 月，区委老干部局在一次会议上，正式为我的工作室授牌，这成为当时全区五个老干部工作室之一。授牌后，我又改变了原先单打独斗的模式，在区内有一定关心下一代工作经历和经验的退休老干部中，另外请了三名同志，成为我们工作室的导师。

萧黎关爱工作室的工作内容：

一是对青少年开展社会主义核心价值观教育，开展正确人生观、世界观的疏导，引导青少年从小坚守社会主义核心价值观，确立远大的理想。

二是对青少年开展心理辅导，帮助引导健康的人生，排解心理压力，轻装上阵。

三是对青少年情感问题、思想疙瘩开展疏导和帮助。

四是对社会大众寻求解决的思想疙瘩、情感纠葛、心理挫折等，予以疏导和帮助，力求得到缓解和排除。

五是社会大众其他方面需要帮助的事项，诸如文字材料的加工润色和审核，利益受到不法侵害时的维权，棘手问题在处理中的合理参谋，等等。

服务时间为全天候，服务地点可以双方临时约定。如今，我们四位导

主讲：区关工委讲师团 李凌峰

2020年11月16日

**图5 李凌峰谈"青年如何抵抗挫折"问题讲座**

师日常开展工作主要以分散的形式进行，年终做一次汇总总结。每年参与谈话谈心的人数约在百人以上，其中我的咨询量占65%—70%。

**采访者：** 2020年6月中旬，您又与萧山区回澜小学约定，从2020年9月新学期开始，在该校开设思想道德教育、家庭教育和语言文字教学三个实验班，就青少年的培养、教育再做有益的探索。开设这样三个实验班的主要想法是什么？您之前谈到要提倡"家长须与孩子同步接受'家庭教育'"，您觉得有些家长未必能完全胜任教育子女的任务吗？

**李凌峰：** 是的。从严格意义上来讲，我们现在很多家长都不能胜任对孩子开展科学、有效的教育引导工作，如果要说这部分家长的比例，少说也有70%—80%。所以我提出学生家长一定要与孩子同步接受"家庭教育"的教育和训练，这是我在大量工作实践中得到的启示和灵感。纵观当下社会，有大量的家长，由于受到各种因素的影响——或因客观上工作繁忙无暇顾及，或因主观上指导思想不当忽视了对孩子必要的教育和管理，或因自身素质局限、教育的方式方法不当造成对孩子的误导，或因各方面条件限制缺乏对孩子必要的科学、合理、有效的教育和管理。从我自身的工作实践看，也确实有大量的家长亟待补上"家庭教育"这一课，更有少数家长连自身如何做人的基本素养尚不具备。于是，我提出学生家长必须与孩子同步接受"家庭教育"的教育和训练，直到孩子高中毕业。

只有广大家长在思想意识上真正重视家庭教育，在具体事物上能够不断吸收新知识，掌握科学合理的新方法，行动上能够与时俱进地开展生动、有效的家庭教育，我们的下一代才能在良好的环境下茁壮成长。

这无疑是一项关系到我们中华民族子孙后代的非常现实的战略工程，关系到每个家庭幸福兴盛的德政工程和民心工程，各级政府应当从长远的眼光审视，从战略的角度谋划，积极行动。

**采访者：** 您觉得学校在教育、培养孩子的过程中，还存在哪些问题？

**李凌峰**：从平时看到、听到的一些情况看，当下我觉得学校在教育、培养孩子的过程中，还存在这样一些问题，不一定准确，但此类现象确实应当引起我们高度重视。

一是重知识传授、轻思想道德教育。我曾经在一些"假日学校"授课时做过专题调查，小学生了解中国共产党和中华人民共和国的成立时间的，几乎为零；而初中生能完整回答这一问题的，不足5%；即便是已经跨进青年行列的高中生，知晓率也未达到100%。

二是课业安排太繁重，孩子们不堪重负。一个小学五年级学生，每天完成家庭作业要到晚上10点以后，学习差点的就更晚一些，这样，基本上剥夺了孩子全部自由活动时间，对于正在长身体的孩子来说，弊多利少。

三是个别老师的为人师表形象欠缺，成为青少年心目中的反面角色。

**采访者**：您觉得政府、教育主管部门在青少年教育方面应承担什么样的职责？

**李凌峰**：教育以促进人的全面发展、社会的持续进步为最终目的，它应当是以传授知识和经验、传承思想和理念、培养良好品行为手段的培养人的社会活动。教育不仅仅给孩子们传授科学文化知识，更重要的是，要让孩子们在德智体美劳诸方面得到全面发展。

受市场经济的影响，当下教育领域出现了大量有悖于教育本来意义的东西，将教育逐渐演变成商业模式，由此出现并不断蔓延的各种不轨行为，不仅侵害了青少年及其家庭的合法权益，而且严重影响了我们下一代的健康成长。

各级政府和教育主管部门应当想学校教育工作所想，急学校教育工作所急，解学校困难问题之围，一切为学校工作服务，为下一代的健康成长服务。

## 三　充分发挥离退休老同志的作用

**采访者**：从2012年10月退休至今，您在社会上做了很多工作，也获得了很多荣誉。众多荣誉中，您最看重哪一项？

**李凌峰**：我这个人向来比较重实轻虚。实就是实干，我有一个"任何工作，我要么不干，要干的话我一定要给他干出点名堂来"的指导思想。

至于获得的这些荣誉，反而无所谓。我现在已经退休，荣誉对我来说只是开心一下而已，有了这个荣誉说明组织上、社会上对我的认可。

我对荣誉有两个方面的理解。

一是荣誉只能说明过去，我不能躺在荣誉簿上睡大觉，荣誉只能作为鞭策我继续做好工作的一个加速器，促使我更好地去做工作。

二是肯定我做过的事。在关心下一代这个问题上，我曾经给老干部局发过一篇《矢志不渝地把关心下一代的伟大事业进行下去》的文章，我觉得关心下一代对整个国家、整个民族来说，是一个伟大的事业。国家要实现中华民族伟大复兴的中国梦，要靠我们的子孙后代一代一代将接力棒传下去。我们的下一代现在要是不教育好，今后变成无所事事的一代人，还怎么接力？所以我把关心下一代称作一个伟大的事业，也会坚持不懈地做下去，只要我身体条件允许，我肯定会继续做下去。

面对荣誉，我只有更好地去开展工作，才能不辜负组织对我的信任与肯定。

比方说今年（2020 年）疫情这么严重，我们区关工委联系上级关工委，询问每年都七八月办"假日学校"，今年（2020 年）怎么开展。上面的意思是为了安全起见，今年（2020 年）"假日学校"按各地具体情况自行决定。后来我们决定今年（2020 年）区一级"假日学校"暂时停办，但是底下镇、街和村、社区仍有不少继续展开。"假日学校"虽然停办，但讲师团的工作不能停。经讲师团和关工委领导商量以后，决定把每个老师的课程由原来一节课 40 分钟压缩到 20 分钟，区关工委安排专业机构把老师上课过程拍下来，把这个录像发送到各个乡镇，提供给"假日学校"播放。虽然"假日学校"暂时不办，但是我们的课程继续提供。用现在时髦的说法，叫云课堂，效果不错。

**采访者**：您之前提到过离退休老同志的问题，您认为：老同志是我们党、政府、社会的宝贵财富。现如今萧山大部分离退休老同志处于一种什么状态呢？他们日常生活是怎样的？

**李凌峰**：习总书记也说过，老同志是我们党和国家的宝贵财富。我觉得确实如此，老同志有很多优势：政治的优势、理论的优势、经验的优势、威望的优势。在我们国家，大多数老同志退休以后，都在家里照顾孙辈。他们的子女正是年富力强的时候，他们的孙辈要有人照顾，要有人看护，大多数老同志都处于这样一种状态。

我有这么多的时间和精力来从事公益事业，那是因为我的女儿女婿工作生活在上海。一开始上海住房比较紧张，所以我决定还是继续留在萧山发挥余热。我女儿女婿也经常让我长期去上海生活。但我出于以下几点考虑，还是选择留在萧山。

一是我的生活基础在萧山。在萧山工作了这么多年，认识的方方面面的人比较多，参加会议也好，干什么事也罢，包括从事一些社会工作，在萧山就比较方便。在上海人生地不熟，没处发挥余热，会让我憋闷得慌。

二是我这个人的性格就是喜欢忙，不喜欢空闲，空闲的时候很无聊，忙起来就很充实，有成就感。

所以我现在基本上每月去一趟上海，小住三五天，享受一下天伦之乐。平时独自一人在萧山，我就有了大量的时间来从事这些公益性的工作。我在联系老同志参与活动的过程中，深深体会到有好多老同志忙于照顾孙辈，实在是走不出。比方说我们党支部每个月10日下午两点到四点的学习活动，就有好几位老同志要去接孙辈放学而不得不提前离开。

曾经有人问我："你何苦呢？一天到晚忙忙碌碌奔进奔出的。"我觉得，像现在这样从事一些社会公益事业，很有成就感。所以说，老同志里面不是没有资源，关键要看我们发动工作做得怎么样。

2019年下半年，根据区委老干部局的统一部署，我们局机关离退休党支部成立"文化遗产保护志愿者服务小组"。考虑到老同志的身体情况，明确75岁以下才能报名。我所在的退休支部有12位同志报名。活动的内容是跟随文化市场行政执法大队去检查一些濒临破坏的文物等。怎样发动老干部积极主动地投入公益事业中来，是我们思考的一个问题。

2019年下半年，萧山区成立"老干部志愿者联合会"。联合会下面有40多支队伍：公安系统是安全保卫方面的志愿服务，文化系统是文物保护方面的志愿服务，卫生系统是健康方面的志愿服务等等。大家都在开展这方面的工作，发挥老同志的余热，对社会各项事业发挥拾遗补阙的作用。我觉得这一好现象、好风气应当不断发扬光大。

**采访者：**习近平同志曾经强调，广大老干部在中国革命、建设、改革各个历史时期都做出了巨大的贡献，是建立新中国、建设中国特色社会主义事业的功臣。提倡要发挥这些老干部的政治优势、威望优势、经验优势等。您能否谈谈这些优势体现在哪些具体的方面？

**李凌峰：** 我前面也讲到老同志的优势有很多，如政治上的优势、威望上的优势、经验上的优势等。

例如政治优势，老同志入党多年，像这种政治上的优势，我们尽可能地多发挥一点，这是完全应该的；又如经验优势，老同志工作了这么多年，方方面面的经验也很丰富，将获取成绩或出现问题的一些经验和教训，讲给年轻人听，能够让他们尽量多出成就并避免出现类似的问题。老同志工作的时间长了，还有知识优势和理论优势，包括时间方面也有优势。老同志退休了，毕竟不像在职的那么忙，时间应该有很多，发动他们参与这种公益性事业，这无疑是一种资源的综合利用，我觉得不利用起来确实是一种浪费。

我曾经提出这样的观点（尽管有同志不同意我这种观点），但我依然坚持：国家的制度好，退休了以后还能拿这么多退休工资，总得自己有点报答国家、报答社会的朴素的感情，大的事做不了，那就做一些公益活动。

## 四　我与党的故事

**采访者：** 您是在 1982 年 2 月入党的，当时在学校团委工作，又担任学校教职工团总支书记，能否给我们分享一下您当时的工作经历？入党近四十年来，有没有什么党建经验可以分享一下？

**李凌峰：** 经验谈不上。当时我在学校是团委专职团干部、团委委员（团委常委），又兼教职工团总支书记。在学校，团工作的主要对象是学生，当时有 2400 多名学生，我主要从事宣传工作。我组织了一支由 30 多名学生组成的黑板报队伍，负责学校里一块四五十米长的黑板的板报工作。那时候只有礼拜天休息，每个礼拜六下午我们出黑板报，我便把这 30 多名粉笔字写得比较好的或能画画的同学召集起来。

两年以后团委改选，因为我主要负责宣传思想工作和教职工团的工作，而团委选举，选票都在学生手中，而当时除了这 30 多名黑板报成员外，我和其他学生接触不多，所以我就担心选举时我的选票会少。但是想不到最后唱票，我是选票最多的一个。那时我感触很深：一个人，只要踏踏实实地工作，群众的眼睛是雪亮的，都是看在眼里的；一个人不论年龄多大，有多大能力，有一条非常重要，就是一定要尽可能地展示出来，通过多为集体和他人提供贴心的服务、多干工作来展示。所以那次团委选举，真的让我备受感动，从此以后我立志一定要尽可能把自己的工作做好。后来，我在给青少年讲课的时候，都会把这种感受和体会讲给大家听。

关于党务工作，其实我真正做党务工作时间不长。除了当时在萧山市委宣传部工作两年和在《萧山日报》工作外，我从事党务工作应该是从2012年退休后算起。当时我们在局里是"萧山区文广新局机关党支部离退休党小组"成员，老同志和局机关的党员混在一起编成一个党支部。从2017年开始，区委老干部局要求老同志单独成立党支部，所以我从党小组组长转为党支部书记了。

关于从事党务工作，我的想法和体会是：任何工作就看抓工作的这个人热情怎么样，工作干劲怎么样。拿我自己举例，我一退休当了党小组组长，就在每个月10日的党日学习前，编印好一份《学习资料选编》，人手一份发给大家，把中宣部党建网上的一些近期重要的文章摘编下来，供同志们学习，真正做到了与时俱进。我还结合老同志的实际，在学习资料的后面附上一些中老年养生保健小常识或生活小常识。这份学习资料每期14—16页，保健知识和生活小常识约占3页。由于资料的权威性、指导性、时效性都很强，这份《学习资料选编》深受同志们欢迎，有的将这份《学习资料选编》长期保存到现在。这份《学习资料选编》应该说在全区也是比较创新的，至今已经编印到第60期了。

还有其他的，比如每年保证两次到外面学习考察的机会，考察地点、次数根据我们老干部的工作经费来定。老同志的党费全额返还给我们用，再加每个支部上面还有3000元钱拨下来，我们22名党员，每年有1.2万元可以用，这些钱够我们上半年一次、下半年一次出去考察。今年（2020年）上半年受疫情影响，参观考察一直推迟到5月份，去湘湖的院士岛和万向集团的鲁冠球精神展陈馆。下半年我们安排到秦山核电站参观考察。

我承担这项工作以后，好多老同志认为活动有意思了，活动正常了。我考虑问题比较周到，得到了支部很多人的高度赞扬。其实我认为这不值得夸赞，我只是用心在做，任何事情只要用心做肯定有成效的。我觉得党建也好，社会志愿服务工作也罢，任何事情都要用心去做。

采访者：在您生活或者工作中，有没有发生过哪些让您记忆深刻的事情呢？

李凌峰：有一件事情令我印象非常深刻。在我担任副局长期间，我分管文化，其中有一块是文物保护。这块工作难度非常大。各级政府现在要搞开发建设，难免会在文物保护问题上碰到难题，而我们又是保护文物的职能部门，就很有可能与开发建设产生矛盾。在这个问题上，我就碰到过一件事情。

有一天中午时分，局长通知我下午三点钟赶到南阳观潮城参加会议，他没有告知具体参加什么会议。于是我两点四十分前赶到会议地点，结果发现所有会议室都没有要开会的迹象。询问服务员无果后，我便拨打局长的电话确认。他肯定了会议的存在并让我继续等着。果不其然，几分钟后，一下子涌进来了三四十人，于是我想肯定是这个会了。我认识其中的一位区政府办公室副主任，在我的询问下，他向我透露了会议名称是"1010 工程协调会"[①]。这次会议是工程开建前的协调会。其实会议上午就开始了，要开整整一天，上午在其他地方开，但是上午开会的时候没有通知我们局，是中午吃饭的时候才想起来文化局的人没来，所以中午我才接到局长通知来开会。

我跟着他们进了会场，会场是"U"字形安排，主席台一排位置三个人，中间是区长，一边是副区长，另一边是我认识的那位办公室副主任。每个与会者座位上都有台签，我环顾四周，发现与会的是 9 个相关局的局长和 6 个镇街的党委书记，全是一把手。我们局没有牌子，我不知道坐在哪里好。在询问了政府办公室副主任后，便在后排最头上的位置入座。

副区长主持会议，在全部入座后，区长就直接发话："好，大家接着发言。"因为上午的会，他们有好多人都发过言了。我坐下来以后，有一个工作人员拿了一张记有"1010 工程"20 个工程的基本情况的表格给我。上面有工程名称、投资额、开工时间、开发商、开发面积、具体地点等内容。我一边看这张表，一边听他们发言，同时在笔记本上快速做好发言准备。待全部领导发言完了，区长果然就点我名了："李局长，那你也说两句?"

---

① 1010 工程：萧山那段时间要建两个十大工程，十个五星级的宾馆，十个旅游景点。

　　说实话，那个时候，我思想斗争很激烈。因为我听了好多领导的发言都是唱赞歌的，赞扬这个"1010 工程"好，能提升萧山的档次。但是我看了这个表，20 个工程中约有 1/4 的工程建在各级重点文物保护单位上，比方说我前面讲到的茅湾里印纹陶窑址，还有省级文保单位，其实这都是不允许的。按照《中华人民共和国文物保护法》的规定：在文保单位、文保点上建造超过 3 万平方米的建筑，必须要经过国家文物局的审批。现在点我的名，要我发言了，我到底该怎么说？我说不上胸有成竹，但已经想好了该怎么说。于是，我先来上一句客套话："今天我作为一个萧山人出席这个会议感到很荣幸，我看到我们萧山的旅游事业发展这么快，我非常地振奋和激动；但同时我也很困惑，为什么这么说呢？我刚才看了这张表，有约 1/4 的工程都是建在我们各级文保单位文保点上，按照《中华人民共和国文物保护法》的规定，像这样的项目都要报国家文物局审批的，现在我们该怎么办，是报还是不报？所以我很困惑。"

　　这时候，区长斩钉截铁地两句话打断了我的发言："对萧山人民有利的你们尽管汇报，对萧山人民不利的你们不要汇报。"

　　他说完，我心里"咯噔"一下，一下子都不知道说什么好了，这个时候我的思想斗争非常激烈。过了几秒后，我用同样的两句话"反击"过去了，我说："区长，对您刚才这两句话我有两种不同的理解：一种理解是我们汇报了是对萧山人民有利，因为文物保护下来了。但同时也是对萧山人民不利，因为这些工程可能上不了马。因为我们一旦汇报上去，估计这些工程可能会遇上麻烦。但如果我们不汇报，也是对萧山人民有利，这些工程可以很快上马；但同时也是对萧山人民不利，文物可能遭受毁灭性破坏。"我这样两句话回过去，区长竟然也被我讲得说不出话来。因为我是最后一个发言，所以他简单小结后便宣布会议结束。

　　那天会议回来后第三天，我在办公室，局长到我办公室来，跟我半开玩笑半认真地说："你小子胆子倒不小。"我知道他是在说这件事情，我反问局长："局长，你说我该不该这样说？"他说："应该说。"其实，我心里非常清楚，我们局长为什么通知我去参加这个会议。我是个凡事都非常认真的人，我只按照自己的岗位职责来行事，根本就没有考虑到什么关系不关系的问题，也管不了那么多。

　　从此以后，我觉得怎么样来处理上下级关系，怎么样来守住自己的底线，这也是一种艺术。如果我也像别的领导一样唱赞歌，也未尝不可，但我的身份特殊，如果我不履行自己的职责，一味地迎合唱赞歌，我就失去了一位文物保护工作者应有的责任，我就有可能成为历史的"罪人"。在这个问题上，我提不提出来，是我的事情；听不听是他们的事情。所以直到今天，我都认为我那次会议上的发言是正确的，我完全应该说这个话，我也体会到适当顾及领导面子的情况下守住自己职业底线的正确。我是代表政府职能部门去参会的，如果我不敢直言，那就是我严重失职。

**采访者**：2021年是中国共产党建党100周年，这100年是摸着石头过河的100年，也是艰难困苦玉汝于成的100年。回顾党的历史，再结合您的学习、工作经历，您对中国共产党未来的发展有哪些期许，又有哪些建议呢？

**李凌峰**：这个话题有点大。

作为一名中国共产党员来说，对中国共产党的期许肯定是希望我们的党、我们的国家越来越好。当然国家太大，我们这个党也有9000多万名党员，确实好多问题也是在摸索中前进。我觉得习近平总书记从党的十八大开始到现在，抓的确实非常到位。这是我们老百姓都看在眼里的。现在的问题是，有不少举措，中央是抓得非常好的，但也有好多举措一到下面可能会走样。我对于今后党的建设方面，还是以下几个观点。

一是抓教育一定要紧。这应该成为我们党恒久不变的话题，实践证明，抓与不抓大不一样。

二是抓党建一定要严，一定要动真格。即便是动真格的，现在都还有这么多的问题存在。比方说反腐倡廉问题。党的十八大以来反腐倡廉越抓越紧，总有那么一些党的领导干部甚至高级领导干部违法犯罪，这在新闻报道里年年看得到。前段时间挖出来的几个腐败分子，贪腐的金额都有上亿的。说实话，我是无法理解他们这些人为什么会为了钱、为了权而为所欲为。所以说权力是一把双刃剑，用得好对党、对国家都有好处，用得不好就是祸害。因此我觉得抓党建一定要抓得严，一方面制度安排得好，尤其是党纪方面必须有好的制度设计；另一方面务必做到有法必依、执法必严、违法必究。

**采访者**：好的，我们今天的访谈就到此结束，非常感谢您！

# 我将整个世界视为花园

## ——楼 洋口述

采访者：潘立川、韩巍　　　　　　整理者：潘立川、王文其

采访时间：2020 年 7 月 30 日　　　采访地点：杭州市萧山区万象汇楼洋工作室

楼洋，1964 年生，杭州萧山人。1981 年毕业于萧山中学；1982—1983 年分别在赭山中学和楼塔中学担任代课老师；1984—1987 年分别在楼塔乡政府和朱村桥乡政府工作；1988—1990 年担任深圳中丝实业有限公司总经理助理兼进出口业务部经理；1991—1994 年担任深圳越野服装有限公司总经理；1993 年担任杭州豪胜时装有限公司总经理，2018 年担任深圳维胜投资有限公司总经理至今。爱好骑行、旅游与摄影，目前已经走遍全国所有省份以及 97 个国家和地区。

楼 洋

## 一　早年经历：创业打基础

**采访者**：楼先生，您好！感谢您接受我们的访谈。可否先简单概括一下您人生的前半程？

**楼洋**：我叫楼洋，1964 年出生在萧山楼塔镇。楼塔是个千年历史古

镇，有"篮球之乡"的美誉，更有像楼塔"细十番"这样的国家级非物质文化遗产。小时候，我父亲是楼塔乡林场村党支部书记，母亲是楼塔乡中心小学的老师，家中还有两个姐姐，我排行最小。

**采访者：** 您几岁开始上学？小学、中学分别在什么学校就读？

**楼洋：** 我 1970 年上学，小学和初中都是在楼塔完成的。初二那年，萧山中学开始面向全县招生，共招收 6 个班级，其中面向农村招 2 个班（一个英语班和一个非英语班）。那时，考进萧山中学是件比较困难的事，我经过刻苦努力，很荣幸成为英语班的一名学生，1979 年开始在萧中度过了两年的高中学习生活。

**采访者：** 在萧山中学学习两年以后，您当时为什么没有进入大学继续学习？

**楼洋：** 当年我们班只有 9 名应届生考上大学和高中中专。我复读再考，超出录取分数线 10 分，但在填报志愿时出了点问题，导致最后没有被录取。我觉得读书太辛苦，便结束了学习生涯，进入"社会大学"。"鲤鱼跳'农'门"无望，和"居民户口"无缘。

**采访者：** 在青少年时期，您是否离开过杭州地区，又去过哪些地区？您去过最远的地方是哪里？

**楼洋：** 在成年之前，我没有离开过杭州。那个时候，我们是很少有机会离开楼塔、离开农村生活的，因为这是一件很"不现实"的事情。我记得在小学时，学校组织班干部到杭州钱塘江大桥北端的蔡永祥烈士事迹陈列馆扫墓；在中考结束后进入萧山中学前的暑假，去我小姨娘就读的杭州师范学院生活了一个月；再就是萧山中学两年的学习和生活，都囿于杭州范围。除此之外，其他时间基本都在楼塔。即

图 1　1990 年深圳中丝实业有限公司打工期间，在深圳国贸大厦前留念

使这样，在当时我也算是同龄人中外出经历较多的人了。

**采访者：** 从学校毕业后，您的第一份工作是什么？后来又是什么原因促使您想去深圳创业？

**楼洋：** 1982 年去萧山赭山中学做代课老师应该算是我的第一份工作吧。1983 年又回母校楼塔中学担任代课老师半年。准确一点说，1984年通过萧山县戴村区招聘干部（现在的公务员）考试，进入楼塔乡政府工作，才算是我真正的第一份工作，之后又调至朱村

图 2　1992 年在深圳越野服装有限公司
办公室和夫人合影

桥乡政府工作。1988 年我辞职下海去深圳发展，经人推荐，到萧山市乡镇企业局与北京中国丝绸进出口总公司的合资企业——深圳中丝实业有限公司工作，担任总经理助理兼进出口业务部经理。其间，楼塔有一家乡镇企业，在深圳开办的越野服装有限公司濒临倒闭，楼塔乡政府领导多次邀请我去"救场"，虽然自己年轻且能力有限，终因乡情所念盛情难却，1991年依然受命于危难之际。至 1993 年，我开始独立创业，成立杭州豪胜时装有限公司，1996 年真正离开深圳回到萧山。

## 二　走遍全国：从跟团游到自驾、骑行

**采访者：** 参加工作以后，您利用业余时间到过哪些地方旅游？在经商创业以后，您又去过哪些地方旅游？

**楼洋：** 在政府部门工作时，旅游机会不多，也就是杭州地区范围内的短途旅游。在深圳打工时，忙于赚钱结婚、给父母补贴家用，一年当中只有过年才能回家探亲，根本没假期也没闲钱去旅游。在自主创业初期，可以说是一年到头没日没夜地扑在事业上，没有业余时间，更没有旅游的想法。作为劳动密集型企业的服装行业，流传着一句话：服装行业不是人干

的！这就是最好的说明。

真正意义上的第一次旅游经历是 1997 年去青岛，那时公司运行相对平稳。我夫人平时主要在家中照顾小孩，生活比较单调，于是她逼着我去旅游："我和儿子想去青岛玩，你去不去？不去的话，我们自己去了！"夫人口气坚定。当时的旅游条件容不得我犹豫，怎能放心?! 结果，青岛自由行（当时没这叫法）成了我人生中最美好的一段时光，回来之后我心情舒畅地投入工作之中。从此以后，每年的寒暑假我都陪家人孩子去旅游。

图 3  1997 年带夫人和儿子在青岛自由行

2003 年我和夫人去西藏，当时西藏旅游线路很小众，很少有旅行社做，我找到中国旅行社预约报名，最后集中了全国各地的游客才得以成团，大家在上海虹桥机场会合后出发。粗犷的雪域高原美景如画，让人留恋，也让人有再次前往的欲望。

当然最大的障碍就是高原反应。我犯了大忌，在羊八井泡了温泉后，和一个特喜欢玩耍的老外去骑马，结果尝到了头痛厌食的高反滋味。

这是我印象最深的两次旅游，从此之后，我便喜欢上了旅游。

**采访者**：您现在是专职旅游吗？什么时候开始有这想法的？

**楼洋**：我喜欢旅游和摄影，但不是专职的。2010 年前后，劳动密集型的服装行业遇到发展瓶颈，我决定离开服装行业。虽然在萧山还有一块物业要管理，但已经没之前那么辛苦了，同时我也想为自己"放个假"，所以我萌生周游世界的想法，顺便寻找新商机，毕竟发达国家的今天就是我们的明天。

**采访者**：刚才您提到对摄影感兴趣。请问您最早是什么时候开始接触摄影的？

**楼洋**：早期，我出门旅游都喜欢用傻瓜相机拍些纪念照，回家后洗出来放在相册里，翻阅和回忆的感觉很棒。那时候最多算是拍照，还不能叫摄影。我个人通俗的理解，摄影两个字比较"高大上"，它应该是比较专业的人，用比较专业的设备拍些比较有"技术性"的影像。我的初心是想把旅游纪念照片拍得好一点，所以 1998 年我买了第一台可换镜头的相机 PENTAX／MZ－50。2008 年我买了第一台专业单反相机 CANON／5D2，跟着萧山的一些摄影家外出创作，或许这是我摄影的起点吧。

**采访者：**到目前为止，您是否已经走遍全国所有省份？其中哪些地区最令您印象深刻？

**楼洋：**全国所有省份我都去过了，知名景点也基本玩过。印象最深刻的，毫无疑问就是西藏，那冷峻的高原自然风光、虔诚的佛教文化，让我有了 7 次进藏的经历。前面说过，第一次我和夫人报团去旅游，之后就是川藏线骑行、滇藏线进青藏线出的自驾、跟摄影团的大北线和珠峰大本营，以及骑友们新藏线骑行时冈仁波齐的转山，还有丙察察的自驾。每次进藏，线路不同，季节不同，景色不同，交通工具也不同，都有不一样的体验，西藏的美，去多少次也看不够。

**采访者：**在国内旅行的途中，您是否遇到过惊险和困难的事情？您是如何应对在旅途中的挑战？

**楼洋：**安全是旅行途中必须考虑的第一要务，对家人、对朋友、对自己都必须负责，有了这样的思想基础，特别惊险和困难的事情发生的概率相对就小了。但还会有，因为行程中不可控因素实在太多了。

G317 川藏线是一条非常难走的路。2012 年还没有理想的 GPS 导航和攻略，我们是拿着纸质地图自驾的。线路、距离和时间都很难搞清楚，有一次，我们在丁青和巴青之间遇到天黑和暴雪，靠手电筒照车辙印摸索前行，道路旁就是悬崖峭壁，直到第二天凌晨才平安抵达巴青。幸亏有同伴，若是孤身一人，恐怕得先停下来大哭一场。

1999 年，我带着夫人、儿子、姐姐、外甥女去成都参加九寨沟的旅游团。一个了解路况的成都人，成功号召团友抵制乘坐一辆旧中巴车出行。当时成都到九寨沟的路况不是很好，有 500 多千米。去程中黑夜里汽车盘旋于悬崖峭壁上，我们睡眼蒙眬一无所知。等游玩完毕，白天回程才看清楚，当时真是捏了一把汗。

**采访者：**您是什么时候有川藏线骑行和川藏线自驾的想法的？准备了多长时间？一路上有哪些印象深刻的事情？请介绍一下。

**楼洋：**萧山自行车俱乐部是全国最著名的俱乐部之一。这个俱乐部有一位智勇双全且有奉献精神的队长。他准备了两年时间，我在体能上至少准备了一年，之后我们在 2009 年 4 月完成台湾环岛骑行，10 月，抢在 G318 川藏线大规模改造前，我们 16 人历时 16 天翻越 14 座海拔 4000 米以上的高山，成功挑战 2173 千米的川藏线。虽然我们有保障车做后勤，无须驮包负重骑行，但长途骑行，臀部磨破是每个人都绕不过去的一道坎。我们用红霉素软膏涂抹伤处，破了再抹、抹了再破，熬过四五天的极度痛苦期后，伤口就会结痂，同时我们还面临体力透支问题，最后能坚持下来全凭意志力。"眼睛在天堂，身体在地狱""晚上睡觉时，想起妈妈的送行就会掉眼泪""成功的喜悦难掩过程的痛苦"……骑友们的感言就足以说明这趟骑行的难度和艰辛。

**图 4  2009 年 10 月 G318 川藏线骑行，72 拐处路遇《中国国家地理》杂志科考队（右一为楼洋）**

自驾相比骑行，体能上肯定是"小菜一碟"。但在当时网络不太发达的情况下，要把 11488 千米的滇藏线和青藏线沿途景点串连起来，纸上功课也花费了我不少精力。出发前保养好我的丰田霸道越野车，四只轮胎换成越野防刺的，准备了两只油桶备用，还备了强光手电、食品等物资。

**采访者：**请问您是什么时候开始对自行车运动产生兴趣的？早期长途骑行目的地是哪里？

**楼洋：**对我而言，骑自行车只是一种锻炼方式。2006 年，我买了一辆价值 1800 元的捷安特自行车，平时工作没时间，每到双休日就去湘湖骑行，每次骑行 30 千米左右，最远的路程也就是萧山到杭州龙井山来回 50 千米左右。后来，经邻居一个年轻小伙子介绍，2008 年加入萧山自行车俱乐部。之后，我组装了一辆 18000 元的捷安特自行车，真正开始了有组织的骑行活动。

第一次长途骑行是 2009 年去祖国的宝岛台湾骑行，这是大陆第一个车队环岛骑行。当时在申请入台证件上也遇到一些困难，最后，台湾捷安特自行车公司出面邀请，我们才得以成行。4月的台湾天气异常炎热，7天完成1200千米的路程，这对新手的我来说也是一个不小的挑战。

**采访者：** 哪一次国内最长骑行是历时多长的？

**楼洋：** 2013年从长春到香港的骑行，我28天完成4777千米，是国内距离最远、时间最长的一次。

**采访者：** 当时你们为什么会有从北到南的骑行想法？

**楼洋：** 这次骑行被称为"开元万里行"，是我们把萧山开元旅业集团沿途的21家酒店串联起来了。一方面，为开元酒店做个宣传；另一方面，挑战一下骑行距离的极限，两全其美。这次骑行虽然没有川藏线那么痛苦，但我们穿越的都是城市，一路上还是有一些惊险的。

**采访者：** 听说您还曾绕冈仁波齐山徒步转山？请回忆一下这段经历。

**楼洋：** 萧山自行车俱乐部的队长是一名虔诚的佛教徒，他坚持参加12年一遇的2014年的马年冈仁波齐转山，顺便挑战从新疆到西藏的骑行。那时，因为我已经挑战过川藏线的骑行，尝过16天"减肥"14斤的滋味，所以没有参与骑行活动。但在我为这些同甘共苦多年的兄弟们饯行时，难却盛邀，最后接受队长"不骑只转"的建议。于是，有了这次人生中难忘的经历。

转山行走53千米，藏胞一般都安排两到三天时间，而队长要求我们在24小时内完成。全程海拔4700米以上，我是一个10米接一个10米，慢慢"挪步"翻越海拔5700米的卓玛拉垭口的。极限运动到最后拼的都是意志和毅力，成功的路往往都是用痛苦和汗水来铺就的，如同成功企业家所说"第一桶金都是带血的"。

图5　2014年6月冈仁波齐徒步转山。受《萧山日报》委托，举萧山市民摄影联合会会旗，在海拔5700米的卓玛拉垭口留影（中间为楼洋）

**采访者：**作为经验丰富的游客，您认为国内的旅游行业还有哪些需要提高的地方？

**楼洋：**这个问题该由政府官员和旅游专家们来回答。我作为一名普通游客，个人认为国内风景区硬件"过硬"，软件"太软"。仅在国内旅游，我们不会觉得有差距，但去国外旅游次数多了，我们难免就会进行比较。

首先就是过于拥挤。国内的暑假、寒假、五一和十一长假，我是不会出门的，那不是看景而是看人，不是享受旅途的快乐而是感受旅途的"痛苦"。当然这些问题有其客观的一面，暂时难以解决，也能理解，毕竟中国的人口数量比较大，这是一个现实难题。

其次就是门票。国外很多景区不收费，即使收费也很便宜。国内景区门票价格就一个字——贵！还往往是通票。当然，现在已经有所改进，有些景区门票可以隔天使用。

再就是对原始自然景观的破坏。例如，游客服务中心和换乘中心越建越大，越造越豪华，距离景区也越来越远。而现在的游客越来越喜欢原汁原味的自然生态。

还有一个宰客的问题。我 2012 年去雪乡，与朋友两个人拖着行李箱、背着摄影包自由行，落脚黑龙江雪乡的一家酒店。酒店门口有一只白色的塑料桶，这在我们南方就是用来盛泔水的，放在此地该是垃圾桶吧。里面已经有很多垃圾和烟头了，但里面也放了三颗"大"白菜。室内有暖气，不方便抽烟，我在室外抽完烟后就顺手把烟蒂丢到桶里。此时，旁边一直盯着我的人马上过来，态度很不友好地说："你得赔我大白菜的钱！"我知道被讹了，也不多说："好！大白菜？多少钱？"他用没有回旋余地的口气说："三颗大白菜不便宜哦！800 块钱！"惊讶之际我辩说几句后，知道再争执下去是徒劳的。回房取钱时碰到一个带团导游，随意诉说了事情的经过，她很同情我，就帮着去说情，最后赔了 600 元了事。

**采访者：**在多年的国内旅途中，您分别乘坐过哪些交通工具？其中有哪些特别的交通工具？请您结合个人多年外出经历，讲述国内交通工具所发生的变化。

**楼洋：**其实，在国内外的旅途中，交通工具不外乎新的旧的、小车大车、中巴大巴，乘坐古老的马车、老爷车也只不过是去体验历史，最多就是搭个顺风车或者在交通不便的情况下，租匹马或租辆摩托车代步。

而在人生的旅途中，那交通工具的变化就大了。小时候，从楼塔去杭州，要先坐公交车到临浦，再换乘轮船去杭州。离开楼塔去外地读书时，我回家为了省钱经常搭拖拉机。几十年前，自行车就是奢侈品，我直到高中毕业进入社会才拥有属于自己的第一辆自行车，工作、走亲访友、驮老婆儿子都靠自行车，后来就把买摩托车当目标。我刚去深圳工作时，坐飞机是不敢想的，绿皮火车 36 个小时到广州再坐 6 小时汽车到深圳。回家探亲时，打的坐"夏利"牌的两厢汽车，那时似乎人生拥有一辆这样的车就该满足了。现在有钱人想的可都是私人飞机、游艇，这是祖国改革开放、社会稳定的红利，我期待早日实现中华民族伟大复兴的中国梦。

## 三　周游世界：第五本护照

**采访者**：您是在什么时候有出国旅游的想法？在 20 世纪 90 年代，出境旅游需要办理哪些手续？个人出境旅游会遇到哪些困难？

**楼洋**：国内旅游只要有时间、有心情就可以随时出发。每个人都很向往出国旅游，但看到旅行社一张满满的签证资料明细，您心里就会开始浮躁了，就想打退堂鼓了！需要填写签证申请表，提供护照、照片、身份证、结婚证、户口本、驾驶证、房产证明、资金证明、工作证明、公证书、邀请函等。去非洲的话，还要打针取得黄热病接种证明。更离谱的是，去南美玻利维亚需要提供"双认证"，即公安机关和大使馆证明你没有犯罪记录。幸亏由旅行社组织，很多资料还得翻译成外文，再提供来回机票、酒店订单、保险单等。很多国家需要预约面签，签证时间长，还面临拒

图 6　2006 年楼洋第一次出国，带夫人去日本

签的可能性。其实，当时我有很多疑惑，能出境旅游的人往往是有经济实力的游客，是去为他国经济做贡献的。为什么签证门槛那么高？我爱中国，我从来没有移民的想法！

说个"惊险"的故事吧，是2012年我去加拿大旅行办理签证的经历。办理加拿大签证需要很多资料，我委托萧山 KY 旅行社代办，该社答应在2012年9月底之前能拿到签证。于是，我和夫人就按10月1日出发安排了一个月的行程，机票以及加拿大当地几段旅行都付款确认了。随之就是漫长的签证等待和焦虑的进展追问，可是到9月28日星期五的最后期限，KY 旅行社"噩耗"般地告诉我"已经动用很多关系但签证还是出不来"。当时，飞加拿大的机票和当地旅行社的团费是无法退款的，预估损失不低于15万元人民币啊！

我是一个"不到最后一刻绝不轻言放弃希望"的人！我立马开车去加拿大上海签证处，咨询的结果也是"出签不可能"。我在失望中和友善的保安闲聊后，又硬着头皮去加拿大上海领事馆，结果依然如此。泄气皮球般的我，毫无目的地重新回到签证处，再次和刚才的保安闲聊，他让我"稍微等等"。随即他离开我去了办公室。等他回到我面前的那一刻，估计是我人生中最难以言状的惊讶时刻。他竟然用手指了一个窗口，告诉我可以去那里拿签证！在此之前，我们没有任何交易，真是人间自有真情在！等我倾囊感谢时，他说出了事情的原委：我们运气都不错，你去领事馆的时候，我悄悄地帮你去求情了！我立即打电话把大喜事分享给夫人，当时她还半信半疑呢！

现在中国国际影响力越来越大，办签证流程越来越简单方便，很多国家已经不用面签，甚至还有免签、电子签，我很期待

图7　2010年8月，在美国国会大厦前留影

中华民族的伟大复兴早日到来！

　　**采访者**：您出境游的第一个目的地为什么选择日本？这次旅行，有哪些让您印象深刻的事情？

　　**楼洋**：日本是个发达国家，和中国一水之隔，同时我有一种"战争情结"。所以 2006 年我选择日本作为第一个出国旅游的目的地。我感觉日本这个国家很干净、很朴实，精致而不浪费的餐饮习惯当然令我印象最深刻。

　　**采访者**：在海外旅游，您是如何解决语言难题的？

　　**楼洋**：去国外跟团比较多，因为我的英语水平几乎为零。以前靠小词典和快译通，现在靠各类手机翻译软件，不过肢体语言的作用不小。我只在东南亚国家自由行，还尝试做了一回"独行侠"。

　　**采访者**：在出国旅行前，您会做哪方面的功课？主要通过哪些渠道搜集资料、了解当地的风土人情？

　　**楼洋**：了解目的地国家的历史文化地理知识是出国旅游前的必修课。早期网络不发达的时候，就购买目的地国的旅游书籍，后来主要靠网络查找资料。现在网络资料浩如烟海，但大多很随性，真假难辨！我会很严谨，在写每篇游记时，对一些史实会经过再三核实，虽然也还做不到百分百准确，至少我会明确说明来源。

　　**采访者**：目前您分别周游了哪些国家和地区？有哪些令您流连忘返的地方？

　　**楼洋**：我统计了一下，加起来去过 97 个国家和地区。原本 2020 年 2 月 25 日确定去加勒比海周边国家，受疫情影响而取消行程。如果成行，那总数就远超 100 个了。

**图 8　2013 年 4 月，和古巴小朋友合影**
（左前为楼洋）

　　七大洲、四大洋我都到过。按区域划分，选择性列举的话：亚洲我去过东亚的日本、朝鲜等，东南亚的缅甸、文莱等，南亚的印度、不丹等，中亚的乌兹别克斯坦、土库曼斯坦等，西亚的伊朗、以色列等。欧洲我去过北欧的丹麦、挪威等，东欧的俄罗斯、摩尔多瓦等，中欧的德国、列支敦士登等，西欧的法国、摩纳哥等，南欧的意大利、马耳他等。北美洲我去过美国、加拿大、加勒比海地区的古巴等，中美洲尚未涉足。南美洲我去过南部的智利、阿根廷等，中西部的秘鲁、玻利维亚等，东部和北部还没去过。非洲我去过北非的埃及、摩洛哥等，东非的肯尼亚、卢旺达等，南非的纳米比亚、津巴布韦等，西非没去过。大洋洲我去过澳大利亚、新西兰。南极洲我去过南极。太平洋上我到过复活节岛。大西洋上我到过冰岛。印度洋上我到过塞舌尔、毛里求斯等。北冰洋上我到过北极的 90 度点。

世界之大，可谓无奇不有。埃塞俄比亚的盘唇族、纳米比亚的红泥人、印度的"挂人"火车、古巴的"老爷车"、摩尔多瓦的地下百米酒窖、撒哈拉沙漠的璀璨星空、南极"路上"大风大浪的德雷克"死亡海峡"等，都让我印象深刻。

**采访者：**在国内，您经常通过自驾、骑行等方式出游。请问您在国外有哪些印象深刻的自驾游经历？

**楼洋：**自驾游，那随性而行的体验非常棒！我在国外租车自驾的经历较多。2016 年 6 月我在西班牙、葡萄牙和安道尔三国自驾游，其间，在拍摄西班牙圣家族大教堂时，摄影包被偷，损失惨重。幸亏护照当时留在行李箱。2016 年 11 月在摩洛哥、突尼斯两国自驾游，在上海坐法航班机，经巴黎飞往卡萨布兰卡，在飞机上就被高手"取走"了我的现金，

图 9　2016 年 12 月，自驾到访突尼斯——美国电影《星球大战》的拍摄地。因 2015 年突尼斯发生武装分子枪杀 20 名游客事件后，交通要道及景区全由荷枪实弹的警察把守

好在皮夹"安然无恙"。

在摩洛哥自驾游的第一天，开车还没找到感觉，从杰迪达到索拉维就出了三次状况。第一次超速被罚款，和警察讨价还价，从 800 迪拉姆开始，

最后以 200 迪拉姆私下成交，没有罚单也不用签字。第二次，在马路边停着一辆车，我们刚超过去，警察就出现在面前，标准的"钓鱼执法"，结果压双实线被罚款 400 迪拉姆。第三次剧情就比较复杂，我们的车停在距离索维拉古城酒店二三十米远的地方，等我们卸下行李送到酒店门口，回来就发现车子"不翼而飞"了！咨询停车场收费员，并在他的"帮助"下，找来"业务熟练"的的士司机，去警察局停车场、警察局和复印店（警察局的外协单位），来来回回折腾两三个小时，才把车子开回来，缴了150 迪拉姆的罚款，付了 100 迪拉姆的的士司机"服务费"。幸运的是，后续行程一路顺利。

当然，最具纪念意义的还是 2015 年 2 月，我和朋友开着我的霸道越野车，从萧山出发去老挝、泰国自驾游。在云南机场接上家人，经磨憨口岸出境，越过中老边境线，在没有信号、没有导航的情况下，"摸索"游玩了老挝古都琅勃拉邦、首都万象，泰国素可泰古城遗址、拜县。我们在泰国清迈聆听新年的钟声，和移民泰国的楼塔老乡欢度春节；欣赏"宛如仙境"的白庙；到访"闻名于世"的金三角。最后我们沿湄公河入境磨憨口岸后返回萧山。遗憾的是，欧亚大陆自驾游的愿望至今还没实现。

**采访者：** 您在国外最难忘的经历恐怕是南北极旅行吧。您是什么时候开始准备南北极旅行的？路上到过哪些地方？

**楼洋：** 2008 年，我看到《钱江晚报》上有一篇《我们离南极有多远》的文章，就开始对南极感兴趣了。但报道中对游客身体有很高的要求，家人因安全问题不同意我前往。经过"软磨硬泡"，我到 2011年 11 月才成行。

我和一位萧山朋友到广州与全国的摄影爱好者会合，直飞阿根廷

图 10　2011 年 11 月 30 日，在阿根廷乌斯怀亚登上"快马探险号"邮轮去南极

首都布宜诺斯艾利斯转机至地球最南端城市——乌斯怀亚，然后我们乘坐一家美国公司运营的"快马探险号"邮轮，穿过"死亡海峡"德雷克，经过两天三夜惊涛骇浪的"磨炼"后，进入南极圈。用冲锋舟分别成功登陆巴里恩托斯群岛、米克尔森港湾、保特尔海角、达默海角、洛克罗伊港和丹柯岛。奇幻岛、瑟尔瓦海湾、普力马维拉基地、奥奈海港、阿克托斯基考察站和企鹅岛，均因天气原因而无法登陆。5 天后，我们用两天三夜时间，经德雷克海峡返回乌斯怀亚。南极之行结束后，我们团继续游玩阿根廷后回国。

2012 年 7 月，我又和这位萧山朋友私人定制丹麦、瑞典、挪威和芬兰的行程后，在芬兰首都赫尔辛基机场和中国团友会合，乘机抵达俄罗斯北方著名的不冻港摩尔曼斯克，登上俄罗斯"50 年胜利号"核动力破冰船。令人惊讶的是，运营公司依然是去南极的那家美国公司。又是 9 天，经巴伦支海越过北纬 85 度线，冲破 3 米厚的冰层，直达没有东南西北、没有黑夜的北极点，我庆幸自己加入了冬泳庆祝队伍，冻得发抖却成就感满满。返航途中，我们在法兰克约瑟夫群岛，和"鲁比尼巨石"迎面相"聚"。后来在直升机的空中监护下，我们登陆参观废弃的霍克岛考察站。又因天气原因，我们无缘威尔塞克岛的海勒角和赫尔岛的泰戈多夫角。北极之行结束后，我们继续游玩爱沙尼亚、拉脱维亚和立陶宛后回国。

图 11　南极风光

北极行程中有件难忘的事情，在此我不得不再提，并为中国感到自豪。运行北极线路的公司有个习惯，到达北极点庆祝时要挂游客所在国家的国旗。同船有一个台湾女人，不知为何穿了一套很不合时宜的专业骑行服，可能显示自己"与众不同"吧，多次要求船长和客房经理悬挂台湾旗子。这种无理要求，在争吵中被客房经理，一位深明大义的德国人，以一句"世界上只有一个中国，台湾旗帜不能挂"严肃拒绝。在晚宴上，我们领队得知此事后，立马号召全体中国游客向客房经理敬酒喝彩并合影。

我始终相信一句话：越出国越爱国！

**采访者：** 在国外除了跟团摄影游外，您还曾骑行过哪些地区？印象最深刻的是不是环法路线？

**楼洋：** 国外我们只骑行过法国，因为那里有全世界最著名的环法自行车比赛，它和欧洲冠军杯足球赛被列为欧洲顶级的两大赛事。2011 年，萧山自行车俱乐部组织 21 人耗时 21 天，骑着前齿盘只有两片的公路自行车、吃着冰冷的三明治、喝着"讨厌"的可乐、雪碧，"偷抽"香烟、"偷泡"方便面，成功完成 3436 千米环法

图 12　2012 年 7 月 12 日，乘坐俄罗斯"50 年胜利号"核动力破冰船到达北极点

赛道的骑行，挑战了法国阿尼尔山连续登坡 42 千米、海拔爬升 2300 米和最大坡度 14 度的骑行。我们还目睹了领骑的法国人罗兰先生在陡峭多弯的山路上，在四五十千米的骑行速度下，一手打电话、一手把控的高超骑术，敬佩之余也为他捏把汗，那可是冒着粉身碎骨的危险啊。

**采访者：** 从经典的欧美旅行到国人常去的东南亚地区，您现在是否更愿意去那些少有国人涉足的非洲和南美洲？

**楼洋：** 普通旅行社早已满足不了我的需求，后来我就选择摄影旅行社，现在就是组织一些曾经的团友做个性化私人定制，去一些小众国家。加勒比海周边国家、中东国家、非洲内陆国家和太平洋上的岛国等，都是我旅游计划中的目的地。

**采访者：** 至今您已经换了几本护照了？

**楼洋：** 第五本护照已经用完，如果没有新冠疫情，我就有第六本护照了，我完好地保存着所有护照。如果有机会出书的话，我将用花花绿绿的签证戳来做封面。我的朋友陆春祥老师——鲁迅文学奖得主，看了我单印

本的游记后，建议我出一套旅游系列丛书。但我自己感觉尚未成熟，所以还在犹豫中。

## 四 静观旅途：奋斗在前，享乐在后

**采访者：**您作为旅游达人，相机等影像记录工具必不可少。您最早是用什么相机记录精彩瞬间的？现在您最常用的记录工具是什么？请介绍这十几年来您使用相机的情况。

图 13 到达北极点 90 度，在北冰洋的冰面上举行庆祝仪式

**楼洋：**最早是傻瓜相机。前面说过，1998 年我才买了第一台可换镜头的宾得相机 PENTAX/MZ－50，后来更换过一些相机，也买过摄录机，型号都忘了。直到 2008 年我买了第一台专业单反相机 CANON/5D2，我才真正开始去了解摄影。后来陆续入手的相机是：索尼 SONY/α7M2（在西班牙被偷走）、佳能 CANON/5D3、佳能 CANON/1DX、徕卡 LEICA/Q 和佳能 CANON/R5，还有第一代大疆御无人机。我不是器材党，但更新也不慢。虽然数码相机更新换代很快，没有机械相机那么有"价值"，但我习惯购买首代产品并一直收藏。现在最常用的是 CANON/R5 和 LEICA/Q。

**采访者：**您喜欢骑行、旅游和摄影，家人对您的爱好理解吗？他们的支持体现在哪些方面？

**楼洋：**个人的爱好肯定需要家人的理解和支持，当然也幸亏我的爱好很健康。其实爱好还得有闲有钱来支撑的，更得承受社会的"闲言碎语"。闲，就是有权调配自己的时间。钱，就是得有自己的财务自由，最关键的是愿意把自己的钱"打水漂"。朋友来我工作室看到书柜里摆放着的美篇书问我：这些书的成本要 300 万元吧？我淡淡一笑说："我不知道，如果知道了，我的旅行脚步早就停下来了。"

所谓的"闲言碎语"，应该说是朋友们的关爱。当时，去南极光付给旅行社就要 128000 元，去北极点是 228000 元，加上其他费用远超 40 万元人民币了，有人当面就对我说："一辆奥迪没了！"夫人的小姐妹说："花这么多钱去玩，还不如去投资房产！"也有人对朋友说："你朋友蛮可爱，生意不做去玩了！"事实上，我从没放弃过事业，也一直在努力工作，只是被旅行的风头盖过而已。

采访者：将旅行和工作、生活相结合，甚至把旅行作为自己的事业，比如拍摄、旅行、vlog 等，您认为这种生活方式和观念值得推广吗？

楼洋：工作和生活一旦离开旅行就会变得枯燥乏味，反之把旅游作为工作和生活的调节、补充，工作就快乐，生活就充实。至于把旅行当作事业，鼓吹"再不疯狂就老了"，放弃工作辞职去旅行，选择工作赚钱旅游、再工作再赚钱再旅游的西方生活方式，以及现在流行 vlog 的吸粉代言广告，等等，好坏我无权点评，因为每个人都有权利选择自己的工作生活方式，但对于

图 14　2011 年 6 月，环法赛道骑行留念

我这样的 60 后一代人来说，接受的人恐怕不会太多。就如同 2010 年后的我，在工作之余，旅行的时间多了一点，社会的"容忍度"就很有限了。幸运的是，周围的人从当年的疑惑转化为现在的羡慕，耗时并不长。

采访者：就您的观察，萧山市民是什么时候开始有旅游休闲观念的？近些年，萧山人的旅游休闲观念有了哪些变化？

楼洋：20 世纪 80 年代，萧山应该没多少旅游休闲观念，包括我自己，那时的市民和政府似乎都在拼经济。记忆中，应该是从 20 世纪 90 年代开始吧，随着萧山人民生活水平的不断提高，人们的旅游和休闲意识才开始浓烈起来，观念也开始发生改变。从一天十国的旅游转为一国十天的旅

行，从跟团转为自由行，从大众国家旅游转为小众国家旅行，也从麻将桌、牌桌、KTV 转为户外有氧休闲。我相信大家对此都深有体会。

**采访者**：作为萧山旅游休闲事业的参与者和见证者，请您结合个人经历，评价一下萧山过去几十年经济社会发展对旅游事业的影响？对此，您有哪些深刻体会？

**楼洋**：很惭愧，我没能力参与萧山的旅游休闲事业，只能说见证了它的发展。虽然萧山在历史文化底蕴上无法和杭州老城区或邻县绍兴比，旅游事业相对滞后。但我们依托强大的经济基础，以"无中生有，小题大做，借题发挥，变废为宝"的发展思路，从早期的中国国际（萧山）钱江观潮节开始，到西湖的"姊妹湖"湘湖景区的建成、东方文化园的开园、楼塔千年古镇的成功改造等，都体现了萧山旅游事业的飞速发展。作为一个喜欢旅行的普通萧山市民，最深刻的体会当然就是 2000 年建成启用的杭州萧山国际机场带给我们对内对外旅游事业的作用。

**图 15　楼洋使用过的五本护照**

**采访者**：随着经济社会的发展，中国国际影响力与日俱增，这对您去海外旅行带来哪些便利和帮助？

**楼洋**：最直接的便利毫无疑问是签证。现在有很多国家对中国采取免签、电子签，即使正常签证，需要提交的资料也简单多了，而且签证时间大大缩短。以前一定要去上海、北京现场办理，现在很多欧洲国家在杭州也可以办理。出国在外，不管身处全球的哪个角落，都会收到外交部领保中心的祝福和提醒短信。24 小时开通的外交部全球领事保护与服务应急呼叫中心热线电话 12308 就是中国海外游客的"贴身保镖"。随着国家的强大，人民消费能力提高，外国人也更加尊重中国人了。很多有形无形的便利和帮助随处可见。

**采访者**：楼先生，感谢您接受访谈，为我们分享了多年来的旅途经历。

**楼洋**：不客气，这是我的荣幸。

# 我亲历的萧山体育事业

## ——胡小铁口述

采访者：郑重、潘立川、孙淑桢　　　　整理者：郑重、朱晨烨

采访时间：2020 年 7 月 30 日　　　　采访地点：萧山区体育中心

胡小铁，1960 年出生，杭州萧山人，萧山区体育场原场长。

## 一　萧山体育场馆变迁

**采访者**：胡先生，您好！非常感谢您接受我们的采访，我们想请您谈谈萧山体育事业的变迁。请您先简要介绍一下您的个人经历。

胡小铁

**胡小铁**：我个人经历很简单，从 1960 年出生到现在一直都在萧山生活、学习与工作。1978 年，我从萧山中学高中毕业后到了教育局下属校办工厂工作。1992 年年初，我转调到当时的萧山市体委下属的体育馆工作至今。工作期间，我担任过体育场场长、体育中心工会主席、体育中心主任助理等职。我在学生时期就热爱体育，那时候大操场、灯光球场都留有我的身影。

在萧山体育事业发展中，我觉得有三件意义重大的事。一是在精神生活匮乏的年代，灯光球场上的职工篮球赛、大操场上的湘湖杯足球赛，是我青少年时期抹不去的记忆。二是体育馆落成，从此萧山有了设施良好的体育中心。我敢肯定 20 世纪 50—70 年代初出生的一代萧山人都会有同感。

三是全民健身运动蓬勃开展，让我们现有的体育中心不断改造、发展、服务上的理念有了充分定位，把开展群众体育活动作为构建文明社会、提高生活品质的重要内容。

**采访者：**我们先谈谈萧山体育中心的变迁。从小处着手，能够以小见大。

**胡小铁：**第一个，我想讲萧山体育中心变迁。据《萧山市志》相关史料记载，民国时期，萧山体育场地缺乏，体育设施简陋，体育管理十分落后。中华人民共和国成立后，市（县）体育管理部门逐渐恢复发展，体育运动委员会和体育总会负责管理体育事业，组织开展各项体育活动。1956年11月，县人民委员会在城厢镇市心桥南的关帝庙一带，划地44.30亩，建造新型体育场，第二年竣工。体育场东部为田径区，设有400米半圆式跑道（内为足球场）；西部为综合区，有篮球场4个（含灯光球场1个）、排球场3个，幼儿活动场和50米射击场各1处，并设有吊环、秋千、爬竿、双杠、单杠、举重等辅助器械。1959年，城厢镇进行街道改造，市心路穿越体育场，整个体育场被一分为二，路西建造县委招待所等设施，路东仍保留为体育场，面积缩小到33.60亩。"文化大革命"期间，体育场及体育设施毁损严重。1979年，萧山县政府进行重新整修，恢复原有跑道，跑道圈内有小型足球场1个、篮球场4个、沙坑2处、护笼1处，体育运动比赛的必需器械也得到充实和完善。其时的萧山体育场，被市民称为"大操场"，除用于举办大型体育比赛和市民日常锻炼身体外，还是政府部门举办大型集会的场所。在我的记忆之中，大操场位于市心路以东。路西是萧山县委招待所，招待所北留有一片露天篮球场，并有几棵大的雪松，形成一个小公园。后来，这里建造了邮电局、二轻大楼，露天篮球场移建至原朝阳商场旁，再后来改为灯光球场，体委也在此办公，要说正确的位置应是现在的市心路与萧

图1　市心体育场

绍路十字路口的西南面。1982—1988 年，曾用作萧山少体校的专门训练场地。

1985 年以后，体育场馆的设施、设备逐渐完善，城乡体育事业得到同步发展。市（县）人民政府加大对体育经费的投入，注重体育管理和对体育人才的培养、输送。

萧山体育事业的发展是从体育馆建设开始的。按现在的说法，萧山体育中心的建设、征地并非完整地一次规划完成，是在社会经济发展的情况下逐步开展的。下面，我来讲讲萧山体育中心的形成过程。

萧山体育馆建设于 20 世纪 80 年代中后期，设计方案由时任浙江省建筑设计院景政治院长亲自设计。主体施工单位是浙江省三建，馆顶层屋面跨度 60

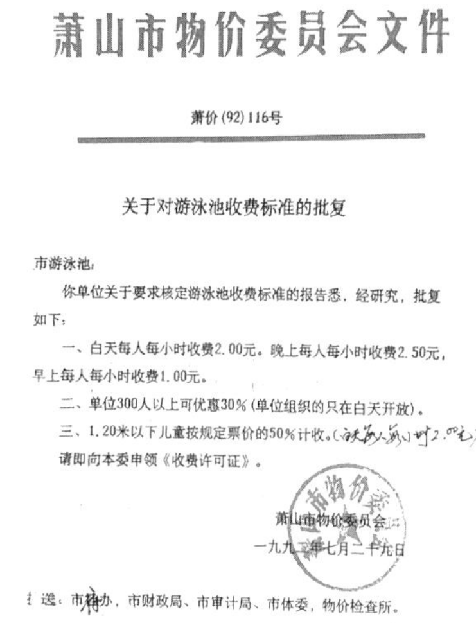

萧山市物价委员会文件

萧价 (92) 116号

关于对游泳池收费标准的批复

市游泳池：

你单位关于要求核定游泳池收费标准的报告悉。经研究，批复如下：

一、白天每人每小时收费 2.00元，晚上每人每小时收费 2.50元，早上每人每小时收费 1.00元。

二、单位 300 人以上可优惠 30%（单位组织的只在白天开放）。

三、1.20米以下儿童按规定票价的 50% 计收。

请即向本委申领《收费许可证》。

萧山市物价委员会
一九九二年七月二十九日

抄送：市府办、市财政局、市审计局、市体委，物价检查所。

图 2　1992 年萧山市物价委员会关于对游泳池收费标准的批复

米，由刚起步的东南网架承建，于 1989 年 1 月竣工。这为萧山承办各级各类体育赛事和大型文艺庆典活动创造了有利条件。

1991 年，萧山市人民政府决定争创全国体育先进县（市），成立由分管副市长任组长、体委主任任副组长的萧山市争创全国体育先进县（市）领导小组。根据全国体育先进县（市）的评选条件，把体育工作纳入国民经济和社会发展计划中，解决当时体育工作中的一系列实际问题：明确少体校体制；落实体育馆专职体育从业人员编制；批准游泳池建设立项，通过体育场搬迁报告；市财政增加对体育经费的投入力度。1991 年年底，社会赞助的体育经费累计 200820 元。

萧山游泳池始建于 1991 年 4 月，于 1992 年 8 月竣工，总投资 261 万元，其中 61 万元由社会资本投入。游泳池的建设过程中有三点值得一提。第一，整池建在地面上，桩基打的是石碳桩。第二，承建方萧山建筑公司高质量、高效率，在 8 个月里完成了施工。第三，水处理机房由现在的江苏恒泰提供。当时建设方为节约投入资金，要求厂方只提供大件产品，其

**图 3　1992 年竣工的游泳池**

余配装部件在当地采购。萧山游泳池当年施工，当年投入使用。游泳池设有 8 泳道国际标准线，长 50 米，宽 25 米，水深 1.3—1.88 米，四周池沿平台宽畅，平台底层为水、电管廊，池西侧为看台，底层为附房，建筑面积 460 平方米，设有 2 处男女更衣室、淋浴房、卫生间；池北侧为 3 层工作用房，建筑面积 810 平方米，设有男女救生员休息室、大小会议室、医务室、低压配电房、机修房、管理员室、水质处理机房（双向反冲净化水质处理设备）。每年承接各机关、团体、企事业单位游泳比赛，并常年举办游泳培训班，为广大符合冬泳市民免费开放。1992 年 8 月，游泳池对社会开放一个月，获得了良好的社会效益，为 1993 年萧山创建全国体育强县（市）创造有利条件，结束了萧山无游泳池的历史。

萧山体育场建设适逢萧山经济迅猛发展时期，为适应城市基础设施建设发展需要，当时萧山市政府通过置换方式引入港资。具体来说，就是将大操场的土地置换，改为港商建设的新世纪广场，在游泳池以南地块兴建体育场，1992 年下半年完成土地征迁并破土动工。

1993 年 9 月 6 日，在全国群众体育先进表彰大会上，萧山市获 "全国体育先进县（市）" 称号，这是萧山体育史上的大事。

1994 年上半年，我们完成南北西看台、足球场、草坪及道路基础施工。综合健身馆位于体育场西侧，1994 年 5 月建成，占地面积 2.10 亩（约 1400 平方米），建筑面积 2000 平方米。健身馆分为两层：一层长 48 米、宽 30 米，二层长 30 米、宽 16.50 米，曾一度作为保龄球运动馆（华钢保龄球馆），后作为青少年体育运动培训场所，并用于举办各类小型健身、休闲、娱乐等活动。有大型赛事时，与体育馆及网球、羽毛球馆一起承担体育比赛任务。

网球、羽毛球馆位于体育场西侧，1995 年 10 月建成，占地面积 1.20

亩（约 800 平方米），建筑面积 800 平方米。馆内长 35 米、宽 22 米，屋顶高 10.40 米，可作为体育馆的配套基础设施，在举办大型赛事时，作热身训练用，同时又自成一体，可独立进行多种体育运动项目的比赛。

图 4　网球馆（摄于 2006 年 9 月 26 日）

　　门球场位于体育场南面，1998 年建造，占地面积 3.15 亩（约 2100 平方米），建筑面积 2100 平方米。门球场长 76.50 米，宽 27.50 米，钢网架顶。门球场建成后，成为老年人特别是离退休干部的运动场所，其规模档次在全省乃至全国县（市）中名列前茅，已举办过多次省、市级门球比赛。

　　1997 年夏天，为迎接在萧山中学召开的全国中学生田径运动会，我们完成了塑胶跑道铺设工程，并于下半年为晨练的群众免费开放 2500 个名额。紧接着，我们进行了东看台建设，于 1998 年 10 月在萧山市第十三届全民运动会召开前，完成并投入使用。

　　1998 年 8 月 28 日至 10 月 13 日，萧山市第十三届全民运动会在城厢镇举行，设田径、游泳、篮球、棋类、乒乓球、羽毛球、拔河、广播体操 8个大项的比赛，共有 49 支代表队、2500 名教练员和运动员参加，分镇乡（场）和系统（企事业单位）两大组。这次运动会是萧山市盛况空前的体育运动赛事，运动会第一次选择以萧山特产之一的萧山大种鸡为题材，设计制作名为"喔喔鸡"的运动会吉祥物和题为《生命的交响曲》的运动会会歌，并举行由运动员和演职人员万余人参加的盛大开幕式。浙江湘湖师范学校、萧山中学、浙江乡镇工业学校、萧山城厢职业中等专业学校、城西街道文化艺术团及城厢镇中小学的 10300 名学生和演职人员，演出了题为《奔向新世纪》的大型团体操。经过紧张角逐，城厢镇、临浦镇、宁围镇获得镇乡（场）组前 3 名；教育系统、金融系统、供电系统获得系统组前 3 名。在这次运动会上，教育系统的吴庆余以 34.68 米的成绩刷新萧山市的成年男子铁饼纪录，另有 3 人次平萧山市纪录。

1999 年，萧山市庆祝中华人民共和国成立 50 周年大型晚会在体育场隆重举行，至此，萧山体育场落成。

**采访者：**这期间，也出现了一些波折。塑胶跑道沥青层在 1994 年夏天由萧山路桥公司施工，因无施工经验，造成密实度、平整度不合要求，产生了四方矛盾。请问验收的时候出现了什么问题呢？

**胡小铁：**出现了两个问题。第一个是跑道的沥青基础层平整度不够，坑坑洼洼的。田径跑道要求纵向、横向有一定坡度，辅助跑道也有坡度，它的坡度要求比较复杂。跳高区域有坡度，跳远区域也有坡度，有的是纵向坡，有的是横向和纵向坡相结合。作为萧山路桥公司，他们公路工程做得多，认为柏油一浇就好了，忽视了这个坡度，造成整个场地平整度不合格。第二个是密度不够，细沥青层强度不足。它的硬度不够，对今后的运动也会造成影响。从技术上说，这两点没有达标，下一道工序就没有办法做。基础施工做到这里就停下了，那矛盾怎么解决呢，大家一直在为此事争论。当初建塑胶跑道、做基础，有经验的单位不多，毕竟塑胶跑道也不多。这个事情拖了很久。直到 1997 年，全国中学生田径运动会要在萧山中学举行，国家对大型赛事有规定，必须要有备用田径场。而当时萧山中学也刚刚迁建好。要在萧山中学召开，就要有个备用场地，这里也空着，自然就被征用。当时萧山市政府召开几方的协调会，我们建设方、施工方、设计方、塑胶方以及几个有关部门都参加了。通过协商，施工方再次进场，全部重新测量、打底。这一次他们非常重视，甚至他们的领导都到场监督，对沥青基础面层（细沥青层）全部铲除，重新铺设。经过设计，塑胶方进入塑胶跑道摊铺施工。这样，在 1997 年 8 月完工，满足了萧山中学田径运动会的要求。这是一次波折。

1997 年 8 月 19—23 日，全国中学生田径赛在萧山中学田径场举行，来自全国各省、自治区、直辖市的 21 个代表队参加比赛。这是国内首次由县级市承办的全国中学生田径比赛。

10 年后，塑胶跑道自然老化，再加上开放程度较大，自然老化、损伤程度较大。摆在面前的有翻建和促新两个方案。当年省人民体育场早我们一步对塑胶跑道实施了促新。因为有此案例，外加投入较少，选择促新方案可行，施工厂家对此信心满满。结果他们也忽略了一个问题，那就是下面的细沥青面层经十年时间，密封度不够。密封度不够了以后，下雨天水渗进去，太阳一晒，下面水汽蒸发不上来，整个塑胶跑道就不行了。厂家也认识到了这个问题的严重性。他们也认识到不是塑胶质量有问题，而是施工方案出了问题，因此也同意重新施工。在双方协商一致的情况下，基础重新做，重新做塑胶。后来事情顺利解决了。

还有一件事，足球场地天然草坪（中华积累草）的种植养护是从1995年上半年开始的。当时采用草籽播种，生长和成型期时间较长。外加基础土壤多为回填土及生土，排水功能相对较弱，一直到1996年草坪才成型。东看台建成后我们引进了绿城足球俱乐部，并把足球场地作为他们的训练比赛基地。

1999年8月，经萧山市政府同意，日本静冈市足球队与绿城足球队在萧山体育场进行比赛。为迎接2001年全国足球乙级联赛，杭州赛区绿城主场在萧山体育场进行。为满足比赛场地要求，我们对足球场草坪进行了较为先进的改造。改造在2000年进行，主要针对草坪种植养护、土壤保护、粗砂基础、排水井管铺设、设置喷灌系统、8000多平方米草坪铺设，投入资金40万元，最终比赛成功举办。后来，我们还试过草根育草，也取得了较好的效果。2012年，萧山还承办了亚洲足球中国展望杭州项目城市联赛。

为配合1996年亚洲摔跤锦标赛在萧山举行。1994年，我们在体育馆西侧建造了配套训练馆。这次比赛同时为1996年第26届亚特兰大奥运会资格赛。参加比赛的有中国、日本、印度、巴基斯坦、韩国、伊朗、印度尼西亚、越南、哈萨克斯坦等18个国家和中国台北地区。这次比赛以参赛人数多、规模大、竞争激烈为主要特征，为萧山体育馆承办的历次比赛之最。

当时萧山体育馆总体投资721万元，占地面积18.53亩（12353.40平方米），建筑面积5100平方米，观众席3000座，内设贵宾室、记者休息室、男女运动员休息室、裁判员休息室、化妆室、浴室、电影放映室、电视直播室等附属用房，约1000平方米。馆内有12台大型空调送风机、12台小型冷风机，并配有专业灯光和音响、机房、水泵房、变电房等配套设施。至2000年年末，萧山体育馆共举办各类体育比赛627场，既有全国性的大型比赛，也有国外的体育团体来萧比赛。同时，萧山体育馆还举办各类文艺演出。

图5　2010 年 10 月 28 日，萧山区第十三届全民运动会在萧山体育中心开幕（柳田兴摄）

为鼓励民间资本投资，1997 年在游泳池南侧建造了华钢保龄球馆，它与体育馆西侧的训练馆一起，后来分别改造成羽毛球馆和健身馆。至此，一个占地 116.46 亩，以体育场（78.47 亩）、体育馆（18.53 亩）、游泳池（19.46 亩）为主体，配有羽毛球馆、健身馆的、总投资为 3000 万元的体育中心形成。这极大地提高了萧山群众竞技运动水平，为满足人民健身的需求做了充分保证。

## 二　不断改造的过程

**采访者：**请您谈谈萧山体育中心不断改造的过程。

**胡小铁：**2002 年前，萧山体育中心以三大块主体为主，2003 年因改革需要统一资源应用，彻底整合管理，从此，体育中心一边所有场馆对外高服务、低收费以及免费开放，一边改善环境，在萧山区委、区政府大力支持下，开始整体改造的过程。

一期改造，实施期在 2006 年。改造项目，一为体育馆内部设施及装修，涉及场地、座椅、空调、灯光、音响、厕所及竞赛所需的配套用房、体育器材、残疾人设施等赛事设施。二为新建网球馆，在此之前的 1998 年，对市心南路沿路也进行了一次改造，拆除了沿街商业用房、文体局办公用房。我们迁建了门球场（从东移至西，并增设顶棚），让出地块改建成篮球场和健身路径，投资 2000 万元。我们将篮球场移到游泳池南边，并对体育场看台进行了加固。

二期改造，实施期在 2009 年。第一个项目是道路、广场、绿化景观改造；第二个项目是体育场东看台扩建，投资 6000 万元。

三期改造，实施期在 2012 年，建设项目为游泳健身馆，投资 1.54 亿元，于 2014 年年底完工开放。

上述三期改造实属不易。体育中心不是在一张蓝图上绘就的，因此存在着很多缺点。比如没有有机的衔接，环境不统一，建筑风格有落差，水电等管网及环境绿化不和谐，等等。体育中心经过整体改造后，管理更加到位，出入更加畅通，真正做到为群众服务，让群众参与，使群众满意，基本形成没有围墙的体育公园。

## 三　萧山体育彩票业走上轨道，形成市场

**采访者：**请您谈谈萧山体育彩票业走上轨道、形成市场的具体情况。

**胡小铁：**萧山体育彩票市场从 1996 年开始，当时杭州市下拨二十几台彩票机，全部由一个上海人承包，分发到各经销点，全部为店中店经销模式，起步点很低。1999 年年初，浙江省体育彩票管理中心批准在萧山发行即开型中国体育彩票，萧山市成立以政府常务副市长为总指挥，市文体局、公安局等 15 个部门和单位组成的萧山市体育彩票领导小组，具体由市文体局组织实施发行销售工作。

萧山市文体局为扩大体育彩票在社会上的影响力，于 1999 年、2000年、2001 年连续三年分别在市心北路（现人民广场十字路口）、人民路（现城河公园育才路口）、金城路（万象汇东西两侧）举行即开型彩票大规模销售活动。1999 年第一次销售持续一周，加推三次，效果大大超出了预期。按照国务院有关规定，中国体育彩票返奖率为 50%，这次在萧山发行的体育彩票以实物形式返奖，以每 2000 万元为一个开奖（组）单位。当时场面热烈，批准的发行金额为 2000 万元，结果一售而空，后申请追加发行 2000 万元，两天发售彩票金额 3920 万元，创中国体育彩票发行县（市）级销售纪录之最。2000 年 2 月 18—20 日，萧山市在城厢镇人民路东端（城河公园处）第二次发售即开型中国体育彩票，批准的发行金额为2000 万元，以现金形式返奖，返奖率与第一次相同，两天共发售彩票金额1520 万元。自此，萧山的彩票市场渐趋理性。

2010 年，萧山体育中心、萧山体彩站合为两块牌子、一套班子。2017年，萧山体育彩票从年销售 1.2 亿元到接近 5 亿元，销售网点全区范围内最高增至 240 多家，由店中店全部走向独立店、星级店，千万销售店近 30

家，可观的地方公益金占17%。中国体育彩票发售金额中，除50%返还奖金外，余者按国家体育总局彩票管理中心规定，提存一定比例留成，纳入萧山市财政预算外资金专户管理，主要用于萧山的体育设施改扩建及体育运动环境的改善。这使得萧山体育事业的发展、全民健身运动的开展有了一定的经济基础。

# 四　以亚运会为契机，实现萧山体育新蜕变

**采访者：**请您谈谈2022年亚运会在杭州举办，对萧山体育事业发展有哪些影响？

**胡小铁：**我想谈谈以亚运会为契机，实现萧山体育新蜕变。最近，萧山召开了区委十五届十次全体扩大会议，会议提出了坚持亚运总牵引，实现萧山新蜕变。

我们萧山体育人以亚运会为契机，努力办好体育赛事。杭州获得亚运会承办权的消息传来时，萧山体育中心完成整体改造仅仅三年多。获悉体育中心将承接举重、足球两项赛事任务时，萧山区政府及体育局高度重视，组织各级专班开展论证规划。以萧山体育中心为例，从投资额近1亿元到4.5亿元，方案改了一轮又一轮，最终确定对体育场进行结构性改造，新建800个车位的地下停车场。2019年4月30日，在杭州亚运会萧山区体育中心改造提升项目开工仪式上，萧山区区长王敏指出，2022年亚运会对于萧山来说，是重要的历史机遇，亚运场馆建设是重大的政治任务，也是打造城市新地标、全面提升城市品质的关键项目。我们要切实按照"赛时为赛事、赛后为城市"的理念，在比赛时确保赛事顺利完成，在比赛后承担起服务民生、推进全民健身、提升城市能级和南部新城基础配套的重任。王敏区长要求各相关单位在项目推进过程中做到"六个一流"：以一流标准建一流场馆，坚持品质至上，高水平完成场馆建设，全面提升场馆智能化、自动化、精细化水平，打造精品工程，为全区人民留下永久性的体育、文化综合亚运遗产；以一流精神抢一流进度，全力以赴加快工程推进力度，确保如期竣工交付并启动试运行，高标准满足赛事要求；以一流管理保一流安全，严格落实监管责任，构建安全管控体系，打造清廉工程，营造风清气正的工程建设环境。

我们在原比赛馆结构不变的情况下，充分考虑绿色、智能、节俭、文明的理念。这两座承载着萧山市民诸多感情的老体育场馆又迎来新一轮的改造提升，改造后完全能和游泳健身馆融为一体。

改造提升后的新场馆，将带来更好体验，其中有三大亮点。

亮点一：服务功能大增。在功能提升上，将从单一体育功能向综合性文化体育场馆提升，向专业性兼顾大众健身及文化休闲功能提升。例如，体育场看台上将增设顶棚，今后观赛时不会被日晒雨淋，观赛条件得到大大提高；新建的地下空间将在赛后作为社会停车场使用，缓解停车难的问题；新建的举重热身训练馆也将改建为室内运动场地，增加群众的体育活动空间，等等。

亮点二：展现萧山特色。把萧山精神和奥林匹克精神融入设计理念中，是本次整个改造提升项目的内涵所在。体育馆立面改造将在原有建筑形态的基础上结合扩建部分，设计一体化的幕墙系统。通过立面流动的线条，形成整体韵律感和运动感，呈现简洁大气的立面形象。体育场、体育馆以及周边其他场馆都将利用律动的曲线，如同激情的江潮在诉说更快、更高、更强的体育精神，展现着萧山的城市精神。

亮点三：更加绿色智能。我们贯彻落实杭州亚运会"绿色、智能、节俭、文明"的办赛理念，萧山体育中心旨在改造成一个绿色、智能、运动、时尚的全民健身体育中心。根据初步设计，场馆内生活热水采用空气源热泵热水机组以达到节能环保的目的，绿化灌溉采用喷灌、微灌等高效节水的灌溉方式，并设置单独用水计量装置。在硬件提升的同时，今后区体育中心在管理服务上将更加满足市民多元需求，提升功能服务，提升市场竞争力。

**采访者：** 请您总结一下在党和政府领导下萧山体育事业发展的经验，并做一些展望。

**胡小铁：** 萧山的体育事业发展离不开党和政府的引导。我相信亚运会结束后，一个有模有样且崭新的萧山文化旅游体育发展服务中心会展现出来，并向社会全方位开放，满足萧山人民对健身生活的美好愿望及需求。

# 见证萧山曲艺事业发展

## ——翁仁康口述

采访者：郑重、潘立川、杨健儿　　　整理者：郑重、金超群

采访时间：2020 年 8 月 26 日　　　采访地点：中共杭州市萧山区委党史研究室

翁仁康

翁仁康，1960 年 7 月出生，杭州萧山人，12 岁从事曲艺演出；21 岁任萧山县青年曲艺队队长；1985 年，莲花落作品《晦气鬼告状》获浙江省曲艺比赛创作、表演一等奖，全国曲艺比赛创作、表演二等奖；1989 年 10 月参加第二届中国艺术节并获奖；先后六次参加中国曲艺节均获大奖；1999 年被中国文联授予"全国百名优秀青年文艺家"荣誉称号；2000 年荣获中国曲艺专业最高奖——牡丹奖；2001 年获全国第十一届群星奖金奖；2003 年获"浙江省政府突出贡献艺术人才"称号；2004 年享受国务院颁发的突出贡献政府特殊津贴，现为中国曲艺家协会副主席、浙江省曲艺家协会主席。

## 一　个人曲艺生涯

**采访者：**翁主席，您好！您是全国德艺双馨曲艺家，很高兴您接受我

们的采访，我们想采访您关于萧山曲艺事业的情况。首先请您谈谈个人的曲艺生涯。

**翁仁康：** 我 1960 年 7 月出生，是萧山瓜沥人，从小就非常喜欢文艺。我觉得做一件事，如果喜欢，就能成功 50%。比如说现在正是放暑假的时候，家长给家里的小孩子报兴趣班。如果他喜欢弹钢琴，就给他报一个钢琴班。因为他喜欢，老师教的时候，他会认真听，回到家里，他会认真练，这样就会成功。如果不喜欢，也许他就会很被动。我们小时候，家里没有收音机，更没有电视机。当时萧山条件好的地区有广播，是有线广播。我十来岁的时候，我们老家才有广播，也是有线广播。早上、中午、晚上三个时间段，它会定期播音，我们会听广播，也很少看演出。我非常喜欢听戏，也非常喜欢唱戏，这是我的爱好，我也乐意去学。

我在家里排行老四，穿的衣服都是哥哥传下来的。我小时候经常穿一件破棉袄，没有棉毛衫、棉毛裤。小时候因为家里穷，我去生产队里借一元四角钱，借 10 斤粮票，让我走 3 千米去一个粮站买 10 斤米，可以想象当时生活的艰苦。我小时候住的是茅草屋，萧山人叫草舍。我们晚上经常会听到着火的呼救声，因为茅草屋一不小心就烧起来。当时如果遇到这样的情况，大家只要把棉被抢出去就好了，因为没有另外值钱的财产。

我少儿时代，萧山县文化馆有故事演讲队，经常到村里去演讲故事，就一个人讲故事，下面上千个人听故事。我在学生时代也是学生故事员，在学校里讲故事，一个班、一个班地讲故事。文化馆也专门带领我们学生故事员讲故事，讲故事是很锻炼人的。因为曲艺三分是"唱"，七分是"表"。"表"的这七分，我在学生时代就已经掌握了。那个时候也没什么老师，更没什么培养的专业机构，我就一边讲故事，一边自己摸索，就是这样过来的。我初中毕业以后读高中，高中读了一年就辍学了，就去打工了。那个时候打工不像现在那么普遍，我是去了公社办的工厂。我一边打工，一边继续学习曲艺。专业团队我进不去，那么我就从事曲艺工作，曲艺是个体艺术，我自己关起门来就可以练习，自己可以准备。

17 岁那年，我开始接触绍兴莲花落，并着魔似地爱上了它。我四处求师，可在当时的萧山，上哪儿去找唱莲花落的老师？于是，我找来了录音机，跟着录音机学，对着镜子唱，天天跑广播站翻录磁带。有一次听说绍兴曲艺团的莲花落演员倪齐全来萧山演出，我骑车赶了 20 多千米去观看。

后来我认识了著名曲艺演员胡兆海，我的说唱莲花落才步入了正轨。

1981年，萧山县文教局、萧山县公安局发了个文件，是关于萧山民间艺人登记的，也是对民间艺人的规范管理。我就去登记。登记以后，通过考核，他们发给我一个演唱许可证。这个证一拿，我就是合法的，就可以挨村挨户去演出，一边演出，一边养家糊口。

当时，要演出莲花落的话，我一个人还不行，必须有一个乐队，我就找了几个乐队。现在大家都知道1981年萧山县文教局组建青年莲花落演出队，当时我担任队长。后来我一个老师给我们取名叫萧山人康曲艺队，意思是听了我们的莲花落，人民健康。

当时我还演路头戏，这个戏又称幕表戏、提纲戏。它可以在田间路头演出，故得此名。多数民间戏班演出并没有剧本，或并不需要完全按剧本演出，演出的依据只是一个简单的提纲。比如我们三个人搭档，大概的故事是知道的，台词是没有的，就是即兴表演。一个节目三个小时可以演，两个小时可以演，一个小时也可以演。路头戏是很锻炼人的，很锻炼演员的反应能力。比如今天要下雨了，要赶时间，我的内容不能少，但台词减少，比如今天老百姓很喜欢这个戏，东家也有要求，我就唱得长一点，内容不变，但是台词得增加。路头戏完全取决于我们演员的能力，还要跟文化挂起钩来。假如你文化水平高，唱出来的词就比较体面，文化水平低的就粗一点。现在，我戴手表的习惯也是演路头戏时养成的。一般人戴手表朝外面，我的手表却朝里，为什么呢？这也是我们唱路头戏的一个诀窍。比如说我今天唱三个小时，我七点钟上台，在台上是不能老看手表的。为什么我的表朝里面？我做动作的时候，抬手就可以看到时间。"啪"一下，眼睛一瞄，我就知道现在几点钟了。

那个时候，我还"说大书"。我说《武松》，可以连续说17个晚上，

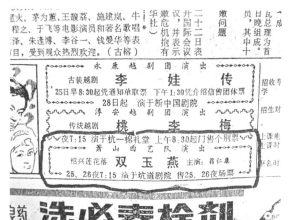

图1　1981年5月24日《杭州日报》的演出预告

一个晚上两个小时，这是长篇。虽然我说得不是很好，但是这个过程是很锻炼人的。比如说人家包一场是两元钱到三元钱。那个时候两三元钱也不错了。当时农村有木匠师傅，泥水工一工是一元八角五分。我演一个晚上得到的钱已经是一笔比较可观的收入了。我就这样一边演，一边提高。我是没有经过专业院校训练的曲艺工作者，所以我跟其他曲艺工作者开玩笑说："你们专业院校出来的是'圈养'的，我是'野生'的，我是从农村里一边演，一边提高，自己摸索出来的，我是这样过来的。"

我21岁就开专场了，下面坐的都是杭州人，我是萧山人。那个时候萧山到杭州只有一座钱塘江大桥。有句话叫初生牛犊不怕虎。1981年5月，我以萧山曲艺团的名义组团开进了杭州。那是5月25日晚上，我在杭州坑道剧院举行首场演出，演的节目是我自己根据越剧本子改编的中篇《双玉燕》，两个小时的专场，观众不时地给我报以热烈的掌声，演出结束时有不少观众到后台来看我这个"唱莲花落的小伢儿"。第二天有更多的观众来听莲花落了。观众给我热烈鼓掌，他们觉得我蛮可爱，对我很肯定，给我掌声，让我信心百倍。好的孩子是表扬出来的。这样我也很自信。这帮观众陪伴我一路走来，都是我的贵人。后来，我还担任杭州电视台生活频道《我和你说》栏目主持人。我每天述说着身边的新闻故事，继续把欢乐传播给市民群众，他们带给我满满的正能量，都来鼓励我。我难道表演的时候都没有出错吗？肯定会出错，但百姓还是给我鼓励。所以，趁现在还唱得动，我总想为喜欢我的观众多唱几场，这是我的福气；百姓欢迎，就是最高的奖赏。

《晦气鬼告状》剧本是通过韩贯中老师的故事改编的，说唱艺术并不是靠噱头，也不是靠剧本的情节，而是靠演员的真挚感情，靠演员与观众之间的共鸣来打动观众的。这个剧本表现了对魏启贵三次告状遭遇的深切同情，对王月仙不畏强暴、敢于

图2　翁仁康与韩贯中老师探讨《晦气鬼告状》剧本

斗争的由衷赞扬，对治保主任狐假虎威、欺压群众的蔑视，演出了观众的心声，引起观众的共鸣和思考，使观众获得了笑声以外的东西。

　　起初，我的《晦气鬼告状》参加苏浙沪的一个故事比赛获得了好成绩。在参加苏浙沪故事比赛的时候，我遇到了很多曲艺界前辈，其中有一个就是马来法老师。马来法原来是浙江省曲艺家协会的秘书长。当时马来法老师是评委。他发现我这个人讲故事非常好。我的说表是比较好的。他教我把《晦气鬼告状》改成了莲花落。萧山这个地方比较复杂，原来属于绍兴，现在属于杭州。我们的方言是绍兴方言。但和绍兴本土方言一比，我们又有一点边缘化，有点杭州的味道。我的方言是不标准的绍兴话，所以绍兴城里面说我的绍兴话是不标准的。但是，如果我到大环境中，我的方言还是属于绍兴话。所以，我把《晦气鬼告状》改成了莲花落。

**图3　1987年，翁仁康参加杭州市第八届新故事赛讲**

　　1985年，我去参加杭州市曲艺大奖赛，获得创作、表演双一等奖，后来这个节目去参加浙江省文化厅和浙江省曲艺家协会举办的首届新曲书目比赛，又获得了双一等奖。所以，我现在经常跟年轻人说："你要把自己在民间团体当中的一场一场演出当锻炼，积累经验。如果参加比赛，你就可以在这个比赛当中发挥得非常好。"这就是平时的积累，一定要做好充分准备。机遇是留给有准备的人。比如《晦气鬼告状》在创作的时候，我就一个字一个字地去琢磨，许多老师都来帮我。我那个时候才二十多岁，有多少创作经验？我真的是一边演、一边提高。

　　获得了一些成绩以后，萧山、绍兴、桐庐的一些相关单位都知道我了。特别是绍兴曲艺团要特招我到那里当曲艺演员，桐庐文化馆让我去当文化干部。萧山县文化馆觉得我是文化馆培养出来的一颗苗子，就特别跟萧山县的领导商量、沟通，把我户口迁到萧山。当时那个文件我看到的，我拿着这个文件到老家去迁户口。那个时候迁户口真的是不得了。我总算有城市户口了，像中状元一样。这样我就正式到萧山文化馆当群文干部了，专职担任曲艺故事辅导干部。民间艺人们到一定的年龄就可能从事其他行业了。比如女孩子二十多岁要嫁人。男孩子，如果去做生意的话，也就离开了。这个青年莲花落演出队就这样解散了。那个时候每个团队里面都充满了希望，也充满着失望。现在我们青年曲艺队的很多人已经到另外的工作岗位上去了。我依然从事曲艺工作。我觉得这得益于那个时候萧山县文化馆把我特招进去，如果不是这样，我或许也在从事另外的行当，毕竟还要生存。

《糊涂村长》是我与徐士龙合作创作的，在浙江省第二届曲艺节中获得创作、表演两个一等奖，此节目又作为浙江省唯一选送的节目参加全国第二届艺术节。1990年，我表演的《新乡长上任》获得第三届浙江省曲艺大奖一等奖，又被选送到天津参加中国首届曲艺节。1995年，浙江省文化厅举办第四届绍兴莲花落比赛，我获最高荣誉奖"莲花奖"。

我在萧山文化馆一直工作到1994年，就调到萧山演出公司去了。因为我一直在群文系统，我很喜欢舞台，愿意为老百姓送文化。我还是萧山区"送文化走基层"的先进工作者。萧山每个乡镇的许多村都留下我的足迹。演出公司的职责是丰富萧山人民的文化娱乐生活，组织一些演出团，来向萧山人民献艺。我一直觉得这片土地是培育我成长的摇篮。我到演出公司以后最主要的工作就是组织一些萧山的业余文艺骨干，创作、演出萧山的文艺节目，巡回演出，送文化走基层，这一块是我工作的大头。还有就是管理好外来到萧山演出的文艺团队，就是做好演出管理这个工作，这也是蛮锻炼组织能力的。公司成立一年，我组织演出80多场，自己还组织萧山的一些演员到各乡镇为农民兄弟们演出。在钱的问题上，我从不为一场演出而讨价还价，艺术从来都是无价的，要是为一场演出与组织单位去讨价还价，这是对艺术的亵渎。

**采访者：**您在曲艺生涯中有哪些难忘的事情？

**翁仁康：**有件事让我最伤感。18岁那年的春节，与往年一样，我参加公社巡回演出队去演出。大年初三的夜里，我在演出后去厂里值班。外面大雪纷飞，雪花不时从瓦片缝里掉进来，只觉一个人很凄凉。第二天一早，我被一阵急促的敲门声惊醒，门外是哭泣的妹妹：父亲离世了。

当晚，我们的演出安排在灯塔大队会堂。文化站长见我这个"主角"没到，派人找到我，说整个大会堂的人都等着，再不去要闹出乱子了。母亲轻轻地对我说："你去吧。"记忆中，我演了四个段子，返了三次场。演出结束，掌声和喝彩声热烈，我还未下台眼泪就"哗"地流下来了。观众哪里知道，此时我的父亲正躺在板头上呢。这件事让我愧疚，我不是个孝子。在回家的路上，我哭了一路。回到家里，我父亲第二天就送上山安葬了。这件事情我到现在心里依然找不到答案：这件事情我是做对了，还是做错了。按照当时的情况，一千多人等在那里，救场如救火，我应该去，是做得对的。但作为一个家庭来说，父亲去世了，我作为儿子还在台上讲笑话，我是个孝顺儿子吗？

有件事让我最遗憾。2010 年 6 月 28 日，杭州电视台记者小夏接到滨江区浦沿镇杨家墩村一位姓张村民的电话，说他父亲喉癌晚期，是我的"粉丝"，很希望能再听一曲我的莲花落。我当天决定 6 月 30 日晚在杨家墩村广场为村民送上一台曲艺专场。这位村民说，老父亲病重，无法到现场来。我当即答复，晚上为村民演出不变，下午我去老人家里为他演唱。6 月 30 日一早，就在我准备出发去乡村时，小夏来电说："老人家昨晚走了，但他知道你要去看他，很开心，走的时候没有痛苦。"

当晚，我在舞台上向村民说明了来演出的原委，心里很难过。老乡啊，我从得到消息到此时站在舞台上，只有两天时间，您怎么不等等我呢？我落泪了，村民落泪了，老张的儿子冲到台上抱着我落泪了。这件事一直触动着我。

**图 4　2018 年，"百善孝为先"国投紫荆园之夜
——翁仁康莲花落专场晚会**

经过几年的走访、创作，我编演了两个小时的《百善孝为先》。这是一个让子女陪着父母看莲花落的专场，有《还娘》《分爹》《萝卜裤》《寿堂对课》等小故事。我每次上台的第一句话就是告诉年轻人"孝敬父母不能从明天开始"。

　　多年的乡村、社区巡演，让我积累了许多曲艺创作的素材。我的代表作品《晦气鬼告状》《糊涂村长》《说也说不清》《三个巴掌》等，都是反映基层群众生活的典型故事，很受观众喜爱。2010 年夏天，我带队去萧山临浦镇的一个村演出，当地有个姓傅的企业家，是个纳税大户，冒着酷暑专程来找我，说要讲故事给我听。"中国有 13 亿人口。13 亿张嘴巴拼起来，就是 8400 亩那么大一个嘴巴，光吃饭就是个吓死人的事情！不要说让老百姓有房住、有车开，就是吃饱穿暖也是个不容易的事，这个家难当啊。"接着，他给我讲了好几个他身边的基层好书记的真实故事。我听完就笑了。他让我找到了一个创作的"核心"——我们送文化不是送热闹，更要送去希望和信心，这是我对自己的责任定位。

　　**采访者：**请您谈谈在您的曲艺生涯中对您影响比较大的人。

　　**翁仁康：**我先谈谈顾锡东先生。顾锡东先生出生于 1924 年，2003 年去世。他是戏剧作家，浙江嘉善人，浙江剧作界的领军人物。他一生创作了 60 余部剧目、5 部电影以及各类戏剧曲艺理论文章 200 余篇。他的作品深受观众喜爱，在全国乃至海外都有较大影响，推动了浙江戏剧的发展和繁荣。作品多次获国家级奖项。同时，他还为扶持浙江越剧"小百花"，培养中青年戏剧影视创作、表演人才做出显著贡献。我是 1986 年认识顾锡东先生的，当时，浙江省第一届曲艺会演在杭州大华书场举行。我是一个二十几岁刚出头的小伙子，初生牛犊不怕虎。我根据韩贯中老师的同名故事改编创作了绍兴莲花落《晦气鬼告状》，并登台演出，还获得了创作与表演两个一等奖。当我走下台的时候，顾先生走上前来与我热情握手，他笑容满面地对我说："小翁，祝贺你噢，你的本子改编得很好，唱词写得非常形象生动。

图 5　顾锡东先生

比如，并非我，吃得有趣寻开心；并非我，脑西搭牢有毛病；等等。像这种唱词，我这个写了几十年剧本的老作家也写不出来。我要向你学习，你要好好创作。"顾锡东先生是全国著名的剧作家，是受全省文艺界敬重的省文联主席，那么谦虚，那么关心我这个名不见经传的无名小卒，我是终生难忘的。

当时参加艺术节有规定，必须是专业团体才有资格，我是文化馆的群众文艺创作干部，因此，我们马上组建了一个萧山青春莲花落演出队。浙江的"莲花落"上了中国艺术节，顾先生很开心，不但对本子逐字逐句地做了审阅，提出真心实意的修改意见，而且多次鼓励我演好这个节目，还十分坚定地对我说："小翁，你一定会成功！"并拿起笔给我写了"青春莲花落演出队"几个字。现在我已不再"青春"了，顾先生也离我们而去，但他对我的关心，对曲艺的扶持，一直激励我们曲艺工作者为曲艺事业努力工作。

2002年10月15日，我刚从中央电视台录节目回来，准备在萧山剧院举行一场名为"钱江浪花"的获奖作品演唱会，顾先生得知后，又愉快地为我题了"说唱诙谐好口才，钱江父老笑颜开。浪花飞送莲花落，直上中央电视台"的诗。在演唱会的前一天，顾先生专门打电话告诉我，请柬收到了，因身体原因不能来参加我的演唱会，说我一定会成功的。时隔几年，我还常常看顾先生的题词。他的隶书，点是点，捺是捺，写得规规矩

图6　2017年，翁仁康拜绍兴莲花落
表演艺术家胡兆海为师

矩，端正凝重，这是他一生的为人作风，也是对我们晚辈的教诲和要求。1998年夏天，我接到浙江省曲协马来法老师的一个电话，说顾先生找我，叫我去一趟杭州。次日，我到杭州，顾先生热情地接待了我。他语重心长地说："小翁，你的进步很快，是浙江曲艺界第一流艺术明星。你的人际关系好，人品也好，我们省文联就需要你这样的小青年，我想把你调到省曲协工作，我是很器重你的。"当时，我有点受宠若惊，心里十分高兴。省里多次派人与萧山商调，我们萧山的领导考虑到我是萧山文艺界的骨干，没有调成功。顾先生住院期间，我跟马来法老师去看过他，他对我说："小翁，上次没把你调成功，是你自己决心也不大，

觉得面子上过不去。等我骨头接好后，我再做做工作。一个小青年调到省里来，视野开阔了，学习机会多了，对事业来说肯定是有利的。"我十分感谢顾先生。

我再来谈谈胡兆海先生。他是绍兴家喻户晓的莲花落大师，是绍兴莲花落历史上的里程碑式人物、一代宗师。1982年，胡兆海先生带着《回娘家》参加全国曲艺优秀节目汇演（南方片），与各路高手"华山论剑"，让绍兴莲花落红遍了大半个中国。2008年，他被评为莲花落国家级非物质文化遗产传承人。

2017年2月20日，在绍兴柯桥举行的中国曲协赴浙江调研会暨绍兴莲花落艺术委员会年会上，我拜绍兴莲花落表演艺术家胡兆海为师。这已经是一个迟到的仪式，其实我们的师承关系老早就存在了。从小我就得到胡兆海老师毫无保留的无私辅导，从敲三敲板开始，跟着他下乡巡演，再去深圳登台演出，等等。所以说，拜胡兆海为师，是我童年时的一个梦想。在我心里，早就把他当师傅了。"在简朴的拜师仪式上，我当众说出自己的心里话。我觉得拜师仪式是对老人家的一种尊重。这对年轻一代也有影响。因为现在有的年轻人很浮躁，不想用功，想直接出风头。其实他们只看到我们老一辈出风头，没看到我们吃苦头。我刚才说，每出一个本子，我会消失两三天去下工夫，这个他们不知道，他们只知道我在舞台上出风头，赢得观众的掌声。其实胡兆海老师也一样，他天生就是出风头的吗？不可能，都是吃了很多苦的。尊师重道，这是我的初衷。

## 二　传统曲艺的传承与传播

**采访者：**关于传统曲艺传承，您有哪些个人看法和展望？

**翁仁康：**有件事让我最犯难。曲艺队伍青黄不接，是我这个老曲艺人最着急的事。曲艺演员是"个体户"，每个作品的创作和上演都得靠自己。想拿出一个让观众认可的节目，不吃苦是不行的。现在很多年轻演员急于求成，不想付出，只求回报。我们老演员在做好"传帮带"的同时，还要以身作则，为青年一代做好榜样。我时常告诫青年一代：一份付出一份回报，学莲花落表演没有捷径，只能慢慢品、细细悟，再反复地学，听名家的录音磁带。机遇永远留给有准备的人。作为文艺工作者，我认为要"两条腿"走路，一方面多出精品，向上冲、向外冲；另一方面还要向下走。真正的精品，要靠老百姓来检验。莲花落本身就是来源于民间的草根艺术，只有深深扎根基层，为老百姓服务，才能有持久旺盛的生命力。最近，我们在组织开展百场曲艺走基层活动，我想说，与农民兄弟交流的快乐，是在城市大舞台上感受不到的。传承的重要性对于任何艺术的发展都是不言而喻的。当前，民族曲艺人才匮乏的现象应引起重视。人才是做好各项工作的决定因素，多出优秀作品，关键要靠多出优秀人才。不断培养和造就一批又一批优秀人才，建设一支大家名师牵头的坚强曲艺大军，应当成为我们做好曲艺传承工作的重要内容。

**采访者：**请您谈谈您在担任中国曲艺家协会副主席期间，为曲艺传承所做的一些工作。

**翁仁康：**2016 年 10 月在浙江绍兴柯桥召开第四届中国曲艺高峰论坛。本届论坛主题为"曲艺的责任与担当，深入学习贯彻 2014 年 10 月 15 日习近平总书记在文艺工作座谈会上重要讲话精神"。我是主持人，当时中国曲协等领导出席，80 余位专家、学者从曲艺与时代、曲艺与人民、曲艺与生活、曲艺与价值观、曲艺的传承与创新等方面展开研讨。本届论坛还包括中国曲艺牡丹奖艺术团"送欢笑到基层"走进绍兴柯桥惠民演出，以及颁发本届论坛优秀论文奖、组织奖等内容。

2014 年习近平总书记文艺工作座谈会上的讲话，道出了我们曲艺工作者的心里话。曲艺是个体艺术，在表演时没有辅助依靠，表演的节目如果脱离观众的心愿，观众就会离神离心，不能达到传播效果。所以，我们曲艺工作者更应走在一线，去基层的田间、乡村发现纯朴的乡民情怀，写百姓想说的，唱百姓想听的，曲艺工作者要有社会担当、国家担当；在实际创作表演中，在送上快乐的同时，更要传达一种精神，在曲艺作品中传递健康的思想和浓浓的正能量。

依附"轻骑兵"的功能，曲艺走基层是我们的强项，但我们一定要用心用情地去践行，要带着一颗热心去为人民服务，否则会引起百姓反感。有的团体为了抓数量，一个团分三个队，这样的为人民服务就不是全心全意，而是三心二意了。

多年来，田间地头的家长里短、乡村俚语的嬉笑怒骂，都成为曲艺人生生不息的创作源泉。可以说，是泥土滋养了我，百姓养活了我。别看我们没有华丽的舞台，一袭长衫、一把纸扇、一块尺板，只要是唱老百姓自己的故事，他们都爱听，我们看得见他们眼中对文艺的渴望。正是老百姓那种渴望的眼神，让我不敢不用心，曲艺靠的是语言，艺人说出的话若是不经思量，那是毒害，不如不唱。曲艺作品又是时代的产物，不能固守本子一成不变，老百姓生活变了，我们也要跟着变，曲艺艺术才能盛唱不衰。

**采访者**：说到曲艺传承，您的女儿也很出色，请您谈谈您的女儿所从事的事业。

**翁仁康**：我的女儿翁瑜就读于浙江音乐学院。2015—2018年，翁瑜多次跟随由我带领的浙江省曲艺家协会开展"百善孝为先"的文化巡演活动。在巡演活动中，她感触颇多：现在的美好生活来自长辈们辛勤的劳动与心血的付出。于是，感性的她给自己布置了一个家庭作业，为父母为长辈写一首歌——《不能忘》。她说，她要以这首歌感恩社会、感恩老师和天下所有父母！《不能忘》有着独特的江南风格，配上温情暖暖的填词，时而委婉，时而渲泄，将浓浓的孝道融入歌里。

**采访者**：请您谈谈莲花落艺术的对外传播情况。

**翁仁康**：1998年，在第三届中国曲艺节上，我去内蒙古自治区唱莲花落《分爹》，由于方言问题，首场演出时，观众一边听一边看字幕，效果不佳。浙江省曲协马来法老师毕竟是有经验的老曲艺人，他当晚就与我商量，问我在两天后的主会场演出时敢不敢把这个节目翻成浙江普通话唱，我毫不犹豫地说："敢。"我又给自己找了麻烦，写的时候是用方言写的，要把它翻成普通话，字幕又得一字不差地对上，我不是自己在找"死"？我连夜开始在内蒙古宾馆广场上默默地背着本子，经过一番折腾。7月15日下午我先在房间里演一遍给我们自己的代表队看，有人说我普通话不标准，马来法老师一拍大腿说："好！我要的就是这样的浙江普通话。"当晚，我就用浙江普通话在主会场演唱了莲花落《分爹》。演出一结束，几位北京的领导对马来法老师说："还说南方的莲花落我们听不懂，今天我们不是听得很清楚嘛。"其实，他们怎么会知道，为了让他们能听懂，我吃了多少苦头。我成功了。

后来，我在温州、宁波，远至新疆、广东演出，都将绍兴方言的莲花落用普通话演绎，使原先局限于小范围观众的绍兴莲花落获得更多观众的喜爱。其实我就是向当地的专家、领导介绍我们浙江有这么一个曲种，向同行推荐我们这儿有这么一个曲种，真的要养活自己还是要到自己的家乡来。我们要扩大影响力，一定要解放思想。为什么要解放思想？有些人说我唱得怎么不像莲花落了，我的目的是把道德模范的故事宣传好。所以，我们要两条腿走路，既要巩固根据地，也要扩大自己的影响。根据地是一定要巩固的，因为这方土地是养育我们的。我们也要向外推广，扩大影响力，要让全国都知道我们浙江的莲花落。

1999 年，我表演的《说也说不清楚》获浙江省曲艺评选一等奖、新作展演优秀创作奖、全国第十届"群星奖"曲艺比赛金奖。2000 年，由盛勇武和我创作、我表演的绍兴莲花落《分爹》，获中国曲艺牡丹奖"文学奖""表演奖"，并获杭州市精神文明建设"五个一工程"奖。

2013 年 2 月，应新西兰邀请，中国曲艺家协会派出中国曲艺绍兴莲花落演出团一行 9 人，前往新西兰奥克兰市进行文化交流。在当地华人举办的"新春同乐日"开幕式上，演出团为当地华侨和市民献上了一台具有浓郁江南地域特色的莲花落专场演出。我率先登场，为观众表演了《天堂杭州》，精彩演出获得了观众的好评，演出结束时新西兰总理约翰·基上台祝贺。当地的新西兰联合报、华人电视台等多家媒体都在头版头条予以报道。

**采访者：** 请您谈谈莲花落艺术在廉政工作中的应用。

**图 7　翁仁康在戴村三清茶文化节上表演绍兴莲花落**
**（柳田兴摄于 2009 年 4 月 3 日）**

**翁仁康：** 2012 年 12 月，杭州市纪委第三届廉政故事征稿比赛的颁奖晚会在余杭区临平镇举行，他们希望我在晚会上表演征稿中的一部作品《特殊拍卖》，准备时间只有两天。有经验的曲艺人都明白：故事作者交给表演者的稿子，只是一个毛坯房，演员就是装修工。是简装还是精装，就要看演员二度创作能力和投入的精力了。我认为作为一名演员，要漂漂亮亮地上台，风风光光地下台，是要下工夫的。你要面对观众，否则的话不行。所以，你必须要付出。有的时候我会几天不回家，找个没人的地方，一个人背本子。我觉得每个人的记忆方式方法不一样。我也遇到有些人在办公室里背本子记得牢的。但我在办公室里背本子一定记不牢。我喜欢到一个没有人的地方，一边散步，一边东看看、西看看，一边背本子，把本子看一看再背。2012 年这一次，为了达到最好的演出效果，我在前一天夜深人静时来到演出地点，冒着细雨在静悄悄的小道上一边走一边背台词，还比画着动作，等理顺这个 15 分钟的故事，不知不觉已绕着临平镇走了四圈，稿子被雨淋透了，头发也挂满了雨水。准备的过程虽然艰苦，但我从此又多了一个新节目。这个节目跟着我，不知走过了多少乡村，每当观众听得开心时，我都会想起那个下雨的晚上。

我的作品《八颗牙齿》讲的是一个送礼的故事。一名从事建筑业的老板给交通局局长送礼，总是被局长妻子拒之门外。老板打听到局长的父亲牙不好，于是冒充局长朋友，花了 5 万多元给局长父亲镶了 8 颗进口烤瓷牙。老父亲从儿子那里得知真相后，愤然用老虎钳把烤瓷牙拔了下来。我想告诉大家，干部想要抵制腐败的侵袭，家属的立场特别关键。我们在省纪委演出时，干部家属们都看得特别专注。一位局长夫人对我说，看过《八颗牙齿》后，她一定会掂量掂量自己言行的分量。

谈到廉政建设晚会，我还想谈谈我的看法。比如说一台廉政建设晚会，一共就七个节目，五个都是反面教材，不是这个处长被抓进去，就是那个县长因为贪污坐牢。我觉得这是我们的导向出了问题。我有一个系列节目，叫《我心中的党》，每一个节目都是正能量的，都是正面歌颂共产党的。其实我们身边有许多兢兢业业、为了百姓呕心沥血工作的党员。那为什么不去宣传？《我心中的党》就是通过几个正面事例歌颂共产党基层党员形象，让老百姓看到我们这个节目，他们会永远热爱共产党。

**采访者：**接下来我们谈谈您参与基层巡演的情况。对于中国曲艺家协会来说，承办每两年一届的全国道德模范故事汇基层巡演这样一个品牌活动，有哪些重要意义？

**翁仁康：**我觉得中央文明办、中国文联、中国曲艺家协会能够组织这样一个两年一届的品牌活动，并且把评选出来的道德模范经过曲艺这样一种语言艺术，直接传递到老百姓中去，是非常有意义的事。曲艺是门语言艺术，通过这样的方式，可以更容易将每一个字传递到观众耳朵里去。道德模范的事迹非常感人，他们的事迹经过我们这些故事员、曲艺演员的演绎，可以将他们的精神传递得更广，让更多人受到教育和感染。

我亲自参与创作表演的绍兴莲花落《当代愚公黄大发》，将诚实守信模范黄大发，用36年时间带领群众成功凿渠引水、脱贫致富的高大形象立体展现在舞台上。我已经参加了好几届道德模范故事汇巡演活动。每一届从人物的选择，到创作表演，我自己都深受教育。我觉得我们文艺工作者要有社会担当，我们自己创作的作品也要有社会担当。通过我们的演出，让大家感受到道德模范的正能量，让大家都学习道德榜样。能够成为演出团队当中的一员，我觉得很幸运，很开心，很幸福。教育人的同时，我们也教育了自己。我们希望通过全国的巡演，把这一台满满正能量的舞台艺术传播得更广。

2013年5月，文化礼堂刚在全省力推之时，由浙江省文联、浙江省曲协举办的"农村文化礼堂建设，浙江曲艺家在行动"系列活动，走进了美丽的临安泥山湾村，这是该活动走进农村文化礼堂的首场演出。当时的场面甭提多壮观了，台下挤满了当地的老百姓。我们带着各自的拿手曲目一一上演，文化礼堂内充满欢声笑语。这也是我最初接触农村文化礼堂，我记得当时表演了单口独角戏《我心中的党》，"年轻时日子苦，吃不好睡不好，活着死了差不多，所以不怕死；现在日子过得开心啊，好吃好睡还好玩，所以特别不想死了"，当我说出这段话时，台下的老百姓捧腹大笑，并连连点头。

2014年是我的"丰收年"。大年初一，我就带领"志愿者新春演出队"来到杭州文新街道骆家庄社区为居民演出，春节期间为百姓连演21场。4—7月，我又随中央文明办、中国文联和中国曲协等单位组织的"全国道德模范事迹巡演团"，先后辗转北京、福建、江西、湖南、湖北、河南、青海、四川、广西9个省市区、18个城市，演出37场。9—11月，我到全省各村的文化礼堂巡演。2014年全年，我为基层百姓一共演出143场。到2015年元旦前，根据老百姓的反馈，我和我的团队在元旦、春节期间又加演了20场。

从艺40多年来，我一直在田间地头、山区滩涂的基层百姓之中演出。我的创作源泉来自乡村，倾吐对象也在乡村，就是写农民想说的、唱农民想听的。即使后来调到省城工作，我每年也会在乡村演出100场以上。

# 三　萧山曲艺事业的变迁

**采访者：**请您简要谈谈您所了解的萧山曲艺事业的变迁。

**翁仁康：**旧时，萧山民间流行绍兴莲花落。中华人民共和国成立后，演唱艺人多出入城镇茶馆酒肆和广大农村，上演的新节目有《送鸡蛋》《一把茶壶》等。萧山曲艺大致分评话、说唱两类。单档评话大都说传统书。孟剑秋在城厢镇设有家庭书场，坐场说书几十年。1961 年 11 月至"文化大革命"前夕，余铁波以说"三国"为主，蜚声一方评话艺林。他说"后三国"，从进两川到刘备为汉王，每晚两小时，可连说 65 天，有"活张飞"之称；说《江南红》（苏州地下革命斗争故事）能说 25 夜。余铁波还整理旧本，创编新作。1984 年，其新编的 10 回本《血战长坂坡》在湖北省《今古传奇》杂志刊发 4 回，计 4 万余字。1979 年，说唱组恢复活动后，通过整顿扩充，说唱种类增多，质量有所提高。上演的主要节目有莲花落《送鸡蛋》《一把茶壶》，独角戏《各派越剧》《看电视》，滑稽戏《相亲记》，小锣书《水果成亲》，越剧走书《方卿见姑》《何文秀》等。20 世纪 80 年代后，由优秀故事改编或创作的绍兴莲花落接连获奖。

**采访者：**请您介绍一下萧山文化馆的历史，刚才您多次提到它，它为萧山曲艺事业做出了突出贡献。

**翁仁康：**萧山市文化馆的前身为萧山县立民众教育馆，1929 年 3 月设立于萧山县城仓桥下街东仓弄大庵内。1949 年 12 月，人民政府接收县立民众教育馆和县立简师的部分财产，在仓桥下街 20 号成立萧山县人民文化馆，有工作人员 4 名，馆舍面积 200 余平方米，内设文艺宣传、群众教育、图书阅览 3 股。1952 年 10 月易名萧山县文化馆，人员增至 10 人，由省财政厅、文化事业管理局定为甲等馆。20 世纪 50 年代初，收音、幻灯、阅览、剧场、科普、体育、扫盲、演出、展览、文物、黑板报、专业剧团、业余剧团等工作均由文化馆统揽。1962 年机构调整，电影管理站、图书馆、体委、剧院、剧团等由文化馆代管，一年后又各自独立。1970 年 7 月，萧山县文化馆改称毛泽东思想宣传站，1973 年 4 月恢复萧山县文化馆原名。1979 年，萧山县文化馆被省文化厅评为省级先进文化馆。同年，萧山县文化馆开办萧山县摄影图片社，招工 9 人。1985 年，萧山县文化馆成立录像放映队。1987 年 9 月，萧山县文化馆临浦、瓜沥分馆先后设立，并各配人员 1 名。1988 年萧山撤县设市，县文化馆同时更名为市文化馆。1991 年，萧山市文化馆设立文化娱乐厅，下设卡拉 OK、录像放映、电子游戏、台球等文化经营项目。1992 年，萧山市文化馆成立文化音像发行公司。1993 年，经萧山市人民政府批准文化馆成立萧山画院，并开办萧山市文化旅游开发公司、萧山市恒大贸易公司，取得了较好的社会效益和经济效益。1993 年，经省文化厅考核评估，萧山文化馆定为浙江省二级文化馆。2001 年萧山撤市设区，更名为萧山区文化馆。2000—2004 年，我在文化馆当书记，后来任馆长兼书记。

# 四　我的感悟

**采访者：**您是何时入党的？

**翁仁康：**1991 年。我那时候在文化馆，是年轻力量，也是主要力量。我那个时候年轻，对这方面也不是很了解。我那个时候已经是萧山市政协委员了。文化局领导对我说："你是我们文化馆的一个主要年轻力量，我们要吸收你为中共党员。"我就打申请报告，经组织考察合格后就入党了。

**采访者：**2021 年是中国共产党建党 100 周年，这 100 年是摸着石头过河的 100 年，也是艰难困苦玉汝于成的 100 年，结合您的曲艺工作经历，您有哪些感悟？

**翁仁康：**以前，我们的舞台就搭在村头的田畦上、乡间的廊桥边、露天的广场中，一到寒冬腊月，热情的村民们往往是"眼看台上唱，头顶挂满霜"，小孩子们流着清水鼻涕，老人们裹了里外三层；可如今不一样了，大多数舞台都设在农村文化礼堂，那里冬暖夏凉，拥有音响和灯光设备，像一座座民间剧院，让我们文艺工作者有了更为宽广的舞台，也让老百姓有了看戏、娱乐的正式场所。

我父母这辈真的是苦，一辈子没有享福。我们年轻的时候苦，现在我们在享福。我们这一代人可以说见证了我们的国家、老百姓生活条件好起来的过程。我们把过去的苦用现在的甜把它补回来，但是上一辈人就没有办法补了。我们现有的富足、现在的条件有他们的心血。在中国共产党建党 100 周年来临之际，我回顾萧山曲艺事业发展史，对我自己也是一种触动。

社会篇

# 以萧山老年颐乐园为例，看养老事业的发展

## ——杨 勇口述

采访者：郑重、潘立川、王鸣 　　　整理者：郑重、金超群

采访时间：2020 年 7 月 31 日 　　　采访地点：杭州萧山颐乐养老集团有限公司

**杨勇**，1971 年出生，杭州萧山人，1993 年从温州粮食学校毕业，定向分配到萧山市粮食局下属的饲料畜禽总公司财务科从事会计工作；2000 年来到萧山老年颐乐园工作；2010 年开始担任萧山老年颐乐园园长至今。

杨 勇

## 一　与养老事业结缘

**采访者**：杨园长，您好！很高兴您接受我们的采访。我们的思路是第一部分先请您谈一下自己的情况，如何与养老事业结缘；第二部分讲萧山老年颐乐园的发展情况；第三部分讲在党和政府领导下，萧山养老事业的发展情况；第四部分请您总结一下萧山进入老龄化社会以来，养老事业发展的经验，并做一些展望。请您谈一下自己的情况，您是如何与养老事业结缘的？

**杨勇**：我 1971 年出生，杭州萧山人。我 1993 年从温州粮食学校毕业，当时在学校学的是经营管理专业，定向分配到萧山市粮食局下属的饲料畜禽总公司财务科从事会计工作。2000 年，我刚好遇到企业转制，又恰逢老年颐乐园筹建，就在这样的机缘巧合之下，跨界、跨行地参与到养老事业

中来了，从此与养老事业结缘。刚到颐乐园的时候，我主要参与办公室的工作，我们首任园长叫丁小策，现在是浙江省民政厅社会事务处处长。2010 年，我开始担任园长，到现在也整整 10 年了。这 10 年里我们颐乐园也经历了很多、成长了很多，这 10 年我们萧山的养老事业也得到了快速的发展。

**采访者**：您在从事养老事业的过程中，一定也遇到过困难和挑战。请您谈一谈是什么动力让您坚定地在这条路上走下去的？

**杨勇**：都说我们国家是跑步进入老龄化的，老龄化的快速发展是我们当前及未来一种不可逆转的趋势，因此很多人都说养老产业是一个朝阳产业，但在朝阳之下，真正在做养老事业的人都体会到其中的困难与艰辛，有很多人，特别是一些民营企业中途都退出了，且不禁感叹一句：很难！

我们颐乐园在近 20 年的发展中碰到的困难与问题也是层出不穷，有老年人过度维权，有子女不信任，有个别老年人对我们的工作人员进行人身攻击，还有社会上对我们的护理员始终戴有色眼镜看待，认为护理员这个工作脏、地位低，但我们颐乐园都熬过来了，我也一起熬过来了。这几年，老年人的观念都在逐渐转变，对于到机构养老也在慢慢接受，特别是很多老年人都愿意住到我们颐乐园，然后一段时间下来，老年人家属也对我们越来越信任，很多家属都送来了锦旗表示感谢。我们有位阿婆 2020 年 5 月 30 日准备回家养老，但仅仅过了一个月，到 6 月 30 日，阿婆又强烈要求回我们颐乐园来休养了，她已经把我们这里当成自己安度晚年的首选。在我们这里住着，她的精神、身体都有很大好转。其实也就是这些与老年人、家属之间的点点滴滴，让我坚持了下来，看到我们颐乐园里老年人的一张张笑脸，看到子女对我们越来越多的信任，那真是拿什么都换不来的宽慰与开心！在萧山养老事业的发展中，我们还是想奉献出自己的一分力量。

## 二　萧山老年颐乐园发展情况

**采访者**：萧山老年颐乐园的发展情况，是萧山养老事业的一个缩影。我们先从小处着手来看看，您作为颐乐园的园长，见证了颐乐园这么多年的成长历程。请您具体谈一谈萧山颐乐园自建立以来的发展情况。

**杨勇：**当时萧山市政府决定筹建颐乐园也有一个时代背景的，那时候萧山经济总量在全国县（市）排名已经到第7位了，经济发展是比较快的，萧山进入人口老龄化社会是比较早的，在1987年就开始了。另一方面，1999年萧山的养老机构只有一个100多张床位的萧山市社会福利院，萧山养老事业的发展跟萧山经济的发展有很大差距，跟萧山人口老龄化现象也是一对突出的矛盾。所以，让老年人有尊严地生活，是当时市委、市政府重点考虑的一件事情。

就是在这样的背景下，我们颐乐园被列入萧山市政府"99为民办十件实事之一"、萧山示范性"夕阳红"工程，也是我们萧山老龄事业"九五"发展规划的产物。

颐乐园是2001年4月28日开园，当时是萧山区老龄委下属的以居家养老、机构养老和临终关怀相结合的颐养天年的乐园，是自收自支、实行企业化运作的社会福利事业单位。初期创业的路非常艰辛，那时候的网络信息没有现在这么发达，电脑也没有普及，我们去很多家单位参观、学习，一路学、一路做笔记，回来之后还要及时整理，当时所有的制度都是我们自己一个字一个字地手写出来的。

我们颐乐园开园之后，在浙江省乃至全国都有一定的知名度，所以当时的接待任务非常重。2001年9月10日，我们就接待了浙江省委书记张德江。2002年4月18日我们接待了当时中共中央政治局常委、国务院副

图1　2001年4月28日，萧山老年颐乐园开园（傅展学摄）

总理李岚清，他赞誉萧山老年颐乐园是"具有国际标准水平的老年公寓"。同年12月，我们接待了时任浙江省委书记习近平同志，后面的接待任务也一直没有停止过。

在前期，虽然接待任务很重，但我们自身的建设与发展也是快马加鞭推动，我们在2003年通过了ISO9001：2000质量体系认证，创立了计算机信息化管理系统。到2004年入住率达到70%。在后续的经营中我们获得了"全国爱心护理工程示范单位""浙江省先进养老机构""浙江省敬老文明号""浙江省四星级养老机构"等诸多荣誉。

随着深化体制改革，2017年11月我们转企改制，萧山老年颐乐园归属萧山区国资经营总公司主管。2018年9月成立杭州萧山颐乐养老服务有限公司，专门运营萧山老年颐乐园项目。2020年7月，又以杭州萧山颐乐养老服务有限公司为主体，联合杭州萧山国投紫荆健康产业有限公司及18家镇街农村五保供养服务中心，组建成立杭州萧山颐乐养老集团有限公司。从2020年开始，我们颐乐养老以及萧山的养老事业书写新的篇章。

**采访者**：2002年12月15日，时任浙江省委书记习近平同志来到颐乐园看望慰问老年人，请您谈一谈当时的情况。

**杨勇**：习近平书记是2002年12月15日来视察老年颐乐园的，也就是我们开园的第二年。我前面也提到，那时候的园长是现在浙江省民政厅社会事务处处长丁小策，我那时跟着我们老园长"冲锋陷阵"。

我清楚地记得，2002年12月15日下午，雨止天晴，下午2点20分，领导们的车队缓缓地驶进老年颐乐园。习近平同志率先走下车，陪同视察的还有省委常委、杭州市委书记王国平，省委常委、秘书长张曦，副省长叶荣宝，杭州市委副书记、萧山区委书记王建满，区长陈如昉。我们这边是萧山区老龄委常务副主任赵永前、副主任屠志安和园长丁小策在园迎接。

习书记先到我们托老部大厅，和在厅前就座的20多位休养老年人一一握手，亲切地询问了他们的居住、生活情况。赵永前副主任边走边向习书记汇报颐乐园的建设和运营情况，习书记还仔细询问了托老的有关政策、收费情况、服务项目等内容。

之后，习书记还来到托老部的123房间，和休养老年人何金甫交谈起来，习书记很仔细地询问了老年人退休工资、居住、费用等方面的情况。

习书记还视察了我们的食堂、门球场、活动中心等场所，他对老年人能在我们园区过这么有滋有味的生活感到非常高兴，也对老年颐乐园由政府投入、社会支持，实行企业化运作的模式予以肯定，称赞为浙江省老年福利事业的发展做出了示范。

我们园区入驻的老年人基本上是以企事业单位的退休人员为主，有一定的文化知识基础，所以对习书记的到访慰问，老年人非常热情地欢迎，受到了很大的鼓舞。

**采访者**：萧山流传着"送老年人到颐乐园就是对老年人最大的孝敬"这么一句话。请您谈一谈为什么颐乐园的服务会让老年人和老年人家属的满意度这么高？有没有什么秘诀？

**杨勇**：其实谈不上什么秘诀，我们不管什么事情都做到"用心"二字。我们从开园之初就确立托老部为颐乐园最核心部门的主旨，其他部门都是配合托老部为老年人提供最优质的服务。托老部有很明确的工作方针和目标，"老人为本，全心服务"是我们托老部工作的理念，我们相信"休养老年人是护理工作的中心，护理人员应尽一切力量，与家属共同为老年人安享晚年而努力"，我们以质量为核心，打造优质、高效、全新、有中国特色的养老服务模式是托老部管理的目标。

就如前面 2020 年上半年离开又回来的那位老年人，中间还是有故事的。我们是从心底出发把在园的每一位老年人当作亲人一样关心、照顾，那位阿婆回家之后，我们护理员心里一直放不下，会不定时地打电话问候一下老年人的身体状态和在家情况。6 月 30 日，老人强烈要求返回颐乐园休养，老年人回来时状态不是很好，拄着拐杖，人也消瘦了很多，说话有气无力。我们问家属是什么原因，家属说医院检查了很多次都说没有大碍，就是需要心理安慰。但我们的护理员不放心，每天都加强观察，发现老人胃不好，搞垮了老人的身体，又考虑到老人的身体吃不消做胃镜，急中生智想到还有一位阿婆的女儿是中医专家，与家属沟通征得同意后，我们请这位专家给阿婆把脉，开中药，老人身体逐渐有了好转，我们也进一步得到了家属的认可。

所以一定要说秘诀的话，无非是"用心"二字。

**采访者**：请您谈一谈在经营颐乐园的这么多年里，印象中遇到过最大的挑战或者困难是什么？当时是怎么解决的？

**杨勇**：颐乐园自交付之后就是自收自支事业单位，自负盈亏，这一路走来，其实没有说哪天是很顺利、没有挑战、没有困难的。首先要确保每一位老年人在园每一天的安全就是一个很大的挑战，而且是每天都要面临的挑战。这个挑战的解决之法就在于我们健全的制度与流程、我们每一位员工高度的责任感与无私的付出，我们的护理员虽然社会地位比较低，很多人也是戴着有色眼镜在看她们，但她们真是把自己服务的每一位老年人当作自己的亲人，晚上是老年人病发的高危时间，晚班的护理员一刻都不得休息，一遍一遍地巡房，在每一位熟睡的老年人身边听一听呼吸声。

**图 2　萧山老年颐乐园正门（柳田兴摄于2001 年 4 月 28 日）**

我们自开园以后财政就不再拨付款项，任何经费都要自己筹措。开园的头三年，入住率比较低，经营也相对困难，虽然精打细算，以收定支，量入为出，但还是捉襟见肘，经费不足，一直处于亏损的状态，员工的工资也低。即使在这种情况下，我们也没有放弃对服务质量提升的追求，不断强化培训，优化团队，提升服务，逐渐形成了我们优质的服务口碑，口碑起来了，老年人的入住率也就逐年提高，再加上我们三产用房的租金收入，从 2004 年开始经营基本保持收支平衡。同时，我们也面临员工招募的困难。

**采访者**：一直以来，养老行业护理人员紧缺，流失率高。请您谈一谈在这方面做了哪些努力？

**杨勇**：我们 2001 年开园的时候，当时的卫校是职高系统，这批毕业生就业比大专院校或本科院校的毕业生有难度，所以我们当时主要面向卫校招工，招收萧山卫校、宁波卫校和绍兴文理学院相关专业的应届毕业生，而且需要萧山户籍。我们入住老年人基本上以萧山老年人为主，普通话有所欠缺，如果是萧山户籍的就解决了相互沟通这一难题。但中间有个问

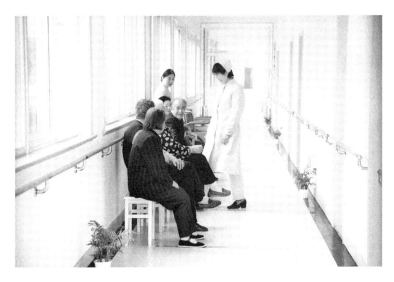

**图3　萧山老年颐乐园护理员与入住老年人（柳田兴摄于 2001 年 4 月 28 日）**

题，我们虽然是事业单位，但是自收自支，只有一个编制，实行全园劳动合同制，对人才的吸引力不高，后来萧山第一人民医院等综合医院大量招收护士，我们单位从 2003 年开始陆陆续续有 38 人考入事业单位，其中大部分是我们的骨干人员，人才流失导致我们护理服务质量有所下降。

其实，从我们单位来讲，从开园之初就很重视护理员队伍建设，在我们园里，护理部是最核心的部门，在整个工资体系中，护理部员工的工资也是最高的，但工作压力和社会环境在那里，还是不可避免地出现了一些人员流失的现象。在后来的运营中，我们加大护理人员的引入与培养，每年都是我们的工作重点：第一，每年坚持积极从专业院校引进专业人才；第二，加强培训，主要采用一对一的带教方式，希望引进来的人才能够在我们这里有更好的成长空间；第三，我们还是想尽办法不断提高护理人员的薪酬待遇。这样，我们逐渐确保了整个护理人才的梯队建设。

但从整个行业大环境来说，想要吸引更多的专业人才从事护理工作，让养老护理服务质量有一个质的提升，还是需要各方更多的努力，比如在政府相关政策制定中就要提高对护理员的重视程度，就像现在的幼儿园老师、小学老师一样，如果有一定的政策倾斜，护理员的社会地位、薪酬待遇也都会随之提升；另一方面，需要媒体宣传引导舆论，传递对孝文化的重视。

**采访者**：2001 年以来，萧山颐乐园经历了两次疫情的影响，第一次是 2003 年的"非典"，第二次是新冠肺炎。请您谈一谈颐乐园是如何做好疫情防控和保障老年人的健康的？

**杨勇**：2003 年 4 月 20 日杭州发现三例输入性非典型性病例以后，我园就成立了"非典"预防领导小组，行政人员 24 小时值班，确定"非典"防治信息联络员，随时汇报有关情况，并成立"非典"预防应急小组，指定人员，配备设施，确保拉得出、用得上。当时工作人员及老年人对于"非典"的严重性不是特别了解，我们特意两次邀请时任泰和医院院长，为工作人员和老年人分别讲解"非典"的相关知识。此外，我们采取了封闭管理措施，禁止闲杂人员随意进出颐乐园，关停了部分活动场所，加强了全园的消毒工作。其间，我们还特意采购了中药和有关汤料煎汁供休养员服用。4 月 24 日晚上，我园里有六位老年人从昆明、贵阳旅游回来，我们派车专程等候，直接送至人民医院进行系列检查，确保身体正常才送回园里。

我再来谈谈今年（2020 年）抗击新冠肺炎疫情的情况。老年人是易感人群，整个园区的防疫形势非常严峻，国资总公司也非常重视。2020 年 1 月 22 日，我们召开紧急工作会议，确定把防控工作作为当前的首要任务，成立了颐乐养老公司新冠肺炎防控工作领导小组。2020 年 1 月 25 日（大年初一），我们根据省民政厅、市民政局的相关要求，按照《杭州萧山颐乐养老服务有限公司新型冠状病毒感染肺炎的防控应急措施》规定，通知所有员工放弃休息，回到工作岗位，投入到紧张的疫情防控工作中去，园区实行全封闭管理，并通知所有离开公司回家欢度春节的休养老年人，要求他们下午 4 点前回到公司，如未及时回园，则要等到封闭结束后才能回来。所有工作人员入住公司，全力做好各项防控工作，禁止老年人进出公司，谢绝外来人员探访。

疫情期间，园内休养人员和员工一共有 537 人，相关防疫物资供给成了头等难题，各级民政部门、国资总公司为我们送来口罩、消毒液、酒精、防护服、无接触式体温表等防疫物资，我们自己也想方设法采购防疫物资，积极联系有关部门领导、市内外养老同行、医疗用品相关企业，采购到大量口罩、消毒液、酒精等物资，为防疫提供了有效的物资保障。我们膳食组积极响应，在当时物资采购相对困难的情况下，及时贮备大米、食用油、面粉、肉类、蔬菜、冻禽、腌制品、蛋类等，以保证轮转储备供应。

为减少休养员和员工在食堂聚集容易引起传染的风险，防疫期间全公司实行送餐服务，休养员的一日三餐由员工逐一送到他们手上，员工食堂就餐则保持 1 米以上距离。

我们专门为每位休养员建立一张健康卡，按照园内防疫程序，护理员每天为休养员测量体温 2—3 次，并做好记录，便于及时对比查看老年人的健康状况。

由于突发疫情正值新春佳节，许多休养员家属的探视被"拒之门外"，使休养员和家属的情感交流存在障碍。为此，各休养区特别加强了休养员与家属的联系沟通，利用微信视频、远程连线等方式，通过拉家常、说暖心话等，为休养员和家属创造温暖的沟通环境。

面对公寓楼 126 户住户的日常生活需求和托老部 167 位老年人的看病需求，我们积极应对，班子成员带头组织党员干部轮流值班为公寓楼住户代配药、代买菜、代买生活用品等。

在 60 多天的积极防疫过程中，我们严防守、广宣传、勤消毒、优服务，夺取了疫情防控的阶段性胜利，为浙江省养老机构新冠肺炎"零感染"做出了贡献。

越是在困难面前、在疫情面前，越是要表现出我们国有企业应有的担当，要体现出使命与初心，我们做到了。《浙江老年报》《杭州日报》《萧山日报》把我们的抗疫事迹登载出来了。护理部主任被授予杭州市巾帼建功文明标兵荣誉称号。护理部副主任被评为萧山区优秀共产党员。她们在疫情期间体现出来一种舍己为人、舍小家为大家的精神。只有这样，党和政府才会给我们荣誉，家属才会送我们锦旗，老年人才能在这里微笑着生活下去。所以说疫情也锻炼了我们的队伍，考验了我们的人心。在浙江省民政厅发出向武汉派驻护理员、共同帮助武汉抗击疫情的通知时，我们单位有五个人主动报了名，例如护理部副主任、一个 19 岁的姑娘、一个 20 岁的姑娘都主动报了名。后来我们有两人率先进入萧山区名单，报到浙江省民政厅。要想帮助别人，首先自己要做好防护措施。浙江省民政厅也做了一个防护培训，虽然最后，她们没有成行，但是这也体现出国家有需要的时候，我们单位的人能够挺身而出，富有担当精神。

**采访者：** 请您谈一谈颐乐园是从什么时候开始有稳定的盈利的？

**杨勇**：前面在颐乐园的困难中我也简单提到，我们是自收自支事业单位，自开园以后财政就不再拨付款项，任何经费都要自己筹措。开园的头三年，入住率比较低，经营比较困难。从 2004 年开始，经过三年的"口碑"积累，再加上老年人观念在逐渐转变，入住率达 70% 以上，再加上三产用房租金收入，在管理上也是精打细算，量入为出，确保费用支出涨幅小于收入涨幅，收支基本平衡。

到了 2015 年以后，由于体制僵化，收费与市场脱节，老年人护理级别提高，员工数量不断增加，薪酬水平不断提高，再次出现亏损。到 2017 年年底，我们就转企改制为国有企业了。

**采访者**：请您谈一谈颐乐园在和政府合作的过程中存在哪些困难？

**图 4　2018 年 9 月 1 日，紫荆园建成启用（柳田兴摄）**

**杨勇**：萧山这个环境与市场其实是有一定特殊性的，萧山的民政与老龄委是分家的，前面也提到，我们颐乐园开园的时候是老龄委下面一个自收自支的事业单位，所以民政的很多信息、政策，我们在接收上是有一定局限性的，往往信息接收不及时，政策不能享受。2017 年改制为国有企业之后，我们在跟民政的合作中还是会出现这样的情况。

**采访者**：请您详细谈谈颐乐园近年来的发展情况。

**杨勇**：我主要想谈一下转企改制为国有企业之后的情况，我们是在 2017

年由萧山区国资经营总公司（现在叫杭州萧山国有资产经营集团有限公司）主管，在收费上可以摆脱体制的束缚，实现与市场接轨；2018 年 9 月，我们成立了杭州萧山颐乐养老服务有限公司，专门运营萧山老年颐乐园项目。

从开园开始，颐乐园就承担着全区养老的重任，归属国资之后，更需要把自己近二十年的经验、优势发挥出来，更好地服务于萧山养老事业。2019 年，根据区委、区政府的统一部署，萧山区 18 个镇街农村五保供养

**图 5　萧山老年颐乐园打造的养老新样板**

服务中心统一移交给区国资总公司，由区国资总公司牵头，以颐乐养老服务有限公司为龙头组建颐乐养老集团，结合萧山区农村五保供养服务中心改造提升三年行动计划，主要通过"1 + X"模式，以提升、撤并、转型等措施推进区农村五保供养服务中心转型升级，形成临浦、瓜沥、新街三家农村五保供养服务中心，其余 15 家转型为面向社会老年人的养老机构，硬件配套及管理标准均达到二星级及以上养老机构，进一步激发公办养老机构活力，着力提升全区农村五保供养服务中心服务质量，从老有所养迈向老有善养，并逐步实现集团"五个统一"（集团品牌统一、管理标准统一、人员管理统一、财务采购统一、硬件配套统一）。萧山区第十六届人民代表大会第四次会议确定实施镇街农村五保供养服务中心集团化运营，属于民生实事其中一项。

2020 年底前，我们主要完成瓜沥、临浦、新街三个农村五保供养服务中心改造，并进一步提升服务质量，在原有膳食服务、生活用品和零用钱提供、护理照料等基础服务的基础上，借助于颐乐养老公司的专业力量，加强在生活照护、膳食营养、护理康复、精神慰藉等方面的提升。

**采访者：**请您谈谈近年来萧山养老事业的发展情况以及今后的发展趋势。

**杨勇：**关于这一部分，我还是想借着我们颐乐园的发展过程来讲。前面在颐乐园筹建背景中我也提到过，在颐乐园筹建之前，萧山经济发展虽

然很快，老龄化程度也已经比较高了，但当时还只有 100 多张床位的萧山社会福利院，难以满足养老实际所需，供需矛盾比较突出。那时的养老还谈不上规模，更不用说发展。颐乐园是老龄委下属自收自支的事业单位，这个定位在当时浙江省乃至全国都是比较创新的，所以习近平书记在参观时也对我们老年颐乐园由政府投入、社会支持，实行企业化运作，为浙江省老年福利事业的发展做出示范，表示了极大的肯定。

近几年，我们萧山公建民营的模式也有了一定发展。比如在我们镇街农村五保供养服务中心里，戴村镇、所前镇、河上镇都是由我们在运营，义桥镇是由东南网架公司在运营，进化镇是由优胜公司在运营，楼塔镇是由乐意公司在运营，新塘街道是由开元旅业集团人在运营。其实养老整个来说具有一定的公益性，收费较低，单个项目的运营要实现自收自支是很困难的，尤其是在萧山老年人勤俭的观念下。

近几年也有很多社会资本进入萧山养老领域，本土的开元、东南网架集团，还有外来的万科、常青藤等。万科在萧山除了海上明月这个重资产项目外，当时还有一个随园智慧坊，是一个嵌入式养老机构。但因为涉及萧山本土的特殊情况以及老年人的一些思想观念，这种社会资本创新的模式还需要一定时间去实践、验证，万科公司的智慧坊在 2019 年已经打包出让了。

萧山养老事业发展的一个主要方向，也是颐乐养老在政府投入企业化运作之后的另一个事业创新，就是我们作为一家国有企业，去承担政府兜底的养老保障责任，同时充分发挥市场主体作用，使公益性与市场化有机结合，在盘活资产的同时，较好地提升区养老服务整体质量，在养老行业打造一个新的样板。这就是我要讲的"1＋X"模式，跟我们在报纸上看到的居家养老照料中心"1＋X"模式不是同一个概念。

图 6　国投紫荆园集中式居家养老模式

我们所要做的是以萧山颐乐养老服务有限公司为主体，联合杭州萧山国投紫荆健康产业有限公司及 18 家镇街农村五保供养服务中心，组建成立杭州萧山颐乐养老集团，同时借助于国资经营集团现有养老、医疗、食品等资源，由点到面，为不同身体状况、不同需求的老年人提供机构、居家、社区养老多项服务选择，让萧山老年人从老有所养迈向老有善养。比如，我们紫荆园可以为高知老年人提供一个很好的集中式居家养老的选择；我们颐乐园可以为中上收入的老年人提供居家养老、机构养老等选择；我们转型升级后的15个镇街农村五保供养服务中心，硬件配套及管理标准均达到二星级及以上养老机构相关要求，可以为更多的农村老年人提供一个安心、舒心、放心的机构养老选择，并提供居家养老服务，让更多居家老年人享受到更为丰富的养老服务；我们临浦、瓜沥、新街三家农村五保供养服务中心可以让全区的五保、特困老年人享受到更为优质的服务，实现五保、特困老年人层面从老有所养迈向老有善养。我们准备打造的颐乐智慧养老服务平台，最终目标是实现服务对象的全覆盖，让在家老年人也能够享受到各种专业服务。

我想借助于我们总公司的资源优势，借助于我们颐乐园运营近二十年的经验，把我们的专业优势发挥出来，打造一个真正符合萧山老年人需求的养老新样板，成为萧山养老事业的一个新趋势。

**采访者：**请您谈一谈萧山社区嵌入式养老机构的发展情况。

**杨勇：**社区嵌入式养老机构是指以社区为载体，以资源嵌入、功能嵌入和多元的运作方式嵌入为理念，整合社区内部以及社区周边的养老服务资源，为老年人就近养老提供专业化、个性化、便利化的养老服务机构，既可以提供机构入住养老服

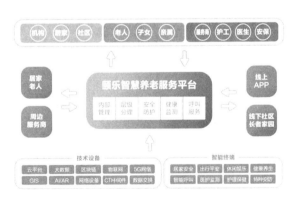

**图7　颐乐智慧养老服务平台**

务，又可以提供入户养老服务。2016年7月，萧山区首家社区嵌入式养老机构——萧山区幸福养老院正式运营，核定养老床位99张，集街道仁爱之家、照料中心、养老院三大功能于一体。

**采访者：**萧山区民政局打造的96345"智慧养老"平台，给萧山的老

年人带来了许多便利。请您谈一谈 96345 "智慧养老"平台对老年人生活带来的影响。

**杨勇：** 2017 年 7 月 1 日起，萧山区民政局通过整合现有服务信息系统和资源打造 96345 "智慧养老"平台，让老年人享受"零距离"的优质贴心服务。该平台建设有利于集成市场和社会资源、促进供需对接的养老服务综合管理信息系统，逐步实现养老信息分析决策、养老服务需求评估和养老服务动态管理于一体的"智慧养老"功能，推进养老服务的信息化、智能化、高效化。

**采访者：** 请您谈一谈"20 分钟服务圈"的发展情况。

**杨勇：** 2012 年，"由政府埋单市场运作"的居家养老服务政策出台，主要通过政府引导和投入，以选派服务人员或补贴服务经费的方式，让符合条件的老年人可以"在家"享受六大类养老服务，还能根据需要安装一键通呼叫器。近年来，随着一些专业化养老服务公司的介入，萧山区已形成"20 分钟服务圈"，为老年人提供"足不出社区、服务家庭化"的为老服务项目，并且已经创办了村（社区）居家养老服务站、照料中心、老年食堂（配餐中心）等小型分散、就近就便、服务多样的为老服务场所。

**采访者：** 请您谈一谈萧山区幼儿园式养老模式的发展情况。

**杨勇：** 据我了解，幼儿园式的养老生活的确能够提供个性化服务需求。城厢街道潇湘社区是一个典型的"五老"社区：老房子多，老年人多，老党员多，老退休职工多，老知识分子多。如何让居民安享晚年？社区充分动员和挖掘内在资源开展"银龄互助"，同时积极探索市场化运作等形式，打造全方位的社区养老服务体系。2014 年 8 月，社区成立了城厢街道首家老年人日托中心，老年人每天早上 8 点来此入托，下午 5 点自行回家或由子女来接。老年人在日托中心能切身感受到幼儿园式的养老生活，日托中心为老年人提供学习娱乐、医疗保健、精神慰藉、帮助就餐等日间综合性照料服务。这种合作方式，既满足了居民个性化的服务需求，又能发挥市场的活力，实现养老服务的可持续发展。至 2014 年年底，萧山区已建有社区居家养老服务照料中心 333 个（其中城市社区 121 个、农村社区 212 个），居家养老服务站 158 个（其中城市社区 26 个、农村社区 132 个）。2017 年，居家养老服务照料中心覆盖全区（含农村社区）。2015 年经区级申报，第三方初评，杭州市民政局评审委员会复评，萧山区有 8

个居家养老服务照料中心通过了四星级居家养老服务照料中心的评定。它们是城厢街道潇湘社区、闻堰街道黄山村、蜀山街道祝家桥社区、瓜沥镇塘头社区、党湾镇镇中村、浦阳镇径游村、新塘街道傅楼村、新街街道盛东村。全面推行照料中心等级评定是2016年加强照料中心规范化建设的重要内容。随着人口的逐渐老龄化，伴随着认知障碍、失能、半失能老年人群体的增加，医疗保健已成为很多老年人最为关注的服务项目。针对新家庭结构出现的家庭成员无力又不懂如何更好地照顾老年病患者的情况，"医养结合"的养老模式开始出现，萧山区确立了以护理型为重点、助养型为辅助、居养型为补充的养老机构发展模式，重点扶持发展为失能、半失能、失智老年人服务的养医结合型养老机构。

**采访者：**请您谈一谈居家养老照料中心"1＋X"运营模式的发展情况。

**杨勇：**萧山区通过多渠道挖掘社会资源，多主体齐头并进，多方式优势互补，创新推进"1＋X"主体运营管理居家养老照料中心。这里的"1"是指村、社区，"X"是指鼓励从事政府购买居家养老服务的机构、基层老年人协会、专业养老机构、物业公司等开展民办非企业登记，积极争创3A级以上社会组织，采取全面托管、合作运营、连锁化等方式运营管理部分照料中心，目的是让老年人足不出村（社区）就可以享受娱乐休闲、康复健身、谈心聊天、托老休息、就餐送餐等服务内容，让萧山的老年人安享幸福的晚年生活。北干街道工人路社区、城厢街道潇湘社区照料中心、城厢街道俊良社区"爱心阳光餐厅"已率先委托社会组织运营管理。以低龄老年人结对帮扶高龄、困难老年人为主要形式的"银龄互助"，也是居家养老的重要内容。此外，给生活不便的老年人配备无线呼叫器的"智慧养老"也是萧山多元化养老模式中的一道靓丽风景。当老年人需要洗衣、理发、买菜、送米、疏通管道、家电维修、看病等服务时，都可以按无线呼叫器的绿色键；当老年人心脏病发作、独居老年人突然摔倒，或遇到家中被盗、煤气泄漏等紧急情况时，则按无线呼叫器的红键。信息中心接收信号后就会回拨电话，并立即上门服务。这种无线呼叫器可随身携带，使用起来更加便捷，遇到紧急情况也更能发挥应急作用。

**采访者：**请您谈一谈萧山区养老机构人才队伍整体的发展情况，如养老护理人员的情况等。

**杨勇**：虽然说萧山进入老龄化社会是在 1987 年，但是养老事业真正发展起来也就是近二十年的事情。养老机构人才队伍建设原先并没有受到足够的重视，其实在 21 世纪初，人才队伍还是以家庭妇女为主，人员学历相对比较低，年龄偏大，工资待遇不高，所干的活脏、累、苦。像我们单位，九十多斤的小女生要背动老年人，这也是困难的事情，当然我们有专业的担架。特别对侍弄老年人的妇女，当时没有专业的人员。服务老年人，涉及到心理养护、皮肤护理，甚至是洗漱、排便的护理，其他还涉及洗澡，主要是洗漱、吃、排泄，这三个方面护理好以后，老年人才能相对地过幸福日子。因为有的老年人自己都不会动手，吃饭都要我们喂，都要打成糊状的，菜啊饭啊都用打浆机打成糊状的，生活质量难免受到影响。原先，养老护理人员队伍人才建设是欠缺的。近年来，随着养老事业的蓬勃发展，随着我们对高层次人才需求的旺盛，各大院校也开设老年服务与管理专业。这批人毕业后具有一定理论知识。如何把理论转化成实践，这是每个养老机构都在探讨的事情。在队伍自身建设上，我们通过带教，让有经验、有学历、动手能力强的带相对学历偏低的，以及需要将理论转化成实践的人员。从带教方式上来看，我们单位也做到了很好的示范效应。现在学校教育已经把相关内容纳入人才教育体系。现在社会上对老年服务与管理行业也存在偏见，原先很多人都认为干这一行的人就是保姆。医院的专业护士地位已经确定，也专门有一个护士节。但是老年护理人员的社会地位还比较低。一是社会地位低，二是劳动报酬低，三是所干的活脏、累、苦，这就导致有意愿进入这个行业的人员受到了阻碍。前面我已经说过，现在我们单位就是要提高员工工资待遇，薪酬待遇是所有待遇中最好解决的一个条件。我们单位文化建设很好，人才梯队建设也很合理，这就是事业留人、感情留人，但最重要的还是薪酬留人，薪酬达到一定程度，就能够留住人。

**采访者**：请您谈一谈萧山区养老协会的成立对萧山养老事业的发展具有哪些意义？

**杨勇**：萧山区养老协会于 2016 年成立，是浙江省首个区级养老协会，其主要功能是：第一，协会以"改善民生，促进全区养老事业发展"为宗旨，充分发挥协调、自律、服务、监督的职能，搭建政府与企业、企业与企业之间的桥梁。第二，协会的成立为萧山区养老服务企业提供了一个重要交流平台，各会员单位可以借助这个平台积极开展交流、互动，协会也通过各种形式把涉及养老方面的各项法规和政策及时传递给各会员单位，把国内外养老方面的先进经验和信息介绍给各会员，使各会员单位在借鉴中成长，在学习中提高。第三，协会成立之后先后举办了庆重阳文艺晚会、爸妈达人秀、萧山区"老年春晚"等多场大型老年文艺活动，打响了萧山老年文化品牌。

**采访者：**请您谈一谈萧山区养老产业集聚产业园的发展情况。

**杨勇：**2018 年，萧山区开始打造自己的养老集聚产业园。目前正在建设中的湘湖智慧健康小镇，计划三年累计完成固定资产投资 74.5 亿元，部分健康产业项目已建成投入使用。

**采访者：**请您总结一下萧山进入老龄化社会以来，在党和政府领导下养老事业发展的经验，并对未来做一些展望。

**杨勇：**近年来，萧山区老龄化趋势进一步加剧，高龄老年人数不断增加，百岁老年人也日趋增多。2020 年 7 月，区卫健局刚刚公布了一组全区百岁老年人的数据，目前全区百岁老年人（含虚岁）共有 240 名，居全市之首，分布很广，全区 24 个镇街、场均有百岁老年人，像瓜沥镇就有百岁老年人 53 名；寿龄也很高，最年长者已有 107 岁。所以，萧山区整个养老压力还是很大的，区委、区政府也越来越重视，尤其对 18 个镇街农村五保供养服务中心集团化运营这个项目，给予了很大的支持。

我们希望通过这个项目让萧山养老事业实现从量的发展到质的提升的转变，我们整个养老格局能够进一步扩大和完善，能够从聚焦城镇到拓展农村，让广大的农村老年人也能够实现老有善养。

**采访者：**2021 年是中国共产党建党 100 周年，这 100 年是摸着石头过河的 100 年，也是艰难困苦玉汝于成的 100 年。回顾党的历史，再结合您的学习、工作经历，您对中国共产党未来的发展有哪些期许，又有哪些建议呢？

**杨勇：**我们党近年来一直强调全面从严治党，党的自身发展及经历过程足以证明党的伟大。现在党对养老事业的发展越来越重视，从中央到地方都制定了不同的政策，鼓励和推动养老事业的发展，让老年人能够实现老有所养、老有所医、老有所为、老有所学，相信在党的正确领导下，在全社会的共同努力下，我们的养老事业定会乘风破浪，不断发展，我们的老年人一定能够实现老有善养。

# 行医五十年：从赤脚医生到医院院长

## ——闻吾森口述

采访者：潘立川、孙淑桢
采访时间：2020 年 10 月 9 日

整理者：王叙惠、潘立川
采访地点：萧山区同乐老年病医院

闻吾森

闻吾森，1949 年出生，杭州萧山人，主任医师。1968 年 10 月至 1978 年 2 月担任萧山县石岩人民公社沿山大队赤脚医生。1979 年加入中国共产党，1982 年毕业于温州医学院临床医学专业，大学本科学历。曾任萧山县卫生局医政股长、萧山区精神病医院院长、萧山区人民医院院长、萧山区医学会会长等职务。

## 一 放牛娃出身：生在农村、学在农村

**采访者**：闻先生，您好！首先请您介绍下您的个人情况，包括籍贯、出生年月、出生地等。

**闻吾森**：我是土生土长的萧山人，大学本科学历，主任医师。1949 年农历六月二十四出生在萧山县石岩乡闻家里，现在叫蜀山街道知章村。我们这个村就是盛唐时著名的书法名家、曾书写"少小离家老大回，乡音无改鬓毛衰"佳句的大诗人贺知章故里。

**采访者**：请您介绍出生时的家庭情况，如父母、兄弟姐妹等。

**闻吾森：**我父亲在嘉兴油厂工作多年后退休，已病故。母亲是家庭妇女，已病故。我有两个姐姐，大姐得了气管食管瘘，因当时医疗水平跟不上，出生几天后夭折；二姐在家务农；一个弟弟，从事机械加工工作，拥有一家一般规模的企业。

**采访者：**您几岁开始上学？小学、中学分别是什么学校？

**闻吾森：**我7岁上学，上的初小叫贤和堂小学，在离家1千米远的山坡上的一个破庙里，方言叫鸿雁庙（音）。庙的正殿后面是菩萨，前面是教室。学校只有一个老师，是诸暨人，40多岁，男的，姓杨。他一口诸暨方言，不会讲普通话，也不会汉语拼音。当时学校共4个班，是复式班。一、三年级一个教室，二、四年级一个教室，只有语文、算术两门课。1957年是我国繁体字改简化字的第一年，记得当时老师教我姓名的闻字还是繁体的。当时老师还发给我们每人一张繁简常用字对照表。

新中国成立初期，民生多艰，那个时候，我买不起雨鞋，下雨天母亲就带着笠帽背着我去庙里上学，放学后，再背我回来。这个细节，我一直记在心里。听我母亲讲，抗日战争时期，我家的房子三次被日本鬼子放火烧掉，所以我读小学时住的是茅草房，点的是菜油灯。什么叫菜油灯呢？就是在一只破碗里放入菜籽油，点燃灯芯草，平时用一根，当我看书、写字的时候，为了亮一点，母亲会放两根灯芯草，同时她也在旁边纺棉花，陪我看书、写字（那个年代，衣服要靠自己纺棉花织布）。

我父亲40岁才生下我这个大儿子，怕养不大，我的胎发一直没有剃掉，家里人给我梳了一个小辫子，留到了一年级，村里的人叫我小辫子哥哥。我个子矮，学校排队在最前面，后面的同学老是拉我的这根辫子，很不舒服。我哭着跟母亲讲，不剪掉辫子我就不去上学。没过几天我母亲就选取了日子，请了菩萨，把辫子剪了（过去的人都比较迷信）。

尽管当时的日子很艰难，我的父母依然克服重重困难，坚持让我读书，种种恩德，终身不忘。我初小读完读高小，五、六年级的时候，我在离家3千米以外的地方读书，那个地方叫老屋村，校名是萧山县石岩人民公社中心小学。上学途中要路过一条约80米宽的河流，河上架有我们那边很有名的黄家大桥，这是一座很好的石桥，有三个孔，抗日战争时期遭日本鬼子的飞机轰炸，桥墩歪斜，有一个孔的桥面被炸碎，后来用一根三四十厘米宽的木头代替，刮大风下大雨时我要把黄布雨伞收起捆在腰上爬过去，不然连人带伞会被风吹进河里，有淹死的危险。时逢三年困难时期，吃不饱、穿不暖是常事，冬天天冷的时候，冷风嗖嗖地往裤腿里灌，冻得不行，就用稻草扎住裤脚来保暖。后来我因为三年自然灾害的影响而休学，少年时期读书的生涯就此结束。

图1　黄家大桥（现存）

休学以后，我14岁左右的样子，要参加生产队的劳动，挣工分养家了。我因为年纪小，个子也偏小，种地挑担肯定是不行的，所以被安排参加放牛的劳动。当时我所在的生产队有100多亩田地，只有一头牛。那个时候，没有拖拉机，耕地全靠畜力和人力。地多牛少，牛宝贝得不得了，出不得差错。在牛累了没有力气的时候，全靠人工挖地来耕种。我放养的是一头大公牛，体型高大，每天可以挣4个工分。我因为个子瘦小，放牛的时候爬不上牛背，有时候就拉着牛尾巴蹬着牛腿爬上去，等牛和我熟悉起来了就比较乖，它把头低下去，我脚踩在牛角上，趁着牛抬头的时候顺势爬上牛背，这也是一种难得的快乐。

开春以后，农事一直要忙到秋季。特别是"双抢"（抢收、抢种）时节，大概一个月时间。"双抢"时节要用牛的地方多，我的任务是把牛照顾好，除去早晚放牛之外，白天还要负责给牛割草补充草料，茂盛的茅草和芦苇叶经常把手掌割得鲜血淋淋。彼时的湘湖，南至横竹塘（现东方文化园东北侧），西至西江塘塘子堰，北至湖头陈，东至石岩山西山脚下，面积辽阔，正是放牛的好去处。农闲时节，各个生产队的放牛娃数十人，都在湘湖一带放牛，站在牛背上赶着牛跑是我的拿手好戏。

那个时候，我很想读书，可是没有书读，买不起书，也借不到书，甚至连报纸也是没有的，当时物资的匮乏是今天的人难以想象的。我因为读了小学，是村子里面为数不多的能认字写字的人，村里面有在外地当工人的每个月寄几元钱回来，回信都是我给他们代劳的，因为穷，舍不得买信封，我就想办法把邮寄回来的信封拆开，翻过来，再折回去做成信封的样子，用别人吸烟烟盒的外包装纸做信纸写回信，现在依然记得回信的内容一般就两句话："钱已收到，家里一切都好。"当时我文化水平的关系，也写不出多的话来。

在湘湖边上放了两年牛以后，我16岁开始种地。萧山地区以种植水稻为主，一年两熟，也种少量的棉花和络麻。小麦、油菜、蚕豆也是有的。最辛苦的莫过于7月下旬到8月上旬的"双抢"。7月份早稻成熟，收割后，要立即耕田插秧，在8月份立秋前将晚稻秧苗插下，如果晚了，收成会减少甚至绝收。农耕时代，种田吃饭是大事，为避免耽误农时，白天气温高没法干活，就天天开夜工，近一个月的时间，基本上都泡在水田里劳动。手脚因为长时间的浸泡，开裂、溃烂是很常见的，当时也没有很好的药物，就在路边摘一些黄荆叶子，揉一揉，涂在伤口上，稍微能起点作用，很好的药是没有的。一年辛苦下来，其实一季粮食的产量也不高，亩产500斤左右。没有优良的品种是一个原因。另一方面，缺少农药、肥料也是重要的因素。

现在的亩产量很高，袁隆平的杂交水稻亩产有超过2000斤的，那个时候因为没有农药与肥料，亩产500斤就算好的。为了保证粮食的增产增收，生产队里组织我们去龙山化工厂挑氨水，做肥料，从厂里到我们村有十来千米的石子路，我赤脚穿着草鞋要挑回150斤左右的两粪桶氨水，村里的成年劳力中途也会接应一下我，歇歇肩。那个时候，来回全靠步行，脚上都磨出了厚厚的茧子。直到上大学以后，这些茧子才慢慢消退。

水稻收割完，要挑到晒谷场上晒干，要晒到下午三四点钟的光景，再将稻谷分三四十个麻袋装好，每袋140斤左右。我们两个人用橹摇木船走水路把稻谷运送到城厢粮站（旧称宝莲庵）缴公粮。粮站就是今天的牛脚湾杭州金马国际酒店所在地。船到了埠头以后，全靠人力将一袋袋的稻谷背到粮站去。背的时候，力气大的那个人帮忙将麻袋背上肩，通过长长的跳板上岸，穿过马路后，将稻谷在粮站工作人员的协助下卸下，再拿着麻袋返回，如此反复，直到一船的稻谷卸完才算完成任务。

农闲的时候，也并不是清闲的。20世纪60年代，萧山的围垦工程搞得如火如荼。我也参加过大围垦。我们坐着船，历经 30 多千米路程，背上药箱，以拉纤的方式去围垦区。一行人到达以后，在野外用油毛毡搭起两间住人的棚子，男女各一间。没有床铺，都是用稻草打地铺睡在地上的。我们用人工肩挑的办式，每天两趟，起早贪黑，往返 10 千米运送石碴石块御潮保堤。因为是体力活，人又年轻，一顿饭能吃一斤大米，新鲜蔬菜是没有的，霉干菜就是下饭的东西，很辛苦。两年时间下来，耕地、插秧、摇船、捻河泥等农活我样样能干，到 18 岁时，我评为十足劳动力（包括插秧、耕地等主要农活），一天可以拿 10 个工分。按我们萧山话来讲，能吃门板饭了。

艰苦的农村生活，既锻炼了我顽强不屈的意志，也让我看到了农村缺医少药、人因健康、疾病拖垮整个家庭的残酷现实，在思想深处我渐渐有了尽力去改变这种现状的初步理想。

**采访者：**初中毕业后，您为何继续读书？离开学校时正好赶上"文化大革命"，您是直接上山下乡还是去了其他地方工作？

**闻吾森：**我没有上过中学。15—19 岁，在家务农，湘湖边上放牛。那个年代，我很想念书，但是没有书，买不起书，也借不到书。我土生土长在农村，不存在上山下乡。作为老三届同时代的人，由于生在农村，长在农村，我没有老三届上山下乡的曲折经历，没有老三届的文化基础，有的是对农村、农民的深厚感情基础和努力改变农村落后面貌的雄心壮志。

## 二 小人物，做大事：赤脚医生十年

**采访者：**您是从 1968 年开始做赤脚医生的，什么原因促使您成为一名赤脚医生？是自己志愿选择还是组织上委派？在下乡之前，您接受了哪些方面的培训？

**闻吾森：**原先我是生产队的会计、大队团支部书记，算是有点文化的人了，在村子里蛮乐意帮助别人的，喜欢帮人家做做事，村里的领导也对我比较了解，而且我喜欢讲话，比较健谈。当时我在湘湖那边干活，村里的书记问我到村卫生室工作去不去，我答应了。后来我们去了三个人，分别来自三个大队，两个男的，一个女的。这是我第一次走上赤脚医生这条路。1968 年我由大队选派到萧山县石岩公社卫生院培训一个月，初步学会了如感冒、中暑、胃肠病的简单治疗，以及伤口消毒、包扎等，在村里业余时间处理简单的医疗工作。

培训之后，我在家里备了个药箱，备了一些止痛、止泻、胃病药、退烧药和简单的外伤包扎敷料，还有体温表、血压计、注射器、酒精、碘酒、红药水、十滴水、紫药水、消炎粉等。当时，赤脚医生本身受教育、缺医少药的时代局限，中医西医分得没有那么细分，有些治病用土方，就是我们自己上山采来的草药，这块现在属中医范畴，那时候只知道想方设法治病就好，减轻病人痛苦。

1969 年，公社推荐我到萧山县人民医院（当时叫萧山县人民卫生防治院）学习三个月，掌握基本的医疗知识，从此走上医生的路。1972 年推荐我到杭州卫校，脱产学习一年，其中上课半年，在医院半年，系统学习临床医疗知识。1975 年我到卫生院工作。1976 年 10 月至 1977 年 9 月到浙江医科大学附属儿童保健院脱产学习一年，其中 3 个月门诊，9 个月病房，系统学习小儿科的一些常见病治疗知识。通过这四次培训，我对医学进行了循序渐进、系统地学习。

**采访者：** 您是在萧山哪个地方担任赤脚医生？请介绍这个公社、大队的具体情况？

**闻吾森：** 我还是在我们村里当赤脚医生，1968 年 10 月至 1978 年 2 月，前后十年，前七年在村里，那时叫萧山县石岩人民公社沿山大队，后三年在石岩人民公社卫生院。石岩人民公社位于萧山县城西湘湖边，当时有 10 个生产大队，与闻堰、来苏、城南、大庄、义桥人民公社交界，有山有水有河流，有田有地，最突出的是靠近湘湖，真正的原生态的湘湖。"大跃进"时期湘湖开始围湖造田，沿湖村庄大肆围田，三年自然灾害时期，生活极端艰苦。后来湘湖垦区变成湘湖农场和军垦农场。当时的农村以种植水稻、小麦、油菜、络麻为主。因为河道多，出门多是靠河船，到外面去走岸路，就是靠走路。

农村配备赤脚医生后，搞起了合作医疗，就是一人生病千人帮，每年每人交 2—5 角钱（村里贴一点），每次看病自己再支付 5 分到 1 角钱。赤脚医生拿工分。这些就是当时的情况。

卫生院位于陈村，是在石岩人民公社办公楼旁边的一间厢房里，是新中国成立前地主的房子，面积大约 80 平方米，瓦片房。新中国成立初期，由三名个体医生组成了石岩人民公社联合诊所，1962 年政府分配一名助产士（中专生）。20 世纪 60 年代末期，毛主席作出把医疗卫生工作的重点放到农村去的指示后，卫生院来了几名从部队卫生员转业和卫校毕业的医护人员，加起来有六七人，有中医、西医和妇产科医生。20 世纪 70 年代初，公社出资在沈家坞的山坡上新建 7 间一层楼房子，有 300 平方米，医疗用房得到改善。

**采访者**：请您介绍当时农村赤脚医生的配备情况，一般一个公社和大队有多少赤脚医生？

**闻吾森**：根据人口数、自然村落的多少、经济情况而定，一般 1000 人左右的大队配 1—2 名，人口多的大队配 3—5 名。我们一起培训的有来自 3 个大队的 3 名赤脚医生（2 男 1 女）。当时全公社有二十几个赤脚医生。

**采访者**：萧山县的赤脚医生主要来自哪里？是城市学医青年为主还是农村青年培训后上岗？

**闻吾森**：萧山在 1952 年开始培训农村卫生员，1958 年首次出现大队保健站、生产队卫生室。农村卫生员 4300 多人，卫生室的卫生员配有一只保健箱。1968 年农村卫生员改称"赤脚医生"。当时的赤脚医生文化程度都不高，大部分是中小学文化程度，高中文化程度的很少。赤脚医生只经过短期的培训，就上岗工作了。其主要工作是量体温，涂红药水、紫药水，好一点的赤脚医生会做做简单的清创缝合，会使用当时的土霉素、四环素、氯霉素、消士龙等抗菌消炎药。每个大队配有 1—3 名赤脚医生。当时县里的人民卫生防治院负责农村赤脚医生的培养培训工作，有些公社还专门举办赤脚医生培训班，培训时间 1 个月或 3 个月不等。培训方式采取集中培训，例如所前公社的山里王赤脚医生培训班。有的地方还选派赤脚医生到县、区医院进修。我就是在 1969 年下半年被送去县人民卫生防治院进修实习的，时间 3 个月。进修实习结束后我又回到村里担任赤脚医生。农村赤脚医生的报酬是记工分制的，工分比一般农民略高些，我每天计 10 个工分。我们大部分是农村青年培训后上岗。有一些是知识青年，但是很少，他们往往待的时间很短就返回城里去了。

1982 年，当时的县卫生局对全县 1400 多名赤脚医生进行统一考试、考核，合格的发乡村医生证书，称为乡村医生；不合格的改称卫生员。当时有 600 多名合格，所以有 600 多名赤脚医生改称乡村医生，其他都称卫生员了。

**采访者**：在赤脚医生出现前，农村的医疗卫生工作主要由谁承担？请介绍当时农村的医疗卫生体系和力量情况。

**闻吾森**：当时农村的医疗状况，用四个字来讲：缺医少药。那时候，道路崎岖，交通不便，也缺少交通工具，只能靠步行和河船。小病拖大病死，是当时农村医疗的真实写照。

比如我小时候就经历过多次打摆子（疟疾），那时候是常见病，现在基本上没有了。打摆子是先发热，体温烧到 39—40 度，整个人昏昏沉沉的，会出现各种各样的幻觉。高热后，大汗淋淋，整个人虚脱，一连发热好几天。其实，服用"奎宁片"连续 3 天就好了，服用"伯氨喹片"7 天，可以预防复发，但是那个年代没有这种药啊。获得诺贝尔奖的屠呦呦团队发明的"青蒿素"，就是取代"奎宁片"和"伯氨喹片"的，现在非洲国家使用比较多，所以这个药对国际社会和人类健康贡献很大。

这里讲一下小时候我肚子痛的故事。那时候的卫生条件不如现在好，所以小孩子经常会肚子痛。没有药怎么办？我母亲就在碗里放点清水，插上香，向菩萨祈求祷告，等香燃烧完，香灰就掉到碗里，然后就把碗里的水喝到肚子里，这个方法本身自然治不好肚子痛。后来呢，母亲就在肚子上慢慢揉（打圈圈，相当于现在的按摩），就这样，肚子才会慢慢不痛了。现在回想，很类似于现在的肠道蛔虫症，不严重的话，通过边揉边热敷可以减轻疼痛。当时农村有卫生院，但农民很少去看病，农村里信奉拜菩萨。这个情况直到赤脚医生出现以后才得到改善。合作医疗、保健站也在其中起到了一定的宣传作用。

**采访者**：作为赤脚医生，一般都是解决农村哪些方面的医疗卫生问题？

**闻吾森**：他们掌握一些卫生知识，可以治疗常见病，能为产妇接生，主要任务是降低婴儿死亡率和根除传染疾病。

赤脚医生是中国卫生史上的特殊产物，他们掌握一些基本的卫生知识，可以治疗常见病，能为产妇接生，没有固定收入，许多人赤着脚，荷锄扶犁耕地种田，赤脚医生由此得名。我个人理解为"小人物，做大事"，具有近、亲、广、省等特点。当时，我们是 9 亿人口的农业大国，其中 8 亿是农民。农民的防病治病任务基本都靠赤脚医生来承担。"赤脚行医走千家，一颗红心为大家"，是他们日常工作的真实反映。

所谓的近，是指赤脚医生半农半医，生活扎根于人民群众当中，基本上是随叫随到，相当于身边的"120"。赤脚医生大都由本乡本土有些文化基础的人来担任，他们熟悉本地风土人情，待人接物入乡随俗，容易被农民接受，一般都是上门服务，比较得民心。

亲，是因为生长于本土，大多与周边村民存在千丝万缕的直接或间接关系，对周边村民的健康状况大多熟记于心，也没有门诊病历本，堪称农民健康的活档案。遇有病患家庭家长里短的纠纷，往往附带劝解调解，和谐了村民的关系，体现了亲民的特点。

广的意义在于相对于大医院看病内外妇儿分科的特点，赤脚医生相当于今天全科医生的角色，内外妇儿常见基础病都能看，都能在基层解决。在基层解决不了的重病大病，因为交通不便，到杭州医院看病的基本没有。少量到县人民医院看病的，都是通过推车、人力轿子步行或走水路坐船的方式。当时的人还是比较迷信的，去县城看病的重症病人必定要带上裹衣，或者桃树枝等民间认为能驱邪的东西。

省，就是在当时的条件下，国家和农民都是比较穷的，在物资匮乏、缺医少药的年代，往往用一根针、一把草、几片药来解决问题，既节省了原本不多的药品资源，又为病人节省了钱，体现了省的特点。总的来讲，赤脚医生的诞生，为广大的人民群众提供了最基本的防病治病的保障，对人均期望寿命的提高和生活质量的改善都是功不可没的。

关于接生技术，有三个发展阶段。最初，通常是老法接生，也就是接生婆接生，主要靠经验，由于当时条件限制和观念习惯，没有消毒的概念，一把铁剪刀走天下。那时容易发生新生儿破伤风感染。我当赤脚医生初期，就有两例新生儿破伤风。第二阶段，发展到新法接生。在 20 世纪 60 年代末至 70 年代，由公社卫生院培训，每个大队选派 1—2 名有一定文化基础的中青年女性，学习接生知识，担任接生员。这时候，卫生消毒观念有所提高，相对来说，接生感染和新生儿死亡率已有明显下降。第三阶段，实行计划生育政策，普遍鼓励独生子女，农村接生也发展到住院接生。此后，人们主要在卫生院或者区级医院接生，生育医疗逐步走上正轨。

**采访者**：当时您是驻点工作，还是各个生产队巡回诊疗？

**闻吾森**：我的工作地点就在村里。前几年，仅仅靠随身背的药箱，不脱产，也没有固定场地，随时随地，随叫随到。后来，村里安排半间房子，作为医疗点，相当于半脱产。对于不便来诊室的，我就上门服务。四五年后我就全脱产了（专职做赤脚医生），一般情况下，上午在大队保健站，下午到各自然村、各小队巡回诊疗。

**采访者**：赤脚医生的医务室都配备了哪些医疗器械和药品？

**闻吾森**：保健站配备比较简单，在器械方面，通常只有听诊器、血压计、小外伤换药的器材。在药品方面，有 100 多种西药，最常用的只有 40—50 种药。比如消炎用的土霉素片、氯霉素、四环素、磺胺类药（磺胺嘧啶等），消化类治溃疡的，像小苏打、胃舒平、食母生等，止痛类的如去痛片，抗疟疾的如奎宁片、伯氨喹片，抗丝虫病的如海群生片（乙胺嗪），抗钩虫病的如阿苯达唑、甲苯达唑，等等。外用药品主要有碘酒、酒精、龙胆紫（现在基本没有了）。还有就是像人丹、万精油、葡萄糖这种常用药。这些当时来说都是很珍贵的常用药品，现在已经很少用了，有些已经不再生产。当时抗生素药品比较少，由于当时粮食紧张，青霉素、链霉素比较紧缺。什么原因呢？青霉素、链霉素都是需要粮食加工生产的，先要将粮食霉变，进行反应后才能慢慢生产出来。那个时候，饭都吃不饱，也无法大量生产这类抗生素药物。

**采访者**：在您的十年赤脚医生经历中，农村最常见的疾病是什么？治愈效果如何？

**闻吾森**：当时，人们对疾病的认识远没有信息时代来得准确科学，病人在茫然中会听信一些看似有理的"土方"，这往往让患者饱受折磨。最常见的疾病主要是传染病，如肺结核、甲型肝炎、乙型脑炎、脑膜炎、头癣（瘌痢头）、大脚风（丝虫病）、麻风病、钩虫病。另一类就是营养不良引起的贫血和消化类溃疡病、各种肠炎，以及呼吸系统的气管炎、肺炎、哮喘病，还有各种皮肤病，比如疖子、痈、老烂脚等。外伤也是常见病之一。

那时候的治愈效果不理想。由于卫生观念、环境影响、药品不够、医疗条件、医疗设备等因素，效果只能停留在减轻痛苦这个层次。那个年代、很少有高血压、高血脂、糖尿病等营养过剩类疾病。当时的医疗水平不高，人均期望寿命在 50—60 岁。

这里我讲一下庆大霉素的事情。庆大霉素是我国最早自主生产的抗生素，1969 年开始用于临床，恰逢党的九大召开，被称为"庆九大霉素"（简称庆大霉素）。这个药是广谱抗生素，对呼吸系统、消化道、皮肤感染都有效，价格又便宜，可以口服，也可注射，大人小孩都能用，深受欢迎。记得那时举国欢庆，敲锣打鼓，游行庆祝。但是用久了还是出了问题。在后来的临床中发现有不明原因的聋哑、肾功能衰竭（尿毒症）症状出现，怀疑可能与某些药品有关，经科学研究证实，庆大霉素含有神经性毒素。现在这个药儿童已不再使用了，成年人也很少使用。从正面来讲，这个药对当时感染性疾病的治疗有很大帮助。

**采访者**：如果村民们遇到大病重伤，你们都是如何处理的？

**闻吾森**：这分几个阶段。新中国成立初，村民手上也没钱，大病重伤，简单能处理的，先处理一下，减轻痛苦，抵抗力好的，能撑过就好，处理不了的也没有什么办法。加上交通条件跟不上，去县城医院的更是少之又少。后来有了赤脚医生和合作医疗后，情况慢慢好转。赤脚医生能够处理和解决一些常见病及小伤痛，对一些病情也能做出初步的诊断和治疗。

**采访者**：在这 10 年中，您去了哪些机构接受医学教育培训？

**闻吾森**：大队选派我到当时的石岩公社卫生防治院培训学习。当时的条件下，医疗水平可想而知，通过公社卫生防治院一个月的培训我也就掌握了简单的外伤包扎技术，看看小伤小病，药箱里备上消炎药、止痛药、能解决感冒、头痛、拉肚子等小问题。培训以后，我依旧回到生产队种地为主，兼职做做看病的事情。

1969 年公社送我到萧山县人民卫生防治院学习三个月。那时候，县人民卫生防治院只有内科、外科、妇科、儿科，还有中医科，不像现在分科很全面、很详细。人民卫生防治院的这段学习经历，让我增长了见识，开阔了眼界，对基本的常见病以及一些外科知识有初步了解，我个人认为，正是从这个时候开始，我真正走上从医的道路。这次学习以后，我回到生产队，由原来的兼职变成半医半农。大队在大队部办公的地方，安排半间房子作为病人看病的地方，我以半脱产的形式开展医疗活动。

1972 年公社委派我到杭州卫校脱产学习一年。其中半年的时间学习医学理论知识，余下半年时间在萧山临浦医院实习。当时正处在"文革"时期，学校没有统一的教材。教学用的资料都是老师用铁笔刻在蜡纸上再油印出来的，条件比较艰苦。卫校的学习经历，使我能够有机会较系统地学习临床医疗知识，也为我后来在大学的学习奠定了基础。

随着社会的发展，为了降低新生儿死亡率，更好地服务人民群众，1976 年 10 月到 1977 年 9 月，当时已在公社卫生院工作的我，在公社的委派下到浙江医科大学附属儿童保健院脱产学习一年，主要是学习掌握儿科常见病、多发病。这些宝贵的学习机会，难得的临床学习经历，对我以后的从医之路都有很大的帮助。医学是一个辛苦的领域，每天都有新的研究、新的医疗方法面世。医生所要做的，便是不停地咀嚼消化它们，带给病人更大的希望。

**采访者**：1975 年 1 月至 1978 年 2 月，您在萧山县石岩人民公社卫生院工作。卫生院制度是什么时候建立的？赤脚医生是它的派出人员吗？您最初作为赤脚医生时的编制属于哪里？

**闻吾森**：1958 年以前，萧山农村医疗卫生机构叫卫生所，也称联合诊所。1958 年，萧山卫生系统进行体制调整，撤销了农村的卫生所和联合诊所，一律改为人民公社卫生院。我在石岩卫生院工作 3 年，是临时工，身份是赤脚医生，是公社革委会委派的卫生院负责人。当时卫生院按照县里和公社要求办事，现成的制度比较少，日常管理根据实际工作需要摸索一整套模式，也算是我在农村卫生院尝试摸着石头过河的过程，是对自己很好的锻炼。赤脚医生不算派出人员，赤脚医生没有编制，属于半脱产或脱产拿工分的。

**采访者**：公社卫生院的医疗力量如何（人员、设备、床位、药品等），每年接诊多少人？

**闻吾森**：当时公社卫生院，相对于村卫生室、村保健站，条件好一点，配备人员 6—7 名，其中有部队卫生员转业的，有当地卫校毕业的，也有政策原因从大城市下放到农村"改造"的老医生（新中国成立前的老大学生）。医疗设备方面，有血压计、听诊器、氧气瓶，还有清创缝合包、外科换药器材等，妇产科还有人工流产和接产器械，其中手提式高压消毒器是用来包产包消毒的。卫生院没有住院床位，只有抢救、观察用的两三张床位。药品方面，有中药饮片 200 多种，西药 200 多种。

卫生院的门诊服务，每天门诊接待病人 20—30 人，全年门诊 10000 多人次，能解决当地农民的一些常见病、多发病。出诊服务主要针对一些年老体弱、行动不便的群体，如中风瘫痪病人，一般是先预约，每天下午几个医生背上药箱，分片步行出诊，出诊费是每次两角钱。此外，卫生院还负责培训赤脚医生，开展预防保健工作。卫生院还组织全公社的赤脚医生，不定期召开短会，内容主要是针对疫苗（预防针）的使用方法和注意事项。卫生院还负责传染病报告卡的收集和统计、预防疫苗的发放和数据统计，新任的赤脚医生的培训也在卫生院进行。

计划生育、妇幼保健也是卫生院的重要工作。卫生院组织开展对妇科病普查，比如子宫脱垂。查出这个病的妇女，政府给予免费手术治疗，这样可以极大地改善她们的生活质量。20 世纪 70 年代初期，计划生育刚开展，普遍响应"一个不少、两个正好、三个多了、再生就错了"的号召，当时避孕知识和避孕药具缺乏，人工流产和女子绝育手术特别多。当年还没有 B 超，妇幼医生要挨家挨户地对育龄妇女上门"摸小肚子"，发现超计划怀孕的要及时动员做人工流产手术，同时新法接生技术也开始普及，卫生院负责培训大队接生员。接生员每半个月来一次卫生院，除了更换消毒产包外，还开具婴儿出生证明。另外，卫生院还需完成公社领导的一些临时指令性工作。

**采访者**：当时赤脚医生在工作当中有没有发生医疗事故？

**闻吾森**：当时在农村几乎没有医疗事故和医疗纠纷的概念，很简单，医治不成功就算了，这也不能怪医生，是整体医疗卫生水平不够。后来随着经济的发展，医疗纠纷慢慢多起来了，吵的闹的都有。但是近几年总体上医疗纠纷还是较少的。我想有这几个原因：第一，医疗水平提高，医生的水平也大幅提高，医疗过失减少了；第二，老百姓的素质提高了，他们也能够换位思考并理解医生；最后，政府足够重视，法律逐渐健全完备。

**采访者**：在卫生院工作后，您是否还下乡巡回看病？

**闻吾森**：我在卫生院工作期间，上午基本在院里看门诊，下午到各村巡回诊疗或者培训学习。晚上住在医院里，遇到急诊病人，随叫随到。

**采访者**：回顾 10 年赤脚医生经历，您有哪些印象深刻的事？

**闻吾森**：首先，在这期间，全国一片红的合作医疗制度，改变了广大农村缺医少药的状况，为广大人民群众提供了最基本的医疗保障，又在不同程度上减轻了农民看病的经济负担，对人均期望寿命的提高和生活质量的改善都有功劳。赤脚医生与合作医疗制度、基层的农村医疗保健站一起，在一定程度上缓解了农村缺医少药问题，有力地促进了农村卫生状况的显著改善和居民寿命的提高，直到今天，这段创举也是值得肯定的。

其次，坚持贯彻预防为主，开始实行预防接种制度。当时，受时代发展限制，农民文化程度不高，卫生观念防病意识薄弱，前期由于宣传不到位，农民很排斥预防接种，不配合打针。我们就利用白天时间到农民干活的田间地头做工作，劝说农民打预防针，或者晚上到家里做工作，不配合的就三番五次地上门做工作，学生在学校里打。那个时候，主要是接种牛痘，预防天花，还有流脑菌苗、麻疹疫苗、乙脑疫苗、小儿麻痹糖丸等。经过一段时间的宣传普及，农民慢慢对打预防针开始接受，后期的预防工作就比较好开展了。

也就是在这个时期，抗生素的缺乏也让我印象深刻。20世纪70年代萧山农村地区流脑（全称流行性脑脊髓膜炎）这种传染病是很多的，按照现在西医的理论来讲，它就是一种细菌感染。因为缺少磺胺类药物及青霉素等其他有效的抗生素，死亡率很高。我依然清晰地记得邻家一个小女孩因为流脑去世。大家出于对疾病和死亡的恐惧，害怕被传染，村里面都没人敢帮忙善后。后来是我和小女孩的哥哥一起将她草草埋葬。回想起来，当时的情形历历在目，仿佛昨天一般，放在今天，我们有好医好药，有很好的防治手段和措施，是不会发生这种事情的。

在当时的环境下，农村赤脚医生的数量也是有限的。我看病的区域涉及方圆3千米。附近村民有病痛基本都是找我，白天还好，晚上出诊还是有恐惧感的。那个年代联系不便，基本都是家人上门来请。出门也没有路灯，照明就靠手电筒。看完病人以后，病人家属关门不送，自己一个人回家。当时一天的工分是5角钱。手电筒的两节电池要2角钱。有时候手电筒的电池快用完了都舍不得换。记得在一个雷雨天的晚上出诊回来，我风雨兼程，唯一的照明工具手电筒也没电了，黑灯瞎火的，一不小心我掉进了池塘里，好在小时候在湘湖边上放牛的时候学了游泳，能自救，否则，我的性命都要搭进去了。尽管条件很艰苦，自身也吃了不少苦头，我从没想过放弃赤脚医生的工作。我热爱医生这份职业，能为周边的村民解除病痛，我发自内心地感到自豪和满足。

**采访者**：您认为赤脚医生和这种医疗体系有哪些不足？

**闻吾森**：正面来讲，赤脚医生、保健站、合作医疗使农村有医有药，但也确实存在一定的缺陷与不足。第一点，当时那个年代能够经过一年系统培训学习的赤脚医生少之又少，普遍的培训时间一般就只有几个月，所以造成系统的医学知识缺乏，只能靠平时的实践去一点点积累，这就使得一些疑难杂症无法得到有效解决，最多只是吃消炎、止痛、止泻、解暑类药和简单的外伤包扎等，容易造成误诊。其次是药品的缺乏，药品的种类有限，如消炎药很少，青霉素几乎没有。第三点，医疗水平有限，设备缺乏。我们卫生院直到20世纪80年代后期才有B超、化验设备，在此之前，只能是靠量体温、老中医把脉等最基础的诊断方法。同时医疗器械的消毒概念也不强，容易引起院内感染，比如注射器、输液皮管等也是煮沸消毒后重复使用。另外，交通不便、经济条件有限，农民享受一线城市的医疗资源更是天方夜谭。

**采访者**：就您个人经历而言，您认为赤脚医生给中国的农村医疗事业带来哪些影响？

**闻吾森**：我个人的理解包括现代很多研究文献的报道显示，赤脚医生对农村医疗事业的影响可以概括为如下几点：首先，赤脚医生的诞生在一定程度上解决了广大农村缺医少药的局面，在基层起到了防病治病的作用，对人均寿命的提高乃至人口的繁衍、卫生观念的改变、生活水平的改善都起到了保驾护航的作用。随着国家政策的调整，很多赤脚医生的身份提升为乡村医生，依然在广大基层发挥着重要的作用。

其次，伴随着赤脚医生而生的是农村合作医疗制度。有资料报道说，20世纪70年代末，世界卫生组织高级官员到中国农村考察，把中国农村的合作医疗称为"发展中国家解决卫生经费的唯一典范"。联合国妇女儿童基金会在1980—1981年年报中称中国的赤脚医生制度在落后的农村地区提供了初级护理，为不发达国家提高医疗水平提供了样板。我觉得这既是在当时的环境下对我们国家农村医疗保健制度的肯定，也是对我们赤脚医生的贡献的肯定。

第三点，所谓适者生存，赤脚医生在特定的历史时期产生并得到迅猛发展而且长期存在，说明在当时的情况下是符合国情符合实际的，是的确需要的。"小人物，做大事"的赤脚医生是有功劳的。虽然一直以来，对赤脚医生的专业性存在质疑声。我的观点是尺有所短，寸有所长。我们不能用今天的标准去看待当时的实际，赤脚医生与专科的医生面临的实际和解决的问题是不一样的。在贫穷落后时期不管你是什么医生，能够解除民众的疾苦，能全心全意为人民服务的都是好医生。

**采访者：** 在您担任赤脚医生的这 10 年间，萧山医疗卫生事业有哪些方面的发展？

**闻吾森：** 1966 年至 1976 年是"文化大革命"，在这 10 年中，经济发展受到重创，党、政、工、团组织都停止了活动，规章制度遭到严重破坏，医院的医疗工作深受影响。但是，在毛泽东主席"把医疗卫生工作的重点放到农村去"和"赤脚医生就是好"的指示下，萧山农村的医疗卫生事业还是有一定的发展的。我们萧山的农村卫生事业是在一穷二白的基础上逐渐发展起来的。县、区医疗机构的医务人员，乃至杭州、省级医务单位的医生响应毛主席的"把医疗卫生工作的重点放到农村去"的号召，纷纷到农村帮助培训赤脚医生，帮助农村建立（大队）保健站，使农村有了一张医疗保健网。农村保健站、村卫生室的建立和赤脚医生队伍的出现，初步解决了农村缺医少药的局面，极大地方便了农民的就近求医。在 1969 年，全县农村实行合作医疗制后，每人每年只要交 5 角左右的钱，最多每人每年交 2 元钱，到合作医疗站看病就可以免费或交几分钱得到诊治，得了大病，到公社卫生院或到县以上医疗单位诊治，凭医疗证明，也可享受一定的报销，以减轻农民的部分负担。当时，极大部分大队做到小毛小病不出大队保健站，就近诊治疾病。据资料记载，1969 年，萧山有 151 个大队建有合作医疗站，占当时大队数的 20.7%，到 1978 年，萧山农村有 756 个大队建立了合作医疗站，占当时农村大队总数的 93.3%，赤脚医生 1969 年是 509 名，到 1978 年达到 1591 名，10 年间增了 3 倍多。在赤脚医生中，有不少女赤脚医生，还学会了新法接生。由于新法接生在农村推广，孕产妇死亡率、新生儿死亡率，新生儿破伤风的发生率大幅度下降。1984 年资料记载。孕产妇死亡率为 0.26‰，婴儿死亡率为 20.2‰，围产儿死亡率为 19.7‰。

在这 10 年中，特别在 1971 年，县卫生防疫站恢复建制后，"预防为主"的卫生工作方针也得到较好的贯彻落实。流脑、乙脑、牛痘等疫苗在农村开始推广接种，疟疾预防药的发放，血防工作也得到进一步加强，所以传染病地方病的发病率得到一定控制。据资料记载，萧山常见的19种法定报告乙类传染病的发病率，1966年为1111.50/10万，病死率为1.43%，到1976年，发病率为621.36/10万，病死率0.22%，到1978年，发病率721.99/10万，病死率0.05%。1972年以后，消灭了斑疹伤寒。白喉、小儿麻痹症、钩端螺旋体病、疟疾基本控制。流脑、乙脑、伤寒的发病率明显下降。姜片虫病、钩虫病、丝虫病、血吸虫病等严重危害萧山人民健康和生命的地方病防治工作得到巩固，其中血吸虫病的粪检阳性率由1966年的9.19%，下降到1979年的0.04%，而且以后再也没有发现急性血吸虫病病人。1982年年初浙江省地方病防治领导小组授予萧山《消灭血吸虫病证书》。

所以，我认为在当时的历史条件下，农村合作医疗站和农村合作医疗制度的建立和发展，对解决当时广大农民的就近求医和农村缺医少药问题是有贡献的，实际上这是现在的社区医疗和农村医保的雏形。赤脚医生是当时农村防病治病的一支强大的生力军，对农民防治疾病、减轻农民的病苦功不可没。

## 三　进入大学：刻苦学习补基础

**采访者：**1977年恢复高考后，您是否参加过高考？您是通过什么途径进入大学学习的？为什么选择报考温州医学院？

**闻吾森：**我是1978年3月至1982年12月在温州医学院临床医学专业学习。我是一名保送生，没有参加高考。1977年，国家恢复高等教育，当年实行双轨招生，我因为有10年赤脚医生的经历，经过多次培训进修，又是县级优秀赤脚医生，作为当时"三优生"之一（优秀赤脚医生、优秀民办教师、优秀植保员分别进入医科大学、师范大学、农业大学学习），我被保送到浙江温州医学院临床医学专业学习。温州医学院临床医学专业，当时是温医唯一的综合类专业，所有的医科基础理论都是必修课。当年正常招生185人，后来省里要求在温州当地扩招15个走读生，共200人，分为4个班。我是一班的班长。学生全部来自浙江省。

**采访者：**恢复高考后最初几年，大学生年龄、生活经历、背景差异巨大，请介绍你们临床医学专业班级的同学情况。

**闻吾森**：因为当时环境的特殊性，我们这一届实际上是 1978 年 3 月份正式入校读书的。当时医学院的规模不大，招收的人也不多。学生生源主要有两大类：一类是通过参加高考入学的，另一类是像我这种保送生。医学院保送生有 3 个人，我是其中之一。应该说，作为一个农家子弟我算是很幸运的。由于历史原因，我们同学的年龄、生活经历都有很大差异，其中年龄分别在 16—32 岁，学历从小学到高中都有，有应届生也有老三届的学生，这也是当年的普遍现象。我当年是 30 岁，属于老三届年龄段，但没有读过中学。全年级 200 位同学中，30 岁以上的有 12 人，除我之外全是老三届的历届生，我们全是男性，都做了爸爸的，同学们都叫我们老大哥。12 个人中我年龄最小，30 岁，所以有 11 个老大，有些同学就叫我二老大。上大学那年，我女儿 4 岁，儿子 1 岁。我们班最长的老大哥 32 岁，他有 3 个孩子，那年是父子都读"一年级"。他们在上大学之前基本都是民办教师，文化基础相对比较好。

**采访者**：当时温州医学院在省内是什么水平的学校？

**闻吾森**：温州医学院，现在升级为温州医科大学，当年校址在温州市黎明西路，办学规模比较小，仅有临床医学系。学校属于省内中等水平，有附属医院（也称温州市工农兵医院）。临近毕业时，即 1982 年筹建了第二附属医院（又称儿童医院，两块牌子，一套人马）。当年学校的办学条件很艰苦，一栋一层的大房子，教学、食堂、养猪都是在一起的，课

**图 2　闻吾森在温州医学院（现温州医科大学）学习期间留影**

桌、饭桌、会议桌是一桌多用。教室后面是猪栏，里面养猪，边上是食堂做饭的地方。特别是每天中午快吃午餐的时候，食堂蒸饭的饭香味飘到教室来，馋得我们流口水，教室后面就是猪栏，人饿猪也饿呀，猪闻到香味叫个不停，甚至有一次猪从后面的猪栏里冲到教室里弄伤了坐在后排的女同学，可见当时的办学条件确实是很艰苦的。我们每餐二两米，配上番薯

干蒸着吃。番薯干质量不是很好，有的霉味很重还带有苦味，家庭条件好的女同学都丢掉不要吃，我们都讨过来吃掉。对我而言，这些困难都是可以克服的。

**采访者**：在学校读书期间，有哪些印象深刻的老师和课程？

**闻吾森**：前面讲过，因为我是通过保送的方式上大学的。中学阶段的物理、化学、英语我是零基础，一无所知。这其中还闹了几个笑话让我记忆深刻。物理课上老师讲欧姆定律，我把电阻单位符号说成是火车头上的标志，惹得同学们哄堂大笑，说我是哪里来的傻子，这个都不知道。另一个事情就是化学实验课上，老师问我临床上要配75％的酒精500毫升需要多少毫升95％的酒精。我回答说，大半瓶95％的酒精冷开水加满即可，当然是文不对题了，也被大家笑话了一番。现在讲起来，也都是因为零基础的原因，因为这里面涉一元一次方程的知识，我都没学过的，所以闹了笑话。

我个人体会，学英语是最困难的，也是记忆最为深刻的。大学开学第一课是摸底测试英语，我没学过，单单只写出了26个字母。因为没基础，学起来很困难。因为我是班上的班长，所以跟学校教务处长接触较多，也比较熟悉。我把英语学习上的难处跟他讲了，觉得自己跟不上，想回家去，不读书了。教务处长叫陈先觉，原来做过平阳县的干部，是很好的一个人。他一方面做我的思想工作，劝解我说，一个人就这么一次读大学的机会，放弃了可惜，让我好好学习，安心读书。另一方面他给我开绿灯，知道我英语零基础，为了顾及我年轻人的面子，允许不公布我的英语成绩。

知道自己的不足后，我马上托人借来中学的数理化教材，晚上和星期天由同寝室当过中学代课老师的同学给我补课，我的室友也在课后给我开小灶帮我补习，还有就是物理老师、化学老师、英语老师也经常给我吃小灶。看书累了打瞌睡时，就扭自己的大腿提神。一学期下来，我的英语考了56分。理化的学习也能慢慢跟上节奏，应该说进步还是很大的，自信心也得到了很大的鼓舞。到了第二学期，我们陈处长继续鼓励我，跟我说，如果这学期我英语学不好，不能顺利毕业，将来同学都是大学本科毕业，我只能算是肄业生，和专科生待遇一样，这是有差别的。

有了第一学期的基础，后面我继续努力。第一、二学期我甚至没有去过温州城里玩，也没有进过电影院（当时也没有钱）。为省钱省时间，在学校期间我的理发都是室友林列老大哥承包的。

一路学下来，到英语毕业考试在全年级还有 5 人补考的情况下，我考了 82 分，开心得不得了。当时我的英语老师是钱礼教授（我国著名的医学教育家、外科奠基人之一，当时是温州医学院院长）的儿媳妇，她也特别高兴，对我大加赞赏。后来这位英语老师出国了，再也没有见过。也正是大学里学习英语的经历，为我后来升正高职称帮了大忙。我们晋升正高职称的时候，都是要考英语的，有些工农兵大学生都是难在了英语上，英语关过不了，职称就升不上去。我因为大学里有英语学习的基础，毕业以后也没有放弃继续学习，平时也会订阅英文报纸来看，所以后来晋升考试比较顺利。现在回想起来，陈处长、英语老师，还有我的室友和小组里的同学，都是我生命里的贵人。如果当初不是他们的善意，没有他们的帮助，可能我的人生又是另一种局面。我对他们一直是心存感激的。总的来说，整个大学阶段，英语这门课程让我印象最为深刻。

当然，还有解剖课老师王务迪、病理生理课老师喻华芝（后来是浙江省卫生厅的副厅长），课都讲得很好，把原本枯燥无味的课程讲得生动形象，大家都爱听，人又好，很爱护学生。真的是称得上为人师表，令人赞叹的。这些前辈，我会一直记着他们。

**采访者：** 当时您是带薪读书吗？

**闻吾森：** 当时我不是带薪读书，在卫生院工作是临时工。大学毕业以后，带薪读书毕业的第一年月工资是 53 元，我是 45 元，第二年才 54 元。读书期间条件很艰苦，我穿的是母亲做的土布裤和布鞋，我记得当时学校穿土布裤的只有我一个人。好在我父亲是退休工人，每个月有 24.85 元的退休工资，能够支持我去温州读大学，同时在我假期回到家在村里会继续当赤脚医生，赚一些工分减轻家里负担。但是这样艰苦的环境并没有影响我在大学的成长，我性格开朗，与同学相处比较融洽，成绩也特别好。在毕业档案里，是优等生。

**采访者：** 请介绍在温医学习时的课程设置和实习安排。毕业后，您是重新分配工作还是回到原岗位？

**闻吾森：** 临床医学本科专业设置与医院科室设置基本一致，属于医学全科类理论学习，有 27 门必修课，以基础知识为主。毕业后可以适应任何科室（包括影像、检验等医学技术类）。当时我被安排在温州市工农兵医院实习一年，也就是温州医学院附属医院。也是在这一年中，我学会了温州方言。

当时毕业生面向全省分配为主，也有少数到省外或部队。毕业时我们班 48 人，其中男生 30 人、女生 18 人。目前在省级医院的 18 人、市级医院 7 人、县级医院 12 人，去国外 9 人，另有 2 人情况不详。毕业分配时，学校领导找我谈话，要我留校当团委书记。我说，家里刚分到 2 亩多地（三中全会后实施分田到户），父母亲、老婆孩子都在农村，（当时交通不便，长途汽车到温州要 2 天时间），要求回原籍。我是属于国家统一分配的，被分配到萧山县人民医院。我们年级有 10 多位带薪读书的，按当时国家规定都回到原籍工作。

## 四　扎根故土：萧山行医 30 年

**采访者：** 毕业分配到萧山县人民医院后，您被安排到什么科室工作？

**闻吾森：** 1983 年 1 月至 1984 年 3 月，我在萧山县人民医院外科做医生。1982 年 12 月，是医科大学恢复高校招生后第一届毕业生分配工作的日子。萧山县有毕业于浙江医科大学、黑龙江中医药大学、温州医学院的医学生 12 人。由于"文革"造成人才奇缺，那时的本科生比现在的博士生还吃香。人民医院分到 4 人，3 女 1 男，我志愿是想到小儿科，由于我是男生，最终被分到外科。

**采访者：** 与卫生院相比，您在县人民医院工作最大感受和变化是什么？

**闻吾森：** 首先是规模方面，与卫生院相比，在县人民医院工作，环境发生了很大的变化，单位的范围比卫生院大上百倍，人员比卫生院多 40 多倍。病人多，病人的病情大多较重。卫生院与人民医院是无法比，也是不可比的。其次是技术方面，当时的县医院由工作时间比较长的大、中专生当家，本科生很少。还有就是设备方面，县医院有超声波、X 光机等医疗设备，这些在卫生院都是没有的。到县人民医院工作，我感到责任重，因为所诊治的病人病情较重而且比较复杂。感到在医学院学到的知识和技术根本不够用。所以，我下决心加倍地努力学习，老老实实地向医院的老医师求教。我决心要勤奋地工作，在工作的实践中增加和积累诊疗技能，以使自己尽快地适应新的工作岗位。我白天工作，晚上针对工作中碰到的问题在书本中寻找答案，看不懂弄不懂的问题第二天向老医师请教。休息天，我不休息，常去病房转转，看看我所经手的病人。我的"钻劲"在医生、护士及病人中有好的口碑，有的老医师说我是"矮脚稻（一种高产水稻）的种子"，也有人称赞我是个好"苗子"。

**采访者**：当时县人民医院的医生本科毕业的人数有多少？

**闻吾森**：据统计，到 1983 年 9 月底一共有员工 328 人，其中全民 273 人、集体 7 人、全民办集体 48 人，有中级卫技人员 91 人。在 1983 年、1984 年时，萧山人民医院的大学本科毕业生在 20 人左右，主治医师也只有 21 人左右。还有 10 多名分配来不久的浙医大的工农兵大学生。以大专生、中专生及部队转业的军医为多。

**采访者**：在县人民医院，您的专业和科研方向是什么？

**闻吾森**：1983 年 1 月至 1984 年 3 月在萧山县人民医院当外科医生。当时的外科有 2 个病区，一共 16 位医生，我年纪最小，资历最浅，从事的专业是普外科。在县人民医院的工作时间不长，实际只是学习阶段，所以还没有啥科研方向。

**采访者**：1984 年您就被任命为医政股长。请介绍一下医政股的具体工作内容。

**闻吾森**：1983 年机构改革，县里按照干部"四化"（年轻化、革命化、知识化、专业化）的要求调整各级领导班子。1984 年年初，县卫生局的领导班子也做了调整。4 月，我被任命为县卫生

图 3　1984 年，闻吾森（左）在萧山县
人民医院外科门诊

局的医政股股长。当时卫生局设"三股一室"，即人事保卫股、行政股、医政股、办公室。医政股就是原来的业务股，工作内容很多，主要讲有以

下几个方面：一是农村卫生事业的医疗业务管理，包括卫生院的技术责任制方案的制定及组织年中和年终考核，组织对村保健站（合作医疗站）的检查考核，组织对赤脚医生（乡村医生、农村卫生员）的培训、考试、考核等等；二是医疗制度的制定及执行情况的检查（主要是针对卫生院）；三是对卫生技术人员的进修、培训安排；四是组织对医院、卫生院医疗质量的监督检查；五是组织对科研项目的申报及组织鉴定工作；六是组织征兵体检和高考的体检；七是卫生统计；八是对工厂企事业医疗机构医务人员的晋升晋级培训及相关业务指导；九是处理医疗纠纷及组织医疗事故的鉴定；十是审批个体开业医生（当时主要是个体牙医及草药郎中），查处非法行医；十一是领导临时交办的其他事项。所以讲当时卫生局医政股的工作十分繁杂。1986 年我还参加县政府组织的乡镇企业情况调查组 3 个月。

**采访者：**1987 年，组织上为什么安排您到萧山县精神病医院担任院长？

**闻吾森：**1987 年，在"机构改革回头看"中，县卫生局领导班子做了调整。部分县直属医疗卫生机构的领导班子也做了相应的调整。县精神病医院的原院长身体不好，多次向卫生局领导提出辞去院长职务的要求，而且原党支部书记的年龄已到离休的年龄了。1987 年 8 月中旬，卫生局党委决定我和人事保卫股的副股长孙先传同志一起调到县精神病医院工作，我担任院长，孙先传同志担任医院党支部书记。9 月 1 日，我正式接任县精神病医院院长的工作。

**采访者：**当时的精神病医院是怎样的状况呢？

**闻吾森：**当时的精神病医院在萧山城区的东边，很荒凉，交通不便，都是骑自行车过去的。院内杂草丛生，垃圾成堆。我们到那边的第一件事情就是搞卫生，由于我们俩（与孙先传同志）都有基层工作的经验，孙先传书记是部队转业干部，干劲十足，给大家留下了很深的印象。后来院区的面貌也很快得到了改善。

**采访者：**您的专业和科研方向是什么时候开始转向精神疾病？

**闻吾森：**我们读大学那个时候，精神病学的内容很少，只有民政系统办的在温州西山的精神病医院，见习时去参观过一次。我到县精神病医院工作后，就应该要适应这所专科医院。要管理，并且要管好这所医院，我认为必须懂精神病这一行，必须要懂精神病方面的专业知识。萧山县的精神病发病率比较高，据调查，患病率为 7.41‰，全县当时有 1 万余名精神病病人。县精神病医院不仅要负责对病人的治疗，还要负责对全县社会上的精神病人进行管理及对全县基层的精神病防治医生进行培训。精神病是一种十分痛苦的疾病。有的病人长期被家人用链条锁着，或长期被关在猪圈、柴棚里，这种病人叫"关锁病人"。也有不少病人最后抑郁自杀。不仅病人本身十分痛苦，而且患者一家也不太平。一家人家只要有一名精神病人，这家人家就会滑向贫穷。当时萧山就有两百多家庭就是因为家中有精神病人而一贫如洗。马路上蓬头垢面、衣破烂衫的病人也多。

我了解这些情况后，产生了一种强烈的同情心、责任感，触发了强烈的事业心。俗话说："外行看热闹，内行看门道"。要当一名称职的、合格的精神病医院的院长必须得入门、入行、懂行，成为内行。我立志：干一行，爱一行，专一行，争取在较短的时间内使自己也成

**图 4　1988 年闻吾森（左四）陪同德国精神医学院专家访问萧山县精神病医院**

为一名精神病的专科医生。我做到干中学，学中干，边干边学，使我这颗"矮脚稻种子"在精神病医院发芽、生根、开花、结果。经过几年的努力，我也成为一名精神疾病的专家，后来晋升为精神病专科主任医生。我在精神病医院担任了十年院长，在这十年当中，医院的发展很快，医院管理不断上新的台阶，社会的精神病管治工作也取得了很好的成绩。医院多次被杭州市精神卫生领导小组评为先进集体，被萧山市委、市政府评为文明单位，几乎年年被萧山市卫生局评为卫生系统先进单位。1989 年被省卫生厅授予浙江省文明医院。医院的党支部书记孙先传同志多次被中共萧山市委评为萧山市优秀共产党员，我也被评为萧山市劳动模范。

**采访者：** 您在 1992 年 9 月至 1994 年 6 月浙江医科大学研究生班学习。这次学习是统一考试招生的吗？您在浙医大读研时的专业方向是什么？请介绍在浙医大学习的具体情况。

**闻吾森**：20 世纪 90 年代初，正是改革开放发展的新时期，伴随着经济的迅速发展，对医疗卫生也相应提出了新的要求。在这个大的背景下，杭州市卫生局委托浙医大举办首届杭州市卫生系统学科带头人培训班，学员毕业后等同于研究生学历。我就是在这个政策下，才有了研究生学习的机会。培训班学员都来自杭州市县级及以上医疗卫生单位，年龄要求在 45 周岁以下，具有大学以上学历，本着自愿和单位推荐相结合的原则，通过考试入学，考试内容涉及专业的医学基础知识和英语，学制是 2 年。我们这一届共招收了 42 个人，一个班分 4 个组，我是班长兼一组组长。1992 年 9 月份入学以后，第一年学习内容主要是专业医学知识，学习了解一些新的前沿理论知识及医学发展新动向。第二年主要是结合自己的专业选择全国各大知名医院临床进修学习。我去的是上海华山医院。也因为这一时期我担任精神病医院院长职务，日常工作繁忙，实际上在华山医院进修的时间不长。培训学习期间论文要求也是有的，我结合自己的专业，写了题为《浅谈县级精神病专科医院的综合性发展》的文章，发表在《杭州医学杂志》上。应该说，培训班的举办还是富有成效的，在当时的情况下，对于视野的开阔、观念的更新、认识理论的提高都是有帮助的。通过学习提升，这些学员后来都在医疗战线上有所建树，有的担任医院领导，主政一方，将所在的医院做大做强，名噪一时。多数成为相关学科的"领头羊"，凭借精湛的医术，深得患者和家属的好评，誉满杏林。还有的参加了援外医疗队，远赴非洲工作，翘楚同行。我认为研究生班的经历是功不可没的。

**采访者**：在 20 世纪 90 年代，萧山医疗卫生事业还有那些不足？在萧山人民医院院长岗位上，您提出了什么发展目标？

**闻吾森**：1996 年 7 月 25 日，萧山市人民政府聘任我为萧山市第一人民医院院长。当时的萧山人民医院已经是一所在全省有名的医院。对我一个由赤脚医生成长起来的医师来讲，虽然这是组织上对我的信任，但对我来讲压力是大的，是一种挑战。相隔 10 年后重回人民医院担任院长，这与 1987 年我到县精神病医院当院长不同，精神病医院的条件、基础都不是太好，我去当院长，下功夫改变面貌，见效比较快，成绩、变化比较容易看得出来。

而到这所本来就是当地一流的医院去当院长，要在好上加好，百尺竿头，更上一层楼，对我来说难度大，压力重。我想，这是组织上对我的信

任，也是一种重托。我这
"矮脚稻的种子"，要敢于
担当，要在这所萧山"第
一医府"，继续发芽、开
花、结果。要么不干，要
干就一定要干出一个样子
来，至少不能让这所萧山
"第一医府"倒退，最好
能使这医院好上加好，锦
上添花。萧山人民医院在
1990年就被省卫生厅评定

图5　2000年闻吾森（左）支援新疆维吾尔
自治区和田地区洛浦县医院

为二级甲等医院，所以我给医院确定的目标是：三级乙等医院。有了目标，
就有了前进的方向和动力。

　　20世纪90年代，社会上对医疗卫生单位的主要意见是医务人员医德
医风差，看病贵，服务态度不好等等。我认为，医院要发展必须持之以恒
地抓精神文明建设，以医德医风教育为抓手，切切实实地去一件件做。医
院是救死扶伤的单位，维系人民的健康和生命，必须坚持社会效益第一。
全心全意为人民服务是办医院的宗旨，救死扶伤是办医院的初心和使命。
我到医院工作后，与领导班子的同志统一认识，统一思想，要重点解决服
务态度差、收受病人红包、乱收费这三个社会上呼声较大的问题。我们在
对职工进行法制教育和职业道德教育的基础上，采取四条措施：一是制定
红包监督制度，奖励举报人，重罚红包收受者；二是对医院各类人员提出
语言、行为、举止要求，重罚态度恶劣和损害病人利益者；三是强调合理
用药、合理检查，合理收费，对滥用药物和检查者，轻者批评教育，重者
承担所有费用，并在门诊大厅和各住院病区公布各类收费标准，接受病人
监督；四是医德医风考评与活动工资（奖金）挂钩。在门诊大厅，设立
"领导值班岗"，于每周一至周五的上午，各由一名院领导值岗现场办公，
内容为：倾听病人意见、回答病人咨询、解决病人困难、帮助导医等。这
个举措，当时在《浙江日报》的头版报道过。

　　在病区开展"示范服务岗"活动，做到首问负责、首诊负责、文明用
语。医院团委发起开展青年义务导医服务和争创"青年文明号"活动。1997

图6　萧山市第一人民医院的 10 名专家在萧山经济技术开发区为区内三资企业员工开展义诊、咨询服务活动（傅展学摄于 1999 年 4 月 15 日）

和 1998 两年开展"两心"（以病人为中心，以质量为核心）教育，增强"三爱"（爱病人、爱医院、爱岗位）思想。1999 年从改进行风为切入点，开展"三讲、双学"活动，号召全院职工讲学习，讲政治，讲正气，学习全国先进吴登云和本院外科医生省劳动模范徐金荣的先进事迹，2000 年开展以塑造"生命的天使"为主题的医德大讨论，进行医德形象演讲比赛，在社会上聘请了 20 位社会贤达知名人士为医院的行风监督员。在进行医德医风等各种教育活动的同时，医院推出和完善各项承诺制度和药品、医疗器械设备的公开招标制度及管理办法，以杜绝在药品采购、供应、医疗器械设备采购及供应中的不正之风。把医院的 10 项承诺制度向社会公布，接受群众监督。这 10 项承诺是：

每周七天办理出入院手续；

接到 120 急救电话，5 分钟出车（当时萧山没有专门的急救站，人民医院是急救中心）；

门诊节假日不停诊；

危重急救病人可先抢救后挂号（开通急救绿色通道）；

急救病人在 24 小时内办理入院手续；

重症疑难病人 24 小时开放医疗检查（CT、B 超、化验等检查）；

门诊病人挂号、划价、收费、配方排队不超过 8 人；

不销售伪劣药品和非治疗药品；

离休干部和 70 岁以上老人免费挂号；

热情服务，实行首问负责。

经过连续几年的医德医风教育，医院的精神文明建设不断上新台阶，群众对医院的满意度不断提高。据回收的测评表统计，病人对医院的满意率为91.43%，社会对医院的综合满意率达到98.26%。医院的重症监护室（ICU）被评为杭州市"青年文明号"，神经内科护理部被评为杭州市"三八"红旗单位，儿科被评为萧山市"巾帼建功示范岗"，医院的门诊收款处、急诊输液室被评为萧山市卫生系统"双十佳文明窗口"。医院被杭州市卫生局授予医疗安全竞赛活动优胜单位。急诊室护士长吕岳娟被评为萧山市医德建设标兵，外科医师徐金荣被评为省劳动模范。医院每年都收到很多病人送来的锦旗、镜框、表扬信，仅1999年和2000年就收到各种锦旗、镜框、表扬信385件（次），受到各级新闻单位表扬达30多次。我院在浙江省的县级医院中被赞誉为"四小龙"之一，当时是县级一等一的医院（其他是诸暨、瑞安、温岭市人民医院）。

20世纪90年代末，围绕"以市第一人民医院为中心，以具有大专科小综合的特色医院为骨干，以适应社区卫生服务需求为目的的镇乡卫生院为基础"，具有萧山特色的三级医疗卫生机构新格局建设新思想，在医院改革与发展上又有了新的发展。2000年4月3日，经省卫生厅评定，萧山第一人民医院为国家三级乙等医院。当时是全省首批被评定为三级乙等医院的三家县（市）级综合性医院之一。这份成绩的取得来之不易，既是我们医院全体干部职工辛勤奋斗的结果，也是广大患者的选择和信任的结果。

从1935年8月立院至今，在数十年的发展过程中，萧医人前仆后继，代代相承，以高尚的医德泽被大众，以精湛的医术救死扶伤。我们经常说"输得起时间，输不起方向"，可见战略选择对医院未来的发展至关重要。在前辈奠定的坚实基础上，我提出了"规模第一、技术第一、质量第一、服务第一，全力建设杭州南部医疗枢纽"的发展定位。

**采访者：**2005年，您转任萧山区医学会会长，请介绍医学会的主要职能。

**闻吾森：**我是2005年11月转任区医学会会长的，一直到2009年5月。医学会是由区卫生局领导，受区科协指导，负责医学学术交流、科学普及、教育培训、技术咨询服务等辅助性工作，负责全区范围内医疗机构优秀学术论文的评选和奖励。主要的事务还包括组织医疗事故的评析和卫生系统各级医疗机构的各项临床质控标准的制定和考核工作。比如选拔人员组成各医学质控中心。一般区级单位会组织口腔医学、急诊医学、重症医学、临床麻醉、临床检验、临床病理、临床放射、医疗设备管理等多个质量控制中心，定期进行技术交流和科学研究。组织专家参与区医疗纠纷评析工作。

工作量比较大的是，一年一度的医疗机构质控考核。萧山是 200 多万（常住 150 多万）人口的大区，医疗机构比较多，公立的区属医院 7 家，卫生服务中心 20 多家，民营医院 49 家，民营门诊部 85 家。每年度都要进行质控检查，具体考核各医疗机构（诊所不参与）的病历、院感、护理、检验、放射等质量控制情况，以确保整体医疗水平的不断上升。

**采访者：**2009 年起，您到萧山同乐老年病医院开始从事老年康复工作。民营医院的出现对现有医疗体系有哪些价值和意义？

**闻吾森：**2009 年退休后，我来到同乐医院工作，自己身体好，在萧山医疗卫生领域工作了几十年，累积了很多病人，认识我的人也很多，一下子休息是不习惯的。老病人、老朋友喜欢熟悉的医生看病，因为相互了解，可以有针对性地提供健康建议和疾病诊疗。还有一方面呢，人不能停下来，人一旦与过去工作一下子完全脱节，心理上、精神上、身体上都不会适应。在医院向年轻人学习，如智能手机，什么微信、支付宝、网购、地图定位、滴滴出行等都能使用，既为自己的日常生活添加乐趣，也为家人和朋友减少麻烦，关键也在与时俱进。我现在也算是劳逸结合，累了休息一下，除了上班在病区查房会诊外，每周还固定一天门诊，回到农村老家还要种种花草、种种菜，相互调剂，生活很充实。

我以前在萧山区和社区老年大学讲医疗保健课 20 多年。"本科生、研究生，都不如一个闻吾森"这是老年大学学生对我的评价。为什么呢？我认为主要是我的课接地气，尤其是本地的老年朋友，我讲萧山方言，他们听得懂，有亲近感。

再就是讲课的内容贴合老年人的胃口，贴近老年人的生活。比如说，有一次我去为一个镇妇联组织的中老年女性上课，主题是《当代婆婆的角

**图 7　2002 年闻吾森（前排右二）在老年大学讲课**

色》，听课的都是50—60岁的婆婆。她们刚做儿媳妇的时候，婆婆的话都得听。我讲课时说，你们现在对待儿媳妇要像你们当初对待你婆婆的态度，家庭就一定很和睦的。课后，学员们都问我，老师，你怎么知道的？大家都说我的课讲得好。我现在不讲课了，因为讲课要有体力的。

萧山的老年病医院从开始创建至今已有10余年，共有20多家，除一家是公立的，其余全是私营医院。这些医院的业主（老板）多数不懂医，之前多数也没有医院工作或医院管理的经历，所以以前个别医院经过这么多年的发展经营，现在应该基本都规范了。我们医院老板在开院初期，让我给全院职工讲课（培训），我结合医院性质及特色提出了几个自己的观点，第一，针对老年病的特殊群体，护理（特指护工）是基础，以前我们所说的七分护理三分医疗，护理指的是护士，现在在我们老年病医院指的是护工。老年病人住院是"全托"，生活上的照料全由医院护工承担，我们做过统计，我们老年病医院的住院病人，平均年龄在80岁以上且有多种慢性病，生活大多不能自理，有三分之一的病人靠胃管（鼻饲）提供营养生活，我所知的我们医院就有一位70多岁的老人用鼻饲营养支持已经8年之久了。除去医生不谈，护工的功劳是不可小看的。很多老年病人住院前，子女们都要货比三家，挑的就是护工的护理质量。所以我一直强调，老年病医院，靠的就是护理。第二点，规范是生命。老年病医院创建之初，个别医院一些不规范的行为一经媒体曝光后，基本上就发展不下去了。各项政策的规范执行与否，是直接影响到医院的生命力的。所以我们一直强调规范二字，在政策法规的指引下行事，规范收费，规范诊疗等等，都是医院保持旺盛生命力的法宝。第三点，质量是保证。我们讲医养结合，这个医的重点就是指医生了，重视老中青医疗团队建设，聘请外院专家查房指导诊疗，注重青年医生医疗水平的提高都是重点。私营医院的医生护士绝大多数是外地人。我们医院也是如此。他们中有些不会讲也听不懂萧山方言，老年病人多没什么文化，识字不多，又不会讲普通话，在了解病情时，医患沟通很难，面对病人的方言，有时是一笑了之。我经常给他们做翻译员。一起查房，我以拉家常的方式，全面了解他们几十年来诸多疾病发生发展的过程，一方面我懂一点心理医学的知识，另一方面年龄上也与病人年龄接近，有共同语言，一番沟通下来，（我称为话疗）往往收效甚好。一段时间下来，我们的医生日常查房都不是问题，能够很好地了解病人的诉求，更好地开展医疗活动，医生看病的水平提高了，我们才治得好病，才能留得住病人。我们医院很多病人都是家属口口相传相互介绍来的，回头客的评价是，我们来同乐住院是就冲着这里的医疗质量好。我想这也是对我们年轻医生的肯定。从现在环境与今后发展趋势来看，民营医院必须选择差异化发展的模式。要做到人无我有，公立医院不想干的，我们干；或者公立医院没有想起来干的，我们干。唯有如此，才是最佳选择。

**采访者：**2009 年退休后至今，您仍然坚持在医院一线从事门诊工作。请介绍您现在的工作与生活安排情况，以某一天为例。

图 8  闻吾森在医院坐诊

**闻吾森：**我现在工作的单位，给我安了一个院长顾问的头衔。日常工作实际上充当了一个老医生的角色，每周四都安排有全天门诊。我家住在知章村，到医院自己开车大约 30 分钟车程。一般都是提前一个小时到医院。一方面能有效地避免路上的拥堵，另一方面有时间在坐门诊前完成查房工作，对院内的危重症患者诊疗工作做相应的指导，发挥我作为老医生的特长，确保医疗安全。

门诊时间一般早上 8：00 到中午 11：30，下午 1：30 到 5：00。秋冬的时候，作息时间略有调整。现在看病不像以前需要手写处方，一系列化验单、处方等都是通过电脑操作完成，节省了很多时间。一天下来，要看 70—80 个病人，有时甚至更多。因为病人多，门诊时间会有年轻医生协助我，遇到典型的病例，与年轻医生讲一讲，这也起到了我作为老医生临床带教的作用。

在门诊看病的同时，病房会诊也是要顾及的。我们老年病医院病人的发病特点是，基础疾病多、多病共存、起病隐匿、不典型、病情变化迅速等等。我有 10 年赤脚医生基础，10 年精神病医院专科医学知识，10 年人民医院"大医院"急诊抢救、疑难病人处理的经历。所以当全院 200 多病人中遇有突发的病情变化，年轻医生遇上棘手的病例都会叫我去会诊，替他们把把关，我一般是随叫随到。一天下来还是很充实的。

# 五　峥嵘岁月：萧山医疗事业今昔

**采访者：** 经历赤脚医生、恢复高考后的医学生、公立医院的院长，再到民营医院的医生，您如何评价自己的医生经历？在不同时期、不同医疗机构中工作，您有哪些不同体会？

**闻吾森：** 医生这个职业，治病救人、积德行善，有很大的成就感，做一名让人称道的医生，比给予官职、得到财富，要有意义得多。这也是我无论是做赤脚医生，还是在公立医院做院长，还是到民营医院当医生，始终对于自己有一种角色定位和价值追求。当时做赤脚医生，医疗条件很差，老百姓的生活条件也很差，但医患之间关系很融洽，你给人家看好了病，病人一家都会记着你的好，有时是一篮鸡蛋，有时是一捆青菜，感受到的是最朴素的感谢之情。在公立医院当院长的近20年间，我也坚持坐门诊，不脱离临床，不忽略专业提升，直至晋升到正高职称。退休后到民营医院，一家医院做了十多年，除了老板信任，同事间融洽，最主要还是病人需我，这些老人需要有人关心关爱他们，有人陪他们说说话。说老实话，做医生，真的很幸福。被需要，是我这一生的人生价值的最大体现。

当我们踏上医学道路时，往往要被问及，做医生是为了什么，是因衣食无忧的生活、闻达四方的名誉，或能做身边亲友的"健康顾问"？不管怎样，尺度自在每个人心中。于我而言，为人民健康服务是我一生追求的事业和生命的价值。回想半个世纪的从医生涯，有过迷茫无助，有过害怕担忧，有过欢欣喜悦，唯独没有过后悔。没有后悔当年19岁时的自己的选择，没有后悔成为一名医生，更没有后悔这五十年如一日的坚守。如果有来生，下辈子我还要当医生。

**采访者：** 作为共和国同龄人，您见证了新中国70年来的发展历程。对此，您有什么深刻体会？

**闻吾森：** 新中国走过70年，有风雨有苦难，但发生的变化确实翻天覆地，特别是改革开放这40多年来。萧山凭借着良好的地理位置以及敢为人先的拼搏精神，大力发展乡镇企业和民营经济，一跃成为全国百强县，经济社会各项事业发展迅猛。随着杭州跨江发展战略实施，城市中心南移，萧山向北发展，G20 杭州峰会、亚运会等国际性重大活动在萧山举办，必将极大提高萧山的国际知名度和影响力，萧山这座城市的发展前景一定会越来越好，这一点，我非常坚信。当然，发展肯定不是一帆风顺，像今年的新冠疫情，以及某些西方国家的扼制打压，中国的前进道路充满着艰辛与挑战。但是我想，只要老百姓日子越过越好，我们内部不乱，努力做好自己的事情，外部的任何困难阻挠都是打不垮我们的。

作为共和国的同龄人，我见证了我家乡新中国成立以来的所有发展阶段，刚解放那 10 多年，因年龄小，印象不深。大跃进、人民公社的建立等，就有了比较深的印象。"文化大革命"、粉碎"四人帮"和十一届三中全会以来改革开放的 40 多年，那都是亲身经历的，大部分事件历历在目，永生难忘。

作为共和国的同龄人，是随着共和国前进的脚步而成长的。党和国家给我们提供了良好的学习、成长条件。可以说，没有党和国家的培养，就没有我个人的成长和进步。所以，我们应该永远感谢党和国家，为共和国的繁荣昌盛贡献自己的一切。

首先，我要特别感谢党和国家的培养。我个人的发展和国家的发展是紧紧联系在一起的。历史证明，只有国家安定团结，兴旺发达，才有个人学习进步、施展才华、求得发展的机会。我从小时读书、选送学医、赤脚医生、上大学、工作及进修读研究生、走上基层卫生单位的领导岗位，从一个放牛娃成长到具有高级技术职务的专家，一切的来源都是因为党和国家给予的培养，以及党和国家创造的社会安宁和繁荣。

其次，要感谢改革开放的政策，40 多年改革开放，从贫穷到小康，从短缺到富足，真的是梦想成真。伴随着城市的巨大变化，生活质量得到了质的提高，物质生活变得充裕，精神生活也越来越丰富。城市在不断地扩大，也在不停地长高，路上车多了，房子更高，环境更美，水更清，天更蓝，大家的衣食住行发生了翻天覆地的变化。想当初刚工作那会，人民医院照顾我家远不便，分了一间 10 平方米的平房供一家 4 口居住，那时候这样的条件是相当的不错了。现在呢，家家户户都住宽敞的现代居民楼，农村的更是建起了小别墅。过去说"楼上楼下，电灯电话"是理想化的生活，现在一点都不稀奇。像我 70 多岁了，每天还是自己开车上下班，有时候还要开车出去旅游。这是原来想都不会想的。比如过去转个账寄个钱，要到银行或者邮政局，排队填单手续烦琐不说，对方也要等几天才到账。现在支付宝、微信，动动手指，一键搞定。过去打个长途（国际）电话，要到邮电局等候老半天，现在通过视频微信随时可见。

第三，改革开放以来，生活提高了，大交通便捷，小交通畅通，各行各业有了长足的进步，国家也更加富强。比如通讯，现在手机，天南地北，世界各地，一键接通，5G领先全球。整个国家经济上去了，科学技术也同步发展，国家倡导一带一路，创建亚投行，国民生产总值全球第二，国家的国际地位也日益上升。卫生方面，远程医疗、智慧诊疗、舒心就医，无不体现共和国70年科学技术发展的辉煌成果。再说说身边事，湘湖的变化，过去困难时围湖造田，建砖瓦厂，整个湖变成了两山之间的河沟，现在通过三期整治建设，变成了国家级的旅游度假区，全境评定为国家AAAA级景区，其中一期正在创建国家AAAAA级景区。正所谓沧海桑田，旧貌换新颜。

我相信，在党的正确领导下，全国人民团结一心，国家一定会越来越繁荣，越来越强大。

**采访者：**作为见证了萧山医疗卫生事业50年发展的医疗工作者，您如何总结这50年的发展变化？

**闻吾森：**作为入行50多年的医疗工作者，对萧山医疗卫生事业的变化，有切身的经历和感受。从专业学习的角度看，我是小学基础进入乡村赤脚医生队伍，由党和政府安排到杭州卫生学校念中专，再保送温州医学院读本科，选派到浙江医科大学的研究生班，这是个人在从医路上循序渐进的学习过程。从工作过的医疗机构比较，最初村保健站一个人，卫生院时十几个人，到精神病医院100多人，再后来县人民医院的1000多人，每个挑战的岗位背后，都是萧山县卫生系统发展变化的缩影片段。再看萧山卫生系统整体机构性质的发展变革，当初的农村保健站到公社卫生院、县级医院，都是政府办医性质，发展到现有医院近60家、卫生服务中心22家、卫生服务站252个、门诊部80多家、诊所250家，其中有公立医院、集体医院、民营医院、个体门诊部（诊所），覆盖了全民、集体、合伙、私人等多种形式的医院所有制结构，丰富了健康医疗的内涵，促进了医疗行业的有序竞争和发展。

医疗卫生事业发展变化始终与时代、社会的发展变迁紧密相连。这几年，随着我国综合国力增强，国家加大了对卫生事业的投入，强调医疗卫生服务的公益性，更加重视基层卫生服务和公共卫生服务，医院的绩效不再与经济效益挂钩。所以，萧山几乎所有的卫生院（社区卫生服务中心）都新建或改建了一遍，基层的医疗硬件条件明显改善，而且招收了大量的全日制医学生到社区工作，人才的数量和质量都大大提高。以前卫生院的医生、护士要调到区级医院几乎是不可能的，现在区级医院的护士，好多想调到卫生院。以前卫生院的医生、护士，是招工短期培训，部队卫生员转业，技术好一点的赤脚医生，以及师傅带徒弟的当家。现在是医大毕业生为主。现在的村保健站（卫生服务站）的医生护士也是大专、本科生为主。社区医疗尤其是医共体的实施，转院制度逐渐与发达国家接轨。当然，针对国家医改推行的分级诊疗，首诊在基层，分级转诊，有序就医，小病在社区，大病到医院，制度设计很好，但实际操作中，老百姓对基层就诊的信任感，基层服务能力的问题，家庭医生签约管理、分级诊疗工作与设想的还有距离，适合中国的医改道路还需要在探索中前进。正如习近平主席所说"幸福是奋斗出来的"，医疗卫生事业的发展，关乎国民健康，关乎民族复兴，需要一代又一代的医疗工作者为之不懈奋斗。

几十年前，治病是一场与天、与地、与人斗的挑战。医疗设施、医药用品的缺乏，导致自然环境、生活水平成为决定治疗成功与否的决定因素。如今科技革新医疗技术，新的仪器、治疗方案弥补了医学领域的空白。并且基础设施的发展，使得就医越来越方便，人们对健康的关注度大大提升。真的很感激时代的发展，医疗科技的进步使得更多病躯重放光彩，如今许多成功的病例在以前是不敢想的。

正如王安石在《游褒禅山记》中所说："夫夷以近，则游者众；险以远，则至者少。而世之奇伟、瑰怪，非常之观，常在于险远。"要想看到最好的风光，怎么能不去攀登高峰呢？——无限风光在险峰。我希望有更多有志有才的医学毕业生加入医疗队伍中，为人民健康事业保驾护航，为建设健康中国建功立业。

# 萧山城市建设史

## ——徐启伟口述

采访者：李永刚、陈鸿超、韩巍　　　　整理者：李永刚、崔颖瀛

采访时间：2020 年 8 月 22 日　　　　采访地点：萧山区高桥路绿都·南江壹号

**徐启伟**，1959 年出生，浙江龙泉人。1976 年萧山中学高中毕业，下乡插队。1978 年入伍，赴东海舰队服役，1987 年转业。先后在萧山市委宣传部、市政府驻上海办事处工作。1998 年任建设局办公室主任。2005 年任建设局规划管理科科长，兼萧山区规划管理处主任。2015 年退二线，2019 年退休。

徐启伟

## 一　早年的知青岁月

**采访者：**徐主任，您好！很高兴您能够接受我们的采访。长期以来，住房和城乡建设等问题一直是民众关注的焦点，也是与我们生活息息相关的重要问题。我们本次采访想请您结合您的生平事迹、工作经历，谈一谈萧山城乡建设发展史。那么首先请您简单介绍一下您自己。

**徐启伟：**好的。我叫徐启伟，1959 年出生，籍贯是浙江龙泉。1976 年高中毕业以后，插队到农村去，1978 年入伍，1987 年转业。后来我到市委

宣传部、住建局这些单位相继开展工作。1987 年我参加了杭州大学自学考试获得大专文凭。后来在岗位上参加同济大学城市规划专业的网络教育，获得本科学历。我的家庭情况是这样：妻子是在一个园林工程公司做财务工作，女儿大学毕业以后考进公务员在发改局工作。

**采访者：**您在 1976 年高中毕业之后就有插队的经历，当时的情形是怎样的？

**徐启伟：**我高中毕业当年，就去了萧山螺山公社新发王大队插队落户。当地以农业生产为主，农作物以种植水稻为主，经济作物是络麻、棉花，都是萧山一些传统的农作物。早在 1976 年的时候，新发王大队就已经开办了一个纸箱厂，我们叫它社办厂，这算是萧山早期乡镇工业的雏形。那时候还没什么乡镇企业，毕竟国家还没开始实施改革开放政策。1976 年，我一下乡就在那个地方，对那里的印象非常深刻。

**采访者：**您当时在公社从事过哪些活动？生活条件如何呢？

**徐启伟：**主要就是和社员一起参加农业劳动，农民干什么我也干什么。种水稻的整个过程我都参与过，包括插秧、除草、施肥、收割等环节。我们还要种植络麻、棉花、油菜等各种农作物。此外，还要参加耕地、挑猪粪等重体力劳动。这些农活都比较辛苦，我都参与过。水稻是种两季稻，夏季和秋季，我也经历过整个"双抢"（抢收、抢种）。在这个过程中，我感受到了农民的艰辛。

同样是下田干农活，但是我们与当地的老百姓还不太一样。我们知青干好农活之后，还有要自己做饭，不像当地农民，他们家里有家人帮忙做饭。当时我只有 16 周岁，身体没有发育成熟，就参加繁重的体力劳动，真有点吃不消。

至于住的方面，开始是住社员家里，后来住的是"知青屋"。这些知青宿舍都是父母亲所在单位建的。我父母的单位是浙江省第三建筑工程公司，该单位和螺山公社是结对子的，知青屋就由他们建设。现在还有一些知青屋保存了下来。

**采访者：**两年多的知青岁月，您有哪些收获呢？

**徐启伟：**我觉得收获最大的有这么三点：

第一个收获，锻炼出了吃苦耐劳的品质。农村的生活真的很辛苦，特别是"双抢"期间，异常艰苦。我们当时在田里插秧，上面有太阳暴晒，下面的水蒸气再翻上来，热得汗流浃背、挥汗如雨。那时候我常常期待着能坐下来，稍微歇一歇。如果能喝上一口汽水，那绝对是一件非常幸福的事。汽水在那个时候算是非常好的饮料了，平时很少能够喝到。由于真真切切体会到了做农活的辛苦，我当时就想一件事情：如果谁能把中国的农民从繁重的农活中解放出来，这个人就太伟大了。农村锻炼的经历，对知青来说，是终身受益的财富。当然，如果后来没有任何成就的话，这些经历也可能会变成包袱。假如你能吃苦，并且坚定意志，那么你今后的人生中不论干什么事情，都不会觉得很苦，都可以去承担。我觉得这是最大的一个收获。

第二点收获，就是明白了做人要靠劳动吃饭的道理。你一定要脚踏实地地付出，才有收获。这一点在农村体现得最具体、最客观了。田里的种子播下去以后，你要维护它，要去施肥、除草、浇水等，最后才能有好的收成。原来在学校读书，老师说一千道一万，也不过是"讲"，你实际干过了以后，自己才有深刻体会。那时候我们劳动是按照积工分的方式进行收入分配。像我们知青，和当地年轻人年龄差不多，劳动一天只能拿6分，而当地人可以拿到10分。因为我们从劳力方面讲，和农村当地的年轻人是不能比的，肯定是他们更能干。工分积累到年底一起折算，你有多少工分，相应的就分给你多少粮食。

第三点收获，那就是必须要树立一个目标，想办法改变自己的命运。毕竟我不可能在这里干一辈子农民，所以我要努力奋斗，改变现状。那个时候在社会上比较流行的就是当兵。我们都很崇拜解放军的，因为我们从小接受的也都是这样的教育，因此我有了想要参军的目标。

**采访者：** 那时候去当兵是一件非常光荣的事情吧？

**徐启伟：** 是的，非常光荣。我对党最初的认识，也是从崇拜这些军人开始的，特别是军队中的英雄人物，最感人。因为他们都是党员，而且都为老百姓做事。人心都是向善的，结合父母亲的教育，很自然而然地在心目中有了想要当解放军，想要入党的想法。那时候我在农村劳动，也想通过自己的奋斗改变命运。因此，当时参军的念头特别强烈。这个目标真正确立下来是在1977年，当时虽然恢复了高考，自己也很想上大学，但由于缺乏信心，没有去考。1978年，我顺利应征入伍。虽然一个目标没实现，但是另外一个目标实现了。两年的知青岁月，主要的收获就是这三方面。现在想想这样也挺好，一辈子走过来，也觉得挺满足。

# 二　萧山城市发展史

**采访者：** 我们知道萧山是一个有历史底蕴的城市，您曾经从事城市建设方面的工作，能不能给我们讲一讲萧山这座城市的发展历史？

**徐启伟：** 我简单介绍一下萧山城市的发展历史，比较完整的历史在《萧山县志》《萧山市志》上都有记载。萧山建县有 2000 年历史，第一个县名叫余暨。三国的时候改名叫永兴，我们现在萧山宾馆边上有个公园叫永兴公园，就是取当年的县的名字。到唐朝的时候，以萧然山为名，改称萧山。这个名字一直沿用到至今。

至于城市的规模，史书上没有特别详细的记载，根据城市规划方面的说法和研究，一般县一级的城市还是有一定规模的。在《周礼·考工记》当中讲到："匠人营国，方九里，旁三门，国中九经九纬，经涂九轨，左祖右社，前朝后市，市朝一夫"，就是说王城的规模是九里见方。其他各级城市规模的大小，按贵族爵位来定。古代的爵位有公、侯、伯、子、男五个等级，规定公城是方七里、侯伯城是方五里、子男城是方三里。一般的县城的规模都是方三里，但由于历史上度量衡的多变，这个数据可能并不准确。历史上嘉兴、金华都有子城一说。古代萧山城市的规模是非常小的，就是北干山以南、西山以东的部分。

萧山古城的位置，就是目前萧山宾馆这一带。这个城市选址很符合冬暖夏凉的居住要求。萧山老城的地形、地貌，北有北干山，西有西山，东面、南面相对没有山；南面还有众多的河流。萧山的气候，冬天刮北风、西北风，夏天刮东风、东南风。这样的地形、地貌和气候条件，冬天有北干山、西山遮挡，就比较暖和；夏天东面、南面没有遮挡，就比较凉爽。它非常符合我们传统的选址理论——背山面水、负阴抱阳。背山面水的地方一般是冬暖夏凉的地方，冬暖夏凉的地方一定是养庄稼的地方，养庄稼的地方一定是养人的地方。萧山裘江一带老百姓就有"北面才子，不如南檐柱子"一说，也是说建房必须坐北朝南，门朝南开。这样的房屋，一定是冬暖夏凉。因此，我们国家的村落和城市的选址，大致都符合这个规律。比如南宋的时候，赵构从开封跑到杭州，城址没有选择在钱塘江南，而是在江北，也是遵循背山面水道理。当时萧山的城址为什么没有选择北干山北面？也是这个原因，北干山北面没有遮挡。

萧山当时的规模不大，一条东西向的城河穿城而过。河上建有回澜、惠济、梦笔等7座古桥，沿河建有商铺和民居。城河街现在还在，当然早已不是旧时的模样。城河古时候叫官河，与浙东大运河相连。它是古时候很重要的一个交通要道。当时萧山也有城墙，虽然规模很小，但4个城门具备（达台门、连山门、拱秀门、静海门）。萧山第一条柏油路是市心路，刚好是我出生那年建成的。那条路原来也是老街，后来拆了，它这是萧山城市的中轴线。

1959年开始建市心路，后来陆陆续续建了西河路、体育路、人民路。我们国家的城市格局，一般采取"十字分割、井字布局"的空间用地平面形态。这种布局所呈现的空间平面形态，老百姓叫"饭架街"。"饭架街"是指街道就像一个蒸饭的架

图1　市心路前身——城厢镇衙后街
（摄于1959年10月26日）

子。这样的用地布局是比较科学、合理的，城市功能容易发挥。

萧山的城市规划在20世纪50年代做过一次，萧山这方面还是做得比较早的。到80年代初，规划进行第二轮修编。90年代初期，规划第三轮修编。大范围修编是从2000年开始的，后来陆陆续续进入了城市建设、发展的高潮期。

**采访者：**萧山与其周边的一些城市相比，有什么特点？

**徐启伟：**萧山这个城市的特点主要由它的区位优势决定。它最重要的区位优势就是交通，包括城市快速路、主干道、次干道，县乡公路的路网规划布局都比较科学合理。道路是城市的骨架，骨架一旦确定，城市格局、功能结构也随之确定。交通优势引领了萧山的城市建设。

**采访者：**2001年，经国务院批准，撤销了县级萧山市，然后成立了杭州市萧山区，萧山开始融入了大杭州发展格局，开始从"强县"向"强

区"发展。您觉得在这个撤市设区之后，萧山城市建设方面有哪些变化？

**徐启伟：**关于撤市设区后的变化，我想以城市规划与建设的角度，从两个方面来简单说一下。

首先，城市规划方面的变化与发展。城市的快速发展，带来规划理念的转变。城建系统大批大专院校毕业的专业人才，纷纷展开相关方面的研究，同时吸取国内外先进的理念，城市建设方面发展得比较快。

西方城市规划理论对中国城市规划产生了很多启示与影响。国外的城市规划建设理念主要有三个阶段：19世纪之前，是以象征性的构图为主的城市格局，体现了皇权、君主的思想。城市格局一般是圆形加放射。工业革命以后，大量的人口集聚、建筑集聚，很多城市病——例如城市交通拥堵、居住环境差、卫生脏乱等问题都产生了。20世纪初，英国的霍华德、法国的柯布西耶等规划大师，相继提出了"田园城市""带型城市""功能城市"等规划理论，以解决工业革命以后，由于城市快速发展而带来的城市病的问题。由此，现代城市规划理论就应运而生。它的城市格局一般是网格式。同时，随着生产力的提高，建造技术和建筑机械的发展，使城市高强度开发成为可能，包括地下空间中以轨道交通为主的城市开发，这些完全是现代化的开发模式。但是，现代化的城市，虽然解决了很多问题，但市民会觉得城市很生硬，缺少人情味，感觉有些城市文脉都丢失了，也不够重视生态。20世纪的六七十年代，一些城市规划者强调从功能、理性的城市规划转变为注重社会文化的"后现代城市规划"理论，即我们常讲的"生态城市""有机城市"。

**图2　20世纪70年代的东门上街**

我们研究了一些国外城市的发展和我们国内城市的实践，认为萧山应根据自己实际情况来吸取经验教训。萧山不像北京、西安等城市，胡同、古建筑还在，包括上海和杭州也有部分老建筑得以保留。萧山的文化底蕴很深，但是经历过一轮大规模的建设，萧山老街、老建筑基本上都拆完了。2000年的时候，已经没多少物质文化遗存保留下来。现在老城区传统合院形式的民居，大概只剩下三四幢，在苏家潭、太平弄那一带，可能是民国时期建的，其他的地方基本上没有了。

为什么我们国家很多老城没有能够很好地被保存下来？原因是多方面的，但有一个重要的原因，是和我们建筑使用的材料有关系。国外的建筑基本上以石材为主，我们这里却多是木结构，或砖木结构。并不是说中国人

图3　城厢镇东门饭店（摄于1982年7月）

不知道去保护这些传统的古建筑，而是这些材料在虫灾、火灾、风灾等自然灾害后很难保留。

另外，我们国家还有一个很大的问题，那就是人多地少，土地资源缺乏。如果城市里都建传统的四合院，那相对来讲城市可以利用的空间面积就很少，其实也是一种土地资源的浪费。在城市化过程中，怎么解决产业和人口集聚的问题？这样城市中的老旧建筑就会面临一个选择——拆还是不拆？

除此之外，还有一个经济能力的问题。例如，在我国许多地方都有保存比较完好的古村落，想要维护、保护这些古村落，钱从哪里来？像典型的武义县的郭洞村、俞源村。这两个村都有五六百年的大片的明清古建筑。你怎么去保护？政府拨钱吗？一般财政都缺钱。这要研究起来都是大课题。古建筑难以保留下来，不是说大家没有意识到，其实这里面有多方面的综合因素造成的。

所以当时在规划理念上选择了现代城市的理念，并努力朝着花园城市、有机城市等方面发展。当时确定萧山的城市性质是"工贸城市"。这是根据蓬勃发展的乡镇企业和区域交通枢纽确定的。那时候杭州老城区工业受限，向北的话，余杭这一带有良渚文化保护区，缺少发展的空间腹地；往西的话，富阳这一带山区居多，也不适于发展工业。相对来讲，萧

山乡镇企业发展迅速，用地空间也大。后来杭州提出"跨江发展""向东发展"，和这也有一定的关系。同时，萧山交通优势明显，拥有"两高两铁一空港"，这对发展物流、商贸是非常有利的条件。

从城市功能上，我们确定了工业、商贸、居住三大主导功能，并在空间用地布局上，提出初步设想。大城市一定有辐射功能，作为小城市必须要接受它，但是究竟接受什么，我们要考虑清楚。接受肯定是有选择性的，不可能全盘接受，有些东西接不了的，要根据我们的实际情况来确定。杭州的发展腹地肯定是在萧山，杭州的市场不能办下去了，我们就要接纳。例如新农都市场，已经搬到萧山了。同时，一个地方想要发展，它的工业经济是非常重要的，我们考虑到改革开放以来，萧山的乡镇企业发展得非常迅猛，因此确定了萧山的工业功能。当时杭州主城区的工业发展也是很不容易的，主城区用地紧张，寸土寸金。此外，随着人口的增加、房价的增长，主城区周边地区成为城市住房的价格洼地，必然成为中低收入人群的居住选择。

因此，撤市设区之后，如何承接杭州老城区部分功能的转移，在城市规划上也进行了研究。我们在时任建设局局长方伟（任职 8 年）的带领下，先做好一些基础工作，搞调查研究，写书面文章，为规划编制单位提供一些思路性的理论思考（有 10 多篇文章发表在《浙江建设》上）。

方伟局长高瞻远瞩、思路开阔，特别是用地功能的空间布局上，当时的许多设想都是他提出来的。根据萧山城市的主导功能，提出在空间用地功能布局上，要跳出老城区，沿钱塘江走，向北发展融入大杭州。20 世纪80 年代末 90 年代初的时候，我们还是萧山市，没有跨过北干山向北发展，只是向东往绍兴方向发展。因为历史文化原因，古代萧山属越国，钱塘江北是吴国，从心理上、文化上就有点不太想向北发展，这可能是族群的认同感和归属感决定的。

那么，如何向北发展，融入大杭州？我们在空间用地布局上，根据三大主导功能，提出向北沿江、沿线发展，叫工业"一线三点"。哪三点？第一个点是现在的钱江世纪城，属于商务区块；第二点就是高教城——杭甬高速公路以北的高教城，属于高教区块；第三点工业区块，就是现在的大江东区块。这是我们那时候就提出来的工业"一线三点"用地布局，以工业为主导，到现在都没有变。

在市场方面，提出"三点连片"。在通惠路以西、机场路以南、道源路以北，以新世纪市场园区为核心，这一个区域范围，以市场功能为主导。因为，该区域交通便捷。当时有三个点，一个是商业城，另一个是新街的花木城，还有一个新世纪市场园区。

在居住方面，提出"连片集中"。主要是指我们老城区以南。萧山老县政府南面有山有水，被认为是风水宝地。城市建设选址一般要有山有水，叫"未看山时先看水，有山无水休寻地，有山有水是福地"。1932年的世界规划年会提出了城市"四大功能"：即居住、工作、交通、休闲，其中居住是放在第一位的，城市当中最好的土地应该拿来搞居住。所以我们当时就提出了"南部卧城"的概念，这个概念主要是以居住为主，当然还有商业、交通、教育、卫生等做配套。

城市建设，规划先行。基于上述城市建设的理念、性质、功能方面的思路性研究，2002年我区开展了第4轮规划编制工作。这轮规划编制的规模比较大。主要是编了三大规划：一个是我们整个萧山区1420平方千米的城镇体系规划，再一个是主城区的城市总体规划，另外就是钱江世纪城控制性详细规划。我们邀请了两家甲级资质，在国内知名度比较高的规划设计研究院：一个是浙江省城市规划设计研究院，另一个同济大学规划设计研究院，共同参与我们的规划编制。这一轮规划初稿编好后，我们邀请了中国城市规划设计研究院、北京大学、浙江大学、深圳城市规划设计研究院的专家、学者，以及萧山有关部门、镇街领导，对三大规划进行高规格的评审。他们提出了很多宝贵意见，包括理念、规划、建设、管理、政策等方面。应该说这些建议是比较系统的，对我区的城市建设有很强的指导作用。

总而言之，撤市设区以后，规划方面做了很多工作，其实就是做了一个比较完整的城市建设方案。这轮规划实操性强，比较接地气。主要是因为我们提出了自己的想法，然后结合专家、教授的指导，把萧山的各类规划做得比较科学合理。到目前为止将近20年了，萧山在几大主要区块的城市功能定位上，没有大的变动。最后，我们规划的内容基本达成，我们也为此感到非常自豪。

第二个方面就是建设方面。主要体现在市政设施的建设上，包括道路、供水、排水、园林绿化还有养护管理等方面。一个城市想要快速发展，道路建设是非常重要的，城市的骨架一撑开，其他功能就能跟上去了。道路不仅能够划分地块，也是联系各功能区块的纽带。因此，规划确定以后，每年的城市建设，道路交通都是重头戏。特别是我们与交通局一起，提出"1918""22688"工程，这些工程的逐步实施，城区的路网格局基本形成。到目前为止，已经开通 3 条地铁，城区道路已达 628 千米。此外，给排水也是一个大型的基础设施。萧山的供水能力非常强，当年的日供水能力是这样的：一水厂 10 万吨，二水厂 15 万吨，三水厂 60 万吨，南片水厂 30 万吨；后来在东片又规划了两个给排水设施，一个是 100 万吨的自来水厂和一个 100 万吨的污水处理厂。目前日供水能力 130 万吨。130 万吨什么概念？在浙江省所有的区、县、市都算进去，我们萧山可能排在温州前面，是第三位（杭州 160 万吨、宁波 140 万吨）。这个基础设施非常重要，是工业发展的重要支撑点。我们现在的污水处理能力是 72 万吨，大量的生活、工业污水需要处理，不能直接排放。

除此之外还有园林绿化方面。现在建成区的绿化面积有 40 平方千米，公园 19 个。随着交通、给排水、园林绿化等城市基础设施不断完善，城市的规模也迅速地扩大，功能逐步完善。城市新区、开发区、钱江世纪城、高教区块、南部卧城相继开发建设，都初具规模，有的基本完成；奥体博览中心、亚运村、万象汇、印象城、银泰城、省妇保、浙二医院、杭二中、学军中学、崇文小学等公共设施也相继落户，使萧山的城市功能上了一个档次。目前，城区建成区面积达 116 平方千米。

**采访者：**现在看来，撤市设区的举动，对于萧山来说是一个机遇。但是据说当年也有一些萧山人对这个事情不太能接受，这是怎么回事呢？

**徐启伟：**我觉得这是受到了中国传统文化的影响。《周易·系辞》里讲到："天尊地卑，乾坤定矣。卑高以陈，贵贱位矣。动静有常，刚柔断矣。方以类聚，物以群分，吉凶生矣。在天成象，在地成形，变化见矣。"这里面有一句话叫"方以类聚，物以群分，吉凶生矣"，是指人和事物总是一块一块相互区分的，由此人们会产生一种归属感（同时生成排斥感），这是民族的认同。我们的民族之所以经久不衰，和一个地域的族群文化有非常大的关系。有一种无声的文化力量叫"认同感"，典型的就是家族文化。我很清楚地知道我是徐家第 12 代，我们有族谱。我为什么是"起（启是自己不懂事改的）"字辈？我们家的辈分字谱就是这么排列的：宁文癸子德，大作永昌隆，定起朝廷上，正气达天庭。通过这样的形式，一个家族之内的人就会有归属感和认同感。我们萧山也是如此，它也是由地域和族群划分的，受地域文化的长期熏陶，谁都不愿意将自己并给别人。这是很正常的，是一种文化现象。我们当时的确是这样想的。

事实上，随着经济和社会各项事业的发展，人们的观念也在变，但不能因此认为当时的这种情绪是不对的。不管怎么说，当时萧山的知名度和杭州是没办法比的，提起萧山别人不一定知道，但一说杭州肯定有很多人都知道了。当时有不同的意见，随着时间的推移，到后来大家也逐渐认同了。

## 三　住房和城乡建设

**采访者：** 接下来我们谈一谈关于住房和城市建设相关问题。您还记得您小时候萧山是什么样子吗？当时的建筑是怎样的呢？

**徐启伟：** 我出生地不在萧山，而是在衢州。我是在 1964 年到萧山的，当时才五六岁的年纪，在萧山读的小学，所以对 20 世纪 60 年代的萧山有一些印象。现在的市心路、体育路、西河路，这些都是新的街道。传统老街就是城河街，城河街上有一些老建筑，以前老的百货公司就在城河边上，现在早就拆了。传统民居都是一层楼，最多也不过两层，我估计都是大户人家改过来的。河两侧都是房子，房子之间有条街道，街道都是青石板铺成的，我们小时候跑过去，踩在青石板上，有种特别的感觉。

小时候弄堂很多，我们国家是坊巷制（城市中各区块称坊，坊之间形成的路叫街，坊内的路叫巷）。其实就是巷道，我们这里叫弄堂，北方叫胡同。我记得有些老的房子也是很大的，后来就陆陆续

图 4　市心桥（摄于 1959 年）

续全部都拆完了。小时候的记忆很深刻，对于一些老建筑，我还记得很清楚。等学了建筑以后，我才知道它是院落式。就是四合院，一般由于土地的关系会变成二合、三合，当时基本上都是以合院为主。

**采访者：** 萧山的那些古建筑，您在中国其他地方是否见过类似的？

**徐启伟：** 确实见过。我认为我们国家地域文化、地域特色保存得最完整的，北方就是山西，南方就是安徽。安徽的古徽州地区，即现在的黄山市一带，包括婺源、黟县、休宁、歙县等，这一带地方就古建筑保留得最完整的地方，整个四五百年的建筑都保留了下来。

**采访者：** 您什么时候进入住建局工作的？主要负责哪些方面的工作呢？

**徐启伟：** 我1998年到住建局，当时是40周岁，是最年富力强的时候。在这之前，我在农村、部队里，然后再到市委宣传部、市政府驻上海办事处。我在每一个岗位都比较认真，该干什么就干什么，肯定不会落后。这些工作经历对我后来的工作很有帮助。到了住建局以后，我觉得我的知识面豁然打开了。因为地方建设局的职能特别多，例如规划、建设、市政公用、园林绿化、房地产和建筑业管理等职能，涉及面非常广。我自身也非常喜欢学习，到了这个地方以后，我就觉得我好像是一个海绵碰到了水一样。此后，我全身心投入到住建局的工作之中。在工作期间，有那么几件事情，我自己体会很深，或者说比较引以为豪。

第一件是对城市建设相关理论的研究。或许也谈不上理论吧，就是在工作和实践过程中，不断地思考，不断地总结，从而形成的经验。那时候我不仅是自己一个人思考，还带着我们单位里的同事一起，共同来研究萧山这座城市。现在回过头来看当年的那些思考，刊出的那些探索性的文章，都还会觉得很亲切。因为我们都是萧山本地长大的，对这座城市有着深厚的感情。

我觉得我写出来东西比较接地气，比如我会结合自己的亲身感受，对城市中的各种现象形成自己的看法，有人情味在里面。就拿萧山的拆迁问题来说，我就有很多的感慨。例如我当年读书的高中——萧山中学，旧址现在已经拆掉了；我第一次看电视的地方——杭发厂，也在城市改造过程中拆掉了。这些用"清水墙"（传统工艺）作围合的老旧建筑，现在都没有了。其实这里面就有一个很大的矛盾，一方面我们想要保留城市中的老建筑，另一方面城市发展要有大面积用地。如果保留这些老建筑的话，城市建设的用地从何而来？所以我们讲文化的传承，不能很理想化。对于这些方面的研究，我们都有比较深入的思考。我在住建局担任主任期间，方方面面的文章都有涉及，例如城市的功能、空间布局、道路交通、环境建设、小城镇建设等等。

第二件事情就是对湘湖的保护。湘湖对萧山的重要性不言而喻，历来各级领导都比较重视湘湖。20世纪90年代，正值萧山改革开放以后，积极寻求新的发展。当时萧山和宋城集团在1995年签了一个涉及5000亩土地的协议，准备在湘湖一带做主题公园，搞旅游开发。他们做的第一个项目是杭州乐园，出让了800亩土地；2002年又出让了1900亩土地，用来搞"世界休闲博览会"。为了开这个世界休闲博览会，当时搞了三个项目：威尼斯水城、奥兰多小镇、苏黎世小镇。威尼斯水城结合世界休闲博览会的会址、酒店等，以这个名义，建了一个"休博园"。

"休博园"的1900亩加上杭州乐园的800亩，一共是2700亩，还欠宋城集团2300亩。2002年，有一天中午午休的时候，我就想起了这个问题：如果把这2300亩再出让的话，那湘湖就没有了。2300亩什么概念？相当于现在湘湖一期的水面，一期水面就是2000亩左右。当时我们的方伟局长，要向区人大汇报工作，书面材料由我起草。我就跟方局长说："湘湖的事情要不要提，不提的话湘湖几乎就没有了吧？"他说："你可以提。"

图5　20世纪70年代之前的城河

后来，方局长就在区人大会上汇报了这个事情。这份汇报材料，后来给一个很了不起的人看到了，这个人是教育局的一个督导科长，名字叫何建设。何建设这个人是个"湘湖迷"，不知道通过什么渠道，看到了职能部门的这段书面文字材料，于是提出来要保护性地开发湘湖。他写了6000字的文章，具体阐释了他关于湘湖保护的观点。他把这篇文章复印了500份，发给区里有关部门和人员。湘湖的事情引起重视之后，萧山的人大代表、政协委员也纷纷写提案、议案等。此外，还有我们长河中学的傅老师、电大的楼老师，他们也都纷纷写文章倡导保护湘湖，并在报纸上刊登。一时间大家都在提这件事，马上引起了区里的高度重视。最终区政府做出决定，后面的2300亩就没有再给宋城集团了。此后，也就有了我们今天所看到的美丽湘湖。作为"湘湖保护行动"中的一员，我能够亲身参与到其中去，是让我比较引以为豪的事。

第三件是我们的新区建筑景观的建设。萧山城市的大规模建设是由南向北进行的，老城区跳出来以后，向北干山以北发展，就是我们的城市新区。区政府、歌剧院、汇德隆、开元名都在这一块，是当时萧山城区新的政治、文化、商业、居住中心，也是城区的形象区块。因此，景观建设比较重要，特别是城市的竖向形态。现在这块地方的建筑景观，你可以看到三个制高点：一个是开元名都，高度200米，另一个是蓝爵国际，高度200米，还有一个汇金广场，高度134米。

**图6 萧山城区（柳田兴摄于 2016 年 5 月 12 日）**

　　城市发展一定要有中轴线和次轴线，萧山市心路南北长 16 千米，是我们城市南北方向的中轴线，东西方向的次轴线就是金城路。金城路沿线开发，在 2000 年新区开发的时候，就是萧山城市建设的一个启动区块。当时的规划也是同济大学在 1998 年左右编的，编得比较早，规划相对比较滞后了。我 2005 年去当了规划科长（兼萧山区规划管理处主任）。那时候金城路上的建筑全部都是 100 米以下的高度，因为规划文本就是这么定的。如继续照此规划实施，那这个城市新区就没有现代化的形态。根据这个情况，我组织了科（处）里的规划专业人员，依靠自己的力量，搞了一个金城路的天际线轮廓线景观规划设计，完善了新区规划。这些设计和规划，后来都陆续实施完成。这样一来，我们今天才有开元名都、蓝爵国际、汇金国际，这样三个建筑制高点。有了这样的建筑制高点，城市才有一个变化的竖向天际轮廓，就像女士的身材一样婀娜多姿。

　　当然，也有比较遗憾的事，如新区核心区块的建设。现在的开元名都北面、歌剧院南面有个万象汇，当时我们提出来这块地方作为留白会比较好，许多专家、学者也都这样认为。城市建筑上的留白其实蛮重要的。这块地方最终被用做了建设用地，盖了商场，想想还是蛮可惜的。因为这是核心区块，是萧山城区的地理几何中心，城市的核心地段一定要留白。就像台风的台风眼，一定是没有风的。它是一个透气的、与天交流的地方。我们绕城范围内 256 平方千米，这个区域内，以城市道路作为骨架，依据"十"字分割、"井"字布局，那么"十"字分割处的地方应该留出来。这个地方如果全部土地留出来，算上人民广场 95 亩、万象汇 70 亩土地，再加上区政府里面的空地，再把周边的那些街道全部算上去，大概只有 300 亩土地。

　　我觉得在 21 世纪的今天，我们应该留这么一块空地，作为城市的开放空间。比如纽约曼哈顿中央公园，它的面积有 5000 亩。那是 200 年前留的，现在还在，非常漂亮。比较遗憾的是，核心区块留白没有成功。

　　**采访者**：2016 年 G20 杭州峰会对萧山来说既是一个机遇，也是一个很大的挑战。为了迎接这个峰会，城市方面是怎样进行改造和治理的呢？

　　**徐启伟**：G20 杭州峰会在我们国家是一个比较重大的会议，杭州也很重视。这个任务落到我们萧山头上，是非常荣幸的，萧山区委也非常重视。这个过程当中，进行的主要还是面上的一些工作，因为那些场馆本来就都在建设当中。主要场馆一个是博览中心、一个是奥体中心。这些在原来规划上面就有，无非是借用了国际会展中心、博览中心，然后配了一个峰会会场。

围绕这个功能区块的建设，主要是在环境的整治上面做了些文章。环境的整治主要是围绕几个方面：道路、公园和道路两侧的绿化环境建设，以及接待国外贵宾的那些五星级酒店周边小区的整治。除此之外，还有个天空的第五立面——飞机上看下来有些破旧地方也要进行整治。那么作为我们住建局来讲，道路大概是整治了 27 条。主要是不要有坑，坏掉的边上给它修补好，绿化没有的给它补充好。几个大的入城口，主要是北面高速公路下来的位置，以及 G20 杭州峰会会场周边的大块空地，这些地方新增的绿化面积是 67 万平方米。另外还对 7 个大的区块，大概 35 万平方米建筑面积的小区进行了整治。有些违章建筑，该拆的就拆掉，都进行了严格的整治。还有燃气的管线大概有 49 千米，这些都要保证正常供应。空间立面也是重点区域，建筑工地方面，有 361 个建筑工地进行了整治。G20 杭州峰会主要是做这些面上的工作，它有一个延续的过程，不是一蹴而就的。

**采访者**：2020 年是比较特殊的一年，受到疫情的影响，大家都宅在了家里。一时间，"居家养老"这个话题受到了人们的关注。对于居家养老模式，您怎么看？

图 7　北干新貌（张祥荣摄于 2017 年 7 月 17 日）

**徐启伟**：我们国家目前老龄化的程度越来越严重了，养老问题是一个全社会都比较关注的问题。我自己的父母双亲，包括我自己，都不得不去考虑一下这个问题了。我觉得居家养老、机构养老都是未来社会的趋势。

从机构养老来讲，它的好处有两个：一个是设施比较完善，里面服务比较到位；再一个，它的活动内容比较多，对那些生活自理能力差的老年人来说是比较好的。同时，它也有缺点，其一，就是费用相对来讲比较高；其二，它在亲情关怀方面欠缺一点；其三，老人的心理环境如何保持和调节也是问题。我觉得这是机构养老的优缺点所在。

居家养老的好处：一是有亲情环境；二是老人能生活在熟悉的范围之内；三是心理环境对老人的影响不是特别大。养老机构里面都是老年人，心理上可能有些压抑，今天有人生病，明天有人过世，对老人的心情肯定有影响。居家养老和原来的生活没有太大差别，它的问题主要是：如果老人不能自理，子女又要上班，谁来照顾？如果要请保姆，自己有房还可以，如果没有房的话，也很麻烦。此外，还有费用问题，甚至虐待老人之类的问题等等。所以我个人认为两种形式都需要。

**采访者**：住房问题一直是人们比较关注的问题。住房问题也会涉及很多的方面，比如拆迁问题、保障性住房问题，还有农村的一些危房改造，城市的老旧小区改造等，您工作以来，对这些问题是否有所接触呢？

**徐启伟**：有接触的。我们通常说的经济适用房、公租房、廉租房，包括人才公寓等等，这些统称为保障性住房。这几类当中，各有利弊。经济适用房住户是能拥有一半产权的，缺点是它解决问题的住户比较少，因为它的产权办给你了。它的土地是行政划拨的，而不是出让的，所以它不是真正意义上的商品房，不能转让（一定年限后可以）。如到达规定年限要卖掉，需要补交土地出让金。

公租房大家都可以租，廉租房就是低收入标准的群体去租。公租房和廉租房的好处是它们可以不断地轮转，有钱了，我就可以不租了。它解决的户数多。它的缺点是什么呢？政府把建设廉租房的这个钱扔下去，就没有了。经济适用房是可以卖的，那么至少政府的本金可以赚回来。萧山经济适用房是4000元左右一平方米，与40000元左右一平方米的商品房相比，相差十倍。所以经济适用房很实惠、很便宜，政府还有钱可以回来，能够再投入建设。但公租房和廉租房没有这方面的优势，它建了以后政府的资金没有办法滚动，收的那一点租金费用，连物业管理费都不够。

萧山在保障性住房建设方面，应该是做得比较好的。上级政府没有明确规定要建多少，但区政府根据财力，力所能及地做好这项工作。2002 年的时候，萧山就建设了占地 200 亩的广宁小区，以后又建设了占地 400 亩广泽小区。按照容积率平均为 2 计算的话，大概有 100 万平方米的保障性住房建筑，应该来讲还是不错的。

还有一类是安置房，安置房是这样的：我们在项目当中，碰到拆迁或城中村改造需要安置的，这叫安置房。安置房有两种：一种是我们政府搞建设的时候碰到拆迁的，城市居民、国有土地的住房，按国家规定实行"拆一还一"。另一种是农村的农民。农村有另外的政策，根据不同的区域，有两户联建的，有按照城乡一体化政策实行多层或高层安置的。

特别是城乡一体化政策，村民是比较受益的。从理论上来讲，他们是失地农民，应该要给他们赔偿。因为萧山经济比较发达，土地拍卖的收入也比较高，所以给他们的赔偿也比较到位。像城区里村民，原住房拆了以后，按评估价，一般可以赔偿给他们 300 万左右。他们再去买安置房的话，大概千把块一平方。如果是三口之家，独生子女按两个算，那么 70 平方一个人，他可以买 280 平方米的安置房。他一般可以拿 3 套房子，28 万左右就可以拿下来了。这项政策的实施，有力地推进城中村改造工作的开展，不仅使村民的居住条件得到改善，也为城市建设腾出土地，促进城市的发展。到目前为止，全区以老城区为主的城中村改造，已完成是 84 个；工程项目大概是 67 个，建筑面积是 1333 万平方米。其中我们主城区里一个北干街道、一个城厢街道，所有的城中村改造全部完成。现在在建的还有 45 个，大概建筑面积是 1421 万平方米。

**采访者：**您能否谈一谈您心中的理想城市是怎么样的？或者是您希望萧山这座城市以后往怎样的方向发展？

**徐启伟：**第一，城市要有深厚的文化底蕴。第二，城市的基本功能要完善，这个功能包括方方面面，比如商业、教育、文化、卫生、体育等功能。在这个城市中，我做任何事情配套设施都要完善。看病到哪里去看？读书到哪里去读？坐车到哪里去坐？这些都要具备的。我如果碰到一些问题，比如打官司律师去哪里请？办企业要到哪里咨询？这些问题都要得到妥善的解决，这就需要完善的城市功能和配套设施。第三，就是现代化程度要高。如果光有功能，但现代化程度不高，那和一个大型的村庄有多大区别呢？第四，就是环境要好。具体地讲就是要有山有水。我理想的城市就是这样一个城市，应该具备这四个基本方面。

## 四　我和党的故事

**采访者**：请谈一谈您是什么时候入党的？您最开始对党的认识是什么时候形成的？

**徐启伟**：我1978年入伍，第二年的时候，也就是1979年入党，当时应该是20岁。对党的认识倒不是在部队才形成的，而是从小就形成了。

我是1965年上的小学，那时候6周岁。我们这一代人应该就是标准的"生在新社会，长在红旗下"，从小就接受着毛泽东思想的洗礼，受到了感染和熏陶——学习毛主席语录，背老三篇（《为人民服务》《愚公移山》《纪念白求恩》）。在平时的文化娱乐当中，我们看的电影都是战争题材的，如《南征北战》《地道战》《地雷战》等。这些电影我们经常去看，而且是不止一遍地看。这些英雄事迹对我影响也很大。电影中的这些英雄们，在我们心目中是很伟大、很高尚的，我想着以后也要做这样的英雄，长大了要当人民解放军。

当时解放军的社会地位是很高的。身边有一些干部子弟，家里父亲原来是军人，他们戴一顶旧军帽，我们都觉得很稀奇了，能穿上旧军装更是神气。而且这些党员和军人在共产党的教育下，也真的是全心全意为老百姓服务的。在这样一种氛围当中，我们的想法非常朴实，都想要成为这样的英雄。作为年轻人，我力求上进，到了部队后，又接受了系统的理论教育——学习了党纲、党章，了解了党员的权利和义务，树立起全心全意为人民服务的人生观和价值观。

人总是向善的，要做好事、做好人，这是最朴素的要求。既然我们党就是这样的一个全心全意为人民服务的组织，那我有什么理由不加入这个组织中去呢？所以我完全是处于当时教育环境下，有了这么一种想法，然后就向组织提出申请。入党之后，不管是在平时的学习中，还是在部队的训练过程中，抑或工作的过程中，我自认为自己做得都还不错。

**采访者**：那您身边有没有一些党员，他们或者他们的事迹让您非常感动？

**徐启伟**：有，应该讲是让我终生难忘的。我到部队以后，世界观逐渐形成了，人也成熟了。我在连队里的搭档、我们的中队长，他大我一岁，但是早我两年入伍，也算一个红二代吧。他父母是老八路，是干部子弟。

一般我们传统观念中，干部子弟好像不是很好相处，但其实很多干部子弟是非常优秀的。我受这位中队长的影响很深。他做事非常认真，不管做什么事，都有计划、有安排，这是其一。第二，他总是按照党员的标准，对自己严格要求，公就是公，私就是私。在工作方面，他对其他工作人员也很严格，但是一旦你有什么困难了，他肯定会帮助你。他经常关心、帮助同事，非常的善良、朴实，完全是按照我们党的要求和教育去做的。他待人真诚，与他父母的家庭教育分不开关系。第三，他身上让我印象很深的特点，就是非常有才华。光有德行还不够，他德才兼备。他写得一手漂亮的字，打球也很厉害，文章也写得很漂亮。

他是我当时的搭档，后任上海特种设备研究院党委书记，现在和我一样退休了。这些人对我的影响是一辈子的，我终身把他们做楷模。他们是我的贵人，在我的成长过程中培养了我。但最主要的，还是在精神上影响了我，这些都是让我终身受益的。

**采访者：** 2021 年是我们建党 100 周年，这 100 年是摸着石头过河的 100 年，也是艰难困苦玉汝于成的 100 年。回顾我们党的历史，再结合您的工作经历和学习经历，您对我们党未来的发展有哪些期待和建议呢？

**徐启伟：** 这个问题其实是一个很大的课题，我也不说那些冠冕堂皇的话。我 50 岁以前国学看得比较多，基于我们中国传统文化来讲，我觉得我们党一定是有希望的。

中华文明为什么能历经 5000 年的沧桑岁月而不衰？我认为就是因为有中华传统文化在支撑着。直到今天，我们都知道自己是从哪里来的，但是国外很多文明已经找不到源头了。我们崇拜大自然，提倡"天人合一"，始终对自然怀有崇拜、敬畏之情；我们推崇阴阳哲学，它讲求统一、对立和互化，奠定了中华文明逻辑思维的基础；我们历史上的专制制度中又蕴含着民本的思想，从重天敬鬼到敬德保民，再从重民轻天到民贵君轻，经历了这样的发展历程。当然，这个课题非常宏大，我只能这么粗浅地回答。因此，我感受到我们的党一定是有希望的，我们的国家一定是有希望的，中华民族一定是有希望的。

**采访者：** 我们今天的采访到此为止，感谢您的配合。

# 我眼中的河上人民生活

## ——傅柳恩口述

采访者：郑重、潘立川、孙淑桢　　　　整理者：郑重、陈如意

采访时间：2020 年 9 月 2 日　　　　　采访地点：萧山区河上镇志办公室

**傅柳恩**，1947 年出生在上海，籍贯杭州萧山，河上镇人。魏风江之子。

## 一　早年经历

傅柳恩

**采访者**：傅先生，您好！您对河上近现代历史十分了解。我们想请您谈谈您所了解的河上发展与百姓生活变迁。请您先简要介绍一下您的个人经历。

**傅柳恩**：我 1947 年出生在上海，到 1951 年回到萧山河上。我小学是在河上念的。后来，我母亲傅觉民从上海调至无锡金笔厂工作。1959 年，我初中就读于无锡市第十中学。1962 年，母亲响应国家号召下放农村，到无锡青阳镇。我不想去，回到河上老家，住外婆家至今。我回来以后一直做农民。那时候活很多，但都是临时的。"文化大革命"期间，我到河上的纸箱厂上班。我也跑过供销。后来，河上镇上有个环保设备厂，是镇办企业，我去那里上班。1983 年到 1987 年，我担任厂长。1986 年深圳方面想要扩大服装生意，在河上招工。河上在深圳办的第一个企业叫深圳江南绣品制衣有限公司一分厂，是深圳和河上合作办的。我是 1990 年去深圳的，在深圳中丝实业公司工作，任后勤部主管（后勤部长）。还真有点不

习惯。我们这边都叫供销科、销售科等，他们那边叫销售部、经营部等。1995 年，深圳企业迁回萧山后的初期，我在杭州金利制衣公司任办公室主任、工会主席等。后来，我到杭州明成制衣公司、杭州时代云裳制衣公司等单位工作，任办公室主任。2007 年，我从杭州时代云裳制衣公司退休。

## 二　河上镇概况

**采访者：** 下面请您谈谈河上镇的概况。

**傅柳恩：** 河上镇位于萧山南部，地处萧山、诸暨、富阳三市区交界地带，历史悠久，风景秀丽，文化底蕴深厚，唐代开始就形成集市，南宋迁都临安，这里更是商贾云集，买卖兴隆。1949 年 5 月，萧山解放，河上镇当时属于河上区。1954 年 5 月，河上镇经浙江省民政厅批准为建制镇。1956 年，实行镇乡编并，有河上、紫霞 2 个乡。1958 年，这里被称为河上人民公社，河上、紫霞 2 个管理区。1961 年 7 月，河上一带有河上人民公社、大桥人民公社，后来几经撤并，到了 1984 年 5 月，分为河上乡和大桥乡。1985 年 8 月，河上乡改为建制镇。1992 年 5 月，大桥乡并入河上镇。大桥企业经营情况好于河上，这是有地域原因的。大桥有几家大企业，如胜达集团、科百特公司。

**采访者：** 河上之名的起源是怎样的？

**傅柳恩：** 河上镇的大溪，居永兴河上源，所以这个镇又有河上巅之名，旧时人们以同音讹称"和尚店"。相传，在五代后唐时期，黄通岭脚下的广福寺，香火旺盛，和尚人数多达百余人。这里的和尚除了正常的念经等佛事外，还在永兴河上游一带的凤坞溪口开店做起了买卖，人们也习惯称这家店铺为和尚店。和尚到河上开店，繁荣了河上的商贸，形成了河上集镇的雏形。和尚为什么要开店呢？其一，广福寺有僧人 300 余人，馆所之地很大。僧人们一面要诵经练功，一面要种庄稼、收蔬果。僧人们自制豆腐，做豆腐所用的石板，面积很大，现在还保存在里谢自然村。他们在生产、生活上自给有余，势必要对外出售，这就是和尚开店的货源。其二，有货得有销路。起初，里都村一带根本没有住户，只有现在河上集镇所属地段，才有一些人家。加上永兴河水道竹排航运，在河上设有埠头。客商、竹排工、河上民众，形成人员集中的态势。僧人们把多余的农副产品运到埠头边，或就地销售，或用竹排转运到外地。僧人做买卖的落脚点便成了商店。广福寺和尚在河埠头开店，商店里的货物有许多是施舍给饥民的。诸暨、富阳、萧山各地的穷人，有好多接受过和尚们的接济。和尚开店，功德无量。各地民众一说河上，就说河上有和尚开的店，在和尚开的店声名远播的同时，和尚店这个地名也由此形成。加之河上境内多庙宇，著名的有兜率寺、广福寺、岩将庙等，因此以"和尚店"称呼此镇，更为人知。南宋以后，此地店铺林立，商贾云集，各地能工巧匠纷至沓来。河上逐渐发展成萧山南部的商旅集散之地，以土纸、竹笋为大宗，兼及粮食、布匹等。

至于河上巅，这个地名是从永兴河排运以河上为终点而产生的。先前和尚店这个地名中"和尚"两个字有点不尽人意，先贤们认为可以用永兴河的"河"上游的"上"来代替。原先竹排在永兴河可上行至岩上、田村。后来大溪沙石淤积，竹排只能到河上，河上便成了永兴河竹排上行之巅，所以，和尚店改成河上巅。

"巅"字太难记、难写，不如"店"简洁，最后，便改为河上店。广福寺和尚在河上开店，促进了河上集镇的繁荣，有很长一段时间，河上是诸暨、富阳、萧山三县土纸集散地，也是本地土特产，诸如竹笋之类的集散地。记忆中，新中国成立之初，河上集镇还有笋行，将本地竹笋用竹排运出，销往萧山、绍兴、杭州以及上海等地。河上曾经号称"小杭州"。

**采访者：** 河上人杰地灵，自近代以来出了很多名人，包括您的父亲，请您举一些典型例子谈谈。

**傅柳恩：** 我来谈谈革命家、医学家瞿缦云和我父亲吧。

瞿缦云出生于1883年。1908年毕业于杭州广济医学专科学校。1911年参加辛亥革命，任军医。1913年，他在萧山县城创建"萧山医院"和"萧山红十字会"。1927年4月2日，萧山数万农民为改善生存条件到杭州游行请愿，瞿缦云是主要发起者之一。四一二反革命政变后，宋梦岐被捕，瞿缦云不顾个人安危，承担起保护共产党员傅彬然和上级党组织的秘密通信联络的重任，并毅然要求加入中国共产党，更名宪文，7月被批准入党。1927年下半年，瞿缦云利用国民党萧山县党部执行委员和农协执委的合法身份，继续领导南乡的农民运动，组织成立农民协会，实行"二五"减租。其间，他曾卖掉医院回到家乡，任中共大桥村支部书记，并以养正小学校长的名义继续党的工作。1928年年初，他与国民党组织脱离关系。后来，他辗转上海、南京、西安等地，抵达兰州，遵照党的指示，在国民党军队内开展工作，借医疗工作之便掩护同志，还用个人收入的一部分捐助党组织。抗日战争爆发后，他辗转到延安，先后担任抗日军政大学卫生处医务主任、抗大分校卫生科长、中央直属卫生处门诊部主任、中央干部疗养所医务主任、中央党校卫生科长等职。1942年，他六十寿辰时，毛泽东同志曾亲笔题赠"老当益壮"四字以示祝贺。新中国成立后，他出任卫生部中医进修学校副校长和中医研究院图书馆主任等职。1953年和1958年，瞿缦云曾两次回故乡探亲，1962年3月18日在北京逝世。瞿缦云故居位于河上镇大桥村，坐北朝南，占地面积547.20平方米，是传统三合院式格局。屋顶为马头墙式硬山顶，砖雕门楼，石库门，正房重檐二层楼，面宽三间12.60米，进深10.30米，有牛腿、雀替、砖雕等构件。东、西两偏房为后期瞿缦云所建，是民国时期的建筑。

**图1　魏风江（后排左二）与泰戈尔（前排中坐者）**

我父亲魏风江出生于1912年，早年就读于上虞白马湖畔的春晖中学和上海立达学园。1933年，他只身赴印度，作为官费留学生，成为泰戈尔创办的国际大学里的第一个中国学生，在国际大学学习、生活了6个年头。他在泰戈尔和甘地身边4年，努力学习印度的历史、文学，同情并参加印度独立运动，结识了许多师友，播撒了中印人民友谊的种子。直到日本帝国主义发动侵华战争，他日夜挂念着祖国，向泰戈尔告别。泰戈尔无限惋惜而又同情地说："看来，你也不十分强壮，冲锋陷阵，似乎也不大可能胜任。在后方做些宣传和动员工作，也可以为抗战做出贡献的呀！"

我父亲没有辜负老师的期望，1939年返国后，因为是官费留学生，直接去国民政府浙江省政府工作，在省主席黄绍竑手下担任外事秘书。抗日战争胜利后，他到上海警官学校担任外语教官。1948年以后，他到学校教书。新中国成立后，我家成分是教师，父亲纠错平反就是以此为据（1948 年以前离开政界、军界）。我父亲在 1981 年退休后，还协同友人创办越秀外国语学校，并任校长。他早在 1961 年就将自己学生时代师从泰戈尔和甘地的故事追忆成篇，后却不幸全部散失。1981 年后，他一个字、一个字重新写出，终成《我的老师泰戈尔》一书，他昔日亲手拍摄下来的有关泰戈尔的照片和泰戈尔的手迹都完好地保存在这本书中。在这本书里，他记载了国际大学创立时的情形，初谒泰戈尔的情景，泰戈尔生活的片断和国际大学师友们给予他的友情，篇篇都是他耳闻目睹的笔录，句句都是从他心里流出来的。

图 2　1986 年版《我的老师泰戈尔》封面

　　1986 年 9 月间，他的老同学英迪拉·甘地夫人之子、印度总理拉吉夫·甘地又一次来函向他致意。印度政府也曾邀他赴印作客。

　　1987 年 4 月 12 日，我父亲以年近 80 的高龄终于去到阔别半个世纪的印度。印度文化交流委员会为他安排了长长的旅游日程表，我父亲说："我来印度不是来旅游的，乃是来扫墓和访旧的。"该会才把日程表作了较大的改动。在印度，他受到当地人民热烈的欢迎，报纸誉他为"中国人民的友好使者，中印文化交流的先驱者，印度人民最爱戴的国际友人"。

图 3　1988 年，印度总理拉·甘地夫妇在北京接见魏风江（右一）

　　在国际大学中国学院，学生在欢迎会上用汉语普通话致欢迎辞，献上花束和锦旗。在印有泰戈尔像的锦旗上用端正秀丽的中文写着："欢迎您——在中国为泰戈尔精神不倦呐喊的老校友"。

　　几十年来，我父亲始终不忘泰戈尔、甘地和其他师友们的嘱托，努力促进中印人民的友好事业。他在家里特地设置了一个泰戈尔纪念室，内展有许多泰戈尔和甘地的照片、手稿和书籍，并且不顾年老力衰，不停写作，为中印友谊大厦添砖加瓦。

## 三　河上人民衣食住行的变迁

**采访者：** 请结合您自己的经历，谈谈河上人民衣着的变化。1984 年，河上被杭州市政府命名为"服装之乡"，这是一件大事。从历史上看，河上的服装是如何远近闻名的？成为"服装之乡"后，其发展情况是怎样的？

**傅柳恩：** 河上镇服装业，在 20 世纪 70 年代末兴起。其实在新中国成立之前，我们这里就有技术好的裁缝师傅。他们在杭州、上海有路子，保持了很好的联系。我记得当时上海的一个服装厂，河上这边也有帮他们做的。服装要求的是技术，年轻人学习比较快。工厂有流水线，有人做拉链、有人做口袋，分工明确。其实当时河上的服装厂设备相对简陋，都是采用脚踏的缝纫机，后来是机器压花，但河上出名了。20 世纪 80 年代，河上新的服装市场占地 3000 平方米。全镇有大小企业 41 家，1988 年工业总产值实现 5500 万元，利润达到 250 万元。杭州之江西服厂，设备全部由日本、德国引进，生产的各类高档呢制服、高档西装，畅销全国各地，尤以"司麦脱"、"绿竹"和萧山内衣厂生产的"潮水"等名牌衬衫更是盛销不衰。这个厂还在深圳创办两家服装公司、5 家分厂，产品直接出口创汇。萧山针织服装厂生产的"香鹿"牌各类男女长短丝袜，萧山帐幔厂生产的床单，行销到全国各地。

河上人早在 20 世纪 80 年代就大胆闯入深圳特区艰苦创业，凭借自己的勤劳和智慧，在异乡站住脚跟。1990 年深圳方面要扩大招工，想要服装生意好，就找到我们河上，因为河上服装工业多。服装厂招工要的是年轻人，结婚的不要。因为结婚后有家庭、有小孩，会有牵挂。当时去的都是小姑娘、小伙子。后来服装厂扩大了，结过婚的也要了，因为人手不够了。

1989 年，南下深圳的河上农民包飞机回乡过春节，成为当时轰动一时的新闻。最早的时候我们都没有坐过飞机，以为像坐公共汽车一样。其实当时坐飞机的原因是更加划算。我们那个时候坐火车从深圳回家乡要五十几个小时。老板也考虑提前买好飞机票。这样过年时，员工肯定很安心。快到年底了，生产线很忙，订好飞机票，员工很乐意。我在服装厂就做这个事情，飞机票订好后，这些工人积极性很高，年底的产量也高。我们从萧山去深圳是坐火车，回来的时候是飞机。所以，我们河上一般的服装厂女工都坐过飞机的。

到 1993 年，河上人在深圳的皇岗到南头、沙头角、蛇口等地办起 11 家集体服装企业和 30 余家个体合作企业，从业人员近 5000 人，利润 4000 余万元，职工人均年收入超过万元。根据资料，1996 年，在深圳的河上集体企业有 8 家，个体合伙企业有 30 多家，拥有职工近 5000 人。深圳的河上企业崛起，带动了河上本土工业的协调发展，让越来越多的河上人走上了致富的道路。2000 年，随着内地政策的进一步开放，河上的服装企业陆续返回萧山。

**采访者：**请结合您自己的经历，谈谈河上人民饮食生活。

**傅柳恩：**其实，现在大家都差不多，大家的生活条件都好了。我小时候早上喝一碗稀饭，中午开始才有饭吃的。但是河上人对吃比较讲究，讲究细节，喜欢美食。

图 4　河上东山村年糕节
（范方斌摄于 2017 年 1 月 15 日）

河上的年糕很有名，年关将至，家家户户都要打年糕。无糕不成年。每逢过年，年糕是家家户户必不可少的传统食品，因此做年糕、吃年糕也成了河上镇人们过年习俗之一。热气腾腾的年糕出锅后，香味扑鼻。拿上一根，再放一勺红糖，就可以直接塞进嘴里吃了，香甜软糯，加上满屋子的晚米香，让人提前感受到了一股浓浓的年味。河上镇东山村年糕节已经成为河上民俗文化的招牌之一。东山年糕节 2007 年就开始举办。2018 年 2 月 3 日，首届中国（萧山）年俗文化节暨第十二届东山年糕节在河上镇老街正式开启，来自四面八方的游客、本地村民，一起游古镇、品年味、买年货、吃年糕，共同体验老底子的味道。此次活动为期四天，河上镇老街为主会场，整治后的河上老街，白墙黑瓦，木梁雕花，处处散发着千年古镇的韵味和静美。主会场汇集了河山镇及其他地区的特色美食、农副产品、服装以及工艺品等，打造了一个年货与美食的盛会。

图5　徐同泰酱园

谈到饮食，也应该谈谈河上的徐同泰酱园，它是河上的一张名片。1877年，家境贫寒的徐三春夫妇靠摆酱油摊起家，以"前店后厂"的经营模式创建了徐同泰酱园。酿酒制酱的主要原料是糯米和黄豆。当时的徐同泰，园内设酱、酒、乳三大作坊，还有磨坊、坛作，具有一定的规模。1938年后，侵华日军相继侵占杭州、萧山，徐同泰的原料来源、产品销路大受阻碍，日趋萧条。1946年起，徐同泰本店先后联建新屋，使原来酱、酒、乳、坛作、磨坊和各场园栈房连成一片。后来由于国民党发动内战，酱品远销不畅，天津、沈阳大城市的代销业务断绝，营业范围局限在附近两三个县内。为了争夺邻县酱酒市场，徐同泰决定在诸暨阮家埠开设分店。新中国成立后，百业兴隆。随着山区人民生活的改善，河上镇附近乡村和诸暨、富阳同萧属交界区的顾客，慕名来徐同泰购买酱、酒，每逢节尾年头，肩挑、用手推车运输的顾客接踵门前。公私合营后，徐同泰一度划属临浦，改名为临浦酿造厂河上分厂，后来脱离临浦，改属河上镇，定名为河上酿造厂。2007年9月，徐同泰被杭州迪宝彩印包装有限公司收购，保留"徐同泰"原名。为了提升生存能力，"老字号"徐同泰加强了对产品品种、包装等的创新升级，陆续推出特酿高级酱油、生蘸酱油、同泰香醋、精品甜酱等风味产品，并开发了礼品盒装产品，重新设计商标、包装，主打地方名优特产牌。目前，徐同泰酱品进入萧山各大超市和全国各地的市场。徐同泰的酱油做得确实是好，原因有多种：一是它的工艺非常细致；二是河上的地下水质非常好。过去，饮用的水源不能满足酿造用水。为扩大储水量，解决民用和生产用水，徐同泰出资将小井凿深，拓广，改建成为一口方池，并用堤将池一隔为二，上方饮用，下方洗濯。这个方池就是现今镇上的上方井。这一举动博得居民的称颂。

河上镇农村供销合作事业发展较早。1949年冬，建立河上农村供销社，1954年改为供销合作社。供销社开展多种商业经营活动，供应生产和生活资料，采购农副产品。20世纪80年代后，为活跃农村市场，建造河上、大桥2个农贸市场，摊位150个，在河上、大桥开设个体商店385家，全镇市场繁荣，商品贸易交流兴旺。

河上镇农业以种水稻、麦为主，其他为西瓜、柑橘、油菜、棉花、红薯等农作物。1997年引进福建福清客商创办全县首家鳗鱼养殖场——福仁特种水产养殖有限公司。河上还先后引进了甲鱼、美国青蛙等特种养殖和桔梗、玉竹、百合等特种经济作物，为加快实现全镇农业产业结构调整起到了很好的示范带动作用。河上镇农业正逐步朝现代化和产业化方向发展，由农业大镇向农业强镇转变。

**采访者：**请您谈谈河上的农副业生产。

**傅柳恩：**茶、桑、果是河上主要农副业产品。

河上颗大味甜的樱桃，明代作为贡品送到京城。黄桃、水蜜桃、橘子、杨梅等也是不错的。这里还要提一下河上的竹笋。20世纪50年代以前"南乡竹笋"盛极一时。西南山区云石、大桥至河上一路，丘陵山间秀竹满坡，沿溪沙滩竹影摇曳；东山区茅山闸以内，也都是竹园。当时，每逢春笋上市季节，临浦火车站异常繁忙，每天多则五六百担，少则两三百担，南乡竹笋由此装车运到上海，长达一月有余。河上一带则以竹排运往永兴桥，转入外江至上海十六铺码头，每日数量也有五六百担，多时达千担以上。

近年来，河上镇农业、副业、第三产业总收入不断增加，主体农业向规模化方向发展，综合生产能力有了新的发展。养殖业、种植业发展强劲，规模种养植（殖）业方兴未艾。

**采访者：**请您介绍一下1921年以来，您所知道的河上居民用水、饮水情况。

**傅柳恩：**过去河上没有自来水，世代饮水以周边山区村落的山泉水为主。目前集镇上就有百年以上水井二十余口，至今仍在使用。1996年，河上自来水工程得到发展，两个自来水厂交付使用后，又投入 12 万元，铺设好总管 1200 米，完成了 19 个村（单位）1300 多户人家的自来水安装工作。

**采访者：**请结合您自己的经历，谈谈河上人民住房的情况。

**傅柳恩：**河上原来的老房子就比较好。我们这边的是徽派建筑，有些房子有一两百年的历史，河上的很多古建筑都保留了。现在我们村条件都好了。河上镇沿杭金线两旁新楼如雨后春笋拔地而起，电管站大楼、商品住宅大楼，还有装饰新型的别墅群。现在的房子越造越好了，我儿子的房子是 2004 年造的，是一般的房子，但也是 4 层。

**采访者：**请您谈谈河上人民室内家具、电器的变迁。

**傅柳恩：**20 世纪 80 年代中后期大家的生活条件比较好，"三大件"都有了，我是 1987 年就有了 8 英寸电视机，最早买了 14 英寸黑白电视机，后来买了 17 英寸。再后来有了彩电，我买了 21 英寸松下牌的彩电。现在没有黑白电视了，都是彩电。现在每户人家都有华数有线电视。而且，河上的农村里都可以宽带上网，我家里也有了。过去，我们室内的家具大多是老一辈传下来的。我是 1969 年结婚的，家具都是祖上的家具，现在的家具都是买的，样式繁多。

**采访者：**请您谈谈您所知道的河上交通的变化。

**傅柳恩：**过去人们的出行方式是肩挑、背磨、乘坐溪流竹筏；从独轮手推车、双轮手推车、拖拉机到现在的汽车，变化是很大的。

这里要重点谈谈萧山河上的竹筏。竹筏又名竹排，用长大、挺直、粗细相当的毛竹 8—10 支，削去表层青皮，微火熏烤使排首弯成上翘，排身串以数根坚木制成。竹筏一般长 10 米、宽 1.5 米左右。筏上固定个高 15 厘米左右的竹架，用以装货，以免沾水。竹筏适用于浅水河道和溪流航行，一般多载运山区的土特产。每张竹筏可装货 500 千克。顺水航行时，人在筏上撑篙；逆水航行时，需人在岸上背纤，筏上人撑篙把握方向，工作十分艰苦。

萧山开始有竹筏，约在春秋后期。清朝康熙年间，大桥瞿姓以撑竹排为副业。又据清乾隆志记载"河上店溪头傅农民素以撑竹排，替人运货为副业。下经大桥永兴桥而至义桥，与船相衔接。芒种节前三日至白露节后三日间停运，以适农时。"到了民国前期，境内的楼家塔（现楼塔镇）、溪头傅、大桥、麻园（现河上镇麻园）等地共有竹筏 130 余张，1948 年剩

83 张。新中国建立后，农村经济有了发展，筏运业再度兴起。至 1956 年，全萧山县共有竹筏 166 张，其中河上 103 张，紫霞乡 63 张。大家运物资一般到永兴桥转船出运。

河上镇是萧山南部地区的重要交通咽喉。河上老街由南北向的惠民街和东西向的井泉街组成，呈 "T" 字形。中华人民共和国成立后，尤其是改革开放以来，河上镇农工商贸协调发展，成为萧山南部的经济重镇。20 世纪 90 年代中期，镇村两级主要道路都浇筑了水泥混凝土路面，建起了 "村村通" 公路。连接南北两地的有大溪桥，有始建于清乾隆五年的石拱桥——白堰桥、联合桥等。经 180 余年，年久失修，被洪水冲垮、倒塌。河上乡绅张子豪等于 1930 年发起募捐、集资动建，1933 年建成通行。我在 1953 年上小学的时候还没有公共汽车，公共汽车大约是 1956 年通到萧山。我们这个地方特别好，是过去富阳县、诸暨县、萧山县三县交界的地方。其他地方的厂都集中到我们这个地方，这里就很热闹了。2000 年年末，集镇道路总长 10.13 千米。03 省道线贯穿全镇，一条东西向的连接线既将新老 03 省道连接成 H 型，又与杭金衢高速公路相通，构筑起四通八达的交通网络。镇上有大溪路、井泉街、凤山路、惠民街、槐树路、竹园路、六房路、文化路、学士路 9 条路街及 23 条弄巷。

近年来，河上镇围绕 "幸福河上" 建设，实施 "美化、亮化、绿化" 工程，依据《河上镇城镇建设和管理实施方案》，全面完成了各村详细建设规划。成立了由 20 人组成的城建综合执法队，健全完善城镇管理长效机制，严格落实 "门前三包" 制度，加强交通秩序整

图 6　河上整洁干净的街道

治，确保城镇环境整洁有序，彻底改变了集镇 "脏、乱、差" 现象。各自然村都聘请了保洁员，改善了群众居住环境，提升了村（居）民幸福指数。与此同时，河上镇继续大力抓好通村公路建设，投资 173 万元对

村级公路进行路面硬化改造，为全镇老百姓的出行带了极大的便利，解决了群众出行难的问题。

**采访者：** 交通的发展，促进商业的发展；商业的发展，也推动交通的发展，两者是相辅相成的。请您谈谈过去曾经兴盛一时的河上土纸市场情况。

**傅柳恩：** 以前，云石、许贤、河上、戴村、楼塔一带，竹林茂盛。毛竹是造纸的主要原料，山区农民大多以造纸为生，竹纸生产是当地的一项传统副业。河上镇的工业旧以造纸业出名，南宋时兴起。这里仅以造纸为生的槽户①不下千家，从业人员多达 3000 之众。随着经济的发展，河上镇的集市波及南北乡镇，尤其每年农历三月二十八日的传统庙会（据传是东岳大帝生日），赶集人数多时达万余。

因为河上是南乡山区著名集镇。南邻楼塔，北接大桥、云石、戴村，东南与诸暨、西与富阳隔山相连，地处土纸产区包围之中。永兴河自南向北沿镇东而过。1935 年之前，临浦至楼塔的县道公路尚未建成，河上镇是楼塔、河上、戴村一线唯一的排运码头。附近各乡村和诸暨、富阳部分山村所生产的土纸，用肩挑的方式集中到河上，然后主要靠排运的方式，从永兴桥换船转运到宁波、绍兴、杭州、上海等地。这得天独厚的地理条件，使河上镇土纸市场应运而兴。

1949 年以前，河上镇有纸行多家，经营土纸购销和代"山客"（槽户）转运业务。纸行都雇有诸多"使客"（供销人员），代本行推销纸类，催收货款。每年土纸生产旺季，浙江省内外纸商来当地委托纸行代购，或由当地纸行自营运销。河上地区的京放纸远销江苏、山东、天津、北京等地，有较好的信誉。傅姓是河上镇大族，镇上开设土纸行者以傅姓为多。比如前期的土纸巨商号德记、义记，全属傅氏门第。跟着起来的有魏张两姓合股的德康纸行。20 世纪 30 年代初期崛起的纸行有傅姓铭记。河上镇上较大的纸行，都上连槽户，下通沪杭巨商，有的还在沪杭等地设立联支机构，或派专人驻外地负责联络营业。这些纸行，常年都掌握着土纸千担以上，对沪杭两地纸市的紧俏、宽缓起着调节作用。后来，河上镇傅氏子孙中多有向外开拓发展者，成了杭州土纸市场的要角或绍兴箔业市场的主

---

① 中国古代生产纸张的户计称为槽户或纸户。

宰。河上镇的人和经济实力，在杭州纸界、绍兴箔业界占有相当比重，起着举足轻重的作用。

由于土纸市场的形成，推动了河上镇排运事业的发展。河上镇的排运业，首推傅家。他们既设行进行土纸交易，又包揽排运专营，实属不专利的专利。随着质优价廉的机制纸的输入，土纸市场连连受挫；特别是东北地区沦入侵华日军之手，土纸失去国内主要市场，箔类捐税的增高等原因，锡箔销量减少，衬纸销路相应锐减，土纸生产逐渐衰落，槽户亏损严重。到了1936年，全萧山县总亏损近11万元，约有半数槽户破产。1940年，日军入侵萧山，土纸滞销，大多槽户被迫停产。

抗日战争胜利后，土纸业一度出现转机，后因连年内战，交通受阻，土纸又转入滞销，纸价暴跌，兼因纸币贬值，通货膨胀，纸农处于断炊困境。从此，土纸业一蹶不振。

1949年以后，萧山县人民政府采取了一系列措施，如组织槽户生产自救，通过国营公司和合作社收购、推销，疏通纸业渠道；开辟原料基地；进行土纸改良，实行奖售政策，发展机制纸的生产等等，拯救了这项山区的传统副业。但是，随着临浦至楼塔的公路开通，公路运输事业的发展，排运逐步淘汰，河上镇的土纸市场也渐渐衰落。

## 四　河上民俗

**采访者：**请您谈谈河上镇上百年来的民间风俗。

**傅柳恩：**河上镇村民精神娱乐活动丰富多彩，有条灯、秆龙灯、龙船会、狮舞等娱乐活动。1979年河上文化站成立，多样的文化娱乐活动丰富了农民的文化生活，对改善农村社会风气，移风易俗，改变旧貌，都起到了很好的作用。

河上每年春节的灯会，非常热闹，河上龙灯（板龙）在2014年成为国家级非物质文化遗产。

关于河上板龙的传说众说纷纭。一种是相传在唐代贞观年间，玉帝为了惩罚唐太宗李世民夺位登基，让洛阳大旱三年，这使得老百姓苦不堪言。当时住在洛阳城外泾河中的老龙王，为了拯救天下众生，违背天条，私自行雨，天降甘露，让黎民百姓度过一劫。玉帝得知真相后大怒，将泾河老龙斩成数段解恨。唐太宗李世民在百姓们的恳求下，颁令每年正月，用接龙身的方式，舞动龙灯，超度老龙。后来随着宋朝都城的南迁，迎龙灯的风俗也传到江南。

在河上，关于"板龙"又有一种更接地气的说法。河上龙灯胜会起源于南宋绍兴二十九年（1159）。据传，河上镇舞龙习俗与纪念广福寺有关。广福寺是河上镇里谢村（现名里都村）的一座寺庙，为了救济当地百姓，广福寺和尚将豆腐、果蔬运至永兴河边上开店贸易，施舍众生，当地百姓为了感恩，广福寺保存至今，而里都村舞龙的历史一直流传着。

河上龙灯胜会的仪式程序主要包括开光大典、出灯、闹元宵、化灯四个过程。正月十二为"起灯日"，即龙灯起引之日，正月十五元宵节为舞龙高潮，正月十七龙灯活动结束，称为"化灯日"，这天要将龙身火化，龙头菩萨上天，保佑河上人民风调雨顺，国泰民安。

再比如马灯舞，在规模上、制作技艺上，可以与河上名扬四方的板龙舞媲美。在河上，桥头黄村的马灯舞，上场时气势宏伟，魏家塔村的马灯舞，气势不凡。两个村的马灯舞各具特色。

马灯舞起源流传有"泥马"渡康王（宋高宗赵构）的传说，说的是庙里的一泥马，在康王危急之时渡他过了江，让他逃脱了金兵的追捕。为了纪念"泥马"救驾渡江有功，才扎纸马庆祝。马灯舞中的那匹白马，相传就是康王的坐骑，也有说马灯舞来自内蒙古或蒙古那边。河上艺人辈出，制扎马灯、跳马灯舞，是为了创造欢乐祥和的氛围。

马灯舞分布很广：桥头黄、魏家塔、塘口、下门、大桥、板桥、鲍坞、里谢、祥利、璇山下等十来个村子都有马灯舞传承，马灯几乎遍及全镇各个方位。有些村子因姓氏上与"泾河老龙"有过节，比如魏家塔，生怕老龙进村后发生不测，因而选择了马灯舞。《西游记》中一个故事阐明了原

图7　2007年3月5日，河上白堰石桥龙灯巡游
（柳田兴摄）

因。泾河龙王因为修改下雨点数，被判死刑，他向唐太宗李世民求情。玉皇大帝交给了魏征斩泾河龙王的差事。李世民企图拖住魏征，但是魏征从梦中就把泾河龙王杀了。

马灯舞规模比板龙舞小，但也"五脏俱全"。桥头黄村的马灯挺热闹的，它是小马灯，前面是马头，后面是马尾，小孩子坐在中间，看上去好像人在骑马一样。马灯舞演出效果特别理想，可以在广场上、舞台上、大庭广众面前演出，也可以穿村进户，在院子里，在厅堂上演出，深受民众喜爱。马灯舞也是河上元宵灯会不可或缺的重要组成部分，板龙舞的艺术价值，马灯舞同样也能体现。

另外，走高跷、乡村锣鼓、越剧等也是河上人民喜欢的文化娱乐活动。

**采访者**：请您简要谈谈河上人民婚丧嫁娶的习俗。

**傅柳恩**：我结婚的时候办四五桌酒，两块钱人情就可以来喝喜酒，八仙桌八个人坐，吃顿酒菜是十六块钱一桌，还不亏；吃肉只要七毛钱一斤。现在结婚的条件要好多了。比如一家人本月 15 日结婚，提前 3 日已经开始吃饭了，费用比较大，比较讲究。政府部门现在也在杜绝一些铺张浪费的现象。现在年轻人结婚，基本上都有微波炉、电视机、空调等，有的还有汽车。我们年轻时，室内没有空调，就只有一把扇子，一个夏天就过来了。

# 五　我的感想

**采访者**：2021 年将是中国共产党建党 100 周年，根据河上的社会变迁历史，您有哪些感想？

**傅柳恩**：当今，河上正在发生可喜的变化，从外在风貌到文化内核，无不焕然一新。河上已经站在新的历史起点上。河上镇党委希望广大党员同志以坚强的党性、务实的作风、振奋的精神和强烈的使命感、责任感，不忘初心，牢记使命，为全力打造"城市栖息地，活力新河上"而努力奋斗，我认为河上人民未来的生活会越来越好。

# 见证益农人民生活变迁

## ——俞关马口述

采访者：郑重、潘立川、杨健儿　　　　整理者：郑重、张祺超
采访时间：2020 年 7 月 29 日　　　　采访地点：萧山区益农镇三围村

俞关马

俞关马，1954 年出生，杭州萧山人，2009 年 6 月入党，现为杭州萧山益农沙地绿色纯品瓜果蔬菜实验场场长。他是扎根土地的致富带头人，有着勇于实践、求新务实、超越自我、带头致富、精益求精、无私奉献的工匠精神，赢得广大农户的肯定与夸赞。

## 一　益农地区概况

**采访者**：俞先生，您好！很高兴您接受我们的采访。您对萧山益农地区风土人情十分了解。首先请您谈谈您的出生地和益农镇的情况。

**俞关马**：我出生于1954 年，出生地是当时的夹灶公社胜利大队镇龙殿村。传说在明朝初年刘伯温在此造镇龙殿，这个村以此命名。这个地方位于钱塘江南岸、萧山区的东端。东、南、西、北分别与星联村、绍兴齐贤光明村、众力村、东联村交界。这地方原来属于绍兴县陶里乡，1956 年划归萧山，合作化时期曾建有利民、农兴、长兴 3 个农业社，后合并为胜利农业合作社，公社化后为胜利大队。1984 年，镇龙殿村属夹灶乡，1992 年并入益农镇。

我再来介绍一下益农镇的情况。益农镇位于萧山东部,东临钱塘江南岸,南与绍兴市毗邻,距萧山城区 42 千米。有萧山的"东伯利亚"之称。益农境内东部为新围垦的钱塘江滩涂,西部以北海塘为界,南部为水网平原,北部为沙土平原。人工开挖河主要有赵家湾、镇龙殿湾、益农中心直河、白洋川、十二埭横河等。耕地中,新围垦土地约占二分之一。益农镇的气温比萧山内地稍高,日夜温差较大。

1949 年前后,益农辖区大部分还是钱塘江畔潮涨潮落的茫茫海涂。原来的夹灶乡有很多人以盐业为主,靠晒盐维持生计。传说中的"夹灶",是沿塘堤内外都是盐灶,仅一塘之隔而取名的。我表姐夫的祖上就是晒盐的。晒盐这项工作还是比较苦的,比农民要苦。因为晒盐的人没有土地,全靠去外面晒盐。稍微条件好一点的人,是不会去晒盐的。我十二三岁的时候,看过蒸盐卤。我也挑过两个水桶的盐卤到家里。因为当时我年纪比较小,盐卤比水要重,体力吃不消。晒盐比较辛苦的,如果私自卖盐就是违法行为了。

原来益农乡的人民勤劳勇敢,围海造田,艰苦创业,造福于民,为广泛宣扬这种传统美德,所以这个地方取名为益农。1976 年 2 月,益农人民公社筹建小组成立。1978 年 1 月,益农公社正式成立。1984 年 5 月,夹灶、益农两个公社改设为夹灶乡和益农乡。1992 年 5 月夹灶乡和益农乡合并为益农镇。2006 年 1 月,原委托萧山区农业对外综合开发办管理的东临钱塘江、东南接绍兴县、南接益农镇、西交第一农垦场、北至外十三工段横河,面积为 26.4 平方千米的区域划归益农镇,其行政区域和名称沿用至今。

1992 年,益农、夹灶两乡合并建镇以后,这一年全镇工业产值 1.94 亿元,利税总额 791 万元,出口交货值 104 万元。此后,益农经济进入新的发展时期,尤其是工业逐渐形成以纺织印染为主,机械五金、印刷包装、食品加工、建筑建材诸业综合发展的格局。萧山荣盛纺织有限公司、萧山宋氏布业有限公司、萧山华星纺织有限公司三家企业于 1997 年进入市百强企业之列。1999 年,萧山荣盛纺织有限公司被列为杭州市"百强企业"。该公司的涤丝被中国企业发展研究中心推荐为浙江市场跨世纪优秀品牌。2000 年以后,益农成为萧山东部新兴工业重镇。

2015 年 3 月,萧山区委、区政府对萧山经济技术开发区平台体制进行了调整，将益农镇 30 平方千米划归开发区作为产业拓展区块。开发区益农区块规划范围为东至萧绍边界和四围抢险河，南至三益线，西至钱江通道，北至红十五线，规划面积约 37.4 平方千米。

**采访者：**益农镇在 20 世纪 50 年代大部分还是钱塘江口潮涨潮落的滩涂。萧山大规模的围涂造田，始于 1966 年的益农围垦，请您谈谈这方面的情况。

**俞关马：**益农围垦指挥部原名益农围垦海涂委员会，成立于 1966 年 10 月，这是夹灶、党山、长沙 3 个公社为围涂而组织的联合机构，部址设在老益农闸。1970 年，益农围垦海涂委员会改名为益农围垦指挥部。1972 年，指挥部地址移至东方红闸。1984 年，指挥部改由瓜沥区管辖。指挥部先后建有采石场、运输队、抛石队、基建队、水泥预制构件场、江塘养护队、农机厂、精养渔场，共有职工 700 余人。

益农围垦指挥部在 1966 年 11 月至 1977 年 12 月间，共组织夹灶、党山、长沙 3 个公社的民工围涂 5 次，其中后 3 次围垦参加的还有瓜沥公社的黄公溇大队，共得毛地 5.4 万亩，这也包括 1977 年该指挥部与萧山县围垦指挥部联围"东江二万六千亩"中分得的 3000 亩，并曾组织 5 次紧急抢险，保护大堤安全。1992 年以后，益农围垦指挥部的工作职能由益农镇、党山镇分担，所在工作人员实行分流，指挥部不再存在。

1966 年，我正好 12 岁，在生产队还不能上工，我们有规定的，一定要到 15 岁下半年可以上工，就是去挖掘，都是走着去的，一边挑一个饭篮，一边是两个土箕，就挑着去的，除了第一次围垦没有参加，其他围垦我都参加了。吃饭问题如何解决呢？这都是每个小队送到工地的，都有专门的烧饭人。一般围垦都是在冬天，主要吃大白菜，条件好点的人就买点肉。这也要到完工以后，最后一顿吃一点肉。米饭都是自己蒸的，不是集体的，菜是集体的。我们住的地方是临时搭的草舍棚棚。

**采访者：**请您再简要谈谈您个人的早年经历。

**俞关马：**我是 15 岁开始在生产队劳动的。1978 年，我们公社派我出去培育杂交水稻种子，去了一年。1979 年，我又回到生产队劳动，直到 1983 年。1983 年我们家乡已经实行分田到户了，我就外出到海宁搞运输去了，从海宁到上海，开始还是用手摇船。割早稻的时候，我要回到家乡。剥络麻的时候，我也要回到家乡，就是每年要回来三到四次。所以，我每年可以带三到四船的砖回来。我们家造房子的砖块都是我自己带回来的。后来的石块、水泥、黄沙、石子都是我自己的船装运的。我们家是1987年造的房子，我们家有三个兄弟，包括父母亲，有两个宅基地，当初造了4间三层楼房。到房子造好以后，我就不搞运输了，在上海金山区搞基建。一直到2001年下半年，我回到三围村承包土地。

## 二　益农人民衣食住行变迁

**采访者**：请结合您自己的经历，谈谈益农人民衣着、服饰的变化。

**俞关马**：我记得老一辈人都穿中国传统的团团裤，这个裤子也是自己做的。当初，无论冬天还是夏天，一个人只有一套衣服的，夏天最多两套。不像现在的人这样，有些衣服买来穿不穿还不一定。冬天，每个人都是穿棉袄、棉裤，反正棉袄也不洗，穿到天气转暖为止。

我们那一代，小时候也是穿棉袄、棉裤的。1976年之后，有尼龙袜子了。尼龙袜子在当时价格挺贵的。我买第一双尼龙袜子要三块多。这个时候三块多钱是不得了的。尼龙袜洗过一挤干之后马上可以穿的。不像现在，现在也不牢吧，当初很厚，尼龙袜子确实是牢的。当时还有专门修袜子的人，修一个洞，大一点的两毛钱，小一点的一毛钱，几分钱都有。我二十岁左右的时候，流行的确良做衬衣，这个已经好得不得了。我第一件的确良衬衣，是结婚的时候穿的。当时做衣服的人很多，我母亲就是一个裁缝师傅，她是手工做衣服，不用缝纫机做。比如新娘子要出嫁了，我母亲就做棉袄。当初买衣服的人很少，都是自己做。母亲做衣服是20块钱一天，饭就在雇主家吃。譬如一家女儿要出嫁，要做几件衣服，好一点高档一点的衣服，就叫个裁缝师傅去做。我母亲的手艺很好，有时还来不及做，所以比较辛苦。因为夏天很热，冬天很冷，当初没有空调，夏天电风扇也不可以扇，如果开电风扇的话，布会被吹起来。1987年，我已经穿西装、打领带了。这个时候西装也是时髦，流行了好长一段时间。现在穿什么的都有，大家的生活条件是真的好了。

关于鞋子，我小时候都是穿母亲做的布鞋，到天冷了也还是布鞋。我也穿过草鞋，草鞋是自己编的。当时我们生产队在绍兴县有一块专门种水稻的地，到那里去都是石板路。我们这些青少年脚底很嫩，踩上去会疼

的，所以一定要穿鞋子。布鞋舍不得穿，所以穿草鞋去干活。20 世纪 60
年代末，我们胜利大队开了一家塑料厂，塑料厂也做塑料凉鞋，很硬的，
穿起来脚要起泡。这种塑料鞋也要两三块钱一双，很贵。但这种塑料鞋耐
穿，主要是牢固，可以穿好几年。塑料鞋对我们来说也算很高档的了，因
为过去我们中国是没有泡沫塑料鞋的。我见到这种鞋是在上海搞运输的时
候了，当时的渔业大队从海上捞来一只泡沫塑料拖鞋，穿起来真是舒服得
不得了。他们说是国外的渔民不小心掉进海里的。

**采访者**：请您根据自己的经历，谈谈益农地区人民饮食生活的变迁。

**俞关马**：我们家一日三餐都有吃的，因为我父亲会精打细算。我们家
初期勉强能够吃饱，蔬菜都是我们自己种的。我们喜欢吃霉干菜、青菜、
萝卜干。夏天的时候，我们长期喝霉干菜汤。菜都是饭锅（大灶）里蒸
的，我们家比较节俭，很少烧菜，有客人来了才烧一两锅菜。没客人来就
饭锅里蒸，放个饭架子，就放几个菜，一个镬盖盖上去，就在饭镬里蒸，
连饭一起烧。因为小时候吃惯了自家的霉干菜汤，所以到现在还喜欢吃霉
干菜汤。平时，我们自己家里种有南瓜，就摘点吃。冬天吃冬芥菜，现在
叫咸菜，我父亲的咸菜做得很鲜，菜叶要堆黄了以后再腌，就比较鲜。我
父亲做菜本领是很好的，而且价格又好。他做的菜，我拿出去卖，很受人
欢迎。

**采访者**：谈到吃的问题，您是萧山著名的农业劳模，所以请您谈谈益
农地区农业发展的情况。

**俞关马**：益农镇早期的农业作物以粮、棉、豆类、油料为主，辅以络
麻、甘蔗、蔬菜及其他多种经营，盛产萧山萝卜干和绍兴霉干菜，主要种
植棉花、络麻、油菜这三样经济作物。益农镇是萧山霉干菜的主产地。三
围、群围、长北、转塘头、益农、赵家湾 6 个村是霉干菜专业村，其中转
塘头村 90% 以上的农户种植、制作贩销霉干菜，制作霉干菜已有百余年历
史。20 世纪 80 年代以来，益农人开始走出海涂，闯上海、下苏州，到宁
波销售霉干菜。1997—1999 年，益农镇完成浙江省星火计划项目浙东霉干
菜基地建设，基地面积 13000 余亩，新增益农、老胡子、转塘头三个霉干
菜注册商标。1999 年 7 月，首家霉干菜生产合作社成立。2000 年，全镇生
产霉干菜近万吨。

说起霉干菜，还有一个小故事。我小时候跟爷爷到绍兴去卖霉干菜，

来了几个上海人。他们觉得绍兴霉干菜很好啊，颜色很好，吃起来也很好。这个时候我在旁边说："这个不是绍兴霉干菜，是萧山霉干菜，我们是萧山人啊。"他们一听不是绍兴霉干菜，扭头就走。我爷爷大声地叫："同志，等一下，就是绍兴霉干菜。"他们头都没扭就走了。因此我被爷爷骂了一顿。他说："你这个小鬼！这个就是绍兴霉干菜！"我说："不是，我们是萧山人，这个就是萧山霉干菜。"为什么是绍兴霉干菜呢？我百思不得其解。在回来的路上我问爷爷："为什么不能说萧山霉干菜，一定要说绍兴霉干菜？"爷爷说："萧山街上（这个时候我们把市场叫街），哪一个地方能够看到霉干菜？有谁在卖霉干菜？没有人卖得出去啊，也没有买进的人。只有绍兴才有买卖霉干菜的，有买进的人，也有卖出的人。我们萧山每家每户都种，就是偶尔有几家不种，可能是城里吃供应粮的，他们的亲戚朋友也会送给他吃，他们也不用买的。所以，你到萧山县的街里去是卖不掉霉干菜的。我们的干菜都要挑到绍兴的街里去卖。譬如：下方桥（齐贤）、陶里、斗门、安昌、绍兴江桥头等。而且在绍兴的街市里面准能买到霉干菜，绍兴因为离我们萧山近，外地来的人就知道绍兴霉干菜。所以绍兴霉干菜就出名了。"那我就恍然大悟了，就叫绍兴霉干菜，不叫萧山霉干菜了。其实，我们卖的、他们买的就是萧山的霉干菜，就是出自益农、党山、长沙等地方的。

**采访者：**请您谈谈 2001 年您回乡承包土地的情况。

**俞关马：**2001 年，我开始承包 300 亩地。我其实也是看上海那边种地很有奔头，所以，我觉得种地还是可以的，就回来了。我在益农镇三围村最多的时候承包了 1021 亩土地，搞大棚蔬菜种植，办起了绿色瓜果蔬菜实验场。我们的产品主要有芹菜、南瓜、长瓜、大白菜、青菜、西瓜、水稻等。

当时的政策也比较好。2006 年，益农镇党委书记、镇长提出发展传统产业，继续做大做精霉干菜、萝卜干等产业。做强特色产业，促进大棚蔬菜、高档水产养殖、苗木种植等又快又好发展。要根据原有基础，大力实施科技兴农和农产品品牌战略。推广蔬菜无公害生产、大棚设施栽培等先进技术。

我们的实验场严格执行无公害、绿色食品生产标准，生产的农产品经由省质量监督检验所测试检测，合格率为 100%，生产的绿色无公害蔬菜多次在农博会展销：2009 年获得浙江省农副产品优质奖、2012 年获得浙江省蔬菜瓜果金奖、杭州市蔬菜迎新春大联展银奖等荣誉，产品主要销往杭州市场。实验场连续多年评为萧山区农业龙头企业，2011 年实验场被认定为杭州市科技示范基地和萧山区现代农业示范区。"益农沙地"牌商标被萧山工商局认定为区级著名商标，随后又被认定为杭州市著名商标。

　　2012 年杭州萧山益农沙地叶菜生产功能区建设项目共投入资金 42.3 万元，其中上级补助资金 25 万元，自筹 17.3 万元。主要内容分为砂石机耕路和排水渠两部分，其中砂石机耕路建设 1050 米，共投入资金 21.3 万元；排水渠建设 1050 米，共投入资金 21 万元。

图 1　俞关马在劳动

　　我们也有一定的保障措施。为确保项目的顺利实施，我们成立了项目实施领导小组，由我亲自负责，同时委派专人负责各分项目实施，实验场工作人员李彩英，主要负责基础设施建设，实验场工作人员李高忠，主要负责大棚搭建、修缮和农机设施日常使用及维护等。同时，为加强农技技术支撑，我们还聘请了萧山区农业局高级农艺师王华英和镇农办高级农艺师肖关林、金明建 3 位专家担任技术顾问，确保项目实施过程中"技有所托"。实验场还十分注重场内人员的技术培训和新品种引进示范及新肥药的试验示范，每年承担萧山区农业局及杭州农科院、杭州土肥植保总站等试验项目 3 到 4 项。在项目资金及档案管理方面，本着"岗位制衡"的原则，由实验场会计朱丽霞专门负责，确保每一分资金都实施到位，每一步工作都有档可查。

　　为了确保杭州蔬菜市场的蔬菜供应，我们极力保障蔬菜应急面积，并抓好各类蔬菜的培育管理，扩大新品种蔬菜的推广面积，努力学习先进技术，真正把高科技应用到蔬菜种植的实践中去。组织实施叶菜功能区建设项目是一项影响深远的工程，带来明显的经济效益。有了基础设施强有力保障，有了大棚微耕机等先进设施，有了农技人员的精心指导，有了实验场广大职工的共同努力。按一年中平均亩产量提升效益计算，大棚南瓜、长瓜、西瓜预计可增亩产 200 千克，可带来效益 400 元，早熟五号可增亩产 200 千克，可增加效益 300 元，芹菜预计增亩产 300 千克，可带来效益 600 元，人力成本每亩可节省 2 工，降低成本 200 元，一年亩产效益预计可增加 1500 元。

让老百姓认可的最好办法是凭效益"实实在在"说话，实验场实施的叶菜功能区项目无论在基地设施、配套设施还是先进农机应用、良种引进等方面都带动周边蔬菜种植户，实验场在益农万亩无公害蔬菜基地核心区块，在设施、技术、产品等方面提升了周边群围、兴裕、民围和绍兴等地蔬菜种植户的积极性。

绿色、有机、无公害不是一句口号，其实是一种生产力，实验场倡导的无公害种植流程、生物农药、昆虫性诱剂、有机肥施用等生态化生产也起到很好的示范带动作用。

2017 年，我和陈百如、沈小红申请了发明专利——夏季芹菜质量安全风险的控制方法。这项发明提供了夏季芹菜质量安全风险的控制方法，包括以下措施：第一，农业防治：选择地块、避雨栽培、品种选用和合理施肥；第二，生物防治：在每个大棚内放置 1—2 只昆虫性诱剂；第三，物理防治：在每个大棚内吊置 4—6 块黄板防治蚜虫，人工捕杀夜蛾幼虫、卵块和虫茧。我们采用农业、生物和物理防治措施相结合，避免依赖农药防治导致的质量安全风险，减少了用药次数，更为高效、绿色环保；选取前茬水稻田或连作夏季芹菜时土壤用水浸泡，高温闷棚，不但保证了夏季芹菜的产量，而且从源头上有效地防止了病虫害；通过控制采收时间及方式，有效保证了夏季芹菜上市时的新鲜度，提高了夏季芹菜的品质，大大增加了企业的经济效益。

十多年来，我熬过了最初艰苦创业的难关，突破技术瓶颈，在田间棚内

图 2　2006 年，三围村大棚蔬菜

磨砺个人种植技术。我不断创新技术，科学管理，闯出了一条品牌精品之路。我也先后获得杭州市劳动模范、农业龙头企业和金奖产品等多种荣誉。

**采访者**：请您谈谈您种植的芹菜在 G20 杭州峰会期间端上宴会餐桌的事情。

图 3　2016 年，芹菜实验场被选为 G20 杭州峰会食材总仓供应企业

**俞关马**：我具体说说我种植的芹菜在 G20 杭州峰会期间被端上宴会餐桌的事情吧。2016 年，我已经在三围村种了 15 年芹菜，三围村是远近闻名的芹菜种植村。得知要把自家芹菜送上 G20 杭州峰会中外嘉宾的餐桌，我的心情万分激动。面对峰会蔬菜保障任务的高要求和高压力，我觉得这件事责任重大，必须做好。2016 年年初，杭州开始遴选 G20 杭州峰会蔬菜供应点，经过大量细致的考察后，我们实验场的芹菜被选上了。4 月份收到通知后，我就进入紧张的准备阶段。高温种植芹菜病虫害多，又不能打农药，因此难度很高，第一关育苗就非常关键。我在 2016 年 5 月开始育苗，准备了 4 万多千克芹菜。高温芹菜一旦地块选择或是管理不好，很容易死掉，虽然我有丰富的种植经验，但依然不敢掉以轻心。为了保证芹菜品质，我把育秧大棚东面刚轮作种过两年水稻的 10 亩"优等地"预留出来，用于种植"峰会芹菜"。在病虫害防治方面，我采用绿色防控技术，比如利用虫的生理特性，安装性诱剂、防虫板等，坚决不用化学农药。芹菜从田间到餐桌，要经过 4 道检测，包括土壤检测、种植过程中检测、采收前检测以及最终的入库检测，每个环节都要抽检。多年来，我已经养成了记录"田间档案"的习惯。面对这次供应峰会的任务，我更是认真细致。从种子、育苗、移栽、管理、采收、包装到最后的配送，每一个步骤都记录得清清楚楚，以备追溯。2016 年 8 月 26 日到 9 月 5 日，检验收成的时候到了。每天清晨四五点，我跟老伴、工人早早起床，到大棚内采收芹菜。色泽翠绿、根系白净的芹菜从地里采摘回来后，要用干净的水清洗两次以上，然后套上保鲜袋放入塑料泡沫箱内，上面覆盖一层冰块后再密封泡沫箱，冰块的主要作用是保持芹菜新鲜。每箱芹菜装车

前，还要贴上特定的"标签"。标签上有一串条形码，只要扫一扫这串条形码，芹菜的产地、采摘日期以及安全检测情况等信息就能在手机上查到。早上8点，这些新鲜、安全、高颜值的芹菜搭上冷链运输车，驶向浙江农华优质农副产品配送中心，再由该公司统一配送给峰会组委会招待来宾。4000多千克芹菜，每天一大车。紧张忙碌的峰会时间顺利结束，我觉得这次G20杭州峰会定点供菜成功，是对我十几年孜孜不倦田间劳作的最大肯定。

**采访者：**您种植的益农沙地牌小西瓜在瓜果评比中也连年斩获奖牌不断，请您谈谈。

**俞关马：**在上海做建筑工程时，我听说种植西瓜效益不错，我想到满是良田的家乡益农，就从上海市农科院买种子回家承包土地种起了西瓜。没想到，益农沙地得天独厚的地理条件使小"金"瓜苗壮成长。因为沙地土壤稀松且透气性好，所以它加强了西瓜苗汲取养分的能力。而且，沙土看似缺点的极差涵水性反而使得西瓜的糖分变高。韩国进口的"拿比特"品种小西瓜到了益农这片沙土地上，生长得特别好。沙地里种出来的西瓜有16—17度的糖度，远胜于普通西瓜的12—13度。要想在比赛中脱颖而出，除了糖度，外观、密度、土质、肥料等一个都不能少，每一个因素都影响着评比结果。"拿比特"西瓜在省、市、区的多次瓜果比赛中囊括奖项，还得了金奖。"拿比特"西瓜在2017年、2018年萧山优质精品蔬果评比中斩获金奖后，又在浙江省精品西甜瓜评选中摘得了金奖。我为西瓜注册的"益农沙地"品牌还是萧山区名牌产品和杭州市著名商标。

沙地小西瓜，果型小、皮薄、含糖量高、口感甜脆，一口咬下去，清甜的感觉沁入心间，成为不少人夏天喜爱的解暑佳品。长期以来的农作经验也让我掌握了一些科学的种瓜秘诀。田间有句谚语"西瓜吃天晴"，意思是天气晴朗时收获的西瓜最为香甜。只要天气好，没有台风和暴雨，西瓜能从5月初开始，一直采摘到10月份。

虽然这些年市面上出现了亩产更高、效益更好的新品种西瓜，不少瓜农选择了更有经济效益的新品种种植，而我一直守着"拿比特"西瓜种植，只因为老顾客的信任和喜爱，一到夏天就来我这里整车拉西瓜。和别的地方卖西瓜不一样，我的西瓜不是论斤卖，而是论箱卖，走的是精品高端路线。我的西瓜之所以这么畅销，一方面是从一开始我就注重品牌意识。引进日本红玉小西瓜后，我是第一个在当地注册"益农沙地"商标的。

**采访者：**作为农业种植大户，您这里还有哪些优质产品？

**俞关马：**我家种出来的"沙地甜"还有小番茄和水果玉米。在 2018 年的萧山区优质精品蔬果评比中，我家的小番茄获得了"优质奖产品"称号。2004 年，我算是村里第一批种上水果玉米的人。水果玉米，直接剥壳就能吃，甜里带鲜。由于玉米种植期短，我根据季节还进行大蒜、水稻的轮种。

我在自己的种植事业发展之余，始终牢记劳动模范的身份，传授大棚种植生产技术，带动周边农户搭起蔬菜大棚；耐心引导农户参加蔬菜合作社，形成了以三围村为中心，向兴裕、群围、东沙等周边村辐射、面积达2500 多亩的浙江省特色大棚蔬菜产业基地。广大农户种植热情高涨，走上了致富之路。每当地里新产了新鲜瓜果，我总会第一时间让周边的邻居们尝尝鲜，谁家遇上了困难，总会热心帮助。

**采访者：**说到吃饭问题，益农的供销社和农贸市场也是很重要的，请您谈谈相关情况。

**俞关马：**1952 年 1 月设在夹浜的塘北供销社和 1955 年 8 月设在镇龙殿的夹灶供销站建立。1956 年在转塘头设立粮站，经营粮食购销业务。1968 年设在东方红闸的东方红供销站和 1970 年设在东江村的益农供销站建立。上面这些供销站隶属党山供销社。

益农农贸市场，创建于 20 世纪 70 年代末。1992 年益农乡、夹灶乡合并成了益农镇，镇人民政府经过研究，选择益农大道南侧，占地 20 亩，规划益农镇农贸市场，并于 1993 年筹建动工。1999 年，选择镇域中心地块的东沙村为新的集镇区，新建益农路以及建筑面积 12800 平方米的农副产品综合交易市场等，形成以益农路为轴心，以第三产业为依托的新型集镇。益农在 2007 年投入资金 40 余万元。2010 年投入资金 210 万元，使得农贸市场占地面积达到了 4213.4 平方米。2011 年底，益农农贸市场被授予"杭州市绿色市场"等称号。2013 年，农副产品综合市场已成为浙江省文明示范市场、杭州市三星级农贸市场，全年完成服务业投资 2.47 亿元。

**采访者：**居民的用水也是很重要的，在使用自来水之前，益农人的喝水问题是如何解决的？

俞关马：我小时候，每家每户都有一只储水缸，把池塘里的水挑到大缸里。我们喝的都是池塘水。我们老祖宗传下来，每家都有池塘的。有的几家拼起来，挖一个池塘。如果家住河旁边就是喝河水。我十岁开始挑水，把池塘里的水挑到大缸里面，然后一缸水用完了再去挑。后来，每家也都挖一口井，喝井水，有的现在还在用，但主要是自来水。1999年，萧山"西水东调"工程开始实施，5.40千米长的供水管道铺设进入益农镇，自来水进村入户。现在，有些人家里要用净水器，或者喝矿泉水。

采访者：请您谈谈您所知道的益农居民住宅的变迁。

俞关马：在我的少儿时代，我们沙地区都是草舍。我们家条件也还算不错的，是两间草舍，两间。后来到我们兄弟长大了，旁边又建了一小间。当时建房子的木头很值钱。我小时候都是煤油灯、香油灯。香油灯有个煤灯盏，有根灯芯的，用纱线做的。煤油灯也是有一根灯芯，也是用纱线做的。我们小时候都是煤油灯，我印象很深，因为我母亲要在煤油灯旁边挑花边。关于房间内的用电，20世纪60年代中期的时候，我们开始有电线了。我的第三个伯伯的小舅子是电工，给别人家装电灯。后来我三伯家有电灯了，母亲就到三伯家来挑花边。两年以后，我们家才装电灯，当初是拉线开关，不是现在这种开关。当时的电灯还只有15瓦、25瓦，还没有现在这么亮，都舍不得用电。

20世纪80年代，一般房子是没有卫生间的。我1987年造房子的时候，卫生间有是有，就是造得小。卫生间有小的浴缸和抽水马桶。这个算最先进的了，一般人家还没有。

再来谈谈益农的广播、电视设施。1970年11月，益农围垦指挥部广播站建立。1978年1月更名为益农公社广播站，1984年5月改称益农乡广播站，1987年2月改称益农乡广播电视站，1991年被评为杭州市广播电视系统先进集体。1992年5月，夹灶乡广播电视站并入。2000年底，广播机房主要设备有250瓦扩音机16台，播控调音台、MD磁光盘录音机和采访机一台，电视摄、录、编主要设备有摄像机、编辑机、字幕机各1台、录音机3台，全镇馈线长31.5千米。入户喇叭10650只，入户率77.2%，通响率90%；有线电视主干线电缆85千米，光缆15千米，用户1250户，入户率9.1%。

图 4　2017 年益农的镇容镇貌

　　我们家有家用电器要到 1987 年以后。1989 年我们家开始装电话机，要 6000 多块钱，现在看很贵，但在当时，跟别人的装机费比起来已经算是便宜了。我们家装电话机算比较早的。后来，我们又买了电视机、录像机，电视机是进口的。两样东西加起来要 1 万多块钱。现在电子产品真的是越来越便宜，那个时候价钱很贵。

　　现在，益农镇党委带领党员群众朝着"农业更强、农村更美、农民更富"的目标阔步前行，走在新时代乡村振兴之路上，认真践行"绿水青山就是金山银山"的发展理念，进行美丽乡村建设，大家生活条件都好了，住房条件也很好。

　　**采访者：**请您谈谈您所知道的益农交通条件变迁。

　　**俞关马：**过去的路都是泥路，不到一公尺宽，走上去，脚底都是土。这种路，到夏天就尘土飞扬，因为我们这里的土是沙土，如果太阳一晒，自行车骑在上面，面上一层都松掉了。当时没有什么大的车子，连拖拉机都没有，基本就是自行车骑行。这种路，如果人跑得快一点，也会尘土飞扬。直到 1990 年，我家里买了一辆台湾产的女式摩托车，花了 16000 多块钱。当时农村还大多是泥路，不好开，碰上下雨天还会陷住，推又推不动，不像现在在田间都是 3—4 米宽的水泥路。

　　进入 20 世纪 90 年代，以新东公路为主干道的柏油马路四通八达，水上航道纵横交错。益农镇的交通网主要由 4 条县乡公路和 2 条镇级公路构成。4 条县乡公路分别为：党老线，总长 8.8 千米；转益线，总长 5.47 千米；伟老线，总长 19.5 千米；三益线，钱江三桥至益农，总长 39.01 千米，益农段总长 6.1 千米。2 条镇级公路分别为：众二湾公路，途经众力、

五六二、东湾至东方红闸，全长 6.5 千米；红阳路，从朝阳闸至东方红闸全长 2.8 千米。到 2011 年，省级高速、钱江通道、机场路东伸、世纪大道南伸线都规划实施了，交通条件大为改善，居民出行比较便捷。

## 三　益农的民俗与景点

**采访者：**请您谈谈益农地区的民俗与景点。

**俞关马：**益农地区也有几个景点，比如久裕庙和头段庙。1958 年大办食堂时，庙堂被毁改办食堂，食堂结束后设置为供销社，前面临河为店面，后进房屋为仓库。1988 年供销社萎缩自动淡出，久裕庙重建。创始人是沈大毛、儿子沈如根，现在久裕庙的主持已传到沈大毛的孙子沈朱夫这里。庙堂一再扩大，建筑面积 1500 多平方米。前后两进加西侧厢房，当家菩萨是朱天菩萨，另有玉皇大帝、东岳大帝、观音娘娘、大佛菩萨、土地菩萨、土地娘娘、如来菩萨、韦驮菩萨、四大金刚等 40 余尊佛像。每年的农历四月初十至四月二十二是香客最多的时段，一天的香客都在 700—800 人。

头段庙因建在北海塘第一头而得名，庙殿之中，居中塑像是张老相公，左右的两尊女性塑像，据称是他的“大太太”和“二太太”。梁柱之间都挂有一只木质江船，以表明他的身份。头段庙是南沙益农最大的庙殿，占地 2000 平方米，张老相公菩萨、包公菩萨、土地娘娘三巨头率众多菩萨在此安身。

## 四　我的感悟

**采访者：**明年是中国共产党建党 100 周年，请您谈谈您的感想。

**俞关马：**我是 2009 年 6 月入党，曾被评为益农镇“十佳党员”。我是真的很感激党的改革开放政策。如果没有改革开放的好政策，我们没有这么好的生活条件。我们这一代人真正是经历了从传统社会到现代化社会的生活变化，跨度非常大。因此，我很珍惜现在来之不易的幸福生活。

# "一路领跑" 的萧山社保

## ——楼　建口述

采访者：陈鸿超、李永刚、杨健儿　　　整理者：徐屹澜

采访时间：2020 年 8 月 22 日　　　　采访地点：杭州市萧山区某小区

**楼　建**

楼建，男，1954 年出生，杭州萧山人，大专学历。1972 年 12 月入伍，1988 年 1 月转业。历任萧山社保局副局长、人社局党委委员兼社保中心主任、人社局副局长、调研员等职务。2014 年 2 月份到龄退休。

## 一　序幕：从无到有的萧山社保

**采访者：** 楼局长，您好！很高兴您接受我们的采访。社会保险是社会保障制度的核心内容，是社会的 "稳定器" 和 "安全网"，也是建设更高水平小康社会的重要条件之一。您是萧山社保的参与者和见证人，我们希望您给我们谈谈萧山社保发展的历史。首先请简单地介绍一下您的个人情况。

**楼建：** 首先感谢你们对萧山社保事业的关心，同时也感谢你们对我个人的关注和信任。我作为一个萧山社保的践行者，在萧山社保工作单位做了二十年，我与萧山社保结下了很深的情结。我是 1954 年的 1 月份出生的，土生土长的萧山人。我的老家就在萧山区最南边的楼塔镇。楼塔镇是山区的一个小镇，山清水秀，风景秀丽，但是这个小镇也是萧山一个经济基础比较薄弱的地区。

我从小就生长在那个地方,初中毕业以后,在家工作了两年多去当了兵。那时候我应该也属于一个农村的"高干子弟"。因为我爸妈都是解放后的第一任乡长。小学那会儿,父母因响应政府号召,被派遣到一个农场里面。从此以后,我就成了一个地地道道的农家弟子。我初中毕业以后由于"文化大革命"就辍学了,大概在农村干了两年多时间,因为当时自己年纪小,个子小,力气也小,在农村干了两年以后呢,觉得干不下去了。当时开始就有想法了,像我这样能不能有机会出去闯荡一番呢?1972年的时候村干部送来了一张征兵登记表。当时我觉得机会来了,但是当时当兵在农村里面竞争也是很激烈的。谁都想去当兵的,当兵了以后可以离开农村啊,复员回来以后还可以找到工作。申请过程还是比较顺利的。为什么呢?那时农村文化水平都很低的,报名的几百号人中只有七八个是初中生。领导来说了,初中生我们一个也不能丢啊!所以我后来很顺利地去当兵了。

当时所在部队属于中国人民解放军总后勤部中南物资局,位于武汉市硚口区,主要任务是管理物资仓库。由于我在部队里比较上进,勤于学习,部队后来就把我送到解放军后勤学院读了两年书,学的就是军队财务管理。

**采访者**:请问您后来是如何进入社保领域的呢?

**楼建**:两年军校读完了以后,回来已经是1976年了。就在那一年我光荣地加入了中国共产党,后来被提干。到了1981年,武警部队成立,到我们部队来抽调两个人,就把我给抽了去。所以我又到了武警部队。我在武警部队也是管理一个物资仓库,工作性质和我之前做的差不多。1987年那一年认识了浙江省公安厅的一位领导,说要把我调到杭州来。所以后来我就离开部队了,在办理调离手续时遇到我老婆、小孩杭州户口进不去的情况,老婆的工作也无法安置,所以只能放在萧山。杭州和萧山说说挺近,但是那时候交通很不方便。没有办法,所以那时就两条路,一条路就是回去,还有一条路就是就地转业。我说既然出来了以后,就不回去了。所以后来我就就地转业,转到萧山。那个时候省公安厅也帮了忙,人事局、劳动局这两个局让我选一个,我就选了劳动局。后来劳动局领导把我安置到了社保。就这样阴差阳错的走进了萧山社保。

那时社保属于劳动局下面的一个科级单位,是事业性质的。叫作萧山市社会劳动保险公司。为什么叫公司呢？因为当时劳动局下面已经有一个公司了，叫劳动就业服务公司，所以社会保险它也叫公司。当时这个机构就两间办公室五个人。五个人里面，两个是借用其他单位的，三个是临时工。我去了就六个人。去了以后我一了解才知道，这个部门是一个事业单位性质的部门，而且是劳动部门的人员都不愿意去的一个部门。老实说，刚开始我确实有些想法，我原是一个堂堂正正的军转干部，怎么把我放到了一个事业单位，我的身份不就变成了事业性质？其次，这个单位是一个新建单位，一个正式工都没有的，那我进去了就是唯一一个正式工。所以当时我确实是有点想法了，回去以后通过反复考虑，想想既来之则安之，进去干了再说。我想这也是一个转业干部、一个共产党员应有的素质。

## 二  发展：从粗到细的萧山社保

**采访者**：那您到了社保公司以后，刚开始您主要做哪些工作呢？

**楼建**：当时的社保就两个任务：第一个任务就是根据 1986 年国务院发布的暂行规定推行劳动合同制。即从 1987 年 1 月 1 日起，所有的国营城镇或集体企业招收的职工，都统一实行劳动合同制，必须为他们缴纳养老保险。那我们就是专门办理劳动合同制工人养老保险的登记与收费工作。第二个任务就是，从 1987 年开始我们要对所有固定工的退休费进行社会统筹。第一年我就管了合同制工人的养老保险。当时我想，这么简单的事情叫我管管，这样我能有什么作为呢？不过事情并不是那么简单，合同制工人我们当时已经管了有两万多人了。在我来之前，对这两万多人的管理就是很简单的建一个卡片。这些卡片在平时的管理过程当中，查找都是很难的。我来了以后，就把它改成台账式的管理，根据企业主管部门、企业以及参保者三个方面进行顺序化编号，重新把台账理了一遍，改了以后查找起来就很容易。

劳动合同工人的参保缴费总体工作做得比较顺，但退休费的统筹工作就不那么容易了。企业及主管部门都不理解，不支持配合，工作做得很不顺利。在 1989 年，我们公司来了一位女经理，叫杨玉瑛。她原是临浦镇副镇长，因为年纪大了从镇里退下来了调到我们劳动局。她来了以后彻彻底底改变了我们社会保险公司的面貌。杨经理来时已经五十多了，她也没有多少文化，但是她有强大的人脉关系及丰富的从政经历与工作经验，包括我们市里面的领导及各个主管部门的领导她都比较熟。她来了以后，充分发挥这些资源，由此社会保险这块工作发生了颠覆性的变化。我记得很清楚，她来了以后主要做了这么几项工作：

第一项工作，把我们劳动保险公司这几个人从劳动局里拉出去，搬到外面租房子，相当于另立门户了。甚至不顾局领导怎么想，她很强势，一定要搬出去。然后她马上招兵买马，我们五六个人一下子增加到十多个人。里面的各个部门也立马完善起来，财务科、养老科、统筹科、办公室等一应俱全，还把我们党支部建起来，我们终于像个单位的样子了。在此之后，公司在1992年还专门建了一栋社保大楼，这个资金也是通过她向市里领导争取来的，拨给我们的同时，还买了一辆小汽车，那个时候我们局里都没小车呢，我们一个小小的社保公司就买了一辆。所以这几件事情做了以后，一下子把萧山社保的名气搞得很大，在杭州市，乃至整个浙江省内都很有知名度。

第二件事情，她在当时就提出了要扩大社会保险的覆盖面。什么意思？当时社保只涉及国有企业和城镇集体企业，但是她来了以后提出了要把几个大镇的小集体企业统统纳入社保范围。后来这个事情向市里领导报告以后同意了，之后我们的参保人

图1 1990年社保公司年度工作总结会

数翻倍了，参保人数当时一下增加到七八万。七八万不要说在一个县级部门，哪怕在全国的一些中等城市都少有的。所以那几年我们萧山的社保改革明显地走在了前列。

第三个事情，她做工作善于营造工作氛围，这个方面我觉得她做得非常好。当时大家普遍认知有限，谁也不知道社保到底是干什么的，尤其我们单位名称也名不正言不顺，叫什么公司，作为一个政府部门显然是不合适的。老百姓也容易产生误解，总是把社保与商业保险混淆在一起。所以

针对这个问题，她做了许多工作，对我们如何营造社会保险工作的氛围，如何提高社会保险的声誉，起到了很好的作用。另外，每年她都要召开几次会议，如每年到年底，我们有个总结表彰大会，这次会议把萧山市的领导，以及杭州市甚至省厅的部门领导都请到，既提升了大家社保工作的荣誉感，也宣传我们社保。这一系列工作应该说是一下子把萧山社保的知名度提上去了。但是好景不长，杨玉瑛经理于1993年的下半年因病去世，大家都感到非常惋惜。

**采访者：** 萧山的工伤事故多发于建筑、机械制造及纺织等行业。由于小矿产企业较多，矿产事故较多。1992年10月，成立萧山市劳动鉴定委员会，成员由劳动、工会、卫生等部门负责人和医生专家组成，按季开展职工病退和工伤职工劳动能力鉴定工作。到2000年底，全市参加工伤保险企业1129家，参保职工53781人。能给我们讲述下，您在任时萧山工伤保险的情况吗？

**图2　1999年6月15日，萧山市社会保险管理局
副局长楼建在商业城上门宣传社会
保险政策（柳田兴摄）**

**楼建：** 社会保险包含5项内容：养老、工伤、生育、失业、医疗。那么这5项内容当中，工伤保险我们是在养老保险推出以后进行的，当时我们萧山机械企业不少，尤其是工程企业也比较多，工伤主要发生在这些机械企业和工程企业中，比如杭州发电设备厂，杭州"三化"企业——油化、电化、石化，包括杭州还有好多建筑工程公司也在我们萧山，那么这些企业应该都是属于工伤多发的企业。

由于当时是改革开放之初，我们生产科技含量不高，工伤事故发生比较多，这会给企业及劳动者本人带来一些实际问题。这不光是我们萧山的问题，应该也是全省、全国都存在的共性问题，如何把工伤保险建起来，是迫在眉睫的事情。省里老早有想法，但是考虑来考虑去，迟迟未能实行，主要是要选一个切入口确实比较难。通过反复的衡量比较了以后，当时选择了萧山作为试点。因为那时候的萧山养老保险与其他县（市）相比，基础已经比较扎实。为了把试点工作做好，我们一开始邀请了企业的主管部门以及省市属单位的有关领导专门召开了座谈会进行讨论。在此基础上，我们主要是做了这么几项工作：第一个工作就是出台方案，这个是很关键的。因为当时国家没有很明确的对工伤等级的认定及补助方面的标准。所以为了做好这项工作，我们第一个就是要制定一个相对合理方案。在制定方案之前，我们收集了原来国家各个部门关于工伤处理方面的做法，然后参照这些标准，我们通过综合分析，并结合社会实际做出了一个工伤保险的办法。

第二步工作就是实施环节。我们要设置一个机构来管理工伤这项工作，最主要是建立一个工伤评定的组织。因为工伤评定是有一定的技术性的，不是说我们一般人能够做，为了把这项事情做到准确有说服力，我们专门组织了有关大医院的专家建立了一个鉴定委员会。这个委员会一般会在每个季度把企业报上来的工伤进行一次评定。所以说，工伤保险实施了以后，应该还是比较顺利的。到了1995年省里就发布了工伤保险办法，这个办法基本上就是按照我们萧山的成功模式推行的。

**采访者：**我们再来谈一谈医疗保险，在计划经济向市场经济过渡时期，企业医疗负担不堪重负、医患双方缺乏制约机制、医疗费用增长过快、医疗资源浪费、医疗保障面窄等弊端日见突出，企盼医疗保险制度改革，成为企业和职工的共同愿望。请问当时萧山社保局怎么着手解决医疗保障问题？这之中有哪些您印象深刻的事？

**楼建：**医疗保险应该说是我亲手经历的一项工作，社会保险的5项保险中，医疗保险是我们最后推出的一项。为什么把医疗保险这项工作放到最后？这个有它自身的特点。因为医疗保险管理起来相对来说比较复杂，它不光涉及企业、涉及劳动者个人，还涉及医院，管理难度是比较大。其次，它需要一定技术的支撑。当时我们连个电脑都没有，不可能把医疗保险这块推出去，因为大量的数据管理是没有办法去操作的。

所以当时我们在推出医疗保险的时候，第一步就是搞大病统筹，当时因大病造成的因病致贫的家庭确实很多，操作起来相对也比较容易。为此，我们专门收集了大量因病致贫的典型案例。先后召开了多个座谈会，让大家认识建立统一的医疗保险制度的必要性。

我们推出医疗保险的时候，只能先搞大病医疗统筹，而不是先做门诊，你要一下子把门诊都搞起来，这是根本不可能的，因为就像刚才我讲的，管理技术上面我们跟不上，当时处于条件限制没有办法。所以我们大病统筹搞了近五年之后，才把门诊医疗保险建起来，而且大家的反响非常好。在2002年我们出台门诊医疗保险的时候，开发和采取了智能卡的管理办法。智能卡就是现在的医保卡，当时我们在门诊开通的那一天，包括我们省里的部门领导都到现场进行观摩，萧山是全省第一家推出智能卡管理医疗保险的地区。

**采访者：**现在保险当中有5个大类，失业保险也是其中1个大类，失业保险改革与养老保险基本上是同步的，能给我们讲一下萧山失业保险改革的发展历程吗？

**楼建：**失业保险是与劳动合同职工的养老保险同步的，因为它们都是在1986年国务院颁发的"四个暂行规定"当中明确的，在实行劳动合同制工人养老保险的同时，要对这些人员提供失业保障。

为什么当时国家要考虑出台失业保险？因为实行劳动合同制以后，新招的员工就不是原来固定职工的概念了。在计划经济的时候，国有和城镇集体企业的工人都叫固定工。固定工一进了企业门就是企业人，一辈子就是在企业工作，如果没有特殊情况，就不可能把他推向社会的。也就是说，进了企业门，就是企业人，生老病死企业要管到底。企业要给他上班，到退休以后要给他发养老金，一直要管到他死亡为止，这都是我们计划经济时候的企业职工管理体制。

到了暂行规定发布了以后，就对劳动制度改革了，改革以后对新招收的工人要实行劳动合同制。比如说工人跟企业合同签一年，那么一年以后如果

**图3　1999年5月28日，参保人员触摸屏查阅参保情况（柳田兴摄）**

合同期满了，企业可以提出跟你终止劳动合同，从今以后你就失业了。那么失业了不可能马上就能找到工作，工人失业期间的生活怎么办？为了给失业者一个过渡期，就出台了失业保险。失业保险相对来讲工作进展比较平稳，因为失业保险本身缴费比例很低，只有1%－1.5%，费用是由我们社保统一收取，操作管理则是由劳动就业服务公司负责，管理主要就根据你缴费年限的长短，比如说你参加失业保险满一年了以后，如果失业了，你就可以享受一个月的失业金，招聘满5年就享受5个月。这项制度相对来讲比较的平稳，因为对企业影响不大，保费收的比较少，但对解决失业人员的一时困难有一定的现实意义。

**采访者：**非公有制经济是我国国民经济的重要组成部分，在非公有制企业中实行养老保险制度，既是构筑城乡一体化社会保障体系的重要内容，也是维护职工合法权益的重要手段，更是坚持社会主义市场经济平等竞争原则的实际需要。请问当时萧山非公有制养老保险是如何推行的？萧山社保采取了哪些措施来保证非公有制养老保险制度的顺利实施？

**楼建：**这就是要实现社会保险全覆盖必争之地。所谓全覆盖，就是说我们搞社会保险，一定要不分企业的性质，不分职工的身份，要使所有的劳动者都能够纳入到社会保险的范围。这项工作也是由那位杨经理最先提出的，她当时还没有想到社会保险全覆盖这么个概念，但实际上那时候她的想法可以说是社会保险全覆盖的思想萌芽。保险的全覆盖是非常重要的，如果我们不推进社会保险的全覆盖，就不可能使所有的劳动者的合法权益都得到保障，也就失去我们社会保险的初衷，更给社会造成不和谐与不公平。当时国有企业和城镇集体企业中有这么多退休人员，他们事先没有任何社会保险，如果完全要靠年轻人来养这些老人，那么这里面会有很大风险。所以我们必须把工作做在前面，要使社会保险有充分的积累，这样才能做到手中有粮心中不慌，是不是？所以必须要扩大社会保险的覆盖面，增加社会保险基金的来源和积累。

所以，推进社会保险覆盖面成为我们完善社保制度的终极目标。那么问题就是萧山这么多民营企业怎么推？这确实是一个很难很难的问题。所以当时为了做这项工作，真的是绞尽脑汁，穷尽一切办法。最后主要有这么几个措施得以成功：

第一个措施是我们把5项保险进行捆绑，企业参保必须5个保险同时参保。这主要是因为当时有的企业和职工的立足点不一样，有各自不同的想法。作为职工而言，更看重医疗保险，因为我年纪轻，养老的事情我还想不到那么多，但是医疗保险你今天不给我参加，我明天生病了怎么办？他会去督促企业参保，所以我们要给它捆绑。作为企业来讲，最担心的是工伤，所以只想参保工伤。当时我们就已经考虑到职工和企业各自有不同想法，把这 5 项保险进行捆绑，必须 5 项保险同时参加，不让你有选择的余地，这其实对整个参保是有一定促进作用的。

第二个措施就是我们当时把参加社会保险这个条款写进劳动合同里面去。当时虽然有劳动法，但劳动法太超前了，好多东西都无法执行。对我们来说，如何把企业参保不参保提高到法制规范上面来，是我们考虑的一个重要问题。把它写进了劳动合同以后，有什么好处？那就具有法律的约束力，合同上面明确的东西，企业必须要依法执行，否则一旦引起争议，双方无法回避。

第三个措施就是通过摸底以后，对所有的企业主管部门设置指标，明确你每个月必须参保多少人，到年底以后必须完成多少人参保。这个指标将作为政府考核企业的一个重要内容。

第四个措施就是我们设置了汇算清缴。汇算清缴是什么意思呢？我们年底按照企业职工的工资总额进行核算，企业职工缴费的工资总额占你实际发生的工资总额的比例定在 60%，之后每年提高。这是什么意思？你不给职工参保，但是年底以后我们给你算总账，你还是要补缴的。你补缴了却不给职工参保，不是白缴了吗？所以当时这项工作对企业参保的促进作用很大。

最后一项措施应该说力度也很大，我们把社会保险缴费职能移交给地税。把税和费捏到一起，现在你看全国各地基本上都是如此，这也算是我们萧山开了先河。

以上这些措施实施以后，社会保险覆盖面大大加大，参保的人员大幅度增加，整个社会保险基金的收缴也大幅度上升。

2007 年 10 月我离开社保，到劳动保障局里做副局长，做了 3 年，又做了 4 年的调研员，到 2014 年退休了。我在 2007 年 10 月离开社保的时候，局里领导为我举行了隆重的交接仪式。当时我很清晰地记得我办理移交时的三个"90"，即社保中心的工作人员已经 90 多人了，单项参加社会保险的人数已经 90 多万人，社会保险基金的积累已经 90 多个亿。这是全国绝大多数省（市）区都不敢想象的数字。

# 三　完善：从一点到多点的萧山社保

**采访者**：请问从您进入社保到您退休，机构发生怎样的变化？

**楼建**：萧山社保机构是从 1986 年 12 月底成立的，最初叫萧山县社会劳动保险公司。一直到 1997 年的 11 月份，社保公司与人事局下辖的机关事业单位养老保险办公室、民政局下辖的农村养老保险办公室合并，成立了单独的一级局，就叫萧山市社会保险管理局，这个时候我做副局长，有个老干部过来做局长，另外还有一个行政的副局长，再加一个纪检书记，领导班子一共 4 个人。到了 2001 年底，当时国务院有文件要精简机构，就把劳动局、社保局合并掉，新局就叫劳动和社会保障局，下设社保管理中心。那个时候组织找我谈话，叫我留下来在社保中心，于是我便成为局党委委员兼社保中心主任。

**采访者**：2001 年省政府决定在萧山万向集团、浙江传化集团、杭州钱江电气公司三家乡镇企业参加社保养老保险的试点，请问当时为什么要选择这三家企业呢？

**楼建**：选择这三家企业出于这几个原因：第一，它们用工体量很大，对整个萧山保险影响比较大。当时这几家企业在我们萧山企业当中的影响的确很大，所以让他们带个头，作为萧山的试点。为此，我们在万向做了很多的工作，包括市里领导都一起去了好几次。当时我们目的很明确，只要把这几家公司纳入到社保以后，其他就不用费多大的力气都可以进来了，所以要抓好这些典型的企业，说实在他们也确确实实带了一个很好的头。

**采访者**：随着全市国家建设和重点项目的增多，征地劳动力安置任务日益加重，对符合条件的人员办理就地"农转非"等手续，并通过招工、自谋职业、养老保险、一次性货币安置、发放生活补助费等方式进行安置，其中对"农转非"人员实行养老保险，成为安置征地人员的主要方式和途径。您能介绍下对征地人员实行养老保险的情况吗？

**楼建**：萧山征地任务很重，除了我们萧山本地经济发展所必需的一些征地以外，尤其是国家和省里面的重点项目也比较多。现在我记不清到底

图4　1999年6月28日，萧山市民办理
养老保险手续（柳田兴摄）

有多少人征地，但可以确定的是体量是相当大的。萧山这块工作起步也做得比较早，政策也是一变多变。当时我们征地确实难度比较大，征地了以后这些人员到底如何安置？对政府而言也是一个很头痛的问题。

那么最后的政策，凡是实行征地的话，一律实行农转非，当时出台的政策除了经济补偿和货币补偿之外，就是纳入社会保险。但参保受年龄条件限制，到了60以上都属于退休年龄，是不能够参保的。所以针对这些人员，一般情况之下就是自愿，你愿意货币安置就货币安置，如果要参加社保，自己补缴钱，就享受社保待遇。年轻的征地人员失去土地以后，我们给他计算8年的养老保险。这样折算以后，把他引到社会保险轨道上来，帮助他们解决后顾之忧。这个政策在萧山相对来讲还是比较优惠，推进也比较顺利。

**采访者：**萧山撤市设区了，正式纳入杭州大都市的城区范围，那么这对萧山社保工作产生了哪些影响？

**楼建：**社会保险是跟着财政体制走的，财政是分灶吃饭，那么社保也是分开的，只要财政连到一起了以后，那么社保也就随之要合并。当时作为萧山来讲，撤市设区了以后应该有些顾虑，整个杭州的结余体量不一定能比萧山大多少，萧山当时基金存量相当大，这个问题当

图5　2000年9月22日，退休人员赴千岛湖疗养（柳田兴摄）

时作为我们区里领导也好，尤其是作为我们财政部门当时都有想法的。我们前面辛辛苦苦这么大力度扩面，杭州一下并掉了以后，感觉自己的劳动果实被吞并了。这个问题想开了，其实是没有什么必要去揪心的，为什么？因为合并了能够借力杭州，得到更好的发展。但是当时好多人不是这么想，所以我也跟他们讲，不管是市里统筹也好，你省里统筹国家统筹也好，前面这么多人参保缴费的年限都放在更大的平台，以后享受养老保险待遇更有保障，所以其实是一件好事。想开了是没什么问题的，融入杭州的城市发展，可能带来的机遇也更多。总的来讲没有什么好担忧的，职工所有缴费的年限，不管放在哪里，都是认可的东西。

**采访者**：1989 年萧山建立退休人员养老制度，市社会劳动保险公司每年安排部分离休退休干部赴杭州千岛湖等地进行为期一周的疗养，组织他们进行观光检查身体，让他们分享社会发展的成果。请问这里面发生怎样的一个发展和变迁呢？能给我们讲述一下吗？

**楼建**：这项制度就是杨经理制定的，她当时就是为了宣传来搞这个活动。当时我们搞得很热闹，每次退休人员去疗养的时候，那时候我们社保还成立一个由退休人员组成的腰鼓队，搞得很热闹，确实也起到了很好的作用。

刚才你讲的实际上就是关于退休人员社会化管理的一个问题，这个问题我多说几点。当时我们社保还有一项重要的工作，就是把国有和集体企业的固定职工置换身份。因为到了 20 世纪 90 年代初，萧山就开始出现一个问题了：民营企业极大发展了以后，国有集体企业则因退休人员包袱压力越来越重而导致不堪重负，那么就意味着这些企业如果不转制的话，那就只有死路一条。但这么多退休人员，你怎么向他们进行交代，他们的后事，你怎么去给他们安排？我们的解决办法就是给国有和城镇集体企业进行转制。第一个就是把这些固定人员从固定工转化为合

图 6　2000 年 9 月 27 日，城市信用社
发放养老金（柳田兴摄）

同制工人。转的办法就是买断工龄，把原来固定工的身份进行折算给你一笔钱，买断固定职工的身份，变成合同制工人。这个工作对我们社保来讲有什么好处？

变成了合同制，就可以取消社会统筹，与劳动合同制工人的社会保险并轨。这对社会保险将产生很大的促进作用。所以我们就配合政府进行转制，转制对于我们社保部门工作量是很大的，要把每个人的档案进行审核。第二个问题就是要把这些退休人员从企业当中剥离出来。这些剥离后的退休人员实行社会化管理。实行社会化管理谁来管？我们管，当时政府还不放心。一个企业管几十个上百个退休人员都管不好，我们现在有几万退休人员交给你，社保能行吗？所以当时要我们说清，一定能管好的具体办法。所以后来这些退休人员就移交给我们社保。那么移交过来了，当时1989 年的时候，杨经理提出给退休人员搞疗休养，其实当时维持的时间并不长，为什么？因为人多了以后就搞不下去了，人多了费用庞大没有办法搞，后来我们怎么办？就探索另一条路，就是把退休人员移交社区实行社会化管理。把这些退休人员按照居住划分移交给了社区进行管理，你看现在已经做得很规范了，退休人员一开始是两年体检一次，现在已经逐步推广到一年一次体检。并且，我们节日给退休员工节日补贴，一个退休人员一年约有 2800 元。现在你看社会上很太平啊，这么多退休人员都归社区管了，管得都挺好的。

## 四　尾声：我与社保的不解之缘

**采访者：**您写的《铺设社保轨道，开通就业列车》一文曾获得萧山市科协优秀学术论文二等奖，您能给我们讲一讲这篇文章的基本内容和写作背景吗？

**楼建：**写这个文章的时候，我已经离开社保管就业了，分管就业的时候写了这个文章。社保和就业当然是有联系的，我们的社保主要为就业的劳动者提供社保保障，稳定就业又是为我们劳动者提供生活保障。所以这两者是不可分割的。就业和社会保险都是社会的"稳定器"和"安全网"。没就业就没有社会保险，但是反过来讲没有社会保险，就业就会不稳定。

**采访者：**在您印象当中，您认为您做得最成功的一件事情是什么？

**楼建：**我在社会保险岗位上做了 20 年，基本上我进去以后，所有社会保险的方案、文件几乎都是以我为主起草。当时我们社保应该说工作很难，确实是难，为什么这么难？我记得华为老总任正非在 2016 年全国科技大会上演讲中的一句话，他说我们华为人已经进入到一个无人区，我们在做的事情没有任何参照的规则。这句话对我触动很大，我想我们的社保也何尝不是。这么多年我们也是摸着石头过河，从国务院到省里没有详细的方案我们可以参照，有的就只是一个大概性的目标，比如说要搞养老和医疗保险，要社会统筹与个人账户相结合，怎么去结合，分成又怎么去把握，这个度你又怎么去设置？好多的问题都是要靠我们预判，这个预判就是有一定的难度。好多工作实际上区里领导也不敢拍板，因为这些工作大家比较陌生，情况不了解，谁的心里都没底。万一做错了回不了头怎么办？很多事情要拿捏得准，看得准，而且要承担一定风险。所以我觉得，我们当时的情况和任正非他讲的真的有所相似，我们都在慢慢地摸索。作为试点单位，当时好多地方都到萧山来参观，我们接待都来不及。他们非常急于想从我们这里获得成功的经验：你们萧山扩面工作怎么搞起来？工伤出台了以后，你们到底怎么调整？你们这办公大楼是怎么盖的？你们的小车怎么买的？所以这一系列的问题接踵而至。

那么作为我们萧山来讲，我也想当时我们做了这么多事情，出了这么这么多政策文件，获得了那么多成功，那么到底是凭什么能在社保改革过程当中先人一步、快人一拍，能够走在行业的前列，这里面当然是有很多原因的。

首先就是我们顶层领导对这项工作的重视和支持，这不是套话，有句话叫老大难老大难，老大出马事不难，就是这个意思。任何事情，如果是没有得到高层领导的重视，就做不成，领导越大你做成的概率就越高。所以我们区委区政府的领导，对社会保险重视确实要比其他一些地方强得多。比如说每年的社保工作都由我们常务副区长分管，哪个领导分管是有区别的，碰到什么事情协调起来，力度要大多了。

第二个是我们萧山经济实力的支撑。社保是要有经济支撑的。你有最大的本事，到那个贫穷地方去搞搞一样搞不起来的，是吧？萧山快速发展的经济是支撑社保的基础，决定了我们这个地方相对来讲工作比较好做，社保改革的需求更加迫切。

第三个我想最重要的就是我们党的改革开放政策。我们社保改革像一颗种子一样，时代造就了改革的土壤，是政府的改革开放才能让社保改革发展壮大。没有改革开放，是不可能实现的。

作为我来讲，我一生的工作就是一个当兵一个社保。这两个平台相对来讲还都是比较精彩的，前面在部队这段时间主要是开花，结果还是在社保。两段时间都是党和组织的培养，党的教诲对我来讲也是终生难忘的。我当兵一共当了 16 个年头，部队改变了我的人生走向，铸就了我的"三观"。没有部队的培养，可能也没有我后来在社保工作上的干劲。社保确实非常锻炼人，在我工作的 20 年里面，社保部门总共出了 6 个区管干部，比例非常高。比例高说明什么？第一个是组织对我们社保这支队伍的关注，第二个就说明我们社保这个岗位还是比较锻炼人的。我记得原来社保中心的一个副主任被提拔到别的单位去了。他跟我说了一句话，我一直记忆犹新，他说在社保干了以后，到别的地方工作都觉得很轻松。这也说明，干社保是很辛苦的。

所以社保工作很难，甚至需要牺牲家庭。我部队转业回来那年我儿子是 8 岁上二年级了，因为后来我一直忙于工作，很少关注他的学习。他高考的时候分数没考好，当时我就批评了他，但是我回头想想这么多年的确也没有好好去关心过他的学习，咱们别的不说，家长会都没时间机会去参加过一次。我扪心自问时间到哪去了？我在想，咱们一直说自古忠孝不能两全，如果说我没有去浪费时间，我是把我的时间和精力都放在党和组织交给我的工作上，那我有什么可以埋怨的！对不对？但是说归说想归想，后来儿子去南京上大学，走的时候我也有点内疚，于是我亲自送他去学校。所以我想来想去，在社保这么多年确实不容易。

**采访者**：您是什么时候入党的？能给我们讲一讲当时入党的情况吗？

**楼建**：我是 1976 年入党。我入伍了以后，在新兵连训练了两个月，两个月以后下连队。那时候我们要先入团，一年以后开始写入党申请书，经过两年多组织上培养考察，一直到了 1976 年正式入党。这两年当中我还记得写了两次思想工作汇报，每写一次都一二十张纸。

**采访者**：您曾任人社局的党委委员，那么请问您在任时是如何展开党建工作的？

**楼建**：我任党委委员，但是我的党员关系在社保中心，因为社保中心党支部书记也是我兼任的。应该说党建工作我也是比较重视的，做的也是非常正规的。一个就是我们组织很健全，学习制度很严格，比如我们党建文化墙做得非常漂亮，非常讲究，我们党员的学习制度都坚持得很好。这么多年，在社保里面，咱们也没有出一点事情，大家都比较严于律己。

图7　2005年春节期间慰问困难退休人员家庭

**采访者：**您认为在社保领域，党员应该发挥怎样的先锋模范作用？

**楼建：**当时我在社保的时候，在支部生活会上我经常讲，党员一定要严格要求自己，党员如果是犯了错的话，我们都要从严处理。其他一般的职工你犯错我们可以原谅，但一般党员犯错我们是绝不谅解的，所以对党员确实要求很严。任何一个人离开我们社保的时候，都讲我们的管理是非常严格的。我的管理带有一些部队元素在里面，在管理当中制度执行是非常严格的，尤其是我在那里这么多年，因为我们社保里面80%是窗口人员，窗口人员工作是相当难做的，管理确实是比较难，那时候我们制定了专门窗口考核管理办法，即采取积分制，而且定期把分数进行公示，得到了很好的效果。

**采访者：**几十年的社保工作，您有怎样的一个感悟呢？

**楼建：**改革开放以来，我们国家出台了很多涉及民生的制度改革，给中国老百姓带来了很多的福祉，但是要像社保这样子普及和覆盖面那么大的，能够惠及民生利益如此之多、如此之不可缺少是绝无仅有的。你现在就问问萧山的老百姓，改革开放以来你最能感知和不可缺少的是什么政策，他们一定会说是社保，因为社保从生到死一直呵护着他们。所以作为我本人来讲，为社保做了一些我应该做的工作。特别是我觉得能够为咱们萧山老百姓做那么点事情，能够奉献自己的一点聪明才智，感到非常荣幸，绝无遗憾！

# 修舍建房亲历记

## ——杨贤兴口述

采访者：李永刚、王鸣　　　　　整理者：韦佳烨

采访时间：2020 年 7 月 30 日　　采访地点：萧山区委党史研究室会议室

杨贤兴

杨贤兴，出生于 1944 年，杭州萧山人。1950 年进入小学。1962 年高中毕业。1964 年参加工作。先后任宁围公社团委书记、钱江农场党委委员、萧山第一农垦场党委书记、萧山农场管理局党委副书记。退休后在区志办和区委党史研究室编《萧山市志》及中共萧山地方党史第三卷。

## 一　记忆中的草舍

**采访者：**杨先生，您好！很高兴您能够接受我们的采访。长期以来，住房问题一直是民众关注的焦点，也是与老百姓日常生活息息相关的重要问题。我们本次的口述历史访谈想以您的生活、工作经历为线索，再结合您对于萧山住房、民众生活变迁等问题的理解，进行系统的梳理和访谈。您现在回想一下小时候的事情，还记得那时候萧山沙地农民的住房大概是什么样子的吗？有哪些特点呢？

**杨贤兴：**如果按照时间排序或者按照建筑结构分类，从第一代的草舍算起，现在萧山沙地农村住房可以说已经到了第七代、第八代了。第一代、第二代的萧山沙地农村住房，我曾居住并参与搭建过，所以我记忆犹新。严格来说，萧山的住房被分为南片、中片和北片。南片主要指萧山南部山区，中片主要指城南区，北片主要是沙地区，位于北海塘以北至钱塘江以南区域，现在称南沙平原，总面积达760多平方千米，占萧山区总面积50%以上。我家就在北海塘以北的南沙平原。

说到沙地区第一代住房，与南片、中片有所不同，沙地区起点低，从草舍开始。南片、中片历史悠久，建房条件好，第一代住房就是瓦房。我住草房是"坐享其成"，因为我就是在草舍里出生来到这个世界的。当时的草舍有各种各样的形状，主要分为横向和直向两种。在

图1　萧山农村第一代住房（杨贤兴
摄于2004年12月21日）

萧山话里，横的便叫横舍，直的叫直头舍。我家住的是横舍，东西横向建造的，直头舍则是南北向建造的，因此横舍看起来比直头舍气派一些。还有一种是"箍桶舍"，它比直头舍还要简单。

记得我7岁那年上学，也就是1950年时，我家的草舍是三间横舍一个披。我祖母住在草披里，我父母住在西间（前半间放厨柜之类作仓库用，后半间算是卧室）。中间一间叫堂前，放着一张饭桌，饭桌后面是一张铺床，有客人来时可睡这张床，麦收季节打麦时也要用到这张床，因此也叫"麦床"。东面一间前半间是灶头，用砖和黏土搭起一座大灶，有两只锅，一只是尺六，一只是尺八，一只烧菜，一只烧饭。人多时用尺八锅烧饭，人少时用尺六锅烧。两只锅中间有两个汤罐，烧饭烧菜时汤罐水会变成热水，这在冬天是必不可少的。灶头后半间，可作两用，一是做小房间，二是做杂物间。

**采访者：**您结婚的时候住的是第几代住房？

**杨贤兴**：住的是第一代。在我结婚前，这个草舍住得还算宽敞。1963年我结婚，我的房间在灶间后面的小房间里。房间只能容纳一张较大的八脚眠床和两个箱子，四周没有窗，只有一扇门。六月里说它是个蒸笼一点也不为过，吹不到风，散不了热，灶头烧饭烧菜时热上加热，夏天可真像是闷在蒸笼里。有人说住草舍是冬暖夏凉，这只是戏说而已。

**采访者**：您现在回忆一下您当初修造草舍的经历。修造草舍要用到哪些材料？修造过程是怎样的呢？

**杨贤兴**：因为我亲身经历过修草舍，所以对它比较熟悉。根据所用草料不同，草舍的修理间隔时间也不同。我记得很清楚，我家修舍曾先后用过三种材料：一是用茅草，因为茅草长，枝秆硬又光滑，水不易滞留，茅草不易烂，因而用茅草盖的草舍一般三四年不会漏。然而茅草价格贵而且难买到，一般的农户不会去买，我家也仅买过一次，而且是分两年买的。二是用稻草，这是退而求其次的选择。当时沙地区不种水稻，要稻草就到里畈（稻区）去买。稻草的价格比茅草便宜，但稻草易吸水，湿了又不易晒干，很容易霉烂。霉烂时生出一条条红色小虫，它们经常会掉落下来，有时会落到饭锅里、菜碗里。下雨时，屋顶霉烂处的水会不断漏下来，接水时面盆、脚盆、水桶、钵头齐上阵，真可谓是"晴天120个日头（太阳光都照进来），雨天120个钵头（接水）"。稻草盖舍一般只能维持二三年。三是用麦草，这算是最差的选择，是因为经济上或材料上的困难而做出的无奈的决定。一般都是在麦收后，用生产队里分的麦草来修草舍。如果自家的不够，那就再向邻居借一些。用麦草修的舍，雨后不容易干，很快就霉烂了，出虫比稻草快，漏的时间也比稻草早，只能维持用1年。

三种修舍的草料我家都用过，我们向往的是茅草，因为茅草盖的草舍最好，既清爽又不易霉烂。但我们用的基本上是稻草，最不想用的是麦草。

修舍分大修和小修，大修三四年一次，小修一二年一次。大修卸掉原来的草苫，全部换上新的；小修只把漏水处的烂草苫换掉，其他不动。

修草舍第一道程序是备料。首先根据家庭和草料市场情况，或用茅草、或用稻草、或用麦草。备好草料后，准备草苫骨子（编草苫的竹子），骨子的长度根据舍的长度而定。骨子最好用毛竹，又硬又韧，不易折断。可沙地没有毛竹，要到山区去买。20世纪60年代是封山育林时期，买毛竹十分不易，因此我们只能勉强用土竹，土竹容易折断且长度不够。芦苇更次，只能用上半年。备好了草和竹，接着就是编草苫。编草苫两人一组，一人负责编，另一人负责把一小把一小把的草送到编的人手里，编到了骨子尽头，那这一草苫就算编完了。编好后，用菜刀把草根部切齐，这样的草苫看起来就整洁美观了。沙地人编草苫有个习惯，只要有一户人家要编草苫了，四邻八舍吃过晚饭后，就会背着长凳和椅子去帮忙。两人一对，走到就编，编完就走。有时修舍户也会备点面条或番薯、老南瓜之类的食物，作为给帮忙人的点心。

修舍的那一天，左邻右舍都会过来帮忙，有的背着梯子，有的拿条长凳或其他工具，至少有十来个人。我也是修舍队伍中的一员，别人帮我修，我也千方百计抽时间帮别人。修舍时先是把原来的草苫卸掉，全部清理干净。继而清理椽子，把断掉的、烂掉的换上新的，如果不及时更换的话，在盖草苫时人会掉下去而酿成大祸。我家草舍的椽子全是竹子（大部分农家用的都是竹椽子），只有少数家庭经济条件较好的才有木头椽子。盖草苫是一项集体工程，人手少时是一间一间地盖，人手多时是两间、三间一齐盖。每个人负责三到四根椽子的范围，舍外的人用竹竿将草苫送到椽子上，趴在椽子上的人用草绳或麻片将草苫缚在椽子上。缚草苫很有讲究，前后左右要齐头并进，缚草苫的结头要打在草苫上面，留在椽子上的绳结要整齐划一，不能七上八下，杂乱无章。草苫盖好后，接着是盖舍栋，即草舍的栋梁。在舍栋上把一捆捆整齐的栋草均匀地铺在栋梁上（这是一项技术活，没经验的人是不敢做的，如果铺得不好，漏水就会从舍栋开始），继而用劈成半边的毛竹将草压住，再用铅丝将竹片与舍内椽子缚牢扎紧，最后将舍面打扫干净，一次修舍任务就完成了。

如果是用麦草修舍，方法就比较简便，不用编草苫，直接将麦草铺在原来的草苫上，再用竹片挟住就可以了。对农户来说，修舍可是一项重要而又繁杂的工程，谁都不愿意每年都去修，所以用麦草修舍的农户很少。

我虽然自己没有建草舍，可帮邻舍造的草舍倒是不少。造草舍前先要定好舍型，是造直头舍还是横舍，或是其他样子的舍。第二是选好地基填高土，沙地一般地程都不高，要造舍一定要把地基抬高，这样舍内才不会潮湿。地基挑高后还要夯实，防止塌陷。第三是备好材料，搭好框架。按照一般惯例，柱子和栋梁都用杉木，柱子也有用石条或水泥杆代替的。再是钉好椽子，间隔距离 30—40 厘米，最好的材料是木头，退而求其次的是粗的竹子，再差一点只能用细一点的竹子，但必须支撑得住草苫的重量。上面部分完工后，下面部分就是舍的四周的篱笆，用芦苇或草苫把它扎紧，防风防贼。接下来的工序和修草舍就一样了。

**采访者：**草舍质量如何？能否抵挡日常风吹日晒？

**杨贤兴：**草舍的建造虽然很简单，但它有较多的缺陷。草舍的缺陷一是常要修，二是怕风怕雪怕火灾。草舍怕风特别是怕台风，大风一吹，草苫倒立，舍内直接可见天日；台风一到，柱子发摇，整间草舍似推磨，再严重一点就会塌倒。草舍怕雪，大雪压草苫，椽子被压断，草舍被压塌。草舍还怕火，沙地人有一句口头禅"贼偷一半，火烧全完"，草舍容易着火，一着火瞬间火光冲天，三五分钟就变成灰烬，不仅本家倾家荡产，一无所有，而且会殃及左邻右舍，所以沙地里人梦寐以求的是建造瓦房。

沙地里的人家之所以不建造瓦房而造草舍，一是因为受经济条件的限制，没有钱买砖瓦，也买不到砖瓦；二是沙地只有沙质土，没有木头、砂石等建筑材料；三是因为草舍搬家方便，钱塘江边经常发生坍江现象，搬家的事常有发生，草舍搬家只需将几根柱子放在车上拉走就行。萧山沙地区农村 20 世纪 60 年代前住的基本上都是草房，这就是第一代房子的基本情况。

## 二　草舍瓦房的建造历程

**采访者：**下面请谈一下有关您修建第二代住房的经历。第二代住房大概从什么时候开始？建造它需要的材料有哪些？

**杨贤兴：**第二代住房始于 20 世纪 60 年代末 70 年代初。

20 世纪 60 年代中期，我父亲突发奇想，想翻掉草舍建瓦房，于是一家人成了"追房族"。想建房，要砖瓦，没有材料是空想。当时的砖瓦是计划分配物资，普通百姓分不到。为此，父亲挽亲托眷找朋友，说是断砖、次瓦可以想想办法。尽管听来过程很艰辛，并且弄到的砖瓦的质量也不尽人意，但全家人还是很高兴——断砖、次瓦总比稻草强。

我和父亲一起前往砖瓦厂，在砖窑旁边寻找断砖、次瓦。因为一炉砖瓦烧下来，总有一些砖瓦或是变了形，或是断裂，或是有部分没烧透，所以这些断砖次瓦一定要及时处理掉，否则会影响下一炉的操作。尽管这些断砖次瓦还热得烫手，但我和父亲也顾不得这些了，反而希望断砖次瓦越多越好（这对砖瓦厂可不是好事）。等到有一大堆了，我们就忙着想办法运回家，用汽车、拖拉机是梦想（这些在当时还没

图 2　萧山农村第二代住房（杨贤兴摄于 2009 年 11 月 7 日）

有）；用钢丝车，路途远，装得少，人也吃不消。唯一的办法是租船装运。

说是用船，其实从家里到砖瓦厂这条水路很难走。湘湖这边过来，有的地方很深，有的地方很浅，到了几座小桥底下，船就搁浅了，这时船上的四五个人得全部下水。天热时下水倒也无所谓，可是下半年雨雪天，天寒地冻，我们也只能咬着牙下水拖船。到了俞家潭后面的二甲湾，有 4 里路长，整条湾的水位经常很浅，需要全程下水去拖。我们常常早上东方尚未发白时就出门，晚上船到埠头时天已是漆黑一片。我们便点着蜡烛、煤油灯搬砖，全部搬上岸时已近半夜。第二天，左邻右舍来帮忙，大家一起肩挑车拉搬回家去。就这样用船装了 10 多趟，大家都被拖得筋疲力尽。

看看砖瓦差不多了，于是父亲就准备建房了。我们先把三间横舍全部拆掉，父亲打算造二套直头屋（因为我已经结婚成家，按照农村惯例，已经到了分家的时候），样子和直头舍一样，无非一个用的是草，一个用的是砖瓦。别人造屋砌墙要放 40—50 厘米深的石砌基础，可我家由于条件的限制，只放了一块 10 厘米厚的条石，装装样子算是有基础了。砌墙照例需要用石灰或黄沙水泥，可我家用的是稻区的黏土（沙地里人称为"田泥"）。建房前父亲先到里畈（稻区）去买了几船田泥，砌墙前先在田泥里加上水，将它变成泥浆，然后用泥浆砌墙。用整块砖砌墙很简单，可用断砖砌墙就不容易了，一不留神墙就倒了，必须在墙的旁边用桌子、凳子挡住或用夹板夹住。屋后面的大墙比较高，是用整块的次砖加石灰砌成的，这算是整间房子最奢侈的一处了。同时，后墙和边墙开了窗，室内可以通

风换气了。墙砌好后就开始立正柱、二柱和上栋梁、二梁，用的是草舍里拆下来的木头和过去积存下来的一点木料，这已经算是家里的一点精华了。

搭好了框架，就要钉椽子了。按照常规，上面要盖瓦片，椽子必须用木头，因为木头既坚固又平直，可是我家里用的是竹园里的土竹，既细又小，根本不能与山区的毛竹比，沙地人戏称它是"雕空的椽子"。正因为细小，所以需上下对接，增加密度，使瓦片重量分散。接着是钉搁瓦条，照例也要用木头条，因为没有木头，我们也只能用竹片代替，但竹片易变形、易虫蛀。

最后一道工序是盖瓦片。瓦片下面应该要有木板或竹垫，可我家盖的是清水瓦，从屋内看瓦片，一清二楚。我家盖的虽然是洋瓦（大平瓦），但却是次瓦，有的有裂缝，有的不平整。因此屋面盖好后，明显有高有低，下雨时，瓦片下面挂满了水珠。

直头房盖好后，盖翻轩的瓦片没有了，只能沿用盖草舍的办法。所以我家建的房，说是瓦房吧，实在是高抬了，既没有像样的砖，也没有像样的瓦，而且还有草翻轩；说是草舍吧可又有砖有瓦，所以叫"草舍瓦房"比较贴切。

建房已经了结，照例应是装修，可那时除了四周的墙用石灰粉刷一下外，其他一概没有。屋内原来的泥地丝毫没变，房子里用木板分隔成前后两间，后间做卧室兼仓库，搭两张床（此时我已是四口之家了），前间正中贴一张毛主席像，左边搭个大灶，至中放一张饭桌，右边放一辆自行车和铁耙等农具，墙角再搭一个鸡窝，外面的翻轩堆柴草。房子的右侧用稻草搭一间猪棚舍，可养一二头猪，猪圈旁放一只茅坑。翻轩前面是一个小小的道地（因受建房面积的限制），种南瓜、葫芦，全家的布局就是这样简单，整个空间与原来差

图 3　萧山农村第三代住房（杨贤兴摄于 2004 年 12 月 21 日）

不多。

**采访者：**在第二代住房阶段，您有哪些印象比较深刻的事情？

**杨贤兴：**我家的直头屋是 1967 年建成的，当时大部分农户住的是草舍，所以我家的"草舍瓦屋"在当时还算是超前的，吸引了许多村民前来观看。

我家的"草舍瓦屋"是第一代住房和第二代住房之间的过渡形式，即第二代农村住房变迁的前奏曲。后来真正的第二代住房是瓦房，建造过程中不再使用草料。瓦房和草房两者显著的差别就是前者使用砖瓦建造，而后者使用草料。用砖瓦盖的房子最大的优点是不容易遭火灾，也不需要年年修理。除了这些不同，其他设施及构造基本同草舍一样。

我十分熟悉第一、二代住房的情况，如果现在给我一块地让我盖草舍，我也可以在这上面建造起来。

## 三　住进公房的梦想

**采访者：**我在《萧山市志》上面看到过您拍摄的 80 年代中期至 90 年代初期沙地区农村六代住房的照片。您在什么时候住进了公房？

**杨贤兴：**《萧山市志》中六代住房的照片都是我拍摄的，其中第一代住房的照片拍摄于 2004 年。那时农村里的草舍已经很少了，但是农村住房变化是一个十分重要并且需要被反映出来的方面，也出于编辑《萧山市志》的需要，我便和同事一起去寻找。第二代住房的照片拍摄地和第一代住房的是同一个地方，那时第二代的平房也比较少了，可以说是被"抢救"回来的。

至于说到住公房，这是我多年的梦想，自己修舍、建房竟如此之难，要是能住上不用修、不用造的公房该有多好啊！

这一天真的来了。那是 1975 年底，我被选调到钱江农场（原系浙江生产建设兵团二师七团）工作，1980 年举家迁入农场。因为我在场部工作，所以分配到了团首长住的房子，从此全家住上了公房。房子 40 平方米左右，虽然没有配套的卫生设施，但比农村的二代房子要强得多，砖混结构、水泥地面，若要修理，基建办公室会派师傅来，房租费、电费收得很低，这可把压在我身上的大包袱给卸了。我的工资虽然每月只有

32.4元，但我们一家生活还过得去。不怕大水不怕旱，我真的捧上了铁饭碗。

我们全家到了农场后，家里的草舍瓦房空关着，就在这时，我堂哥的邻居家遭火灾了，堂哥家也遭了殃。看着堂哥一家住房困难，我就把房子让给了他们，从此我便以场为家了。

20世纪90年代初，由于工作关系，单位在城区给我分配了面积80平方米的标准套房，有卧室、阳台、厨房间、卫生间，我们一家的住房条件来了个大翻身。

1993年实施住房制度改革，我按照规定付了房款，这套住房算是我的私房了，它成了我最大的私有财产，我也从无产者变成了有产者。

21世纪初，随着年岁的增长，对于住五楼我感到了力不从心，上下楼梯气喘吁吁，心想住进有电梯的房子该有多好啊！2006年，我倾一生的积蓄买了一套新房，面积增到150多平方米，这是我有生以来住过的最好的房子。

**采访者**：20世纪80年代中期至90年代初期，村庄规划已经修编完成，农村居民对平房和简易的二层楼房进行改建，并继续新建住房，一般为二层半。那个时候的农村房屋有什么特点呢？修建房屋成本大概多高？

**杨贤兴**：20世纪70年代末，我虽然离开了老家，但对农村后续住房变化一清二楚。20世纪80年代初，农村多种经营发展，乡村企业兴办，农民收入增加，草房翻建瓦房的农户渐渐地多起来了，不过建造的瓦房大多是平房，沙地农村住房从此进入第二代住房了，但是内部设施和草房无明显差别。

20世纪80年代中期到90年代初，随着改革开放的深入，农村经济得到了迅速的发展，农民的钱袋子渐渐地鼓起来了，二层楼房、二层半楼房多起来了，建材以砖、瓦、混凝土预制板为主，地基为石砌，外墙粉饰多用石粉，屋顶用"人"字形平瓦或混凝土预制板架平顶，地面铺水泥，农村住房进入第三代了。

**采访者**：刚刚说了农村前三代住房的情况，到了20世纪90年代中期和90年代末，萧山分别迈入了第四代和第五代住房的时期，请您再谈一谈萧山这两代住房分别有哪些突出的特点呢？

**杨贤兴**：20世纪90年代中期，农民富起来了，农村住房进入升级换代时期，多以三层、三层半楼房为主，室内有卫浴设施，外墙用马赛克砖装饰，铝合金门窗得到了普遍的使用，阳台被封闭，地面铺花岗石或地砖，这算是第四代住房了。

图 4　萧山农村第四代住房（杨贤兴
摄于 2008 年 9 月 25 日）

90 年代末，农民奔小康了，农民建房一般为四层或四层半，屋顶为漂亮的琉璃瓦屋面，也有四楼加平台的，农民称之为"炮台"式。这种房子屋顶上立宝塔型不锈钢天线，外墙用彩色砖或其他新颖饰材装饰，内部设施比较完善，这算是第五代住房了。然而此时农村住房建设也暴露了不少问题，部分农户建房超过规定面积，相互攀比，耗资过大。

## 四　迈入新世纪的萧山住房

**采访者**：21 世纪初，这个时期的建筑和之前相比风格上有了很大的变化，更加多样性了，而且以往"三代"同堂的情况也发生了变化，部分人已经不再满足于一套房子，那您再给我们讲一讲第六代住房风格上有哪一些变化，居住人口有哪些变化？

**杨贤兴**：21 世纪初，农村住房建设继续升级，整个村庄有总体规划，集中连片，住房向别墅式、联体式方向发展，统一施工，分期交房，混凝土框架结构和混凝土现浇楼板被广泛使用，内部结构有客厅、厨房、书房、卧室、卫浴间、健身房，房屋四周有围墙，院内种植名贵花草，还有小鱼池等，外部与公共道路、绿化和服务设施建设配套，农村住房进入第六代了。

住的条件好起来了，人们也厌倦了三代甚至四代同堂的生活，而农村里本来就有建房规定，年轻人结婚以后就可以审批屋基，得到屋基就可以独立造房子。这样一来，三四代同堂生活的现象明显减少。随着经济收入的不断增加，有些农户会让孩子去城里读书，一般都在萧山城区，去外地

图 5　萧山农村第六代住房（杨贤兴
摄于 2007 年 10 月 23 日）

的较少。有钱的话可以在城区买房子。买到房子后，这些农户既有农村的住房，又有城区的住房。所以经济条件好的人家会往城里去发展。

21 世纪 20 年代，随着城乡一体化进程加快，新农村建设有规划，旧房拆迁，农民住进了统一设计、统一建造的小高层和高层楼房，设计科学，布局合理，水、电、气、绿化、卫生、安全都有统一管理和专职服务，农村住房进入第七代、第八代了。农村的住房一代比一代强，甚至比城里的还漂亮。习惯了单家独户居住的农民，对集中住高层楼房感到不太适应，农民称之为"鹁鸪笼"。

**采访者**：到了第七、第八代住房，它的建筑风格是否有着比较大的变化？

**杨贤兴**：第七、第八代房屋，根据城乡一体化布局，房子的式样基本一样，或是小高层或是高层；内部结构根据住房面积的大小有不同的布局，大的有三房二厅二卫、四房二厅二卫，小的只有二房一厅一卫或一房一厅一卫。一个住宅小区有数百户人家，有专职的物业管理部门，统一物业管理，绿化、卫生、水电都有专人负责，和城区住宅没有多大区别。

农村住房变迁，从一代到六代或从一代到七代、八代，反映的都是农村的变化。从第三代开始，我虽没有亲历，但都是我亲眼所见、亲耳所闻的。一句话——改革开放 40 年，萧山沙地农村住房彻底变了样。

**采访者**：刚刚一直在说农村的住房情况，您再谈一下萧山城市住房的情况，您是否还有印象？

**杨贤兴**：城市的住房我了解不多，但也知道一些。几年前，我专门拍了关于萧山老城区变迁的照片。城区的房子一共也是六代。我在萧山中学读书时的一个老同学家就在萧山老城区太平弄附近的，他曾带我一起去过那里。

萧山城市的第一代住房也是平房，屋顶盖的是瓦片，墙是由整块的较大的石板砌成的。第二代住房加了一层，变成了二楼。根据我们这些年纪稍大一些的人的印象，最早的第三代住房是 60 年代初杭州第二棉纺织厂用红砖建造的二层楼职工宿舍。当时我们十分羡慕这些房子，因为我们从来没有看见过这样漂亮的房子。但这种房子里面的设施不健全，没有独立卫生间，一层楼里两三户人家合用一个公共卫生间；厨房面积也不大。这就是第三代住房，尽管很不完美，但在住房紧张时是十分吸引人的。

第四代住房，80 年代商品房兴起，城区建起了六层的楼房，里面有了标准的配套设施。当时国家控制得很严格，大套的面积为 71 平方米，中套为 55 至 57 平方米，小套为 30 至 40 平方米。多数是中套，大套的极少。当时想要买房首先要有居民户口，买房得先填个人买房申请表，单位盖章后，再需县计划委员会批准，之后去房地产公司。如果房地产公司刚好有房子，那么就可以买到了；如果没有，就得排队等待，农民不可以到城里买房。这就是城市里的第四代住宅，它们都受国家的统一规划。

第四代住房之后，开始出现了别墅、排屋。别墅是单家独户的，而排屋是二三户人家连起来的，这可以说是第五代住房。别墅或排屋层高为二楼半，屋前有一个小院子，这是很好的房子，但是国家控制得很严。

现在的住房就是第六代，有小高层和高层两种，均带电梯，小高层一般为七至十四楼，高层有三十多楼。现在国家对于房子的面积已经没有统一标准了，有八十平方米的，有一百多平方米的，也有两百平方米甚至更大的，等等。

**采访者：** 在 1995 年前后，萧山市政府开始实施"安居工程"建造解困房。您对这一工程是否了解呢？

**杨贤兴：** 在建商品房的同时，政府也建过一些"安居工程"。当时政府建造解困房是因为有一批收入比较低的职工买不起房子，"安居工程"的房子就以较低的价格出售或者租赁给他们。这批楼都是六层，设施是配套的，但是住房面积不大，基本是五十多平方米。

**采访者：** 我们刚刚谈到了农村和城市的住房，那么您对未来的住房有哪些期待呢？或者说您心中好的住房是怎样的？

**杨贤兴：** 对于这个问题，我想从以下 4 个方面谈点看法：

一是住房建设规划要科学合理。目前有些住宅小区建的不理想，幢与幢之间挨得很紧，遮光十分严重，五楼以下的住房几乎晒不到阳光，即使

**图6　萧山农村第八代住房（杨贤兴摄于 2018 年 3 月 17 日）**

有，也只是早晨或傍晚的一两小时。希望住宅小区有一个良好的生活环境。

二是购房价格要合理。我常常在思考一个问题：现在的房子买得起吗？父母培养孩子，从上幼儿园到上大学要付多少钱，孩子结婚成家买一套一百多平方米的房子要多少钱。勤勤恳恳劳动了一辈子的父母能承受得了吗？希望房价重新回归合理的区间。

三是建立良好的小区管理秩序。现在的小区就像以前的村庄，大家居住在一起，繁杂的事情很多，需要有优秀的物业管理。

四是要建立良好的邻里关系。过去，农村里老百姓出门基本不关门，虽然家里本来就没有什么值钱的东西，但是大家都很放心的。邻居之间亲如一家人，一家有事，左邻右舍都会来帮忙。现在邻居间陌生面孔越来越多，虽然邻居节的活动也在举办，但是相互之间那种亲密气氛不浓。住房条件改善了，可是人与人之间的距离变远了，所以我常常会怀念那些年在农村居住的时光。

**采访者**：我们今天的采访到此为止，特别感谢杨老师的精彩讲述。

# 萧山农业水利的沧桑巨变

## ——陈志富口述

采访者：陈鸿超、李永刚、孙淑桢　　　　整理者：陈鸿超

采访时间：2020 年 7 月 27 日　　　　　采访地点：萧山区农业农村局

陈志富，男，1946 年
11 月出生，杭州萧山人，
水利高级工程师，中共党
员。1970 年，华东水利学
院（现河海大学）毕业并
参加工作。1978 年，由贵
州省望谟布依族苗族自治
县水利电力局调到萧山县
农业局。1986 年加入中国
共产党，1993 年被评定为
高级工程师（副教授级）。

陈志富

## 一　早年经历

**采访者**：陈先生，您好！很高兴您接受我们的采访。改革开放以来，
萧山市农业围绕改革抓发展，取得了显著的成绩。您是萧山水利建设的主
要参与者与见证人，我们希望您结合自己亲身经历，谈谈萧山水利的发展
历程。首先，请简单地介绍一下您的个人情况（包括出生日期、出生地、
教育情况、个人履历）。

**陈志富**：老家是萧山朱村桥徐童山下陈家头村（今义桥镇陈家村），

浦阳江畔长大。徐童山小学读初小，马鞍小学读高小五年级。1959 年母亲病故，本人户口随父亲迁到杭州，于杭州市闸口小学读六年级。1960—1962 年于杭州市江滨中学读初中。1962—1965 年于杭州市第一中学（现杭州高级中学）读高中。1965 年，我以第一志愿考取华东水利学院（现河海大学）河川枢纽及水电站建筑专业，学制为本科五年。

1970 年我大学毕业后，分配到贵州省兴义地区，再分到望谟布依族苗族自治县，落实到望谟布依族苗族自治县农机厂工作，在钳工车间做工人，主要生产安装小型发电机、水轮机，修理农机具及拖拉机、汽车等。1975 年，我被对口安排到望谟布依族苗族自治县水利电力局，担任技术员，参加水库、农田水利的规划、测量、设计与施工等工作。

1978 年 6 月，因我爱人在萧山，把我调到萧山县农业局，技术员套改为助理工程师。1984 年成立萧山县（市、区）农机水利局，我任农机水电管理股股长、水利水电管理科科长，工程师。1986 年加入中国共产党，1993 年被评定为高级工程师（副教授级）。2006 年退休。

我长期从事水利工程建设、管理与防汛工作。在完成本职工作的同时，我结合萧山水利历史，编著《浦阳江下游防汛与管理》（浙江大学出版社，1991 年），责编《萧山市水利志》（1999 年），编辑《萧山市防汛手册》（1999 年、2000 年、2004 年），参撰《义桥镇志》（2005 年），著作《萧山水利史》（方志出版社出版，2006 年），主编《萧山水利志》（浙江人民出版社出版，2019 年）。另外，撰写专业论文 30 余篇，咏写诗词数十首，作品入选《中华当代诗词家宝典》《中华诗词家宝典》，主要经历与事迹被《世界华人突出贡献专家名典》一书收录。

**采访者：**您主要在杭州接受基础教育，曾在杭州市闸口小学、杭州市江滨中学、杭州市第一中学就读，请问这之中有哪些老师给您留下深刻的影响？他们给您怎样的影响？

**陈志富：**1959 年我在杭州闸口小学读书。班主任孟慰庭老师，他年轻活泼，活动能力强，是优秀少年辅导员，我得到很好的教育，进步较快，从一杠到二杠，从小队长到中队委员。初中江滨中学在海月桥里街，离闸口 3 站路，我走读。班主任姚向前老师，教语文，和蔼可亲，我获益匪浅，成绩逐年提高。考高中时，全校 3 人考进杭一中，我是其中之一。杭一中是全省重点中学，老师、学生都很优秀。班主任陈维新老师，杭州大学中文系高材生，擅长作诗与朗诵，热情洋溢，积极进取。在这些老师的影响与教诲下，原先内向自闭的我也逐渐活跃起来。

**采访者：**您的文学功底深厚，著作等身，请问您的文学造诣是什么时候培养的？这为您日后研究与撰写萧山水利著作打下怎样的基础？

**陈志富：**我从小学六年级起到高中阶段，吃住在父亲单位里。父亲单位是杭州市盐业批发站（现杭州市盐业公司），寒暑假、星期天等节假日我能看到单位工会订阅的许多报刊，这是普通同学不具备的条件。初中我开始看名著及流行著作，高中还通过学校图书馆、省图书馆借看短篇小说集、散文集和个人专著。看课外读物，对写作有帮助，我的作文开始贴在班级墙上作为范文，诗歌刊登在《一中青年》刊物上，为后来写作打下基础。至于文学造诣谈不上，我写了三四本水利书籍，更谈不上著作等身。当然，名师名家众多的杭一中对我的教益最为深刻，我也为此感到自豪。

**采访者：**1965年，您以第一志愿考取了华东水利学院（现河海大学）河川枢纽及水电站建筑专业，请问您为什么报考水利学院？

**陈志富：**在高中三年级毕业前，要先填报志愿，后参加考试。当时，教室外走道两边的墙上挂满了各高校的招生简章，同学争相查阅。华东水利学院是"工程师的摇篮"的宣传及其河川枢纽及水电站建筑专业的介绍，吸引了我的注意，设计建造新安江水电站那样的工程，成为我的梦想。结果录取后发现，考进华水（华东水利学院简称）河川专业（河川枢纽及水电站建筑专业简称）的考生，杭州只有4人：杭一中2人，杭二中2人。

我报考水利院校，与水利结缘，一是较大程度受到新安江水电站有关建设与发电的宣传报道的影响，要立志成为大中型水电站的建设者，以此为荣。二是与钱塘江有缘，父亲单位在杭州闸口钱塘江边，旁边有闸口水文站，暑假里我时常在钱塘江里游泳，曾两次参加杭州市组织的横渡钱塘江活动。三是我姐夫、姐姐是海宁工务所职工，从事水利工作，我经常到盐官看潮水。四是小时候有过抗洪抢险的经历，在老家亲眼看到浦阳江发洪水（1956年）水漫塘顶、塘身摇动、险象环生的情景。稍大后，我还参加过永兴河挑土加固堤塘的劳动。

那时填报志愿，没有征求家长或老师的意见，仅凭自己的感觉而定，可以说思想上比较单纯。

**采访者：**在华东水利学院就读期间，有哪些课程您印象比较深刻？给您日后的工作带来哪些影响？

陈志富：1965年进华水，我是寝室长。班级集中学习时我经常给大家读报纸，成了义务读报员。读书只读了一年的基础课程，第二年开始"文化大革命"。基础课中印象比较深刻的有测量、制图和理论力学等课程，经学习后初步掌握房屋设计的基础知识。正好学以致用，我不久帮助父亲单位设计了一幢二层楼房，一楼办公，二楼宿舍。在接受贫下中农再教育和水利实践中，我们班级曾参加过农村"双抢"劳动、南京长江大桥南侧桥头堡土建工程，淮河入江水道挖河工程、水闸工程的建设，劳动时用三脚架吊筛子再双手来回摇晃筛选稻谷，用独轮车在高低不平的土堤上行走自如地运送泥巴，这些是我的强项，比其他同学协调一些。在农村我与农民同吃同住同劳动，在工地住草棚、打地铺，这些磨炼为我日后适应艰苦环境带来了帮助。

## 二　支援贵州

采访者：1970年大学毕业后，您被分配到贵州省兴义地区，再分到望谟布依族苗族自治县，落实到望谟布依族苗族自治县农机厂工作。1975年，您调到望谟布依族苗族自治县水利电力局工作。能给我们讲一讲当时工作的情况吗？

陈志富：到望谟布依族苗族自治县组织部报到后，当时领导对我的河川枢纽及水电站建筑专业不大了解，以为是码头轮渡工作，交谈中问我发电机组生产问题，我回答说我懂发电机的发电原理以及水轮机与发电机的关系，后来就安排我到县农机厂工作，在钳工车间做工人。通过学习，我搞清楚4极电机的发电原理，画出36槽嵌线图纸，纠正原先嵌线的错误做法，解决了发电机的正常发电问题。时任发电机组副组长，还带有一个学徒，主要生产、安装小型发电机、水轮机，修理农机具及拖拉机、汽车等。1975年专业对口再分配，我调到县水利电力局，担任技术员，参加水库、农田水利的规划、测量、设计与施工等工作。贵州史称"天无三日晴、地无三尺平、人无三分银"，当时生活艰苦，交通不便，下乡出差修理发电机组，要走一天，饿了采摘路边的野果子充饥，渴了手捧溪水喝，有时候骑着马走，但经常马失前蹄，人从马上掉下来。由于年轻，加上能吃苦，所以我克服各种困难，较好地适应那里的生活环境。

# 三　参与萧山水利建设

**采访者：**1978—1984 年，您曾任萧山县农业局技术员、助理工程师，请问这段时间您参与了哪些令您印象深刻的工程？

**陈志富：**1978 年 6 月，我被调到萧山县农业局。先到桃源公社劳动锻炼 3 个月，参加"双抢"，帮助修理柴油机、汽油机，搞公社农田水利规划，画水彩宣传图，受到了好评。1978 年年底，冬修水利，我参加永兴河丁家庄裁弯取直工程。戴村区 5 个公社 2 万多名民工，投工 50 多万人次新开河道 1034 米，缩短河道 300 多米。这是我在萧山经历的第一个较大规模的水利工程建设。1979 年至 1981 年，参加农牧部定点工程萧山种鸡场建设，规模面积 40 多亩，我拟订规划，独自设计种鸡场、饲料加工厂、住宅、办公等土建工程图纸，经农业厅畜牧处工程师审定后施工，并做好施工检查和技术辅导。在大家努力下，种鸡场建设任务圆满完成，受到部里、省里肯定，奖励鸡场一辆货运汽车。1982 年我仍然搞水利、房屋设计，1983 年我开始从事水利工程管理工作。

**采访者：**1984 年萧山成立农机水利局，当时为何要成立农机水利局，能给我们讲述下当时成立的情况吗？

**陈志富：**1984 年是萧山县机构改革重要之年。经萧山县委、县政府批准，1984 年 2 月萧山县农业局主管的水利机电工程股划出，与萧山县农机局合并，成立萧山县农机水利局。县农机水利局设立人事秘书、工程、企业、农机水电工程管理、科教 5 个股。其中，我任农机水电工程管理股股长，兼管农机管理，业务方面得益于曾经在贵州的历练。4 月，成立萧山县农机水利局党委。这是 1965 年以来局级水利部门的重要变动，党组织首次以党委形式成立。

**采访者：**1986 年您加入中国共产党，请问当时您为何要入党？入党后您的思想观念有哪些新变化？如何激励和鞭策您投身水利事业？

**陈志富：**我要求加入中国共产党的时间比较迟，在成立农机水利局党委后向党组织提交申请报告。我担任农机水电工程管理股股长，是组织、领导的信任，自己觉得责任加重。我从一个农村小孩，经过党和国家培养，成为一名工程技术人员，应该对自己要求更高，要有远大志向，要为家乡的水利事业贡献力量，为党和国家奉献一切。听党的话，跟党走，为人民服务，是我入党的宗旨。入党后，我在思想上进一步认识党的性质，党的最高理想和最终目标是实现共产主义。我的组织观念加强，政策意识提高，党员义务明确。我时刻激励和鞭策自己，以党员标准约束自己，按照党的政策、组织意见、计划要求指导和实施水利工作，更好地投身萧山水利事业。

**采访者**：浙江地区多台风，对水利工程往往造成不小的压力，比如1997年的特大暴雨与台风，在您记忆中，哪次自然灾害您印象深刻？

**陈志富**：浙江面临东海，夏秋多台风，台风带来暴雨、风潮，对萧山水利工程往往造成不小的压力。暴雨造成南片山区的山洪暴发，溪河水位猛涨，中片排涝不畅，涝渍严重，风潮威胁或破坏北片南沙及围垦地区的江海塘安全。每当梅雨时节台风来临之际，我们水利人都奋战在抗灾救灾第一线。1997年的特大暴雨与台风，令人印象深刻。7月发生"7·9"特大洪水，全市洪涝严重。浦阳江至钱塘江水位超历史纪录，闻堰西江塘告急，部队官兵驰援抗洪抢险。8月18日11号台风登陆，与天文大潮相遇，钱塘江仓前水文站和萧围东线二十工段水位（分别为9.86米、9.15米）均超历史最高潮位，萧围海塘损失惨重，东线6000亩围堤决口，部队农场官兵抗台堵口。正是这年的特大暴雨与台风2次灾害，萧山拉开了"两江一河"标准塘建设的序幕。另外，1991年"9·17"许贤山洪，我记忆尤其深刻。那次雨量集中在许贤乡及附近一带，降雨强度大，6小时雨量测算超过百年一遇标准。许贤乡西山、北坞等村出现大面积山体滑坡，泥石流迸发，黄石坞水库淤积至半。我现场踏勘时，入目景象皆触目惊心。

# 四　从事萧山水利历史与文化研究

**采访者**：您对萧山水利历史研究颇深，请问您是什么时候开始研究萧山水利的呢？

**陈志富**：开始谈不上研究萧山水利历史。只是在1985年，看到杭州大学陈桥驿教授一篇《论历史时期浦阳江下游的河道变迁》的论文，发表于1981年的《历史地理》创刊号上。陈教授的论文讲的是浦阳江下游河道发生3次变迁，与萧山直接有关联，这引起萧山农机水利局有关同志的重视与注意。当时县里正在编写《萧山县志》，农水局提供相关资料，局办公室正在拟定《萧山水利志》草稿，而我正在编辑浦阳江有关资料，这自然引起我的关注，我将陈教授的一些观点引用在资料编写中。20 世纪 80 年代，我仅对萧山水利历史感兴趣，还谈不上研究萧山水利历史。至 1991 年，我完成《浦阳江下游防汛与管理》一书的编著出版后，抽时间看了一些史志书籍，踏看水利古迹，开始研究萧山水利历史。

**采访者：**1991 年，由浙江大学出版社出版您的著作《浦阳江下游防汛与管理》，您为何会对浦阳江如此关注？能给我们讲述下当时撰写此书的具体情况吗？

**陈志富：**我从小在浦阳江畔长大，经常到义桥、临浦，还从义桥坐轮船到过杭州南星桥，对浦阳江、钱塘江比较熟悉。1978 年，从贵州调到萧山的我，对萧山的山山水水总有一种亲近感，家乡情结在心中油然而生。关注浦阳江，关注萧山水利，是我的兴趣使然。

在编写《浦阳江下游防汛与管理》的资料阶段，因牵涉浦阳江的历史变迁问题，我将打字油印本寄给杭州大学陈桥驿教授，请他指教。一个多月后，他从日本讲学回国后给我回信，提出了浦阳江形成的历史看法，并鼓励我出版成书。于是我做了重大修改、补充后，经浙江大学出版社审核批准，付梓刊印出清样。出版前的 8 月，陈桥驿教授欣然为之作序。《浦阳江下游防汛与管理》是萧山有关浦阳江的第一本书，弥补了萧山历史上的空白。

**采访者：**2006 年，《萧山水利史》出版，您能给我们讲述下撰写《萧山水利史》的情况吗？当时为何要撰写《萧山水利史》？

**陈志富：**为什么要写萧山水利史？1990 年 8 月，陈桥驿教授为拙作《浦阳江下游防汛与管理》作序时，提出撰写《萧山水利史》的要求："这一次，我已经向陈志富先生建议，让他在《浦阳江下游防汛与管理》一书出版以后，再接再厉，撰写一部全面而完整的《萧山水利史》。我想，这不仅是我，也是那些关心萧山水利史的外国汉学家们的殷切希望。"

陈桥驿教授不仅书面提出，而且还当面嘱咐我撰写全面、完整的《萧山水利史》。对于陈教授的殷切希望，当时的我为之心动。于是贸然点头答应下来："好的。"并在《浦阳江下游防汛与管理》一书的"后记"中写道："但愿，大家支持，共同努力，《萧山水利史》（或是《萧山水利史话》）一定会问世在不久的将来。"陈教授见到"后记"中的这段表白后，又面授于我："史的学术意义重于史话。"他反复强调要我写史，不要写史话。好像老师布置作业一样，学生得听老师的话。就这样，我努力完成他布置于我写萧山水利史的特殊作业。

**采访者**：您认为《萧山水利史》对萧山水利发展有怎样的意义？

**陈志富**：中国水利史权威姚汉源教授认为，水利史具有以下现实意义：（1）水利史是中国历史的一个重要组成部分；（2）研究水利史是振兴中华、建设精神文明的一部分；（3）战略性规划必须以历史为依据；（4）技术上的推陈出新是来自历史经验的总结；（5）探讨科技发展规律必须研究历史。[①]

中国水利学会水利史研究会会长周魁一教授指出："水利史研究绝不仅是追寻古人治水的轨迹，而是从中发现古人的智慧，做到古为今用。水利史学科从一开始就以服务于社会、服务于水利建设为己任。"[②]

至于萧山水利史的意义，湘湖师范学院教师、宁波大学客座教授杨钧先生早在 1991 年就提出看法："萧山水利，不仅是萧山一县的事，它与绍兴也有关系。浙东平原水利，兴起在绍兴，发展在宁波，完成在萧山。因此，萧山水利，是有全国性意义的。"[③]

经过 10 多年努力，我利用业余时间编写《萧山水利史》书稿，于 2006 年完成出版。陈桥驿教授对本书有较高的评价："此书内容丰富，不仅是湘湖，整个萧山的水利发展过程，都已包罗尽致。这是一部很有价值的地方文献，因为它不仅总结了萧山在历史上的水利发展过程，而且对萧山今后的水利建设，具有重要的指导意义。"出版 10 多年来，《萧山水利史》为萧山历史文化研究与水文化建设提供了帮助、借鉴及指导作用。

**采访者**：2019 年，《萧山水利志》正式出版，您能给我们讲下《萧山水利志》的编写过程吗？

**陈志富**：《萧山水利志》经过五年时间的编纂，终于出版，以飨读者。《萧山水利志》编纂工作，在萧山区农机水利局党委的重视和关怀下，于 2014 年 3 月由水利志编写组启动修志工作。

---

① 姚汉源：《中国水利史纲要》，水利电力出版社，1987。
② 《现代水利人物》，《中国水利报》，2005 年 2 月 19 日第 5 版。
③ 陈志富编著《浦阳江下游防汛与管理》，浙江大学出版社，1991。

首先，我们认真起草志书纲目。纲目拟定后，先邀请萧山区人民政府地方志办公室专家研讨评议，后由局领导、局机关科室、局属各单位负责人和撰稿员讨论评定，形成比较完整的篇目结构。

其次，广泛收集修志史料。根据水利志的篇目章节要求，一是采取社会约稿形式，向地质、气象、农业、国土、住建等部门或专家约稿；二是下达撰稿任务，由局机关职能科室和下属单位根据分工要求，完成有关章节的撰稿任务，并提供相关资料；三是查阅大量的水利文件、总结、报告、年鉴等档案史料，从而为完成萧山水利志的编纂奠定坚实的基础。

最后，确保志书编纂质量。水利志编写组按照拟定纲目，明确分工，落实责任，主编、副主编及编写人员亲自担纲，负责撰写；对社会约稿、业内供稿的内容，编撰人员进行认真审核。全志的统稿由主编负责，对提供的资料反复筛选，披沙拣金，去伪存真，力臻完善。

萧山水利志编纂委员会始终坚持质量第一、时间服从质量的要求，主要采取"四审定稿"制度。2016年3月形成初稿，经过一稿、二稿、三稿的业内外评审。2018年10月，萧山区农机水利局召开《萧山水利志》稿件终审会议，邀请浙江省水利厅、浙江省钱塘江管理局、杭州市林业水利局、杭州市人民政府地方志办公室、萧山区人民政府地方志办公室等单位的专家，组成《萧山水利志》稿件评审组，对志稿进行认真评审。2018年12月，打印成五稿（付印稿）。2019年1月，委托浙江人民出版社审校出版。

在浙江人民出版社文史中心审校《萧山水利志》稿件期间，我们按照浙江人民出版社文史中心的审校意见，进行认真修改，2019年5月，打印成为六稿。定稿前，我们又广泛采集图照，全面排查、勘误志稿，以确保全书的质量。

《萧山水利志》的编纂得到浙江省水利厅、浙江省钱塘江管理局、杭州市林业水利局、杭州市人民政府地方志办公室、萧山区政协学习和文史工作委员会、萧山区人民政府地方志办公室的热忱指导与帮助，萧山区有关单位的积极配合、参与，以及有关部门的大力协助。水利部原党组书记、部长陈雷，杭州市委原常委、萧山区委书记王金财，萧山区农机水利局党委书记、局长陈关水分别作序。

《萧山水利志》的出版，得益于团队的力量、集体的智慧、大家的努力、领导的重视与支持。

**采访者：**您能给我们讲下《萧山水利志》的内容吗？它与《萧山水利史》相比，有哪些创新与变化？

**陈志富：**《萧山水利志》按大事记为经，以志为主体，设水利环境、自然灾害、防汛防旱、江堤海塘、山区治水、平原治涝、江河治洪、治江围涂、湘湖治理、引水排灌、农田水利、规划建设、水管水政、组织机构、人物荣誉、文献、专记17编、55章、162节，是一部资料丰富、记述翔实、结构完整、学术性较强的地方水利志书。

隔代写史，当代编志，《萧山水利史》写到民国为止，《萧山水利志》主要写当代，详细记述并展示新中国成立后萧山水利建设的丰硕成果。与《萧山水利史》相比，有如下创新与变化：

一是体现中国共产党的领导。萧山水利在党的"水利是农业的命脉""水利为社会，社会办水利"方针指引下，依靠群众，投劳集资，艰苦奋斗，自力更生，倾注大量人力、物力，大搞群众性的围涂治江和农田水利基本建设，为萧山经济发展提供保障。

**图 1  萧山与滨江交界的七甲排灌闸**
（柳田兴摄于 2007 年 6 月 8 日）

二是展示改革开放以来，尤其党的十八大以后，萧山水利积极践行习近平总书记新时代水利工作方针和治水新思路，萧山水利事业进入新发展阶段，实现了跨越式发展。

三是彰显萧山水利悠久历史。从古代到近代，从山区、半山区到平原、沙地，萧山经过漫长又曲折的治水历程，形成了较为完备的台阶式水利系统，水利工程规模浩大，水利文化底蕴厚重。

四是弘扬萧山治水精神，萧山治江围涂创造了"人类造地史上的奇迹"。以围垦壮举为载体形成了"奔竞不息、勇立潮头"的萧山精神，成为鼓舞并推动萧山人民崇尚科学、务实创新、万众一心、协调团结、不断奋进的强大精神力量。

五是总结中华人民共和国成立以来萧山水利在工程建设、精神文明建设两方面取得双丰收，成果累累，捷报频频。在浙江省水利"大禹杯"竞赛中，萧山区（市）共获得4金3银的殊荣，名列前茅。2006年以来，萧山区先后2次获全国农田

图2　萧山机械化围涂

水利基本建设县级先进单位称号，并被评为全国平安农机示范县（市、区）。区农机水利局多次被水利部、浙江省水利厅授予全国（全省）水利系统先进集体称号，并被省委、省政府命名为省文明单位，获全国水利工程（四工段排涝闸）优质大禹奖，9年被萧山区委、区政府评为区级机关满意单位。自"五水共治"工作开展以来，区农机水利局先后被评为全省"五水共治"先进集体，被省委、省政府评为浙江省G20杭州峰会工作先进集体，被省水利厅考核为全省水利综合考核工作优秀单位。

《萧山水利志》是一部全面、系统反映萧山治水历史的志书，贯通古今，记述自古以来萧山治水的历史，着重反映新中国成立后，萧山水利事业所走过的风雨历程。这既给子孙后代留下了一份宝贵的水事资料，也为未来的水利事业提供了一系列成功的经验和科学依据。

**采访者：**您认为从古代到近代，萧山水利的发展可分为几个阶段？

**陈志富：**从古代到近代，即从跨湖桥文化时期到民国期间，萧山水利的发展可分5个阶段。

（1）水利起源阶段——新石器文化时期（距今8000—4200年前），从利用旧石器，进步到制作、使用新石器，是萧山水利起源时期，表现为避洪遮雨、刀耕火种、祈雨烧山的山林水利，捕捞、航运、制盐的海洋水利，开发冲积扇、阶地、坞岭的山麓水利，防潮筑堤、迁居平原、农田作业的平原水利。

（2）水利崛起阶段——从传说中的中原夏朝建立前后（约前26—前11世纪），青铜器逐步使用，是萧山水利崛起时期。主要体现为大禹治理

钱塘江、浦阳江，抓大江大河治理，以其为代表在山麓建造区，探研营种之术，进而在山坞建设凹区，解决了山区、半山区种植用水问题，后又在平原"教民鸟田"。

（3）水利振兴阶段——春秋战国时期（约前10世纪—前220年），铁器逐渐替代青铜器，加上越国"十年教训，十年生聚"，政治经济变革，推动了水利建设的振兴。越王勾践时代，兴建了一批"山—原—海"台阶式的治水工程，发挥养鱼、防洪、御潮、调蓄、灌溉等作用，获得显著成效。

（4）水利进步与发展阶段——秦、汉至明、清（前221—1911年）即封建社会时期，各式铁器农具广泛使用，推进了塘堰、坝埭、水门、涵闸、桥梁、人工湖泊等水利工程设施的建设与完备，此为萧山水利进步与发展时期。主要水利建设有江海塘、鉴湖、萧绍运河、湘湖等。明末清初，钱塘江发生"三门演变"，从而形成广袤的南沙。此外，还有浦阳江下游河道改道、碛堰开堵、麻溪筑坝以及渔浦变迁等水事发生。

（5）近代水利科学技术阶段——1840年鸦片战争后，西方先进科学技术输入中国。1840—1949年为近代水利科学技术时期。作为县级城市萧山，近代水利科学技术的推广应用，主要表现在民国时期。例如，钱塘江、浦阳江近代科学治理、近代水文与测绘启动于民国；受民主革命思想影响，麻溪改坝为桥，湘湖再次出现大规模的围垦现象。

**图3  麻溪坝及麻溪桥**

中华人民共和国成立以后，萧山水利事业发展突飞猛进。正如姚汉源教授在《中国水利史纲要》一书中指出："1949年以后水利建设突飞猛进，质量、数量都远超以前，应当编成一部现代水利史。"萧山水利史只是中国水利史百花园中的一棵小草。

**采访者：**新中国成立以后，萧山水利事业取得快速发展，水利建设主要有哪些进程？

陈志富：中华人民共和国成立以后，萧山水利事业进入全面发展新阶段，谱写了水利建设新篇章。水利建设主要进程概括如下：

（1）1949—1957年：主要是防洪抢险，堵口复堤，培修江塘，疏挖河道，保障人民生命财产安全，改善部分农田灌溉条件。

中华人民共和国成立初期，系国民经济恢复时期，面对洪潮的严重威胁，实行"防洪为主"的治水方针，首先着手加固危塘险段，重点培土整修、除险加固浦阳江堤塘及南沙大堤，修筑临浦、义桥防洪堤，实施兰头角分洪、茅潭汇裁弯取直工程。

第一个五年计划，实行"防洪防旱并重，平原山区兼顾"的治水方针。中部平原兴建抽水机站，开挖解放河，建造新湾闸、峙山闸。南部山区半山区发动建造水库。

（2）1958—1965年以治理旱灾为主，兴建山塘、水库、排灌站，大力发展排灌设施，增加有效灌溉面积，减轻旱涝灾害。

实施《全国农业发展纲要（草案）》，贯彻"农业八字宪法"（水、肥、土、种、密、保、工、管），南片掀起挖坑（鱼鳞坑）、建山塘、水库高潮。20世纪60年代初，贯彻"调整、巩固、充实、提高"方针，推动萧山排灌站建设，完成南片13座电力排灌站建设。

（3）1966—1978年重点治理钱塘江、浦阳江，掀起以围涂治江为重点的水利建设，扩大耕地面积，改善农业生产条件。

第三个五年计划，贯彻"大寨精神，小型为主，全面配套，加强管理，更好地为农业增产服务"的水利方针。重点治理钱塘江、浦阳江，掀起以治江围涂为重点的水利建设热潮。

1966年完成省、市、县三级在九号坝下游联合围涂2.25万亩的工程。1968—1974年，萧山围海造田14次，围涂30多万亩，造田20多万亩。建成赭山湾闸、钱江排灌站、七甲排灌站、浦沿排灌站和萧山最大的电力排灌站——江边排灌站。开挖大寨河（今名北塘河）和大治河。进行浦阳江治理，完成碛堰山段拓宽工程，实施凰桐江裁弯取直、眠犬山拓宽、尖山拓宽等工程。

（4）1979—1990年重点围绕"旱涝保收、适宜排灌机耕"的园田化标准，开展田间渠系工程建设，继续治理钱塘江、浦阳江，扩大围垦成果，贯彻落实《中华人民共和国水法》，实施依法治水。

抓好水库除险加固，进行园田化建设，抓江河治理。继续扩大治江围涂成果，完成 5.2 万亩大围垦。完成外六工段、外八工段、外十工段、四工段、十五工段、二十工段等排涝闸建设，制订浦阳江、永兴河防御洪水方案，贯彻实施《中华人民共和国水法》。

图4　1993 年 12 月 4 日，萧山市领导参加
水利建设劳动

（5）1991—2002 年强化依法治水，开展机电排灌更新改造、涵闸配套建设、河道疏浚、水库清淤，开始标准农田建设，基本完成"两江一河"标准塘建设。强化水利管理，完成机电排灌闸站更新配套。开展北部以北塘河为主的区级骨干河道疏浚，以及南片水库、山塘清淤。全面实施钱塘江、浦阳江、永兴河"两江一河"标准塘工程建设。

（6）2003—2020 年水利工作立足于"服务民生、保障发展"，紧扣"江河湖连通，洪涝旱联防，水安全、水环境、水生态联动"的发展思路，全面实施"两标准一改造"工程（2003—2007 年）、"两整治一保障"工程（2008—2013 年），2014 年开展"五水共治"，实施以强塘、强排、强网"三强"工程为重点的水利项目建设。2016 年起，萧山水利为"十三五"实现"三大目标"、构建"三大体系"而不懈努力。

继"两江一河"标准塘建设完成后，2003 年开始全面实施以标准水库、标准河道和农村危桥改造为重点的水利建设。

2008 年以后，按照服务民生、服务发展、服务三农的工作定位和要求，综合整治以农村河道、溪流和保障水利安全为重点的工程。

2014 年，按照"五水共治"的战略部署，启动以强塘、强排、强网"三强"工程为重点的水利项目建设。

2016 年开始，按照"十三五"规划，萧山水利以"创新、协调、绿

**图5　南门江城区廊桥段（柳田兴摄于 2008 年 7 月 8 日）**

色、开放、共享"的发展新理念，"江河湖连通，洪涝旱联防，水安全、水生态、水环境联动"的新思路、"补短板、增优势、创亮点"的新要求，务求实现"三大目标"，努力构建"三大体系"，全面提升全区水利防灾减灾能力。①

2016—2020 年，实施浦阳江治理工程，浦阳江堤塘防洪标准由 20 年一遇提升至 50 年一遇，浦阳江西江塘和钱塘江江海塘防洪标准达 50—100 年一遇。

# 五　感悟与展望

**采访者：**新中国成立以后在党的领导下，萧山水利取得哪些巨大成就？

---

① "三大目标"：到 2020 年，率先基本实现具有萧山特色的水利现代化总体目标；"两江"堤防防洪标准提升至 50—100 年一遇；萧山城区排涝标准力争提升至 50 年一遇。"三大体系"：布局均衡、功能综合、安全可靠的现代化工程体系；科学规范、体系健全、运行高效的现代化管理体系；预警及时、响应迅速、保障有力的现代化防汛防台体系。"十三五"期间，全区估算投入水利建设资金 170 亿元，其中实施项目 117 亿元，储备项目 53 亿元。将全面完成浦阳江治理工程、实施"三大排涝圈"及配套项目等重大水利工程建设，使全区水利防灾减灾能力得到显著提升。

陈志富：萧山水利，认真贯彻党的治水方针，发扬"自力更生、艰苦奋斗、团结治水"和"奔竞不息、勇立潮头"的精神，取得丰硕成果，形成一个集防洪、灌溉、供水、旅游、环保等综合效能于一体的水利工程体系。

（1）水利投资：萧山通过群众自筹、社会集资和国家投资等方式大搞水利建设，充分体现"水利为社会，社会办水利"的方针。1950—2016年水利建设总投资为134.84亿元，其中国家投资为17.36亿元、地方财政投资为84.57亿元、社会集资（群众自筹）为32.90亿元。

（2）堤塘建设：萧山建设钱塘江、浦阳江流域一线江堤海塘总长215.77千米，其中钱塘江堤塘88.34千米，浦阳江流域一线堤塘127.44千米。钱塘江达到50—100年一遇防洪标准，浦阳江流域堤塘达到20—50年一遇防洪标准。

图6　钱塘江枢纽工程

（3）山区治水：南片山区、半山区，采取治山建库与小流域治理相结合，兴建大小水库132座、山塘793处、大小堰坝140条。浦阳江流域完成五大溪流的标准化整治，兴建13座电力排灌站，确保农田旱涝保收、高产稳产。

（4）平原治涝：中部平原水网地区，采取"上引、中控、东引、北导"的方针，建成小砾山引水枢纽工程，实施西水东引。形成有效防洪减灾体系，进一步提高水利设施防洪排涝标准。

（5）治江围涂：北部南沙地区，采取治江与围涂相结合即"以围代坝"的方法，历时42个春秋，先后组织33期治江围涂大会战，围涂造地54.61万亩，创造萧山有史以来的伟大业绩。钱塘江上游兴建大中型排灌泵站5座，构成小砾山引水枢纽、江边排灌站、钱江枢纽闸站三大泵站系统。钱塘江下游兴建外江排涝闸11座，为十一大排涝系统。

（6）水管水政：加强水利管理，依法治水、管水。为保护水资源，有效利用水利设施，提高水工程、水资源的社会效益、生态效益和经济效益，坚持水利建设与水利管理并重的方针，建立区（县、市）、镇街（乡）水利专管机构，依法治水管水，强化水工程管理和水政监察，全面推行区、镇街、村三级"河长制"。

（7）五水共治：深入推进"五水共治"，创建省级"清三河"达标区。加强防汛防台工作，制订防汛抗旱系列预案，建立监控、遥测系统和数据信息库，增强水工程防灾抗灾能力。

**采访者：**大家知道水利建设需要大量的投入，请问新中国成立以后萧山水利投入的基本情况怎样？

**陈志富：**萧山解放前有计划兴建的水利工程不多。解放后才有计划地开展各种水利建设，有目的地减轻自然灾害，促进农业发展，改善民生。水利是公益性事业，是国民经济和社会发展的基础产业，搞好水利建设，对于防御自然灾害、保障人民生命财产安全、促进社会经济发展具有积极的现实意义和深远的历史意义。

水利建设需要投入大量人力、物力和财力。对水利建设的投入，在不同时期不尽相同。水利投入是农田基本建设的必需条件，按水利年度计算。历代兴修水利所需劳力、物资和资金征调或筹措，都有不同的规定和措施。

劳力投入：新中国成立初期，掀起大搞群众性水利运动热潮。1949—1952年，萧山贯彻"防洪为主"的治水方针，政府用"以工代赈"办法发动组织群众，筹集劳力，整修加固江堤海塘。1953—1957年，水利工程一般按受益面积合理分摊劳力，由农业生产合作社组织农民出工。1958—1978年，普遍按劳动力多少摊派劳力，参与水利建设的社员评工记分，回生产队参加年终分配。1978年中共十一届三中全会后，国家逐步实行改革开放，国家基本建设工程大多由专业施工队伍施工，小型水利工程建设用工由乡村组织义务工承担。

物资投入：到20世纪80年代，一直为计划经济时代。农田水利建设所需要的"三材"均由国家计划安排供应。在当时，由水利部门根据各个时间段工程所需钢材、木材、水泥上报计划部门，然后由物资部门安排计划供应，同时还有其他所需要的物资，如水利所用柴油、煤、低压电力物资（裸铝导线、水泥杆），甚至砖瓦、铅丝、圆钉、毛竹等，均由计划部门实行计划分配。此外，防汛抢险物资（闸门板、木桩、抽水机等），也计划安排供应。20 世纪 90 年代后，按市场经济采购"三材"。

资金投入：新中国成立初期，政府为恢复生产，修复水毁工程，采取以工代赈的措施。如 1952 年浦阳江茅潭汇裁弯取直工程，为萧山解放后第一个较大的水利工程。由浙江省水利部门规划设计，1952 年 2 月 12 日动工，5 月 4 日完成，省政府拨款 16 万余元（已折新币），补助粮食 50 万市斤，用于工程土方补贴、涵闸建造及民工津贴。20 世纪 70—80 年代，水利建设采用"民办公助"或"官办民助"形式，即国家补助一点、地方财政拿出一点、群众自筹一点，依靠三个"一点"进行水利工程建设与管理。特别要记述的是，在 20 世纪 80 年代末至 21 世纪初，萧山的水利建设和围海造田，主要的投入来源是农民的劳动积累，即农民的无偿投工和乡村自筹的农业发展基金、农业承包款上缴。应当说萧山的农民、农村各级干部、水利技术人员，是萧山水利建设的"功臣"。

随着水利事业发展，投资渠道拓宽，水利资金来源有国家拨款、地方财政、群众自筹、社会集资四个方面。进入 21 世纪，推行专业化队伍施工，按省标定额计算，国家投入为主。政府主导加强，监管力度提高，行业管理强化，以"公开、公平、公正"为原则，建立和遵循良性的市场竞争秩序。建筑市场规范实施项目法人制、设计会审制、施工招标制、工程监理制、质量监督制、管理合同制、财务审计制。

**采访者：**从事水利建设与研究那么多年，您有怎样的感悟？

**陈志富：**可以说，同许多同事一样，我从事水利工作 30 多年，幸运的是我退休之后，还在发挥余热，从事水利文化建设，前段时间主编了《萧山水利志》，最近正在撰写《围垦文化》，为萧山水文化建设抛砖引玉。

从萧山水利进步与发展的历史进程，结合自己从事水利建设与研究的经历与体会，浅谈一些感悟或看法，不知当否，请大家指正。

（1）萧山水利，同全国其他地方一样，认真贯彻毛主席"水利是农业的命脉"的指示。"水利是农业的命脉"，这是毛泽东主席早在 1934 年提出的，党中央在 20 世纪 50 年代重新强调"水利是农业的命脉"，作为指导全国水利的战略决策。我体会，毛主席关于"水利是农业的命脉"的指示，具有深刻的哲理思想，辩证地阐明农业与水利的关系，并指出水利对农业的重要意义，高瞻远瞩，含义深邃，简洁明了，前所未有。农业是大农业、大范畴，农业包括水利，水利是农业的一个组成部分，但是水利是农业的重要分

**图7 浦阳江义桥镇段（孔童荣摄于 2019 年 9 月 7 日）**

支，且起到"命脉"的关键作用。农业内涵丰富，农业离不开水利，农业发展需要水利支撑，只有提高水利化程度，才能进一步发展农业，保障农业，科技兴农。至 21 世纪，中央连年发"一号文件"，重申毛泽东"水利是农业的命脉"英明论断，并提出水利是国家经济和社会持续稳定发展的重要基础和保障，是国家的安全战略定位。进一步彰显水利重要意义。[①]

（2）水是生命之源、生产之要、生态之基，水及水利在国民经济中的地位与作用日益凸现。但是水能载舟，亦能覆舟。纵观萧山水利历史，有文献资料记载以来，公元前494—2016 年共 2510 年中有 436 年（次）发生气象灾害，平均 5.8 年发生 1 次；有 64 年（次）发生地质灾害，平均 39.2 年发生 1 次。其中，公元前 494—1949 年 2443 年中，共有 310 年（次）发生洪涝、干旱、风潮、冰雹暴雪等气象灾害，平均每 7.9 年可能发生 1 年（次）。[②] 1950—2016 年的 67 年中，共发生气象灾害 126 次，平

---

① 2011 年 1 月 29 日，中共中央发布《关于加快水利改革发展的决定》，这是 21 世纪以来，中央关注"三农"的第八个"一号文件"，重申毛泽东"水利是农业的命脉"英明论断。中央连年发"一号文件"，提出水利是国家经济和社会持续稳定发展的重要基础和保障，是国家的安全战略定位。

② 公元前 494—1949 年气象灾害的记载，时间跨度为古代至近代，发生气象灾害的概率较小，原因与记载的往往是大灾、重灾有关。该时段发生气象灾害的规律分析，具有历史价值。

均约每年发生 2 次，可谓灾害年年有，灾情各不同。发生洪涝灾害 32 年次，平均每 2.1 年可能发生 1 年（次）。[①] 因此，要求全社会增强水患意识，全面提高防洪、排涝、供水和水环境安全的保障能力，确保水资源可持续利用，为经济社会持续发展服务。

（3）水利随着国家与社会的发展而逐渐发展。从史前、古代到近代，再到现代、当代，萧山水利经历从新石器文化时期（距今 8000—4200 年前）的水利起源，夏朝建立前后时期（约前 26—前 11 世纪）的水利崛起，春秋战国时期（约前 10—前 220 年）的水利振兴，秦、汉至明、清（前221—1911 年）即封建社会时期的水利进步与发展，1840 年鸦片战争后的近代水利科学技术兴起，加上中华人民共和国成立以后的全面发展、突飞猛进，萧山水利事业随着国家与社会的发展而逐渐发展，一部社会史，半部水利史。

（4）水利技术不断进步，工程标准不断提高。以钱塘江海塘的塘工技术为例，汉唐始筑北海塘、西江塘。人们最早防御海潮的办法，是就地取土堆垒成塘。筑土塘，以保障农田开发。

唐代海塘建设突飞猛进，钱塘江南岸出现了百里会稽防海塘的景象。唐代起始用板塘、草塘。板塘又名桩板塘，历史上最早记载用板塘遏潮，常用于潮冲险工地段。柴塘源于黄河埽工技术，以薪土相间夯筑，北宋被推广用之，萧山有柴塘之筑。这种以土、木为主要原料的筑塘技术，实际上最早是从土塘演变而来的。

石塘是继土塘以后的又一堤防工程，随着石塘砌筑技术的进步与发展，从春秋与西汉时代的乱石塘，到五代的钱氏篓石塘、宋代的条石塘、元明的纵横叠砌石塘、鱼鳞石塘，一直到清代发展成为工程更为精湛塘身更为坚固的鱼鳞大石塘，大大提高了海塘的御潮能力。明清萧山还创建丁石塘、块石塘和石板塘。

现代版萧山围垦的钱塘江海塘，使用机械化泥浆泵筑堤，防护工程堤顶设钢筋混凝土防浪墙、沥青混凝土路面，内坡脚设置宽 30 米的护塘堤，迎水面用 C20 混凝土贴面，脚趾使用小沉井加混凝土板桩固脚。防洪潮标

---

① 发生较为严重洪涝灾害（内涝面积都在 10 万亩以上）的有 14 年，具体是 1950 年、1951年、1952 年、1954 年、1969 年、1984 年、1987 年、1994 年、1996 年、1997 年、1999年、2001 年、2011 年、2012 年。即平均每 4.8 年可能发生 1 年比较严重的洪涝灾害。

准达 100 年一遇，这样的工程技术和工程标准在 20 世纪以前是做不到的。

（5）水利工程的投入与效益的感悟。水利工程有堤防、河道、溪流、水库、涵闸、排灌泵站、围垦等，具有防洪御潮、输水、航运、灌溉、蓄水、排涝、治江等功能。

图 8　围垦钱塘江抛石筑堤（柳田兴摄于 2007 年 9 月 26 日）

萧山通过群众自筹、社会集资和国家投资大搞水利建设，充分体现"水利为社会，社会办水利"的方针。新中国成立到 20 世纪 90 年代以前为基础水利阶段，主要依靠群众，投劳集资，艰苦奋斗，自力更生，倾注大量人力、物力、财力，大搞群众性的围涂治江和农田水利基本建设，夯实萧山的水利基础。20 世纪 90 年代迄今，是标准化水利阶段，以政府行为为主，国家投资，专业队、机械化施工，水利建设实现跨越式发展，水利面貌改变很大。

水利工程建成后，其获取的效益有社会效益、经济效益、生态效益、环境效益等。按经济规律办事，将社会效益、生态效益、环境效益折算成经济效益，则经济效益是巨大的，甚至是不可估量的。例如萧山围垦工程，治江围涂，围涂造地 54.61 万亩，构成了萧山东北部的新版块，以致后来变成大江东开发区和钱塘区南岸区块，这块宝地的经济价值确实难以估量。

**采访者：**明年（2021 年）是建党 100 周年，请问您认为，新中国成立以来，党在萧山水利建设上发挥了怎样的作用？

**陈志富：**中国共产党是中华人民共和国唯一执政党，是中国特色社会主义事业的领导核心，党在萧山水利建设上发挥了十分重要的领导和组织作用。

党中央历来十分重视水利工作，制订一系列的方针政策、领导和推动全国水利事业的发展。新中国成立之初，百废待举，百事待兴，党中央按照毛主席的"水利是农业的命脉"指示，指导和推动全国水利工作轰轰烈烈地开展。20 世纪 50 年代，毛主席还指示"一定要把淮河修好""要把黄河的事情办好"。毛主席的指示推动全国水利建设快速发展。

毛主席两次视察萧山，有力地鞭策和鼓舞萧山的水利建设。1954 年 3 月 10 日，毛主席视察钱塘江海塘萧山段。[①] 1959 年 8 月 22 日，毛主席视察长河公社西兴管理区杜湖大队农田生产和水利建设情况，并说："搞农业光靠老天不行，水利是农业的命脉，一定要把水利建设搞上去。"

新时期以来，党中央对水利提出更高要求。党的十七届五中全会和中央经济工作会议突出强调要加强水利，胡锦涛等同志多次对加快水利改革发展做出重要指示，部署安排水利改革发展。2010 年 12 月 31 日发布《中共中央、国务院关于加快水利改革发展的决定》，是新中国成立 61 年来中共中央首次系统部署水利全面改革发展工作的决定。中央连年发"一号文件"，出台了一系列针对性强、覆盖面广、含金量高的新政策、新举措。

习近平早在浙江担任省委书记期间，高度重视环境生态的治理与建设，倡导绿水青山就是金山银山的理念，并两次视察萧山湘湖。2005 年 4 月 8 日，习近平视察中国水利博物馆建设工程和跨湖桥遗址，在遗址附近栽下了一棵樟树。2006 年 4 月 14 日，习近平再次视察跨湖桥遗址，参观独木舟和出土文物，高度评价"湘湖呈现出来的新面貌让人为之一震，和西湖一样成为浙江的点睛之笔，简直是换了人间"。

2013 年 11 月，党的十八大提出"生态文明建设协调发展"目标任务要求，浙江省委十三届四次全会发出"五水共治"总动员令。萧山区积极贯彻落实省委、省政府"五水共治"重大决策部署，围绕夏宝龙提出的"绝不把污泥浊水带入全面小康"的治污水要求，以"治污水"为重点，并同步推进防洪水、排涝水、保供水、抓节水各项工作。党的十九大以后，习近平提出水资源、水生态、水环境、水灾害统筹治理的治水新思路，进一步丰富完善了新时代治水方略，为强化水治理、保障水安全指明了方向，是今后一个时期做好水利工作的根本遵循和科学指南。

萧山水利部门党组织逐渐健全，有效地组织水利工作顺利进行。1955 年 10 月，单独建立县农林水利局党支部，系县农林水利局系统第一个党组织。1984 年建立萧山县农机水利局后，4 月建立中共萧山县农机水利局委员会。至 2016 年 12 月，萧山区农机水利局党委下属党总支 2 个、党支部 6

---

① 杭州市委党史研究室：《征途》，《点滴往事 伟人风采——纪念毛泽东同志 120 周年诞辰专刊》2013 年第 6 期。

个。2019 年 1 月，萧山区实行机构改革。组建萧山区农业农村局，建立中共杭州市萧山区农业农村局委员会。萧山水利在各级党组织领导下，认真贯彻落实党的方针政策，治水害，兴水利，成效显著。

充分发挥共产党员的先锋模范作用，在水利工作中带头做出表率。1954 年，萧山水利系统原有中共党员 1 名，后逐年培养发展新党员，至2020 年，水利系统所属各级党组织共有党员 170 多名。他们关心、重视和积极从事萧山水利建设，为萧山水利事业发展做出重要贡献。《萧山水利志》记载当代治水人物 7 名，治水业绩显著，留存史册，激励后人。其中有 6 名是中共党员，而且都是区局级领导。还有 1 名虽不是党员，但他同样为萧山水利事业呕心沥血，倾注了毕生心血。

新中国成立以来，尤其是新时代以来，萧山涌现一大批水利建设、管理、防汛抗灾和依法治水等战线上的先进单位和先进个人，锻炼形成具有一定素质的水利科技队伍。其中党组织及党员起到模范带头作用，形成榜样的力量，鼓舞了同行，激励了群众，为萧山水利事业做出了更大贡献。

采访者：您对未来萧山水利的发展有什么期望？

陈志富：从历史发展观来看，在中国共产党领导下，继承和发扬优秀治水传统和治水精神，未来萧山水利会发展得更快更好，这是毋庸置疑的。萧山水利同样面临着水安全的问题，即水资源短缺、水生态损害、水环境污染等问题，形势严峻。未来萧山水利，要遵循党的十九大和习近平提出的水资源、水生态、水环境、水灾害统筹治理的治水新思路，贯彻执行党中央提出的"节水优先、空间均衡、系统治理、两手发力"治水方针，围绕保障水安全，部署治水方略，制订计划，分期实施。

"萧山打造体现世界名城风貌的现代化国际城区"，这是萧山市委、市政府提出的发展目标。未来萧山水利，要抓好农村水利，同时要抓好城市水利，两者不可偏废。因为城市人口密集，地形复杂，水资源、水生态、水环境问题集中，汛期排涝困难，防汛任务重。城市水利依靠农村水利，城市排涝需要通过农村。两者水资源、水生态、水环境问题需要统筹规划，协调配合，相信萧山会建设得更加美好。

# 萧山长运的一年又一年

## ——汤伟东口述

采访者：陈鸿超、李永刚　　　　　整理者：葛哲丽

采访时间：2020 年 8 月 21 日下午 2 点　　　采访地点：萧山长运公司

汤伟东

**汤伟东**，1968 年 7 月 20 日出生，杭州萧山人，中共党员，大学本科学历，高级经济师、高级会计师、注册会计师。

1988 年 8 月参加工作，现任杭州萧山长途汽车运输有限公司党委书记、总经理。先后担任公司会计、计财科副科长、计划财务部经理、总经理助理、副总经理、总经理等职。2008—2010 年获聘杭州市道路运输协会道路运输企业等级评定专家，曾在《中国经贸》《中国集体经济》等期刊发表多篇文章；曾获 1992 年杭州市交通管理局优秀大中专毕业生、2002 年和 2008 萧山区交通局先进个人、2010 年萧山区交通局行风先进个人、2013 年杭州市春运工作先进个人、2016 年萧山区第七届银齿轮奖·杰出职工、2019 年萧山交投集团优秀共产党员等荣誉称号。获 2000 年第二届全国会计知识大赛萧山赛区选拔赛个人一等奖和杭州赛区选拔赛个人优胜奖。

# 一　结缘长运的早年时光

**采访者：**汤总，您好，很高兴您能接受我的采访。改革开放以来，萧山交通运输行业蓬勃发展，综合运输能力不断提升。您是萧山长途汽车运输发展的重要见证人。我们希望您结合萧山长运公司的发展历程，谈谈萧山长途运输行业的历史变迁。首先，请您先简单介绍下自己。

**汤伟东：**我 1968 年 7 月出生于萧山农村，1988 年毕业于交通部济南交通学校，我当时报考的是交通监理专业，录取的时候改成了财务会计专业，学制两年。1988 年 8 月我到了长运公司，那时候还叫杭州长运萧山汽车站，所以我报到是在杭州长运，户口也是放在杭州长运。1988 年 12 月体制改革，萧山汽车站改成萧山长途汽车运输有限公司。1997 年公司转制，转成有限责任公司，叫国退民进，国有股份占 17.27%，职工持股协会占 82.73%。2008 年公交和长途分开（公长分立），又变回全部国有，一直持续到现在。

**采访者：**小学、初中、高中一直到大学这段时间，您有没有一些印象深刻的老师，他们给您带来了怎样的影响？

**汤伟东：**我初中就读于长河的江二初中，初中班主任是城厢镇人，他每天去学校都是乘长途汽车，那时候到长河是有班车的，从那时起我就对长途汽车有点印象。我选择交通这个专业，是因为我们村有个人当兵复员回乡以后，分配到了萧山汽车站工作。我有这方面的印象，就也想从事交通方面的工作。

**采访者：**那您当时考入交通部济南交通学校财务与会计专业，为什么会选择考到山东这么远的地方？当时在学校的学习情况怎么样？

**汤伟东：**当时我的第一志愿报了交通部济南交通学校。那时候可以填报三所学校，我其他的学校填的甚至更远，有呼和浩特交通学校，第一批我填的都是交通部直属的学校。因为那时候中专毕业户口可以由农业户口转为非农业户口，我就一心想从农村户口转成城市户口。后来我第一志愿被录取了，读中专要跑那么远也是比较少见的。至于专业，我当时报考了监理专业，也就是交警这一块，谁知阴差阳错进入了财务专业。

**采访者：**那您觉得跟普通的财务比，交通财务有什么特点呢？为什么单独划出交通财务这样一个专业呢?

**汤伟东:**交通财务跟其他的会计专业比较起来,有它自身的行业特点。毕竟整个交通行业,无论是当时还是现在,都是比较大的行业。那个时候财务会计分得比较细,是按行业来分的,有不同的行业会计制度,如有工业会计、商业会计、基本建设会计、交通运输会计等。交通运输会计与其他行业会计比较起来有其特殊性,如在收入结算与确认、资金周转方式、成本费用的构成与归集、成本计算对象等方面均有一定的特殊性。现在不分行业财务会计了,都是按企业会计准则统一来做。

# 二　萧山长运的早期历史

**采访者:**1925 年萧山建成萧绍公路。萧绍公路的建成,沟通了杭州与绍兴、宁波、台州等地区的联系。1926 年 3 月 1 日,江边至绍兴全线通车,截至民国 20 年(1931),当时萧绍公路有大小客车 50 辆。能给我们讲述下萧绍公路的建立给当时萧山的经济发展带来怎样的影响?

**汤伟东:**根据史料记载,1925 年萧绍公路(萧山西兴至绍兴)开始通车。萧绍公路建成,沟通了杭州和绍兴、宁波、台州等地区的联系,对浙江的公路事业的发展是一个良好的开端。1927—1937 年的十年间,萧山公路运输事业随着公路的加速建成,得到了较快发展。在当时的历史条件下,萧绍公路经过一段时间的整顿,营运业务逐步走上正轨。1929 年 5 月萧绍支线(全段在绍兴境内,自绍兴五云门站至西郭站)接通,萧绍公路营运路线增加,乘客大幅增多,经济效益进一步上升。

1930—1932 年,萧绍公路每年营业进款平均都在 46 万元以上,载运乘客在 50 万人次以上。营业进款在 1932 年达到 553096.04 元,载运乘客为 71 万人次。1932 年,萧绍公路有大客车 50 辆、货车 6 辆,平均每日载运乘客 2600 人次,行车 7600 千米,日收入 1500 余元,公司日收入和年收入"为本省长途汽车之冠"。又据《省办各路段营业进款旅客人数及行车里程统计表》统计,1931 年 7 月至 1932 年 6 月,浙江省公路局所属鄞奉段、萧绍段、杭长路、杭平路、临昌段、拱三段、杭富路这七段公路中,萧绍段营业进款名列第一,为 533667.81 元,占省办各路段营业进款的38.3%;运送旅客总人数为 698099 人次,占省办各路段旅客总人数的

18.2%；总行车里程为 1741634.16 千米，占省办各路段行车总里程的 33.6%。

**采访者：** 萧山长运的历史最早可以追溯到民国 21 年（1932），绍兴商人金汤侯组建的萧绍长途汽车公司，当时就有大客车 38 辆，小客车 6 辆。那么请您简单讲述一下金汤侯当时创建萧山长运的背景和经过。

**汤伟东：** 我们的前辈经常讲起这一块，萧山汽车站比其他县市都要老，刚开通的时候叫萧绍公司，起始是个人经营的从钱塘江边（现在的复兴大桥周边）到绍兴的一个班车。

关于金汤侯，网站曾经发表过一篇文章，详细介绍这位"公路大王"的现代交通运输业开拓史。

金汤侯（1888—1967），名城，字汤侯，会稽皋埠人。他幼入私塾，19 岁肄业于上海复旦公学，两年后到江西临川，从母舅鲁紫峰学幕僚，后历任县、府、道公署幕僚。清宣统三年（1911），任烟台地方审判厅主簿，后担任浙江省新昌、天台县知事，山东省署机要秘书及黄县、即墨县知事等职，颇有政绩。在新昌时，尤其重视发展农村经济，做蚕、桑、烟、茶农事调查，载入县志。

1926 年，金汤侯开始从事交通事业。当时，浙江省道路交通局已于 1922 年修筑完萧绍公路，起点从萧山西兴至终点绍兴北海畈，全长 48.58 千米，是绍兴境内首条现代化公路。另一条则是由私营公司承建的嵊新公路，也于 1925 年建成通车，从嵊县新桥至新昌西站，全长 13.42 千米。如何将两条公路连成一体，使绍兴交通既能够连接省城杭州，又兼达沿海地区，带动公路沿线经济发展，成了当时金汤侯一个日思夜想的重大问题。

具有实干精神的金汤侯很快付诸行动。他先是在 1926 年动工修建绍（兴）曹（娥）蒿（坝）公路，全长 36.7 千米，于 1929 年竣工通车。1933 年又向浙江省建设厅租办萧绍公路，1934 年租办蒿（坝）新（昌）公路，1936 年受聘苏嘉湖公路，继而租办新（昌）天（台）临（海）公路。通过租公路而办运输的方式，金汤侯受益颇丰，短短十年时间就连续获得 5 条公路的经营权，并建立起一套完善的客货运制度。

与此同时，金汤侯还与新昌人张载阳合伙，成立绍曹嵊省道支路汽车股份有限公司，以公司名义集资建造公路。张载阳曾是民国陆军上将，又担任过浙江省省长，有了他的影响力作为支撑，金汤侯的公路事业自然是顺风顺水。至抗战前夕，金汤侯陆续经营绍嵊公路、嵊（坝）杉（树潭）公路、嵊新公路、嵊杉公路，使得全长 154 千米的萧绍曹嵊新公路连在了一起。此外，他还经营萧山至临海公路，营运里程达 260 千米，沿线设有站点 40 余个，不仅统一了浙东公路运输大业，还开创了当时属于他的"公路帝国"。

第一代公共汽车很特别。据记载，1933 年 1 月，金汤侯通过租办形式将省属的萧绍公司收编，成立地方性质的萧绍长途汽车股份有限公司，同时将自创的绍曹嵊省道支路汽车股份有限公司，改名为绍曹嵊长途汽车股份有限公司，经营起萧山至嵊坝的班车客运，日发客运班次 31 次，日载客量近千人次。那时候，北海畈和五云是绍兴最早建立的两个汽车站，格局为平房加停车棚，中间是候车室，两边设有行李房和售票处。当时运行的"道奇"客车，称得上是绍兴最早的公交汽车。黑色车身，白色车顶，车顶鼓起部分用于贮存煤气，车尾挂有一只铁桶炉，烧的是木炭。当汽车发动时，首先要给汽车生个炉子，放进木炭，再倒汽油，点火后用鼓风机吹，鼓风机是手摇的，摇起来还会发出呜呜的声音。车前头还要有一个人手摇钢棍发动机器，等产生足够的热能以后，驾驶员才可以开着车子上路。车子开出去时烧的是木炭，等回来时木炭已经用完，便切换成汽油，好比现在的双能源车。

1941 年，绍兴沦陷，金汤侯拒绝跟日本人合作，举家迁往上海租界避难。抗战胜利以后，绍兴公路事业凋敝，金汤侯回到绍兴，修桥补路，购置车辆，全力进行恢复，很快让萧绍公司由战后仅存的两辆旧车发展至 48 辆公交车。1953 年 1 月，金汤侯做出重大决定，将萧绍、绍曹嵊、嵊新、新天临黄 4 条公路的经营权移交给国家，后经省政府批准，以此为基础建起了绍兴国营汽车运输公司。

**采访者：**那萧山长运最初开通的线路是哪条呢？当时给萧山的老百姓出行带来哪些变化？

**汤伟东：**萧山长运最初开通的线路这个说法比较模糊，依托萧绍公路发展这个方面来说，最初开通班线的应该是萧山到绍兴的班线。1988 年体制改革时有很多班线都已经是现成的，主要是开往省内以及萧山城区到各个乡镇的班线。在向外发展的长途线路上，公司只有一条萧山至上海的班线，直到 20 世纪 90 年代才慢慢增加无锡、南京、泰州、苏州、合肥、安庆、商城等班线。20 世纪 50 年代到 80 年代，跨区出行主要依托"绿皮火车"。当时跨区长途运输一出来，依托密集的公路网，再加上舒适的乘坐环境，极大地便利了本区老百姓对外出行。当时，萧山至上海班线也是一条比较繁忙的线路。1992 年建立了萧山市城市公共交通公司（隶属于长运公司），至 1995 年年底，已开行三路公交车。同时，随着公司的发展，1995 年年末公司拥有大客车 47 辆、2234 座，小客车 53 辆、930 座（据《萧山交通志》载）。

**采访者：**在老萧山人口中，习惯把萧山长途汽车站叫成萧山汽车总站，那么能给我们讲述一下汽车总站的发展历史吗？

**汤伟东：**根据《萧山交通志》（1998）对汽车站的记载，萧绍公路建成通车后，境内就设有江边、西兴、萧山、转坝、吟龙、衙前汽车站，站房都比较简陋。其间营运单位变更或隶属关系改变，但这些车站都存在，只有转坝站因离县城较近，先行撤掉。

图 1　1992 年 8 月 18 日，萧山汽车站竣工启用

这些车站站房在 20 世纪 50 年代没有多大变化，萧山汽车站 1959 年归属萧山县交通运输公司时，总建筑面积不到 300 平方米。20 世纪 60 年代后期，始建车站大楼。从 1969 年开始建油库，到 1971 年 4 月站屋建成，建筑面积 1932.71 平方米。为解决客运站场设施小的问题，又在五七路口荣联村征地 19 亩，1985—1989 年建造修理厂、仓库、油库等，建筑面积 2041.49 平方米，将修理厂、货运站迁往五七路口新场地。随着经济的发展，公路增多，公路客运量也大幅度上升，萧山汽车站客运站场仍不能满足需要。萧山汽车站与省汽车运输公司、杭州分公司酝酿新建客运站时，省汽车运输公司体制改革方案出台，萧山汽车站划给地方管理，建立萧山市长途汽车运输公司。1990 年 11 月 12 日，萧山市计委下达新建萧山汽车站项目文件（萧计〔1990〕250 号）；1991 年年初，由萧山市交通局

牵头成立萧山汽车站筹建小组，负责筹建工作；1991年2月6日进行扩建设计。1991年12月4日破土动工，1992年8月竣工交付使用。车站一期工程征地15651平方米（折合23.5亩）；建筑面积4400.54平方米，其中候车厅1487平方米，行包房253平方米，售票厅、票房、票库407平方米，业务楼1119.8平方米。小件行李、检票房88.7平方米，餐厅、厨房、锅炉房410.4平方米，发车雨棚316平方米，变电所、传达室、门卫房、厕所等其他用房318.6平方米。按规划，修理车间和油库在二期计划内，但一期建成使用又不能缺少，所以增加临时建筑245平方米的修理间和油料间，停车场5778.54平方米，站前广场2908.3平方米，绿化用地1555平方米。因为萧山汽车站划归地方管理，境内各个乡镇还有多个站点，长运也陆续新建、改建过汽车站，而萧绍路上的这个车站则成了"总站"，沿用至今。

**采访者：**汽车站的历史伴随着萧山人的成长，您还记得多年来长途大巴车的演变历程吗？我们现在生活水平提高了，更新换代很快，您以前最早接触的大巴车是怎样的呢？

**汤伟东：**根据一个老前辈的手稿记载，在建立县站以前，萧山站仅有客车5辆，货车8辆。1957年萧山站建成后，又在临楼线上增加了客车1辆，货车3辆。在6辆客车中，有汽油车4辆，木炭车2辆。在11辆货车中，有汽油车3辆，木炭车5辆，汽油木炭两用车2辆，这些车都是美国制造的，是陈旧的道奇车和福特车。1962年因汽油紧张，客车还用煤气作燃料，在车身上装一个橡皮的大煤气包，被称为"背包车"。我早期接触的大巴车是那种解放牌大客车，有的还有两节车厢，我们叫通道车，当时记得是运营萧山至闻堰班线的。

随着科技的进步，公司使用的长途大巴有柴油车、天然气车，到今天的新能源车，车型越来越丰富，体验感越来越舒适，

图2　1987年的萧山长运大巴车

也越来越环保。汽车的品质、内部设施在不断地改进。从原来没有空调的车辆，到现在都有空调了。从原来的硬座到现在舒适的软座。大巴的购买价格从原来的只要十几万元一辆，到现在我们最贵的一辆车要214万元，是沃尔沃品牌的。现在因为运输行业普遍不景气，整体的价格就下降到了七八十万元一辆。但是反过来讲，整体的性能和舒适度，与过去的大巴车相比是天差地别的。我们今年（2020年）新购的大巴车有商务座，一辆12米长的车辆只安装34个座位，是2+1排列的，有的车辆还安装了视听系统，在旅途中不仅可以看电视、听音乐，还可以唱卡拉OK。所以远距离交通还是坐大巴舒服，因为大巴比较宽敞。

**采访者：**中华人民共和国成立之后萧山长运的体制发生怎样的改变？

**汤伟东：**萧山长运一直是萧山具有正式营运资格的专业运输公司。《萧山交通志》（1998）对萧山市长途汽车运输有限公司有所记载，其前身为萧山汽车站。从民国14年（1925），萧绍公路江边至

图3　2020年的萧山长运大巴车

转坝段通车，到1988年省汽车运输公司体制下放，都有萧山汽车站。只是在较长时间里它都不属于独立法人。体制多次变革，分几个阶段；1957年10月，建立独立的萧山汽车站；1958年8月31日，划给绍兴车务段；1958年1月划给杭州车务段；1959年7月，并入萧山县交通运输公司；1961年9月，萧山县交通运输公司撤销后，回归杭州运输段；1965年10月，划给绍兴运输段；1972年1月由萧山县公交手工业局领导；1973年1月，又划归杭州运输段（新登）；1974年4月，客运归属杭州市公共交通公司，货运归属杭州市运输公司；1979年1月，划归省汽车运输公司杭州分公司；1988年，省汽车运输公司体制改革，12月5日，杭州市交通局与萧山市人民政府签订了下放萧山汽车站的交接协议书，当年萧山市政府就下文建立萧山市长途汽车运输公司，隶属萧山市交通局。1992年，成立萧

图4  2001 年春节期间，315 路车站探亲访友、外出
游玩的人秩序井然地排队等候上车
（傅宇飞摄于 2001 年 1 月 26 日）

山市城市公共交通公司（隶属于长运公司），同年 8 月，在萧绍路 838 号的新站投入使用。当时为了适应市场，经营机制发生转换，试行车辆全额责任制考核，达到了国有资产增值和职工收入增加的要求。在这样的局面下，公司还探索了一业为主、多种经营的 "运、工、贸" 综合发展的路子。公司在坚持以客运为主的前提下，发展多种经营。至 1995 年年底，公司除客运、公交业务外，还有汽车修理厂、交通供销公司、劳动服务公司、交通大厦等生产部门。1996 年按上级部门的要求，整合萧山客运行业和相关交通资产，公司兼并规模较小的萧山豪华客运有限公司、萧山交通经济开发公司、萧山联运公司。1997 年，公司按上级要求实施转制，转成有限责任公司，叫国退民进，国有股份占 17.27%，职工持股协会占 82.73%。2000 年按上级要求又兼并萧山运输公司，至此，萧山经营长途客运业务的就是萧山长运公司了。2008 年，杭州市萧山区交通局与杭州公交一体化工作领导小组办公室发文，正式批复杭州萧山长途汽车运输有限公司与杭州萧山城市公共交通公司分离，这就是我们习惯称的"公长分立"。萧山长运现为杭州萧山交通投资集团下属子公司。为实现多种经营，公司于 2011 年又出资收购了萧山中新电力下属的萧山恒远出租车有限公司，并将其改名为萧山长运出租车有限公司。

## 三  入职长运的丰富人生

**采访者：** 您毕业后就到杭州萧山长途汽车有限公司做会计，工作之初给您的感受是怎样的？

**汤伟东：** 刚到岗位的时候就是在萧山汽车站。车站在位于市心路和萧绍路的交叉口（即现在龙发大厦的位置），比较老旧、狭小，特别是在节假日或者周五、周六的时候会很拥挤。我虽然是做会计，但是都要到车站去帮忙的。不像现在要求一人一座，那个时候只要挤上车子就好。车子往往挤不下，我们要把这些人往车里推。旅客经常买不到票，我们经常接到帮忙买票的电话。

**采访者：** 就是说当时人们对于长途汽车的需求是很高的。

**汤伟东：** 当时是没有公交车的，萧山城区到各乡镇及萧山以外的地方均属于长途客运，特别是萧山各乡镇，老百姓除了自行车外，极少有私家车的，出行都是依托客运班车，乘车需求是很高的。所以，当时各乡镇领导对客运班车和当地的车站建设都是相当重视的。记得当时我们在各乡镇建汽车站时，土地大多数由各乡镇无偿提供，地面建筑由交通局和当地乡镇支持一部分，公司承担一部分。

**采访者：** 我们知道现在萧山经营长途客运的只有一个长途汽车站，那您最早到萧山汽车站有几个站点，后来是怎么一步步演变的呢？

**汤伟东：** 我到汽车站的时候，在萧山城区有萧山汽车站，每个乡镇都有相应的汽车站，如南片方向有楼塔站、河上站、戴村站、大桥站、临浦站等，东片方向有衙前站、坎山站、瓜沥站、党山站、益农站、头蓬站、农一场站、农二场站等，这些站根据客流情况，功能也不尽相同，有代办站（站房和站务人员均由当地提供，公司只提供车辆运营）、过路站（不始发班车和不提供驾驶员、售票员住宿），当然更多的是始发终到站（始发班车，提供驾驶员和售票员住宿），一般比较大的乡镇都设有始发终到站。后来随着道路条件的改善、出行需求增加，公司于1992年异地重建了目前的萧山汽车总站，于1998年建了汽车东站（即现在的东站公交站），于2000年通过兼并登峰集团下属运输公司设立汽车西站，部分乡镇的汽车站也进行了异地重建。随着2008年"公长分立"的实施和道路客运的逐渐萎缩，现在真正的长途汽车站只剩下一个总站了，其他的车站要么经营公交、要么按政府道路建设或规划调整要求拆迁、要么转型经营其他项目了。

**采访者：** 那您刚入职的时候，老百姓比较欢迎的路线是哪条？现在老百姓比较欢迎的路线是哪条呢？这有老百姓出行的偏好有怎样的改变呢？

**汤伟东：** 一开始应该是萧山区内的班线比较受欢迎。因为那个时候还没公交，所有出行都是依靠区内的班线，也叫长途班线。到后来逐渐变成通往经济比较发达城市的班线，比如说萧山到宁波，萧山到上海，萧山到义乌。因为那个时候萧山的老百姓也希望走出去。现在，长途运输主要是通往不通高铁的地方，需求的人员基本上是打工的，还有周末的学生。旅游的班线比较少，第一是受疫情的影响，第二是萧山私家车辆保有量较大，周围 200 千米之内的地区，萧山人习惯自驾游。我们原来施行过一段时间的从萧山到乌镇、萧山到东阳横店影视城的班线，效果不是很明显。现在老百姓生活水平提高，自己买上了汽车，都爱自己开车。

**采访者：** 我们知道安全是长途运输的重中之重，那么请问长运公司采取了哪些让您印象深刻的安全措施来确保安全？

**汤伟东：** 公司目前拥有客运班线 43 条，各类营运客车 157 辆、专业校车 13 辆、租赁车 180 辆。如何让这些车辆跑得好、跑得安全是我们的重中之重。安全管理问题，上级和长运公司的各级领导都比较重视，公司有专门的职能部门负责，从技防、物防、人防等多维度、多方面进行管理。

一是强化营运车辆的安全检查，严把车辆技术关，严禁车况检测不合格、未经车况检测及存在安全隐患的车辆投入营运，严禁行车记录仪、卫星定位系统、车载实时视频不能正常运行的车辆投入营运，认真做好出车前、行驶中、回场后的"三检"工作，同时确保车载视频设备、灭火器、安全锤等安全设施齐全有效，严禁车辆带"病"行驶。严格按照保养制度，做好一级维护、二级维护、日常维修等工作，在每个节假日前都要进行专门的车辆安全和车况性能检查，只有符合条件的车辆才能投入运营。

二是加强卫星定位系统、行车记录仪及车载实时视频对车辆的动态监控和信息数据的采集，发现有超速、超载等严重违法行为的要及时制止并按规定严肃处理；加强对车载监控设备的检查，发现问题及时修复，保证监控设备正常工作，同时对监控人员进行专题教育培训，明确职责，提高安全意识，充分利用短信平台功能，及时发布天气、道路状况等安全警示信息，提醒司机做好防御性驾驶工作，确保行车安全。

三是加强客运站场安全生产源头管理，严格落实对"三危"物品的查堵工作，建立健全实名登记制度，切实做好旅客实名购票检票制度，做好进出站旅客安检工作，做好小件物品寄托运实名登记工作，建立健全收寄验视工作，防止易燃、易爆、毒品等禁限寄物品通过小件托运渠道传播，做好各站场的日常消防安全检查、用电安全，防止火灾事故的发生。

四是加强对从业人员的安全教育培训，严格履行道路客运安全告知制度，落实《道路客运安全告知》视频的播放，确保所有营运客车都按规定向乘客播放安全告知视频，进一步加强驾驶员和站务员在发车前、服务区乘客上车后，提醒乘客系好安全带等安全告知工作。对从业人员的招聘进行严格把关，身体素质不过关的不予录用。日常严格按照上级要求进行一月一次的安全教育，建立师带徒制度，请安全行驶水平较高的老驾驶员向新驾驶员传授驾驶经验。对于驾驶员做出危害行车安全的行为，如开车接电话、玩手机等，一经发现，立马约谈，从源头上降低事故发生率和交通违章率。

五是加强组织动员，落实责任任务，做到有部署、有总结、有措施，每月召开安全专题会议，分析查找客运车辆在交通安全管理上存在的薄弱环节，紧密结合本地实际，研究制定整改实施方案。同时，要求全体公司安全工作人员和司乘人员充分认识加强对客运车辆管理的重要性和必要性，统一思想，提高认识，明确责任，形成一级抓一级、层层抓落实的局面，确保安全生产的顺利进行。

**采访者：**我们说长途汽车，一方面需要抓住运输，另一方面与之配套的是修理，因为长途汽车使用非常频繁，一些问题是在所难免的。您曾任修理分公司的经理，那么请您谈一谈，改革开放以来长运汽车修理设备的发展以及厂房的搬迁情况。

**汤伟东：**长运修理厂原来纯粹是保障自己的车辆维修，现在不仅仅保证我们自己车辆的维修，还保障公交车辆的维修，还对外承接维修业务。从专门修大客车、大货车到现在发展成修高档轿车、新能源车。厂房随着汽车站的搬迁而搬迁，一开始在老的汽车站，地方很小。后来随着车辆数的增多，地方不够了，我们在五七路口专门修建了保养厂。随着萧山房地产开发，这些地也被置换了。现在建造的修理厂将近50亩地，即将启用。同时，我们利用原先的汽车站，依托交投集团的资产，加盟驰加品牌，开设轿车的快修门店，目前已有快修门店3家，今后将进一步拓展快修门店。

从车辆的维修设备来看，也发生了很大的变化。原来更多采用手工或者一些传统的方法；现在随着汽车技术水平的提高，我们的维修设备也在不断升级换代，比如电脑诊断仪、检测分析仪、四轮定位仪、平衡机、整形机、大型烤漆房等，不管大客、小客、小车都采用电子化仪器检修的，并且朝着减轻修理工劳动强度的方向发展。

**采访者：**2008 年，您刚才谈到公司完成了一次重大的国进民退工程，广大职工拿回了自己原来的出资资金跟分红，公司股权全部由国家收回，公司注册资本也达到了 3000 万元。当时萧山长运为何会进行全部国有化的改制呢？这对长运未来的发展有怎样的意义？

图 5　2008 年 7 月 1 日，萧山区与杭州主城区实现公交一体化（柳田兴摄）

**汤伟东：**2008 年的"国进民退"主要是因为萧山与杭州公交一体化的需要。在 2008 年以前，萧山长运既经营长途客运，也经营市内公交和乡镇公交，包括参股经营的开往杭州的公交。2008年，杭州市政府为了实施萧山与杭州的公交一体化，把公交这一块全部剥离出来，跟杭州公交合资成立了萧山公共交通公司，杭州公交占股 51%，萧山交投集团占股 49%。公交一体化给长运公司带来重大变化：资产规模缩小，经营范围调整，职工人数减少，同时还产生了一系列更深层次的问题：一是股权结构需要调整，二是各种积累应该分配，三是注册资本必须增加，四是经营管理有待优化。

要切实解决这些问题，确保公司的生存和可持续发展，就需要进一步深化改革。这不仅事关萧山长途客运行业的稳定，也事关公长分立成果的巩固，以及新公交公司的稳定，所以需要在公交一体化过程中实施国有收购，以确保长运公司有一个很好的发展空间和资金来源。

**采访者：**2015 年 8 月 19 日，您携湘运公司员工参加杭州市 2015 年重点项目集中开工活动暨湘湖三期项目开工仪式。我们知道湘湖跟西湖被称为姊妹湖，也是萧山一个重要的旅游景点。那么您能给我们讲述下长运公司经营湘湖三期土方外运业务和开通湘湖至萧山机场班线背后的故事吗？

**汤伟东**：2014—2015 年，交通运输企业，特别是长途客运的经济效益开始下降。为了企业 400 多人的生存，当时的交通集团领导决定搞货运。湘湖恰好进行三期的建设，有大量泥土需要外运，我们抓住这个机会，成立了湘运公司，参与了这个工程的建设，专门经营土方挖运，为长运公司的转型升级打下了一定的基础。

至于湘湖至萧山机场班线开通，已经是后来的事情了。湘湖景区首开至杭州萧山国际机场巴士专线主要考虑的还是方便湘湖景区游客往返机场，也为萧山闻堰、义桥等地居民往来机场提供便捷。这条线路的开通实现了景区与机场游客运输"无缝"衔接，进一步提升和完善了区域旅游服务公共体系。目前这条线路一天运行三班，全程 45 千米，可以通过线下或者直接扫码购票，非常便捷。

**采访者**：2016 年 9 月 4—5 日在中国杭州召开的 G20 杭州峰会，给主会场所在地杭州萧山带来了千载难逢的发展机会。那么请问当时萧山长运作了哪些部署来服务峰会？

**汤伟东**：G20 杭州峰会在萧山召开，这对我们来说是件大事，当时杭州火车南站还没开通，大家到萧山主要通过汽车站，所以长途客运的形象也代表了萧山的形象。为加强党建助推 G20 服务保障工作顺利开展，公司开展了多个专项活动，如开展"宣传教育引导"专项行动、"转变作风效能"专项行动、"提升窗口形象"专项行动、"比拼服务技能"专项行动、"行业安全整治"专项行动、"强化志愿服务"专项行动、"深化环境整治"专项行动、"倡导文明礼仪"专项行动。

**采访者**：《中国集体经济》2018 年第 3 期发表了您的文章《关于加强旅游客运企业成本控制的思考》，提出"旅游客运企业市场竞争激烈，每个企业都不敢贸然提高包车价格，于是加强成本控制、提高自身核心优势，就是提升企业竞争力的关键所在"。您能给我们讲述下这篇文章的创作背景和核心观点吗？

**汤伟东**：当时长途客运和班线车的发展不好，很多企业包括我们公司在内，把班线车转成旅游客运包车，我们在实际工作中发现班线车的成本管理和旅游包车不一样。如果仍旧按照班线车的管理模式，那旅游车的利润肯定不高。班线车的价格是政府定价或者给出指导价，但旅游包车的价格比较敏感，会根据市场浮动。旅游包车的价格无法提高，就只有在成本方面进行控制。与此同时，我结合单位下一步要做的工作，根据自己的体会，完成了这篇文章。文章分析了当前旅游客运企业成本控制存在的不足，主要内容包括：一是对成本控制的认识不到位，二是人力资源管理有待强化，三是对燃料消耗与修理费的考核存在缺陷，四是单位固定成本偏高。我对企业成本控制提出一些可供参考的措施和建议，主要是：一要加强人力资源管理（包括稳定员工队伍、加强培训教育、完善薪酬分配），二要加强营运成本的日常管理（包括预算控制、日常考核、制度完善与执行等），三要提高车辆利用率，降低单位固定成本（包括合理调配车辆、增加全员营销力度、实施淡旺季不同的价格政策等），四是转变成本控制方式（包括从经营性控制转向规划性控制、从静态成本管理向动态成本管理转变、从粗放型控制向精细化控制转变等）。

**采访者：** 2022 年亚运会由杭州主办，请问萧山长运做了哪些准备来迎接这个亚运会呢？

**汤伟东：** 亚运会的客人会比 G20 杭州峰会的时候更多，但是经历过 G20 杭州峰会的实践考验，我们有足够的信心迎接亚运会的召开。目前我们已经开始营造"迎亚运"的宣传氛围，普及文明行为礼仪知识，并着力于提升车容车貌，改善车辆的档次。接下来我们还将开展有关文明礼仪、服务质量等方面的劳动竞赛，通过评先创优，提升大家的服务意识，真正发挥"文明窗口"的重要作用。

## 四　始终如一的爱心服务

**采访者：** 由萧山区总工会和萧山长运共同开行的爱心班车已经运行了将近 15 年，能给我们讲述一下当时爱心班车是如何发起的，背后有哪些印象深刻的暖心故事？

**汤伟东：** "爱心班车"主要服务对象集中在农民工、环卫工等外来在萧务工人员。最初开行是有一定社会背景的，当时出行方式没有现在这样多样、便捷，春运回家的票比较难购，加上外来务工人员生活条件相对艰苦，举家在外，出行的费用也是一笔不小的开支，他们为萧山的发展做出了一定的贡献。我们作为一直从事这个行业的国有企业，感到一种前所未有的责任感。所以当时开通了这个线路，既是回馈社会、致力公益的一项举措，也是我们公司践行企业文化、实现文化强企的结果输出，是国有企业良好社会形象的树立。我觉得印象最深刻的就是开行当天，那一张张洋溢着喜悦与感动的笑脸。因为要配合农民工兄弟出行的特点，他们的行李特别多，所以我们的班车都要经过挑选，行李舱要多装货。当我们的驾驶员、志愿者帮忙把行李放好，农民工兄弟带着我们为他们准备好的早餐落座的那一刻，你能感受到他们的快乐与幸福。他们出来一整年，马上就要回家了，那种快乐，由衷发出的微笑，每次都能感动到我们。《萧山日报》对此也进行了宣传，在区里、集团里和社会上获得了很好的反响，我们会一直坚持做下去。

**采访者：**萧山长运在几十年的发展历程中，涌现出很多像拾金不昧、见义勇为、救死扶伤等先进事迹，受到广大市民的赞誉和好评。请问这之中有哪些令您印象深刻的事？

**汤伟东：**道路交通运输业，本身就是一种服务行业，我们会接触到各种各样的人。萧山长运公司前几年一直坚持做一份"美德档案"，这份档案记录了公司员工拾金不昧、见义勇为等事迹，我们还会评选"每月一星"来表彰这样的好人好事，弘扬社会正气，在公司中形成一种良好的氛围。但是我们很多员工都觉得这些是小事，是自己的分内事，不值得一提。有些要不是收到感谢信或锦旗，连公司都不清楚他们做过这些好人好事。要说印象深刻的话，就说几件近年来发生的事吧。一件是在 2017 年，我们的员工在候车大厅例行巡查的时候，发现有一位旅客脸色发白，喘不上气。发现这个问题后员工及时采取了有效措施，将旅客安置到通风场地，立即用旅客随身携带的药物进行急救，见情况没有好转后，果断拨打120，在最短的时间内把旅客送上救护车，争取到了宝贵的急救时间。还有一件事情发生在 2018 年，公司的一名驾驶员在驾驶班车途经杭新景高速出口匝道附近时，发现前方有一辆大客车发动机舱起火，情势非常紧急。这名驾驶员用平时接受的公司安全教育知识开始了教科书式的急救程序。他立即靠边停车，打开双跳，保证车上旅客安全的同时，提起灭火器就奔向火灾车辆，参与灭火，为后续消防部门灭火争取了一定时间。还有更多的是一些拾金不昧、乐于助人的事情，有些旅客粗心，下车时忘了皮夹或者忘了包裹，我们驾驶员都把这些物品及时上交，或者积极联系旅客。这些与公司平常的宣传教育也是分不开的。总体来说，我们公司的员工都是平凡岗位上的平凡人，他们能有这样善良、美好的品德是萧山长运的骄傲，也是萧山长运为社会输出的一部分正能量吧。

**图 6　汤伟东疫情期间参加返城车辆疫情防控工作**

**采访者：**今年（2020 年）的情况特殊，面临突如其来的疫情，萧山长运组建了疫情防控应急驾驶班组，有力地支援了前线的防疫抗疫斗争。尽管每一次紧急任务都充满着各种不确定因素，但长运公司疫情防控应急驾驶班组不计得失、不畏风险、冲锋在前，让党旗随车飘扬在抗疫前线，以实际行动践行萧山长运人的初心和使命！能否给我们讲述一下长运疫情防控应急驾驶班组成立与运行背后的故事？

**汤伟东：**2020 年的这场疫情让人猝不及防，同时也考验了萧山长运人的应急能力。当前线防疫抗疫斗争需要一支应急驾驶班组时，长运作为一个老牌的国有企业，立即抽调驾驶员，成立了由 13 名驾驶员组成的"疫情防控应急驾驶班组"。这支队伍全天候 24 小时待命，精准完成医护、重点监控人员输送任务。截止到 6 月底，这支队伍完成执行运输任务 814 趟次，安全输送人员 1098 人次。

在此次防疫抗疫斗争中，萧山长运不光是这支临时队伍投入了战斗，全体党员，甚至很多普通职工都表现出了无私无畏的奉献精神。2 月 1 日起，因疫情防控工作需要，公司连夜动员、抽调 51 名党员群众，参与高速路口疫情检测工作，累计服务时长 926 小时；公司 17 位党员参加社区组织的志愿者服务，累计服务时长 168 小时；各党支部轮流组织党员到总站下客处做信息登记和秩序维护等工作，累计党员 213 人次，入党积极分子 74 人次，服务时长 1808 小时。战斗还未结束，我们一直待命，期待胜利的那一天。

# 五　阳光党建

**采访者**：作为国有企业，创业公司对于党建工作也是抓得非常紧的。那么从您自身角度来讲，您是什么时候加入共产党的？能给我们讲述一下当时入党的情况吗？

**汤伟东**：我是 1998 年 12 月入党的。但我写入党申请书还是比较早的，一开始可能有名额限制，过了三年没反应，当然这段时间也可能是组织在考察我。特别是经过 1997 年的企业转制，由于各方面的工作做得比较好，对公司第一次顺利转制起了一定作用，组织考察过后觉得基本符合条件，然后就批准我加入中国共产党。

**采访者**：在长运公司，您认为共产党员应该怎样发挥先锋带头作用？

**汤伟东**：把共产党员的先进性落实到行动上，在不同的环境、岗位里始终保持和发挥应有的模范带头作用，这也是共产党员区别于普通群众的根本所在。共产党员，特别是在企业当中，不仅仅要具备党员的一些基本条件，还要想着怎么样去融入企业的中心工作，为企业的发展献计献策。长运公司是一个国有企业，坚持党的领导，加强党的建设，是我们的光荣传统，是"根"、是"魂"，也是我们国有企业的独特优势。党员队伍在企业中的角色是基石，在基层要起到先锋模范带头作用，概括来说，我认为主要做好 5 个"带头"，即带头学习提升、带头创造业绩、带头服务群众、带头遵章守纪、带头弘扬正气。只要广大党员干部身先士卒，全情投入，充分发挥先锋模范作用，就能够影响和带动企业的广大职工，积极地为企业献计献策，更好地完成企业的各项经营任务。

**采访者**：您还担任长运公司的党委书记，长运公司日常是如何开展党建工作的呢？

**汤伟东**：我是在 2018 年 12 月份开始担任党委书记的。长运公司目前下设 4 个支部，共有党员 50 余名，入党积极分子 20 余名。日常党建工作主要集中在组织政治理论学习、党员思想政治教育、组织党内活动等方面。除了传统的工作模式之外，近年来为配合转型升级，公司以"三同步、三融合"的"双三"理念，将重点放在党建工作与业务的有机融合上。简单点来说，就是党建工作要结合实际，围绕公司的中心工作，助力业务发展，虚功实做，提质增效。

**采访者：** 为了纪念共产党建立98周年，不忘初心，牢记使命，充分发挥基层党组织的战斗堡垒作用和党员的先锋模范作用，2019年6月26日，萧山长运修理党支部联合区运输管理处维驾业务党支部、衙前镇项漾村党委、衙前村党委共同开展了"阳光维修进乡村，安全出行有保障"的便民服务活动。当时您也出席了启动仪式，能给我们讲述下此次活动的内容与意义吗？

**汤伟东：** 公司所属衙前快修门店设在原衙前汽车站，是公司车辆维修从专修大客车向小车维修转变的第一家快修门店，这家门店的转型是检验公司车辆维修业务能否成功转型的关键一步。我们想到要与当地的镇、村和行业管理部门加强联系沟通，只有维修质量和服务过关了，得到了客户的认同，快修门店才能更好地服务于当地百姓，也才能更好地生存，所以组织实施了本次活动。本次活动致力于为村民提供出行便利。为确保活动的圆满开展，长运公司党委安排党员干部进行精心部署。在活动现场，设立了工作台，向广大村民提供车辆养护、汽车配件真伪鉴别、保险等咨询服务，并配备维修设备为村民车辆开展免费检测、保养维修等一系列的服务活动。活动现场，前来车辆检测和咨询的群众很多，当天就帮助不少群众解决了许多车辆故障问题，满足了居民维修的需要。

到活动结束，本次"阳光维修"活动提供免费车辆检测诊断30余辆次，提供咨询服务20余次，发放宣传资料500余份。此外，长运公司也借此机会向村民们发放了公司宣传册，除了小车维修外，还大力宣传和推广长运公司旗下的租赁车、校车等包车业务。开展这一系列服务活动，我们希望党员干部能多走到群众中去，沟通倾听群众需求，创新活动载体，加强活动实效，不断助力提升人民群众的用车生活品质，为百姓的车辆出行安全提供有力的保障。

# 六　追忆过去，展望未来

**采访者：** 您刚才讲到现在长途客运班线业务在萎缩，我们现在交通太便利了，包括自驾车、高铁、飞机。以前坐飞机都是身份显赫的人才可以，现在坐飞机已经非常普遍了。这些交通方式跟长运存在竞争，但是长途运输的灵活性以及其他的一些特点，是其他运输方式无法取代的。公路运输会萎缩，但是不可能消失，因为它有自身的价值。那么您认为长途运输自身还有哪些优势呢？如何进一步拓展其发展空间呢？

**汤伟东：**业内都有一种说法，说客运的黄金十年已经过去了。事实上，高铁、民航、私家车、网约车等诸多出行方式的出现，的确对公路客运形成了巨大的挑战。从以前的熙熙攘攘到如今的门可罗雀，客流呈现出不可逆转的下降，萧山汽车总站的客运流量下降曲线证明这一点。但这并不能说明市场不需要公路客运。针对您问题里的长途公路运输，我是这么理解的，与空铁相比，800千米以上的超长线竞争力的确不如空铁，但公路运输还是存在一定优势的，比如它的灵活性。

近年来，萧山长运一直在做以下几方面工作。

一是发展定制班线，开行景区专线。原来的班线就是点到点，我们叫车进站人归点。新出台的《客规》对长途客运班线进行改造，允许发展定制班线，也就是途中允许设置临时站点，可以就近、自主上下客。譬如乘客从萧山到绍兴，不一定要到车站，可以在中途设立的停靠站点上下车。现在人们生活水平提高，旅游出行，特别是团队出行越来越多，开通景区专线具有发展潜力。

二是增设旅行社业务，发展租赁包车业务。特别是杭州火车南站开通以后，来杭州的游客越来越多，想要在当地自驾旅游的游客，租个车就会很方便。

三是依托主营业务发展，开拓副业，比如拓展维修业务，发展快修门店。我们原来专门修大车，现在还往小车维修方向发展。萧山也好，浙江也好，个人私家车的保有量越来越大，汽车维修市场的潜力是比较大的。

还有其他方面，比如优化客运线路，到空铁到不了的地方去；调整车辆结构，实现最大限度的资源配置；依托现有快运小件平台，试行利用社会运力上门收件与送货业务，探索闲置运力转化潜在社会效益等等

**采访者：**进入新时代，随着杭州国家临空经济示范区总体方案的出台，建设空港综合交通枢纽，实现高铁、地铁、高速、公交、长途客运、出租车、自驾等多种交通方式的高效拼接和零距离换乘将变为现实，路网建设再升级，接轨大杭州、拆除隔离墙、打通断头路，萧山交通蹄疾步

稳，一马当先。请问在这之中，您认为长途客运扮演着怎样的角色呢？

**汤伟东：**法国里尔、美国勒芒，这些都是因交通枢纽建设而激活一个城市的生动案例。在杭州，火车东站的启用也完全激活了所在片区的商业价值。在萧山，也将会有这样一个多维度的现代化交通枢纽——杭州火车南站。接下去的长途客运主要还是依托杭州火车南站，要抓紧启动火车南站汽车站的建设。集公交、长途、租赁车、出租车、地铁、旅游集散等为一体的交通枢纽综合体，无疑会成为萧山区枢纽地标，实现交通疏解、公交客运、社会停车、旅游集散以及商务办公、休闲购物等功能，成为往来枢纽的商旅人士、城市精英白领、当地居民的消费主场和文化娱乐中心。而我们长运是这个交通枢纽中不可或缺的一环。长途客运不但可以作为空铁之外的有效接驳运输方式，借大杭州打造"全域景区"契机，公司可充分利用旅游集散中心联盟机制，打造智慧出行平台，强化运游结合理念，发挥行业优势，延长产业链条，拓展旅游业务，在带动萧山旅游行业发展的同时，也是自身转型的一个有效抓手。

**采访者：**最后一个问题是，您从事长途交通运输已经三十多年了，是长运的老职工了，您有怎样的感悟呢？对未来萧山交通的发展又有怎样的期待呢？

**汤伟东：**30 年前的萧山，大家进进出出靠招手大巴，30 年后萧山人出行有飞机、高铁、地铁等多种方式，并且随着科学的进步，未来还将会出现磁悬浮、"管联网""智慧公路"等新的交通方式。这些都是萧山优越的区位优势所带来的。作为一个交通要道，萧山拥有浙江第一空中门户——杭州萧山国际机场，境内铁路和公路交通网稠密，地铁、跨江大桥、过江隧道与杭州主城区无缝对接。前有 G20 杭州峰会，现在又有亚运会筹备为总牵引，萧山正在全力打好"22688"交通大会战，构筑集机场、高铁、地铁、快速路、主干路网等"五位一体"的现代化立体交通网络，积极打造城市数字化示范区。长途客运虽然会萎缩，但是社会的发展仍旧需要其存在。我们致力于班线车提高车辆档次，旅游包车和租赁车方便租还，提高服务水平，满足旅客个性化的需求，也是对高铁的补充。我们将加大力度去改造它。

展望萧山未来交通发展，我觉得智慧交通新技术一定会得到最广泛的应用，萧山人的出行也会越来越便捷、幸福。

生态文明篇

# 坚持环境立区， 共建美丽萧山

## ——方　军口述

采访者：郑重、李永刚　　　　整理者：葛哲丽

采访时间：2020 年 9 月 3 日　　采访地点：萧山区政府行政楼

**方军**，1968 年出生，杭州萧山人，1989 年 12 月毕业并参加工作，先后任杭州萧山交通发展有限公司副总经理，杭州萧山交通发展有限公司董事长、总经理，萧山交通投资集团有限公司董事长、总经理等职；2009 年 4 月加入萧山致公党，8 月开始担任致公党萧山支部的主委；

方　军

2010 年担任致公党杭州市委常委；2015 年，担任萧山基层委主委兼致公党萧山支部主委；2017 年 2 月起任萧山区人民政府副区长。

## 一　开拓：同心同德，共建共享

**采访者**：方副区长，您好！很高兴您能接受我们的采访。党的十八大以来，习近平总书记在生态文明建设方面提出了很多新理念、新论断、新举措，对于我们深刻认识生态文明建设的重大意义，坚持和贯彻新发展理念，正确处理好经济发展同生态环境保护的关系，具有十分重要的指导意义。您作为萧山区副区长，分管美丽乡村、美丽城镇、五水共治、垃圾分类、生态环保、城市管理等方面工作，对于上述问题比较熟悉。我们本次的口述历史访谈想听听您对于萧山区生态文明、环境发展、城乡建设等方

面内容的理解，进行系统的梳理和访谈。

请您谈一谈萧山区启动"美丽乡村"建设的原因与背景，这一构想是如何形成的呢？

**方军**：我们启动实施《萧山区实施乡村振兴战略建设美丽乡村五年行动计划（2018—2022）》，主要基于三方面考虑：一是上级有要求。当时，从中央到省、市，对美丽乡村建设、农村人居环境整治提出了更高的要求。党的十九大，习近平总书记提出了乡村振兴战略；2017年全省美丽乡村和农村精神文明建设现场会上，浙江省委书记车俊提出了"五个全面"的要求；区委、区政府主要领导也多次强调，要求从根本上改善我区农村环境面貌。二是周边存差距。从周边地区来看，萧山美丽乡村建设与周边地区存在一定差距，桐庐、临安已成功创建省美丽乡村建设示范县。三是定位不匹配。区委十五届二次全会提出，要打造体现世界名城风貌的现代化国际城区。当时，城中村改造、小城镇建设虽已启动了相关行动计划，但萧山广袤的农村区域，尚未开展全区性、综合性的整治，群众呼声较高。因此必须开足马力、奋起直追，努力建设与萧山现代化国际城区相匹配的优美农村人居环境。

当时区农办根据区委、区政府要求，开展了大量的前期调研工作，并多层面征求意见，组织召开了各有关部门、镇街主要领导、村书记、人大代表及政协委员等多个层级的座谈会，对交通道路综合治理、农村线杆整治、村庄基础设施提升、美丽乡村培育等工作进行了详细论证和多次修改。我也多次召开会议，进行专题研究。最终形成了《萧山区实施乡村振兴战略建设美丽乡村五年行动计划（2018—2022）》。

**采访者**："美丽乡村建设"曾经是萧山重点推进的民生实事项目，例如在最近两年您还到靖江街道光明村、瓜沥镇东恩村、益农镇群围村、进化镇欢潭村等地进行督查，当时的情况是怎么样的，现如今工作推进得如何？

**方军**："美丽乡村建设"也是2020年萧山重点推进的民生实事项目，一直以来，区委、区政府都十分重视美丽乡村建设工作。这些村都是第一批美丽乡村提升村，村级班子得力、执行力较好的村。在美丽乡村创建过程中，我们始终坚持规划先行、坚持先做减法、坚持全域整治，始终注重建设绩效、注重群众参与、注重因村制宜。现在美丽乡村建设已经初见成效，如今走进新农村，首先看到的便是宽敞的柏油路，路旁有整齐排列的路灯，大街两旁不仅修了排水沟，每家每户统一发放了垃圾箱，人们的生活环境得到了极大改善，村容村貌焕然一新。农村安装天然气后比之前的液态罐更加安全了，而且厨房更加清洁卫生了，提高了农民的生活质量。自从村里安装完善路灯照明、建设了游步道之后，到了晚上街上灯火通明，村民行走更加安全，方便了晚饭后邻居间相互串门，在乡间路灯下散步比在城市惬意多了。第一批美丽乡村提升村的老百姓从一开始的不理解、不支持到现在的收获感、幸福感满满，村庄整体环境变美了、村集体经济收入增加了。

目前，美丽乡村建设按照示范村、提升村、整治村分类分批进行创建。示范村竞争性认定工作有序推进，第一批 30 个提升村长效管护进行回头看工作；第二批 40 个提升村正抓紧建设中，形象进度 71.82%，年底前完成验收；第三批 64 个提升村已有 41 个村通过区级规划评审。对剩余 123 个行政村坚持先做减法，全面启动"三清三整三提升"农村环境整治工作，力争年底前完成整治验收工作。随着美丽乡村建设的不断推进，"净化、美化、绿化、亮化"的美丽宜居乡村建设正在全面展开。

**采访者**：在当前很多城镇中，经济发展与生态环境保护之间的矛盾仍旧存在。您怎么看待人们对美好生活追求与城市生态环境建设之间的关系呢？

**方军**：要平衡好经济发展与城市生态环境建设之间的关系，我认为要从以下几方面着手：

一是满足人民对蓝天白云的需求。近年来，萧山区坚决打赢蓝天保卫战，积极推进我区大气扬尘治理，挥发性有机物（VOCs）治理，热电锅炉超低排放改造，燃煤小锅炉淘汰，黄标车和国三柴油车、老旧车辆的淘汰，落后产能淘汰，持续改善全区大气环境质量。

二是满足人民对一湾碧水的需求。萧山以"水清、岸绿、景美"为目标，纵深开展"五水共治"，通过源头治污、流域治理、"三清一配"、水岸清障清脏等工作，本地河流、湖泊、池塘、沟渠等水体的水质、水环境得到大力改善。全面消除了劣五类水，抓好"污水零直排"创建，推进"科技治水"和"美丽河湖"创建，连续三年获得全省治水最高荣誉"大禹鼎"。

三是依靠创新促进产业转型升级。我区开展了一系列的高压环保执法行动，倒逼企业转型升级。越来越多的企业从被动的污染治理转变为主动的保护环境。这些年来，我区也启动了重污染高耗能行业整治提升，淘汰"散乱污"，腾笼换鸟，亩均效益不断提升。

**采访者：**现在浙江省有哪些美丽城镇建设的典范，萧山又是如何着手美丽城镇建设的呢？

**方军：**美丽城镇是一个综合性，也是长期性的创建项目，从目前的进展来看，有台州的玉环市、湖州吴兴区的织里镇（童装之都）、杭州建德市的梅城镇。这些城镇的美丽城镇创建工作不论是创建进展还是特色彰显上都是走在全省前列的。

萧山自从 2020 年年初以来，根据浙江省委、省政府《关于高水平推进美丽城镇建设的意见》和市委、市政府《杭州市高质量建设美丽城镇实施方案》精神，按照"环境美、生活美、产业美、人文美和治理美"的要求，在大力加强小城镇环境综合整治长效管理的基础上，全面启动美丽城镇建设，加快建设形态优美、规模适宜、功能完善、特色鲜明、管理有序、富有活力的宜居宜业宜游美丽城镇，形成城乡融合、全域美丽新格局，打造"美丽浙江"城镇建设萧山样板。

目前我们主要开展的工作：

一是强化责任，全力保障。2019 年起，美丽城镇建设作为美丽萧山行动十大攻坚战中一项，区里一直作为一项重点工作来抓，在区级层面，在原萧山区小城镇环境综合整治领导小组办公室的基础上成立了萧山区推进美丽萧山行动领导小组办公室；镇街负责美丽城镇具体工作的推进。进一步优化资金保障方案，更合理地实施财政资金"以奖代补"、广泛吸引民间资本参与美丽城镇建设的办法。同时，我区将美丽城镇建设列入对乡镇的年度目标责任考核，区委出台相应的考核文件。

二是科学定位，全盘谋划。对标省、市高水平推进美丽城镇建设的意见方案，制定《萧山区高质量建设美丽城镇实施方案》。明确全区美丽城镇建设以全区 17 个完成小城镇环境综合整治的镇街为创建对象，以建成区为重点，衔接美丽乡村建设，兼顾辖区全域，按照"全部启动，同步培育，分批建成，梯度推进"的步骤展开工作，2020 年要参加创建的 6 个镇，力争完成 4 个成为市级美丽城镇样板、2 个成为省级样板的目标任务。

三是全面启动，加速推进。今年以来，我区美丽城镇创建工作根据省市要求，坚持全年目标不变、任务不减，以"十个一"标志性工程为基础，高标准落实"五美"建设目标，优先实施百姓最关注、最需要的项目，抓紧项目推进建设。

四是注重长效，全面督导。为持续巩固小城镇环境综合整治的成果，全区上下通过认真思考并积极实践，以"一体化""专业化""标准化""网格化""乡贤化""科技化"六种模式落实长效管理。

**采访者：**随着小城镇环境综合整治的推进，一个个美丽小城镇在萧然大地魅力绽放。如今，浙江开启全面推进新时代美丽城镇建设，萧山的美丽城镇建设也踏上了新征程，坚持做好"一镇一规划"，彰显"一镇一特色"。能否具体谈一谈萧山有哪些特色小镇，它们又是如何达到"五美"要求的？

**方军：**2017—2019 年，萧山区的 17 个创建美丽城镇的镇街经过 3 年的小城镇环境综合整治，在环境卫生、城镇秩序和乡容镇貌上都有了很明显的改善。17 个镇街中有 10 个镇街获得省级样板，2 个镇街获得市级样板。应该说，萧山的美丽城镇的基础还是比较好的，因此我们今年安排了 6 个镇街参加美丽城镇的创建，这 6 个镇街也都结合自身的区位优势、自然禀赋和发展定位，提出了不同的创建目标。

楼塔镇打造"文旅特色型"美丽城镇，大力推进"六大行动"。

河上镇打造"文旅特色型"美丽城镇，"三色"（即擦亮底色、植入亮色、彰显特色）协同推进。

戴村镇打造"文旅特色型"美丽城镇，聚焦美丽品质提升，彰显花园魅力。

临浦镇打造"型"美丽城镇，围绕"环境美"，实施"污水零直排"、智能小红车生活馆等项目，推进美丽乡村、美丽道路、美丽田园等建设。

义桥镇打造"都市节点型"美丽城镇，建设一个商业成熟繁华、生活配套完善、人居氛围浓厚的宜居之城。

瓜沥镇打造"都市节点型"美丽城镇，建设"四梁八柱"，确保美丽城镇建设推进有力有序。

**采访者：**能否简单谈一下改革开放以来萧山城市管理的发展历程？

**方军：**萧山城市真正步入管理是在 20 世纪 80 年代后，那时候属于改革开放初期，各个领域百废待兴，经济发展势头良好，大批民工纷纷涌向城市。他们是城市建设的生力军，但在城市里谋求职业的同时，出现了一支名为"流动摊贩"的大军，城市管理面临着很多矛盾与挑战。

城市管理一开始实施"堵"的管理，后来实施"疏"的管理，慢慢总结出堵疏结合的管理模式，向"服务""亲民"型管理转变。

现在的城市管理重心已经从传统的管理，向改善城市环境，完善城市功能等提升，以民生与城市形象为重心，建立合理的执法体制，进入到更健康、更合理的发展阶段。

图1　2020年10月24日，小学生现场体验区城管局城厢中队市
容AI智治系统案卷处理全过程（周纹博摄）

**采访者：** 2019年3月初，萧山区政府召开第十六届三次全体（扩大）会议，会议提到"瞄准城市数字化，提高城市管理信息化、精细化、智能化水平，积极建设智慧城市"，能否谈一谈智慧城市的具体构想？

**方军：** 智慧城市是以数字技术为基础，以数字服务为重点，深入推进"城市大脑"向其他领域覆盖，围绕"地下数字管廊""地上物联城市"和"空中5G城市"，打造物理城市相对应的数字生态城。智慧城市实现了城市全状态的实时化和可视化、城市管理决策的协同化和智能化，实现了城市规划建设一张蓝图管到底、城市治理虚拟融合一盘棋、城市服务情景交融个性主动一站式，驱动着城市的智能运行和迭代创新。

我区通过智慧城市的建设，推动区数字经济的发展，推进个性便捷的民生服务、全面感知的环境治理、低碳高效的城市运行。同时创新智慧城市的建设模式，积极吸引多方力量共同参与萧山智慧城市建设，建立多元化参与智慧城市建设模式，打造政务、企业、市民共同参与城市治理，共享城市发展红利的萧山区智慧城市生态圈。

**采访者**：您能否谈一谈您心中的理想城市？您希望萧山今后朝着怎样的方向去发展，成为怎样的一座城市呢？

**方军**：在我看来，理想城市应该具备环境优美、城市文明、交通便利、历史底蕴、科技发达等优点。我们萧山有着深厚的历史底蕴，在人民素质及交通便利方面也有着良好的基础底子。近几年，我们正朝着环境优美、科技发达的方向大步伐前进。绿水青山就是金山银山，我们近年大力推进"五水共治"、垃圾分类等工作，倾情打造的美丽乡村及湘湖景区，都取得了不错的成绩，是大家眼睛看得到、生活中感受得到的真实变化。智慧城市的建设前面也说到了，先离后付智慧停车的推进，市容 AI 的应用，都便利了城市的生活。城市的建设不是一朝一夕就能实现的，未来很远，理想很大，但只要我们心怀愿景，踏踏实实地走好眼前的每一步，我们的城市一定会越来越好。

## 二　深耕：栉风沐雨，不辱使命

**采访者**：浙江是著名水乡，水是生产之基、生态之要、生命之源。"五水共治"是 2013 年 11 月 29 日浙江省委十三届四次全会提出，是推进浙江新一轮改革发展的关键之策。能否讲一下"五水共治"实施的背景？

**方军**：浙江是江南水乡，省域内河流众多、水系发达，境内有钱塘江、甬江、苕溪、瓯江等八大水系，因水而名、因水而生、因水而兴。习近平总书记在浙江工作时，对浙江发展作出"八八战略"、生态省建设等重大决策部署，提出"绿水青山就是金山银山"的理念。党的十八大以来，尽管浙江进入了新的经济社会发展阶段，但在水环境治理方面仍存在不少深层矛盾。

一是水资源短缺和水生态环境恶化。浙江是地域小省、资源小省，又是人口大省、经济大省，以全国 1% 的土地承载了全国 4% 的人口、产出了全国6%的GDP。人口、经济活动集中分布在沿海平原地区，在快速推进工业化、城市化的过程中，对水生态环境造成了不同程度的污染，部分河网湖泊处于"亚健康"状态。

二是产业升级缓慢影响水环境保护工作。浙江省水环境污染原因有工业污染、农业面源污染、生活污染、畜禽污染等，占比最大的是工业污染。特别是印染、造纸、制革、化工四大重污染产业，其产值占全省工业总产值的比重不到37%，但化学需氧量和氨氮排放量却分别占全省工业排放量的67%和80%，这些产业大多耗水严重，而且排污量大。

三是"分水而治"影响治水效果。水资源开发、利用、节约和水生态环境保护分属不同部门管理，"分水而治"，缺乏整体性、系统性，统一决策、统一指挥、统一监督不够，"头痛医头、脚痛医脚，各管一摊、相互掣肘"，影响治水效果。

为了解决"水乡之困"，2013年底，浙江省委、省政府做出了治污水、防洪水、排涝水、保供水、抓节水"五水共治"的决策部署：宁可作局部暂时的舍弃，每年以牺牲1个百分点的经济增速为代价，也要以治水为突破口，倒逼产业转型升级，决不把污泥浊水带入全面小康。

作为传统工业强区，萧山区内企业众多，外来人口集聚，对水质保护形成强烈冲击，环境承载力与经济发展和人口集聚不相匹配。中央、省市各级领导高度关注萧山"五水共治"工作，中宣部黄坤明部长曾在大会上表示对萧山治水工作的关心，时任省委书记的夏宝龙同志对萧山水环境治理工作亲自过问、亲自督促，省人大常委会王辉忠副主任等省、市领导密切关注和多次走访重点河道。

**采访者**："五水共治"的"五水"之间有何内在联系？

**方军**："五水共治"即治污水、防洪水、排涝水、保供水、抓节水。好比五个手指头，治污水是大拇指，摆在第一位；防洪水、排涝水、保供水、抓节水分别是其他四指，分工有别、和而不同，捏起来就形成一个拳头。

"水乡之困"，使浙江省委、省政府愈加感到，水不仅是生态、是经济，也是民生、更是政治。抓治水就是抓改革、抓发展，意义十分重要，任务迫在眉睫。如何治水，成为浙江新一轮改革发展的重大命题。

**采访者**：2017年10月，萧山区强势推进剿灭劣V类水行动，工作期间遇到了哪些难题，最后如何解决的？

**方军：**当年，萧山劣 V 类区控及以上断面 5 个，其中省控断面 1 个，区控断面 4 个，劣 V 类水体 300 余个。全区劣 V 类河道占全市 40%，区控以上断面占全市 56%，距离省委全面剿灭劣 V 类水的要求存在相当大的距离。其间遇到的难题有：一是水体自净能力较弱。萧山地处萧绍平原，临江近海、地势低洼且平坦，水系纵横、河网密布，且河道狭长甚至断头，水体流动性差，水环境自我修复能力差。二是经济体量和建成区面积大。2016 年 GDP 达 1632 亿元（不含大江东），占杭州的 15%，注册企业 61324 家，其中规上工业企业 1341 家，占全市的 23.6%，建成区面积达 90.68 平方千米。三是沿河产业和人口集聚。萧山户籍人口 112 万人，登记在册的流动人口 122 万人，沿河新塘、衙前等工业重镇，已形成产业集聚，部分传统行业集聚了较多外来务工人群，在助推经济发展的同时，造成沉重的环境负担，给生活污水处理、垃圾清理、河道长效保洁等方面增加了工作任务和难度。

萧山治水人夜以继日，共同坚守和努力，自加压力，以"不换清水誓不休"的决心，回归"清水萧山"的本色。一是采取"三清一配"举措，把准工作重点。立足萧山实际，牢牢扭住清沿河各类违建的"牛鼻子"，确定了"清除河道两岸 15 米内违建 100 万方，清除淤泥 200 万方，清查整治排放口 3 万个"的工作目标。二是全力投入萧绍运河治理，打好攻坚一战。从最难处做起，将沿线低端产业最多、沟通区内河道最广、省市领导最为关注、整治要求最为严苛的萧绍运河作为首轮突破口，成功拆除沿线各类违建 4310 平方米，打响了实质性、大面积拆违的第一炮，为剿劣工作吹响了全面进攻的冲锋号。三是主动做好结合文章，抓实工作要点。坚持把剿灭劣 V 类水工作作为一项长期的生态工程，在集中攻坚的同时，将推进转型升级、落实长效管理等工作有效结合进去，关停"低小散"企业 300 家、整治提升 1000 家，完成清洁生产审核 50 家。

**采访者：**在五水共治的过程中，从开始的"清三河"保卫战，到 2017 年至 2018 年的"剿灭劣 V 类水"歼灭战，再到 2019 年开始的"污水零直排区"建设攻坚战，几场硬仗萧山区均取得胜利，能否谈一下其中取得的经验？

**方军：**萧山抓好治水工程、打下治水硬仗的同时，更注重构建长效机制，内外兼修。

**图2　吕才庄河治理前**

**图3　吕才庄河治理后**

一是"一张蓝图"绘到底。全区治水人以钉钉子的精神，一任接着一任干，接续奋斗，一步步展开、一项项分解、一件件落实、一年年见效，绘就全区治水一张图，形成责任共担、问题共商、目标共治的联合治水格局。

二是"一周例会"开到底。自"清三河"保卫战起，我区累计召开153次治水主题例会，专题研究和攻破治水工作中出现的难点重点，打通"中梗阻"，形成"联络走访、发现问题、协调解决、跟踪回访"的闭合机制，努力实现问题预判、方案预评、处理前置、激励先进、鞭策后进。

三是"一张水网"织到底。区治水办联合各镇街（平台）、行业主管部门开展专项执法行动，合力攻坚重点领域涉水乱象，严查、严管、严治、严纠辖区内涉水违法行为，形成零容忍的高压态势，尽最大的努力最大限度地减少水环境违法行为发生的次数和范围。

四是"一把尺子"量到底。将治水列为全区目标管理考核重点指标，作为党政领导班子和干部综合考核评价的重要依据。持续完善通报排名机制、重点项目滞后预警机制、"一周一统计、一月一通报、一季一排名、一年一考核"整改倒逼机制，以"不换清水誓不休"的决心，攻坚克难敢啃"硬骨头"，不断擦亮"清水萧山"的底色。

**采访者：** 作为普通百姓，如何参与和支持"五水共治"工作，从而让"水清、河畅、岸绿、景美"的生态治理蓝图真正变成现实？

**方军：** "五水共治"既是一项规模浩大的民生工程，也关系到我们每一个人的日常生活。现在，广大市民对于身边水环境的关注，也上升到了史无前例的高度。无论是台风雨过后带来的城市内涝，还是饮水安全问题，都牵动着大家的心。

"五水共治"，也是"吾水共治"，它一方面锤炼相关政府部门的作风与能力，一方面也叩问每个人的社会责任感。你在家里及时关水龙头，做好垃圾分类、不乱排污水，不往河道、池塘等水体乱扔垃圾……这些你都没留意的日常行为，其实都是参与了"五水共治"。"五水共治"与我们生活息息相关，我们每个人都是监督者、参与者、受益者。

**采访者：**2017 年开始，萧山区深化"河长制"向小微水体延伸，推行"塘（沟渠）长"等，做到各类水体"河长"全覆盖。能否介绍一下河长与塘长的职责，以及这些制度的落实情况？

**方军：**早在"五水共治"行动之初，萧山就建立了"河长制"，从区领导到村干部，每个人都有着对应管辖的河道，形成了较为完整的"河长制"链条。如今，在萧山，每一个人都可以是"河长"。区领导担任 70 条（个）区级及以上河道（湖泊）河长，配齐配强镇村河长，全区三级河长700 余名，河道警长、河道联系单位和联系人实现全覆盖，建立河长制网格化管理机制，形成区级河长统筹引领、镇级河长落实推进、村级河长常态监管、河道警长执法查处、联系人应急联动的"五长共建"制度，确保治水工作长效管理。并在区镇村三级河长基础上，通过增设"民间河长""企业河长""村民环境监督员""义务护水队""亲水志愿者"等，进一步拓展"民间河长"的覆盖范围，河长制网络不断加密，全民共同参与护水治水这项生态大环境建设。

与此同时，萧山在全省首创推出了"塘长制"，深化"河长制"工作机制，将所有池塘和小微水体也纳入管控范畴，积极创新小微水体治理模式，真正实现水体管控上下到底、左右到边，不留死角。在浦阳镇试点的基础上，全区增设塘（沟、渠、池）长 4426 人次。并在水质提升的基础上，以"文化融入"为导向，治水成景。借助各属地文化品牌效益，积极倡导在对池塘进行治理、保洁、美化的推进过程中，将成果明显的池塘作为每个村一个景观点来打造。以"治出好水、扮靓环境、守住乡愁"为使命，通过微信、广播、电视等渠道，动态宣传和报道治水活动、治水成果，呼吁村民共同参与治水，进一步巩固和提高治水成效，潜移默化地将治水文化融入群众日常生活中。

**采访者：**垃圾分类工作事关经济社会可持续发展，事关民生福祉。但同时，垃圾问题又是一件琐事、难事和急事，政府无法回避和绕道。改革开放以来，萧山区在垃圾问题上一般是如何做的，和其他地区有何不同？在前期的垃圾分类工作中，是否展开过试点？区政府曾遇到哪些困难和问题？

　　**方军**：萧山的垃圾分类始于 2010 年。由于当时传统产业占比较高，外来务工人员较多，城镇居民垃圾分类意识停留在萌芽状态，加之易腐垃圾缺乏科学处理方法，可回收物没有形成处理体系，直至 2017 年，仍仅有焚烧、填埋两类处置渠道，生活垃圾的处理手段单一粗放。萧山的生活垃圾分类工作始终徘徊在初级阶段，与国内一线城市相比差距较大。

　　2017 年，萧山在北干街道加德社区、新白马公寓小区，城厢街道回澜南苑小区，新塘街道新南郡嘉苑小区开展智慧分类试点。通过试点为垃圾源头分类积累了方法和经验，但尚未探索到一个切实有效、可推广的垃圾分类模式，垃圾分类"参与率偏低、分类评价不准、满意度不高、末端监管难"等实际短板明显突出。

　　2017 年 12 月全省生活垃圾分类处理工作动员会后，萧山区委、区政府高度重视，于 2018 年年初成立生活垃圾分类处理工作领导小组，从大处着眼、从小处着手，瞄准"前端分类、中途运输、末端处置"三大环节中的实际短板，连续召开 100 多次工作例会层层推进，全省首创"生活垃圾智能监管系统"，通过建立"智能账户"，全面开启垃圾分类数字时代，逐步形成了源头精准分类、中途规范运输、末端科学处置的良性局面。截至目前，萧山全区 568 个小区、319 个村和公共场所实现垃圾分类全覆盖；2019 年生活垃圾日均产生量为 1900 余吨，与 2017 年的日均产生量 2700 余吨相比，减量 29.6%。

　　**采访者**：垃圾分类是一项全民行动，涉及到企业、事业单位、家庭、个人等等，可以说是一项巨大的工作。在具体推行过程中，您觉得较难突破的地方在哪里？

　　**方军**：最难突破的地方，在于如何利用好大数据技术，实现垃圾分类"智能监管"。

　　具体来说，有两个方面：

　　一是垃圾分类考核评价难。目前部分城市对垃圾分类的考核评价，还停留在"实地抽检、主观感受"这种传统阶段，不仅耗费时间、人力，而且样本小区的类别、分布和数量都缺乏科学性，仅以这样的抽检结果作为依据，是不够精准的。

二是垃圾分类监督管理难。依靠招募志愿者、社工每天"站岗"引导居民分类投放生活垃圾的这一做法，虽然能收到一定效果，但会给政府带来巨大的成本支出，也不利于居民分类习惯的自觉养成。

萧山垃圾分类是如何"破难"，我们成功研发"生活垃圾智能监管系统"并将其内嵌于智慧城市治理平台，并为各个分类主体设立"智能账户"，打通垃圾分类"最后一公里"，理顺"户（店）—小区（路段）—镇街（区域）—全区"四级管理脉络，使相关部门的垃圾分类计量、评价和监管工作，摆脱了粗糙的抽样检查和烦琐的人工统计，实现了垃圾分类的全过程精准溯源、高效监管。目前，萧山 500 多个小区、100 多个村共计 30 万户居（村）民拥有了自己的垃圾分类智能账户。

采访者：长期以来，由于人们对垃圾分类的重要性和作用认识不足，受生活习惯和生活方式的影响，居民参与垃圾分类的意识不强，分类投放的习惯还未养成，很多居民不知道垃圾如何分类，太麻烦不习惯分类，缺乏自觉性和主动性。为了让民众了解"垃圾分类"工作的重要性，政府曾做过哪些宣传和教育工作？有没有让您印象比较深刻的人物或者故事？

方军：持续开展广泛宣传发动工作：一是营造分类良好氛围。制定并下发全区垃圾分类年度宣传方案，督促各相关部门、镇街（平台）积极参与，共同提升垃圾分类宣传的广度、深度；在全区各重要道路、中心道路公交站台、公交车、阅报栏刊登垃圾分类公益宣传广告，提高见面率，营造"垃圾分类时刻不忘"的良好宣传效果；拍摄制作《新时尚看萧山》宣传片，全面回顾萧山区垃圾分类工作推进概况，向各级领导、来访友人充分展示垃圾分类工作成效。二是提升分类媒体影响。上半年，在《人民日报》、学习强国客户端、《浙江日报》、浙江卫视等省级以上媒体发布新闻100 余条，在市、区级媒体发布新闻 1000 余条，在省、市、区各类微信公众号平台发布推送 5000 余条，推动垃圾分类"萧山模式"家喻户晓。三是充分做好群体发动。组织开展创建美丽家园等数百场大型现场活动和千余场垃圾分类培训、实践活动；拍摄多部公益宣传片，并在全区商圈、酒店和办事服务中心大屏幕滚动播放。四是继续深入"八进"宣传。在开元名都等 12 家星级宾馆、酒店前台、客房张贴、摆放垃圾分类宣传海报、宣传册，做到"店店有宣传、房房有手册"，向员工和住客广泛宣传垃圾分类知识。五是发挥媒体监督作用。在萧山电视台《今日关注》栏目开辟垃圾分类曝光台，及时督促全区垃圾分类工作高效推进。

**图4　2020年1月15日，副区长方军实地调研居民小区生活垃圾分类情况（陈袁帆摄）**

印象深刻的事：10月14日下午，"萧山百万联盟集结号——2019年垃圾分类百姓论坛会议"在萧山剧院举行。在主会场，杭州市委常委、萧山区委书记佟桂莉，杭州市城市管理局党委书记、局长李磊，萧山区人大常委会主任裘超、萧山区政协主席洪松法、萧山区委副书记赵立明等萧山区四套班子领导出席，近千名干部群众参加。论坛通过自我凝视、互相启迪、集结出发三个模块，吹响垃圾分类集结冲锋号。同时，由行业专家、市民代表、管理部门相关人员等组成的分享嘉宾团，为现场参会人员和参与网络直播的观众献上一场深入、深刻、深情的垃圾分类头脑风暴。会场外，全区人民通过网络直播进行观看，总参与人数超过60万。

**采访者：** 农村生活垃圾分类是美丽萧山建设的重要内容，也是现代化国际城区建设的重要组成部分，但农村垃圾分类工作同样也是一场硬仗。能否谈一谈萧山农村是如何推进垃圾分类工作的？有没有比较典型的地方范例？

**方军：** 早在2015年，萧山区率先启动了农村生活垃圾分类试点工作，靖江街道甘露村、戴村镇上董村成功创建成为省级分类处置试点村，开启了萧山农村生活垃圾分类"探索点状做法、带动面上改革"的1.0版本。2019年年初，《萧山区农村生活垃圾分类工作提升行动实施方案》正式出台，16个镇街共310个村实现垃圾分类设施配置全覆盖，基本形成了具有萧山特色的"政府推动、市场运作、社会参与"农村生活垃圾分类模式。

2019 年，萧山区跻身全省 39 个"农村生活垃圾分类处理工作成效明显，圆满完成省政府民生实事任务"的县（市、区）之一，荣获 2019 年度全省生活垃圾分类工作优秀县（市、区）称号，6 个村被评为浙江省高标准农村生活垃圾分类示范村。

农村垃圾分类工作的推进，重点是做好三个强——强管理、强示范、强体系。

强管理：一要合理规划。按照全域覆盖（319 个村已实现垃圾分类全覆盖）、全面提质（全域规范农村辖区生活垃圾杂色桶，统一颜色和标识标志）、全民参与（知识宣讲全铺开、群团组织全动员，营造全民参与的良好氛围）三管齐下抓推进。二要明确职责。通过每周例会制度统筹协调部门责任，通过建立体系落实属地主体责任，建立主要领导亲自抓，分管领导具体抓，科室部门入村抓，村委班子重点抓的四级管理体系，形成总体部署，属地落实推进的工作机制。三要严格考核。要求各镇街将垃圾分类纳入对村的考核工作，通过先进评比、红黑榜排名等方式，真实提升分类实效。例如，白鹿塘村"红黑榜"张贴就在村里的宣传栏里，每月进行星级评定，分类检查问题严重的，现场"摘星"降级。

强示范：一要试点先行。按照"科学规划、以点带面、整体推进"的原则，成功探索了符合萧山农村实际的"定时定点"模式，特别值得一提的是美丽乡村"欢潭模式"和流动人员聚集"涝湖模式"，这两种模式实现了由"粗糙"到"精致"的转变，形成了可复制、可推广的创建经验。二要示范引领。各镇街中着力培育各具特色的"垃圾分类"示范村。如义桥镇湘南村，巧用"子母桶"，破解流动人口的分类难；瓜沥镇启动农村生活垃圾双直运工作，通过"户小桶投放——村大桶收集——镇压缩直运车入村分类收运"的模式，实现其他垃圾与易腐垃圾等两类垃圾"小桶转大桶、桶装桶运不落地"。其中临浦镇白鹿塘村、南阳街道岩峰村、河上镇凤坞村等省级示范村共接待省、市、区各级考察团 70 余次。三要多轮驱动。根据省美丽乡村建设有关部署，将生活垃圾分类与美丽乡村建设同步推进，高质量完成省市下达的各项示范创建任务，打破藩篱，强化联动，形成合力，努力实现垃圾分类由单条线向美丽乡村建设融合发展转变。

强体系：一要建立智能评价体系。以"一制三化"（实户制、智能化、精准化、强制化）为核心，以四分类精准计量为重要抓手，充分运用物联网、云计算、大数据等信息技术，在全省首创生活垃圾智能监管系统，实现了全链条智能监管。目前全区100余个村、6万户农户民完成数据接入。二要建立低价值可回收体系。主动与支付宝合作上线"易代扔"小程序，布点建立起线下"两网融合"智能回收网点和分拣中心，打造了"线上预约上门"和"线下网点回收"两种模式，极大地便利了村民日常生活。三要建立垃圾末端处置体系。锦江绿能、城市绿能两家焚烧企业进行全面提标改造；卓尚环保、环城生物两家企业日均收运、处置量从最初的40吨增长至500余吨，卓尚二期已开工建设；绿色循环综合体项目、南部固废资源化利用项目（处置建筑垃圾）已完成结顶。

**采访者：**农村改革以来，我国的"三农"工作取得了举世瞩目的成就，但是在快速工业化和城镇化进程中，城乡发展不平衡、农村发展不充分，乡村人居环境建设欠账较大，短板仍然十分突出。萧山是从哪些方面解决乡村人居环境建设问题的呢？（如农村生活污水治理问题、厕所革命问题、乡村绿化问题、乡村水环境治理问题等）

**方军：**我们以农村生活污水提标改造作为乡村水环境治理问题的突破口，坚持"水清、无味、点绿、景美"的工作目标，通过做好"三大结合文章"，打造集赏景、休闲、污水处理等功能于一体的亲水打卡地，实现从污水点到风景点的华丽转身。

一是坚持远近结合重谋划。成立农村生活污水治理工作专班，专题研究部署重点和难点问题，打通建设过程中的"中梗阻"。2019年度，萧山完成省十大民生实事——农污生活污水标准化运维590只；今年计划提升改造444个农污处理终端，高标准运维全区30吨以上农村生活污水终端。

二是坚持内外结合重实效。一方面，注重农污治理方式、区域布局、建设时序等内在"素质"，采用A2O、CFBAR脱碳除磷工艺，加强农污终端的技术改造，实现农村污水的氮、磷含量处理能力远高于省市要求。另一方面，注重农村生活污水治理的外在"颜值"，加强农污终端的景观设计，让农村"污水池"成为美丽乡村的靓丽风景线。

三是坚持点面结合重全局。通过推广一批低成本、低能耗、易维护、高效率的农污处理技术，培育一批适合不同村庄规模、不同经济条件、不同地理位置的典型模式，以点带面，整体推进农污提标改造工作。目前，义桥镇、河上镇、临浦镇等地的"农污"公园已成为农污处理设施示范点，受到村民欢迎，今年将实现 30 吨以上规模农污设施标准化运维区域全覆盖。

萧山区组织开展创建森林城市、森林城镇、森林村庄等系列活动。2017 年，萧山区荣获"浙江省森林城市"称号，到 2019 年底，全区累计创建"浙江省森林城镇"11 个，占应创建数 64.71%，区级以上森林村庄（含园林绿化村）185 个，占总村数 52.56%。在"创森"系列活动中，还立足山水资源优势，投资 22 亿重点打造了集生态休闲、纪念文化、娱乐于一体的综合性钱江世纪公园、杭州国际博览中心空中花园等一批标志性高品质现代公园，对人民广场、南江公园等 18 个公园进行了整体提升改造，满足公众对公园绿地的需要。坚持见缝插绿、拆违建绿，提升城市绿化质量，深入开展森林镇村创建，推进森林城市建设。从国、省道到区镇公路，从主要航道到乡村河流，基本实现了通道绿化全覆盖。

**采访者**：2019 年 2 月 1 日出版的《求是》杂志第 3 期发表了习近平总书记重要文章《推动我国生态文明建设迈上新台阶》。这篇文章是习近平总书记 2018 年 5 月 18 日在全国生态环境保护大会上的讲话。习近平总书记"对生态环境工作历来看得很重"，认为生态文明建设是关系中华民族永续发展的根本大计。您是如何理解习总书记对于生态文明建设的这些论断的呢？

**方军**：党的十八大以来，在习近平总书记生态文明思想的指引下，人民群众对优美生态环境的需要在新时代社会主要矛盾中得以充分体现，社会主义生态文明建设成为中国特色社会主义道路、理论体系、制度和文化的重要组成部分。生态文明建设是关系中华民族永续发展的根本大计，我们要以习总书记的生态文明思想为指导，做好"美丽萧山"的建设工作。

一是生态兴则文明兴。萧山区一直坚持"环境立区"战略，"十二五"初，提出了创建国家级生态区的目标，区委、区政府高度重视，目前萧山已经创建成为国家级生态区和省级生态文明建设示范区。同时编制了《杭州市萧山区环境功能区划》《萧山区生态保护红线》《杭州市萧山区国家生态文明建设示范区规划》等文件，从制度上引领全区生态建设工作。

二是绿水青山就是金山银山。把生态文明的理念融入产业发展。一方面，萧山将继续加快淘汰落后产能，强势推进印染、化工、铸造、电镀等十二大行业整治提升工作，加快老旧工业园区改造提升和产业社区建设；另一方面，萧山也将深化"亩均论英雄"改革，大力发展生态农业、生态工业和生态服务业，推动自然资本和城市乡村有机融合，并运用互联网、大数据、人工智能等新技术推进绿色制造，促进传统产业清洁化改造，变美丽风景成美丽经济，变绿水青山成金山银山。

三是打好污染防治攻坚战。目前，萧山正全力打好美丽乡村建设、环境整治提升、保护生态安全、"五水共治"纵深推进、行业转型升级、落实关键小事、深化治危拆违、美丽城镇建设、美丽景区建设、市民文明素质提升等十场攻坚战，真正把萧山建设成一座美丽的大花园，为全力筹备亚运、推进萧山赶超跨越发展提供坚强保障。

作为经济发达地区和工业大区，萧山吃过污染的苦头，留过环保的"欠账"。如今，萧山已然更明白生态建设、绿色发展的重要意义，以习近平总书记生态文明建设思想为指引，加大力度推进生态文明建设、解决生态环境问题，不断谱写美丽萧山建设新篇章。

**采访者：**2019 年 5 月，萧山区人大常委会举行第 55 次主任会议上对于生态问题进行了讨论。会议认为，萧山的环保形势依然严峻，经济发展和环境保护之间矛盾依然突出，重建设轻管理、重地上轻地下、重开头轻结尾、重刚性轻柔性等现象依然存在，与百姓对美好生活的追求还有差距。您是如何看待这些问题的？"环境立区"战略进展如何？

**方军：**我区一直以来坚持践行"两山理论"，以建设"美丽萧山"为目标，以可持续发展作为经济发展和城市化推进的基本方略，推进现有传统制造业逐步转型向绿色高质量发展。从整体来看，环境质量有所改善。水环境方面：2019 年，全区 17 个监测断面水质均达到或优于Ⅲ类标准，其中 6 个断面达到Ⅱ类标准，无Ⅴ类及劣Ⅴ类断面。区控以上断面达标率为 100%。大气环境方面：2019 年，全区大气优良天数为 267 天，优良率为 74.0%。与 2018 年相比，优良天数下降 4 天，优良率下降 1.1 个百分点。今年 1—7 月大气优良率为 92.4%，比去年同期高 14.4%，但是比杭州市区平均优良率低 2.0%。环境质量改善上虽然取得了一定的成绩，但是与人民群众的期盼还有一定差距。下一步，主要开展以下几方面工作：

一是严把工业项目环评审批关。一个项目要落地，我们首先要根据环评分类管理名录确定项目的环评报告等级；再看他是否符合"三线一单"

图 5　戴村镇上董村

（生态保护红线、环境质量底线、资源利用上线和生态环境准入清单）管控要求。同时，要符合城市总体规划，要符合产业发展导向，禁止使用淘汰落后的产能设备。在确保污染物稳定达标排放前提下，统筹项目布局，切实保障群众的生活居住环境。

二是着力改善大气环境质量。进一步开展挥发性有机物（VOCs）重点排放企业的整治工作，推进 60 个 VOCs 重点整治项目，全面完成"十三五"VOCs 总量减排任务。完成印染、化工、电镀、热电、化纤（聚酯）五大行业 102 家企业的污染整治提升工作，确保全区大气质量有大幅度的提升。持续推进污染减排，在已提前完成水两项主要污染物化学需氧量和氨氮"十三五"减排任务的基础上，重点推进大气中的二氧化硫和氮氧化物等两项主要污染物的减排。强化柴油车（机械）常态化监管，减少柴油车（机械）"冒黑烟"现象。开展非道路移动机械等柴油机械污染联合检查，探索实施非道路移动器械淘汰工作。做好年销售汽油量大于 5000 吨的加油站油气回收改造工作，减少有机废气排放量。

三是大力提升水环境质量。继续做好"污水零直排"工作。巩固提升饮用水水源保护工作，对饮用水水源地适时进行督查，组织"回头看"，确保饮用水水源的水质安全。

四是全力打好净土保卫战。开展变更用途地块的土壤污染调查，推进疑似污染地块的土壤污染调查、风险评估和修复工作。做好农用地详查成果利用，继续开展农用地污染"对账销号"行动。积极稳妥推进重点行业企业用地土壤污染详查，完成采样实施方案编制、进场采样和样品检测工作。

五是进一步提升执法成效。继续加大生态环境执法力度，加强对重点区域、重点行业、重点监管企业监管，充分利用信访处理、双随机抽查、专项执法等途径查处一批环境违法行为。以环境敏感区、涉危险化学品企业为重点，深化环境安全隐患排查，落实企业环境安全主体责任，夯实环境安全工作基础。

通过各项重点工作的推进，我们有决心，也有信心，让萧山的环境质量提档进位，越来越好。

**采访者**：环保是一个涉及面很广的问题，现在我们以"餐饮油烟专项整治工作"为例，为进一步贯彻落实中央环保督查工作要求，加强餐饮业污染管理，有效解决餐饮业油烟污染问题，促进餐饮业规范、有序、健康发展，区政府是如何做的？

**方军**：餐饮油烟污染问题是环保督察信访的热点，是群众关注的焦点，也是监管的难点。为进一步加强我区餐饮业污染管理，有效解决餐饮业投诉问题，确保中央环保督察信访问题整改到位，我区从 2018 年 8 月开始持续开展餐饮业污染专项整治，以中央环保督察反馈整改为契机，坚持"问题导向、结果评判，属地负责、块抓条保，控新增、去存量"的原则，按照"规范一批、提改一批、取缔一批"、联合执法、倒逼前置管理的办法，全面排查、整治我区餐饮污染的突出问题，遏制餐饮污染高发势头，促进餐饮业规范、有序、健康发展。

一是加强组织领导，层层压实责任。我区成立区餐饮业污染问题专项整治工作领导小组，下设办公室，构建镇街（场、平台）统筹、部门联动、综合施策、长效管理的工作体系。

二是按照"三个一批"标准，持续整治不松劲。我区从 2018 年 8 月开始，坚持属地负责，依托四个平台，紧扣信访问题清单，持续在全区范围内进行餐饮业污染专项整治工作。截至目前，全区共梳理市级以上餐饮油烟类信访件 2156 件，共排查餐饮店 1990 家，目前已完成整改 1920 家，完成率 96.5%。

三是落实长效监管，创新治理新模式。2020 年先后出台了《萧山区餐饮业污染防治长效管理实施意见》和配套实施文件，进一步夯实长效管控措施。同时鼓励各镇街（场、平台）积极探索餐饮业污染整治的新模式、新机制。城厢街道在乐园路试点安装油烟监测设备，对油烟排放进行实时监测，将数据连接至四个平台系统，实现预警报知、快效整治的油烟数字治理新模式。

**采访者：**保护环境就是保护我们自己，是每一位公民应尽的责任。在我们日常生活中，您有没有一些环保小妙招，可以和大家一起分享的？或者有什么话想对民众说的？

**方军：**习近平总书记说："保护生态环境是功在当代、利在千秋的事业"。

保护生态环境，没有局外人，人人都是责任人，我们可以从节约能源资源、践行绿色消费、选择低碳出行、分类投放垃圾、呵护自然生态、参加环保实践、参与监督举报等方面，参与到生态环境保护中来。养成随手关灯、随手关掉水龙头的好习惯，节约水电资源；去超市、菜场等地方购物的时候，提前带好环保袋，避免使用一次性塑料袋；点外卖的时候，选择不需要餐具，尽量不用一次性筷子；打印资料的时候选择正反打印，节约用纸；使用节能节水产品、节能家电、节能与新能源汽车等产品，使用城市公共绿色交通，参与生活垃圾分类等等，在生活方式上加快向绿色消费转变。

## 三　党建：不忘初心，共担使命

**采访者：**新型政党制度蓬勃发展，为参政党履职尽责、树立政治形象提供了广阔舞台。各民主党派更要以"凝聚共识、凝聚智慧、凝聚力量"为己任，以"能参政、会参政、参好政"为目标，为建设中国特色社会主义现代化强国建真言、献良策。能否谈一谈您作为民主党派成员的参政议政的经历与体会呢？

**方军：**2009—2017 年，我曾任市、区人大代表、区政协委员，2017 年换届，担任副区长以来就不再担任了。不论是否担任人大代表、政协委员，不论是从一名普通民主党派成员的角度，还是作为民主党派基层组织的主委，对做好参政议政工作，我始终有这样几点体会：

一是参政议政要见效，必须注重选题的全局性和针对性。2013 年、2014 年致公党区基层委和我个人提出的提案《减少灰霾天气洁净城市家园》《关于切实整治我区重污染高能耗行业的建议》，找准了党政领导关注、人民群众期盼的环境改善问题，被区政协列为重点提案。此后，我们每年的提案也坚持这一思路，紧紧抓住环境改善和保护这一当前经济社会发展中的热点、难点问题，围绕浦阳江综合治理、"五水共治"、垃圾分类、美丽萧山建设等主题建言献策，形成了党派建言的特色，受到领导关注。

二是要增强责任意识，不辱履职使命。致公党萧山基层组织刚成立之后的几年，党员人数少，人大代表、政协委员更少，参政议政工作遇到较大困难。我发现这个问题后，下定决心花力气进行解决。通过到政协专委会专家处"拜师学艺"、与其他党派组织开展联合调研、在党派内部挖掘培养参政议政人才、积极争取致公党上级组织的指导等方式，参政议政工作逐渐走上正轨，连续 7 年 8 件集体、个人提案成为区委、区政府、区政协主要领导领办或重点督办提案，11 件提案被区政协评为优秀提案，7 名委员作区政协大会发言。

三是要加强学习，练好基本功。要使参政参到点子上、议政议到关键处，就要树立终生学习的理念，用党的最新理论武装头脑，加强对国情省情市情区情的了解把握，提高对社会热点、难点问题的洞察能力，这样才能真正提出务实管用的意见建议。

**采访者**：多党合作建立之初心是为了更好地发挥新型政党制度的优势。但是现在仍旧存在参政人才匮乏、参政议政平台机制不健全等情况。您认为如何才能真正发挥参政议政、民主监督的实效？

**方军**：参政议政、民主监督是民主党派的基本职能，是民主党派在国家政治生活中发挥作用的主要方式，也是民主党派的生命线。如何适应新时代新形势对民主党派参政能力建设的新要求，发挥参政议政、民主监督的实效，是民主党派加强自身建设的一个重要课题，也是当前民主党派履行参政党职能面临的新挑战。作为民主党派自身来说，我想以下几个方面是要重点把握的：

一是要紧紧围绕中心大局精准选题。要围绕党委、政府的中心工作和人民群众普遍关心的难点、热点问题进行选题，要选择那些具有前瞻性、全局性、战略性的课题，只有选题准，参政议政成果才能引起党委、政府的高度重视，所提意见、建议才能被及时采纳和借鉴。

二是要提高调查研究水平。做到深入基层有深度，深入群众有广度，从中获得大量的第一手资料，这样才能言之有据、言之有理、言之有物，才能提高参政议政、民主监督的水平和实效。

三是要加强参政议政骨干队伍建设。要整合参政议政的人才资源，建立起参政议政骨干队伍，更好地发挥整体优势。同时在发展党派成员时就要对发展对象的专业方向和参政议政能力进行重点考察，吸纳具有良好专业背景和参政议政意愿、能力较强的优秀人才，做好参政议政人才储备工作。

四是要建立健全参政议政工作机制。比如说，要建立领导机制，把参政议政工作摆上重要议事日程。要建立健全保障机制，党派组织要提供政情沟通渠道、搭建调研协作平台，为成员开展参政议政、民主监督工作在收集资料、撰写调研报告、促进成果转化等方面提供服务，加强保障。要建立健全激励机制，把参政议政能力作为考核党派成员的重要标准，对成绩突出的给予表扬、奖励，并在各项政治安排上予以优先考虑等。

**采访者**：2021 年是中国共产党建党 100 周年。回顾党的历史，再结合您的学习、工作经历，您对中国共产党未来的发展有哪些期许，又有哪些建议呢？

**方军**：走过百年风雨历程的中国共产党，在民族复兴大业的征程上，带领人民创造了人类社会发展史上惊天动地的发展奇迹，使中华民族焕发出新的蓬勃生机。中国有了中国共产党执政，是中国、中国人民、中华民族的一大幸事。当今世界正经历百年未有之大变局，我坚信，在中国共产党的坚强领导下，全党和全国各族人民团结一心，一定能够战胜前进道路上的一切艰难险阻，实现"两个一百年"奋斗目标，实现中华民族伟大复兴。

希望各级党委、政府能够一如既往为党外人士搭建更多平台、创造更好条件，支持民主党派知情明政、搞好调查研究，鼓励不同意见交流和讨论，使民主党派不断提高参政议政能力和水平，为维护和发展改革发展稳定大局作出更大的贡献。

# 传承"五义"文化，建设美丽乡村

## ——梅李栋口述

采访者：李永刚、杨健儿　　　　整理者：吴颖

采访时间：2020 年 7 月 30 日　　　采访地点：萧山区进化镇欢潭村村委会

梅李栋

**梅李栋**，1970 年 6 月 15 日出生，杭州萧山人。1992 年在杭州第一运输公司第七分公司学习汽修。1993 年在萧山化工设备厂上班，主要做营销工作。2001 年在诸暨华辉特种橡胶辊厂上班。2008 年回乡创办杭州艾丽斯胶辊制造厂，其间在萧山电大学习并取得大专学历。2011 年到进化镇欢潭村社监会工作，主管村庄环境卫生工作。2014 年担任欢潭村党委委员，主管文化宣传、村庄建设、土管等工作。2018 年 7 月任欢潭村党委副书记，协助书记做好美丽乡村示范村建设工作。2020 年 5 月担任欢潭村党委书记，主持全面工作。

## 一　从车间工人到基层干部

**采访者：**梅书记，您好！很高兴您能接受我们的采访。党的十八大以来，习近平总书记就建设社会主义新农村、建设美丽乡村，提出了很多新

理念、新论断、新举措。建设美丽乡村，是促进农村经济社会科学发展、提升农民生活品质、加快城乡一体化进程、建设幸福家园的重大举措，是推进新农村建设和生态文明建设的主要抓手。您是欢潭村党委书记，长期扎根于基层，对于萧山乡村基层环境、建设等问题比较熟悉。我们本次的口述历史访谈想以您的生平事迹、工作经历为线索，再结合您对于建设美丽乡村的理解，进行系统的梳理和访谈，尝试从微观层面揭示萧山农村的发展历史，为即将来临的建党 100 周年献礼。

请您先简单地谈一下您的基本情况，包括出生年月、籍贯、学习经历以及工作经历等。

**梅李栋：**我是 1970 年 6 月 15 日在欢潭村出生的，我的爷爷、父亲也都生活在欢潭，可以说我是一个地地道道的欢潭人。我们欢潭村人素以"耕读传家、正身务本"教育自己的子女，我的父亲也一样，我 6 岁时（1976 年）父亲就送我去上学，并再三嘱咐要好好学习，将来做个对社会有用之人。通过努力学习，我终于取得了高中学历（1988 年），原本可以上大学继续学习，但由于父亲患病去世，家庭无经济来源，作为儿子的我不得不辍学回家务农，后来进了杭州威力机械精工车间上班。1992 年我去杭州第一运输公司第七分公司学习汽修技术。1993 年在萧山化工设备厂上班，主要做营销这一块。2001 年我在诸暨华辉特种橡胶辊厂上班。2008 年回家乡自己创办杭州艾丽斯胶辊制造厂。其间在萧山电大学习并取得大专学历。2011 年到欢潭村社监会工作，主管村庄环境卫生工作。2014 年在村级组织换届时，我当选为村党委委员，主管文化宣传、村庄建设、土管等工作。2018 年 7 月任欢潭村党委副书记，协助书记做好美丽乡村示范村建设工作。2020 年 5 月担任欢潭村党委书记，主持全面工作。

**采访者：**您在 18 岁的时候因为家庭情况的限制，放弃了继续求学的机会，那当时您的家庭情况是怎样的呢？

**梅李栋：**在我 17 岁（1987 年）那年年底，父亲患了尿毒症。到我 18 岁那年，我记得是 7 月份，天气很热。那时候我刚高中毕业回到家，过了四五天，父亲就去世了。因为父亲在企业上班，是我们家里的主要劳动力，所以父亲的病逝对我们家来说，就好像天塌下来一样，家里的重担一下子就压在我身上。因此，我没办法继续读书了，承担起了家里的经济重担，辍学回家务农（1988 年），后进入杭州威力机械精工车间上班，再后来（1992年）去了杭州第一运输公司第七分公司学习汽修技术。

后来我为何放弃务农去学习汽修技术呢？虽然当时汽车在农村还没有普及，但是我看到公路上的汽车已经越来越多了。于是我就想趁着年轻，一来可以多赚点钱，二来也想学点本领，学好了本领回来，自己可以办个汽车修理厂。所以我抱着这样的心理，通过一个亲戚介绍，到杭州第一运输公司第七分公司去学习了。

**采访者：** 1993—2000年，您在运输公司学习没多久后，去了萧山化工设备厂上班，主要做营销工作。这个工作是不是类似于供销员？那时候主要去过哪些地方呢？

**梅李栋：** 对，那时候做的就是供销员的业务。那个化工厂是镇办企业，我有一个亲戚在那里当厂长，他们认为我去学汽修没什么前途，于是便让我去跑供销。亲戚说跑供销可以到全国各地，能很好地拓展我的视野，增长见识。他让我主管温州、丽水、黄岩这一带的供销业务。那时干了两年多，我去全国各地跑业务。我虽然主要是在温州、丽水那一带，但是北方很多城市我也去过，跑了四五个省。

**采访者：** 2001年，您去了诸暨华辉特种橡胶辊厂上班，七年之后（2008年）回家乡自己创办杭州艾丽斯胶辊制造厂。您是在做营销过程中产生了自主创业的想法吗？

**梅李栋：** 是的。2001年那年，诸暨华辉特种橡胶辊厂有几个业务员辞职了，我有一个朋友正好在华辉特种橡胶辊厂工作，我是通过这个朋友介绍过去的。我去他们厂里应聘成功后，就分管了该厂在金华地区的业务。刚去的时候，发展得比较顺利，不到两年时间就把那个地区的业务拿下来了。但是到了后来，由于业务量的增加，公司有时候无法保证产品质量，交货也不及时，导致客户意见很大。于是，2008年我回到自己的家乡，办了一个小型的家庭作坊——杭州艾丽斯胶辊制造厂，开始自己创业。回到家乡的感觉比在外面好得多，就像是找到了根一样。这些年在外打拼总觉得心里空落落的，还是想回到自己的家里面创业，或许这就是难以割舍的乡土情结吧。

**采访者：** 那到2011年之后，您的工作重心就放在了村里，当时是什么契机让您从工业生产领域逐步转向了村里的基层工作？

**梅李栋：** 2011年刚好是我们村换届选举，社监会那里有一个名额，于是我就去参加竞选，最后成功当选了。当选以后，我们村书记安排我主管卫生这一块。当时我就想通过自己的努力，多为村民办一些实事，来为村民服务。因为我的企业和业务已经比较稳定，我也有精力脱身来做一些事情。由于村民对我的信任，我在2014年被选举为欢潭村党委委员，主管村庄规划、城建这一块。到2016年，我们欢潭村的美丽乡村建设有了一个初步的规划，我就开始接触美丽乡村建设这一块工作了。2018年7月1日，镇党委任命我为村党委副书记，主管美丽乡村建设。我们的美丽乡村建设是从2017年7月17日开始的，那时候萧山区就把我们欢潭村设定为美丽乡村建设的示范村。通过两年的努力，2019年9月28日，欢潭村美丽乡村顺利开园。10月1—7日的这7天，我们接待游客达8万多人，欢潭村一举成为萧山的网红村。2020年5月22日，镇党委任命我为欢潭村党委书记。

## 二　忆民俗叙乡亲

**采访者**：您之前提到，欢潭村物产丰富，素有"山上是银行，田里是粮仓"的美称。您自己也从事过农业生产，能否给我们讲一讲村民一年四季的一些日常生活片段？

**梅李栋**：在我有一点懂事的时候，田地已经分到我们每户农家的手里。记得小时候每逢学校放暑假，农村差不多就要"双抢"了，就是抢着收割早稻，抢着播种晚稻。因为晚稻的种植是有时间限制的，到了季节不播种，很可能就颗粒无收了。那时候我们都还小，其他的事情也不会做，就帮家里大人送点心到农田里去，农忙时候大人们是没有太多时间回家吃饭的，干到下午的时候就会劳累、饥饿。母亲在家里做好了米饼、糕点之类的放在厨房，我们在下午三四点稍微加热一下，装到篮子里，用扁担挑着食物送到田里。那时候的生活很艰苦，农村基本上没什么可口的点心，但是对于辛苦劳作的农民来说，那些送到田里的食物吃起来格外香甜。那时候的生活确实很苦，现在回忆起来却是无比的怀念，那些场景仿佛就发生在昨天，让人记忆犹新。

我18岁的时候，作为家里主要劳动力的父亲去世了，我肩膀上的责任一下子重了起来。实事求是地说，父亲在的时候，我是不干农活的。我清楚地记得，父亲去世后田里的那些农活，比如除虫、拔草，都是我自己去干的。那时候我去田里打农药，一桶药水有五六十斤重，我实在背不起来，就拿着一个凳子，药水桶放在凳子上面，然后慢慢地把它背起来，背着它去田里，深一脚浅一脚的，干得非常吃力。后来我之所以想去工厂工作，就是想要通过自己的努力，从繁重的农活中脱身出来，毕竟工厂赚钱会稍微省力一点。我后来去工厂上班，去全国各地跑业务，甚至自己办公司，为的就是通过自己的努力去增加经济收入，让家人能够生活得好一些。

**图 1　欢潭村景**

**采访者：** 您小时候对家乡的印象如何？记忆中的欢潭村有哪些风土人情？

**梅李栋：** 欢潭村自然地理属低山丘陵区，三面环山，背靠山谷，村落周围山峰俊秀，山峦绵延。最高的大岩山海拔 451 米，一般的山海拔在 200 米左右。浦阳江自南而北从村西南流过，其间形成较为开阔的河谷平原，称下湖畈。村庄如同一颗明珠镶嵌在大岩山山谷口，蕴藏着大气之美。土地基本是自然黄泥土壤，全村耕地约 1500 亩，山林面积 12000 多亩，主要种植水稻、竹、木、茶、桑、果、蔬菜、兼及水产、畜禽养殖等。山上以林木生长为主，主要有针叶林、竹林及针阔混交的用材林。欢潭村物产丰富，素有"山上是银行，田里是粮仓"的美称。山林中许多树林、竹林尚处于原生态，百年以上参天古树随处可见。森林覆盖率达到 95%，已成为野生动物栖息地。欢潭地处江南雨水丰沛、水网密布之地。水的滋养润泽，成就了欢潭千年的生生不息。村落水系自东向西、自北而南，呈两横三纵之格局；东坞、白水、骑马弄、石引山四山水系汇入欢潭，形成"四水归堂"之势，被视为传统风水宝地。

说起欢潭的风土人情，我们一定要说说欢潭的"五义"。欢潭"五义"由田氏首创，自宋元时萌芽，于明清时形成较为完善的制度。"五义"堪称欢潭之灵魂，南宋初期，田氏家族随皇帝南渡，后定居于欢潭。南宋以降，以田氏为代表的欢潭望族，延续儒家文脉，以"务本""进学""勤政"为指导，推动村落营建和发展，形成了独特的村落空间格局。自古以来，欢潭田氏，豪杰辈出，其忠诚爱国、孝顺长辈、与邻友睦、好为善事等义举，彪炳史册，享誉乡里。

我们祖祖辈辈生活在欢潭，我从小深受"五义"文化的熏陶。父辈们经常教育我们要爱国，要诚信做人，要友善待人。父亲是很宠我的，我记得6岁那年，父亲第一次背着我去上学。因为当时还小，不肯去上学，父亲就亲自把我送到学校里，叫我好好读书，将来要做一个对社会有用之人。父亲的话始终印在我的心里，一辈子也忘记不了。欢潭的"五义"精髓，一直深深地激励着我们历代的欢潭人。我们通过美丽乡村建设，尽我们最大的努力，去把这些教育理念发扬光大，相信我们的下一代会把欢潭建设得更加美好。

**采访者**：您能否给我们详细讲一讲欢潭"五义"文化的内涵？

**梅李栋**：所谓"五义"即："义仓、义学、义渡、义诊、义葬"。首先说"义仓"，以前村里有祠堂，祠堂留有义田，产出的粮食放进义仓。碰上贫苦人家没米下锅，就开义仓放粮。这些义田主要是村里的乡绅集体捐出来的五六百亩良田。这些良田种出来的谷子，全部放入义仓。此外，还会把那些山地产出来的茶、桑、棉、麻等作物收割并卖掉，收入的财物全部放入义仓组织，义仓相当于现在的慈善机构。我们村里有处老洋房，房子很高，大概有四层楼那么高。刚解放的时候，它是萧山地标建筑。我听老一辈人说，以前老洋房上面有一个瞭望台。每到年底的时候，主管义仓的人会经常到瞭望台上去观察，如果发现哪一家的烟囱不出烟了，那就说明他家可能是没米下锅了。通过走访核实之后，就会开仓放粮，让老百姓不至于挨饿。

"义学"主要是为了解决孩子的上学问题。欢潭最早有五个私塾，现在村口那里有一个"贤义书屋"，这个书屋是由田尊贤、田行义父子俩捐钱建造的私塾，专门为村民的孩子免费提供教育，学杂费和书费全免。此外，私塾还会为穷苦的村民孩子免费提供伙食。所以村民就从田氏父子的姓名中各取一字，将私塾取名为"贤义书屋"。此外，我们欢潭现在还保存着另外一个私塾书屋，是萧山目前保存得最好的私塾遗存，叫"二桥书屋"。

欢潭自古以来对于文化教育就比较重视，再加上古代乡绅大多较为开明，愿意资助村民，所以欢潭形成了比较深厚的文化底蕴，出过很多大小官员。现如今我们也常常给孩子们讲述古人勤奋学习的故事，以先人吃苦耐劳的精神来教育下一代人，希望孩子们把我们的"义学"精神发扬下去。

欢潭附近的水系比较发达，从欢潭坐船可以直通浦阳江，要从浦阳江到对面去，就要渡船了。以前坐渡船需要花钱，虽然费用不高，但是真的会有人因为没钱坐船而出不了门。鉴于此情况，村里的乡绅就想办法解决了这个问题，让那些坐不起船的人免费乘船，这就是"义渡"。

"义诊"主要是指医疗方面的帮助。义诊的功能类似于我们现在的社保机构，就是出资请医生坐诊，当村民真正看不起病时，就免费给村民诊断、用药。一直到现在，我们这里都传承着"义诊"的精神。不过，随着社会的发展，义诊的形式也处于变化之中。例如我们会和老年医院对接，医院的医生一周来一次，给村民免费看病。此外，我们的"义仓"也以新形式传承了下来，如今我们成立了欢潭村老年食堂，给85岁以上的老年人提供免费中餐。办食堂的钱都是通过我们村里面的乡贤、企业捐助而来的。

还有一个"义葬"，主要是为了解决丧葬问题。以前欢潭的山丘、土地等基本都掌握在地主手里，普通老百姓拥有的土地资源非常有限。此外，由于欢潭商业比较繁华，有很多外地过来经商的人，他们长期居住在这里，但是死后往往没地方安葬。村里的乡绅发现了这个问题，商讨之后决定划出一块山地，这块山地就专门为没钱下葬的人，免费提供葬身之地。

"五义"精神在欢潭这片土地上影响深远，时至今日，它仍在发扬光大。我们现在想要做的就是把"五义"精神发扬传承下去，继续教育、感染我们的子孙后代。我相信我们欢潭村因为拥有"五义"精神而变得愈加和谐与美好。

一条条青石板路，连缀起数十座古宅，漫步在欢潭村里，一股浓郁的历史感扑面而来。这种历史感因村落独特的"五义"文化积淀而愈显厚重。欢潭人正秉承传统的"五义"精神，与时俱进，开拓创新，以昂扬的姿态建设着自己的家园。

**采访者：** 刚刚提到"二桥书屋"，据了解，它是欢潭村有名的古建筑之一。您能否讲讲村里的这些古建筑情况？

**梅李栋：**我们欢潭的古建筑保存得较为完好，是一个标准的古建筑村。现如今还保留着大大小小的古建筑三十多处，占地面积加起来达到了3万多平方米，其中省级文物保护单位有三处：一处是1858年建造的"务本堂"，一处是民国时期（1920年）建造的老洋房，还有一处是现在萧山保存最好的私塾——"二桥书屋"。这三处古建筑从2016年开始修缮，目前已经全部修缮完毕，正在向游客开放。老洋房现在是作为展览馆向全国游客开放的，它的一楼是欢潭村的村史馆，主要介绍欢潭村的发展史；二楼作为进化镇的乡贤馆，展示了进化镇古今的乡贤。

老洋房这座省级文保现在已经很好地利用起来了，另外两处省级文保单位我们正在规划中。准备用"二桥书屋"来做一个萧山的非遗展，还要做一个可以供农民阅读的农家书屋。我们下一步还要做一个"三点半课堂"，把我们"义学"传统发扬下去。因为我们这里的小学放学比较早，基本上三点半就放学了，但是这个时间点家长们都还在企业上班，没有时间来照顾孩子们，这就导致了两个问题：一方面小孩子自己在家里不安全，另一方面孩子们的功课没人辅导。所以我们就想做一个"三点半课堂"，请有专业资质的老师或者有文化的村民，轮流来辅导学生。这样不但可以更好地保障小学生的安全，而且能辅导学生做功课。此外，我们还可以进行一些课外的爱好或特长的培养，比如教孩子绘画、音乐等，让他们感受更多的文化熏陶，学会更多的技能。

我曾经听村里的老人说过，"二桥书屋"最早是大户人家的私塾，后来由于"务本堂"主人的开明，把这个私塾向全村人开放，读不起书的人都可以到"二桥书屋"去读书。那时候交通不好，欢潭村民去外面很不方便，要通过一座小小的独

图2　欢潭务本堂（柳田兴摄于2005年3月6日）

木桥。学生出去读书也要经过独木桥，来回很麻烦，遇到发大水的时候很不安全。所以"务本堂"的主人就让这些学生住在这里，不仅免费给他们

提供住宿，还免费发放饮食。我觉得欢潭老一辈把"义"字看得非常重，他们把这种崇学务实的精神根植于心、践行于行，是每一位欢潭人需要共同思索、身体力行的价值观。

**图 3　欢潭龙潭（柳田兴摄于 2005 年 3 月 6 日）**

**采访者**：村里有哪些民俗比较流行？村民又会通过哪些形式来展开这些民俗活动？

**梅李栋**：我们这里确实有许多历史悠久的民俗活动，并且保持至今。例如正月初一我们欢潭人是要拜祭社庙的；正月初二，村民会聚集在一起到大司空家庙和欢潭的祠堂里去拜访长辈、老师、朋友等，就相当于拜年。春天的时候，我们有一个节日叫灯节，村民会在灯节这天共同祈祷本年有一个好的收成。当天夜晚，祠堂里就开始表演社戏。因为我们这里年纪稍大些的人比较喜欢看戏，所以我们投资了不少钱，在村委会旁边造了一个非常漂亮的古戏台。每到那一天晚上的时候，一名村民用一盏灯在前面引导，另有村民就敲锣打鼓地跟在后面扮演八仙去送灯，祈祷新的一年平平安安。做完上述这些活动，村民们就一起到古戏台看戏了。

随着时代的变迁，有些习俗已经失传了，但是我们村仍然保留了喝腊八粥、杀年猪、贴春联、贴年画等习俗。比如说春联年画这个活动，我们欢潭村现在跟区文联、书法家协会对接。每年年底，文联的画家、书法家就到我们村里来，免费为我们写春联、剪窗纸，活动办得很热闹。我们这里快到春节的时候，家家户户都要搡年糕、打麻糍，现在在我们美食一条街那边还保留着几家打麻糍的店。麻糍作为我们进化镇的非遗产品、欢潭的土特产，已经向外面推广出去了。领导和游客过来品尝我们的麻糍后，都赞赏有加。此外，端午节家家户户要包粽子；清明节，村里都要做清明馃。这些土特产现在很受游客的欢迎，我们也打算把这些特产做得更好，包装得更美观，然后向外推广出去，加快推动美丽乡村经济发展。

# 三 美丽乡村建设

**采访者：**请您谈一谈欢潭村启动"美丽乡村"建设的原因与背景，这一构想是如何形成的？

**梅李栋：**好的，我先大致地说一下我们村的情况。我们欢潭村位于萧山、诸暨、绍兴三地交界，地处浦阳江东岸、会稽山西麓，青山绿水环抱，传统文明浸染，人杰地灵。我们村内有古井古树，古树名木比较多，现存明朝永乐年间的 11 棵古樟树，这在浙江省是唯一的。

我们欢潭为什么会开启美丽乡村建设呢？这里面有一段故事。几年前萧山区政府专门请来了中国美术学院的老师，到萧山南部的几个乡村进行考察，考察

**图 4 游客与孩子们尝试打麻糍**

的最后一站是欢潭。我记得那时候已经是下午五点多了，考察队伍从河上镇过来，然后到欢潭下车了。据说他们一行人在前面几个乡镇都没下车，到欢潭之后就下车了，拿着相机使劲地拍。那时候我们的区长叫盛阅春，中国美术学院的专家就跟盛区长交谈起来，认为欢潭村古建筑保存得比较好，历史文化底蕴很丰厚。因此，这些专家建议，不要把资金另投他处，而是把资金全部投入这个村子，把这个村子好好打造一下，使之成为浙江省的亮点。

欢潭村在 2016 年被列入萧山区美丽乡村示范村，由中国美术学院规划设计方案。2017 年 7 月 17 日，欢潭村美丽乡村示范村奠基正式开始，当时我们村干部多次去中国美术学院考察，与专家进行对接。

**采访者**：在建设美丽乡村过程中遇到过哪些问题，欢潭又是如何克服的？

**梅李栋**：我们当时是和中国美术学院进行合作的，因为他们在规划设计这一方面是很专业的，我们多次主动上门和他们沟通。当时我和镇里的领导，村里的书记、主任一起去，因为我是主管美丽乡村这一块的，基本上每个环节我都参与了。我们前后经过了四次沟通。我还清楚地记得第一次去那边的情形，那时候跟我们对接的人叫李凯生，他是设计杭州河坊街的总工程师。当时我们认为100多万元的设计费太高了，于是就委婉地表达了我们的想法，结果他就直接跟我们说："你们可以回去了，我不是赚钱的，我是要把欢潭作为一个作品来打造，你们跟我谈价格，那就失去意义了。你们回去吧，去找一个便宜一点的设计团队为你们设计。"

后来，我们第三次上门跟他沟通，李老师才答应为我们欢潭做一个总规划。他的总规划做得非常好，为我们美丽乡村的建设打下了一个扎实的基础。李老师是做规划的，不做设计，所以我们后来还是请了设计团队，全部按他的规划来进行设计的。他当时并非凭空规划，而是带了十多个人来我们村里住了半年，了解村里的文化，把规划和我们欢潭的文化底蕴结合起来。他们确实很专业，半年下来对村里的文化掌握得比我们自己更加透彻。例如村里某处在古代叫什么，这个地名是如何得来的，他们全都考证好，然后记录下来。

在区委、区政府的关怀下，在镇党委、镇政府的支持下，在我们全村党员干部的努力下，2019年5月我们启动了欢潭美丽乡村景区创建的攻坚行动和以"奋战百日，怀礼千年"为口号的环境大整治。这两次活动我们开展的都比较顺利，也取得了不错的成绩。欢潭美丽乡村的核心区正式开放，进化乡贤馆、欢潭村史馆、岳园相继建成并开放，国庆期间接待游客超过8万人次。2020年春，我们欢潭村已经成为网红村，名声在外。疫情形势严峻的时候，响应政府号召，景区关闭了几个月，2020年5月份才正式对外开放。

**采访者**：欢潭是从哪些方面解决人居环境建设问题的呢？

**梅李栋**：我们是在2015年开始着手改善人居环境方面的问题，重点放在生活污水治理、厕所革命、乡村绿化、乡村水环境治理等方面。这些方面的问题之所以能够较快取得成果，一方面是因为随着时代的进步，老百姓的生活理念在进步，他们内心有了想要改善生活条件的愿望，期待环境的改善；另一方面，也得益于党的好政策。党的十八大以来，在建设社会主义新农村、建设美丽乡村等问题上，政府提出了很多新的理念、新的论断、新的措施。此外，区委、区政府又投入大量的资金进行美丽乡村建设，这使得我们原本村里仅靠自身财力根本无法解决的问题都得到了解决。通过美丽乡村的创建，城乡发展不平衡问题正在解决，农村跟城镇的差距还在缩小。

我举一个例子，村里以前有很多露天粪桶，苍蝇蚊子飞来飞去，但是现在村里已经看不到这种景象了，因为我们村的污水全部接入了地下管道。此外，村里面还建立了一个污水处理池，经过处理后排出去的水很清澈。即使在污水口的地方，都有鱼在游，这说明我们的水质已经提高了。因为我们地下水比较丰富，以前村里人都是习惯用井水。但是 20 世纪 80—90 年代的村庄建设，把污水全部排到地下去，人们为了发展经济很少考虑对环境的破坏。经过这几年的努力，村里环境卫生有了较大的改观和提升。你现在去村里走一圈，路上连一个烟蒂都看不到，这主要得益于村民们环保意识的增强。单单靠保洁人员是保证不了村子的持久整洁的，光靠村干部和工作人员也很难把全部事情做好，只有每一户人家、每一个人卫生环保意识提高了，村庄的整体环境才能改善。

**采访者：**那欢潭在经济方面是如何规划的呢？是否形成了有特色的主导产业？

**梅李栋：**近期我们已经制定了产业发展规划。2019 年 9 月 29 日，萧山区人民政府与浙江省旅游集团战略合作签约暨"净心之旅"走进欢潭启动仪式在欢潭老洋房前旗杆道地举行。进化镇人民政府、区国资经营总公司、浙旅蝶来酒店集团三方签订全面合作框架协议，以欢潭为首个合作示范项目，在推进全域旅游发展、支持区域经济发展、旅游示范项目开发、旅行社客源合作、康养旅游项目开发、重点文旅企业经营等方面开展深度合作，推进进化镇美丽城镇建设，打造美丽乡村升级版。

我认为党的十八以后，不管从村容村貌方面，还是人的思想理念方面，都发生了翻天覆地的变化。现在我们已经在做美丽乡村的商场规划，并且和杭州一个品牌民宿——蓝莲花开展合作，打造属于欢潭的特色民宿。餐饮方面，我们引进浙旅集团下面的蝶来酒店。此外，我们准备在游客中心后面建造一个可以接待旅游团队的酒店，预计一个大厅可以接待五六辆大巴的载客量，另设包厢等。我们还对老街进行规划，打算把文化底蕴较深的老街用商业化的形式展示出来，让游客进来可以购物、游玩，品尝美食。

**采访者**：党的十八大以来，习总书记多次提到推进美丽乡村建设。您个人是怎么理解习总书记有关美丽乡村建设的相关论述的呢？

**梅李栋**："美丽乡村"建设已成为中国社会主义新农村建设的代名词，全国各地正在掀起美丽乡村建设的新热潮。"美丽乡村"建设其实质是我国社会主义新农村建设的一个升级阶段，它的核心在于解决乡村发展理念、乡村经济发展、乡村空间布局、乡村人居环境、乡村生态环境、乡村文化传承以及实施路径等问题。因此，我认为美丽乡村建设应该从推动农村产业发展、提高农民收入水平、改善农民居住条件、完善公共服务设施配套和基础设施建设、改善农村生活生态环境、保护和传承历史文化提升农村精神文明建设等方面下大力气。

**图5 欢潭村鹅鼻峰景点**

习总书记说过："要依托现有山水脉络等独特风光，让城市融入大自然；让居民望得见山、看得见水、记得住乡愁。"望得见的山，应该是绿色的；看得见的水，应该是清澈的；记得住的乡愁，应该是触景生情的。"千年古村，五义欢潭"，欢潭历经近千年漫长岁月的坎坷起伏和风雨洗礼，一代代欢潭人砥砺奋进，艰苦创业，苦心经营，使欢潭成为山川秀美、物产丰饶、底蕴深厚的江南文化名村。未来的欢潭将继续以省级样板村为目标，紧紧围绕"业态、生态、形态""三态"核心理念，继承和弘扬历史与地方特色，展示独特文化魅力，真正留得住青山绿水，记得住乡愁。

**采访者**：我们刚才谈到"五义"文化，它是欢潭人的精神财富，欢潭是如何将其融入美丽乡村建设中去的呢？

**梅李栋**：我们欢潭"五义"文化是世代传承下来的五大义举，以

"义"为先的风气一直流传到现在，家家户户谈到"五义"精神，都会油然而生自豪之情。既然古人都有这样好的想法和行动，那么我们现代人有什么理由不把它传承下去呢？所以我们现在要做的，就是把"五义"文化继承下来并发扬光大，这是我们欢潭人的精神财富。

在美丽乡村建设中，我们确实是以"五义"文化为切入口，把住村庄治理的脉搏，做出我们村独特的文化内涵。为此，我们结合本村实际，制定了一系列的评审、评鉴的内容、标准和体系，扎实推进示范村的创建工作。比如说我们组建了一个以"五义"文化为思想内核的友好睦邻社会组织，完善村里的"五义"老年食堂，创建名为"五义欢潭"的微信公众号，等等，把欢潭"五义"文化有机地融合到美丽乡村的建设中去，使之在美丽乡村建设中得到很好的传承和发扬。

## 四　我与党的故事

**采访者：**一直以来，您都还记得父辈们让您"做一个对社会有用之人"的教诲。这些年来，您觉得您是否达到了他们对您的期许呢？

**梅李栋：**目前有没有达到我不敢说，但是我一直在朝着这个方向去努力。在我看来，父辈们让我"做一个对社会有用之人"的要求，其实与我们党对我们的要求是一致的。全心全意为人民服务，是中国共产党党员的法定义务，是我们党一切行动的根本出发点和落脚点，也是我们党区别于其他政党的根本标志。父亲的教诲代表了父辈对我的期望，实际上也是我入党时的初心，所以我时刻牢记着要做一个全心全意为人民服务的人。

**采访者：**您是什么时候入党的，还记得最初入党的情形吗？

**梅李栋：**我在读高中的时候，经常去听党课，那时候就有入党的想法。2009 年 5 月 11 日，我正式加入中国共产党。入党宣誓的场景是我一生难以忘怀的，记得那天下着毛毛细雨，我们在镇政府广场，在庄严的党旗下，同举右手，握拳过肩，共同发出了"履行党员义务，执行党的决定""随时准备为党和人民牺牲一切"的铿锵誓言。铿锵有力的声音响彻整个活动现场，我当时热泪盈眶：我终于成为一名真正的共产党员。庄严的宣誓仪式使我心灵受到了一次震撼和洗礼，这个神圣的时刻可以说一辈子也不会忘记，也不能忘记。这样，我们的初心才能不变，才能方得始终。我牢记自己的誓言，全心全意为人民服务，随时准备为党和人民牺牲一切。

**采访者**：在您的工作、学习和生活中，有没有遇到一些人或者事情，让您记忆深刻或为之感动？

**梅李栋**：我差不多有10年的农村基层工作经历，让我印象深刻或感动的事确实不少。就拿我们村的"五义"食堂筹建过程中的一些事来说吧，"五义"食堂是在2019年9月份创建，那时候我们村里面几个老党员主动请缨，申请义务管理"五义"食堂。他们几个老党员不要一分钱，每天4个人轮流值班，买菜、做菜、打扫卫生，就这样守着老年食堂，为老年人提供服务。这些人的所作所为让我很感动，一方面鞭策着我们去努力向他们学习，另一方面也起到了很好的党员模范带头作用。

说到让我敬佩的人，其实我首先想到的是我们镇里面的邵书记。邵书记虽然很年轻，只是一个80后的年轻党员，但是他不仅有着很强的工作能力，而且有着较高的政治素养，对中国特色社会主义理论体系有着深入的研究。我们村美丽乡村建设，也有他的功劳，他给我们提了很多好的建议。前段时间，我们通过视频会议上邵书记的党课，镇里的党员们都认为他讲得很棒，大家都很佩服他。

**采访者**：2021年是中国共产党建党100周年，这100年是摸着石头过河的100年，也是艰难困苦玉汝于成的100年。回顾党的历史，结合您的学习、工作经历，您对我们党未来的发展有哪些期许，又有哪些建议呢？

**梅李栋**：我认为，到建党100周年时，我们会建成经济更加强盛、民主更加健全、科教更加进步、文化更加繁荣、人民生活更加殷实的小康社会。然后再奋斗30年，到我们新中国成立100周年的时候，基本实现现代化，把我国建设成为社会主义现代化国家。党的十九大报告已经为我们描绘了一张很好的蓝图，我们要坚持按照蓝图干到底，切实地干出成效来。

正如习近平总书记强调的："一张好的蓝图，只要是科学的、切合实际的、符合人民愿望的，大家就要一茬接着一茬干，干出来的都是实绩，广大干部群众都会看在眼里、记在心里。"我在以后的工作中，要牢记总书记的话，扎实地做好自己的本职工作，为实现党的美好蓝图而奋斗。

# 从无到有的环保意识

## ——苗益民口述

采访者：李永刚、陈鸿超、孙淑桢　　　整理者：张子怡

采访时间：2020 年 7 月 29 日　　　　采访地点：萧山区益农镇新发村

苗益民，1971 年 7 月出生，杭州萧山人。1988 年毕业于萧山六中戴村电子职高班，先后工作于萧山电声厂、绍兴马鞍天马印染厂。1990 年应征入伍到南海舰队沙角训练基地，1993 年考入天津海军后勤学院。1996 年毕业分配到南海舰队广州作

苗益民先生访谈现场

战支援舰三支队，历任舰艇军需主任、岸勤处助理等职。2005 年部队转业回萧山，经考核分配进入政府部门工作。

## 一　益农镇的"老围垦"印记

**采访者：**苗先生，您好！首先请简单介绍一下您的基本情况。

**苗益民：**我出生于 1971 年 7 月，是益农镇（原属夹灶乡）土生土长的农家子弟。我在 1978 年入学，那时候小学读 5 年就可以了。1983 年上夹灶初中，1986 年考入萧山六中戴村电子职高班，1988 年毕业。毕业之后，先后工作于萧山电声厂、绍兴马鞍天马印染厂。1990 年应征入伍到南

海舰队沙角训练基地，1993 年考入天津海军后勤学院舰艇军需专业。1996年毕业分配到南海舰队广州作战支援舰三支队，历任舰艇军需主任、岸勤处助理等职。2005 年部队转业回萧山，经考核分配进入政府部门工作，现任益农镇人武部副部长、消安办主任。

**采访者：**您印象中的益农镇是怎样的？有哪些风土人情？

**苗益民：**益农镇南接绍兴马鞍镇，东濒绍兴滨海工业区，西面是原来的瓜沥党山镇，北面是萧山党湾镇。和村子附近的大部分人一样，我家也是三代贫农。据我还在世的 98 岁爷爷说，我们祖辈是江北海宁那边的，家中人多粮少难糊口，祖辈兄弟逃难到江南滩涂垦荒。那时的钱塘江，潮大凶猛常"坍江"，潮水卷走人是常有的事，每次"坍江"先人就朝南边地势高处逃难，反复几次，最后迁徙到了此处搭草棚定居。这边基本都是钱塘江南滩涂盐碱地，我小的时候盐碱地的范围更大。20 世纪 60 年代，萧山县委县政府在益农镇（当时的夹灶乡）开始实施大规模的围海造田，经过这么多年治理后，环境发生了巨大的改变。现在三围村有一个益农镇党性教育实践中心，里面保存了一些文字、照片、实物等，这些都是祖辈们的历史记忆，也可以从中了解当地盐碱地的变迁和环境的发展。

**图 1　新发村村史民俗廊**

益农是萧山围海造田历史上的始发地，农民最初以种络麻、水稻、棉花为主。刚开始的时候，农作物的生长状况并不理想，种植的棉花生长不佳，典型的"黄小老"。之后开始试种西瓜，没想到盐碱地种植的西瓜非常脆甜，所以收成不错，据说"瓜沥"的名称也由此而来。经过多年种植之后，土地渐渐地也有了一点退化熟化，现在种的西瓜也没以前好吃了。萧山百姓的勤劳勇敢远近闻名，确切地说东边围垦人勤劳，南边山区人勇敢。吃苦耐劳是我们党山、益农人的主要性格特征，面朝黄土背朝阳，躬身退步倒插秧，曾经是我们农村日常生活的切实写照。如果仅种植水稻，那么就只能填饱肚子，没有多少收入来源，只有种植经济作物才能增加农民收入。所以就有了棉花、络麻、霉干菜、萝卜干等，直到现在，这些都是我们的土特产，但制作加工复杂，想做好有一定难度。我在 19 岁当兵之前，像村里大部分孩子那样，10 岁前就会帮父母摘棉花、剥络麻、锄地、插秧、打猪草。十三四岁开始就要从事琐碎繁杂的体力农活或工地杂工，可以说凡是你们能想到的活，我都干过。因此，对于艰难困苦的农村生活我有着切身体会。

采访者：可否分享一些小时候印象深刻的事情？例如村里的娱乐活动、父母的教育、自己的兴趣爱好等。

苗益民：小时候，我们一群小朋友最常玩的游戏就是跳房子、滚圈、陀螺之类的。那时候都是泥路，而且河流也比较多，父母最担心孩子出去玩的时候失足落水。不过现在益农河渠边都装了隔离带，儿童溺水的情况少多了。

小时候村里交通闭塞，与外界联系不便，20 世纪 80 年代修路之后，交通逐渐方便起来。以前我们都使用自行车，虽然没有现在方便快速，但交通事故也少得多。后来车多了，交通事故也多起来。我小时候与爷爷、父母一起生活，20 世纪 70 年代初的日子艰苦，老辈人都是宁可自己吃糠咽菜，也要把仅有的一点点细粮留给后代吃。他们自己就艰苦得多了，比如在我出生前，奶奶就去世了，关于她的离世，听爷爷说是在三年自然灾害期间饿死的。相较父辈的生活，我算是比较幸福的了，只是在年轻时吃了点苦。他们几辈人勒紧裤带咬牙干，才打造了现在这片乐土。

采访者：可否谈谈小学、初中、高中阶段的学习经历？

苗益民：20 世纪 70 年代初，计划生育还没开始执行，我上小学的时候，小学还比较多，基本上每个村都有自己的小学，我们村也不例外。我是 1978 年开始上小学的，那时候没有幼儿园，孩子读书直接从小学开始。到 20 世纪 80 年代，随着计划生育的开展，每个村的适龄求学儿童慢慢减少了，由于生源不够，小学开始缩减。我记得小学的最后一年，我辗转到合并后的东村完小求学。1983 年，我考上了萧山夹灶初级中学。初一年幼不懂事顽皮，没有在学习上花心思，初二逐渐长大一些，便开始努力向上，最终考上了萧山六中戴村电子职高班。就那时候的升学率而言，只有前三分之一的学生能考得上高中，所以说我的努力还是有些成效的。1988 年，我从职高班毕业以后，到萧山电声厂工作。后来，我转去绍兴马鞍天马印染厂做电工。现如今这个厂也发展成为大企业了，在天马仅仅 8 个月我就应征到部队服役了。

我职高读的是无线电专业，也就是现在的临浦峙山中学电子班的前身。当时这个学校还在戴村墙头村，我们应该是第三届，我们班主任叫孙洪。当时学费也不是很贵，生活却比较艰苦，很多事情到现在我还印象深刻。作为一个十七八岁的小伙子，我一个月要吃 50 斤大米。那时候买米还需要粮票，我每个月都是先到戴村街上的国营粮站里凭粮票买米。记得米价 1 角 3 分钱一斤，我就背着这 50 斤大米沿山步行 3 千米回校。我父亲告诫我：长身体的时候，菜好菜差讲究不了，但饭一定要吃饱。秉着这个原则，50 元生活费基本够用，我还常节省点钱出来邮购了很多书和电子元件。

在求学这段岁月里，给我留下深刻印象是我们班主任孙洪。那时我刚满 16 岁，独自一人去南萧山求学，虽然现在看来也不算太远，但就当初的交通条件来说，多少有点背井离乡的味道。一天仅有两班公交车，还要从萧山转车。特别是周末回家，如果中午前挤不上公交的话，一般在萧山买不到回益农的车票。我刚到戴村墙头的学校时，就因为水土不服而过敏，全身起了大块大块的疹子。自己那时候什么都不懂，宿舍的同学告诉了孙老师，孙老师就拿药给我，并帮我请了晚自习的假，在宿舍休养。我当时睡了一晚上，过敏的症状就缓解了。我还记得我们班有个叫董国芳的同学，得了猩红热，也有类似我这样的经历。作为班主任老师，他也就比我们大十来岁而已。我常常在想，学校把我们这班懵懂的半大小子交给他管理，肯定也是经过深思熟虑的。他对同学确实很细心，我们也都很感激他。现在他快退休了，还在教学一线。前段时间他儿子结婚，我们班同学还都去喝了喜酒呢。

**采访者：** 您觉得现在和您小时候相比，衣、食、住、行各方面都发生了哪些变化呢？

**苗益民：** 先说饮食方面。从我记事起，到读小学前后家里才真正吃到米饭。后来我才知道，是国家推广了承包到户的政策。再早些年，家里基本是"瓜菜代粮"。我记得那时小队集体耕种了几亩红薯，收获季节按人口，每家分几筐，就当粮食了。我父母宁可自己不吃，也要想办法给我和妹妹弄饭吃。现在我们都提倡吃粗粮，可父母他们再也不想碰红薯、萝卜之类的。用他们的话说，贫苦年代他们已经厌烦了"番薯当饭"。

至于穿衣方面，我小时候倒还不至于"新三年，旧三年，缝缝补补又三年"，一年一套新衣还是能保证的。记得小时候我和妹妹最高兴的事情，就是年底母亲请裁缝上门量身做衣服。

住房方面，我们一家人一直住在一起。眼前这个房子历经多次翻修，已经是第四代住房了。记得小时候，我家只有三间简陋的草房。我父亲那辈三个兄弟，分家的时候，爷爷给三个儿子每家一间正草房，自己住坡房。草房虽然不像戏剧《白毛女》里那般破败，但也经常四壁漏风。稻草盖的房子一年就烂了，周边邻居经常相互帮忙，年年要打草扇翻修。家里老鼠钻来钻去的场面，直到现在依然印在我的脑海里。后来有了油毛毡，就不用年年翻修了。

交通方面，那时候基本也没什么交通工具，只能靠两条腿走路。从我记事起，我父亲不知从哪里托人搞了一辆28寸永久牌旧自行车，那时候也算大牌子了。曾经多少次，我父亲就是用它驮着我们兄妹往返外婆家。开始的时候我坐后座，等妹妹可

图2　1962年萧山农村景象

以坐后座了，父亲要我坐前杠。坐前杠时间一久，路又颠得慌，屁股大腿的那种刺疼到现在我还记忆犹新。直到我读完高中，家里还在用着那辆自行车。我们滩涂地区，早年一穷二白，基本都是泥路，能有一米多宽的泥路就已经不错了。我上初中时常走赵家湾边那条塘渣路，地面是硬化了，可石块太多，骑车颠簸得很难走，摔倒、摔伤是常有的事。一直到1990年我去当兵，家里出行都是以自行车为主。后来我去了部队，在部队一待就是15年，那段时光我对家乡的记忆几乎是一个断层。也就是说，遍地摩托车的时代我并没有经历过，从部队转业回来，路上已经出现了汽车。我在部队期间回来探亲，似乎赵家湾边改浇了柏油路面。2000年后，村里铺上第一条水泥路，是村里一家企业捐助的。后来，区级道路信益线穿村而过，我们的出行就方便了很多。可以说，2000—2020年这20年中国农村变化巨大。

## 二　几代人的环保观念变迁

**受访者**：现如今益农镇新发村的绿化、卫生都保持着良好的水平，综合环境也不错。那以前村子里环境怎么样呢？从您小时候到现在，人们的环保观念发生了哪些变化？

**苗益民**：说实话，我爷爷那一辈人，几乎没有环境保护的概念。以前院子里散养鸡鸭，圈养猪羊，粪便一地，人们也不以为意。现在慢慢地每家每户能够自觉进行垃圾分类，维护好自己周围的小环境。我父亲只读过三年小学，文化水平很低，他现在能够做到垃圾及时分类清理，也算是很大的进步。

到了我这一辈人，对于环境保护，在思想上比上一辈更重视了，行动上也更积极。但是有些东西是潜移默化的，改变也不是一蹴而就的。想要转变老一辈人的思想观念，离不开我们年轻一辈的身体力行，争取在潜移默化中去影响他们。现在从整体上看，村里对于环境的重视度明显提高，每家每户的环保观念也都有明显进步。至于不重视环境保护的人，也是极个别的。总的来说，大家的生活水平和环保观念都在进步。

**采访者**：新发村之前是否也面临着环境污染的问题呢？

**苗益民**：早些年，络麻是我们这边主要经济作物，农村里广泛种植，是制作麻布、麻袋、麻绳的原料。络麻要先从地里拔出来打捆，然后抛到河里浸泡，浸泡烂了之后抽出麻筋。浸泡至少两个月，浸泡时河水很臭、很黑，水质污染严重。对于水里的鱼来说，每年烂麻期都是大劫难。饮水方面，当年最好的是下雨天接的"天落水"。但光靠雨水显然是不够的，所以挖水塘的人喝池塘水，靠河边的人饮用河水，离河远点的百姓就在自家门前打井。我家也基本以井水为主，院子里这口井已经是我们家打的第二口井了。因为新发村以前是滩涂，地下都是腐殖质、淤泥，为了给井水杀菌，我们都会在井底撒生石灰。这样做有个弊端——井水有碱味。小时候不知道是什么缘故，总说井水"发木"，不好吃。后来才知道，长久饮用这种水确实会损害身体健康，很大概率会导致肝硬化。据说浙江省肿瘤医院曾做过统计，发现益农镇是肝癌高发区，很可能就与饮用水的水质有关。但这也是生活所迫，以前村里的人也没什么其他途径获取优质水源。

现在我家用的是第二口井，井水主要用于洗洗涮涮，饮用的水全部是自来水，并且装上了水质净化器。村里装上自来水是在 1995 年前后，那时候我还在部队。听我父亲说，刚开始因为资金问题装不了，我爸联系村里想装自来水的农户，大家通过集资的方式，先装了细管。虽然一部分人用上了自来水，大部分家庭还是沿袭了传统的取水、用水方式。直到多年以后，萧山实现了自来水全覆盖，自来水公司才把之前众筹的钱退给了大家。

益农地处萧山最东边，历来就是所谓的"路尾巴、水尾巴、电尾巴"，政府没有足够的财政投入，但是老百姓的需要又是那么急迫，所以才有这样的"吃螃蟹"之举。那时益农在水、电、路之类的基础设施修建方面，此类的故事比比皆是，直到后来政府在财政方面有能力了，情况才逐步改善。现在的水质比以前好多了，早就不用再喝石灰水了。

我们这里卫浴产业曾经很发达，但是卫浴产品在生产过程中会产生大量粉尘、废气和污水，长期吸入这些东西会严重影响人们的身体健康，导致肺癌、肝癌高发。虽经多次治理，从对企业作坊中开展环境评估到推广喷淋过滤、静电吸附等环保设备，所有这些举措总是治标不治本。因为总有些人为了节省点电费，买了设备却基本不用，偷排偷放现象屡禁不止。随着国家推行供给侧改革，当时区委、区政府用壮士断腕的决心，取缔了卫浴产业。2017 年整治完以后，空气质量有了明显的提升。可以说，对产业的整顿确实影响了一部分人的生计，但长期来看还是利大于弊。

**采访者**：浙江省"五水共治"相关政策您是否有了解？这项政策在农村推行状况如何呢？

**苗益民**：对于水的关注和治理，确实是在百姓生活条件明显改善之后，才开始逐步落实的。"五水共治"涉及治污水、防洪水、排涝水、保供水、抓节水这五项。防洪水、排涝水这两个问题，在我们这里倒是很少会有。保供水方面，自来水公司的供水很稳定，很好地解决了这个问题；在治理污水方面，以前印染卫浴等企业污水直排，但在逐步取缔和整改这些高污染产业后，推行污水纳管，情况逐渐好转。再加上美丽乡村、美丽池塘等治理活动的大力开展，现在污水问题也有了很大的改善。家庭节水方面，则更多的是靠个人。农业生产方面的节水，以前农业灌溉设施缺乏，基本是靠天吃饭，现在国家在农业方面增加了经费投入，建设沟渠，硬化水泥 U 形管和田间道路，使得灌溉更便利，节水更高效。最近三五年，这些农业方面的建设，可以说是大大节约了水资源。

**采访者：** 新发村村民是否有养殖家禽呢？对于环境有哪些影响呢？

**苗益民：** 还是有的，不过不多，个别农户圈养几只。很多农户并没有对养殖的家禽进行有效的管理，导致动物粪便、污染物随意堆放，严重影响农村环境卫生。七八年前，村里还有人养猪，后来也不养了。政府通过评估，给予养殖户一定的补贴，让他们另谋生路。现在养殖业提倡集约化、规模化，搞家庭养殖的情况越来越少了。

**采访者：** 现如今村民还是以农业为主吗？是否存在土壤污染问题呢？

**苗益民：** 现在村里的产业变得多元化，但农业仍旧是重要组成部分。随着科技的日益进步，现在农民在农业生产中频繁地使用化肥、农药、地膜等。这些东西确实能够增加农作物产量，但是在过量使用之后，容易导致土壤严重污染，久而久之会出现农作物产量减少、农药残留超标等问题，食品安全也得不到保障。就拿地膜来说，我觉得地膜的使用确实对农业生产有利，如果能开发出可降解的地膜材料，那就更好了。前两天我看新闻，国家提倡减少或取消塑料袋使用，倒逼人们使用其他材质的工具袋。人们的消费习惯可能很难短时间内改变，但是可以尝试从源头、厂家入手，例如让工厂研发生产环保、可降解的袋子。总而言之，我觉得政府需要慢慢对老百姓进行引导。当然，这确实需要一个过程，毕竟一口吃不成胖子。

**采访者：** 村里是否有公共厕所？厕所产生的垃圾一般如何处理呢？

**苗益民：** 现在每个村都有公共厕所，而且配有保洁人员，基本上每天都打扫得很干净。村里以前的厕所基本上都是一个露天的缸，上面支一些木头搭个棚，如厕时候气味很大。现在很多家庭都安装了坐便器，外排的粪水都是接到几个生态处理站，经过处理以后再排放。这样的厕所，可能会让一些老人感到不习惯，比如我 98 岁的爷爷。毕竟老人家多年养成的习惯，一时半会很难改过来。

## 三　村里有个"环保达人"

**采访者：** 据说您自家院子里设计了一个家庭鱼菜共生系统，可以达到科学的协同共生，能否谈谈这个设计的由来？

**苗益民：**我建房之前，就计划在建好的房子里种点花草，养点鱼。想要达到这个目的，那就需要建一个鱼池。但苦于没有专业知识，我遇到一些棘手的问题，比如养鱼过程中会产生鱼粪积累，导致池水富营养化等。于是我便上百度查询相关知识，再自己慢慢琢磨，希望构建一个循环系统，能一劳永逸地解决问题。如何因地制宜地既不占用很多空间，又能够实现池水循环鱼菜共生？这个问题我思考了很久。后来我无意间在网上看到澳大利亚一个博主的博客，受到启发，于是在淘宝上买了些相应的设备，自己改装，开始尝试做一个类似鱼菜共生系统的东西。

实践过程中，我也想过要扩大养殖规模，达到产业化，但是后来发现真正运转起来还是挺难的。所以我最后还是决定把它当成一种个人爱好来做，这样既美化家里的环境，也能增添一些乐趣。直到现在，我的共生系统也不是很理想，不过情况也还算好，现在在池子里的几条锦鲤总算是养活了。

**采访者：**您家中还安装了光伏板，这个是什么时候安装的？为什么想到安装这个呢？

**苗益民：**一开始的时候，我看有些农村新建的别墅都对庭院进行了美化，但他们大部分人只是弄了个玻璃棚。但我觉得玻璃棚有明显缺点，那就是夏天棚下很闷热。后来我无意中在网上看到光伏发电的相关内容，就想着建了新房之后，与其安装玻璃棚，还不如干脆加点钱安装光伏发电设备，这样就能一举两得。2013年，我在报纸上看到萧山新街那边有一个电子爱好者家中安装了光伏发电装置，尽管没有去实地参观，但是这个消息还是启发了我。

真正开始安装光伏发电装置，是在2017年我建好新房以后，至今已经用了三年多。我计算过，家里敞开用电的话，一年会消耗七八千度的电。我安装的这个光伏设备，每年发电量能达到5000度。由于光伏发电算是新能源，国家和省里还会有一定的补贴，每个月都会打到我的卡里，我用电、用水的费用也从这张卡里面扣。林林总总扣完，一年下来还有一千元左右的盈余。我当时共计投入了5万元，如果抵扣掉装玻璃钢棚费用成本3.5万元，我估算了一下，七八年就能收回成本，收益比活期存款利率约高一倍。而且光伏板的理论寿命是20年以上，所以长期来看，光伏发电的性价比还是比较高的，否则国家也不会这么大力推广。尤其是高温天，我家光伏板下比玻璃棚下明显要凉快得多。我也多次向亲戚朋友们推荐，他们来我家看过，都觉得很好、很漂亮。现在光伏发电、平价上网，补贴没有了，但是价格便宜了。我觉得光伏发电仅算经济账不一定划得来，但算上环保账就肯定很划算。尤其是我父亲和爷爷，老年人一辈子苦过来的，他们平时用电节省惯了，自从装了光伏以后，他们开空调、用电器就"大方"多了。我发现嘉兴、富阳、桐乡那边安装光伏板的人更多一点，我们这边安装的还比较少，可能以后会逐渐普及。

　　我之所以敢装光伏发电装置，也是因为我在这方面有一定的基础和兴趣。我高中读的是无线电职高班，当兵前几年也在家修电器，在这片也算小有名气。在厂里做电工期间，虽然没有考电工证，但是我控制电路的基础还是很好的。甚至有些老电工修不好的机器，厂长都会找我来修。当兵走的时候，我带了几本家电维修方面的书，有空的时候会翻阅。1992年在部队，我还特意请假到广州书店买了教材，准备自考电气工程师。如果不是碰上绍兴老乡章松命，如果不是听他的劝考了军校，我想我很大可能会成为电气工程师。我1993年考上军校，所以我也就放下了。从部队回来以后，尽管长期没有从事家电维修了，但是以前的"老手势"还没忘光。2005年转业在家待安置期间，我还帮朋友把他的家电维修电器店中常年累月积压着的十七八台"老病号"彩电都给修好了。自从我帮他清完"库存"以后，他从此"金盆洗手"再也不修彩电了。

　　**采访者：**农村生活垃圾分类则是打造美丽乡村的关键一环，特别是这两年，"垃圾分类"在全国范围内都得到了关注和推广。据说您家早早开始了垃圾分类，具体怎么做的？

　　**苗益民：**倒也不完全是因为政府推行垃圾分类我才这样做，事实上我是无意中涉及这一块的，初衷是想省点肥料钱。现在家里不养鸡鸭，人粪也污水纳管，所以说可利用的农家有机肥就没了。政府开始推行垃圾分类后，我在网上买了厨余垃圾发酵装置。把生活中的瓜果皮、剩菜等易腐垃圾都利用起来，把厨余垃圾降解后的水肥稀释一下用来浇花，渣滓倒回到庄稼地。有了有机肥，花草庄稼都能长得好。所以我家外运的垃圾很少，如果每家每户能推广的话，垃圾站的处理负担会小很多。

　　**采访者：**您觉得村民的垃圾分类意识怎么样？应该怎样培养这种意识呢？

　　**苗益民：**例如美丽庭院活动，益农已经开展了很多年，还是有一定效果的，但是我觉得还可以再深挖，关键是需要政府的引导和投入。现在村里和镇里都安排垃圾车宣传和转运，村里给每家每户都分了垃圾桶。但说实话，我觉得还欠缺细化步骤。其实，先进的理念好多地方都有，而且看上去也不比我们做得差。比如我看到海宁那边街道和社区在弄积分制，农户积够一定分数可以兑换牙膏、毛巾等物品。我认为要调动老百姓的积极性，用利益去推动，也不失为一种好方法。毕竟这个事情并不简单，它会牵扯到百姓生活的方方面面。我也是基层公务员，很多问题我是可以理解的，我们的政府一直在努力做事，但总给人一种"有劲使不上，有力发不出"的感觉。相关职能部门工作很努力，但困难很大，如果没有找到好的切入点，工作很难有突破。年轻人思维活跃，能接受新事物，但大多数年轻人工作朝九晚五，时不时还要加班加点，不是家中处理家务、分类垃圾的主力。所以垃圾分类这块，基本上还是由他们的父母来执行，而父母们大多没有很好地接受垃圾分类的理念。习惯的养成需要一个过程，毕竟这种事情没有办法强制，光讲理论不容易让人信服，所以更多需要采取润物无声、慢工细活、姑娘绣花那样的方式。

**采访者：**之前《萧山日报》对于您的妻子有过报道，称她是"环保达人"，据她说，她的一些做法都是源于您的理念，是这样吗？

**苗益民：**也可以这么说吧。我妻子对于我的很多想法还是比较支持的，平时家里的卫生大部分是她在负责。她听完我有关垃圾分类的主意之后，觉得能尝试一下。观念是要慢慢转变的，老年人的转变是需要我们年轻一辈做些工作的。我妻子也是本科学历，所以比较容易接受这些新事物。但是对于我爸来说，可能就需要专门为他做点思想工作。还好我父亲比较开明，愿意倾听和学习。例如厨余垃圾的发酵水瓶装收集起来用于浇浇花，发酵结束的食物残渣拿去菜园里倒掉，平时剩饭或刷锅水什么的倒鱼池喂喂鱼，把废铜烂铁、纸板盒什么的收集起来卖给回收站，等等，我父亲都愿意去做。无形之中，他其实已经在践行垃圾分类了，这样下来我家真正的垃圾真的不多了。

## 四　党领导下的美丽乡村建设

**采访者：**"美丽乡村"建设已成为中国社会主义新农村建设的代名词，

全国各地正在掀起美丽乡村建设的新热潮。您是如何理解"美丽乡村"的，您觉得现在的村距离"美丽"还差多远？

**苗益民：**美丽没有尽头，美丽乡村建设也永远在路上。益农群围村在这一块投入比较大，做得也比较好，成为萧山美丽乡村的参观打卡地。如果没有政府扶持，做了之后也不一定能让人满意。全镇要在三年内达标，这确实是一项艰巨的任务。在美丽乡村建设过程中，有的村做得好一点，有的村还需要更多时间去完成。我们村经济实力比较薄弱，在完成度上可能不是最优秀的，但是我们一直在努力。附近的村庄也都在热火朝天地进行美丽乡村建设，大家积极性还是蛮高的。

图3　新发村村委会

**采访者：**"美丽乡村"的内涵其实并不单单指的是环境方面，还包括经济、文化等方面的建设，您觉得村子在这些方面做得怎么样呢？

**苗益民：**我们村的经济能力相对来说还是比较薄弱，刚刚才把贫困村的帽子摘掉。我们村发展相对落后也有历史原因，从我记事起，20世纪70年代，我们村的老书记就是大家心目中的种棉高手，他带着大家搞农业。根据镇志馆里的记载，我们村历史上在农业这块曾经辉煌一时，甚至全萧山县的很多单位都组织来我们这里参观学习，是那时的"网红"。20世纪80年代，工业加速发展，产业逐渐转型，但我们还是专注于发展第一产业。长期的农业生产虽然解决了温饱，但是经济效益不够，工业发展水平总体也比较欠缺。可以说是多方面的历史原因导致我们村经济的停滞和落后，进而导致其他方面也没能很好地发展起来。近些年村集体班子重组之后，慢慢地村财政也有盈余了，填补了历届以来的亏空欠债，整体面貌有了很大改变。

**采访者：**党的十八大以来，习近平总书记对生态文明建设和生态环境保护亲力亲为、亲自推动。您是如何理解习总书记为何对生态文明建设与环境保护如此高度重视呢？

**苗益民**：我曾经去参观过习近平总书记提出"绿水青山就是金山银山"理念的余村，可以说是切身体会到转变思想的重要性。那里原来是开山炸出来的一个炮场，用来生产水泥等。习总书记实地考察提出建议后，当地的经济重心便从第二产业转向第三产业了，机遇也是要靠人去把握的。我觉得我们现在党的领导人很务实，制定政策方面很有智慧。我从"学习强国"上也学习了一些文章，文章指出："人是自然界的一部分，是自然界有机整体中的一部分，而不是人定胜天。"人生活在自然界中，需要不断改进和努力，想办法和自然和谐相处。以前说一年污染、两百年治理，但是实际上没有那么多两百年供我们挥霍与等待的。比如塑料等垃圾的降解时间极长，地球的垃圾确实太多了，人类需要关注这些问题。

**采访者**：每一个公民，既是良好生态环境的享有者，也是保护者。您觉得作为党员，应该如何充分发挥党员模范先锋作用，肩负起环境保护的重大职责？

**苗益民**：我是在 1996 年入的党，作为党员，首先自身要做好。群众看党员，党员看干部。就个人来说，应该从个人小环境着手，从自己做起。

我们老一辈移民离开家乡后，在益农镇围海造田，一路历经辛苦与磨难。这片土地、这个村庄，是我们老一辈党员干部引领之下一担一担挑出来的。他们在平凡的工作中做出了不平凡的事业，我们萧山"奔竞不息、勇立潮头"的精神就是最好的诠释。我觉得这种围垦精神永远不会过时，在环境保护过程中，我们作为党员更要努力发扬这种精神。

**采访者**：2021 年是中国共产党建党 100 周年，这 100 年是摸着石头过河的 100 年，也是艰难困苦玉汝于成的 100 年。回顾党的历史，结合您的学习、工作经历，您对我们党有哪些期许，又有哪些建议呢？

**苗益民**：我也算是老党员了，乡村基层工作真正开始做是从 2005 年部队转业回来以后。我觉得我们党在农村宗教方面的工作还有待完善，要加强对信教群众的管理和教育。

这次疫情深刻地体现了我们国家制度方面的优越性，深刻体现了党对人民的高度负责。但是并不是说我们国家现在已经各方面都完美无缺了，其实还存在很多问题亟待解决。

# 后 记

危机、坎坷、磨难、辉煌与荣光。

峥嵘岁月耐人回味。

1921—2021，中国共产党历经百年奋斗，团结带领中华民族实现了从站起来、富起来到强起来的伟大飞跃。为记录好、宣传好党的百年奋斗历程，我们于2020年年初启动"建党百年口述历史"项目，精选访谈主题，精选被访对象，历时一年半，"建党百年口述历史"项目之成果——《人间正道——建党百年萧山访谈录》正式付梓出版。

首先要衷心感谢接受访问的38位口述者，口述访问细致、烦琐，个别主题要多次、多角度回忆、阐述，无论是春寒料峭，还是炎炎酷暑，受访者都能克服天气因素，在百忙之余接受访谈，甚是配合，力求呈现全面、真实、生动的历史。

其次，特别感谢温州大学口述历史研究所，作为当今国内研究口述历史理论、方法和实践的一流团队，该所以他们的敬业、专业、精业精神，为"建党百年口述历史"项目提供了巨大的人力保障和智力支持。

为了方便读者阅读，本书分为经济、政治、文化、社会、生态文明五大篇目呈现。书中多数照片由受访者提供，余下部分出自主编单位图片库。

由于口述者多讲述个人经历，很多讲述并无文献资料可以查询，有些真伪难辨，有些或因记忆所失，和事实有出入。由于编者水平有限，书中难免存在纰漏和表述不当之处，敬请读者批评指正。

中共杭州市萧山区委组织部
中共杭州市萧山区委宣传部
中共杭州市萧山区委党史研究室
杭州市萧山区人民政府地方志办公室
2021年6月

## 图书在版编目（CIP）数据

人间正道：建党百年萧山访谈录 / 中共杭州市萧山
区委组织部等编. -- 北京：社会科学文献出版社，
2021.6

ISBN 978 - 7 - 5201 - 8523 - 3

Ⅰ.①人… Ⅱ.①中… Ⅲ.①人物 - 访问记 - 萧山区
- 现代 Ⅳ.①K820.855.4

中国版本图书馆 CIP 数据核字（2021）第 109029 号

## 人间正道

### 建党百年萧山访谈录

编　　者／中共杭州市萧山区委组织部
　　　　　中共杭州市萧山区委宣传部
　　　　　中共杭州市萧山区委党史研究室
　　　　　杭州市萧山区人民政府地方志办公室

出 版 人／王利民
责任编辑／王玉敏

出　　版／社会科学文献出版社·联合出版中心（010）59367153
　　　　　地址：北京市北三环中路甲 29 号院华龙大厦　邮编：100029
　　　　　网址：www.ssap.com.cn
发　　行／市场营销中心（010）59367081　59367083
印　　装／三河市尚艺印装有限公司

规　　格／开　本：787mm × 1092mm　1/16
　　　　　印　张：37.25　字　数：601 千字
版　　次／2021 年 6 月第 1 版　2021 年 6 月第 1 次印刷
书　　号／ISBN 978 - 7 - 5201 - 8523 - 3
定　　价／199.00 元

本书如有印装质量问题，请与读者服务中心（010 - 59367028）联系